증류주 생산
기술과 실무

증류주 생산 기술과 실무

| 남 기 두 |

세종출판사

머리말

술은 기호식품으로 1970년대 우리 경제가 압축성장 할 당시 서민들과 산업전사들에게 위로와 격려, 소통의 순기능 역할을 하였다. 술은 소통과 관계 개선을 위해 즐겁게 마시면 약(藥)이 되지만 지나친 과음은 몸에 독(毒)이 된다. 특히, 성장과도기에 회식문화는 사회발전에 기여한 부분도 많았다. 그러나 과음은 직장과 사회생활 뿐 아니라 건강에도 악영향을 미친다. 이를 목격할 때마다 건전한 음주문화가 필요하다고 생각하였다.

야간 대학 캠퍼스를 오가면서 부족한 지식을 배우는 것이 나에게는 가장 큰 즐거움을 느끼던 시절이었다. 이후 대학에서 강의할 때는 피곤함도 잊고 오히려 에너지가 충전되었으며, 음주 문화 개선에 미력이나마 기여하고 있다는데 큰 보람을 느꼈다. 동의대학교에서 현장 경험과 실무를 바탕으로 술과전통식품을 국립창원대학교 대학원에서 진균학특론·진균이용학특론을 12년 동안 강의하였다.

1970년대에 주정산업에 필요한 지식은 "알코올 핸드북(アルコールハンドブック)", "日本釀造協會紙"와 "日本醱酵協會紙" 등에서 접할 수 있었다. 특히, 알코올발효에 관한 기술서적은 접하기 어려웠고, 효모와 곰팡이 균주까지도 일본에서 수입하여 사용하였다. 1970년대 두 번의 석유위기 이후 바이오에탄올이 자동차 대체연료로서 이슈화되면서 주정공업도 주목받기 시작하였다.

유수 같은 시간이 흘러 2023년 8월 퇴임하였다. 오랜 세월 동안 몸 담아온 주정공업 분야의 지식과 몸소 체험하고 경험한 기억의 편린(片鱗), 내가 수행 또는 참여한 연구결과, 국내외 세미나에서 수집한 추억과 애정이 깃든 소중한 자료들을 중심으로 원고를 정리하였다.

내가 꿈을 키워온 일산실업(주) 이영환 회장님께 깊은 감사의 말씀을 드립니다. 홍순곤 사장님께 감사한 마음을 전하며 회사의 무궁한 발전을 기원합니다. 그리고 항상 관심과 격려를 보내주신 (주)진로발효 김종식 부회장님께 감사드립니다.

2005년 산업공단에 입주한 이래 기업하기 좋은 명품공단 조성을 위해 노력하신 관리공단 이사 업체(理事 業體)와 박종희 이사장((주)코바 대표이사, 현 함안상공회희소 회장)님께 감사한 마음을 전합니다. 그리고 이 책에 담을 수 없는 많은 일들을 함께한 직장 선후배님들 덕분에 오늘의 제가 있음에 감사한 마음을 전합니다. 끝으로 학문의 길을 열어주시고 박사학위 논문을 지도해 주셨던 경북대학교 박 완 교수님께 깊이 감사드립니다.

오랜 기간 내 직장생활을 무탈하게 끝낼 수 있도록 묵묵히 내조해 준 아내 성진순 여사에게 감사하고, 보라와 동현이가 지금은 성년이 되었지만 유년시절 아버지로서 함께 많은 시간 갖지 못한 아쉬운 마음도 여기에 담는다.

끝으로 출판에 협조해 주신 이길안 사장님 이하 임직원 여러분께 감사한 마음을 전합니다.

2025년 2월
저자 씀

차 례

| 머리말 ·· 4

제1장 술의 역사와 분류 ·· 17
1.1 술 문화와 역사 ··· 17
1.2 술 어원과 역사 ··· 23
1.2.1 술 어원 ·· 23
1.2.2 술 용도와 문화 ·· 23
1.2.3 소주의 전래 ·· 25
1.3 술의 분류 ··· 27
1.3.1 양조주 ·· 27
1.3.2 증류주 ·· 29
1.3.3 혼성주 ·· 30

제2장 한국의 증류주 ·· 31
2.1 소주의 개요 ··· 31
2.1.1 소주의 정의 ·· 32
2.1.2 증류식소주 ·· 32
2.2 증류식소주 제조 ··· 35
2.2.1 희석식소주 ·· 35
2.2.2 증류식소주 ·· 37
2.3 대표적인 증류식 소주 ··· 49
2.3.1 문배주 ·· 49
2.3.2 안동소주 ·· 51
2.3.3 진도홍주 ·· 52

제3장 외국의 증류주 ·· 54
3.1 위스키 개요 ··· 54
3.2 위스키 분류 ··· 56

    3.2.1 아이리시위스키 ·· 56
    3.2.2 스카치위스키 ·· 57
    3.2.3 캐나디언위스키 ·· 59
    3.2.4 버번위스키 ·· 60
    3.2.5 재패니즈위스키 ·· 62

3.3 브랜디 ··· 68
    3.3.1 브랜디 정의와 개요 ·· 68
    3.3.2 브랜디의 분류 ·· 69

3.4 일반증류주 ·· 73
    3.4.1 진 ·· 73
    3.4.2 보드카 ··· 73
    3.4.3 럼 ·· 74
    3.4.4 데킬라 ··· 75
    3.4.5 고량주 ··· 76
    3.4.6 아라크 ··· 77

3.5 리큐르 ·· 78

제4장 효모의 생육환경과 균주관리 ··· 79

4.1 미생물의 생육 환경 ·· 79
    4.1.1 물리적 요인 ·· 79
    4.1.2 화학적 요인 ·· 81

4.2 미생물의 살균 방법 ·· 83
    4.2.1 화염살균법 ··· 84
    4.2.2 건열살균법 ··· 84
    4.2.3 증기살균법 ··· 84
    4.2.4 고압증기 살균법 ·· 85
    4.2.5 살균제와 여과멸균 ·· 85

4.3 효모의 육종과 선발 ·· 86
    4.3.1 양조와 발효의 발견 ··· 86
    4.3.2 효모의 육종 ·· 87
    4.3.3 효모의 선발 ·· 90

4.4 효모균주 관리 ··· 92
    4.4.1 효모의 순수분리와 배양 ··· 92

4.4.2 배지의 조제법 ··· 97

제5장 효모와 세균의 대사생화학 ·· 102

5.1 효모의 대사와 알코올발효 ·· 102
 5.5.1 효모의 대사 개요 ·· 102
 5.5.2 발효의 정의 ·· 103
 5.5.3 당류 흡수 기작 ·· 104
5.2 단백질·탄수화물·지질의 분해대사 ·· 106
5.3 해당과정 ·· 107
5.4 TCA 회로 ·· 111
5.5 포도당의 ATP 생산 효율 ·· 114
5.6 에탄올발효와 이론적 수율 계산 ·· 115
5.7 발효 부산물의 생성 ·· 116
 5.7.1 메탄올 생성 ·· 118
 5.7.2 아세트알데히드 및 다이아세틸의 생성 ·· 118
 5.7.3 고급 알코올류의 생성 기작 ·· 119
 5.7.4 기타 발효 부산물 ·· 121
5.8 알코올발효 세균과 ED 대사 ·· 121

제6장 효소 ·· 126

6.1 효소 개요 ·· 126
6.2 효소의 분류 ·· 128
6.3 전분 분해효소 ·· 130
 6.3.1 액화효소 ·· 131
 6.3.2 당화효소 ·· 131
 6.3.3 조효소 ·· 133
 6.3.4 기타 효소 ·· 135

제7장 전분의 종류와 특성 ·· 138

7.1 탄수화물의 개요 ·· 138
7.2 전분의 종류 ·· 140

7.2.1 아밀로스 ·· 140
7.2.2 아밀로펙틴 ·· 142
7.3 전분호화와 영향 인자 ··· 143
7.3.1 수화현상 ·· 143
7.3.2 팽윤현상 ·· 144
7.3.3 전분입자의 붕괴와 노화 ·· 144
7.3.4 전분호화에 영향 인자 ··· 145

제8장 주정원료와 발효공정 ·· 146
8.1 주정원료 ·· 146
8.1.1 전분질원료 현황 ·· 146
8.1.2 당질원료 ·· 148
8.1.3 목질계 섬유소 ··· 149
8.1.4 전분질원료의 당화방법 ··· 154
8.2 주정발효 공정 ·· 157
8.2.1 생산설비의 기술발전 ··· 157
8.2.2 회분식 알코올발효 공정 ··· 162
8.2.3 분쇄 ··· 164
8.2.4 증자 ··· 165
8.2.5 당화와 발효 ··· 168
8.2.6 주모 배양과 술덧관리 ··· 170

제9장 생산성향상을 위한 연구 사례 ··· 180
9.1 쌀보리의 최적 액화효소 및 수율 향상법 ······································· 180
9.1.1 가수분해법에 따른 전분가 비교 ··· 180
9.1.2 쌀보리의 실험실규모 알코올발효 ··· 181
9.1.3 쌀보리의 산업규모 알코올발효 ··· 183
9.2 주정폐액을 재사용한 알코올발효 ·· 185
9.2.1 실험실규모 알코올발효 ··· 186
9.2.2 파일럿규모 알코올발효 ··· 187
9.2.3 산업규모 알코올발효 ··· 188
9.3 고온균주를 이용한 알코올발효 ·· 190
9.3.1 고온균주 개발 ··· 190

9.3.2 정상과 고온 발효 ·· 190
9.4 전분질원료의 연속발효 ··· 192
　9.4.1 연속발효의 종류 ··· 192
　9.4.2 다단발효조에 의한 연속발효 ·· 193
　9.4.3 알코올생산성 검토 ··· 195
9.5 Biostil 공정의 연속발효 ·· 198
9.6 Delta-T의 연속발효 ·· 200
　9.6.1 공정 개요 ·· 200
　9.6.2 공정 설명 ·· 203
9.7 Vogelbuch의 연속발효 ··· 204

제10장 에탄올의 이화학적 성질 ·· 206

10.1 주정과 에탄올 ·· 206
10.2 주정의 이화학적 성질 ·· 207
　10.2.1 주정의 성상 ·· 207
　10.2.2 주정의 용도 ·· 208
　10.2.3 주정의 살균 작용 ·· 209
　10.2.4 약리적 성질과 대사열량 ··· 209
10.3 알코올의 종류 ·· 210

제11장 증류탑 설계와 증류기의 발전 ·· 213

11.1 알코올 회수방법 ·· 213
　11.1.1 단식증류 ·· 213
　11.1.2 연속식증류와 탑 설계 ·· 215
11.2 외국 증류기술의 발전 ·· 219
　11.2.1 Ilges 증류기와 개량형 ··· 221
　11.2.2 Barbet 증류기 ·· 222
　11.2.3 Gillaume 증류기 ··· 223
　11.2.4 Golzen-Grimma 증류기 ·· 224
　11.2.5 Allospase 증류기 ·· 224
　11.2.6 Extra Super 증류기 ··· 225
　11.2.7 제8형식 증류기 ·· 226

제12장 우리나라 주정공업의 발전 · 227

12.1 주정공업의 태동 · 227
- 12.1.1 1970년대 변화 · 228
- 12.1.2 1980년대 변화 · 229
- 12.1.3 1990년대 이후 변화 · 230

12.2 증류기술의 발전 배경 · 232
- 12.2.1 1990년대 이전 · 233
- 12.2.2 1990년대 이후 · 234

12.3 Super Allospase 증류기 · 237
- 12.3.1 분리탑 · 237
- 12.3.2 요탑·농축탑과 퓨젤유 분리 · 238
- 12.3.3 제1추출탑 · 238
- 12.3.4 정류탑과 정제탑 · 239
- 12.3.5 불순물처리탑 · 239
- 12.3.6 제2추출탑 · 239

12.4 감압증류기의 공정 분석 · 240
- 12.4.1 증류기의 구성 · 240
- 12.4.2 감압증류기의 특성 · 240
- 12.4.3 공정개선 효과 분석 · 242
- 12.4.4 요탑의 감압운전 · 247
- 12.4.5 개선점 · 248

12.5. 2세대 감압증류기 · 250
- 12.5.1 요탑 기능과 운전 · 251
- 12.5.2 제1추출탑 · 252
- 12.5.3 정류탑 · 253
- 12.5.4 제품탑 · 255
- 12.5.5 불순주정탑 · 255
- 12.5.6 제2추출탑 · 256
- 12.5.7 복합불순주정탑 · 256

12.6 공장자동화 · 257
- 12.6.1 증류기 자동화 · 257
- 12.6.2 공장자동화 · 258

12.7 FAQ · 259

12.7.1 알코올의 추출증류 원리는? ··· 259
12.7.2 동재질·감압증류 효과·tray 특성은? ····································· 261
12.7.3 단식증류기 용량과 향미·원액 숙성은? ································· 262
12.7.4 기존 증류기로 제품증산 방법은? ·· 264
12.7.5 증류기의 운전기술과 공정관리는? ······································ 264
12.7.6 정류탑이 비정상적으로 운전될 때는? ·································· 265
12.7.7 제품 관능이 급속히 저하될 때는? ······································ 266
12.7.8 현재가치 환산과 예상투자금액 산출법은? ···························· 267

제13장 바이오에탄올 생산기술 ·· 269

13.1 세계의 바이오에탄올 동향 ·· 269
13.1.1 미국 ··· 271
13.1.2 브라질 ·· 273
13.1.3 유럽과 일본 ··· 276
13.1.4 기타 국가 ·· 276

13.2 무수에탄올 생산기술 ·· 277
13.2.1 개요 ··· 277
13.2.2 공비증류에 의한 탈수 ·· 278
13.2.3 흡착탈수법에 의한 탈수 ··· 280
13.2.4 막분리법에 의한 탈수 ·· 283

13.3 미국의 바이오에탄올 생산기술 ·· 284
13.3.1 효모의 증식 환경 ·· 284
13.3.2 고농도 에탄올발효 ·· 285
13.3.3 발효온도와 피트산 ·· 286
13.3.4 오염방지 대책 ·· 287
13.3.5 미생물의 독성물질 ·· 287
13.3.6 분쇄입도와 조효소 사용 ··· 288

13.4 wMDF로부터 바이오에탄올 제조기술 ··································· 289
13.4.1 wMDF의 원료 수급과 화학조성 ································ 289
13.4.2 wMDF 에탄올발효 ·· 292
13.4.3 wMDF를 이용한 발효기술 종합 ································ 296
13.4.4 개발기술의 기대효과 분석 ·· 297

13.5 사탕수수로부터 바이오에탄올 생산 ······································ 298

13.6. FAQ ·· 300
   13.6.1 당화공정은 필요한가? ·· 300
   13.6.2 증자기 종류와 증자방법은? ·· 300
   13.6.3 증자 조건은? ·· 301
   13.6.4 연속발효 공정에서 오염 대책은? ··· 301
   13.6.5 주정폐액의 재순환 사용비율과 효과는? ··· 302
   13.6.6 발효시간 및 수율 관리는? ·· 303
   13.6.7 가소홀의 제조와 에탄올농도 측정은? ··· 304
   13.6.8 바이오에탄올 생산에 합리적 공정은? ··· 304

제14장 바이오에탄올 생산과 주행시험 ·· 307

14.1 우리나라 현황 ·· 307
14.2 알콜조합 설립 ·· 310
   14.2.1 설립 배경 ·· 310
   14.2.2 파일럿플랜트 운전 결과 요약 ··· 311
14.3 E10 가소홀 시내주행 시험 ··· 312
   14.3.1 가소홀 주행시험 목적 ··· 312
   14.3.2 시내 주행시험 결과 ·· 313
   14.3.3 가소홀의 특성 ·· 314
14.4 가소홀의 실용화사업 추진 ··· 316
   14.4.1 추진경과 ·· 316
   14.4.2 워킹그룹 구성 ·· 319
   14.4.3 도입 필요성과 기대효과 ··· 320
   14.4.4 선행 과제와 관련법 개선 ··· 321

제15장 주정폐액 처리기술 개발 사례 ·· 323

15.1 주정폐액 처리 개요 ··· 323
15.2 호기성 처리법 ·· 325
   15.2.1 활성오니법 ·· 325
   15.2.2 활성오니법에 의한 탈질법 ··· 327
   15.2.3 생물학적 탈인법 ·· 329
   15.2.4 SBR 처리법 ··· 330

15.3 잉여오니의 분리기술 ·· 332
   15.3.1 개요 ·· 332
   15.3.2 부상조의 종류 ·· 334
15.4 주정폐액의 화학적 처리 ·· 335
   15.4.1 Fenton법의 개요 ··· 335
   15.4.2 1st PBF에서 COD와 SS의 제거 ·· 336
   15.4.3 2nd PBF에서 COD 제거 ··· 337
   15.4.4 경제적 효과 분석 ··· 339
15.5 주정폐액의 혐기성 처리 ·· 340
   15.5.1 유기물의 분해기작 ··· 340
   15.5.2 소화조 관리 요인 ··· 341
   15.5.3 주정폐액의 메탄소화 ··· 343
   15.5.4 유기산 발효조의 운전 사례 ·· 349
15.6 고온메탄소화조 운전 사례 ··· 351
   15.6.1 설계 개요 ··· 351
   15.6.2 THAR의 운전 ·· 351
   15.6.3 SS 제거율·주정박 및 소화조 충전재 ·································· 353
   15.6.4 tCOD·sCOD·insCOD 제거 ··· 355
   15.6.5 쌀보리 주정폐액의 메탄소화 ·· 357
   15.6.6 메탄가스 발생량과 SOx ··· 359
   15.6.7 미량원소와 소화조 운전실패 방지법 ·································· 362
   15.6.8 주정폐액의 통합처리기술 ·· 364
15.7 개량형 소화조의 설계 사례 ··· 365
   15.7.1 THAR의 평가 ··· 365
   15.7.2 새로운 THAD의 운전과 특성 ·· 367
15.8 FAQ ··· 370
   15.8.1 주정박 계산 사례 ··· 370
   15.8.2 메탄가스를 LNG로 환산하는 법 ·· 370
   15.8.3 주정박 건조기 응축수의 효율적 처리는? ···························· 371

제16장 공장관리 ··· 373

16.1 공장관리와 자세 ·· 373
16.2 생산과 공정 관리 ·· 374

16.3 안전설비 투자 ··· 375
16.4 공정안전관리 ··· 377

제17장 분석 및 QC 매뉴얼 ··· 383

17.1 원료와 술덧의 분석 ·· 383
   17.1.1 환원당 정량 이론 ·· 383
   17.1.2 원료 전분가 분석 ·· 386
   17.1.3 회분과 모래 ·· 388
   17.1.4 총질소 정량법 ·· 389
   17.1.5 수분 분석 ·· 391

17.2 술덧 분석 ·· 392
   17.2.1 환원당 분석 ·· 392
   17.2.2 에탄올농도 분석법 ·· 395
   17.2.3 pH ··· 397
   17.2.4 산도 ·· 398
   17.2.5 점도 ·· 398
   17.2.6 요오드 정색 반응 ·· 399
   17.2.7 에탄올발효 실험 ·· 400

17.3 주정의 품질관리 ·· 401
   17.3.1 관능검사 ·· 401
   17.3.2 주정의 탁도 ·· 404
   17.3.3 증발잔류물 ·· 405
   17.3.4 총산 ·· 405
   17.3.5 GC 분석 ·· 406
   17.3.6 유기불순물 ·· 406

17.4 당화효소 역가 분석 ·· 407
   17.4.1 당화력이란? ·· 407
   17.4.2 실험기구 및 시약 ·· 408

17.5 물 분석 ·· 412
   17.5.1 연수와 경수 ·· 412
   17.5.2 총경도 ·· 413
   17.5.3 염소이온 ·· 414

17.6 농도 정의 및 시약 조제 ·· 415

17.6.1 농도 정의 ··· 415
17.6.2 시약 농도 변경법 ·· 416
17.7 에탄올발효에 관련된 일반 계산식 ··· 417

Ⅰ. 참고 문헌 (단행본) ·· 418
Ⅱ. 연구과제 수행 및 참여 내역 ·· 419
Ⅲ. 저술(著述) ··· 419
Ⅳ. 논문 발표 ·· 420
색　인 ·· 423

제1장 술의 역사와 분류

1.1 술 문화와 역사

구석기시대 인류의 조상들은 이동하면서 수렵으로 생활하였다. 채취시대에 과실주를 발견하게 되었고, 유목생활을 영위하던 시대는 가축의 젖으로 유주(乳酒)를 만들어 음용하였다. 농작물을 재배하는 농경사회로 발전하면서 인구 증가에 의한 식량 소비 증가로 생활양식이 크게 달라지기 시작하였다. 즉, 농경사회가 정착되면서 민족과 민속 문화에 따라 다양한 농산물을 이용한 발효식품이 나타나기 시작하였다. 농경시대에 비로소 농산물을 이용한 곡주가 탄생하였다. 구석기 시대부터 현재에 이르기까지 인류 발전을 이끌어 온 여러 가지 원동력 중 하나가 술이었다. 술은 역기능도 있었지만 순기능이 더 많았다.

술은 과즙이나 벌꿀과 같은 당분을 함유한 물료(物料) 표면에 기생하는 야생효모에 의해 자연발효가 일어났다. 당분이 있는 과일이나 사탕수수 표면에 붙어 있는 야생효모는 알코올발효 능력을 가진 효모가 많기 때문에 자연 발효액은 에탄올을 함유한 술이 되었을 가능성이 높다. 지금도 주정이나 바이오에탄올 산업에 이용되고 있는 효모는 당밀, 포도 등에서 직접 분리한 균종이 많다.

원시시대의 술은 어느 나라를 막론하고 모두 자연발효 형태의 술이었을 것이다. 최초로 술을 빚은 생명체는 "원숭이"라는 가설(drunken monkey hypothesis)이 있다. 논란은 있지만 고고학적 기록과 현대 영장류의 식단을 근거로 한 가설이다.[1] 이 가설은 생물학자인

---
[1] 패트릭트 E. 맥거번 지음/ 김형근 옮김. 2016. 술의 세계사. 글항아리. pp.38-41

로버트 더들리(Robert Dudley) 박사가 "술 취한 원숭이: 인간은 왜 술을 마시고 남용하나, The Drunken Monkey: Why We Drink and Abuse Alcohol"에서 초기 인류가 과일주 이점을 발견하여 오늘날 술로 진화한 것이라 한다. 또한, UC 버클리대학(CSUN)의 캠벨(C. Campbell) 교수는 이 가설을 검증하기 위해 "검은손 거미원숭이(Ateles geoffroyi)"를 대상으로 연구를 진행하여 영장류가 과일주를 섭취(攝取)한다는 것을 처음으로 증명하였다.

나뭇가지의 갈라진 틈새나 바위가 패인 곳에 낙과(落果) 또는 원숭이들이 식량으로 저장해 두었던 과실이 자연발효 되었다. 이 발효액을 우연히 원숭이가 먹고 이상한 행동을 하는 모습을 보고 호기심 많은 인간도 먹어 보았을 것이라 상상할 수 있다. 그래서 영특한 인간은 발효액이 만들어진 주변 상황과 환경을 파악한 후 반복하여 만들어 먹었을 것이라 짐작된다. 따라서 이것을 일명 원주(猿酒)라 불렀다. 지금도 아프리카 오지(奧地)에서는 원숭이 사냥에 독주(毒酒)를 이용하고 있다. 독주를 용기에 담아 원숭이가 있는 곳에 두고 먹도록 유인한다. 원숭이가 독주를 먹고 취해 행동이 둔해졌을 때 사냥한다.

술의 기원은 어느 시대부터 시작되었다고 아직 특정하기는 이르나 많은 가설(假說)이 있다. 발효식품 중 술은 인류의 출현과 함께 시작되었을 것이라고 많은 인류역사학자들은 유추하고 있다. 역사적으로 가장 오래된 술은 자연발효법에 의한 포도주라 추정된다. 포도주의 역사가 곧 술의 역사라고 할 수 있다. 이는 현재도 고대유물의 발굴이 진행되고 있으며, 이미 출토된 고대 주기(酒器)들의 내부 잔재물(殘在物) 분석을 통해 그 연대가 확인되고 있다.

술은 세계 각국의 민속 문화와 그들이 경작하는 주된 농작물과 밀접한 관계가 있다. 예를 들면, 에스키모인은 고유한 술이 없다. 그 이유는 술 원료인 당(糖)을 함유한 농산물이 없었고, 어패류나 바다 동물로부터 획득한 단백질이 주식(主食)이었기 때문이다. 반면, 메소포타미아와 이집트 문명의 발상지인 중동지역은 여러 가지 술이 태동한 근원지로 알려져 있다. 이 지역에서 포도주 양조방법과 맥주제조 과정에 대하여 자세히 기록된 벽화들이 전해지고 있다[그림 1-1]. 따라서 중동지역의 양조방법이 그리스 로마에 전파되었으며, 이어서 유럽 각국에

[그림 1-1] 포도주 수확 및 와인 양조 공정에 대하여 자세히 묘사된 벽화 (출처 Wikipedia)

보급되었다는 것이 정설로 받아들여지고 있다.

와인 문화는 포도재배와 와인 제조분야로 구별되며 경제, 종교, 사회 등 모든 분야를 지배하게 되었다. 최근에는 고고학적인 면과 분석 화학적인 면을 융합해서 조사한 결과를 보면 세계 최초의 와인 문화는 적어도 기원전 7000년경에 유라시안(Eurasian) 고원지대에서 출현했다는 것이 점차 확실해 지고 있다. 그러나 선사시대의 인류가 수천에서 수만 년 전부터 온갖 과일주를 마셨을 것이라 유추하고 있다.

고대 그리스 종교와 신화에 술을 상징하는 주신(酒神) 디오니소스(Dionysos)는 제우스와 세멜레(Semele) 사이에서 태어났다. 디오니소스는 포도주 제조, 죽음과 재생의 신, 과수원의 과일, 초목, 비옥도, 풍요와 축제, 광기의 신, 종교적 황홀경, 연극의 신이다.[2] 포도주에 관한 이집트 벽화와 디오니소스의 조각상은 솔방울이 달린 지팡이(thyrsus)를 들고 있다[그림 1-2].

[그림 1-2] 주신 디오니소스(A) 2세기 로마 조각상(사진출처 : wikipedia), (B)꿀이 떨어지는 병과 솔방울이 달린 무기(지팡이)를 들고 있다(바티칸 박물관)

로마의 신화에서 주신은 바커스(Bacchus)이며, 술의 별칭을 "바커스의 선물"이라 한다. 이것은 후세에 그리스인들에 의해 붙여진 명칭으로 디오니소스에 대응된다.[3][4] 주신은 대지의 풍작을 관장하는 신으로서 포도재배와 양조법을 전수받았다고 하며, 구약전서에 노아(Noah)가 스스로 포도주를 제조한 것이 술의 시작이라 기록하고 있다.[5][6]

이슬람교는 금주(禁酒)를 권장하였기 때문에 양조기술이 매우 뒤떨어졌다. 이슬람은 술 생산과 유통 소비까지 금지하는 포괄적인 금주정책을 시행하였다. 반면, 가톨릭은 미사 때 포도주를 마신다. 이 포도주는 예수의 피를 상징하는 의미를 담고 있어 포도주의 보급과 발전에 종교가 큰 기여를 하였다.

---

[2] https://en.wikipedia.org/wiki/Dionysus
[3] 남태우. 1998. 비틀거리는 술잔, 휘청거리는 술꾼 이야기. 열린문학. pp.9-15
[4] 남태우. 1999. 酒黨別曲. 창조문화. pp.37-39
[5] 배상면. 1997. 朝鮮酒造史(1907~1935). 奎章閣. pp.25-27
[6] 김의환(한국찬송가공회). 1999. 큰 글자 해설찬송가. (주)성서원. p.11

오늘날 우리가 유럽 술을 즐길 수 있는 것은 중세시대의 수도원 덕분이라 할 수 있다. 수도사들은 영적인 삶을 위해 끊임없이 노력하며 내세에 대한 준비도 하였다. 또한, 수도사들은 식물의 품종을 개량하고 맥주와 와인을 상업규모로 생산하였을 뿐만 아니라 곡물을 조달할 수 있는 토지를 보유하고 있었다.

고대 인도는 농경생활이 정착되기 시작한 베다시대(Vedic Age)[7]에 소마주(Soma 酒)를 빚어 신에게 바치는 종교의식을 하였다. 소마주는 물, 우유, 버터, 보리 등으로 만든 신의 음료(God of juice)로써 그 전통은 아직도 서남아시아 일부 지역에서 계승되고 있다.

중동지역 원시종교는 발효가 여성의 생식작용과 증식(增殖)을 상징하였고, 술은 풍요제 의식과 토속행사에 많이 등장하였다. 이 지역의 원시종교는 술을 신에게 바치는 것이 의식의 중심이었으며 술은 신을 연결하는 중요한 음식이었다.

아마존 강 유역의 사람들은 타피오카(cassava or tapioca)를 적어도 6000년 이상 식용으로 즐겨 사용해 왔다. 이 타피오카 전분을 입으로 씹으면 입속 아밀라아제에 의해 당화액이 만들어 진다. 이 원리로 녹말을 당분으로 변환시켜 맥주를 만들었다. 이렇게 만들어진 술은 통과의례, 축제, 승전(勝戰)을 자축하거나 조상들의 영역에 접근하는 매개체 역할을 하였다.

프랑스 몽펠리에(Montpellier) 대학의 빌뇌브(Villeneuve) 교수가 13세기 포도주의 정제과정에서 알코올을 재발견하였다. 이후 만병통치가 가능한 생명수 또는 독한 술로 아쿠아 비떼(aqua vitae)라 명명하였다. 빌뇌브 교수는 "생명수가 생명을 연장시켜 줄 뿐 아니라 모든 인간의 불쾌감을 깨끗이 제거시켜 마음을 소생시키고 젊음을 지켜준다"고 하였다. 그러나 술이 사회문제로 대두되기 시작한 것은 증류법이 발견된 15세기 무렵으로 거슬러 올라간다. 발효주를 증류시켜 알코올농도가 높은 증류주 생산이 가능하게 되자 알코올중독자가 나타나기 시작하였으며 점차 술은 사회 문제로 대두되었다.

1930년대 아프리카의 말라위(Malawi) 마을의 주된 농산물은 수수였으며 영양섭취의 35%나 차지하였다. 비교적 풍부한 수수를 이용하여 맥주를 만들게 되었고, 남성들이 주로 많이 마셨다고 한다. 남아프리카 희망봉 동부의 또 다른 원주민 폰도(Pondo) 족은 고기를 먹는 연회보다 이를 준비하는 고된 작업 때문에 맥주를 마시면서 일을 하였다. 또한, 에티오피아 남부의 수리족(Suri)은 "맥주가 없는 곳에는 노동도 없다"라고 했

---

[7] 고대 인도에서 아리아인의 침입부터 16대국 병립 이전(BC1500-BC600)

다.8)

　중국의 경우 처음 술을 만들기 시작한 때는 8000년 전 황화문명 때로 추정하였다. 그런데 맥거번(Patrick E. Mcgovern) 연구진은 2004년 자후 유적지에서 발견한 9000년 된 유물에서 세계 최초의 알코올음료를 분석하였다. 알코올음료를 분석한 그 자체로서 커다란 업적이었다. 이 연구에 의하면 중동 지역에서 술은 포도로써 처음 만들었지만 중국은 쌀로 술을 빚었다는 것이 입증되었다.

　이스라엘 고고학 연구팀은 이스라엘 북부 지중해 연안에 위치한 카멜산 라케페트 동굴(Rakefet cave)9) 유적지에서 돌절구(stone mortars)를 발견하였다. 이 돌절구 속에 있는 잔재물을 분석한 결과, 중국보다 4천년이나 빠른 13,000년 전에 이미 보리와 밀을 이용하여 맥주양조를 한 흔적을 발견하였다고 밝혔다.10) 최초의 맥주와 술 제조 시점은 새로운 유적지와 고고학 발전으로 인해 유물 속 잔재물 분석으로 제조시점이 소급되고 있는 중이다.

　중국 전설에 의하면 술을 처음 만들었다는 의적(儀狄)은 하(夏)나라11) 때 처음 곡류로 술을 빚어 우왕(禹王)에게 헌상했다는 기록이 남아 있다. 이 술은 감칠맛 때문에 후세에 술로 인해 망국(亡國)에 이를 수 있다고 하여 의적을 가까이 하지 않았다고 한다. 그 후 의적은 주신으로 숭배되었고 의적은 술의 다른 명칭이 되기도 하였다. 또한, 상나라의 주왕은 매일 밤 술과 고기로 가득 찬 "주지육림(酒池肉林)"에 빠져 정사(政事)는 뒷전이었다고 전해진다. 그런데 그 당시 술은 매우 정교하고 체계적으로 관리되었다고 한다. 또한, 왕실의 관직제도와 전국시대 각 나라의 제도를 기록한 유교경전인 주례(周禮) 기록에 의하면 술은 과일로 만든 술, 쌀이나 수수, 또는 맥아즙으로 만든 술인 요(醪)가 있었다고 한다. 오늘날 요는 주정과 식품 산업에서 전문용어로 남아있다. 요의 우리말은 "술덧" 한자는 "요(醪)", 일본어는 "모로미, 醪, もろみ", 영어로는 "mash, beer", 영국과 유럽은 "wash"라 표현되고 있다.

　당나라는 홍국곰팡이(*Monascus* sp.)를 이용한 붉은색의 술, 녹색 "대나무" 와인, 후추와 꿀을 넣은 와인 등 여러 색상의 술이 있었다고 한다. 당나라의 풍류인(風流人)으로 가장

---

8) 패트릭 E. 맥거번. 2010. 술의 세계사. 글항아리. pp.90-91, 427-429
9) https://en.wikipedia.org/wiki/Raqefet_Cave
10) Smithsonian Magazine.
　　https://www.smithsonianmag.com/smart-news/traces-13000-year-old-beer-found-israel-180970282/
11) 약 4000년 전 반전설적인 왕조

유명한 시인 이백은 주선(酒仙)으로 불렸으며 술에 관한 시를 많이 남겼다. 당나라 문학의 양대 거성이었던 시성(詩聖) 두보가 시선(詩仙) 이백에 대하여 쓴 시에 의하면 "스스로 술 신선(自稱臣是酒中仙)"이라 했다고 한다. 술에 만취해 강에 비친 달을 끌어안으려다 물에 빠져 죽었다는 이백의 전설은 놀라운 일이 아니다. 이와 같이 중국은 지금도 다양한 인종과 광활한 지역만큼이나 다종다양(多種多樣)한 술들이 전해지고 있다.

일본은 지리적으로 고립된 섬나라였기 때문에 술이 다양하지 못했다. 그러나 술은 장례식 연회에 제공되었고 신에게 봉헌(奉獻)되었다고 한다. 일본의 3대 술 신사(神社)는 교토(京都)의 마츠오타이샤(松尾大社), 주조(酒造)의 수호신을 모시고 있는 우메미야타이샤(海宮大社)와 나라현(奈良県)의 오오미와신사(大神神社)가 있다.[12] 술 신사가 있는 지역은 농산물이 풍부하여 양조하기 좋았던 곳이다. 그해 빚은 술을 신사에 가장 먼저 봉헌하였다. 지금도 신사로 들어가는 길가에 옹기 또는 목재로 만든 술통이 적재되어 있는 모습을 볼 수 있다.

청주나 맥주와 같은 양조주는 정착농경이 시작되어 곡물의 주성분인 전분을 당화시키는 기법이 개발된 뒤에 제조가 가능하게 되었다. 소주나 위스키와 같은 증류주는 후대에 와서 제조된 술이다. 세계 각국의 역사박물관에는 술과 관련이 있는 항아리 유물들이 많이 출토되어 보관되고 있다. 이 유물들은 21세 발달된 화학분석기술을 만나 술과 음식 제조 기원이 밝혀지고 있는 중이다. 그 결과, 술과 발효식품의 종류와 역사는 지금까지 밝혀진 것보다 더 많은 새로운 정보들이 계속 갱신되고 있는 중이다.

앞에서 살펴 본 바와 같이 술은 인류 역사와 함께 발전해 왔다. 동서를 막론하고 술은 신과의 소통은 물론 공동사회를 결속시키는 매개체로써 큰 역할을 담당해 왔다. 그러므로 술은 인류 역사가 종말을 고할 때까지 늘 인간과 함께 할 것임에 틀림없다. 즉, 술은 희로애락을 함께 하는 인간과 공동생활에 빠질 수 없는 식품 중 하나로 우리에게 큰 영향을 끼쳐 왔으며 앞으로도 지속될 것이다.

---

[12] 배종우 교수. 일본 3대 술 神社. 의학신문(http://www.bosa.co.kr/news/articleView.html?idxno=2116581)

1.2 술 어원과 역사

1.2.1 술 어원

술 어원은 조선시대 문헌에 "수울" "수을"로 기록되어 있다. 따라서 오늘날 술은 "수블" → "수울" → "수을" → "술"로 변하여 정착되었다. "불타는 듯 화끈한 물"이라는 의미의 수불(水火)에서 시작하여 "술"로 정착되었다고 보는 것이 일반적이다. 물과 불은 상극으로 서로 공존할 수 없다. 물은 차가운 이성을 가졌으며, 불은 뜨거운 감성을 대변한다. 술은 물과 같은 형태이나 이를 마시면 몸속에서 분해되면서 열을 발산하는 신비스런 음료이다.[13]

주(酒) 자는 삼수변에 용추 모양의 상향문자인 유(酉)자가 들어 있다. 주(酒)의 옛 글자는 "닭, 서쪽 방향, 만물의 성숙(成熟)"을 의미한다. 술이 발효될 때 침전물을 쉽게 분리할 수 있도록 끝이 뾰족한 주기(酒器, 항아리)에서 발효시켰던 것에서 유래된 것으로 기록하고 있다.

오늘날까지 술과 발효 관련 또는 지명에 "유(酉)"변이 포함된 용어를 예로 들면, 취(醉): 숙취(熟醉)·심취(心醉), 작(酌): 술잔을 주고받는 수작(酬酌), 초(醋): 알코올을 발효시킨 조미료인 식초(食醋), 예(醴): 물이 맑아 술 빚기 좋은 고장인 예천(醴泉), 하룻밤 익힌 술로 거르지 않은 탁한 술인 주례(酒醴), 순(醇): 물 타지 않은 진한 술 또는 본래 순수하고 진한 맛을 가진 순미(醇味), 임(酬): 단맛이 나는 요리용 맛술인 미림(味醂), 장(醬): 장류(醬類) 등이 있다.

1.2.2 술 용도와 문화

술은 조선시대에 많이 보급되고 발전하였으나 그 기원은 고조선까지 상고(上古)할 수 있다. 단군신화에도 추수한 뒤 제사를 지냈다. 수확의 기쁨과 풍요에 감사하기 위해 곡물로 빚은 맑은 술을 조상께 가장 먼저 바쳤다. 이때 사용되는 술은 조상과 후손, 신과

---

[13] 남태우. 1999. 酒黨別曲, 창조문화. pp.51-54

영혼, 신과 인간을 가장 가깝게 연결해 주는 매개체 역할을 하였다. 그리고 술은 물리적인 시공간을 초월한 세계 공통의식과 제천의식(祭天儀式)에 등장하는 음식 중 하나이며, 동질감을 확인하고 연대감을 결속시키며 축제를 위한 음주가무(飮酒歌舞)에 없어서는 안 될 중요한 음식이었다.

[그림 1-3] 혜원 신윤복의 조선 풍속도
(사진출처 : wikipedia)

조선시대 혜원 신윤복의 주사거배(酒肆擧盃, 술집에서 술을 마신다) 풍속도에는 주막의 가구와 집기(什器), 복식(服飾), 솥, 그릇 등을 생동감 있게 묘사(描寫)하고 있어 당대의 사회상과 음주문화를 엿볼 수 있는 소중한 풍속도 중 하나이다[그림 1-3].

우리나라 최초 술에 대한 기록은 「제왕운기(帝王韻紀)」에 고구려 초대 국왕인 동명성왕(東明聖王)의 건국신화에서 찾아 볼 수 있다. 건국신화는 12세기 초 고삼국사기(古三國史記)와 13세기 말에 나온 삼국유사(三國遺事)에 인용되어 있다.14)15) 그런데 동명성왕의 탄생신화는 5세기에 세워진 광개토대왕 비문에 기록되어 있는 것이 확인되었다. 천제의 아들인 해모수가 연못가에서 하백의 딸들에게 술을 마시게 하여 수궁으로 들어가지 못하게 한 후 큰딸인 유화와 인연을 맺어 주몽을 낳았다는 기록이다.16)

삼국시대의 술은 주국(酒麴)과 맥아(麥芽)로 빚었다. 국내외에 널리 알려진 대표적인 술은 고려주와 신라주가 있었다. 이 술은 중국 송나라까지 알려져 문인들의 찬사 대상이 되기도 했다. 고려시대부터 조선시대 말까지 독특한 술들이 출현하기 시작하여 가양주(家釀酒)로 발전하였다. 특히, 고구려의 발효주 빚는 기술은 중국으로 건너가 중국 명주가 탄생하는데 기여하였다.17) 일본도 신라에서 술 빚는 기술을 배웠고, 백제는 당화 및 발효법으로 술 빚는 기술을 일본에 전해 주었다고 한다.18) 현재 효고현(兵庫縣)에 있는 K주조(酒造)는 470년간 사케(sake)19)를 생산하고 있다. 지금도 목재 봉(棒)으로 사람이 직접 술덧을 교반(攪拌)하는 재래 주조법을 고수하고 있다. 이 사케는 천년고도 경주 최

---

14) 일연 지음/이동환 옮김. 2004. 삼국유사. 도서출판 장락. pp.35-41
15) 남태우. 1998. 비틀거리는 술잔, 휘청거리는 술꾼 이야기. 열린문학. pp.49-51
16) 윤숙자. 1998. 한국의 저장 발효음식. 신광출판사. pp.175-178
17) 서현수. 2007. 주세법의 이론과 실무. 경영과회계. p.45
18) 원경은 외. 2010. 소울 푸드 술과 문화 이야기. p.35
19) 일본식 청주(清酒). 쌀 전분에 입국과 효모를 넣어 병행복발효 시킨 양조주(釀造酒)

씨의 가양(家釀) 전통주인 교동법주, 일명 조선의 국주(國酒)와 비교되나 1970년대 초 국빈접대용으로 재현된 경주법주와는 다르다.

조선시대에는 증류식소주 소비가 크게 늘어나자 다산 정약용은 전국의 소주고리(燒酒古里)[20]를 회수하자는 상소문을 올렸다. 소주제조용 곡물을 절감해서 식량난을 해결하기 위해서였다. 조선시대 소주는 상류사회에서 특히 사랑을 받았다. 품질은 고급화되고 다양한 증류주 출현과 더불어 음주문화가 크게 발전한 시기였다.

조선시대 후기 소주제조에 사용된 고리 종류를 보면, 동고리는 서울·평안남북도·황해도, 토고리는 함경남북도·충남·전북·경상남북도, 철고리는 개성에서 많이 사용되었다.[21] 이 시기에 소주와 민속주가 출현하는 제주(製酒) 전성기였다. 중국과 국경 부근에서는 고량주와 같은 다양한 주종(酒種)이 유입되었던 시기였다.

근대에 와서 민속주 전승 및 보급에 장애가 되었던 관련 주세법 개정으로 민속주 제조면허가 완전히 개방되었다. 뿐만 아니라 자도주(自道酒) 의무판매제도[22] 폐지와 주세법 규제개혁이 이루어지게 되었다. 그 결과, 지방 특유의 전통 민속주가 출시되기 시작하였다. 전통 민속주 재현에 성공하였지만 손익분기점을 넘어 지속적으로 생산되는 양조장은 드문 실정이다. 소비자의 새로운 음주 트랜드(trend)와 기호를 반영하지 못했기 때문이다. 때문에 "명절선물주"로 겨우 그 명맥을 유지하고 있는 사례가 많다.

세계적인 증류주와 경쟁할 수 있는 주류가 되기 위해서는 제조방법을 개선하고 전통은 살리면서 생산 공정 표준화, 단식증류기의 선택, 증류와 숙성기술 개발이 병행되어야 한다. 또한, 시대 조류(潮流)에 맞는 소비자의 요구와 추세(trend)가 반영된 제품이어야 생명력을 가진다. 세련되고 대중 친화적인 용기 개발과 포장기술도 중요하다.

1.2.3 소주의 전래

몽골제국은 고려를 9차례(1231~1257)나 침입하였다. 일본 원정(1274)을 빌미로 칭기즈 칸(Chingiz Khan)의 손자 쿠빌라이 칸(Qubilai Khan)이 한반도를 두 차례나 침입하여 교두보

---

[20] 가양주(家釀酒) 술덧이나 양조장에서 만든 술덧을 증류하기 위한 소용량(小容量)의 단식증류기(Pot still)
[21] 배상면. 2002. 전통주 제조기술(탁주·약주편). 우곡출판사. pp.238~294
[22] 1973년 1도1주(一道一酒) 주세정책으로 주류 도매업상은 해당 지역소주를 50% 이상 의무구매를 하는 제도로 1996년 폐지됨

를 확보하였으나 일본 정벌은 실패하였다. 당시 일본침공에는 자신의 사위인 고려 충렬왕(忠烈王, 1236~1308)에게 고려군 출정을 강제로 요구하여 여몽연합군을 만들어 침략을 시도하였으나 두 번 다 태풍으로 인해 실패하였다. 이때 몽골군의 주둔지와 병참기지가 있었던 개성·안동·제주에 소주고리가 유입되면서 증류주 만드는 기술이 전파되었다. 이 시기에 누룩의 종류나 주류 제품의 다양성이 나타나면서 주조(酒造)기술도 한 단계 발전하는 계기가 되었다. 현재까지 그 명맥을 이어온 안동소주가 한국 소주의 뿌리라고 보는 견해도 있다.[23] 이와 같이 개인이나 국가 의지와는 무관하게 기술과 사회는 전쟁과 정복으로 인해 이종문화(異種文化)가 융합하거나 충돌하면서 발전하게 된다. 이때 앞선 기술이나 문화는 자연스럽게 받아들일 수도 있지만 정복자의 필요에 따라 강압에 의해 수용되기도 한다. 대표적인 사례 중 하나가 정복전쟁으로 인해 주조기술(酒造技術)의 세계적 확산이라고 할 수 있다.

우리나라 증류식소주 제조법은 몽골군이 전쟁에 필요한 술의 조달 차원에서 전래된 사례라 볼 수 있다. 몽골제국의 칭기즈 칸은 세계 정복을 위해 병사들의 고단함과 추위를 달래기 위해 술을 이용하였다. 군인들에게 배급한 술은 알코올 40% 이상인 독주였다.[24] 술은 군인들이 혹독한 환경을 견딜 수 있게 하거나 흥분제로 공급되기도 한다. 그리고 전쟁터에서 적에게 "돌격"하기 전에 술을 먹게 하거나 배급품으로 지급되기도 하였다.[25]

몽골제국 군단은 북에서부터 중국을 휩쓸고 다니면서 중국 북쪽 실크로드의 영광을 누렸다. 몽골군 종착역은 중국 진시황의 병마용갱(兵馬俑坑)이 있는 시안이었다. 중국의 3000년 역사를 보려면 시안을 찾아 중앙아시아와 서아시아를 거쳐 지중해와 연결되는 실크로드의 문명교류 현장을 체험해야 한다고 한다. 이란 고지대를 중심으로 한 페르시아제국을 정벌할 때 소주가 몽골군에게 전파되었을 것으로 추정된다.[26]

경상남도 마산에도 두 차례 일본 정벌에 실패한 몽골군이 지금의 추산공원 일대에 군사가 주둔한 역사적 흔적이 남아 있다. 주둔군의 식수(食水)와 군마(軍馬)한테 물을 공급하기 위해 만들었다는 몽고정(蒙古井)이다. 현재 경상남도 문화재로 지정되어 몽고정이

---

[23] 도현선. 2017. 전쟁이 요리한 음식의 역사. 시대의창. p.227
[24] 김동구. 2007. 금복주 五十年史 1957~2007. p.59
[25] 로드 필립스. 2015. 알코올의 역사. 연암서가. p.386
[26] 이이화. 1999. 한국사 이야기(7). 한길사. p.249

라 안내되어 있으나 원래는 고려정(高麗井) 이었다고 한다. 인근(隣近)에 "몽고간장"을 제조한 "장류(醬類)공장 터"라는 안내판과 역사기념관이 남아 있다. 이 일대는 물맛과 자연환경이 좋아 술과 간장 제조업이 크게 번성하였던 곳이다.

고려가 국력이 약해 침탈당한 뼈아픈 역사 현장에서 소주의 유입 역사를 다시 한 번 생각해본다. 일제강점기에 마산은 물이 좋고 배후에는 농산물이 풍부하여 청주제조업이 우리나라에서 가장 크게 번성하였던 곳으로 전국 술 생산량 1위를 기록하며 "주향마산"이라고 불리기도 한 우리나라 주류제조 메카(mecca)였다.

1.3 술의 분류

지구상에는 지금까지 알려진 다양한 술 종류 이외도 새로운 유형의 주류가 개발되고 있다. 주류는 발효주 또는 양조주(釀造酒), 증류주(蒸溜酒), 혼성주(混成酒)로 대별한다[표 1-1].

1.3.1 양조주

과일류, 곡류 및 기타 원료에 들어있는 당분이나 전분을 효소와 효모작용에 의하여 병행복발효 한 술덧을 여과나 간단한 처리 공정을 거쳐 직접 마실 수 있는 술을 통칭(統稱)하여 양조주라 한다. 양조주는 사용한 원료의 색·성분·향기가 술덧에 일부 남아 고유한 특성을 가지며 대부분 맛이 부드러운 것이 특징이다. 그러나 알코올농도가 비교적 낮아 품질 저하 또는 변질되기 쉽기 때문에 유통기한이 짧고 공급지역에 제약을 받는 단점이 있다.

양조주는 발효형식에 따라 단발효(單醱酵, single-step fermentation), 단행복발효(單行複醱酵, independent two-step fermentation), 병행복발효(竝行複醱酵, simultaneous saccharification and fermentation)로 나눌 수 있다. 단발효는 당질원료 즉, 과실류에 포함된 단맛 성분인 단당류나 이당류를 효모로써 직접 발효시킨 포도주가 대표적인 단발효주이다.

[표 1-1] 술의 분류 및 제조 공정

술의 종류		미생물	주원료	제조공정
양조주	맥주	맥아, 효모	보리	당화 → 단행복발효 → 후발효 → 여과
	청주	국, 효모	쌀	제국 → 주모 → 병행복발효 → 여과
	포도주	효모	포도	중아황산첨가 → 단발효 → 후발효 → 여과
	과실주	효모	과실	단발효(보당) → 후발효 → 여과
증류주	희석식소주	효소, 효모	薯類/곡류	당화 → 단행/병행복발효 → 연속증류
	증류식소주	효소, 효모	서류/곡류	당화 → 단행/병행복발효 → 단식증류
	위스키	맥아, 효모	보리/옥수수	당화 → 단행복발효 → 단식증류 → 숙성
	브랜디	효모	포도/과실	단발효 → 단식증류 → 숙성
혼성주		각종 제재, 합성, 약미(藥味) 첨가, 미림 백주, 홍주, 합성청주, 감미포도주, 인삼주 매실주, 오가피주 등		

단행복발효는 당화 후 알코올발효를 하는 방식을 말한다. 예를 들면, 곡물이나 서류의 전분을 우선 당화효소로써 당화하여 발효성 당으로 전환시킨 당화액에 효모를 접종하여 발효하는 것이 단행복발효이다. 맥주가 대표적인 단행복발효주이다.

병행복발효는 당화와 알코올발효가 동시에 일어난다. 민속전통주는 동일한 주조용기에 곰팡이와 효모가 배양된 누룩을 증미(蒸米)와 함께 혼합하면 당화와 알코올발효가 동시에 일어난다. 이를 병행복발효 또는 동시당화알코올발효(SSF)라 하며 청주, 약주, 탁주, 막걸리가 대표적인 병행복발효주이다.

당화 목적은 효모가 에탄올발효에 고분자 전분을 직접 이용할 수 없기 때문에 이용가능 한 이당류 이하의 발효성 당으로 분해시키는 것이다. 당화효소는 전분을 당화시킬 수 있는 효소들이 포함된 물료(物料)를 말하며 전통적으로 서양에서는 맥아, 동양에서는 미생물을 이용하였다. 예를 들면, 일본에서는 코오지(Koji, 麴)를 사용하였지만 우리나라는 누룩을 사용해 왔다. 최근 민속전통주 생산에 누룩을 전통적인 방법으로 만들어 사용하기도 하지만 상용효소(商用酵素)로 대체되고 있는 추세이다.

알코올발효는 발효(醱酵, fermentation)와 양조(釀造, brewing)로 구분할 수 있다. 알코올발효(alcoholic fermentation)는 상온(32 ± 1℃)에서 가능한 속성발효를 유도하여 에탄올 회수가 목적이다. 술덧은 증류기에 따라 음용주정과 연료용 또는 산업용 바이오에탄올을 생산한다. 증류기 특성에 따라 에탄올의 용도가 결정된다. 반면, 양조는 균주의 생물학적 발효 특이성을 이용하기 위해 비교적 저온에서 장시간 발효시킨다. 양조주 제조에 이용하는 미생물은 고유한 향미증진 기능을 가진 개량균주를 사용한다. 저온에서 장시간 발효시키면 원료 중 전분 이외의 단백질, 지질 등도 미생물에 의해 분해되어 향기와 맛이 조화(調和)를 이룬다. 양조주는 술덧 자체를 간단한 여과·분리 또는 그대로 음용하거나 술덧을 증류하여 증류주를 만들기도 한다. 일반적으로 양조주는 알코올농도가 4~18%로 낮지만 증류주는 10~75%까지 다양하다. 대표적인 양조주는 맥주, 청주, 포도주, 과실주가 있다.

1.3.2 증류주

증류주란 곡물, 과실의 당분 또는 당질원료를 발효시킨 술덧을 단식증류기(Pot still) 또는 연속 증류기(continuous still)로 증류한 술을 말한다. 증류주는 양조주에 비해 알코올농도가 높고 장기간 보관과 유통이 가능하다. 또한, 증류주는 숙성(熟成, aging) 여부와 기간, 숙성 용기의 재질, 숙성온도와 같은 숙성환경에 따라 맛, 향, 색이 달라진다. 증류한 원액을 숙성시키면 숙성용기의 재질에서 용출되는 화학물질과 물리·화학적 반응이 일어나면서 향미와 고유한 빛깔을 가지게 된다. 그러므로 증류주는 지향하는 주조(酒造) 계획에 따라 술덧을 증류할 증류기, 숙성 여부와 숙성기간이 결정된다.

증류식소주는 상압 단식증류기(Pot still)를 전통적으로 사용해 왔다. 그러나 1970년대부터 감압 단식증류기를 많이 사용하는 추세이다. 상압증류와 감압증류의 가장 큰 차이는 술덧의 끓는 온도이다. 예를 들면, 상압증류를 하면 100~125℃ 고온의 열에 의해 원재료의 향미 변화가 일어나면서 증류한 원액에도 강하게 남아 있는 것이 특징이다.

한편, 감압증류는 감압 정도에 따라 술덧의 비점보다 30~40℃ 낮은 알코올비점(78.4℃) 부근에서 증류한다. 그러므로 원재료의 특성이 비교적 적게 유출되고 온도에 의한 2차 화학적 합성물질도 적게 생성된다. 감압증류에 의한 원액은 자극취가 약하고 향미가 부드러운 것이 가장 큰 특징이다. 증류식소주 이외 증류주는 단식증류기, 또는 단식증류기 2~3기를 직렬로 배치한 상압증류기(atmospheric pressure distillers) 또는 감압 연속증류기(vacuum continuous distiller)를 사용한다. 그레인위스키 증류에는 상압 연속증류기가 많이 사용된다.

위스키와 소주는 증류기 종류에 따라 고급알코올류, 유기산류, 알데히드류, 메탄올과 같은 불순물이 상당 부분 제거된 원액을 얻을 수 있다. 이 원액은 주로 오크통에 담아 냉암소(冷暗所)에서 숙성시킨다. 원액은 숙성고(熟成庫)의 온도, 습도와 같이 숙성 환경과 기간에 따라 자연증발로 인한 감모량(減耗量)이 발생한다. 대표적인 증류주로는 위스키, 희석식소주, 증류식소주, 브랜디, 보드카, 럼, 데킬라 등 이다.

1.3.3 혼성주

양조주나 증류주에 각종 향료, 감미료, 과일, 약초 또는 이들의 침출액을 첨가하여 증류한 술을 말한다. 마시기 전 이 같은 성분을 넣어 만든 칵테일과는 다르다. 우리나라 대표적인 혼성주는 인삼주, 매실주, 오가피주, 리큐르(Liqueur)가 있다.

리큐르는 알코올에 과실이나 초근목피(草根木皮)를 넣어 이들 성분을 침출시키거나 증류하여 만든다. 또는 주정에 식물성 향기가 좋은 방향성 천연물질 또는 합성 정유(精油, essential oil)를 넣어 만들기도 한다. 혼성주의 특징은 일반적으로 알코올농도와 고형분의 함량이 비교적 높다는 것이다.

제2장 한국의 증류주

2.1 소주의 개요

증류주는 일반 양조주의 저장과 유통기간이 짧은 단점을 보완하기 위해 고안된 술이다. 발효 또는 양조한 술덧을 증류하여 만든 술을 통칭한다. 우리나라에서 소주는 주정을 희석하여 만든 희석식소주와 증류식소주로 구분하나 둘 다 증류주이다.

증류식소주는 전통적으로 누룩을 사용하였기 때문에 당화와 알코올발효가 동시에 일어나는 병행복발효주이다. 반면, 위스키는 맥아로써 우선 당화액을 제조한 후 여기에 효모를 접종하여 단행복발효 하는 점이 다르다[표 2-1].

[표 2-1] 우리나라 소주와 위스키의 차이점

술 종류	알코올농도	원료의 당화법	발효 방법	증류방법
희석식소주	15~25%	상용 당화효소 사용	단행/병행복발효	연속증류기
증류식소주	20~45%	누룩 또는 국(麴) 사용	병행복발효	단식증류기
그레인위스키	40~45%	맥아사용	단행/병행복발효	단식/연속증류기

증류식소주는 노주(露酒), 화주(火酒), 한주(汗酒) 등 다양한 명칭이 있었다. 소주(燒酒)는 한자 표기에서 알 수 있듯이 "태운 술"이라는 뜻이고, 아랍어로 증류와 땀을 의미하는 아라크(araq)를 한역(漢譯)한 것이다. 개성에서는 아락주, 평북지방에서는 아랑주, 경북·전남·충북 일부에서는 새주 또는 세주, 진주에서는 쇠주, 하동·목포·서귀포 등지에서는 아랑주, 연천에서는 아래지, 순천과 해남에서는 효주라고 하였다. 소주는 오랫동안 약용으로 이용되었기 때문에 약소주라 불렸고, 조선시대에 와서 비로소 술로써 일반인

들이 마실 수 있게 되었다.

우리나라 소주와 위스키는 단식 증류한 술로 유사점이 많다. 특히 다른 점은 술덧을 당화하는데 당화제로 소주는 누룩이나 국(麴)을 사용하지만 위스키는 맥아를 사용한다는 점이다. 최근에는 증류주의 품질개선을 위해 단식증류와 감압증류 기술을 응용하여 증류과정에서 불순물 분리기능이 부가된 개량형 단식증류기가 많이 사용되고 있는 추세이다.

2.1.1 소주의 정의

소주는 희석식소주와 증류식소주로 구분한다. 전분이 함유된 물료 즉, 국과 물을 원료로 하여 발효시킨 술덧을 연속식증류기로 증류한 주정(95%) 또는 곡물주정(85~90% 이하)을 물로 희석하고, 여기에 첨가물을 넣은 것이 희석식소주이다. 단, 엑스(extract)분 2도 이상인 것은 제외된다. 증류식소주는 전분이 함유된 물료와 대통령령이 정하는 물료를 넣어 발효한 술덧을 단식증류기로 증류한 것을 제성한 엑스분은 2도 미만으로 제품의 알코올농도는 희석식소주보다 높다.

우리나라 소주는 원래 증류식소주만을 일컫는 말이었다. 1965년 쌀 주조가 금지되면서 소주 제조방법이 증류식소주에서 희석식소주로 완전 대체되었다. 이후 소주하면 희석식소주로 통용되었다. 전통 민속주의 재현으로 증류주인 소주와 구별하기 위하여 편의상 증류식소주와 희석식소주로 구별하여 부르고 있다.
세계주류소비통계에 따르면 증류주 중 세계에서 가장 많이 판매되는 술이 우리나라 희석식소주이다.27) 최근에는 희석식소주와 증류식소주를 구분하지 않고 소주라 한다.

2.1.2 증류식소주

우리나라 소주제조는 고려시대에서 조선시대를 지나오는 동안 약간 변천(變遷)되었으나 양조과정이나 제조방법에 있어 뚜렷한 변화는 찾아볼 수 없다. 재래식 방법으로 솥과 시루, 솥뚜껑을 이용한 소규모 증류식 가양주(家釀酒)가 제조되어 왔다. 판매용소주는

---

27) 조선일보. 2021.06.22. 참이슬·진로이즈백, 증류주 세계 판매 1위 기록

고리의 제조 재질에 따라 토고리, 동고리, 철고리로 구분하였다[그림 2-1].

우리나라는 전통적으로 고두밥에 누룩을 넣어 양조한 다음 소주고리로 증류하여 소주를 생산하였다. 그러나 일본강점기 때 일본의 양조기술이 국내에 들어오면서 주조법(酒造法)과 증류기술이 발전하는 계기가 되었다.

[그림 2-1] 옹기로 된 토고리(A), 토고리의 단면도(B) : 알코올증기 냉각수 도기(상), 증기 유도관(중), 술덧을 넣는 솥(하)

1920년대부터 누룩대신 종국(種麴, 흑국 곰팡이)을 접종해 배양하는 입국(粒麴) 제조가 전국으로 확산되었다. 종국과 쌀, 보리, 옥수수, 수수, 조, 고구마 등 원료를 혼합해 만든 술덧을 15일 정도 발효시켰다. 이 술덧을 단식증류기로써 증류하여 증류식소주를 생산하였다.

당시 생산 현황을 보면, 1916년 28,404개 주조제조장(酒造製造場)이 있었으며, 여기서 생산되는 소주의 총검정량은 15,790㎘로 제조장 평균 검정량은 559ℓ로 소규모였다. 그런데 1924년 제조장은 3,175개로 급감하였으나 생산량은 2.1배 증가한 33,201㎘를 생산하였다. 제조장 평균 검정량은 10.5㎘를 생산하여 제조장 생산규모가 약 19배 증가하였다. 결국 한국인이 경영하던 영세규모의 제조장들은 생산기술과 규모경쟁에서 도태되고 일본 업체가 주류산업을 지배하게 되었다.28)

[그림 2-2] 동제(銅製) 단식증류기
알코올증기 상승관(swan neck)에 bubble cap tray가 설치된 개량형 단식증류기로 소량 다품종의 증류주 생산용

증류식소주는 단식증류기로 증류하기 때문에 알코올 성분 이외에 알데히드류, 퓨젤유와 같은 향미성분이 많고 원료에 따라 독특한 방향성을 갖는 것이 특징이다. 강한 향미를 완화하여 품질을 개선하려는 시도가 지속되

---

28) 裵商冕 編訳. 1997. 朝鮮酒造史(1907~1935). 奎章閣. p.238

면서 단식증류기가 개량되었다. 예를 들면, 단식증류기의 알코올증기 상승관(swan neck) 내부에 tray나 baffle을 설치하여 내부 환류비 증가를 시도하여 원액의 품질을 향상시킬 수 있었다. 때문에 단식증류기의 설비개선을 한 다양한 개량형 단식증류기[그림 2-2]가 탄생하게 되었으며, 우리나라 증류식소주와 희석식소주의 특징은 [표 2-2]와 같다.

[표 2-2] 증류식소주 및 희석식소주의 특징

구분	증류식소주	희석식소주
원료	① 함유한 물료(백미 포함)를 국(麴)과 물을 원료로 발효 ② 증류식소주에 대통령령이 정하는 물료를 첨가한 것	① 희석식소주 : 주정에 첨가물료를 넣은 것 (첨가물료 : 사탕, 구연산, 아미노산류, 소르비톨, 무기염류, 스테비오사이드, 아스파탐, 물엿 등) ② 혼합식소주 : 희석식소주에 증류식소주 또는 곡물주정*을 혼합한 것
엑스분	2도 미만	2도 이상인 것 제외
증류법	단식증류 : 10~75%	연속증류 : 95%
맛과 특징	소주 고유의 풍미를 가짐 고급 알코올취, 곡자취, 국취, 원료취, 탄 냄새 등	불순물이 전혀 없는 무취, 담백한 감미 술로써 우리나라 고유한 증류식소주가 되었음

* 곡물주정 : 알코올 85~90% 이하인 곡물주정을 말한다.

증류식소주는 제국, 담금, 증류, 저장 공정을 거쳐 1965년 이전까지 제조되었다. 그러나 1965년 이후부터 정부의 양곡정책에 따라 소주제조에 곡류사용이 전면 금지되었다. 그러자 증류식소주 제조장은 주정 생산시설로 일부는 개조되었지만 대부분 희석식소주 제조장으로 전환되었다. 이와 같은 주세행정의 변화에 따라 증류식소수 제조와 제품 생산기술이 단절되어 사라지는 운명을 맞게 되었다. 그 후 1991년부터 주류제조면허가 개방되어 일부 기존 소주제조장은 신규제조면허를 취득하여 전통 증류식소주를 재현하여 생산하기 시작하였다.

2.2 증류식소주 제조

2.2.1 희석식소주

(1) 개요

희석식소주는 연속식증류기로 증류한 주정을 물로 희석한 술이다. 희석식소주 생산에 이용되는 주정은 발효주정과 정제주정이 있으며 주세관리법상 구분하여 관리한다. 국내산 곡류나 서류(薯類) 외에 수입 타피오카를 발효시켜 연속증류 한 것이 발효주정이다. 그리고 전분질과 당질 원료(사탕수수, 사탕무, 폐당밀 등)로부터 생산된 반제품인 조주정(粗酒精, crude alcohol)을 수입하여 재증류한 정제주정이 있다.

주정을 희석하여 만든 희석식소주는 소주제조사의 전처리(前處理) 공정과 첨가물의 종류 및 그 조합비율에 따라 고유한 맛을 가진다. 특히, 입안에서 느끼는 단맛의 강약은 혀의 감응(感應) 부위에 따라 여운(餘韻)이 다르고 목 넘김도 달라진다. 희석식소주는 증류식소주와 달리 향을 거의 첨가하지 않는다. 때문에 우리나라 음식뿐 아니라 동서양의 모든 음식 즉, 해산물, 육류, 매운 음식, 향신료에 영향을 거의 받지 않는 특징이 있다. 그러므로 소주는 세계의 모든 음식과 궁합이 잘 맞으며 한국을 대표하는 증류주로 평가받고 있다.

(2) 제조 공정

희석식소주의 제조공정에서 탈취공정(②)은 생산성과 맛을 좌우하는 가장 중요한 공정 중 하나이다[그림 2-3].

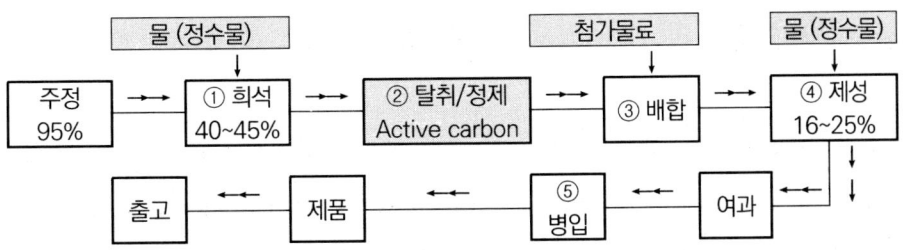

[그림 2-3] 희석식소주의 제조공정 흐름도

1) 희석

원료 주정 95%를 약 40~45% 전후로 1차 희석(①)한다. 이 희석알코올을 나주(裸酒)라고 한다.

2) 정제

40~45%로 희석한 나주의 주정 향미를 안정시키고 맛을 순화시켜 이취를 제거할 목적으로 활성탄소 여과법(②)이 가장 많이 이용된다. 이때 사용되는 활성탄은 분말과 입상 활성탄이 있다. 활성탄에 규조토 분말을 혼합하면 탈취효율을 높일 수 있다. 규조토의 첨가량, 활성탄의 소재(素材)와 입도(粒度)는 여과속도에 큰 영향을 미친다.

전처리 공정은 품질 표준화에 매우 중요하고 생산성과도 직결된다. 활성탄 충전탑은 유체역학적으로 잘 설계되어야 생산성을 높일 수 있다. 특히, 충전탑은 활성탄을 쉽게 교환할 수 있도록 분해조립과 접근성이 용이하도록 제작한다. 희석한 알코올은 탈취탑을 통과시켜 정제한다. 이 공정에서 고유한 주정취(酒精臭)와 제조공정 중 첨가물로 혼입될 수 있는 이취 및 이물질을 제거하여 맛과 향을 순화시킨다.

3) 첨가물

주정을 물로만 희석하면 맛이 너무 담백하고, 알코올농도가 낮으면 물 냄새가 난다. 소주제조사와 소주 종류에 따라 맛이 다른 것은 알코올농도와 첨가물의 배합(配合) 공정(③)에서 기인된 맛이다. 첨가물은 단맛을 내는 당류(糖類) 또는 대체당류, 구연산, 아미노산류, 소르비톨(sorbitol), 무기염류를 조합한 레시피(recipe)를 첨가한다.

주세법상 첨가물은 제성주 100㎖ 중에 2g(15℃)까지 첨가할 수 있다. 첨가물의 혼합비율은 소주제조사 마다 고유한 레시피(recipe or formula)가 있고 조합비율은 회사의 중요한 기밀(機密)로 취급된다, 즉, 레시피는 혼합성분과 비율에 따라 소주 맛의 강약(accent)이 달라진다.

첨가량은 보통 0.05~0.15%이다. 그러므로 소주는 음주자의 기호성에 따라 선호도가 달리질 수밖에 없다. 최근에는 소주의 단맛은 당류 이외의 대체당류로 단맛을 내거나 당류를 넣지 않은 무가당 저도주(低度酒)를 생산하는 추세이다.

4) 제성·제품

첨가 물료를 넣고 잘 배합(③)한 다음 정제수로써 제품규격에 맞게 제성(④)하여 병입(⑤)한다. 소주는 알코올농도 15~25%의 다양한 제품이 생산되고 있다. 최근에는 알코올농도가 낮은 술을 선호하는 추세로 알코올농도 20% 이하인 저도주가 많이 생산되는 추세이다. 근년에 와서 계절과일의 담금주 용도로 알코올농도가 높은 제품도 생산되고 있다.

2.2.2 증류식소주

(1) 분국 제조

지역에 따라 다양한 원료와 고유한 제조방법으로 가양주(家釀酒) 및 소규모 증류식소주가 제조되어 왔다. 우리나라는 전통적으로 밀기울로 만든 누룩으로 소주를 제조하였다. 누룩제조는 성형된 누룩 표면에 미생물이 자연발생적으로 부착되어 배양된다. 누룩은 주변 배양환경, 배양시간, 원료기질(基質)의 종류에 따라 우점종균(優占種菌)이 다르다.

주로 곰팡이는 *Aspergillus* 속, *Rhizopus* 속, *Mucor* 속, *Penicillium* 속, *Monascus* 속 등이고, 효모는 *Saccharomyces coreanus*, *Coreanus forma* 등이 많이 배양된다. 이 외에도 다양한 균류가 번식한다. 누룩의 자연배양 조건은 수분, 온도, 바람, 빛과 같은 환경요인이 있지만 특히 지역성(地域性)에 가장 큰 영향을 받는다. 따라서 그 지역에 기후와 풍부한 농산물을 이용하여 만든 발효제품이기 때문에 지역특산물이 되는 경우가 많다.

반면, 누룩의 단점을 보완한 개량국(改良麴)은 순수분리 배양된 종균을 누룩배지에 접종한 후 배양기(培養器)에서 배양한다. 일반적으로 종균을 접종하여 만든 개량 국을 분국(粉麴) 또는 국이라고 한다. 이 분국은 최적 배양조건을 자동 조절할 수 있는 제국실 또는 자동제국장치를 이용한다. 당화력이 높은 양질의 분국을 안정적으로 제조할 수 있게 되었으며, 전통적인 누룩과는 구별된다. 이와 같이 배양된 고체분국은 알코올농도가 높은 병행복발효에 적합하다. 최근에 분국 제조는 기계식 배양실 내에 설치된 다단식 tray의 배양상자로 배양하거나 자동제국기를 이용하여 대량생산이 가능하게 되었다[그림 2-4].

[그림 2-4] 연속 입형 자숙기(A), 반자동 제국기(B), 자동 제국기(C)

분국은 주원료에서 용해된 전분을 잘 당화시킬 수 있는 아밀라아제 효소류(α-, β-, γ-amylase) 외 50여 종류 이상의 미량 효소가 검출되고 있다. 소주제조에는 주로 흑국균(*Aspergillus usamii, Asp. awamorii*), 백국균(*Rhizopus peka*), 황국균(*Asp. orizae*)이 많이 사용된다. 백국균은 한계덱스트린을 분해할 수 있는 효소를 생산하므로 발효수율이 증가한다. 흑국균인 *Asp. awamorii*는 액화형 효소(α-amylase)와 포도당만 생산하는 AMG (amyloglucosidase or γ-amylase)를 동량 생산하는 특성이 있다. 그러나 이 균의 변이종은 포자색만 다를 뿐 제반 성질은 백국균과 거의 비슷하다.[29]

우리나라에서도 분국제조의 산업화에 성공하여 알코올농도와 발효수율이 증가되어 원가절감에도 기여하였다. 고상배양(固狀培養)을 한 분국은 당화력(SP, saccharogenic power)과 내산성 당화력(a-SP, acid-resistant SP)이 매우 높은 특징을 가지고 있다. 알코올발효 초기단계에서 pH 3 전후로 급격히 떨어질 때에도 내산성 당화효소의 활성은 잘 유지된다. 뿐만 아니라 구연산과 같은 유기산류는 잡균오염을 억제하는 효과가 있다. 국을 배양하는 과정에서 국균의 생리적 특성을 이용하여 온도를 조절함으로써 유기산 생성과 효소의 내산성을 높일 수 있다.

전통 주류인 막걸리제조에 분국을 사용하면 재래 누룩을 사용했을 때 나는 특유한 이취를 완전히 없앨 수 있다. 뿐만 아니라 맛과 향이 개선된 고급 제품을 생산할 수 있고 제성비율도 증가한다. 누룩을 사용하여 밑술을 만들 경우 별도로 효모를 첨가하지 않아도 되지만 분국을 사용할 때에는 반드시 제조하려는 주류 특성에 맞는 효모를 접종한다.

이렇게 발효한 술덧을 단식증류기로 증류한 원액을 바로 제품화하거나 숙성시킨 후

---

[29] 성낙계 외. 1995. 新版 醱酵工學. 螢雪出版社. pp.154-170

제품을 만든다. 일반적으로 소주를 숙성하려면 오크통을 사용하지만 숙성시간과 제조경비가 절약되는 오크칩(oak chips)을 활용하여 향과 색감을 띠는 제품을 만들 수도 있다.

(2) 증류식소주 제조

1) 주종 결정과 주조설계

"어떤 주종(酒種)을 만들 것인가?"를 심도(深度) 있게 검토한 결과에 따라 투자여부를 결정한다. 사업목표를 달성하기 위해서는 디테일한 사업타당성 검토가 선행되어야 한다. 여기에는 우선 반영되어야 할 필수사항은 생산규모, 안정적인 원료의 확보, 원료와 제품의 수송성 등 제조공장 건설에 필요한 입지조건이다.

공장의 입지조건은 생산 환경을 좌우하며, 제품 컨셉(concept)에 관한 스토리텔링(storytelling)도 중요하다. 주종과 생산규모가 결정되면 사업타당성 검토 절차에 따라 사업성이 인정되면 제품의 사양을 포함한 표준운전매뉴얼 작성, 제조설비의 자동화 수준, 제반설비의 발주와 설치 일정을 포함한 구체적인 사업추진 일정표를 작성한다. 이를 바탕으로 건축물과 제조면허인허가 등 행정적으로 필요한 절차를 밟는다.

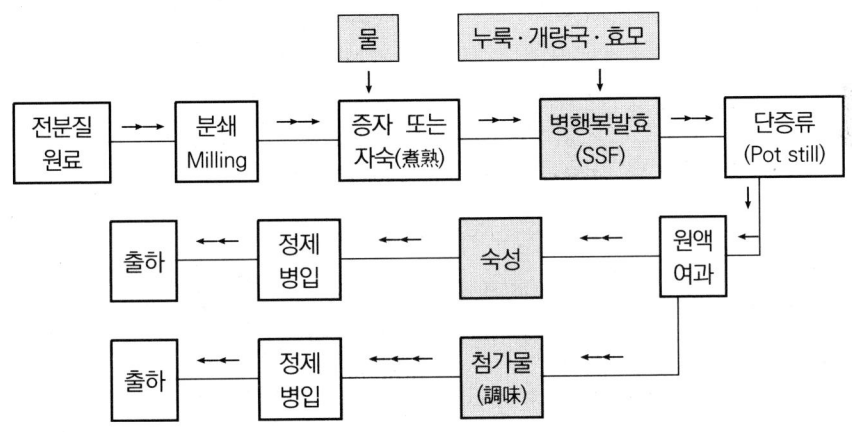

[그림 2-5] 증류식소주의 제조공정 흐름도

일반적으로 양조주 생산보다 증류식소주 제조에 다양한 전분질원료가 사용되어 왔으며 제조공정의 흐름은 [그림 2-5]와 같다. 전분질원료는 곡류와 서류가 있고, 그 외 당질원료가 있다. 소주의 주원료는 그 지역에서 생산되는 농산물로 쉽게 조달할 수 있어야 한다. 이렇게 생산된 소주는 지역을 대표하는 특산물이 되는 경우가 많다. 특히, 제조 목표로 하는 주종과 품질이 일정하고 안정적인 생산을 위해서는 미리 작성한 표준운전 매뉴얼에 따른다. 이 주조설계는 시제품의 기준이 구체적으로 상세하게 반영되고, 그 내용이 명확히 기술될 수 있도록 사전에 충분한 문헌 등 연구 조사가 뒷받침되어야 한다.

2) 제국과 증자

가. 제국(製麴)

주류의 생산규모에 따라 주원료의 당화에 전통적인 "누룩만 사용할 것인지?, 누룩과 개량국을 혼용할 것인지?, 아니면 개량국만 사용할 것인지?"를 결정한다.

가양주 또는 소규모로 생산할 경우 누룩과 개량국을 혼용하는 것이 주질과 제성비율을 증가시킬 수 있다. 그러나 전통적인 방법을 고수하려면 우선 누룩을 재래방법에 준하여 만든다. 하지만 절충법도 고려해 볼 수 있다. 예를 들면, 우선 그 지역의 양호한 시료 누룩을 채집한다. 이 시료 누룩에서 우점종균(優占種菌)을 분리하여 종균을 확보한다. 여기서 분리된 종균은 재래방법으로 누룩을 성형할 때 접종하여 배양한다. 이렇게 분리된 종균으로 누룩을 만들면 재래방법으로 만든 누룩보다 풍미를 더욱 개선시킬 수 있다. 그러므로 주질(酒質) 개선에도 꼭 필요한 과정이다.

누룩은 밀로 만드는 것이 좋다. 그러나 우리나라는 밀 생산이 부족하였기 때문에 지방마다 누룩을 제조하는 원료가 조금씩 달랐다. 밀을 주성분으로 하고 여기에 보리, 옥수수, 팥, 귀리, 호밀, 수수 등을 섞어서 만들었다. 일반적으로 밀을 분쇄한 가루로 만든 누룩은 약주에 사용하고, 거칠게 조분쇄한 것은 소주를 만드는데 사용되었다. 누룩은 그 지방의 온도와 습도 등 주변 환경에 절대적인 지배를 받는다.

증류식소주 생산량이 중소규모일 경우 재래식보다 전통 누룩에서 분리한 우점종균을 자동제국기에 접종하여 누룩(국)을 제조할 것을 추천한다. 왜냐하면 국의 최적 배양 조건을 자동으로 조절할 수 있어 항상 균일한 품질의 국제조가 가능하므로 양조주의 주질도 항상 일정하게 생산할 수 있다. 생산규모, 주조 목적과 용도에 맞게 전통 누룩제조법으로 자가 제조(自家製造)한 누룩, 개량누룩 또는 상용분국 사용 여부를 결정한다.

전통주류 재현에는 문헌과 고증(考證)을 통해 생산방법이 설계되어야 한다. 좋은 전통주(傳統酒)를 재현하는데 성공하더라도 현대인의 기호에 맞는 주질로 재탄생해야 한다. 현대인의 음주 기호를 만족시킬 수 있을 때 비로소 상품 가치와 생명력을 가진다.

나. 국의 기능

배양조건에 따라 아밀라아제와 유기산 생성에 영향을 받는다. 예를 들면, 제국 과정에서 α-amylase, glucoamylase, transglucosidase는 온도가 높을수록 많이 생산된다. 그러나 carboxypeptidase와 같은 산성 단백질효소는 온도 영향을 적게 받는 것으로 알려져 있다.[30]

유기산의 생성은 35℃ 이하에서 많이 생성되나 40℃에서는 생산량이 크게 저하된다. 그러므로 국을 배양하는 동안 배양 초기에는 왕성한 효소생산을 위해 높은 온도에서 배양하고 후반으로 갈수록 35℃ 이하에서 배양하여 유기산 생성을 유도한다. 이때 tray 내 배양상자의 배지(培地, culture medium)는 상하 뒤집기를 하여 배양 최적온도 유지와 산소 공급을 충분히 해 준다. 또한, 배양시간을 연장하면 효소의 내산성이 증가하게 된다. 내산성과 유기산 함량이 높은 조효소는 발효수율과 잡균오염 억제효과가 상승한다.

다. 증자

① 증자 개념

증자는 자숙(煮熟, steaming)과 증자(蒸煮, cooking)로 구분할 수 있다. 자숙은 소규모일 경우 원료를 분쇄하지 않은 전곡(全穀)을 물에 침지(浸漬)한 후 물 빼기를 한 다음 스팀(알코올증기와 구분하기 위하여 보일러에서 발생한 증기는 스팀으로 표기함)으로 30분 이내로 쪄서 곡물 전분을 α-화하는 개념이다. 여기에 누룩 또는 국과 효모를 넣어 병행복발효를 한다.

산업규모 증자일 경우 전곡 또는 분체(粉體)와 물을 혼합한 슬러리(slurry)를 스팀으로 가온하여 전분을 호정화(糊精化)함으로써 국균 번식과 아밀라아제의 효소작용이 쉽도록 하는 동시에 잡균을 살균한다. 증자 온도는 주종과 원료에 따라 최적조건을 찾는다. 이 증자과정에서 용수 중에 있는 각종 무기 이온은 비활성화 되어 공정의 스케일 생성이

---

[30] 배상면. 2001. 本格燒酒製造技術. 배상면주류연구소. pp.87-114

크게 감소된다.

② 증자방법

전분질원료의 분체나 전곡을 산업규모로 증자할 때 회분식 또는 연속식 증자방법 중 하나를 선택한다. 증자기 종류는 연속적으로 교반할 수 있는 교반장치가 구비된 Henze형, 구형, 원통형, U-tube 또는 CSTR과 조합한 PFR 증자기(plug-flow reactor or column cooker) 등이 있다.

증자기를 설치하는 공간은 설계할 때 2차 오염을 방지할 수 있도록 건물 벽, 바닥, 천정 등 식품위해요소중점관리기준(HACCP, hazard analysis and critical control Point)에 적합하도록 시공한다. 증자기는 온도, 압력계 등 계측 장비를 자동제어 할 수 있도록 계장을 구축한다.

특히, 전통주를 재현 할 경우 문헌과 직간접 경험을 채집하여 객관적인 주조계획을 세운다. 그리고 각 공정은 시운전을 할 수 있는 운전매뉴얼도 함께 작성한다. 산업규모일 경우 전술한 바와 같이 원료 분체를 증자하여 슬러리를 만든다. 분체와 용수를 혼합기(inline mixer)에서 슬러리를 만들 때 액화효소 일정량을 주입하면 알갱이(소형 전분입자 덩어리) 생성을 방지할 수 있다.

연속증자를 할 때 가장 이상적인 운전은 슬러리가 선입선출(先入先出)이 잘 되는 증자기를 선택한다. 예를 들면, PFR을 조합한 증자기는 증자효율이 증가하므로 발효수율도 증가하게 된다. 또한, 증자공정에서 작은 알갱이가 생기지 않는 증자 최적온도와 교반속도를 찾는다. 그래야 점도는 낮고 당 농도가 높은 슬러리를 제조할 수 있다. 점도가 낮으면 슬러리 혼합이 잘 되고 가온 스팀의 열전달율이 높아져 증자효율이 증가하므로 스팀사용량은 오히려 감소하게 된다. 증자가 잘 되어야 당화와 발효 수율이 증가하고 오염도 감소하게 된다.

3) 주모 배양

민속전통주 제조 또는 산업규모 알코올발효를 할 때 접종용(starter) 종효모를 배양하는 것을 말한다. 주모, 밑술, 1단 담금은 같은 공정을 말한다. 민속전통주 또는 소규모 양조장에서 밑술 제조는 원료량의 30% 전후의 입국에 배양효모를 0.5%~0.8% 접종하고,

급수량은 140~150% 이내로 넣어 배양한다. 이때 접종한 배양효모가 잘 증식하고 젖산균 이외 유해균이 번식하지 않도록 관리한다.

전통주나 양조주에 사용하는 효모는 낮은 pH와 온도에 대한 내성이 있어야 한다. 그러므로 사용 효모는 향미 증진에 좋은 기능을 가진 균주를 선발하여 사용한다. 밑술 제조에 있어 잡균오염을 억제하기 위해서는 사용하는 국(麴)에 충분한 구연산이 생성될 수 있도록 배양한다. 그리고 술덧의 알코올농도가 4%까지는 가능한 빨리 도달할 수 있게 담금 농도를 조절하는 것이 포인트이다. 술덧의 알코올농도가 4% 이상 빠른 시간 내에 도달하게 되면 알코올농도에 의해 잡균오염이 억제되기 때문에 지향하는 술덧을 만들 수 있다. 밑술을 3~8일간 배양하면 밑술이 완성된다.

산업규모일 경우 효모 배양용 배지의 당 농도는 10% 이하로 하고, 전술(前述)한 증자 방법 따라 주모용 배지를 만든다. 주모조는 교반기, 공기주입 장치(air diffuser), 온도를 조절할 수 있는 냉각장치가 구비되고 이를 제어할 수 있도록 계장설비를 구축한다. 주모조에 이송된 증자 슬러리(배지)가 실온까지 냉각되면 연구실에서 미리 순수 배양된 종균을 오염되지 않도록 이식구(移植具)를 사용하여 접종한다. 주모조는 공기를 공급하여 호기적 조건으로 배양한다.

효모가 대수증식기(對數增殖期, exponential growth phase)에 이르면 주모배지의 온도가 상승하기 시작한다. 이때 시료를 채취하여 효모수를 계측한다. 대수증식기에 도달하면 공기공급을 중지한다. 만약, 주발효 술덧에 합병할 시간이 지체되거나 대기해야 할 경우 대수증식기에 도달한 주모는 냉각하여 더 이상 효모 증식과 노화가 진행되지 않도록 관리한다. 주모의 온도를 낮게 유지하면 주모배지에 남은 발효성 당분이 과소비되는 것을 억제할 수 있다.

4) 주발효

가. 소규모 발효

소규모 전통주를 발효할 경우 앞에서 설명한 바와 같이 배양된 주모(밑술)에 남은 원료를 1단 혹은 2단으로 나누어 첨가하면서 주발효를 진행한다. 전통주나 주정발효에 있어 2단 담금 또는 본발효 혹은 주발효라 함은 모두 같은 과정을 의미한다.

전통 가양주 및 소규모 생산일 경우 밑술 제조는 담금 후 3~8일 정도 경과하면 효모 증식과 발효가 왕성해 진다. 이때 본 담금을 하여 주발효를 진행한다. 주발효의 급수비율은 원료에 따라 다르나 약 140~150%, 발효온도는 25℃ 전후가 적당하다.

곡류를 병행복발효 하는 동안 당화 최적온도는 30℃이다. 술덧 온도가 35℃ 이상이면 당화작용이 현저히 떨어지면서 효모도 온도에 의한 스트레스를 받기 시작한다. 또한, 20℃ 이하가 되면 아주 완만하게 발효가 진행된다. 그러므로 발효온도에 따라 주류의 품질과 제성비율이 달라지므로 발효 최적온도 관리가 필요하다. 전통 양조주는 저온에서 장기간 발효하는 것이 풍미개선에 좋기 때문에 여름에는 술 빚는 것을 가능한 피한다.

나. 산업규모 발효

산업규모 생산은 증자가 끝난 슬러리를 당화조 운용 여부에 따라 이후 공정이 달라진다. 당화공정이 있을 경우 증자한 슬러리를 당화조에 이송하여 당화 최적온도(55~62℃)까지 냉각한 후 당화효소나 분국으로 당화시킨다. 약 0.5~1시간 전후 당화시킨 다음 32±1℃까지 냉각하여 발효조에 이송한다. 그러나 당화공정 없이 동일한 발효조에서 당화와 알코올발효를 동시에 수행할 경우 증자한 슬러리를 발효조에 직접 이송하여 발효 최적온도까지 냉각하거나 증자 후 발효조에 유입되는 과정에서 냉각한다. 여기에 미리 배양된 주모를 접종하여 병행복발효 한다.

술덧의 온도 조절은 발효조 내부 또는 외부에 설치된 냉각장치를 이용하여 최적온도를 유지한다. 증자 슬러리와 술덧이 소규모일 경우 탱크 외부에 물을 살수(撒水)하는 외냉(外冷) 설비 또는 이중 재킷(double jacket)으로 냉각한다. 그러나 중대규모의 증자 슬러리는 감압 증발탱크(vacuum flash vessel)를 경유하여 완충조 또는 당화조에서 냉각한다. 이때 냉각에 범용으로 사용되는 열교환기로는 내부 사관냉각기(蛇管冷却器, internal coil cooler)를 많이 사용한다. 이 사관냉각기는 주로 가공성과 열전도성이 좋은 동 파이프를 전통적으로 많이 사용해 왔다. 최근에는 유지관리가 쉽고 내구성(耐久性)과 내산성이 좋은 STS 재질로 많이 대체되고 있다. 외부 열교환기로는 판(plate)형과 스파이럴(spiral)형 두 종류가 사용되고 있다.

알코올발효는 밀폐식 또는 개방식 발효를 한다[그림 2-6A/C]. 발효조가 대용량이라도 탄산가스를 회수하지 않거나 5kℓ 이하 발효조일 경우 개방식 발효를 많이 한다. 그러나 중소규모 용량의 발효조일 경우도 2차 오염 방지와 HACCP 차원에서 밀폐식 발효를 선호하는 추세이다.

술덧의 향미는 사용하는 효모의 생리적 특성, 발효 온도와 시간에 따라 달라진다. 따라서 제품 특성에 맞는 효모 선택이 매우 중요하다. 아울러 효모는 활성이 퇴화되지 않도록 종균 관리를 철저히 한다.

[그림 2-6] 밀폐식 발효조(A) 및 감압단식증류기(B), 보리 술덧의 개방식 발효조(C) 및 감압단식류기(D)

발효가 진행되는 동안 경시적(經時的)으로 술덧을 채취하여 알코올농도, pH, 색, 향취 등을 분석하여 정상발효가 진행되고 있는지 여부를 확인한다. 채취한 시료 술덧을 정치(定置)하면 쉽게 상하층으로 분리된다. 따라서 상하층 분리정도와 상층액의 투명도를 보면 당화와 정상발효의 진행 여부를 판단할 수 있다.

5) 단식증류

발효가 완료된 술덧은 단식증류기로 회분식 증류(batch distillation)를 한다[그림 2-6 B/D, 2-7A/B]. 단식증류기(pot still)는 주전자 모양의 솥(Pot), 증기 상승관(swan neck), 응축기(condenser)로 구성된다. 술덧을 솥에 채워 증류를 하면 알코올은 증발하여 증기 상승관을 거쳐 응축기에서 원액을 얻을 수 있다.

단식증류기에 열원을 공급하는 방법은 직접가열, 간접가열 또는 이 두 방법을 혼합한 절충법이 있다. 직접 가열식은 스팀이 술덧에 직접 분사되므로 교반 및 가열 효과가 매우 좋다. 그러나 스팀은 잠열을 뺏긴 후 응축되어 술덧의 알코올농도를 낮추고 폐액 발생량이 증가하는 단점이 있다. 하지만 고비점(高沸點) 불순물인 푸르푸랄(furfural), 초산,

[그림 2-7] 감압 단식증류기(A)와 숙성조(C), 스리랑카 전통주 Toddy 증류용 상압 이중 증류기 전시용 모형(B), 원액 저장조(D)

고급지방산, 에스테르 등은 간접가열법보다 쉽게 분리할 수 있는 장점이 있다. 단식증류기는 가열방식에 따라 증류식소주의 품질이 달라진다[표 2-3]. 1970년대 이후 단식증류기에 감압을 이용한 감압증류법이 개발되어 증류식소주 제조에 급속도로 확산되었다. 감압증류는 부드러운 향미를 가진 원액을 얻을 수 있는 것이 장점이다. 1990년대에 들어와서 우리나라도 민속전통주 재현에 변형된 감압 단식증류기가 많이 보급되었다[그림 2-7A].

최근에는 단식증류기에 연속증류기의 장점을 일부 접목한 개량형 단식증류기가 등장하고 있다. 예를 들면, 단식증류의 단점을 개선하기 위하여 단식증류기의 솥과 상부(上部) 응축기로 연결된 알코올증기 상승관 내부에 tray나 baffle 또는 코일 냉각기를 설치하여 전통적인 단식증류기를 변형 또는 개량한 다양한 단식증류기가 개발되어 실용화되고 있다. 예를 들면, 단식증류기에 perforated tray, bubble cap tray를 설치하여 내부 환류량을 증가시켜 품질 개선을 시도하였다. 특히, 감압운전 하는 단식증류기의 경우 증발하는 알코올증기의 비체적(specific volume)[31]이 상압증류에 비해 증가하기 때문에 탑 내 증기 상승속도가 빨라진다. 그러므로 증발하는 알코올증기 속에 비말(飛沫)동반을 방지하는 것이 품질관리에 매우 중요한 점이다. 비말동반은 품질의 향미에 영향을 미칠 뿐 아니라 응축기 튜브의 오염을 유발하는 원인이 되기도 한다. 이를 방지할 목적으로 증기 상승관 내부를 개조하거나 별도 설비를 부가하는 등 다양한 시도가 있었다. 특히, 감압증류 할 때 비말동반 현상은 음용주정을 생산하는 1·2세대 감압증류기에도 같은 현상이 나타난다. 그러므로 이 현상의 방지기술이 요탑의 설계에 반영되어야 한다.

---

[31] 단위질량단 체적(㎥/kg)

[표 2-3] 단식증류기의 가열방법에 따른 특성 비교

항목	간접 가열식	직접 가열식
전열속도	전열속도가 낮고 교반이 필요함	스팀이 직접 응축되기 때문에 전열속도가 높고, 교반시설이 불필요함
증류 중의 술덧 농도	스팀 응축수에 의한 술덧 희석 효과는 없는 반면 증발량만큼 휘발되지 않은 성분들은 농축됨	스팀 응축수에 의해 술덧이 희석됨
폐액 발생량	증류기 솥에 주입한 술덧 량(F)에서 알코올 증발량(P)을 뺀 양이 폐액(W) 따라서 물질수지는 $Fx = Px + Wx$이다. (x : 알코올농도)	술덧 주입량에 비해 폐액 발생량이 증기 응축수로 인해 10~15% 증가(α)하므로 물질수지는 $Fx = Px + (W+\alpha)x$이다.
유출액 성분의 향미	산류(酸類)의 유출이 많고, 향미가 농후한 경향이며, 증류비율은 높으나 탄내가 발생할 우려가 짙음	술덧의 혼합 효과가 좋아 점도가 높은 술덧의 증류에 적당하나 비말 동반에 의한 주질 저하에 주의가 필요

    술덧을 단식증류 하면 알코올증기가 응축기에서 응축되어 유출된다. 이때 유출되어 나오는 순서에 따라 초류(初流), 중류(中流), 후류(後流)로 구분한다. 이때 초류는 저비점 불순물이 많고, 후류는 고비점 불순물이 많이 포함되어 있다. 초류와 후류는 많이 제거할수록 품질은 향상되는 반면 제성비율이 낮아지는 단점이 있다. 증류과정에서 유출액의 적절한 회수구간을 결정해야 하는 데 이 조작기술은 많은 운전경험, 관능검사, 성분분석 자료 축적에서 나온다. 유출액의 알코올농도는 단식증류기의 운전기술 즉, 초류와 후류의 회수 시간과 양에 따라 차이가 크게 발생한다.

    술덧 중 알코올농도는 증류가 계속됨에 따라 점점 낮아진다. 유출액 알코올농도가 40% 전후에서 백탁(白濁) 현상이 최고에 달하고 이후부터 감소한다. 그리고 후류의 알코올농도가 10%까지 떨어지면 증류를 중지하는 것이 좋다. 증류 후 유출액의 평균 알코올농도는 40% 전후이나 초류와 후류를 얼마나 제거하느냐에 따라 알코올농도와 향미가 달라진다. 초류와 후류는 별도로 모았다가 다음 회 또는 sprits 증류할 때 혼합하여 알코올회수율을 높인다. 증류를 너무 오래하면 후류취, 탄내, 산취와 같은 이취가 점점 강열해 지는 경향을 보인다. 품질 좋은 원액을 얻기 위해서는 증류기의 운전경험, 원액의 정량분석 자료 및 관능 결과가 축적되어야 한다. 이 축적된 자료를 바탕으로 표준운전매뉴얼을 작성하고, 이를 근거하여 단식증류기의 자동화운전 프로그램을 갱신(update)한다.

현재 위스키나 브랜디는 대부분 상압증류에 의하여 만들어진다. 상압증류의 특징은 향미에 관련 있는 미량성분을 많이 함유하고 있기 때문에 농후한 맛을 가진다. 증류 원액은 향미가 자극적이지만 숙성에 의하여 품질을 순화(純化)시킬 수 있다. 하지만 상압증류 과정에서 고온으로 인해 2차적으로 생성된 화학반응물질은 개성이 강렬한 원액이 될 수 있다.

증류기의 형상, 재질, 증류조건 특히, 증기 상승관의 구경(球莖)과 길이 등에 의해 주질 변화가 수반된다. 상압증류 한 원액은 농후한 주질 때문에 일반적으로 숙성(熟成)시키는 것이 좋다.

6) 제성과 숙성

증류 원액은 소주 원료의 특유한 풍미가 강하고 자극적이며 유성물질(油成物質)이 많다. 이 유성물질을 주정공장에서는 퓨젤오일(fusel oil) 또는 고급알코올류(higher alcohols)라 한다. 자극적인 향미를 가진 원액은 증류 후 3개월 이내에 제품화할 경우는 제거해야 하지만 저장기간이 긴 경우는 특별히 제거할 필요가 없다.

유성물질의 주성분은 고급지방산 에스테르 및 고급알코올로서 주변 온도에 따라 거동(擧動)한다. 즉, 겨울철에는 분리되어 표면에 뜨고 봄과 여름철에 다시 용해된다. 그러므로 유취(油臭)의 원인이 되는 유성물질을 가능한 저장 전에 제거하는 것이 바람직하다. 유성물질은 10~15℃ 이하이면 응고되므로 5~8℃를 유지하여 12시간 정도 냉각 후 여과하여 제거한다.

최근 우리나라에 보급된 개량형 단식증류기는 처음부터 유성물질을 효과적으로 제거할 수 있도록 설계되었을 뿐 아니라 각종 계장(計裝, instrumentation)을 설치하여 자동화 운전이 가능하다. 운전 조건에 따라 유성물질이 처음부터 제거된 원액을 얻을 수 있다.

일반적으로 증류주는 냉암소에서 장기간 저장하면 품질이 개선된다. 우리나라 민속 전통주의 경우 저장 및 숙성 용기로써 옹기를 많이 사용하였다. 최근에는 가양주 수준에서 중소규모로 생산량이 증가되면서 원액 숙성은 오크통과 STS 탱크를 병용하는 추세이다[그림 2-7C/D]. 숙성에 의한 품질 변화는 옹기나 STS 재질의 용기에서는 물리적 변화 이외 화학적 변화는 크게 기대할 수 없다. 반면, 오크통 숙성은 내부의 탄화(burning)

정도, 저장기간, 사용 횟수에 따라 원액의 색감이나 향미가 완전히 달라지는 물리화학적 변화를 수반한다.

7) 정제와 병입

품질 규격과 표준화를 위해 원액을 정제한다. 원액의 정제는 가능한 원료의 좋은 향미를 유지하도록 숙성 원액을 간단히 처리하는 것이 좋다. 사용되는 여과재질은 목면, 규조토, 이온교환수지, 특수 재목으로 만든 활성탄 등 여러 가지가 사용되고 있다. 최근에는 대나무 숯을 이용한 여과방법이 주목받고 있다. 제품 생산은 저장·숙성·정제과정을 거친 원액을 품질규격에 맞게 표준화 과정을 거친다.

2.3 대표적인 증류식 소주

2.3.1 문배주

(1) 개요

문배주는 고려시대 태조 왕건에게 진상(進上)되었던 평양 지역의 향토 증류주였다. 문배주는 평양 대동강변의 주암산(酒岩山) 샘물과 이 지역에서 생산되는 밀로 만든 누룩[그림 2-8] 및 조와 수수로만 술을 빚어 고령토[32]로 여과하여 생산하였지만 문배나무의 "과실 향이 난다"하여 문배주(술)라 불렸다.[33] 지금은 평양 지역의 평천양조장 설립자가 6.25전쟁 때 월남하여 경기도 통진읍 문배주양조원[34]에서 5대째 문배주를 빚으며 전통을 이어 가고 있다. 문배주는 1986년 대한민국 국가

[그림 2-8] 밀로 만든 제조용 전통 누룩

---

32) 고령토(高嶺土, Kaolin, $Al_2Si_2O_5(OH)_4$는 규산염 또는 점토광물의 한 종류로 도자기 원료로도 사용됨
33) 주진순. 2004.서울의 희귀종 문배나무 기준 표본목(산림문화재탐방). pp.86-89
34) 문배주양조원은 이기춘씨가 1995년부터 김포시 통진읍에서 현대적 생산설비로 문배주를 제조하고 있음.

무형문화재 제86-1호로 면천 두견주(제86-2호), 경주 교동법주(제86-다호)와 함께 지정된 한국의 3대 명주 중 하나이다.

문배주는 양조주기(釀造酒器) 주변의 온도를 25℃로 일정하게 유지하면서 발효시킨다. 발효가 끝난 술덧을 단식증류기로 증류하여 문배주 원액을 얻어 제품화한다.

수입 양주가 우리 주류시장을 잠식해 가는 작금(昨今) 문배주와 같은 술이 있다는 것은 참으로 다행한 일이다. 위스키와도 경쟁할 수 있는 증류주로 발전하기를 기대한다.

(2) 양조 용수와 원료

평양 대동강 유역의 지질은 석회암 층이기 때문에 이곳의 물은 경수(硬水)를 사용하였다. 그러나 우리나라는 대부분 화강암층이기 때문에 평양과 같이 석회암층 경수가 나오는 지역을 찾기가 어렵다. 세계 유명주류인 위스키, 브랜디, 맥주가 생산되는 공통적인 지리적 특성은 모두 석회암층이 있는 곳이다.

문배주는 누룩 원료인 밀과 수수 및 조가 주원료이며 쌀을 전혀 사용하지 않고 경수로 빚은 순곡(純穀) 증류주로 문배나무 향을 가진 것이 가장 큰 특징이다.

(3) 발효와 증류

누룩은 자연환경에서 배양하면 우점종균(優占種菌)인 백곡균(*Aspergillus. sp*)이 잘 증식한다. 배양 과정에서 아밀라아제 효소를 충분히 생산하게 한 후 배양온도를 낮추면 구연산과 같은 유기산류 생성이 촉진된다. 이들 유기산류는 배양하는 동안 국 자체의 부패나 잡균의 오염방지 효과가 증진되고 내산성 아밀라아제의 생성을 조장한다. 이렇게 배양된 누룩과 국을 잘 분쇄하여 미리 배양된 밑술과 증자한 원료를 혼합하여 주기(酒器)에 넣어 발효한다. 발효온도는 25℃에서 6개월~1년 장기간 발효시킨다.

양조가 끝난 술덧을 단식증류기로 증류하여 원주를 얻는다. 이 원주의 생산수율은 30~35%로 매우 낮은 이유는 사용한 원료의 전분함량이 낮기 때문이다. 원액은 황갈색을 띠면서 문배향이 강하다. 이 원주는 온습도가 일정한 지하실 또는 냉암소에서 6~12개월간 숙성시킨다.

2.3.2 안동소주

(1) 개요

신라는 아랍과 중계무역을 하였다는 사실이 신라에서 출토된 서역인(西域人) 무인상(武人像)과 페르시아 유리잔 등이 출토되면서 확인된 바 있다. 그 당시에 증류식소주가 전래되었다는 기원설을 뒷받침하고 있다. 우리나라에 증류식소주는 전술한 "**1.2.3. 소주의 전래**"와 같이 몽골제국이 일본 원정을 위해 한반도에 침입한 13C (1274~1281)에 소주고리와 함께 전파되었다는 설이 가장 유력한 정설이다. 그 이후부터 증류식소주는 조선시대에 와서 소주제조 기술이 크게 발전하였으며 대표적인 소주가 안동소주이다.

증류식소주는 고려시대 이후에는 가양주(家釀酒)로 계승되어 오다 일제강점기인 1920년대에 일본의 양조기술이 들어오면서 소멸 위기를 맞는다. 일제강점기에 우리 주류제조업은 영세하였기 때문에 생산규모와 생산성, 가격 경쟁력 면에서 일본 술(소주와 청주)에 뒤질 수밖에 없었다. 그래서 가양주로 그 명맥을 겨우 유지해 왔었다.

그런데 1965년에 쌀을 원료로 하는 주조(酒造)가 금지됨에 따라 전통주류 제조가 급격히 사양화(斜陽化) 되었다. 하지만 안동소주의 제조비법이 무형문화재로 지정되면서 현재의 안동소주가 명맥(命脈)을 유지하여 오늘에 이르고 있다[그림 2-9]. 이것은 우리나라 전통술 재현과 더불어 전통문화 계승 차원에서 큰 의의가 있다. 제조법에 대하여 약술하면 아래와 같다.

(2) 전통 누룩 제조

조분쇄(粗粉碎)한 밀에 온수를 살수(撒水)하여 잘 혼합한 후 자숙한다. 이것을 일정한 모양으로 성형한 다음 20여일 정도 자연 배양한다. 잘 띄워진 누룩은 잘게 분쇄하여 멍석에 넣어 며칠 동안 밤이슬을 맞힌다.

전통적으로 이렇게 하는 이유는 누룩 특유의 곡자취를 없애는데 효과가 있었기 때문이라 한다. 전통 누룩 제조방법은 주질(酒質)과 직결되므로 전통 향미는 살리고 곡자취를 없애는 제조공정으로 개선할 필요가 있다.

(3) 발효와 증류

[그림 2-9] 안동소주(경북 안동)

선별된 쌀을 세척하여 침지(浸漬)한 후 물을 빼고 수 분간 방치 후 고두밥을 만들어 방랭(放冷) 한다. 여기에 미리 제조하여 분쇄한 누룩과 적당한 물을 주기(酒器)에 넣어 잘 혼합한다. 이것을 비교적 저온에서 10~15일 정도 발효하면 알코올농도가 높고 향미가 좋은 술덧을 얻을 수 있다. 이 술덧을 소주고리로 증류한 것이 안동소주이다.

술의 특징은 증류할 때 초류와 후류를 얼마나 제거하고 회수하는가에 따라 원액의 품질, 알코올농도, 제성비율이 결정된다. 초류는 휘발성유기화합물(VOC, volatile organic compounds)과 저비점 불순물을 많이 함유하고 있다. 초류의 일부를 제거한 후 본류를 회수한다. 처음에는 알코올농도가 60% 이상으로 높지만 증류가 지속되는 동안 알코올농도는 점점 낮아진다. 이때 고비점 성분이 많은 후류 회수량에 따라 제품의 향미 특징이 결정된다.

2.3.3 진도홍주

(1) 개요

진도홍주는 고려시대 말부터 조선 초기에 만들어진 것으로 추측되고 있다. 홍주는 약소주로서 지초주(芝草酒)라고도 한다. 특히, 홍주는 진도에서 삼보삼락(三寶三樂)에 속할 정도로 널리 알려진 술이다. 삼보란 진돗개·구기자·미역, 삼락은 진도홍주·민요·서화를 말한다.

지초는 「동의보감(東醫寶鑑)」[35]과 「본초강목(本草綱目)」[36]에 의하면 다년생 초본식물로 뿌리가 자근(紫根)이고, 약리효과 때문에 예로부터 장염, 해열, 인체의 해독, 청혈작용(淸血作用)이 뛰어나다고 알려져 있다. 홍주는 우리나라 주류 중 유일하게 홍색을 띤 증류주이다.

---

[35] 허준(1539~1615). 1610년 완성. 중국과 한국의 한의학 서적들을 집대성한 의학 백과사전
[36] 이시진(1518~1593). 1596년 출판. 약 제조법과 민간처방을 수록한 약초학 연구서

(2) 발효와 증류

홍주의 주원료는 찐 보리와 쌀이다. 원료를 전통적인 방법으로 만든 누룩을 넣어 빚는다. 누룩으로 미리 밑술을 제조한 후 여기에 주원료인 보리와 쌀을 증자하여 냉각시킨 다음 적당한 물을 첨가하여 잘 혼합한다. 이 술덧을 12일 동안 발효시킨다.

홍주는 발효할 때 주원료에 지초를 넣어 발효하지 않고 술덧을 증류할 때 응축기 유액(流液, stream)으로써 지초를 추출하거나 미리 정제된 지초 추출액을 원주에 첨가하여 홍주를 제조한다. 숙성 술덧을 단식증류기 또는 소주고리로 증류한 원액은 초류와 후류의 제거량(除去量)에 따라 알코올농도가 40~48%가 된다[그림 2-10 A/B]. 단식증류를 할 때는 앞서 설명한 안동소주 증류 방법과 같은 증류기술과 경험이 필요하다.

[그림 2-10] 홍주 단식증류기(A)와 숙성 탱크(B)

제3장 외국의 증류주

3.1 위스키 개요

주세법상 위스키는;

① 발아된 곡류와 물을 원료로 하여 발효시킨 술덧을 증류하여 나무통에 넣어 저장한 것(몰트위스키)
② 발아된 곡류와 물로 곡류를 발효시킨 술덧을 증류하여 나무통에 넣어 저장한 것(그레인위스키)
③ ① 또는 ②의 규정에 의한 주류의 술덧을 증류한 후 이를 혼합하여 나무통에 넣어 저장한 것
④ ①과 ②의 규정에 의한 주류를 혼합한 것
⑤ ① 내지 ③의 규정에 의한 주류에 대통령령으로 정하는 주류 또는 물료를 혼합하거나 첨가한 것(블렌디드위스키)을 말하며, 엑스(extract)분이 2도 이상인 것은 제외한다고 정의하고 있다.

전 세계의 증류주는 중동의 연금술사(鍊金術師, alchemist)가 개발한 증류기 덕분이다. 그들은 보통 금속으로써 금을 만들려고 온갖 실험을 하다가 발명한 것이 증류기술이다. 십자군 전쟁에 참여한 유럽의 다국적군 중 스코틀랜드 수도사들의 귀향으로 토속 에일(Ale) 맥주를 증류하여 알코올 도수가 높은 술을 제조하게 되었다. 이것이 스카치위스키의 효시가 되었다. 위스키란 말은 스코틀랜드 고어(古語)인 겔릭어(Irish Gaelic)로 "생명의 물"이란 뜻이다. 초기 증류주는 매우 귀한 것으로서 수도원이나 귀족만 소유하고 마실

수 있었다.

　18세기 초 스코틀랜드 국왕이 잉글랜드 왕을 겸하면서 탄생한 대영제국은 재정 수입원으로 증류주에 무거운 세금을 부과하였다. 스코틀랜드인들은 이에 반발하여 산간지역으로 피신해 밀주조(密酒造)한 위스키를 참나무통에 넣어 지하 동굴에 저장하였다. 수년 후 참나무통에서 호박색의 환상적인 술을 발견하게 된다. 이렇게 위스키의 제조법과 숙성방법이 발견되었고 대영제국이 번영하면서 스카치위스키도 전 세계로 뻗어나가는 계기가 되었다.

　원래 스카치위스키는 건조한 맥아(엿기름, malt)로만 양조한 술덧을 2회 증류(double distilled)한 몰트위스키(malt whisky)를 말한다. 몰트위스키는 맥아를 건조할 때 스코틀랜드의 이탄(또는 토탄, peat)을 훈연 재료로 사용하였기 때문에 훈연향(smoked flavor)이 강한 것이 특징이다. 이탄은 화본과식물이나 수목질의 유체가 토양 지표에서 분해 작용과 수압으로 인해 만들어진 탄소화합물이다. 이탄 훈연으로 건조된 맥아 분체를 용수와 혼합해서 적당한 농도의 슬러리를 만든다. 이 슬러리를 당화시킨 후 효모를 접종하여 단행 발효 한다. 이 술덧을 증류하여 얻은 원액을 숙성시켜 만든 것이 위스키이다.

　특히, 아이리시위스키를 만드는 양조장(distillery) 건물은 개성을 가지고 있다. 위스키 양조장은 주변 환경과 잘 어울리는 장소에 양조장이 위치하고 있다. 각 양조장마다 고유한 증류주 제조 과정, 증류기술과 레시피(recipe)를 가지고 있다. 이 곳에서 생산되는 위스키는 주민들의 삶 자체이기 때문에 눈 감고 마셔도 위스키 종류를 구별할 수 있을 정도이다. 그만큼 위스키제조 자체가 곧 그들 삶의 방식이다. 양조장의 지리적 환경과 관련 역사를 알고 술 빚는 사람들의 장인정신을 생각하면서 술을 마신다면 그곳에 가지는 못해도 또 다른 술맛을 느낄 수 있을 것이다.

　위스키 어원은 라틴어의 생명수(aqua vitae)와 같은 뜻으로 usky 또는 아일랜드어 "이시커 바허, uisce beatha", 스코틀랜드 대응어는 "우스게 바허, uisge- beatha"가 whisky로 변했다고 한다.[37] 스코틀랜드에서는 whisky로, 아일랜드는 whiskey로 쓴다. 우리나라는 whisky라고 쓰지만 미국에서는 whisky와 whiskey를 혼용하고 있다.

---

[37] https://en.wikipedia.org/wiki/Uisce_beatha

3.2 위스키 분류

위스키는 12세기경부터 만들어진 술로 스코틀랜드의 Scotch, 아일랜드의 Irish, 미국의 American, 캐나다의 Canadian 그리고 일본의 Japanese 유형으로 대분류한다. 또한, 럼(Rum)은 중남미 증류주로 특유의 향기를 가지고 있다. 그러나 위스키하면 스코틀랜드의 스카치위스키로 통용된다.

[그림 3-1] 스코틀랜드의 몰트위스키

사용한 원료와 제조방법에 따라서 몰트(malt), 블렌디드(blended), 그레인(grain) 위스키로 구분한다. 몰트스카치위스키(malt scotch whisky)는 순 맥아로 만들었으며 강한 향과 무거운 맛이 특징이다[그림 3-1]. 블렌디드 스카치위스키(blended scotch whisky)는 몰트스카치위스키에 그레인위스키를 혼합한 것으로 부드럽고 경쾌한 맛을 가진다. 그레인위스키(grain whisky)는 대맥, 호밀, 소맥, 옥수수를 주원료로 사용하는 반면 몰트위스키는 순 맥아만을 발효시킨 술덧을 단식 또는 2회 증류 한 위스키이다.

술덧 제조는 옥수수 약 80%에 맥아 20%를 혼합하여 당화 후 단행복발효 한다. 이 술덧을 연속증류기로 증류하여 알코올농도 80% 전후의 원액을 얻는다. 이 원액을 나무통 속에서 숙성시킨 후 원액은 대개 단독으로 상품화하지 않고 몰트위스키와 혼합하여 스카치위스키를 만든다.

3.2.1 아이리시위스키

아이리시위스키(Irish Whisky)는 아일랜드 섬의 소규모 양조장에서 만들어진 위스키로 그 원조는 6세기경부터 시작되었다. 3회 증류(triple distilled)한 가장 순수한 술로 숙취 후에도 속이 편한 고급 위스키로 명성이 높다. 아이리시위스키는 곡물의 종류와 증류기 형태에 따라 분류하며, 맥아만 발효한 술덧을 전통적인 단식증류기로 2~3회 증류한 싱글 몰트위스키, 맥아와 보리를 혼합 발효한 술덧을 단식증류 한 싱글 포트 스틸 위스키

(Single Pot Still Whisky), Coffey 증류기로 연속 증류한 그레인위스키가 있다. 그러나 19세기 초 아일랜드 증류업계에서는 Coffey 연속증류기를 수용하지 않고 그들만의 단식증류기를 고집하였기 때문에 Coffey는 연속증류기를 스코틀랜드로 가져갔다.

싱글 몰트위스키에 그레인위스키, 싱글 포트 스틸 위스키를 혼합한 브렌디드위스키가 있다. 블렌디드위스키는 아일랜드 공화국의 농림축산식품부와 해양부(Department of Agriculture, Food and the Marine)에 의해 포트 스틸, 몰트, 곡물 위스키 카테고리 중 두 가지 이상의 서로 다른 위스키를 혼합한 것으로 정의하고 있다.

3.2.2 스카치위스키

스카치위스키(Scotch Whisky)는 스코틀랜드산(産)이 가장 대중적이며 2회 증류한 것이다. 스코틀랜드는 남한의 2/3 정도 면적에 인구 약 500만인 산악 국가로 100개 이상의 양조장이 있다[그림 3-2].

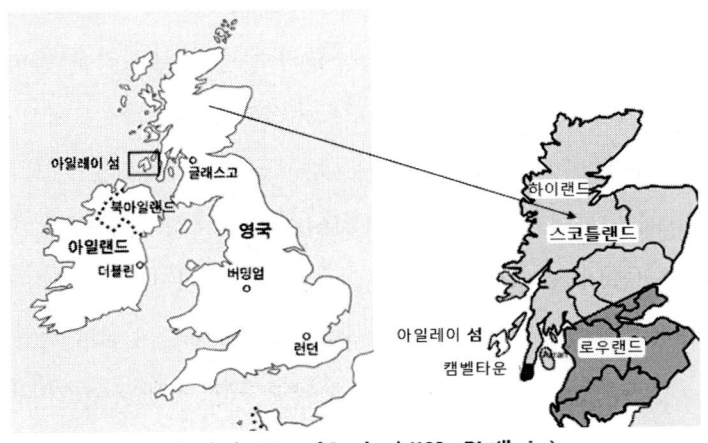

[그림 3-2] 스카치위스키와 몰트위스키 생산지역
위스키를 생산하는 캠벨타운(Campbel town), 하이랜드(Highland), 로우랜드(Lowland), 아일레이 섬(Islay) 섬(7개의 Distillery가 밀집되어 있음)

스코틀랜드는 영국의 한 지방이었지만 오랜 세월동안 독립된 왕국이었다. 때문에 민족, 종교, 문화에 있어서 영국과 상당한 차이가 있으며 아직도 그들의 고유한 전통을 계승(繼承) 유지하고 있다. 스카치위스키는 그 역사나 상표 등에 스코틀랜드의 기질 즉, 켈

트족 특유의 냄새를 짙게 풍기고 있으며 스코틀랜드 사람들의 집념과 삶이 담겨져 있다.

아일랜드 사람들은 아이가 태어나면 위스키를 마시면서 축하하고, 장례식에 모인 사람들은 그 지방에서 빚은 위스키를 잔에 채워 말없이 단숨에 잔을 비운다. 잔과 병도 바위에 깨트리는 풍습이 전해지고 있다. 지금도 스카치라는 단어는 스코틀랜드 사람을 뜻하기도 하지만, 스카치위스키를 의미하는 말로 쓰인다. 그리스와 로마의 라틴문화가 포도주와 브랜디를 만들었다면 위스키는 켈트문화의 독창적인 술이라 할 수 있다.

몰트위스키와 그레인위스키 제조에 사용되는 원료는 당화 및 증류 방법에 차이점이 있다[표 3-1]. 몰트위스키는 맥아만 발효한 술덧을 단식증류기(Pot still)로 2회 증류를 하지만 그레인위스키는 맥아와 밀, 옥수수 같은 다른 곡물과 같이 발효한 술덧을 Coffey 연속증류기로 증류한 것이다. 1831년부터 연속증류기가 도입됨에 따라 급격한 생산량 증가는 주류제조업이 발전하는 계기가 되었다. 아일랜드인 Coffey가 연속증류기를 발명하였으나 아일랜드 증류업계는 단식증류기를 고집하였고 Coffey 연속증류기를 수용하지 않았지만 스코틀랜드는 수용하였다. 연속증류기는 단식증류기에 비해 향미가 부드러운 원액을 제조할 수 있었다. 그리하여 스코틀랜드 전통적인 단식증류기로 만든 강렬한 향기와 맛을 가진 원액과 Coffey 연속증류기로 만든 부드러운 향미의 원액을 혼합(blending)한 블렌디드위스키(blended whisky)가 탄생하게 되었다.[38] 스카치위스키 규정에 따르면 블렌디드 몰트 스카치위스키(Blended Malt Scotch Whisky)는 여러 증류소(distilleries)에서 증류된 두 개 이상의 싱글 몰트 스카치위스키를 혼합한 것을 말한다. 블렌디드 그레인 스카치위스키(Blended Grain Scotch Whisky)는 두 개 이상의 싱글 그레인 스카치위스키를 혼합한 것을 의미하며, 블렌디드 스카치위스키(Blended Scotch Whisky)는 하나 이상의 싱글 몰트 스카치위스키와 하나 이상의 싱글 그레인 스카치위스키를 혼합한 것으로 캐러멜 색상을 추가할 수 있도록 허용하고 있다.[39]

몰트위스키는 증류식소주와 같이 단식증류기에 의하여 제조되는 위스키이다. 따라서 몰트위스키의 특징은 알코올 이외 휘발성 성분인 알데히드, 퓨젤유, 에스테르가 함유되어 있기 때문에 향미가 강한 것이 특징이다. 주로 아일랜드 및 스코틀랜드의 몰트위스키가 여기에 해당된다.

---

[38] 김준철의 와인이야기(https://www.sommeliertimes.com/news/articleView.html?idxno=124878)
[39] https://en.wikipedia.org/wiki/Blended_whiskey

[표 3-1] 몰트 및 그레인위스키의 차이점

공정	몰트위스키 (malt whisky)	그레인위스키 (grain whisky)
원료	이탄으로 건조시킨 몰트만 사용	호밀, 밀, 옥수수 등 곡류 사용
당화	맥아(maltase)로 보리 전분을 당화	맥아로 곡류 전분을 당화
발효	당화액에 효모 첨가	당화액에 효모 첨가
증류	단식증류기로 2회 증류, 알코올 60~70%	연속증류기로 1회 증류 80%이상
저장	참나무통에 3~30년 숙성	참나무통에 3년 이상
특징	색향이 진함	색향이 연함

연속증류기에 의해 제조되는 위스키로는 스코틀랜드의 그레인위스키와 미국과 캐나다 위스키가 있다. 이들 위스키는 단식증류기의 원액에 비하여 향미가 엷고 부드러운 것이 가장 큰 특징 중 하나이다. 또한, 버번위스키처럼 새 오크통을 사용하지 않고 럼, 와인 숙성에 사용한 오크통을 재사용하여 숙성하는 것이 특징이다. 그러나 최근에는 새 오크통으로 숙성을 시도하고 있다. 새 오크통에 원액을 숙성하면 색감과 강한 오크 향 성분은 물리화학적 반응이 일어나기 때문에 원액의 색향이 마스킹 될 수도 있다는 것을 유념할 필요가 있다.

3.2.3 캐나디언위스키

캐나디언위스키(Canadian Whisky)는 가장 경쾌한 풍미를 가지고 있는 부드러운 위스키의 전형적인 모델이다. 캐나다는 양질의 보리와 밀이 많이 생산되어 위스키 제조용 원료가 풍부하다. 또한, 좋은 수질의 하천이 많아 위스키 생산에는 천혜의 자연 환경조건을 가지고 있다.

캐나디언위스키의 주원료는 보리로 만든 맥아와 밀, 호밀, 보리, 옥수수이다. 향미가 강한 라이 보리로 만든 위스키와 깨끗한 맛의 옥수수로 만든 위스키를 혼합하여 캐나다 특유의 부드럽고 경쾌한 위스키를 제조한다. 캐나디언위스키는 지난 200년 동안 "라이 위스키"와 "캐나다 위스키"라 불리던 것을 동일한 제품이라고 캐나다 법으로 용어를 정의하였다.

3.2.4 버번위스키

(1) 개요

"Alltech's 20th Annual Alcohol School"과정에서 수강 및 버번위스키(Bourbon whisky) 양조장 견학 자료를 중심으로 기술한다.[40]

건국 220여년 미국 역사를 상징하는 전통주가 바로 "버번위스키"이다. 버번위스키의 역사적 의미를 살펴보면 1789년 조지 워싱턴이 미국 초대 대통령으로 취임했을 때부터 공식제조가 시작되었다. 버번(Bourbon)이라는 말은 켄터키 주의 버번 카운티(Bourbon County)에서 만들어지는 위스키의 대명사이다. 이 카운티는 미국이 영국에 대항하여 독립전쟁(1775~1783)을 할 때 지원군으로 참전한 프랑스군의 주둔지가 "부르봉"이였다. 이 지명은 지원 병력을 보낸 왕가 "부르봉"에서 유래되었다고 한다. 그 후 프랑스어로 "부르봉"이 미국식 발음인 "버번"이라고 불리게 되었다.

버번위스키를 처음 제조했던 사람은 에리아 크레그(Elijah Craig)로 알려진 침례교 목사였다.[41] 당시 유행했던 옥수수로 만든 위스키는 오크통에 담아서 운반하였다. 이때 사용할 오크통을 만들기 위해서는 나무판을 불로써 휘게 하여 제조하는 공정이 있다. 어느 날 크레그 목사는 실수로 불을 너무 오래 쬐어 탄화가 많이 된 오크통이 있었다. 하지만 아깝다는 생각에 그는 이 오크통에 원액을 보관했으나 그 사실을 잊어버렸다. 수개월 후 그 오크통을 열어 보니 맑은 옥수수 위스키가 아닌 황금빛 액체로 변해 있는 것을 발견하게 되었다. 그 오크통에는 "켄터키 주 버번에서 만든 오크통"이라고 생산지가 적혀 있었다. 그래서 켄터키 주의 특산물인 버번위스키가 탄생하게 되었다.

(2) 버번위스키 양조장

버번위스키는 아메리칸 위스키의 한 종류이다. 버번위스키는 제조할 때 미국정부가 지정한 기준에 따르며 반드시 켄터키 주에서만 제조하도록 되어 있다. 그리고 이 지역에서 가장 많이 생산되는 농산물인 옥수수를 술덧 원료 중 51% 이상을 사용하고 알코

---

[40] 남기두. 2000. 10. Alltech's 20th Annual Alcohol School's reference files(USA)
[41] https://en.wikipedia.org/wiki/Elijah_Craig

올함량은 160 프루프(proof)[42] 이하로 화학적 첨가물을 넣어서는 안 된다. 또한, 제조 후 2년 이상 숙성해야 하는 것이 정부가 제시한 표준이다.

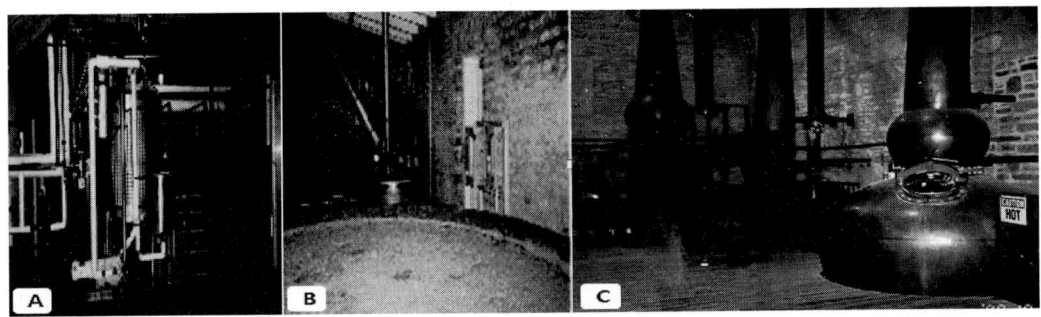

[그림 3-3] 위스키 공장의 설비
입형 증자기(A), 참나무로 만든 개방식 발효조(B), 동제(銅製) 단식증류기(C).

술덧은 주원료인 옥수수 외에 수수, 호밀, 밀과 맥아의 분체를 입형 증자기로 저온증자(100℃)와 압력증자(124℃)에 따라 15~60분간 회분식 증자한다. 이때 증류폐액 일부를 슬러리 제조에 재이용한다. 증자한 슬러리는 맥아로써 가능한 64 ℃에서 25분 정도 당화시킨 다음 냉각하여 효모를 접종한 후 발효한다. 당화시간을 가능한 짧게 하는 이유는 오염을 최소화하고 당화효소를 활성화하는데 있다.

버번위스키의 생산설비는 입형 증자기, 참나무로 만든 목제 발효조, 동재질의 단식증류기가 설치되어 있다[그림 3-3]. 알코올발효는 1단 사입을 하며 개방식 병행복발효 후 단식증류 하여 알코올농도 80% 이하의 원액을 얻는다. 이 원액을 62.5% 이하로 희석하여 잘 탄화되고 살균된 새 오크통에 넣어 2~8년 이상 숙성시켜 위스키를 만든다[그림 3-4]. 원액은 반드시 새 오크통에 넣어 숙성고(熟成庫)에서 숙성시킨다.

[그림 3-4] 오크통 제작과정에서 열처리로 탄화된 오크통 내부 모습

원액은 숙성기간 동안 자연 감모량을 최소화하기 위해 지하 또는 반 지하의 냉암소에 저장하는 것이 일반적이다. 그런데 버번위스키의 원액 숙성은 지상건물인 것이 특이하였다.

---

[42] Proof를 알코올도수(%)로 환산은 proof/2이다. 예) 에탄올농도 90proof는 45%이다.

3.2.5 재패니즈위스키

(1) 개요

일본 위스키(Japanese whisky)도 스카치위스키와 마찬가지로 훈취(燻臭, smocking) 역할이 매우 중요한 제조공정이다.[43] 위스키의 특징적인 훈취는 이탄으로 훈연한 맥아에서 유래된다. 훈연하지 않은 몰트위스키도 많이 제조되고 있지만 훈연맥아는 스카치위스키의 특성을 나타내는 명확한 하나의 지표이다.

"위스키는 자연에서 태어나고 풍토에서 완성"되며, "술은 물을 선택하고 물은 술을 완성"시킨다고 한다. 이를 테면 술덧제조에 사용하는 사입용수는 효모의 성장을 조장하고, 제품 중에 물이 차지하는 비율이 위스키 경우 50% 이상, 맥주와 양조주는 80~95%이므로 수질은 술 품질에 영양을 미치는 중요한 인자이다. 특히, 양조용 사입용수는 경도가 20~100인 연수 또는 중경수가 좋다. 사입용수 중의 미네랄인 Ca, K, P는 효모증식과 효소활성화에 직접적인 영향을 미친다. 최적의 공장입지 조건 중 하나는 미네랄이 풍부한 수원(水源)을 찾는 일이다. 음용수로써 경수는 건강에 좋지 않지만 발효용 사입용수로는 미네랄이 많아야 적합하다. 경수가 많은 석회암 지역일수록 맥주 및 와인이 유명하다. 석회암 토질은 햇빛을 잘 반사하기 때문에 포도 성장이 촉진된다.

(2) 맥아제조와 당화

1) 맥아제조

맥아(麥芽) 제조는 침맥(沈脈, steeping), 발아(發芽, germination), 건조(乾燥, drying)의 3가지 공정이 있다. 발아관리 3요소는 수분, 온도, 산소이다. 온도는 저온발아(15℃)와 고온발아(20℃) 법이 있다. 저온발아의 경우 맥아 성장은 늦지만 산소 생산이 많아 발아도 균일하고 손실이 적은 장점이 있다. 위스키용 맥아제조는 15℃ 저온발아가 좋다. 잘 발아된 맥아의 수분은 42~45% 정도이고, 최종적으로는 4~4.5%까지 2단계에 걸쳐 건조한다. 건조공정은 전반부에서 맥아의 부착수 또는 유리수가 탈수되면서 수분 10% 이하까지

---

[43] 남기두. 2018. 일본 주류산업해외연수 자료집(Unpublished personal files, 5월)

빠르게 건조된다. 그러나 건조 특성곡선(乾燥特性曲線, drying characteristic curve)에 따라 후반부 감률 건조단계에서는 결합수가 탈수되어 건조되는 단계이기 때문에 온도, 습도, 통풍 양을 잘 조절해야 탄화되지 않게 건조할 수 있다.

맥아제조는 대맥(大麥)을 발아시켜 만든다. 위스키용 맥아 보리는 도정(搗精)하지 않고 통보리(全麥)를 사용한다. 선호하는 보리는 대립(大粒)으로 입자크기가 균일하고 황색을 띠며, 광택이 좋고, 침맥 후 발아에 소요되는 휴면기간(休眠期間)은 짧고, 수분은 13% 이하인 것이 좋다. 맥아제조용 보리는 전분 이외의 단백질과 무기질이 풍부해야 발아비율이 95% 이상 높은 고품질의 맥아를 만들 수 있다. 이때 맥아 중의 질소성분과 무기질 등은 발효 초기단계에서 효모증식에 영향을 미친다.

맥아는 전처리 공정에서 이물질 제거도 중요하지만, 분쇄공정이 매우 중요하다. 분체입도는 당화, 여과작업의 난이도, 맥아즙의 조성, 위스키의 품질과 수율에 영향을 미친다. 맥아의 성상(性狀)은 분쇄·당화·여과에 큰 영향을 미치기 때문에 이러한 점을 고려하여 분체입도를 결정한다. 분쇄방법은 습식과 건식이 있다. 맥아에 수분을 함유시켜 분쇄하는 습식은 깨끗한 맥아즙을 얻기 어렵기 때문에 맥아즙을 가열한 후 청징화(淸澄化)하는 과정이 반드시 필요하다. 맥주양조에서 습식분쇄를 하는 경우가 있지만 위스키 제조에서 습식분쇄는 거의 이용하지 않는다. 중소규모 양조장은 대부분 맥아 전문제조회사(maltster)에서 만든 상용제품을 구입하여 사용하는 추세이다.

2) 당화

건조된 맥아 분체를 온수와 잘 혼합하여 당화조로 이송한다[그림 3-5]. 여기서 맥아로부터 침출된 당화효소 작용으로 맥아의 전분이 발효성 당분으로 전환되어 당화맥아즙이 완성된다. 이때 당화 온도는 당화율을 좌우하며 위스키의 제성비율에도 영향을 미친다. 당화과정에서 맥아 성분 중 저분자 물질은 쉽게 용출되지만 탄수화물, 단백질, 핵산 등은 용해가 어렵다. 당화공정에서 주된 반응은 당화효소인 아밀라아제에 의해 전분이 분해되어 이당류 이하의 발효성 당으로

[그림 3-5] 일본 S 양조장의 당화조

전환된다. 이때 관여하는 α-와 β- amylase의 당화작용 최적온도는 52~62℃ 범위가 적당하다. 이처럼 공통으로 작용할 수 있는 온도 범위에서 당화시키면 전분 당화비율이 증가하여 제성비율도 증가하게 된다. 당화맥아즙에는 단당류인 맥아당을 주성분으로 이당류, 다당류, 아미노산, 펩타이드(peptide), 질소화합물, 지방, 비타민, 무기질 성분도 함유된다.

3) 발효

당화공정에서 얻은 당화맥아즙 또는 분쇄 맥아와 사입온수를 잘 혼합한 후 발효조에 이송한다. 맥아즙의 당도는 14~16°Bx[44] 범위가 된다. 여기에 효모를 첨가하면 알코올 발효가 진행된다. 술덧은 사용한 효모 종류와 발효조건에 따라 고유한 향미성분을 가진다.

발효가 끝난 술덧의 알코올농도는 당화액의 당 농도에 따라 다르나 대개 약 7~8% 정도가 된다. 효모에 의한 발효가 가장 용이한 당은 맥아당이다. 단백질은 펩타이드와 아미노산으로 분해된다. 아미노산류는 효모증식에 필요한 영양원으로 제공된다. 아미노산류는 위스키의 향미에 관여하는 고급 알코올 및 기타 다양한 휘발성 성분으로 전환한다. 당화맥아즙 중 효모증식에 필요한 아미노산농도는 100mg/ℓ(아미노태 질소로는 150~180mg/ℓ) 이상이 필요하지만 통상 위스키 술덧에는 충분한 양이 포함되어 있다. 그러나 과잉의 아미노산과 펩타이드가 존재하면 균형 잡힌 위스키를 생산하는데 오히려 부적당하다.

이외에 당화맥아즙 중에는 곡피 성분 중 탄닌, 고미질(苦味質) 성분, 폴리페놀화합물(polyphenol compounds)이 용출된다. 곡피 주성분인 셀룰로오스(cellulose), 헤미셀룰로오스(hemicellulose)는 용출되지 않는다. 또한, 입자 큰 곡피가 많이 함유되어 있으면 이것이 발효과정에서 팽윤되어 여과효율이 떨어진다. 그러므로 글루카나아제(glucanase)와 펙티나아제(pectinase)를 첨가하면 점도가 현저히 낮아져 청징성(淸澄性)이 개선된다.

스카치위스키 양조장은 대부분 효모를 전문제조업체(專門製造業體)로부터 공급받아 사용한다. 상용 효모는 순수 배양한 효모 배양액을 원심 분리시켜 크림(cream) 또는 건조

---

[44] Brix degree(Bx): 수용액에 함유된 당 함량을 측정하는 당도계로써 Bx 1°는 용액 100g중 1g의 sucrose로 정의한다.

효모(dry yeast) 상태로 공급된다. 위스키 술덧을 발효할 때 위스키 전용 효모만 사용하는 것 보다는 맥주 효모와 함께 혼합배양(co-culture) 한다. 이 경우 풍부한 향미증진과 바디(body)감을 증가시킬 수 있다는 것이 입증되었다.

알코올발효는 약 40시간 경과하면 거의 종료되고 목표한 술덧의 알코올농도에 도달하게 된다. 양조장에 따라 48~50시간 발효 후 곧 증류한다. 그러나 20~30시간 더 후발효(後醱酵)시키면 품질이 좋은 위스키를 만들 수 있다.

예를 들면, 후발효시켰을 경우 위스키 맛과 향이 더 농후해져 독특한 개성을 가지게 된다. 동시에 청징성도 증가한다. 주발효가 거의 끝난 술덧 중 젖산균은 효모가 이용하고 남은 이당류를 이용하여 젖산을 생성한다. 그 결과, 술덧의 산도가 상승하고 pH는 떨어져 아사상태(餓死狀態)의 효모는 완전히 사멸하게 된다. 사멸한 효모는 자기소화(自己消化, self-digestion)가 일어나 균체 내용물질이 균체 막 밖으로 용출되어 유산균의 영양원이 된다. 이들 유산균은 효모가 거의 이용하지 못한 삼당류(三糖類, raffinose)와 사당류(四糖類, stachyose)를 소화(消化)하여 젖산을 생성한다. 따라서 술덧의 산도는 점점 더 높아진다.

후발효에서 나타나는 유산균은 알코올생산과 수율에 큰 영향을 미치지 않는다. 왜냐하면 비발효성 당을 이용하여 젖산을 생성하기 때문이다. 이렇게 생산된 젖산으로 인해 pH가 점점 떨어져 오히려 잡균 번식을 억제하는 순기능도 있다. 따라서 장기간 발효하려면 술덧의 잡균 오염을 억제하기 위해 인위적으로 젖산을 첨가하거나 젖산균을 접종하기도 한다.

4) 증류공정

발효가 끝난 술덧은 단식증류기를 이용하여 초류(初溜) 및 재증류(再蒸溜)를 한다[그림 3-6A/B]. 단식증류기의 솥 용량이 클 경우 반드시 교반기가 설치되어야 한다[그림 3-6C]. 교반을 하지 않으면 증류효율이 낮고 탄내가 증가하게 된다.

증류는 위스키를 만드는 각 공정 중에서 가장 짧은 시간이지만 가장 격렬(激烈)한 물리화학적 변화가 일어나는 공정이다. 재증류에 의해 응축기에서 얻어진 유출액을 원액(原額) 또는 원주(原酒)라 하며 알코올농도는 70% 전후이다. 술덧을 단식증류기로 증류하면 솥 용량(6~22kℓ)에 따라 다소 차이는 있으나 예열시간을 포함하여 1회분(batchwise)

[그림 3-6] 단식증류기 swan neck(A), 단증식류기 swan neck 끝부분에 있는 입형 응축기(B), 단식증류기 Pot에 설치된 교반기(C), 원액 저장고(D)

증류하는데 총 4~6시간이 소요된다. 그러므로 하루에 2~3회 증류가 가능하다. 증류과정에서 총소요시간의 약 1/3에 걸쳐 초류가 유출된다. 유출액의 물리화학적 변화는 증류기의 형태, 가열 방법과 온도, 알코올증기 상승관의 모양과 길이, 응축기의 냉각수 입출 온도, 탑재질인 동과의 반응성 등 상호작용으로 복잡한 양상이 일어난다.

재증류는 6~7시간이 소요되며 초류에서 본류(本溜, spirit or new pot)까지의 유출량은 술덧의 약 1/10밖에 되지 않는다. 재증류에서 처음 증발하기 쉬운 자극적인 향인 휘발성 불순물(heads)은 제거하고, 알코올농도가 80%에서 60% 전후로 떨어질 때까지 증류를 계속한다. 증류과정에서 본류와 후류를 "어느 구간쯤에서 어디까지 회수하고 끝낼 것인가?"는 위스키의 품질을 결정하는 중요한 운전 인자이다. 후류에는 위스키에 필요한 성분인 향기가 상당히 포함되어 있다. 후류취라 불리는 곡피취(穀皮臭), 술덧의 가열취, 알칼리취 등도 포함되어 있다. 때문에 먼저 증류한 초류와 후류를 혼합하여 재증류를 하는 증류기술의 know-how도 있다.

몰트위스키 제조용 증류기 제작에는 동이나 동합금을 사용한다. 일본의 경우 본격소주 증류에는 감압 단식증류기를 많이 사용하는 추세이다. 따라서 감압 단식증류기는 감압증류 특성에 맞는 내압 재질로써 대부분 STS를 많이 사용하고 있다. 하지만 몰트위스키 증류는 모두 동재질로 만든 단식증류기를 사용하는 것이 특징이다.

1960년대 주질 문제에 직면한 양조장은 동제(銅製) 단식증류기의 이취(異臭) 감소효과를 이론과 정량적으로 확인하였다. 양조장에서 생산하는 일부 초류에 유황취 또는 유화수소에 가까운 이취가 감지되었다. 문제점을 규명(糾明)한 결과, 유화수소 제거에 동 재질이 효과가 있다는 것을 실험결과로 입증하였다. 즉, 증류기에서 증류하는 동안 열과 동(銅)의 촉매작용에 의하여 효모성분이 분해되고 당, 지질, 비타민, 아미노 카르보닐 반응, 에스테르화 반응이 복잡하게 일어난다는 것이 밝혀졌다. 또한, 맥아의 배소(焙燒)

와 발아과정에서 생성되는 이취의 하나인 디메틸 설파이드(DMS, dimethyl sulfide)는 위스키의 숙성을 지연시키는 원인이라는 것도 함께 밝혀졌다.

Leppanen 등은 동 재질로 만든 단식증류기에서 약 70%의 DMS를 제거할 수 있었다고 보고하였다. 따라서 동은 알코올증기 중의 함황물질과 반응하여 위스키의 향미 개선 효과가 있다는 것이 실증적으로 입증되었다.

최근 감압 단식증류기가 증류식소주 제조에 널리 보급되었다. 감압 단식증류기 제작에는 대부분 감압에 견딜 수 있는 STS를 사용한다. 증류식소주의 경우 STS로 만든 단식증류기에도 향미개선을 위해 동 재질의 충전재를 활용하는 사례가 있다. 이것은 위스키 증류와 마찬가지로 품질개선 효과가 인정되고 있기 때문이다. 그러나 스코틀랜드 양조장들은 동으로 만든 증류기만 사용한다.

증류한 원액을 나무통에 넣어 장기간 숙성시키면 위스키의 최대 특징이 살아난다. 스카치위스키의 숙성은 최저 3년이라고 규정돼 있으나 5~7년, 20년, 30년 이상 숙성시킨 것도 있다. 장기간 나무통에서 숙성되면 무색투명한 원액이 호박색(琥珀色)으로 변하면서 심오(深奧)한 맛과 향기를 갖는다.

숙성은 나무통 재질의 종류, 크기, 기온, 습도 등 저장환경과 숙성기간에 따라 다양한 위스키 원액이 탄생하게 된다. 이렇게 숙성된 원액을 그대로 포장하거나 혼합(blending) 공정을 거친다. 대맥만을 원료로 만든 개성이 강한 몰트위스키 원액과 대맥 이외의 곡류와 맥아로 만든 개성이 약한 그레인위스키(곡물원액)을 혼합한 제품 또는 단식증류기와 연속증류기로 증류하여 만든 원액을 혼합한 블렌디드위스키는 향취 균형과 목 넘김이 좋은 부드러운 제품을 만들 수 있다.

5) 저장과 숙성

숙성한 원액의 혼합(blending) 기술발전으로 위스키의 품질이 비약적으로 향상되었다. 현재 블렌디드위스키와 같이 3년 이상 숙성이 의무화된 것은 20세기부터다. 원액의 에탄올농도는 약 60%로 조정하여 오크통에서 숙성시킨다. 이 숙성과정에서 일어나는 변화를 보면 알코올 용량과 미숙성 된 향기 성분은 감소된다. 또한, 오크통은 유입되는 공기와 산화반응 하여 DMS와 같은 불쾌취(offensive flavor)는 점점 약화된다. 숙성시간이 경과함에 따라 오크통 재질에서 유기화합물 성분이 용출되어 원액과 화학 결합 및 분해, 조합(調合)이 일어난다. 뿐만 아니라 호박색상과 에스테르 성분이 생성되고 물과 알코올은 조화(調和)를 이룬다. 숙성기간 동안 저장용기의 원액 용량은 저장환경에 따라 다르나 매년 3~4%의 감모량이 발생한다.

숙성 원액은 제품규격에 맞게 일정하게 제조하는 것이 중요하다. 후숙 기간은 탱크나 오크통에서 위스키 특성에 따라 길어야 1년 정도다. 후숙시킨 위스키 원액은 저온 또는 상온 여과하여 알코올농도 40%~45%로 조절하여 제품화한다. 단, 이때 원액 여과에 활성탄을 사용하면 풍미 손실을 초래할 수 있기 때문에 피하는 것이 좋다.

3.3 브랜디

3.3.1 브랜디 정의와 개요

브랜디(brandy)는 과실즙과 건조시킨 과실을 포함한 과실 또는 과실과 물을 원료로 하여 발효시킨 술덧, 또는 여기에 당질을 첨가한 후 발효시킨 술덧, 과실주 등을 증류하여 여과·제성하거나 나무통에 넣어 저장한 것으로 대통령령이 정하는 주류나 물료를 첨가한 것을 말하며 엑스분 2도 이상인 것은 제외된다(주세법 제4조 제2항 관련별표).

브랜디 어원은 프랑스어인 구운 포도주(burnt wine)라는 의미로 포도주를 증류한 것을 말한다. 16~17세기경 프랑스에서 과잉 생산된 포도주를 저장하기 위해 증류시킨 것이 브랜디의 시초가 되었다. 브랜디는 대개 연속증류기를 사용하여 증류 후 숙성한 알코올 40% 이상의 술로 식후에 마시는 양주 가운데 최고로 인정받는 술 중 하나이다.

브랜디 가운데 프랑스의 코냑을 으뜸으로 여기는 이유는 원료 때문이다. 대표적인 브랜디인 꼬냑(Cognac)은 포도주를 증류한 것으로 "꼬냑"이라는 이름은 프랑스 중부 포도 산지인 샹파뉴(Champagne)지방의 항구 "꼬냑 마을"에서 그 명칭이 유래되었다. 샹파뉴 지역은 두터운 석회암 층이 많고, 이 석회암 층은 햇빛을 반사해 포도 재배에 필요한 충분한 일조량을 제공해 준다. 석회암의 독특한 토양구조는 포도 묘목의 뿌리에 양분을 잘 제공하는 토양 특성을 갖추고 있다.

특히, 프랑스 정부는 "그랑 상파뉴" 지방에서 생산되는 포도 50% 이상을 사용하여 만든 브랜디만 "핀 상파뉴 꼬냑"이라는 이름을 붙일 수 있도록 입법(立法)해 놓았다. 그러므로 프랑스 남부지역에서 만들어진 브랜디는 "꼬냑"이라는 이름을 사용할 수 없고 "아르마냑, Armagnac"이라고 불린다. 원산지 명칭제도(Cognac AOC) 밖에서 제조되는 포도 브랜디는 모두 "프렌치브랜디, French brandy"이다.

꼬냑의 유래는 10세기경 당시 스칸디나비아 선원들이 오니스와 세인톤지 항구에 정박하면서 목재와 모피를 무역 거래했는데 그 중에는 맑은 "와인"도 포함돼 있었다. 그런데 일부 와인은 알코올농도가 너무 낮은 양조주라 저장기간이 짧고, 먼 곳까지 이동할 때 변질되는 경우가 많았다. 당시 이곳에 온 네덜란드 상인들이 이것을 보고 증류할 것을 권유하였고 이를 꼬냑지방의 포도생산자들이 수용하여 브랜디가 탄생하게 되었다. 이 술이 유럽 여러 나라에 수출되면서 여러 가지 이름으로 불리다가 영국에서 "브랜디"라 부르게 된 것이 지금의 이름이 되었다. 무역상인들도 알코올농도가 높은 브랜디를 물로 희석하여 마실 수 있게 되었다. 뿐만 아니라 장거리 이동성이 해결되면서 술 무역량도 크게 활성화되었다. 이후 다양한 꼬냑 제조기술개발과 증류법이 개량되어 국내외 시장으로 확산되어 증류주의 전성기를 맞게 된다.

꼬냑은 음주방법도 일반 위스키와는 다르며 술잔 모양도 다르다. 브랜디 전용 글라스 술잔은 잔의 바닥보다 입구가 좁다. 왜냐하면 꼬냑을 잔에 붓고 잔 바닥을 손으로 감싸면 체온에 의해 브랜디에서 증발한 향기가 잔 내 머물 수 있도록 배려한 잔이다. 잔에 체온이 전달되었을 때 먼저 발생한 향기를 음미한 후 한 모금씩 입 속에서 혀를 굴려서 향과 맛을 느낀다. 그런 다음 마셔야 비로소 꼬냑의 독특한 맛과 향기를 즐길 수 있다. 꼬냑을 마실 때에는 특별한 안주가 필요 없다. 하지만 본고장인 유럽인들은 치즈나 소시지 등 단백질 음식과 함께 마신다.

3.3.2 브랜디의 분류

브랜디는 과실을 발효시켜 증류한 술로 그 종류는 발효에 사용한 과실에 따라 포도(grape brandy), 사과(apple brandy), 버찌(cherry brandy), 자두(plum brandy) 브랜디가 있다. 그러나 통상 브랜디하면 포도주를 증류한 브랜디를 의미한다.

브랜디는 유럽 각지에서 생산되고 있으나 특히 프랑스산 포도로 생산된 것이 가장 유명하다. 일반적으로 브랜디 제조에 알맞은 포도 성분은 과즙의 산도와 당분함량이 높은 것이 좋다. 이들 성분은 품종과 재배환경에 따라 차이가 있다. 연평균 기온이 9~17℃이고, 강우량은 1,200㎜ 이하로 배수와 통기가 양호한 석회질 지대에서 잘 자란다.

브랜디는 오크통 속에서 자연증발에 의해 원액 성분이 농축되고 용량은 감소한다. 즉, 숙성하는 동안 나무통의 구성물질 중 탄닌(tannin)과 리그닌(lignin)이 용출되어 원액과 산화반응, 에스테르화 등 복잡한 물리화학적 변화로 성분 간에 조화(調和)가 일어나 맛이 순화(純化)되고 원액의 향미가 증진(增進)된다. 숙성에 영향을 미치는 요인은 원액의 알코올농도, 숙성기간, 용기의 재질, 숙성 환경 등이 있다.

[그림 3-7] 위스키의 숙성용 오크통 내부를 살균 및 탄화공정(위), 아래는 브랜디 원액 저온 숙성고(熟成庫)

브랜디나 위스키 원액을 저장하는 오크통 제작은 재목을 열처리하여 통 내부를 적당히 탄화시켜 살균하면서 조립한다[그림 3-7]. 특히, 탄화공정은 품질에 직접적인 영향을 미치므로 매우 중요한 공정이다. 이 오크통에 원액을 넣어 냉암소에 일정시간 저장하면 숙성 원액이 된다.

(1) 꼬냑

3세기 경 남유럽의 연금술사가 와인을 증류하는 실험과정에서 일종의 증류주를 얻었다. 이를 "생명수 또는 생명의 물, aqua vitae"라 불렀다. 이 술은 약용으로 사용되어 왔으나 증류기술과 와인 제조방법이 발전하면서 오늘날 브랜디로 발전하게 되었다.

꼬냑(Cognac)은 오드비 드 뱅 드 꼬냑(eau-de-vie de vin de Cognac)의 준말로 브랜디와 동의어로 사용된다. 꼬냑은 프랑스 꼬냑 지방 사람들조차도 하늘에서 내려준 선물이라고 믿는다. 꼬냑은 양조장들이 기계화 및 자동화로 생산성을 높이고 있는 추세지만 오늘날까지도 18세기와 같이 수작업으로 직접 꼬냑을 만드는 양조장들이 있다. 이들 양조장은 주어진 자연 조건과 환경을 극복하고 풍성하게 열린 포도를 수확하여 전통적인 방법으로 꼬냑 만들기를 고수(固守)하고 있다.

꼬냑의 주원료는 생테밀리옹(Saint-emilion) 포도를 자연 발효시킨 것이다. 이 포도는 산(酸)과 포도당농도가 높은 것이 특징이다. 술덧은 전통적인 동재질로 만든 증류기로 2회 증류하여 오드비(eau-de-vie) 원액을 얻는다. 이 원액을 숙성하면 숙성기간에 따라 독특한 품질을 가진 원액이 된다. 이 숙성원액은 혼합기법에 따라 서로 다른 개성과 향취를 지닌 새로운 꼬냑으로 탄생하게 된다. 브랜디는 숙성기간을 숫자 대신에 상표 약어를 사용한다[표 3-2].

[표 3-2] 숙성연도에 따른 꼬냑 상표 약어

숙성기간	약 어	비 고
3년 이상	☆☆☆	Star (별 셋)
5년 이상	V.O / VS	Very Old or Very Superior
10년 이상	VSOP	Very Superior Old Pale
15년 이상	NAPOLEON	
25년 이상	X..O	Extra Old
50년 이상	EXTRA	

(2) 아르마냑

프랑스 아르마냑(Armagnac) 지방에서 생산되는 브랜디로 꼬냑과 거의 비슷하지만 맛과 향취가 더욱 강한 것이 특징이다. 이 술은 단식과 연속 증류기를 절충한 증류기로 1차 증류만 한다. 전통적인 동제(銅製) 단식증류기를 사용하여 2번 증류하는 꼬냑과는 차별화 된다. 최근에는 꼬냑식 증류법으로 제품을 생산하기도 한다. 알코올농도는 53%이며 포도의 향미가 더 짙게 원액에 남아 있는 것이 특징이다. 숙성은 프랑스 남서부 가스코뉴(Gascony)지역에서 자라는 참나무로 만든 오크통을 주로 사용하여 숙성시킨다.

아르마냑은 캐러멜을 첨가하지 않아 더욱 dry하며 향긋한 맛이 입안에 오래 남는 것이 꼬냑과 다른 점으로 독특하다. 진정한 술의 맛을 느끼려면 가스코뉴 지방을 찾아 그곳의 자연환경을 체험하거나 양조장 투어를 하면서 술맛을 느끼는 것이 좋은 음주방법이다. 또한, 독일은 진정한 맥주 맛을 음미하려면 "맥주공장 굴뚝의 그림자 반경 이내"에서 마셔야 한다는 말이 있다. 석탄연료를 사용하였던 근대 공장 굴뚝은 보일러 연소가스의 자연배출 때문에 굴뚝높이가 매우 높다. 맥주는 잔에 붓는 순간부터 거품이 없어지면서 맥주의 미량성분이 산화되어 맛이 변하기 시작한다. 그러므로 맥주 맛이 변하기 전에 가능한 가까운 곳에서 빨리 마시는 것이 신선한 맥주의 맛을 느낄 수 있기 때문이다. 흔히 "좋은 술은 여행을 하지 않는 법"이라 말한다. 수송이나 기후의 변화에 따라 실제 맛이 변하기 때문이다.

술은 일상적인 실감으로 조성되어 음용되는 환경을 상실하게 되면 거기에 들어 있는 향이 미묘하게, 어쩌면 심리적으로 변질된다고 하였다.[45] 오늘날과 같이 저온유통 시스템(cold chain system)이 당시에는 없었기 때문에 쉽게 품질이 변질되었다.

(3) 애플 브랜디

애플 브랜디(apple brandy)는 사과를 원료로 하여 만든 증류주이다. 사과는 전 세계적으로 많이 재배되는 과일이며 에스테르향이 많다. 따라서 브랜디는 숙성기간에 따라 향미의 차이가 큰 것이 특징이다. 프랑스 노르만디(Normandy) 지방의 사과주를 단식증류기로 증류한 것이 칼바도스(Calvados)이다. 이 원액을 나무통에 수십 년 저장하여 만든 애플브랜디가 대표적인 술이다.

미국에서는 Apple Jack이란 애플브랜디가 제조되고 있으며, 독특한 풍미를 완화하기 위하여 그레인위스키를 혼합한 애플브랜디도 있다. 일반적으로 브랜디의 제조 흐름도 [그림 3-8]과 같이 과일을 수확한 후 선별·압착한 과일즙을 필요에 따라 보당(補糖)하여 발효한다. 발효술덧은 단식 또는 연속식 증류기로 증류한 원액은 숙성한 후 정제 및 첨가물을 배합하여 제품화한다.

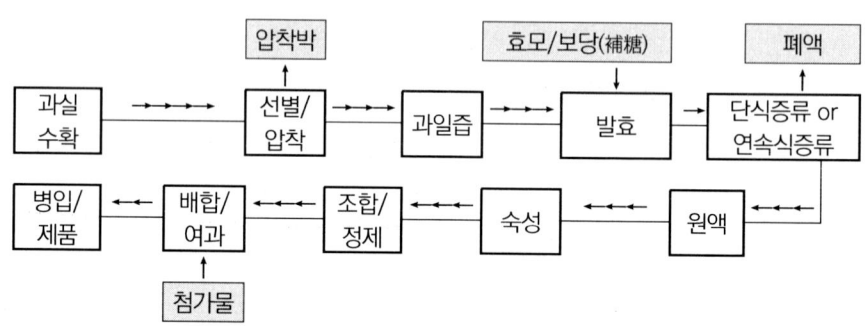

[그림 3-8] 브랜디의 제조 흐름도

---

[45] 무라카미 하루키. 1999. 무라카미 하루키의 위스키 성지여행. 문학사상사. p.140

3.4 일반증류주

일반증류주는 스피릿(spirits)[46]에 해당하는 위스키, 브랜디, 소주류 등을 제외한 증류주를 말한다. 일반증류주는 진, 보드카, 럼, 데킬라, 고량주, 아라크가 있다. 우리나라는 일반증류주에 대한 주세법상 알코올농도 규제는 없으며, 엑스분은 2도 미만, 저장기간은 고량주의 경우 증류식소주와 같이 2년 이내 저장이 가능하다.

3.4.1 진

진(Gin)은 호밀 등 곡물을 발효시킨 후 단식증류기로 증류한 무색투명하고 독특한 향을 가진 술이다. 측백나무과의 상록침엽수인 노간주향나무(Juniper Berry, Ginepro)의 열매를 수증기 증류하면 정유(精油, essential oil)를 얻을 수 있다. 진은 이렇게 얻은 정유와 향신료를 첨가한 알코올농도가 비교적 높은 술을 통칭한다.

네덜란드가 원산지이며 숙성하지 않은 증류주로 알코올농도는 40~50%이다. 이 술은 이뇨작용을 돕기 위해 네덜란드 약학대 교수에 의하여 약용으로 발명되었다. 이 증류 원액에 노간주향나무 열매 등을 첨가하여 술을 제조하기 시작하였다. 이와 같은 술 제조기술이 영국에 전파되면서 진이라 불리게 되었다. 진에 자두나무(Prunus spinosa)의 열매로부터 추출한 정유물질을 혼합하여 만든 영국식 진도 있다. 정유물질의 주성분은 추출재료에 따라 다양한 유기화합물이 검출되는데 불포화탄화수소인 캄펜(camphene, $C_{10}H_{16}$), 모노테르펜인 α-피넨(monotrepene, α-pinene, $C_{10}H_{16}$), 카디넨(cadinene, $C_{15}H_{24}$), 폴리페놀, 알데히드류, 케톤, 알코올류, 휘발성 유기산류 등 수십여 종이 GC-MS로 분석되고 있으며, 독특한 향미를 가지고 있다.

3.4.2 보드카

보드카(Vodka)는 러시아와 스웨덴을 대표하는 술이다. 12세기경에 길고 추운 겨울밤

---
[46] 1차 증류액으로 2차 증류한 것을 spirits 증류라 하고 이 원액을 spirits이라 함

을 달래기 위해 제조하여 즐겨 마셨던 술이다. 러시아혁명 이후 망명한 러시아인들에 의해 보드카는 전 세계에 전파되는 계기가 되었다. 보드카는 러시아어로 물(водка)을 뜻하지만 불타듯 아주 독한 술로 알코올 농도는 40~60%이다.

초기에는 주로 벌꿀과 호밀을 원료로 보드카를 제조하였다. 그러나 콜럼버스가 신대륙을 발견한 뒤에 아메리카가 원산지인 감자와 옥수수가 전해진 이후 이 원료들을 사용하여 만들었다. 보드카는 술덧을 연속증류기로 여러 차례 증류하여 불순물을 완전히 제거하고 물과 에탄올은 더 이상 분리되지 않는 공비조성 농도인 95.63w/w%의 에탄올로 만든다. 보드카는 제성과정에서 활성탄으로 여과하여 무미, 무취가 특징인 제품을 생산한다. 이때 사용하는 활성탄은 목재의 재질과 종류, 여과 시간은 품질에 영향을 미친다.

최근에는 첨가물을 넣어 혼합(blending)하여 제조하는 경우도 있다. 대표적인 보드카 [그림 3-9]는 스웨덴의 앱솔루트(Absolut),[47] 러시아·영국·미국산의 스미노프(Smirnorff)가 있다. 보드카는 러시아인 Smirnov가 모스크바에 설립한 양조장에서 제조가 시작되었으나 현재는 영국 D사가 생산하는 보드카 브랜드(brand)가 스미노프(Smirnorff)이다.[48] 그리고 러시아 평원에서 재배한 겨울보리의 맥아로 만든 벨루가(Beluga), 대맥 100%로 만든 핀란드의 핀란디아(Finlandia)가 대표적인 보드카이다. 보드카는 무엇보다 섬세하고 부드러운 맛이 특징이다. 그러나 최근에는 향이나 맥아음료가 첨가된 보드카도 생산되고 있다. 보드카는 19세기에 와서 "정제된 에탄올을 물로 희석시킨 술"이란 용어로 정립되었다.

[그림 3-9] 앱솔루트 보드카

3.4.3 럼

럼(Rum)은 사탕수수 즙이나 당밀을 발효하여 증류 및 숙성 과정을 거쳐 만든 술로서 원산지는 카리브 해(Caribbean Sea)의 발바도스(Barbados) 섬이다. 이 섬에서 영국 기술자에

---

[47] Lars Olsson Smith(스웨덴)가 1879년 설립한 회사 제품. https://en.wikipedia.org/wiki/Absolut_Vodka
[48] https://en.wikipedia.org/wiki/Smirnoff

의하여 사탕수수 즙을 발효시켜 증류한 술이 시초(始初)인 것으로 알려져 있다. 원주민이 이술을 먹고 취해 "흥분하고 소동하다"는 원주민의 말인 "Rumbullion"에서 럼(Rum)이라 부르게 되었다.

럼은 지금도 자메이카(Jamaica), 푸에르토리코(Puerto Rico), 쿠바(Cuba) 지방에서 많이 생산된다. 럼은 성상(性相)에 따라 3종류로 구분한다. 예를 들면, 자메이카에서 제조되는 색이 엷고 향이 약한 라이트 럼(Light Rum), 켄터키나 매사추세츠 주에서 생산되는 색이 진하고 향이 강한 헤비 럼(Heavy Rum) 그리고 미디엄 럼(Medium Rum)이 있다.

럼은 독한 술을 즐겨 마시는 선원들에 의해 널리 전파되었다. 특히, 콜럼버스의 2차 항해 때 사탕수수 뿌리를 카리브 해 지역, 브라질, 남아메리카 북부지역에 전파하여 대량 생산하기 시작한 플랜테이션이 그 기원이다. 지금까지도 영국, 프랑스, 스페인 식민지였던 나라에서 럼을 많이 생산하고 있다. 럼의 알코올농도는 40~75%이다. 럼은 열을 조절하는 효과가 있고 에스테르 향이 강한 것이 특징이다.

3.4.4 데킬라

데킬라(Tequila)는 스페인이 멕시코를 공격할 당시 원주민들이 마시던 술로 알려져 있다. 이 증류주는 데킬라 마을에서 생산된 술에서 유래 되었다. 술의 종류로는 쿠에르보(Cuervo), 사우자(Sauza), 엘토로(El Toro) 등이 있고 화이트, 골드 등 술 색에 따라 구분한다.

데킬라 제조 원료인 용설란(Agave tequilana weber's azul, 선인장의 일종)은 멕시코 서북부 할리스코(Jalisco) 주의 데킬라 지역에서만 서식한다.[49] 데킬라는 8~

[그림 3-10] 데킬라와 용설란(Agave tequilana 'weber's azul') 멕시코 Jalisco

12년 자란 용설란 줄기를 수확하여 자숙과정을 거쳐 착즙하면 다당류의 즙을 얻을 수 있다[그림 3-10]. 이 즙을 효소당화 시켜 발효성 당으로 전환 후 효모를 접종하여 발효한다. 그러나 보당(補糖)하지 않으면 알코올농도는 약 5% 전후의 술덧이 된다. 이 술덧을 2회 단식증류 한 60% 이하 원액을 오크통에서 20일 정도 저장한다. 이후 활성탄으로

---

[49] https://en.wikipedia.org/wiki/Blue_agave

여과한 다음 알코올농도 35~55%로 희석하여 제품은 숙성하지 않고 제품화한다[그림 3-11]. 그러나 최근에는 원액을 숙성시킨 황색 제품도 생산되고 있다.

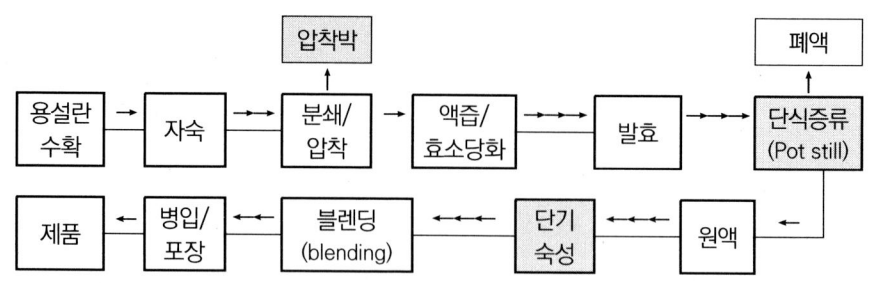

[그림 3-11] 데킬라의 제조 공정 흐름도

데킬라의 전통적인 음주 방법은 특이하다. 데킬라 전용 잔에 2/3 가량 데킬라를 채운 후 소다수와 섞어 마신다. 현지인들의 일반적인 음주방법은 소금을 왼쪽 손등에 올려 먼저 소금을 먹은 뒤 데킬라를 원 샷(one shot)으로 들이킨 후 레몬이나 라임(lime)을 먹는다.

20세기 초 우리 선조들이 일본 인력송출회사의 불법사기인 줄 모르고 지상낙원을 찾아 멕시코로 계약 노동조건으로 이민을 갔었다. 하지만 용설란 에네켄(Henequen) 농장에서 노예노동을 한 이민사와 관련이 있어 새삼 다른 감정이 느껴지는 술이다. 지금은 용설란으로 만든 데킬라가 멕시코를 대표하는 증류주이지만 당시에는 용설란에서 뽑은 섬유로 포장용 끈이나 선박용 밧줄을 만드는 것이 주생산품이었다. 주제품 생산과정에서 부산물로 나온 용설란 액즙으로 술을 만들었다.[50] 그 후 한일강제 병합으로 인해 노예노동의 계약기간은 끝났지만 여권이 무효화되어 귀국도 못하게 되었다. 결국 그곳에서 현지인으로 동화되어 버린 아픈 이민사와 관련이 있는 술이다.

3.4.5 고량주

고량주(高粱酒)는 수수로 만든 증류주이다. 중국 전통 증류주로 만주지방의 중요한 술이며 알코올농도가 비교적 높다. 제조방법은 수수를 선별하여 분쇄 후 증자한다. 증자

---

[50] 전민숙. 2020. 한국이민사박물관 에네켄 기계학술조사 보고서(54-6286112-000007-01). *한국이민사박물관*. pp.34-35.

한 수수와 분쇄한 곡자를 잘 혼합시켜 적당한 습기로 반고상발효(半固狀醱酵, solid state fermentation)를 한다. 전통발효방법은 발효용기를 지하에 반 정도 매몰되게 설치하고, 사입 후 왕겨와 진흙으로 밀봉해 공기유입을 차단하여 약 9~12일간 발효시킨다.

발효가 끝난 술덧의 알코올농도는 사입농도에 따라 다르지만 통상 약 7% 전후이다. 이 술덧을 단식증류기로 증류하여 원액을 얻는다. 제품 생산은 브랜디 증류에 준한다. 고량주의 알코올농도는 45% 전후이며 제품은 3개월 이상 숙성하게 되어 있다. 원료 확보가 용이하고 발효온도 관리가 쉬운 겨울철에 많이 제조하며 여름철에는 제조하지 않는 편이다.

우리나라는 수수 대신 옥수수를 발효시켜 고량주를 생산하였지만 최근에는 중국에서 수수만을 사용하여 만든 고량주를 수입하고 있다.

3.4.6 아라크

아랍어로 "땀"을 의미하는 아라크(Arrack)는 증류할 때 응축기에서 알코올증기가 응축되어 방울방울 떨어지는 모양이 마치 땀이 흐르는 것과 같다고 비유한데서 유래되었다. 증류방법과 제조기술은 이집트에서 동남아시아 여러 국가에 전해진 것으로 보인다. 그러나 나라마다 사용하는 원료와 전통적인 제조방법 뿐 아니라 주류의 명칭도 다양하다.

주로 동남아시아에서 흔한 코코야자(coconut palm), 팔미라 야자(palmyra palm), 대추야자(date palm) 등 종려과식물(棕櫚科植物)의 수액은 당도가 높아 설탕 및 술을 빚는 원료로 많이 이용되었다. 이들 수액이 열대지방의 고온에 노출되어 자연발효 되면 5% 전후의 양조주가 된다. 이를 현지인들은 토디(toddy), 인도에서는 데시다루(desi daru), 필리핀 루손섬(luzon)에서는 란파크라고 부른다. 최근에는 야자 수액에 쌀이나 꿀을 첨가하여 발효하기도 한다.

토디를 증류한 술을 아라크라 하며 동남아시아, 아프리카, 남아메리카 등에서 제조되는 증류주를 총칭한다. 스리랑카는 무기질이 풍부한 토질에서 재배한 코코넛의 발효술덧을 감압증류 하여 아라크(알코올농도 36.8%)를 생산하고 있다.[51]

---

[51] CD files. Distilleries Company of Sri Lanka PLC. Story of Arrak

3.5 리큐르

주세법상 엑스분 2도 이상이면 리큐르이다. 반면, 엑스분 2도 미만이면 일반증류주로 분류된다. 증류주에 과실, 향원(香原)과 색깔, 감미료, 약초를 첨가하여 침출(浸出)하거나 증류하여 만든 술을 총칭해 리큐르라 부른다.

리큐르(liqueur)의 어원은 라틴어에서 유래된 리케파세르(liquefacere, 녹아있다)에서 유래되었다고 한다. 리큐르는 liqueur, liquor, likor, codial 등 나라마다 다양한 명칭으로 불린다. 우리나라는 리큐르(liqueur)로 표기한다. 리큐르의 정확한 기원은 전해지지 않으나 그리스의 Hippocrates가 와인에 설탕, 향신료, 약초를 첨가한 Hippocras 음료를 제조한 것이 기원이라고 한다. 아랍인이 제조한 거친 증류주를 부드럽게 하기 위하여 달콤한 감미나 허브 등을 첨가한 향주(香酒)가 되었을 것이라는 설도 있다.[52]

리큐르는 다른 주류와 달리 기후나 풍토와 같이 특정 지역이나 농산물과 관련성이 다소 적다. 첨가물에 따라 다양한 주종(酒種)이 만들어 지는 것이 특징이다. 리큐르는 처음 증류할 때 약초, 향초류(香草類)를 첨가하여 증류하기 때문에 발효과정에서 발생하는 풍미나 증류방법에 의한 품질 특성은 약화되고 첨가한 향원에 따라 술맛과 향이 크게 달라지기 때문이다.

리큐르는 위스키, 꼬냑, 맥주, 소주 등과 같이 그 자체로 마시기보다는 이 술을 기본으로 하여 오렌지 주스, 얼음 등을 혼합하여 수백 가지의 칵테일을 만들어 마신다. 리큐르는 액체보석이라 불리면서 식후에 마실 수 있는 대표적인 술이다.

우리나라 소주양조장은 대부분 리큐르를 생산하고 있다. 국내에서 생산되고 있는 대표적인 제품은 인삼주, 설중매, 매취순, 매실, 매실마을, 오가피주가 리큐르에 해당되며, 알코올농도는 14~40%까지 다양하다. 리큐르는 각종 칵테일주 등 제조에 활용되기도 하며 그 종류가 매우 다양하다.

---

[52] 서현배. 2007. 酒稅法 理論과 實務. pp.1109-1116

제4장 효모의 생육환경과 균주관리

4.1 미생물의 생육 환경

미생물 생육에 영향을 미치는 인자는 물리·화학·생물학적 요인들이 있다. 즉, 미생물은 대사와 증식이 여러 가지 환경 인자에 의하여 촉진되거나 억제된다. 따라서 미생물이 요구하는 환경 인자를 잘 이용하여 식품의 저장성을 높이고, 대사산물의 생산을 극대화 또는 억제할 수 있다. 미생물의 증식에 미치는 환경요인은 내적 및 외적 인자로 구분한다.

예를 들면, 내적인자로는 산화환원전위(ORP, oxidation-reduction potential), pH, 수분활성, 물리적 구조, 이용 가능한 영양, 천연 저해제가 있고, 외적인자로는 온도, 시간, 기계적 연화, 습도, 기체 환경 등이 있다.[53]

4.1.1 물리적 요인

(1) 온도

온도는 미생물의 생육속도, 세포의 효소 조성, 화학적 조성, 영양요구에 가장 큰 영향을 미치는 환경요인이다. 각각의 미생물은 생육이 가능한 최저·최적·최고 온도가 있다. 일반적으로 생육 최적온도가 18℃인 균은 저온균(psychrophiles), 25~37℃의 균은 중온균(mesophiles), 50℃ 이상은 고온균(thermophiles)으로 분류한다. 미국 옐로스톤의 간헐

---

[53] 강성태 외, 2002. 식품미생물학. pp.255-288

온천이나 활화산 인근 90~100℃ 이상 온천지역에 생육하는 초고온성 미생물과 남북극의 0℃ 이하에서 생육하는 초저온성 미생물을 극한미생물(extremophile)이라 총칭한다.

효모는 일반적으로 40℃ 이하에서 생육한다. 그러나 효모, 곰팡이, 버섯과 같은 진균과 세포막을 구성하고 있는 원생동물에 에르고스테롤(ergosterol)과 올레인산(oleic acid)을 첨가해주면 세포막의 투과성과 유연성이 증가하여 생육 가능 온도가 높아지는 것으로 알려져 있다. 따라서 알코올발효 공정에서 에르고스테롤이나 포화지방산을 첨가하면 효모의 열안정성과 증식이 촉진되어 속성발효를 유도하는 효과가 있다. 특히, 증식(budding)하는 효모는 증식하지 않는 효모에 비하여 에탄올발효 속도가 매우 빠르다.[54]

(2) 압력과 삼투압

미생물은 보통 상압에서 생활하므로 기압의 변화에는 별다른 영향을 받지 않는다. 호압세균(barophiles)은 500~1000기압에서도 생육이 가능하며 심해미생물이 좋은 예이다.

미생물은 대부분 삼투압(osmotic pressure)에 대단히 민감하다. 높은 삼투압 하에서 내성이 없는 미생물(osmophlic microbe)은 생육할 수 없다. 따라서 삼투압 현상을 이용한 가공 식품도 있다. 예를 들면, 식품제조에 있어 장류, 김치류, 염장류, 잼 등은 삼투압을 이용하여 식품의 저장성(貯藏性)을 높인 사례들이다. 이들 식품은 당분 혹은 소금을 첨가하여 삼투압 내성이 있는 유용한 미생물은 성장을 조장(助長)시키고 유해 미생물 성장은 억제시켜 식품의 저장성을 크게 향상시킨 대표적인 식품들이다.

술덧 중 단당류, K, Mg, Mn, Ca, P 등 무기염류의 농도가 높아지면 삼투압도 상대적으로 높아진다. 일반적으로 미생물은 삼투압이 높아질수록 생육 및 대사생산물의 전환 효율은 점점 감소한다. 그러므로 효모나 폐액을 재순환하는 연속발효 공정은 용해성 고형분의 농축으로 인해 삼투압이 점점 증가하여 알코올발효 수율이 감소하게 된다. 따라서 삼투압 증가를 완화시켜 주어야 한다. 아울러 이와 같은 연속발효 공정에는 반드시 삼투압 내성이 있는 효모를 선발하여 사용한다.

삼투압 증가에 의한 알코올발효 환경을 개선하기 위해서는 전기전도도(electrical conductivity) 또는 ORP와 같은 계측기를 설치하여 폐액 재순환 사용량을 조절한다. 또한,

---

[54] Kirsop, B.H. 1982. Development in beer fermentation. *Topics in Enzyme and Fermentation Technology*. 6: 79-131.

주기적으로 신선한 용수를 보충하여 술덧의 삼투압이 과도하게 증가하지 않도록 관리한다.

(3) 광선

광선은 광합성 미생물과 녹조류인 클로렐라(chlorella)를 제외한 미생물생육에 유해인자로 작용한다. 대개 미생물은 밝은 곳보다 어두운 냉암소에서 잘 생육하는 특성을 가지고 있다.

태양광선은 모든 미생물의 생육을 저해한다. 특히, 자외선(UV, ultraviolet) 파장이 2000~3200Å의 광선은 살균력이 매우 강하다. 그러므로 2640Å의 인공자외선을 발생하는 수은등은 무균상자, 광천수(mineral water), 식품제조장의 실내, 의료용 초자기구류 등 광범위한 곳에서 유해 또는 병원미생물의 살균에 사용된다. 또한, 자외선을 조사(照射)하면 미생물의 단백질과 핵산은 자외선이 흡수되어 사멸되고, 특정시간 조사하면 돌연변이가 일어난다. 따라서 이 현상을 돌연변이균주의 육종에 활용하고 있다.

4.1.2 화학적 요인

(1) 수분

미생물의 영양세포는 75~85%의 수분을 함유하고 있기 때문에 세포생육에 수분이 미치는 영향은 매우 크다. 미생물은 자유수만 이용할 수 있다. 일반적으로 수분활성도는 미생물의 성장과 번식에 밀접한 관계가 있다.

수분활성도는 일정한 온도에서 물질 또는 용액 내 물의 부분 증기압(P)을 같은 온도에서 순수한 물의 부분 증기압(Po)으로 나눈 값이다. 또한, 상대습도(RH, relative humidity)는 기온에 따른 건습(乾濕) 정도를 백분율로 표시한 값이다.

수분활성도가 0.95~0.99이면 미생물의 생육이 가장 양호하나 0.60~0.65이면 생육이 정지된다. 세균은 0.90~0.94, 효모는 0.88~0.90, 곰팡이는 0.70 이상의 수분활성도를 요구한다. 따라서 한계 수분활성도를 이용한 식품가공으로 저장 기간을 늘리고 식품의 안전성을 높이는데 응용하고 있다.

주정원료인 곡물 수분은 13% 이하로 관리하는 것은 저장 또는 유통하는 과정에서 곰팡이의 증식을 억제하고 변질을 방지하기 위한 수단이다.

(2) 산소

효모와 곰팡이는 일반적으로 생육에 산소를 필요로 한다. 하지만 세균은 산소가 있어야 자랄 수 있는 호기성균(obligate aerobe), 산소가 불필요한 혐기성균(obligate anaerobe), 산소 유무에 무관하게 생육할 수 있는 통성혐기성균(facultative anaerobe)이 있다.

효모는 충분한 산소가 있으면 포도당을 이산화탄소와 물로 분해하여 에너지(ATP)를 저장하면서 균체증식을 한다. 그러나 산소가 부족하거나 당 농도가 높아질 경우 이화작용(異化作用, catabolism)으로 알코올과 이산화탄소를 생산한다. 알코올발효는 초기단계에서 충분한 효모농도를 확보하기 위해 호기적 조건으로 효모를 배양시킨 후 발효한다.

발효조에 전배양한 주모를 접종하여 발효할 경우 주발효용 술덧 기질속의 용존산소만으로는 효모가 대수기까지 증식하기에는 산소량이 부족하다. 그러므로 회분식 발효조는 산소를 공급할 수 있는 산기장치(散氣裝置, air diffuser)가 반드시 필요하다. 하지만 Cascade 연속발효 공정일 경우 첫 발효조는 산기장치를 설치하여 효모증식을 촉진하는데 이 발효조를 효모 배양조(yeast propagation tank) 또는 전발효조(pre-fermenter)라고 부른다. 그러나 Biostil 공정과 같은 단일 발효조에 의한 연속발효(SF, single fermenter)를 할 경우 효모를 원심분리(yeast separator)하여 재사용한다. 따라서 분리가 용이한 응집성 효모 또는 내삼투압 효모를 사용하며 발효조는 항상 고농도의 효모가 확보되므로 공기를 공급하지 않는다.

(3) 이산화탄소

독립영양균(autotroph)은 동화작용으로 오로지 이산화탄소를 탄소원으로 이용한다. 반면, 종속영양균(hetreotroph)은 유기탄소원을 필요로 하지만 미량만 이용되며, 물질대사 중간체 화합물의 일부분으로 대사계에 흡수되어 생육의 개시나 촉진작용을 한다. 그러나 이산화탄소는 미생물의 성장이나 생산을 저지하는 정균성(靜菌性) 때문에 식품의 저장성(貯藏性)을 높이는 포장 충전재로도 많이 활용된다.

일반적으로 효모는 이산화탄소에 대한 내성이 높다. 하지만 알코올발효 할 때 효모가 세포 밖으로 배출한 이산화탄소는 가능한 빨리 술덧으로부터 방출(放出)시키는 것이 좋다. 술덧에서 기-액 분리를 촉진하려면 적당한 교반이 수반되어야 한다. 이산화탄소는 난용성이지만 마이크로 버블(micro bubble)로 술덧에 존재하면 pH에 영향을 미친다. 따라서 알코올발효가 정반응이 일어날 수 있도록 이산화탄소를 방출시켜 발효환경을 개선한다. 이 같은 맥락에서 발효수율과 생산성 향상을 위해 감압 발효공정 개발이 시도되고 있다. 또한, 술덧에 용존 되어 있는 이산화탄소를 효과적으로 탈기(脫氣)하기 위한 수단으로 이산화탄소 회수배관에 부스터(booster)를 설치하여 발효조에 약간의 음압을 유지하면 발효 속도가 촉진된다.

(4) pH

일반적으로 곰팡이와 효모의 최적 pH는 5.0~6.5이고, 세균과 방선균(actinomyces)은 pH 7.0~7.5 범위이다. 최적의 pH 범위를 벗어나면 미생물은 생육과 효소 생성량에 영향을 받는다. 식초산균은 낮은 pH에서도 잘 자라는 산 내성균이다. 동일한 pH에서도 염산, 황산 등 무기산(無機酸)보다 초산, 젖산, 구연산, 호박산과 같은 유기산이 미생물 생육을 강하게 억제하는 성질이 있다. 그러므로 주모 배양 또는 청주 발효에 잡균오염을 억제할 목적으로 유기산으로 pH를 조절하는 것이 효율적이지만 가격이 비싼 단점이 있다. 그래서 청주 발효를 할 때 효모와 젖산균을 동시에 접종하여 유기산이 생성되도록 조장(助長)하여 잡균오염을 억제시켜 정상발효를 유도하는 발효방법도 있다. 그러나 유산균 증식이 너무 우세하면 지나친 유기산 증가로 인해 효모가 오히려 저해를 받거나 사멸할 수 있다. 그 결과, 제성비율이 떨어질 수 있기 때문에 미생물의 생육환경과 알코올발효 최적조건을 잘 이해하고 관리할 필요가 있다.

4.2 미생물의 살균 방법

미생물을 취급하는 각종 기구류와 배지의 멸균은 미생물의 실험목적에 알맞은 멸균법을 선택한다.

주정공장은 효모배양용 배지 살균에 코흐(Koch R.)가 발명한 코흐살균기(koch's sterilizer) 또는 증기살균법(tyndallization)으로 간헐살균(100℃/0.5h/3일)을 하였다. 그러나 최근에는 고압살균기(autoclave, steam sterilizer)가 보급되면서 1회 살균하는 것을 선호한다.

4.2.1 화염살균법

화염살균법(incineration or flaming sterilization)은 버너(burner)나 알코올램프 불꽃으로 실험기구 표면에 부착된 미생물들을 직접 가열해서 살균하는 방법이다. 주로 백금이(plating loop), 핀셋, 슬라이드 글라스(slide glass), 카버 글라스(cover glass) 및 배양기구 등을 살균하는데 이용된다.

4.2.2 건열살균법

건열살균법(dry heat sterilization)은 미생물을 완전하게 살균하는 방법이다. 도자기 및 금속성 재질의 기구류, 호기성 배지를 넣고 면전(綿栓, cotton plug)한 시험관이나 플라스크의 살균에 많이 이용된다. 이외에 시험관, 플라스크, petri dish, 피펫 등 초자기구류 살균에도 이용된다. 살균할 초자기구류는 미리 유산지(硫酸紙)나 신문지에 싸서 160~170℃/2~4h, 180~200℃/0.5~1h 살균한다. 멸균 여부의 확인은 시판되는 생물학적 멸균 지시제(指示劑)나 온도에 따라 변색하는 화학적 지시제를 사용한다.

일반적으로 주정공장에서 많이 사용하는 초자기구류는 150~160℃/1h 정도 살균하면 충분하므로 멸균확인 절차를 생략해도 좋다. 주의사항은 멸균기 내부의 온도가 반드시 100℃ 이하로 떨어진 후 멸균기 외부로 꺼내야 초자기구류의 파손을 방지할 수 있다. 건열멸균의 단점은 포자(spore)가 살균되지 않는 점이다.

4.2.3 증기살균법

증기살균법은 미생물을 취급하는 초자기구류와 배지 살균에 많이 이용된다. 살균기는 게이지(gauge)압 1kg/㎠(98~100℃)에서 20~40분 유지하면 영양세포는 사멸되지만 포자는 생존할 수 있다. 그러므로 30~37℃의 항온기(incubator)에서 하루 배양하면 포자는 발아하여 영양세포가 된다. 따라서 살균과 배양 조작을 3일간 3회 반복하면 포자까지 완전히 살균하는 방법을 간헐멸균법이라 한다.

4.2.4 고압증기 살균법

고압솥을 이용하여 게이지압 1.06kg/㎠(121℃)에서 살균하는 방법이다. 이 방법은 1회 살균으로 완전 멸균이 가능하다. 따라서 병원에서 각종 수술 및 초자 기구의 살균에 많이 이용된다. 소형 고압솥은 자체에서 스팀을 발생시켜 살균하지만 대용량 고압솥일 경우 외부 공정 스팀을 공급받아 살균한다. 살균할 때 공급된 포화수증기는 미생물 효소와 조직단백질을 응고와 열변성(熱變性) 작용으로 살멸(殺滅)시킨다. 효과적인 멸균을 위해 고압솥 내에 에어 포켓(air porket)이 생기지 않도록 배기를 하면서 온도를 서서히 올려야 하는 점에 유의한다. 고압증기살균의 스팀은 건열살균의 공기보다 열전달이 잘 되기 때문에 멸균이 용이하다.

단, 비타민류가 첨가되었거나 열에 약한 영양물질을 함유한 배지는 살균 중 고온에 의해 파괴되므로 사용할 수 없다. 또한, 배지에 포도당이 있을 경우 일부 갈변반응이 일어나 캐러멜색소가 생성되는 것도 감안해야 한다. 주의사항은 살균이 끝난 후 압력이 완전히 해지된 후 꺼내고, 배지가 고온에 변질될 우려가 있을 경우 살균 온도와 시간을 조절한다.

4.2.5 살균제와 여과멸균

미생물 실험에 이용되는 미생물 살균제로는 약 0.1%-승홍수($HgCl_2$), 3~5%-크레졸용액, 3~4%-석탄산수용액, 70%-알코올 등이 있다. 이 살균제들은 미생물실험실의 무균상자, 실험용 의류 살균에 이용할 수 있으나 석탄산은 손이나 피부소독에는 사용할 수 없다.

여과멸균은 열에 불안정하거나 변질될 우려가 있는 용액 또는 발효용 효모 배양, 단세포 단백질(SCP, single cell protein) 생산에 공급하는 공기의 멸균에 적당하다. 여과멸균은 여재(濾材, membrane filter)의 막 구멍크기(pore size)에 따라 제균(除菌) 능력이 다르다. 일반적인 제균은 0.22~0.45㎛가 많이 사용된다. 여과기의 재질은 물리·생물학적으로 안정한 재질로 만들었기 때문에 사용할 때 알루미늄 호일로 싸서 반드시 멸균 후 사용한다.

4.3 효모의 육종과 선발

4.3.1 양조와 발효의 발견

최초로 인류가 효모를 이용한 것은 빵과 술이다. 인류는 기원전 4000년 문명의 요람(cradle of civilization) 중 한 곳인 고대 바빌로니아(Babylonia)시대에 티그리스(Tigris) 강과 유프라테스(Euphrates) 강 사이에 있는 메소포타미아(Mesopotamia)의 드넓은 평야에 정착하여 고대 도시국가를 세우면서 문명 발흥(發興)이 시작되었다.[55][56] 이곳은 오늘날의 이라크, 이스라엘, 요르단, 레바논, 팔레스타인, 시리아, 쿠웨이트 북부, 튀르키예 남동부, 이란 서부에 걸쳐 초승달 모양(Fertile Crescent)의 지역이 여기에 해당된다.[57]

중동 지역은 최고로 비옥한 토지를 중심으로 농업뿐만 아니라 지정학적 특성상 이민족(異民族)과 문화교류가 활발하여 자연스럽게 문명의 발상지가 되었다. 이곳에서 무역과 전쟁, 그리고 인류의 가장 초기문자로 알려진 문자체계인 설형문자(楔形文字, cuneiform)가 발명되었다. 이 문자는 현재 이라크 수메르어를 기록하기 위해 개발된 문자이었다.[58] 그 결과, 고대(古代) 세계 최고의 메트로폴리스의 바빌론문명을 일으킨 수메르인(Sumer)은 곡류 재배와 맥주를 양조하는 방법 및 양조의 여신인 Ninkasi를 찬송하는 기록을 남겼다[그림 4-1].[59]

1680년 네덜란드 상인 레벤후크(Leeuwenhoek)가 직접 렌즈를 제작한 덕분에 미생물 존

---

[55] https://en.wikipedia.org/wiki/Babylonia
[56] 배상면. 2002. 전통주제조기술(탁주·약주편). 우곡출판사. pp.31~33
[57] https://en.wikipedia.org/wiki/Fertile_Crescent
[58] https://en.wikipedia.org/wiki/Cuneiform
[59] https://en.wikipedia.org/wiki/Ninkasi

재와 효모가 발견되었다. 슈반(Schwann T.)은 1837년 효모가 당을 알코올로 전환한다는 사실을 제안하고 이 과정을 알코올발효라고 명명하였다. 1857년 파스퇴르(Pasteur L.)는 U자관(파스퇴르코루벤)으로 "발효는 미생물에 의해서만 이루어지고 미생물이 없는 곳에서는 발효도 있을 수 없다"는 결론을 내렸다. 그리고 1897년 Buchner는 효모의 추출액이 당을 발효한다는 것을 발견하였다.

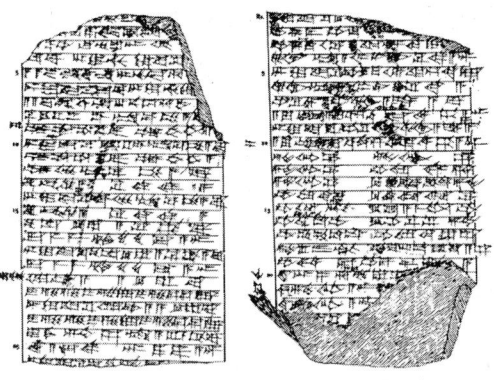

[그림 4-1] 이집트 수메르인은 맥주 양조법과 Ninkasi를 찬송하는 첨토판. Ninkasi는 메소포타미아의 맥주와 양조의 여신이다(출처 : Wikipedia).

파스퇴르는 "과학의 지식은 모든 인류의 것이며 전 세계를 밝히는 횃불이므로 과학에는 국경선이란 없다."라는 소신(所信)을 가진 위대한 과학자 중 한 사람이었다. 또한, 그의 연구는 효모, 박테리아 또는 살아있는 생명체가 무생물에서도 생길 수 있다는 자연발생설(spontaneous generation)의 논란을 완전히 종식(終熄)하는 획기적인 업적을 달성하였다. 그리고 포도주 발효가 잘못되어 효모가 생성한 알코올이 다른 미생물에 의해 초산이나 젖산이 생성되어 품질이 떨어지는 산패현상과 그 원인도 찾았다. 그리고 와인 품질을 유지하면서 오래 보존할 수 있는 파스퇴르살균법(pasteurization)도 개발하였다. 그는 20년 동안 발효연구에 전념하여 발효미생물 중에는 공기 중 산소가 없을 때만 살 수 있는 혐기성 세균이 존재하며, 또 어떤 세균은 산소의 유무에 상관없이 살 수 있다는 것을 발견한 것도 큰 업적 중 하나이다.[60] 이 같은 미생물학의 발전 토대 위에서 응용 산업미생물학 분야의 발전이 가속화되었다.

4.3.2 효모의 육종

효모는 에탄올 제조 목적에 부합되는 균종을 선발(選拔)하여 사용한다. 최근에는 미생물학·분자생물학·유전공학 등 관련 학문의 눈부신 발전으로 인해 물질대사산물과 균주의 유전자 분석이 가능하게 되었다. 따라서 산업용 효모균주의 단점을 보완하거나 생

---
[60] 김영민 외. 2004. 일반미생물학 제5판. 라이프사이언스. pp.2~15

산성 증가, 기능성 부여, 향미증진을 위하여 특정 유전자조작기술(gene manipulation), 형질전환(transformation), 돌연변이(突然變異, mutation) 유도, 세포융합 수단 등으로 새로운 효모 균주의 육종(育種)이 시도되고 있으며 지금까지는 존재하지 않았던 신종(新種) 균이 개발되어 일부는 실용화되고 있다. 예를 들면, 우리가 필요한 특정 유전자를 분리 및 정제하는 유전자 클로닝(gene cloning)기술로서 신종 미생물을 개발하고 있다. 이 기술을 활용하여 DNA 분자를 시험관 내(in vitro)에서 자르고 붙이는 등 재조합(recombinant DNA)하여 생물학적 발효산물이나 생산성이 높은 신종 균주 개발이 시도되고 있다.

효모는 기질특이성을 가지고 있기 때문에 사용원료 종류와 기질 농도에 따라 최적의 균종을 선택하여 사용한다. 기존의 알코올 발효용 효모에 당화효소를 생산할 수 있는 유전자를 삽입하거나 내열성 액화효소를 생산하는 세균 또는 효모의 단점 개량을 시도하였다.[61]

예를 들면, 내알코올성(alcohol tolerance), 내고온성, 내산성(acid resistance), 생산성과 향미증진 능력이 강화된 새로운 효모 균주 개발을 시도하고 있으며 신종 개발균주 중 일부는 양조와 효소제조 산업분야에서 실용화된 사례가 많다. 또한, *Asp. oryzae*의 glucoamylase와 α-amylase와 활성을 가진 효모 또는 에스테라아제 유전자 파괴(esterase gene disruption)에 의한 향기(higher aroma)를 증진할 수 있는 효모 개발도 시도되었다.[62] 효모는 당화효소를 분비할 수 있는 능력이 없기 때문에 전분을 직접 알코올로 전환할 수 없다. 따라서 amylase나 glucoamylase를 분비할 수 있는 유전자를 가진 효모가 개발된다면 액화 및 당화효소를 사용하지 않고 동시당화발효가 가능해 진다. 따라서 전분이나 섬유소를 직접 발효할 수 있는 효모[63] 또는 세균(*Clostridium thermocellum*, Cellulosome) 개발, 무증자 생전분(uncooking starch)을 직접 알코올로 전환할 수 있는 효모인 *S. diastaticus*[64]가 개발되었으며 산업적 응용 가능성이 검토되었다.[65][66][67]

---

[61] Ibragimova S.I. *et al*. 1994. A Strategy for Construction of Industrial Strains of Distiller's Yeast. *Biotechnol. Bioeng.* 46: 285-290
[62] Kitamoto K. 1997. Molecular Breeding of Sake Yeast by Gene Disruption. *Proc. Int'l. Symp. Strain Development for Bioindustry. April 24.* pp.27-34
[63] 今日の話題. 1993. セルロース醱酵性酵母. *化學と生物*. 28(12): 773-774
[64] Whitney G.k. *et al*. 1985. Potential Cost Saving for Fuel Ethanol Production by Employing a Novel Hybrid Yeast Strain. *Biotechnol. Lett.* 7(5): 349-354
[65] 吉栖 肇. 1988. グルコアミラゼ遺傳子によるてんぷん直接醱酵酵母の 育種. *日本釀造協會誌*. 83(11): 718-721
[66] Yoshizumi H. 1987. グルコアミラゼ生産酵母の育種とでんぷん直接醱酵. *醱酵と工業*. 45(6): 379-385
[67] Whitney G.K. *et al*. 1985. Potential Cost Saving for Fuel Ethanol Production by Employing a Novel Hybrid

Yoshizumi 등은 전분질원료에서 직접 에탄올을 생산할 수 있는 효모를 육종할 목적으로 *Rhizopus*의 glucoamylase 유전자를 효모에 cloning하여 전분을 유일한 탄소원으로 하는 효모를 육종하였다.[68] 이와 같이 특수 목적을 달성하기 위해 유전자재조합 형질전환, 세포융합 등 육종기술을 응용하여 균주개발이 상당한 수준까지 진행되었다.[69][70] 그러나 당화효소 사용량을 감소시킬 수 있는 수준의 균주개발 및 실용화까지는 더 많은 시간이 걸릴 것으로 예상된다. 전분을 직접 발효할 수 있는 균주가 상용화되면 별도의 당화효소 첨가나 당화공정 없이 병행복발효를 할 수 있어 공정 단순화로 생산성 향상과 바이오에탄올의 제조원가 절감이 가능하게 될 것이다.

양조주의 발효는 저온에서 비교적 장시간 알코올발효를 진행해야 한다. 이 과정에서 기포가 많이 발생하면 넘치거나 인입(引入) 배관에 접촉해서 오염이 발생하기 쉽고, 품질에도 영향을 미칠 수 있다. 따라서 효모의 기포생성을 억제하는 기능을 가진 청주용 효모를 개발하여 실용화하고 있다. 반면, 맥주는 기포발생량이 많고 발생한 기포가 오래 유지될 수 있는 능력을 가진 효모 개량에 대한 연구가 진행되고 있다.

효모는 다양한 생물자원(biomass)의 가수분해산물 중 오탄당(5C)은 알코올발효 할 수 없다. 그러나 이성화효소(D-xylose isomerase, EC 5.3.1.5)의 존재 하에서는 자일로스(D-xylose)를 자일룰로스(xylulose)로 전환시키면 80% 이상 알코올 전환이 가능해 진다.[71][72] 또한, Kumar 등은 *Asp. flavus*의 자일리톨 탈수소효소(xylitol dehydrogenase)를 이용하여 자일리톨을 자일룰로스로 97%까지 전환하여 산업적 생산가능성을 제시하였다.[73]

*Pachysolen tanophilus*는 소량의 산소 존재 하에서 D-xylose를 발효하지만 산소가 부족하면 알코올수율이 감소하나 자일리톨의 수율은 증가한다는 것이 입증된 바 있다. 오탄당 발효성 효모인 *Candida shehatae*와 *Pichia stipitis*는 알코올내성이 낮아서 헤미셀

Yeast Strain. *Biotechnol. Lett.* 7(5): 349-354

[68] 吉栖 肇 等. 1987. Rhizopus グルコアミラーゼ遺伝子の酵母への発現とその応用について. *澱粉科學*. 34(2): 148-1987

[69] 吉栖 肇. 1987. グルコアミラゼ生産酵母の育種とでんぷん直接醱酵. *醱酵と工業*. 45(6): 379-385

[70] 吉栖 肇. 1988. グルコアミラゼ遺傳子によるてんぷん直接醱酵母の育種. *日本釀造協會誌*. 83(11): 718-721

[71] Chiang L.C. *et al*. 1981. D-xylose Fermentation to Ethanol by Saccharomyces serevisiae. *Appl. Envi. Microbiol.* Aug. 284-289

[72] Gong C.H. *et al*. 1981. Production of Ethanol from D-xylose by Using D-xylose Isomerase and Yeasts. *Appl. Envi. Microbiol.* Feb. pp.430-436

[73] Kumar A. *et al*. 2022. Characterization of a xylitol dehydrogenase from *Asp. flavus* and its application in l-xylulose production. *Bioeng. Biotechnol.* 12(https://doi.org/10.3389/fbioe.2022.1001726)

룰로오스의 가수분해산물로부터 상업적 에탄올생산에 적용하는 것은 아직 회의적이다.[74] 그리고 *P. tanophilus*는 보다 빠른 알코올생산과 알코올내성을 보이지만 산소전달율에 따라 알코올생산 수율과 균체 성장률이 큰 영향을 받는다고 하였다.[75] 지금까지 개발된 오탄당(5C) 발효능력을 가진 효모는 오탄당과 육탄당(6C)이 혼합된 가수분해물의 기질농도가 비교적 낮을 때에만 5C와 6C를 동시에 에탄올발효가 가능하다. 그러므로 술덧의 에탄올농도를 높여 제조원가를 낮추어야 하는 주정과 바이오에탄올 산업에 적용하기 까지는 더 많은 연구가 필요하다.

4.3.3 효모의 선발

(1) 전분질 발효 효모

효모는 양조주, 주정 또는 대체연료용 바이오에탄올 생산 목적에 따라 최적 효모를 선발해서 사용한다. 전분질원료로부터 에탄올을 생산할 경우 *S. cerevisisae*와 이 효모의 성능이 개량된 변종이 많이 이용되고 있다.

맥주 발효에는 *S. cerevisisae* Hansen, 포도주 발효에는 *S. ellipsoideus*, 우리나라 막걸리 양조는 *Saccharomyces* 속 이외에 *Coreanus forma*가 널리 이용되고 있다. 이외도 양조주는 양조장마다 향기와 맛은 증진되고, 제성비율은 높고, 퓨젤유 생산량이 적은 효모를 선발하여 사용한다. 그리고 사용하는 효모는 엄격한 종균관리 매뉴얼에 준하여 발효능력 저하와 활성이 퇴화되지 않도록 관리한다.

(2) 당질 발효와 내삼투압 효모

대표적인 당질원료인 폐당밀(molasses, 이후 당밀로 표기)로써 알코올발효를 하면 당화공정이 필요 없다. 당밀 발효용 *S. formosensis*는 설탕의 주성분인 이당류(sucrose, glucose+fructose)를 발효할 수 있고 비교적 내열성(37℃)과 삼투압 내성(耐性)을 가진 효모이다. 당

---

[74] Preez J.C. *et al.* 1987. Temperature Profiles of Growth and Ethanol Tolerance of the Xylose- Fermenting Yeasts Candida *shehatae and Pichia stipitis*. *Appl. Microbiol Biotechnol*. 25: 521-525
[75] Rizz M. *et al.* 1989. Purification and Properties of the NAD+-Xylotol-Dehydrogenase from the Yeast *Pichia stipitis*. *J. Ferment. Bioeng.* 67(1): 20-24

밀의 알코올발효는 전분질원료에 비해 발효공정이 비교적 단순하다.

예를 들면, 발효가 끝난 술덧에서 효모균체를 회수하여 재사용하는 공정 또는 증류폐액 일부를 사입용수로 대체 사용(backset)한 술덧은 용해성 고형분농도의 증가로 삼투압이 점점 증가하게 된다. 그러므로 술덧의 총고형분 농도를 적당한 농도 이하로 유지해야 수율저하를 예방할 수 있다. 신선한 용수를 일정한 비율로 보충(makeup)해 주어야 한다. 총고형분 농축으로 인한 발효조의 삼투압 증가는 ORP나 전기전도도 센서를 설치하여 쉽게 자동화할 수 있다. 발효 공정과 환경에 맞는 효모를 선발하여 사용하는 것이 수율 관리에 있어 첫 번째 고려사항이다[표 4-1]. 그러므로 Biostil 공정과 같이 효모를 회수하여 재사용하거나 폐액 일부를 슬러리 제조에 재순환하여 사용할 경우 *Schizosaccharomyces pombe*와 같이 삼투압 내성이 우수한 효모를 사용해야만 발효수율 저하를 예방할 수 있다.[76] *Schizo. pombe*는 열대지방의 과일과 당밀에서 많이 검출되는 야생 효모이다. 주로 호주와 인도네시아의 Biostil 연속발효 공정에서 이용되고 있다. 이 효모는 중앙 및 동 아프리카 원주민이 즐겨 마시는 pombe라는 술에서 분리한 효모이다. 이 효모는 비교적 높은 온도에서 알코올발효 한다.

[표 4-1] 에탄올발효에 가장 많이 이용되는 효모와 세균

효모균 종류	특이 사항
Saccharomyces cerevisiae	미국, EU, 브라질 등에서 널리 이용되는 빵효모, 상면효모로서 알코올 발효능력이 강하고, amino산을 자화(自化, autolysis)하여 고급알코올과 유기산류를 생성함
Saccharomyces formosensis	대만 당밀에서 분리된 균주로 내열성 균주(37℃), glucose, sucrose, maltose, fructose, raffinose를 발효할 수 있음
Saccharomyces cerevisiae F5	응집성 효모로서 회분/연속식 발효공정에서 효모를 재순환하여 사용할 때 유리한 균주임
Schizosaccharomyce pombe	호주, 인니 등 Biostill 공정에서 사용되는 내염성·내삼투압성 효모, 세균과 같이 분열증식을 하는 것이 특징임
Zymomonas mobilis	세균성 알코올발효 균주, 용설란 속(屬) 식물 주스(juice)에서 분리한 절대혐기성 세균으로 내열성 균주(37℃)임
Kluyvromyces lactis	Milk whey에서 분리한 젖당 분해 균주로 뉴질랜드에서 많이 사용됨
Clostridium thermocellum	호열 혐기성 세균, 섬유소를 직접 에탄올과 유기산으로 분해가능

---

[76] D'Amore T. *et al*. 1988. Osmotic Pressure Effects and Interacellular Accumulation of Ethanol in Yeast During Fermentation. *J. Ind. Microbiol.* 2: 365-372

또한, *Saccharomyces* 속 효모는 다극 출아(multilateral budding)로 증식하지만 *Schizo. pombe*는 세균과 같이 분열법(fission)으로 증식 하는 것이 특징이다. 그러나 이 두 속의 효모는 무성생식을 하고 포자를 만드는 것은 동일하다. 이 외에도 *Zygosaccharomyces* 속은 간장발효에 독특한 향기를 주며 내염성과 삼투압 내성이 아주 높은 효모이지만 알코올발효능력은 매우 낮다.

미국, 유럽과 브라질은 빵효모(Baker's yeast)를 알코올산업에 많이 사용한다. 미국과 브라질은 농산물이 풍부할 뿐 아니라 바이오에탄올을 대량생산하기 때문에 우리나라 주정발효의 수율 관리와는 사뭇 다르다. 미국의 경우 발효수율이 조금 낮아도 주정박으로 회수되며, 주정박의 판매단가는 원료 단가와 비슷한 수준으로 형성되고 있어 부가가치가 높아 알코올생산성이 최우선 검토 대상이다.

4.4 효모균주 관리

4.4.1 효모의 순수분리와 배양

효모는 에탄올 발효능력이 감소하지 않도록 균주의 유지관리가 매우 중요하다. 효모균주의 발효능력을 지속적으로 유지하기 위해서는 종균을 주기적으로 계대 배양하여 노화 및 퇴화를 방지할 수 있도록 보관에 유의한다.

주기적으로 종균과 선발한 효모균주의 알코올발효능력을 비교실험 한다. 이와 같은 비교실험은 발효수율 및 주질 관리에도 중요하다. 예를 들면, 현장 술덧에서 균원(菌原) 시료를 채취하여 "집식배양 → 순수분리 → 알코올발효능력 비교검정" 순으로 실시한다. 이 같은 실험은 주어진 발효환경에서 우량균주를 주기적으로 선발하여 보관종균과 알코올발효능력의 증감 변화를 확인하는데 목적이 있다. 이런 실험과정을 통하여 종균과 현재 사용하고 있는 효모균주의 퇴화 정도를 사전에 발견할 수 있다.

[표 4-2] *Saccharomyces serevisiae* IFO-M-07 균주의 특성 및 전배양 순서

구분/전배양	특성	비고
균주명	*Saccharomyces cerevisiae* IFO-M-07	
세포크기	(4.5 × 6.8)~(6.4 × 8.3)㎛	1일 배양 후
발효온도	발효 최적온도 32~33℃	
최적 pH	pH 4.0~5.0	
발효 가능한 당	포도당, 맥아당, 설탕, 과당, mannose, raffinose, galactose	
비발효성 당	젖당	
기타 특징	전분질원료에 적당하며, 발효능력이 우수함	
전배양 순서	사면배지(2%)/1일 → YPD 시험관 배지(2%)/1일 → YPD 플라스크 배지(10%)/1일 배양 후 주모조에 이식	( )당농도

    순수분리 한 효모의 알코올생산 능력이 기존 효모보다 우수할 경우 이 분리균주를 대체 사용한다. 그러나 이 균주에 대한 정확한 분류와 동정(同定, identification)이 필요하면 효모의 분류학(The Yeasts a Toxonomic Study)에 따라 형태·생리·생화학적 특성, 발효생산물 등을 조사하여 분류한다.[77] 예를 들면, 당류의 발효성과 자화성을 동정 절차에 따라 실험한다. 그리고 광학현미경으로 효모의 크기, 모양, 색깔과 같은 형태학적 특성을 관찰하여 분류체계에 따른 실험을 통하여 분류학상 위치를 결정한다. 분류결과에 따라 학명은 종명까지 확인한다. 종(species)까지 확인을 못한 경우는 속명(genus) 다음에 sp.(species) 붙여 표기한다. 예를 들면, *Saccharomyces* sp.로 표시한다. 최근에는 효모 동정에 분자생물학적인 기법인 염기서열 상동성 비교법(26S rDNA 염기서열)[78]이나 자동화 균주동정기계를 이용한다. 선발된 효모균주를 사용한 알코올발효능력의 비교실험은 "**17.2.7 알코올발효 실험**"항을 참고 바란다.

    효모의 순수분리 및 배양에 많이 이용되는 일반적인 방법은 평판분리법(plating method)과 액체배지(liquid media)로 순수분리를 할 수 있다.

---

[77] Kreger-van Rij N.J.W. 1984. The Yeasts. 3rd revised and enlarged edition
[78] Cletus *et al*. 1998. Identification and phylogeny of ascomycetous yeasts from analysis of nuclear large subunit (26S) ribosomal DNA partial sequences. *Antonie Leeuwenhoke* 73(4): 331-371

(1) 평판배양법

평판배양법에는 획선도말법(streaked plate method), 주입평판법(poured plate method), 평판도말법(spread plate method)이 있다. 고체배지에서 미생물을 도말(塗抹)하여 배양한 후 단일 균총(單一菌叢, single colony)을 찾아 분리하는 법이다. 효모, 곰팡이, 세균 등 분리에 활용한다.

1) 획선도말법

화염 살균한 백금이를 희석한 미생물 현탁(cell suspension) 시료나 집식배양(enrichment culture)한 액에 담근 후 고체평판배지(petri dish) 표면에 획선(劃線, streaking) 긋는다. 이 획선도말법은 신속하고 간단한 분리법으로 오염 술덧이나 효모 시료 현탁액으로부터 순수한 효모균주를 분리하는데 많이 이용되는 기법이다.

[그림 4-2]와 같이 시작점(S) 주변에는 균총수가 많이 나타나지만 끝부분(E)으로 갈수록 균총수가 점점 적어지면서 단일 균총이 나타날 확률이 높아진다. 현미경으로 단일 균총이라 판단되면 배양하여 확인한다. 주로 효모의 순수분리에는 획선도말법이 가장 널리 활용된다.

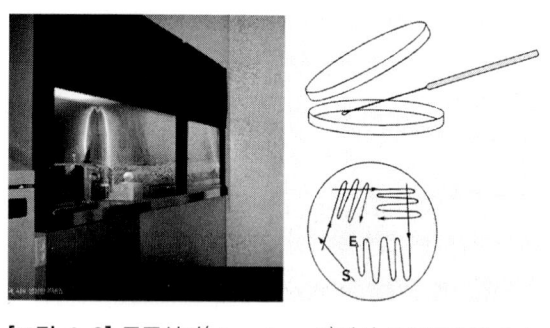

[그림 4-2] 무균상자(clean bench)에서 효모균주의 순수 분리 기법
현탁 시료 균주에 백금이를 담근 후 petri dish "S" 점에서부터 "E"점까지 획선을 그은 후 항온기에서 배양한다. "E"점에서 single colony가 나타날 확률이 높다.

2) 주입평판법

희석한 시료나 미생물 배양액을 고체배지 위에 접종하는 점은 평판배양법과 같다. 그러나 주입평판법은 연속적으로 희석시킨 접종재료(inoculum)를 45~50℃에서 한천배지와 잘 혼합한 후 미리 살균된 petri dish에 부어 도말(spreading)하여 냉각시킨 후 배양한다. 이 방법에서 호기성 미생물은 배지 표면에, 혐기성 미생물은 배지 아래쪽에서 잘 자라므로 균총의 크기가 다르게 나타난다. 이 방법으로 항온기(incubator) 온도만 조절하면 내열성 효모균주 분리도 가능한 방법이다.

3) 도말평판법

무균 증류수로 충분히 희석한 접종재료에서 0.1~0.25㎖를 취하여 한천배지의 petri dish에 떨어트린다. 살균한 유리봉(glass spreader)으로 골고루 편 후 배양한다. 균의 보존, 균의 생리적 성질 조사와 생태 관찰에는 고체배양법인 사면배양(slant culture)과 천자배양(stab culture)이 있다. 사면배양은 호기성 세균과 효모에 가장 많이 이용되는 방법으로 배양할 미생물 혹은 시료균주를 백금이로 취해 사면배지의 하부에서 상부로 지그재그나 직선으로 그어서 배양한다. 주정공장에서 균의 보존과 주모 이식용 효모의 계대배양에 많이 이용된다.

천자배양은 혐기성균의 배양에 이용되는 방법으로 시료균주를 백금이로 고층한천배지(高層寒天培地)의 표면 중앙부에서 밑으로 깊숙이 찔러서 배양한다.

(2) 액체배지에 의한 순수분리

액체배지에서 잘 자라는 미생물의 순수분리에 이용된다. 적절히 희석된 미생물의 현탁액을 액체배지에 단계희석법(serial dilution method)으로 희석시키면 마지막 시험관에서 단 한 개의 세포가 시험관에 들어 올 가능성이 높아진다.

호기성 또는 혐기성 폐수처리에 필요한 우점종균의 분리에 많이 이용된다. 예를 들면, bacteria, algae, protozoa 등의 순수분리에 이용된다. 또한, 평판법과 희석법을 적용할 수 없을 경우 집식배양액에서 하나의 단세포나 생물체(organism)를 현미경으로 분리하기도 한다. 이때 capture 도구로써 capillary pipette나 micro-manipulator를 이용한다.

(3) 액체배양과 탱크배양

1) Lab scale 액체배양

액체배양법은 미생물의 생태관찰, 생리적 실험, 발효생산물의 실험 등 실험실규모로 배양할 때 이용된다. 미생물의 액체배양에도 호기성 균주는 진탕배양(shaking culture)하고, 혐기성 균주일 경우 정치배양(stationary culture)을 한다.

2) 대량 탱크배양

건조효모를 생산하거나 단세포 단백질(SCP), 항생물질, 라이신과 같은 아미노산, 글루탐산나트륨(MSG, mono sodium glutamate) 등을 산업적으로 대량 생산할 때는 탱크배양을 한다. 탱크배양은 Jar fermenter에서 얻은 최적 배양조건을 대용량 탱크로 scale up할 때 설계에 충분히 반영한다.

탱크배양은 pH, 압력, 온도, 산소농도, 교반속도, 생산물의 농도를 자동 조절할 수 있도록 계장(計裝, instrumentation)을 설치하여 실시간으로 확인할 수 있도록 설계한다. 특히, 미생물배양에 있어 교반날개의 tip speed의 전단응력(shear stress)에 의한 미생물의 생육 저하나 스트레스를 받지 않도록 교반강도는 쉽게 조절할 수 있게 한다. 이 전단응력은 생산수율에 직접적인 영향을 미친다. 하지만 배양기(Jar fermenter scale)와 달리 탱크용량이 커질수록 교반기만으로는 충분한 교반효과를 얻기가 어렵다. 그러므로 교반효과를 상승시킬 수 있는 보조수단을 설치한다. 예를 들면, 배양탱크 내 baffle을 설치하거나 배양액을 펌프로 자체 순환시키면 교반효과를 증가시킬 수 있다. 특히, 미생물 배양탱크 제작은 반복되는 살균온도에 의한 팽창과 수축 및 압력에 견딜 수 있도록 안전율을 고려하여 설계한다. 그리고 CIP(cleaning in place) 자동세정 설비를 구비하고 세정제나 살균제 사용에 대한 내부식성(耐腐蝕性) 재질을 선택한다.

(4) Lab에서 균주 관리와 전배양

1) 계대 배양

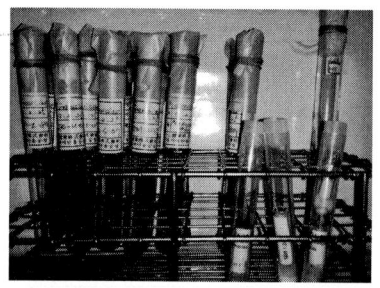

[그림 4-3] 종균을 계대배양 한 후 시험관 받침대(test tube rack)에 세워서 저온 냉장고에 보관

효모의 계대배양(繼代培養, subculture)은 종균 보관과 매일 주모조에 이식할 효모의 배양으로 구분할 수 있다. 종균의 보관관리는 효모균주를 새로운 배지에 계대 배양하여 냉동고(-18~3℃)에 장기간 보관할 수 있다. 일반적으로 효모는 5℃에서 저장하면 5~6개월마다 계대배양 하여도 발효능력 저하 없이 보관이 가능하다[그림 4-3]. 그러나 효모종균의 계대배양 주기는 3개월 마다 할 것을 추천한다.

2) Lab에서 전배양

현장 주모조에 이식하기 위하여 미리 시험관 사면배지에서 플라스크 액체배지까지 확대 배양하는 과정을 전배양(前培養, pre-culture)이라 한다. 종균 효모를 시험관 사면배지에서 하루 배양한 후 이를 시험관 액체배지(YPD broth, 9㎖)에 접종하여 1일간 항온기에서 정치 배양한다. 1일간 배양된 시험관 액체배지의 배양액을 다시 플라스크 배양액(500~1000㎖)에 접종하여 하루 동안 배양한다. 이렇게 확대배양 된 것을 주모조(산업기질)에 이식하면 효모가 대수증식기에 빨리 도달하고 잡균 증식도 억제된다.

주정발효에 널리 이용되고 있는 대표적인 효모균주의 특성 및 전배양 순서는 아래 표와 같다[표 4-3]. 전분질원료의 주정발효에는 S. serevisia가 포도당, 맥아당 및 삼당류를 발효할 수 있기 때문에 널리 이용되고 있다. 효모의 배지로는 전통적으로 코오지(koji)액을 1980년대까지 사용해 왔지만 최근에는 배지조제가 용이한 YPD배지로 완전히 대체되었다.

[표 4-3] *Saccharomyces serevisiae* IFO-M-07 균주의 특성 및 전배양 순서

구분	특성	비고
균주명	*Saccharomyces cerevisiae* IFO-M-07	
세포크기	(4.5 × 6.8)~(6.4 × 8.3)㎛	1일 배양 후
발효온도	발효 최적온도 32~33℃	
최적 pH	pH 4.0~5.0	
발효 가능한 당	포도당, 맥아당, 설탕, 과당, mannose, raffinose, galactose	
비발효성 당	젖당	
기타 특징	전분질원료에 적당하며, 발효능력이 우수함	
전배양 순서	사면배지(2%)/1일 → YPD 시험관 배지(2%)/1일 → YPD 플라스크 배지(10%)/1일 배양 후 현장 주모조에 이식구로 이식	( )당농도

4.4.2 배지의 조제법

(1) 배지의 종류

미생물 배양에 사용되는 배지는 미생물이 생육하는데 필요로 하는 각종 영양소를 골고루 함유하도록 조제한다. 영양소는 탄소원, 질소원, 비타민류, 무기염류가 있다. 미생물의 종류와 특성에 따라 사용하는 배지 조성은 각기 다르며, 발육과 증식에 필요한 기

본적인 성분을 포함하고 있어야 한다. 일반적으로 곰팡이와 효모의 배양배지는 맥아즙(malt extract)과 코지즙(koji extract)이 적합하다. 코지즙 조제는 제국방법에 준하여 만든다.

예를 들면, 침지한 쌀을 쪄서 고두밥(증미, 蒸米)을 우선 만든다. 이것을 국 배양상자(培養箱子, tray)에 고루 편 다음 공기순환용 통풍장치와 온도, 습도계가 장착된 전용 국배양기(麴培養器, incubator)에 넣는다. 배지의 온도가 34±1℃가 되면 종국(種麴)을 접종하여 잘 혼합한 후 배양한다. 배양상자의 고두밥은 종국이 배양되면서 증식한 균사 덩어리가 형성된다. 이 균사 덩어리를 배양이 끝날 때까지 12시간 간격으로 잘 부수어 상하로 골고루 섞어 펴준다. 배양온도는 35±2℃로 유지하고 습도 조절은 12시간 간격으로 배지 뒤집기를 할 때 분무기(spray)로 수분을 공급한다. 40~48시간 배양 후 출국(出麴)한다. 출국한 미국(米麴)은 면 포대에 넣어 58±2℃에서 당화하고 당화가 끝나면 여과지로 여과한다. 이 후 과정은 YPD(yeast, peptone, dextrose) 배지와 같이 코지 즙(koji extract)을 플라스크(flask 600㎖)에 분주하거나 한천(agar)을 넣어 시험관 고체사면배지를 만든다. 이렇게 만든 플라스크 배지는 간헐살균을 한 후 사용한다. 코지 즙은 효모배지로써 최적이나 제조가 번거롭고 노동력과 시간이 많이 소요되는 단점이 있다.

미생물 배양에는 배지의 pH가 매우 중요하다. 보통 곰팡이와 효모용 배지는 pH 5.0~7.0, 세균용 배지는 pH 7.0~8.0로 조정한다. 배지는 그 상태에 따라 액체배지(liquid medium or broth)와 고체배지(solid medium)로 구분한다. 그리고 고체배지는 사용 목적에 따라 사면배지(slant medium), 고층한천배지(deep agar medium), 평판배지(agar plate medium)가 있다.

주정공장에서 사용하는 대표적인 배지는 계대배양을 위한 시험관 고체사면배지($G2-YPD_S$)와 시험관 YPD액체배지($G2-YPD_L$), 주모조 이식용 플라스크 YPD액체배지($G10-YPD_L$)를 조제하여 사용하고 있다[표 4-4].

(2) $G2-YPD_S$ 사면배지 제조

YPD는 모든 미생물에 광범위하게 사용되는 배지이다. 효모 배지로는 포도당 2%, pH 5.5가 적당하다. YPD 사면배지 제조에 한천 사용농도는 겨울철은 1.5%, 여름철에는 습도가 높아 잘 굳지 않기 때문에 2%를 넣어 고화(固化)시켜 사용한다. 경험적으로 1.8%

한천을 사용하면 계절에 상관없이 사용할 수 있으며 다음 순서로 제조한다.

① [표 4-4A]와 같이 한천을 제외한 원재료를 칭량(秤量)하여 뜨거운 정제수 약 250㎖로 용해시킨다.

② 완전히 용해시킨 뒤 증류수로 전량을 500㎖로 한다.

③ 젖산으로 pH 5.5로 맞춘 후 여과지로 여과한다.

④ 여과한 것을 비커에 넣고 여기에 한천을 가한 후 호일로 비커를 감 싼 다음 autoclave에서 100℃/20min 용해시킨다.

⑤ 용량 약 20㎖ 시험관(test tube)에 4.5㎖씩 신속하게 분주한다. 이때 시험관 내벽에 묻지 않도록 주의하며, 배지가 빨리 굳기 때문에 비커를 hot plate 위에서 가열 및 교반하면서 분주한다.

⑥ 70%-에탄올에 살균 및 건조시켜 둔 silicon closure로 시험관을 막은 다음 시험관대(test tube rack)에 담는다. 이것 전체를 알루미늄 호일로 감싼 후 autoclave에서 121℃/20min 동안 멸균한다. 1회 살균해도 되지만 통상 이틀간 2회에 간헐멸균 후 사용한다.

⑦ 시험관은 고무호스(직경 15㎜ 내외)를 바닥에 두고 경사지게 하여 하룻밤 동안 굳힌다. 사면배지의 경우 응축수가 발생하기 때문에 사면으로 고화시킨 후 배양기에서 며칠 동안 건조시킨 뒤 사용한다.

[표 4-4] 2%-YPD 사면배지와 액체 배지 및 10%-YPD 액체배지의 제조

원재료 \ 배지 종류	A : G2-YPD$_S$ G2%-YPD 사면 배지 (사용량 : g/500㎖)	B : G2-YPD$_L$ G2%-YPD 액체배지 (사용량 : g/1000㎖)	C : G10-YPD$_L$ G10%-YPD 액체배지 (사용량 : g/2500㎖)
Glucose	10	20	1500
Peptone	5	10	75
Yeast Extract	2.5	5	30
$MgSO_4 \cdot 7H_2O$	0.5	1	15
$FeSO_4 \cdot 7H_2O$	0.0005	0.001	0.015
Agar	7.5~10	0	0
제조 수량(개)	100	100	25

(3) YPD$_L$ 배지 제조

YPD$_L$ 배지는 시험관 사면배지(G2-YPD$_S$)에서 배양된 효모를 확대 배양(한천사면배지 → 시험관(9㎖) → 플라스크(600㎖) → 주모조 이식)하는데 필요한 배지이다. 액체배지의 제조 순서는 아래와 같다.

1) 시험관용 2%-포도당 액체 배지(G2-YPD$_L$) 제조

① [표 4-4B]와 같이 원재료는 칭량한 다음 비커에 넣는다.
② 뜨거운 정제수 500㎖을 가해 용해시킨 뒤 증류수로써 1ℓ로 표정(標定)한다.
③ Hot plate에서 완전히 용해시킨다.
④ 젖산으로 pH 5.5로 맞춘 후 여과지를 사용하여 여과한다.
⑤ 약 30㎖ 용 시험관에 9㎖씩 분주한다. 이때 시험관 내벽에 묻지 않도록 조심해서 분주한다.
⑥ 70%-에탄올에 살균 및 건조시킨 silicon closure 면전(綿栓, cotton plug 대체용)으로 시험관을 막고, 알루미늄 호일로 시험관대 전체를 감싼다.
⑦ Autoclave에서 121℃/20min 동안 멸균한다. 이때, 2일간 2회에 간헐멸균 한다.
⑧ 배지의 상태를 확인한 다음 배지 보관실에 보관한다.

2) 플라스크용 10%-포도당 액체배지(G10-YPD$_L$) 제조

① [표 4-4C]와 같이 원재료를 5ℓ 비커에 넣어 칭량한다.
② 미리 3ℓ round flask에 가열해둔 증류수와 회전자(spin bar)를 비커(5ℓ)에 넣는다.
③ 이것을 자력교반기(magnetic stirrer) 상에서 가온하면서 완전히 용해시킨다.
④ 용해된 배지를 큰 용기(18ℓ)에 옮겨 증류수로 15ℓ가 되게 한다.
⑤ 젖산(약 2.2㎖)으로 pH 5.5로 맞춘 후 여과지로 여과한다.
⑥ 세척 및 건조시킨 1ℓ round flask에 600㎖씩 분주한다.
⑦ 70% 에탄올에 살균 및 건조시킨 silicon closure로 플라스크를 막는다.

⑧ Autoclave에서 121℃/20min 조건으로 1회만 멸균한다.

⑨ 방랭시켜 배지의 상태를 확인한 후 플라스크 주위를 에탄올로 깨끗이 닦은 다음 배지 보관실에 보관하면서 사용한다.

제5장
효모와 세균의 대사생화학

5.1 효모의 대사와 알코올발효

5.5.1 효모의 대사 개요

효모는 세포 내에서 효소작용에 의하여 단순한 저분자 물질을 고분자 물질로 생합성(biosynthesis)하면서 에너지를 축적하는 동화작용(同化作用, anabolism)과 크고 복잡한 고분자 물질을 작고 단순한 저분자 물질로 분해하면서 에너지를 방출하는 이화작용(異化作用, catabolism)으로 구분된다. 예를 들면, 동화작용은 동물, 균류, 세균이 포도당으로부터 글리코겐(glycogen) 합성 또는 식물이 이산화탄소와 물을 광합성 하여 전분을 만들면서 에너지를 축적하는 과정을 에너지 축적계(蓄積系, energy accumulating system)라 한다. 그리고 이화작용은 포도당을 이산화탄소와 물로 분해시키면서 에너지를 방출하는 과정을 에너지 생성계(生成系, energy generation system)라 한다.

에너지 생산과 소비는 모두 효소의 촉매작용에 의해 일어난다. 이화작용으로 방출되는 에너지는 무기인산과 결합하여 ATP(adenosine triphosphate) 형태로 세포 내에 저장된다. 세포가 생명유지를 위해 물질의 합성과 분해 과정에서 일어나는 물질의 변화는 에너지 출입이 수반되므로 에너지대사 또는 물질대사(物質代謝, metabolism)라 한다. 여기에 관련된 일련의 생화학반응을 대사경로(代謝經路, metabolic pathway)라 한다.

호흡1단계는 포도당이 세포질(cytoplasm)에서 EMP(Embden-Meyerhof-Panas), HMP(hexose mono phosphate pathway), ED(Enter-Doudoroff pathway) 경로 즉, 해당과정에 의해 중간산물인 피루브산(pyruvic acid)이 생성된다.

호흡2단계는 피루브산이 호기적 조건하에서 acetyl-CoA로 전환되어 TCA 회로에 들어가서 완전 산화분해 되면서 NADH(nicotinamide adenine dinucleotide hydrogenase), FADH$_2$ (flavin adenine dinucleotide reduced), GTP(guanosine triphosphate)와 이산화탄소(CO_2)가 생성된다.

호흡3단계는 NADH, FADH$_2$, GTP가 전자전달계(電子傳達系, ETC, electron transport system)에서 최종 전자수용체가 산소일 경우 물(H_2O)로 완전히 산화되면서 ATP 형태로 에너지가 축적되며 일부 방출되는 에너지로 생명유지와 세포증식을 한다. 그러나 외부에서 제공되는 다른 수용체를 이용하는 무산소 호흡도 있다. 무산소 호흡에서 가장 많이 이용되는 수용체는 NO_3^-, SO_4^{2-}, CO_2, Fe^{3+}, SeO_4^{2-} 등 무기물이나 푸마르산(fumarate)과 같은 유기 수용체도 있다.[79][80] 산소호흡과 무산소호흡 둘 다 전자전달계(ETC)에서 산화적 인산화를 거쳐 ATP가 생성되면서 생명현상이 유지된다.

혐기적 조건하에서는 에탄올 또는 젖산으로 불완전 산화되면서 피루브산이 전자수용체 역할을 한다. 따라서 알코올발효는 외부로부터 제공되는 전자수용체(電子受容體, electron acceptor) 없이 에너지 기질이 산화·분해된다. 알코올발효는 보통 무산소 조건하에서 일어나지만 용존산소가 조금 있거나 발효성당 농도가 높을 때도 일어난다.

알코올발효가 진행될 때 산소를 공급하면 용존산소에 의하여 알코올발효가 억제되는 Pasteur효과가 나타난다. 즉, 산소가 공급되면 NADH가 전자전달계에서 유리되는 수소이온(H^+)이 산소와 결합하여 물이 생성되면서 수소가 소비된다. 피루브산이 알코올로 환원되는데 필요한 수소이온(H^+)이 없어지기 때문에 알코올생성이 정지되어 버린다.

5.5.2 발효의 정의

생화학적인 발효란 미생물 작용에 의하여 유기화합물이 전자 공여체 및 수용체가 되어 분해과정에서 산화환원반응으로 생화학적 에너지 생산과 사람에게 유익한 물질로 변화하는 현상이다. 미생물을 이용하여 원료기질의 특성과는 전혀 다른 향미를 가진 제품을 공업적으로 제조하는 것을 발효공업이라 한다. 발효공학적인 발효란 미생물의 대

---

[79] 김영민 외. 2004. 일반미생물학 5판. 라이프사이언스. pp.158-186
[80] 서정훈 외. 1996. 최신 미생물학. 형설출판사. pp.173-196

량 배양에 의한 유용한 물질을 생산하여 식품·의약품의 산업적 부가가치를 향상시키는 것이다.

발효의 목적은;

① 균체를 대량 생산하여 빵효모, 사료 또는 식용 단세포 단백질(SCP)을 생산한다.
② 미생물에 의한 각종 발효산업·식품·의약용 효소를 생산한다.
③ 미생물의 대사산물인 각종 발효산업·식품·의약용 효소 생산을 한다.
④ 첨가한 화학물질을 미생물학적으로 변화(變化) 또는 수식(修飾)하여 유용한 물질을 만든다.
⑤ 에탄올·부탄올·초산·젖산 등 발효 대사산물을 생산한다.
⑥ 미생물의 발효 현상을 이용한 각종 발효·양조식품의 저장성과 가공성 향상 등 부가가치를 향상시키는데 있다.

5.5.3 당류 흡수 기작

효모는 단당류 혹은 이당류, 삼당류를 선택적으로 세포 내부로 흡수한다. 당의 흡수 기작(機作, mechanism)은 포도당, 과당, 맥아당, 말토트리오스(maltotriose, D-glucose가 α-1,4결합을 한 3당류)가 투과효소(透過酵素, permease)에 의해 세포막 외부에서 내부로 흡수 된다 [그림 5-1].

효모는 세포 내부로 흡수된 당을 이용한다. 자당(sucrose)은 포도당과 과당으로 분해되기 위해서 전화효소(I, invertase, EC 3.2.1.26)가 필요하며, 이당류인 맥아당은 maltase(M, EC 3.2.1.20)에 의해 포도당으로 분해된다. 전분은 액화효소(α-amylase)와 당화효소(β-와 γ-amylase = glucoamylase, GA, EC 3.2.1.3)에 의하여 맥아당과 포도당이 생성되어 세포 내부로 흡입된다. 그러나 삼당류인 말토트리오스는 세포내로 흡수된 후 세포내 glucosidase(α-G, EC 3.2.1.20)에 의하여 포도당으로 분해된다. 이와 같이 효소의 특이성에 따라 삼당류 이하로 분해된 당류는 투과효소에 의해 세포벽과 막을 통과하여 세포질로 이동한다. 세포 내로 흡수된 당류는 생화학적으로 합성된 세포질 효소에 의하여 포도당은 피루브산(pyruvate)으로 분해되어 대사경로에 들어간다.

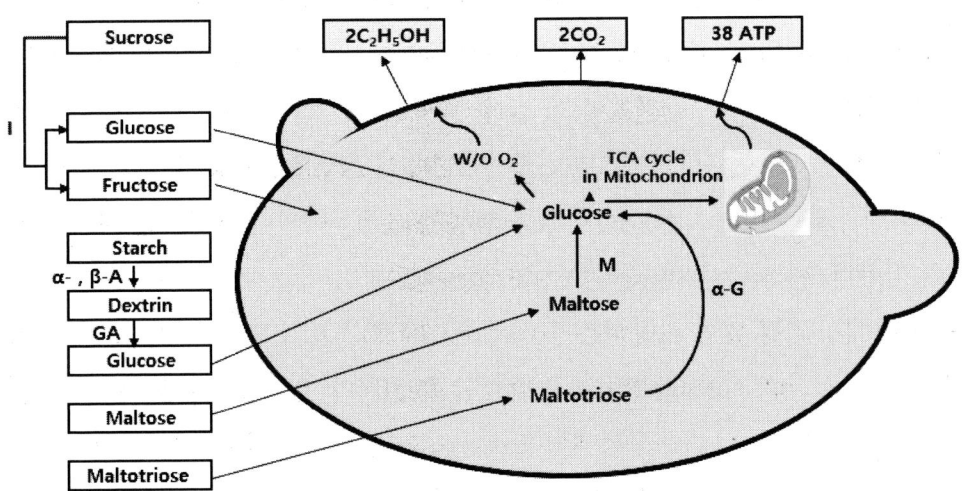

[그림 5-1] 당이 효모 세포 내부로 투과효소에 의해 흡수 및 분해되는 기작
포도당 1몰이 세포질(cytoplasm)에서 EMP 경로를 거쳐 2몰의 pyruvate가 생성되어 호기적 조건이면 미토콘드리아 기질(mitochondrial matrix)에서 완전 산환 분해되어 38ATP를 생성하면서 유리되는 에너지로 효모가 증식하고, 혐기적 조건이면 발효하여 에탄올과 탄산가스를 각각 2몰씩 생성하는 발열반응이 일어난다.

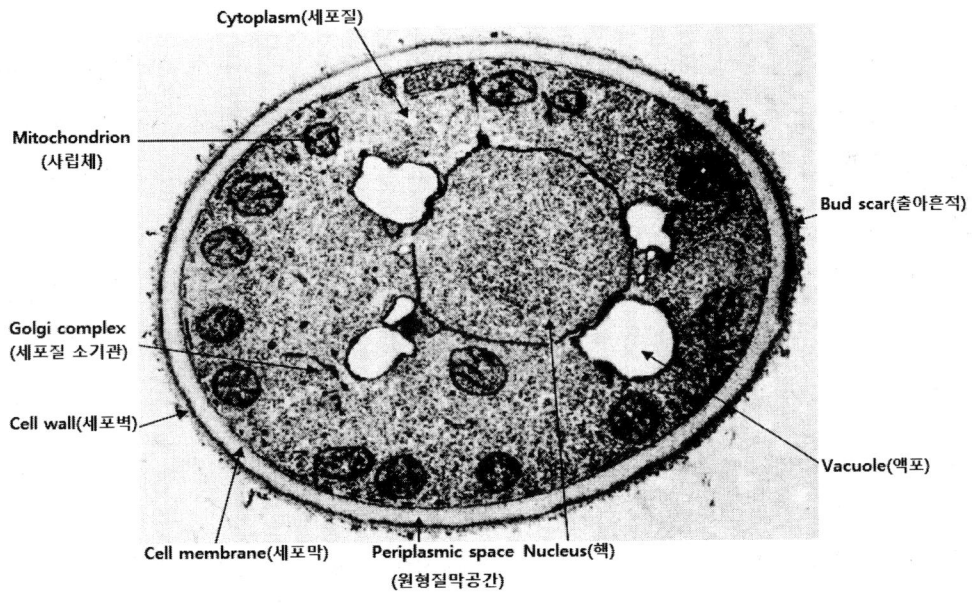

[그림 5-2] 전형적인 알코올발효 효모 *S. serevisiae*의 전자 현미경
사진과 같이 DNA를 포함한 핵(nucleus)은 내막 속에 있으며, 세포질은 세포소기관(organelle)을 가지고 있는 진핵세포(eukaryotic cell)다. 알코올발효에 이용되는 효모와 곰팡이는 진균류이다(사진출처 : Alltech's text files© 1998 International Center for Brewing and Distilling).

호기적 조건이면 포도당은 해당과정을 거쳐 생성된 피루브산이 미토콘드리아 기질(mitochondrial matrix)에서 TCA 경로를 거치면서 물과 이산화탄소로 완전히 산화분해 된다. 이때 ATP 생산 및 효모균체 증식이 일어난다. ATP는 고에너지 화학물질로서 운동, 생합성, 에너지 저장 등 광범위한 분야에 관여하면서 생명현상을 유지한다. 이와 같이 미생물과 생명체는 생체 자신이 에너지를 생성하여 생육하거나 저장하는 것이 무생물과 다른 점이다.

주정공장에서 가장 많이 사용하는 *S. cerevisiae* IFO-1은 포도당, 맥아당, 과당, 자당이 외에 mannose, raffinose, galactose를 발효할 수 있지만 덱스트린은 발효하지 못한다. 따라서 회분식 및 연속식 발효공정에서 *S. cerevisiae*는 전분질원료를 효소당화 하여 음용과 연료용 바이오에탄올 생산에 많이 이용되며 전자현미경 사진은 [그림 5-2]와 같다.

5.2 단백질·탄수화물·지질의 분해대사

고분자 영양원을 저분자로 분해하는 과정에서 발생하는 에너지를 이용하는 대사경로를 분해대사(分解代謝) 또는 이화작용(catabolism) 이라 한다. 미생물은 혐기적 발효와 호흡을 통해 고분자 유기화합물을 저분자물질로 산화 분해하는 과정에서 ATP를 생합성한다.

즉, 미생물은 혐기적, 호기적 조건에서 고분자 영양원인 단백질, 탄수화물, 지질을 분해하여 최종적으로 acetyl-CoA로 전환한다. acetyl-CoA는 TCA 회로에서 완전 산화되면서 화학에너지인 ATP로 저장된다. ATP를 다시 가수분해 하면 유리되는 에너지로써 진핵생물은 생명현상을 유지한다[그림 5-3].

제1단계: 단백질은 protease에 의해 폴리펩타이드(polypeptide)를 거쳐 아미노산류(amino acids)로 분해된다. 탄수화물은 아밀라아제(α-, β-, γ-amylase)에 의해 이당류와 단당류로 분해되며, 지질은 지방분해효소(lipase)에 의해 가수분해되어 글리세롤과 지방산류로 분해된다.

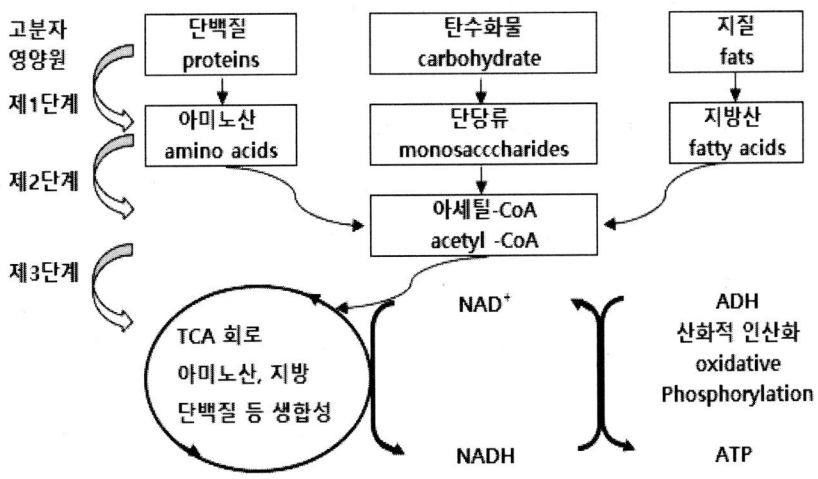

[그림 5-3] 단백질, 탄수화물, 지질의 분해

제2단계: 제1단계에서 분해된 단당류, 지방산, 글리세롤은 조효소 A(CoA)에 의해 acetyl-CoA로 산화되어 TCA 회로에 들어가고, 아미노산은 탈아미노(deamination, $-NH_2$)된 a-케토산(keto acid)으로 변환된 후 TCA 회로에 진입한다.

제3단계: acetyl-CoA는 TCA 회로에서 필요한 단백질, 지질, 글리코겐 등 거대물질을 생합성하거나 완전 산화 분해시켜 ATP를 생성한다. ATP 생합성은 진핵세포를 가진 동식물의 생명유지 현상이다. 이 과정은 매우 중요하기 때문에 해당과정과 TCA 회로 항에서 상세히 다룬다.

5.3 해당과정

해당과정(glycolysis)은 세포질(cytoplasm)에서 포도당이 분해(lysis)되어 피루브산(pyruvate)[81]이 생성되는 과정을 [그림 5-4]의 반응순서에 따라 설명한다.

---

[81] 생물체 내에서 유기산류, 카복실산의 -COOH(carboxylic acid)기가 $-COO^-$ 형태로 수소이온(H^+)을 방출한 염(carboxylate) 형태로 존재하므로 ~vate라 명명함. 예) pyruvate, malate, butyrate 등

제①단계: 포도당이 hexokinase에 의하여 ATP가 ADP로 가수분해 되면서 무기인산 (Pi, H_3PO_4) 한 분자가 해리되므로 열역학적으로 자유에너지가 감소된다. 이때 인산기(Pi)는 포도당 6번 탄소(C^6)[82]에 축합반응(縮合反應, condensation reaction)하여 포도당-6-인산(G6P, glucose-6- phosphate)이 되며 비가역적 반응이다. 여기서 G6P에서 "6"은 유기탄소 여섯 번째 C^6 위치에 Pi가 붙었다는 뜻이다.

제②단계: G6P는 glucose phosphate isomerase에 의하여 과당-6-인산(F6P, fructose-6-phosphate)으로 이성화된다. 다음 단계에서 반응이 일어나려면 C^1번에 알데히드기(-CHO) 보다는 수산기(hydroxyl, -OH)가 필요하기 때문에 이성화효소에 의해 F6P로 이성질화 되며 가역적 반응이다.

제③단계: F6P가 phosphofructokinase에 의해 ATP가 ADP로 가수분해 되면서 유리된 Pi가 C^1번에 축합반응 하여 과당-1,6-인산(F1,6DP, fructose-1, 6-diphosphate)이 생성된다. 즉, ②단계에서 이성질화로 C^1번의 -OH기에 유리된 Pi가 결합하여 2분자의 Pi를 가진 F1,6DP가 된다.

제④단계: F1,6DP는 fructose diphosphate aldolase에 의하여 알돌축합(adol condensation) 반응으로 육탄당(6C)이 삼탄당(3C, triose)인 글리세르알데히드-3-인산(GA3P, glyceraldehyde-3-phosphate)과 DHAP(di-hydroxy acetone phosphate) 두 분자로 분해된다.

제⑤단계: DHAP는 빠르게 triose phosphate isomerase에 의하여 GA3P로 쉽게 전환되므로 GA3P 두 분자로 계산하면 된다.

제⑥단계: GA3P에서 Pi와 NAD^+가 glyceraldehyde phosphate dehydrogenase에 의해 NADH로 환원되면서 1,3DPG(1,3-diphos- phoglycerate)가 생성되는 가역적 반응이다.

제⑦단계: 고에너지인 1.3DPG가 phospho-glycerate kinase에 의하여 저에너지 화합물인 3-인산글리세르산(3PG, 3-phosphoglycerate)이 되면서 방출된 Pi는 ADP와 결합하여 ATP 한 분자가 합성되는 가역적 반응이다.

---

[82] C^1번은 여기에 결합한 4개의 원자 혹은 원자단이 모두 다를 경우 이 탄소를 부제탄소라 하며 순서대로 번호를 붙임($C^{1\sim6}$)

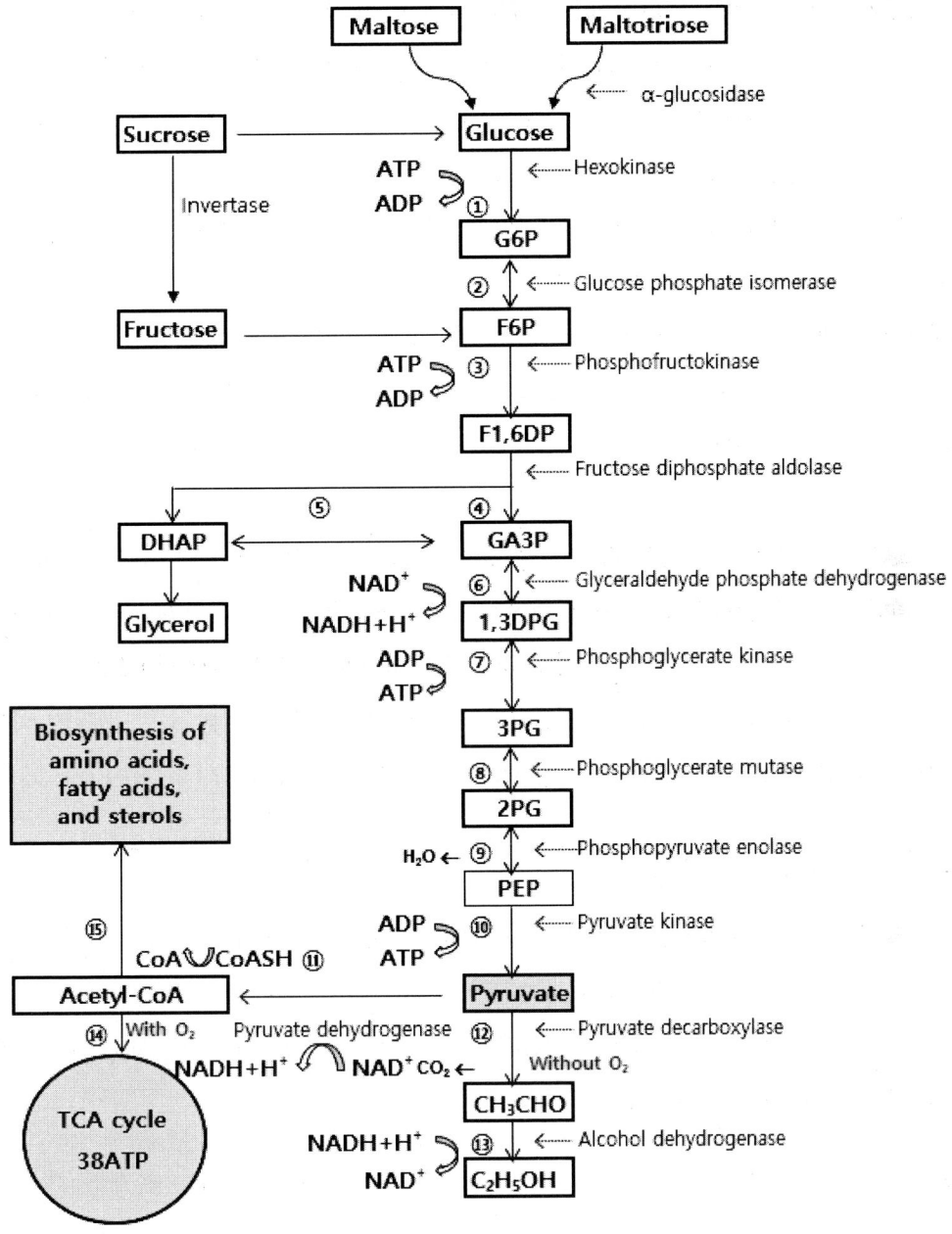

[그림 5-4] 포도당의 해당과정
한 분자의 포도당은 ①과 ③ 단계에서 2ATP를 소비하고, ⑦과 ⑩ 단계에서 2ATP가 생성되면서 상쇄되나 2분자의 피루브산(pyruvic acid)이 생성되었으므로 ⑤단계에서 ⑩단계까지 2회전하여 2ATP, 2NADH가 생성된다. 이 피루브산은 acetyl-CoA로 전환되어 호기적 조건에서 TCA 회로를 거치면서 완전 산환 분해되어 이산화탄소, NADH, FADH$_2$, GTP가 생성되고, NADH, FADH$_2$는 호흡 마지막 단계인 전자전달계(ETC)에서 38ATP가 생성되면서 유리되는 전자와 수소이온은 산소와 결합하여 물이 생성되면서 호흡이 완결된다.

제⑧단계: 3PG가 변위효소(變位酵素, phosphoglycerate mutase)에 의해 2-인산글리세르산 (2PG, 2-phosphoglycerate)이 생성된다. 즉, Pi가 C^3번에서 C^2번에 변위한다. 이 때 단순히 위치가 옮겨지는 것이 아니라 C^2번에 추가적으로 Pi가 붙어 2,3 이인산 구조를 거쳐 C^3번의 Pi가 제거되는 가역적 반응이다.

제⑨단계: 2PG가 enolase에 의해 탈수($-H_2O$)되면서 인산엔올피루브산(PEP, phosphoenol pyruvate)으로 변환하는 가역적 반응이다.

제⑩단계: PEP가 pyruvate kinase에 의해 분해된 Pi는 ADP와 반응하여 고에너지 화합물인 ATP 한 분자가 합성되면서 최종 생산물인 피루브산(3C, pyruvate)이 만들어진다.

포도당이 피루브산으로 전환되는 과정 중 ①,③,④,⑩단계는 비가역적 반응이다. 포도당은 기질수준 인산화 반응을 통해 무산소 상태에서 ATP가 ①,③단계에서 두 분자가 소비되고 ⑦,⑩단계에서 두 분자가 생성되어 상쇄(相殺)된다. ④단계에서 DHAP가 삼탄당인산이성질화효소(triose phosphate isomerase)에 의하여 GA3P로 전환된 한 분자가 피루브산이 2ATP와 2NADH가 생성되어 총 8ATP가 순 생성된다(반응식 5-1).

$$C_6H_{12}O_6 + 2NAD^+ + 2ADP + 2Pi \rightarrow 2CH_3COCOOH + 2NADH + 2H^+ + 2ATP \quad \cdots\cdots (5\text{-}1)$$

제⑪단계: 피루브산(3C)은 TCA 회로에 들어가기 위해 먼저 acetyl-CoA로 전환되어야 한다. 반응식(5-2)와 같이 피루브산은 pyruvate dehydrogenase와 CoA에 의해 유기탄소가 이탄당(2C)인 acetyl-CoA로 전환되면서 NAD^+가 환원되어 NADH와 이산화탄소 한 분자씩 생성된다.

$$\text{Pyruvate}(CH_3COCOOH) + CoA + NAD^+ \rightarrow \text{acetyl-CoA} + CO_2 + NADH + H^+ \quad \cdots\cdots (5\text{-}2)$$

조효소 A(CoA, Coenzyme A, $C_{21}H_{36}N_7O_{16}P_3S$, 분자량 767.535)는 -SH기를 가지고 있어 CoASH(coenzyme A thiolactone)라고도 한다. acetyl-CoA(CH_3COO-SCoA = $C_{23}H_{38}N_7O_{17}P_3S$, 분자량 809.57g)는 아세트산과 CoA가 thiol-ester 결합을 하고 있기 때문에 에너지가 풍부한 중간물질이다. acetyl-CoA는 세포 내에서 단백질, 지방, 탄수화물의 분해와 합성 및 TCA 회로에 진입하는 시발(始發) 물질로 매우 중요하다.

제⑫단계와 제⑬단계: "**5.6 에탄올발효와 이론적 수율 계산**"항에서 설명한다.

제⑭단계: 미토콘드리아 기질 내에서 2분자의 피루브산은 acetyl-CoA로 산화되어 TCA 회로에서 완전 산화 분해된다.

제⑮단계: 효모가 생육에 영양원이 필요할 경우 acetyl-CoA로부터 아미노산, 지방산, 스테롤 등을 생합성한다. 일반 단백질은 자유 리보솜(free-ribosome)에서 합성되고 조면(粗面) 소포체(rER, rough endo-plasmic reticulum)에서 막 또는 분비성 단백질이 합성된다.

피루브산은 효모와 오염세균에 의해 에탄올 생성 이외 젖산, 프로피온산, 초산, 포름산(formic acid), 아세토인(acetoin, 방향성 액체로 옅은 황색), 이소프로판올, 부탄올, 아세톤 등 유기산류와 고급알코올류가 생성된다.

5.4 TCA 회로

포도당의 해당과정은 EMP, ED 경로 외에 HMP 경로는 오탄당인 자일로스(xylose)와 리보오스(ribose)를 중간생성물로 하여 GA3P(glyceraldehyde-3-phosphate)가 생성된 후 EMP 경로를 거쳐 피루브산으로 전환된다. 해당과정 제⑪단계에서 효모 등 진핵세포 내에서 탄수화물, 지질, 아미노산의 이화작용으로 생성된 acetyl-CoA는 TCA 회로의 대사 중간산물 형태로 생체 합성에 이용되거나 완전 산화분해 되면서 ATP 형태로 에너지가 저장되고, 이 대사의 중간산물은 생합성에 필요한 탄소골격(carbon skeleton)을 만드는데 이용되면서 호흡이 완결된다[그림 5-5].

제①단계: 피루브산은 CoA에 의해 acetyl-CoA로 아세틸화 된다. 이 acetyl-CoA(이탄당, 2C)는 사탄당(4C)으로 구성된 중간물질인 옥살아세트산(OAA, oxaloacetate)과 축합반응(縮合反應, condensation reaction)하여 육탄당(6C)인 구연산(citrate)이 만들어지면서 TCA 회로에 진입하여 산화분해가 시작된다. 구연산이 TCA 회로를 시작하기 때문에 구연산 회로(citric acid cycle)라 한다. 구연산은 3개의 카르복실기(-COOH)를 가진 육탄당(6C)이므로 TCA 회로

(tricarboxylic acid cycle) 또는 Hans Adolf Krebs가 이 회로를 확립하였기 때문에 그 이름을 따서 크렙스 회로(Krebs cycle)라 한다.

제②단계: 구연산은 aconitase(이성질체를 촉매 하는 가수효소)에 의해 아코니트산(cis-aconitate)으로 전환되고 여기에 수화반응(水和反應, +H_2O)이 일어나면 이소구연산(isocitrate)이 생성된다. 이소구연산은 탈탄산효소(脫炭酸酵素, citrate dehydrogenase)에 의해 이산화탄소(-CO_2)가 빠져 나가면서 탄소가 하나 줄어든 오탄당(5C)인 a-keto-glutarate(a-KGA)가 되면서 한분자의 NADH가 생성된다. a-KGA는 아미노산 합성을 위한 전구체(前驅體, precursor)로도 사용된다.

제③단계: α-KGA는 탈탄산반응(脫炭酸反應, decarboxylation)과 CoA에 의하여 Succinyl-CoA(4C)로 산화하면서 이산화탄소와 NADH 한 분자씩 생성된다. 이어서 기질수준 인산화반응으로 Succinyl-CoA는 구아노신 3인산(GDP, guanosine triphosphate)과 Pi의 축합반응으로 GTP 한 분자와 CoA가 생성되면서 가수분해 되어 사탄당(4C)인 호박산(succinate)이 된다.

제④단계: 호박산은 다시 산화되어 사탄당(4C)인 푸마르산(fumarate)이 된다. 이때 호박산은 호박산 탈수소효소(succinate dehydrogenase)에 의하여 FAD^+가 환원되어 한 분자의 $FADH_2$가 생성된다.

제⑤단계: 푸마르산 이중결합에 수화반응(+H_2O)하여 사탄당인 말산(malate)이 생성된다.

제⑥단계: 이 말산은 TCA 회로의 마지막 단계로 말산이 산화되어 옥살산(OAA, oxaloacetate)이 생성된다. 이때 NAD^+가 환원되어 NADH 한 분자가 생성된다.

사탄당(4C)인 옥살산은 구연산 합성효소(citrate synthase)에 의하여 이탄당(2C) acetyl-CoA와 알돌축합(aldol condensation) 반응하여 육탄당(6C) 구연산과 CoA가 생성되어 제①단계 TCA 회로가 다시 시작된다. 따라서 포도당 1몰이 해당과정과 TCA 회로에서 완전산화 과정을 호흡단계별로 요약하면;

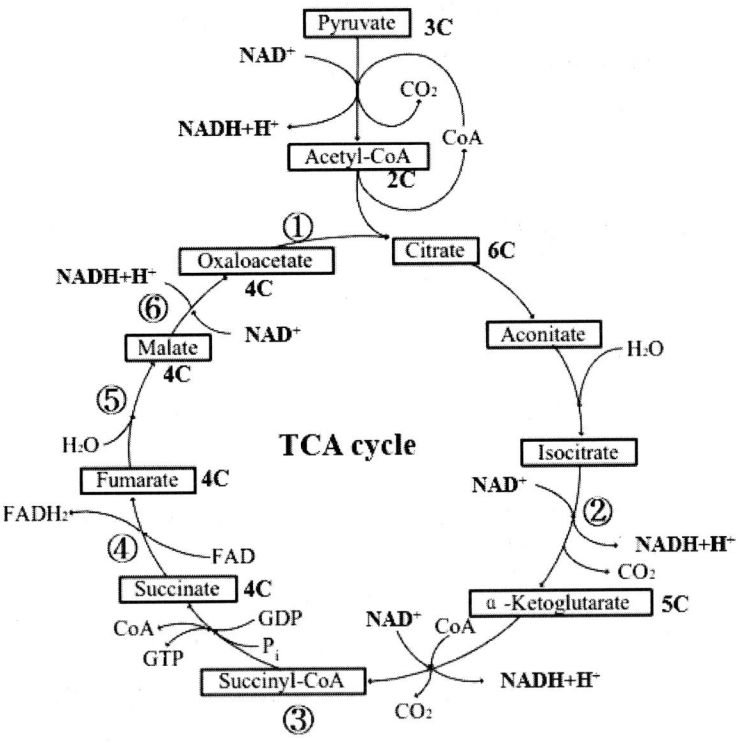

[그림 5-5] TCA 회로에서 포도당의 완전 산화분해 과정
두 분자의 acetyl-CoA는 TCA 회로에서 산화 분해되면서 환원에너지는 NADH, FADH$_2$, GTP 형태로 전환되어 전자절달계(ETC)에서 화학에너지 ATP가 생성된다. 효모는 호기적 조건일 때 소비 포도당의 약 50%, 혐기적 조건일 때는 약 2.5~10%가 균체로 전환된다.

호흡1단계는 포도당이 세포질에서 해당과정을 통해 두 분자의 피루브산(삼탄당, 3C)이 생성된다. 이 피루브산은 미토콘드리아 기질로 이동하여 CoA와 NAD$^+$에 의해 acetyl-CoA(이탄당, 2C)로 아세틸화될 때 2NADH와 2CO$_2$가 생성된다.

호흡2단계는 두 분자의 피루브산이 acetyl-CoA를 거쳐 TCA 회로에서 완전히 산화되면서 6CO$_2$가 발생되고, 유리된 전자와 수소는 6NADH, 2FADH$_2$, 2GTP 형태로 에너지가 저장된다.

호흡3단계는 전자전달계(ETC)에서 NADH와 FADH$_2$가 산화적 인산화 과정을 통해 수소이온이 ATP 생합성효소(ATP synthase)를 통과할 때 ADP는 무기인산(Pi)과 결합하여 22ATP가 생성된다. 기질수준의 인산화 2ATP를 포함하여 총 24ATP가 생성된다. 이 반응에서 이탈된 전자와 수소이온(H$^+$)은 최종 전자수용체인 산소(O$_2$)와 반응하여 물

(H_2O)이 생성되면서 호흡이 완결된다. 포도당 한 분자가 미토콘드리아 기질 내에서 완전 산화되면서 총 30ATP의 화학적 에너지가 생성되어 축적된다[표 5-1].

5.5 포도당의 ATP 생산 효율

포도당 1몰은 두 분자의 피루브산으로 산화 분해되는 해당과정에서 기질수준 및 산화적 인산화로 8ATP가 순 생산되고, 미토콘드리아 기질로 이동하여 acetyl-CoA로 전환될 때 6ATP, TCA 회로에서 24ATP가 생성되어 총 38ATP가 생성된다[표 5-1]. NADH와 $FADH_2$는 전자전달계(ETC)에서 산화적 인산화로 각각 3ATP와 2ATP가 생성되며, GTP는 ATP 한 분자로 쉽게 변환된다. 포도당 1몰은 해당과정에서 TCA 회로까지 산화 분해되면서 277.4 kcal의 에너지를 생성한다[표 5-1].

[표 5-1] 포도당 1몰이 산화할 때 생성되는 ATP 생성량

세포질	해당과정 → 2pyruvate	기질수준 인산화 2ATP	2ATP
		산화적 인산화 2NADH	6ATP
미토콘드리아 기질	2pyruvate → 2acetyl-CoA	산화적 인산화 2NADH	6ATP
	TCA 회로 2acetyl-CoA → $6CO_2 + 6H_2O$	기질수준 인산화 2GTP	2ATP
		산화적 인산화 6NADH	18ATP
		산화적 인산화 2FADH	4ATP
총합계 (해당과정 + acetyl-CoA 전환 + TCA 회로)			38ATP

☞ NADH = 3ATP, GTP = 1ATP, $FADH_2$ = 2ATP로 계산함.
☞ 포도당 1몰의 물질대사 에너지량 (ΔG)
  ΔG = 38ATP × 7.3kcal/ATP = 277.4kcal

포도당 1몰이 화학적으로 완전 산화될 경우 반응식(5-3)과 같이 686kcal의 자유에너지가 생성된다. 포도당의 생화학적 대사 즉, 해당과정과 호흡을 통해 얻어지는 에너지효율은 표준조건 하에서 약 40%[83]가 된다. 이는 화학에너지를 기계적 에너지로 전환하는 내연기간의 에너지 전환 효율(약 30%)보다 생화학적 물질대사 에너지 효율이 33%나 높다.

$$C_6H_{12}O_6 + 6O_2 \rightarrow 6CO_2 + 6H_2O \ (\Delta G = 686kcal/mole) \quad \cdots\cdots (5-3)$$

---

[83] 생화학 에너지 효율(%) = 38ATP × 7.3kcal/ATP ÷ 686kcal × 100) = 40.4%

5.6 에탄올발효와 이론적 수율 계산

전분질 원료는 당화효소에 의해 대부분 발효성 당인 포도당, 과당, 맥아당, 삼당류 등으로 분해된다. 효모는 포도당으로부터 혐기적 해당과정의 최종 산물인 피루브산을 생성한다.

제⑫단계: 해당과정[그림 5-4]에서 1몰의 포도당은 2몰의 피루브산이 생성되었다. 이 피루브산은 pyruvate decarboxylase에 의해 탈탄산($-CO_2$)되어 아세트알데히드(CH_3CHO)가 생성된다(반응식 5-4).

제⑬단계: 아세트알데히드는 알코올탈수소효소(alcohol dehydrogenase)인 NADH가 NAD^+로 자신은 산화되고, 아세트알데히드는 환원되어 에탄올이 생성된다. NADH는 미토콘드리아 기질에 존재하는 전자전달계로 이동하여 산화적 인산화 과정을 거쳐 최종적으로 ATP와 물이 생산된다.

$$\text{Glycolysis} \quad\quad\quad ⑫ \quad\quad\quad ⑬$$
$$C_6H_{12}O_6 \rightarrow 2CH_3COCOOH \rightarrow 2CH_3CHO \rightarrow 2C_2H_5OH \quad \cdots\cdots (5\text{-}4)$$
$$\quad\quad\quad\quad\quad\quad\quad -2CO_2 \quad\quad\quad +2H_2(\text{By alcohol dehydrogenase})$$
$$\quad\quad\quad\quad \text{By pyruvate decarboxylase}$$

$$C_6H_{12}O_6 + 2ADP + 2Pi \rightarrow 2C_2H_5OH + 2CO_2 + 2ATP \ (\Delta G = 58kcal/mole) \ \cdots (5\text{-}5)$$

1몰의 포도당에서 에탄올과 이산화탄소가 각각 2몰씩 생성되면서 58kcal의 자유에너지(Gibbs free energy)가 유리되며 2ATP가 고에너지로 보존되는 발열반응이다(반응식 5-5).

실제 소비된 포도당의 알코올 전환수율은 약 90%이다(반응식 5-6). 나머지 일부는 효모의 균체(cellmass) 합성에 이용된다. 따라서 에탄올 생성은 Gay Lussac의 반응식(5-7)을 근거하여 화학 양론적으로 에탄올 생성계수를 계산할 수 있다[표 5-2]. 즉, 1kg의 전분이 가수분해 되면 1.111kg의 포도당이 생성된다. 1kg의 포도당에서 0.5114kg 또는 0.6439ℓ의 에탄올이 생성된다.

$$1g\ C_6H_{12}O_6 \rightarrow 0.46g\ C_2H_5OH + 0.44g\ CO_2 + 0.025\sim0.1\ g\ New\ cellmass \quad \cdots\cdots (5-6)$$
$$C_6H_{12}O_6 \rightarrow 2C_2H_5OH + 2CO_2 \quad \cdots\cdots\cdots\cdots\cdots\cdots\cdots\cdots\cdots\cdots\cdots\cdots\cdots\cdots (5-7)$$

[표 5-2] 전분과 포도당으로부터 이론적 에탄올 생산량

항목	전분	H_2O	포도당	에탄올		CO_2
분자량(kg)	162.14	18.02	180.16	92.14		88.02
전분 기준(kg)	100	11.11		56.83	71.55(ℓ)[1]	54.28
포도당 기준(kg)			100	51.14	64.39(ℓ)[2]	48.86

※ 에탄올 100%(v/v) = 비중 0.79422, [1]&[2] 용량으로 환산 = 56.83/0.79422

5.7 발효 부산물의 생성

피루브산이 젖산탈수소효소(lactate dehydrogenase)의 작용으로 젖산만 생성되는 homo 젖산발효(반응식 5-8)와 젖산과 에탄올 등 부산물을 생성하는 hetero 젖산발효도 일어난다(반응식 5-9).

$$C_6H_{12}O_6 + 2ADP + 2Pi \rightarrow 2CH_3CHOHCOOH + 2ATP \quad \cdots\cdots\cdots\cdots\cdots (5-8)$$
$$C_6H_{12}O_6 + ADP + Pi \rightarrow CH_3CHOHCOOH + C_2H_5OH + CO_2 + ATP \quad \cdots\cdots (5-9)$$

효모는 포도당을 이용하여 해당과정과 대사과정을 거쳐 에탄올과 이산화탄소 이외 다양한 대사산물인 화학물질을 생성한다. 발효과정에서 생성되는 발효부산물은 고급 알코올인 퓨젤유, 메탄올 및 각종 유기산류가 부생된다. 부산물은 사용한 원료기질의 종류, 단백질과 지질의 함량, 효모균주, 증자방법과 온도에 따라 생성되는 부산물의 종류와 생성량은 다양하다. 주정발효 효모는 에탄올 이외 발효부산물 생성이 가능한 적게 생산하는 것이 좋다. 반면, 양조주 효모는 원료에 따라 지방이나 단백질로부터 부생된 대사산물은 제품의 향미를 증진시킨다. 양조효모는 제품 특성에 맞는 균주를 선발하여 사용한다.

주정발효에 있어 술덧 알코올농도는 높을수록 에탄올 회수비용이 감소한다. 에탄올 농도를 높이기 위해 알코올 내성이 높은 효모균주 개발과 내산성 당화능력이 우수한 고

역가의 효소 개발이 요구된다. 현재 주정 및 바이오에탄올 산업에서 술덧의 알코올농도는 9~12%까지 가능하다. 그러나 술덧의 알코올농도가 높아지면 효모의 알코올내성에 따라 발효부산물 생성은 증가하고 발효수율은 낮아진다.

　술덧 중 불순물 생성은 효모성장이 왕성한 발효 초기부터 24시간 경과할 때 다양한 불순물이 생성된다[표 5-3]. 일반적으로 불순물 생성량은 발효 시작 후 24시간 경과했을 때 가장 높았다.[84] 예를 들면, 메탄올함량은 다른 원료에 비해 고구마 술덧에서 96시간 경과 후 320mg/ℓ로 가장 높았고, 이소아밀알코올은 타피오카 술덧에서 24시간 경과 후 1,000mg/ℓ까지 증가한 다음 발효가 끝날 때까지 그 농도가 유지되었다[표 5-4]. 그러나 이들 불순물들 중 프로판올과 다이아세틸을 제외하고는 증류공정에서 쉽게 분리할 수 있다.

[표 5-3] 술덧에 검출되는 불순물의 종류

불순물 분류	불순물의 종류
주성분	ethanol
주된 불순물	acetaldehyde, methanol, diacetyl, fusel oil
알데히드류(類)	formaldehyde, acrolein, acetal, croton aldehyde, furfural, methyl furfural, oxy-methyl furfural
알코올류	acetoin, 2,3-butylene glycol, higher alcohols
케톤류	acetone, MEK
에스테르류	ethyl acetate, butyl acetate
기타	amines, fatty acids etc.

[표 5-4] 원료별 술덧 중의 불순물 분석 (농도 : mg/ℓ)

항목	고구마	타피오카	쌀	옥수수	쌀보리
methanol	240(320)	10(81.5)	6.1	4.9	3.4
n-propanol	33.2	12.6	39.7	30.2	18.6
n-butanol	160	410.8	173	185.2	37
iso-butanol	278	812.7	406	653.1	69
iso-amyl alcohol	835.8	1,000	858.2	816.7	497.7
acetaldehyde	22	11	22(132)	25(80.8)	25
diacetyl	203	402.3	379.3	403.6	115.8

☞ 불순물은 24h 경과한 술덧을 분석하였으며 ( )농도는 96시간 경과 후 분석한 농도임

---

[84] 남기두 외. 1986. 대규모의 주정발효 과정에서 생선된 불순물과 그 효율적 분리. *한국산업미생물학회지*. 14(5): 371-379

5.7.1 메탄올 생성

알코올발효 술덧에서 메탄올 생성량은 서류와 곡류 등 원료 종류에 크게 영향을 받는다. 곡류보다는 서류인 고구마를 원료로 하였을 때 메탄올 생성량이 많다. 메탄올 생성은 원료의 껍질 성분인 아라반(araban, 식물의 gum에 함유된 다당류), 갈락탄(galactan), 펙틴(pectin) 등이 원인물질이다. 조효소에 존재하는 protopectinase, pectinestrase, PMG(polymethyl galactouronase)의 작용으로 메틸화되어 메탄올이 생성된다.

최근에는 알코올 증류기와 증류기술의 발전으로 주정제품에 메탄올이 거의 검출되지 않도록 운전할 수 있다. 현재 주류규격은 메탄올 함량을 500mg/ℓ 이하로 규정하고 있으나 주정은 10mg/ℓ 이하로 관리하고 있다.

5.7.2 아세트알데히드 및 다이아세틸의 생성

효모의 대사활성물질 또는 오염된 미생물 *Aerobacter* sp., *Bacillus* sp. 등에 따라 알코올발효 과정에서 생성된다. 또 증류 과정에서 화학반응이 일어나 수많은 종류의 유기화합물이 생성되어 분리 동정되고 있다.[85][86] 피루브산이 탈탄산효소 작용에 의하여 아세트알데히드와 이산화탄소가 생성된다. 이때 아세트알데히드는 알코올발효의 중간생성물로 발효가 왕성할 때 대량으로 검출되지만 숙성되면 감소한다.

$$\text{CH}_3\text{CHO} + \text{CH}_3\text{CHO} \xrightarrow{\text{By carboxylase}} \text{CH}_3\text{CHOHCOCH}_3 \underset{-\text{H}_2}{\leftrightarrow} \text{CH}_3\text{COCOCH}_3 \quad \cdots \quad (5\text{-}10)$$

acetaldehyde　　　　　　　acetoin　　　　　　diaetyl

아세트알데히드는 알코올탈수소에 의해 환원되어 최종적으로 에탄올이 생성된다. 한편, 효모에 존재하는 카르볼리가아제(carboligase)에 의한 축합반응으로 아세토인(acetoin, 3-hydroxybutanone or acetyl methyl carbinol)이 생성되기도 한다. 아세토인은 반응식 (5-10)과 같이 카르복실라아제의 산화작용(-2H)으로 다이아세틸이 생성된다. 그러나

---

[85] Lethonen P. *et al*. 1984. Liquid Chromatographic Determination of 2-Propenal(Acrolein) and 2-Butena (Crotonaldehyde) from Water-Ethanol Mixtures. *Z. L Lebensm Unters Forsch*. 178: 487-489
[86] Serjak W. *et al*. 1953. Acrolein Production by Bacteria Found in Distillery Grain mashes. pp.14-20

환원(+2H)되면 부틸렌글리콜(2.3-butylene glycol, $CH_3(CHOH)_2CH_3$)이 생성된다. 아세토인은 버터나 캐러멜 향이 나며, 부틸렌글리콜은 무색·무취이다.

Inoue[87)]는 발효과정에서 발린(valine) 합성의 중간체로서 피루브산을 거쳐 아세토초산(a-acetoacetic acid)이 생성된다고 보고하였다. 아세토초산은 불안정한 산화물질로 세포 외로 누출되어 산화적 탈탄산이 일어나면 아세톤(CH_3COCH_3)이 생성되며 이외 초산, 부틸산, 부탄올 또는 이소프로판올이 생성될 수 있다. 또, Hashimoto[88)]에 의하면 다이아세틸은 발효 초기단계에서 많이 생성되었고, 발효 후기에는 급격히 떨어지면서 일정 농도를 유지한다고 하였다. [표 5-4]에 나타난 바와 같이 다이아세틸은 24시간 경과했을 때 원료에 따라 115.8~403.6mg/ℓ까지 증가하였다가 이후 48시간까지 급격히 감소하여 96시간 경과 후에는 30mg/ℓ이하로 감소하였다.

5.7.3 고급 알코올류의 생성 기작

술덧 중의 단백질은 단백질효소에 의하여 각종 아미노산으로 분해된다[그림 5-3]. 효모 세포 내로 흡수된 아미노산은 에를리히(Ehrlich Pathway) 분해경로에 의하여 케토산(α-keto acids)이 생성된다. 케토산은 이화작용과 동화작용으로 생성된다. 케토산이 환원적 탈카르복실화(decarboxylation)와 탈아미노화(deamination)되어 고급 알코올류가 생성된다. 이 알코올 성분은 양조주의 향미에 영향을 미친다.

예를 들면, 아미노산의 루이신(leucine) → iso-아밀알코올, iso-루이신 → 활성 아밀알코올, 타이로신(tyrosine) → 타이로졸(tyrosol), 트립토판(tryptophan) → 트립토폴(tryptophol), 발린(valine) → iso-부탄올, 트레오닌(threonine) → n-프로판올, α-amino butyric acid → n-프로판올, phenylalanine → phenylethyl alcohol로 전환된다.

DMS(dimethyl sulfide)의 반응기작은 반응식(5-11)과 같이 함황 아미노산인 cysteine, glutathione, methionine이 전구체로 탈아미노화(-NH_2)와 탈카르복실화(-CO_2) 되어 생산된다. DMS는 식품이 부패되는 냄새로 자극성이 매우 강하며 증자공정에서 열에 의해 또는 비효소적 갈변현상인 메일라드 반응(Maillard reaction)으로도 생성된다. 즉, 환원

---

87) Inoue T. *et al.* 1968. Mechanism of Diacetyl Formation in Beer. Proceedings. *Amer. Soc. Brew. Chem.* 20: 158-165
88) 橋本直樹. ビールの調熟. *日本醸造協會誌*. 69(11): 720

당의 카르보닐기(=CO, carbonyl)와 아미노기($-NH_2$)가 반응하여 다이아세틸이 생성된다. DMS가 산화되면 DMSO(dimethyl sulfoxide)가 생성된다. DMSO는 거의 무취이나 극성이 매우 강한 유기성 액체이다.

$$CH_3SCH_2CH_2CHNH_2COOH \xrightarrow[-CO_2]{-NH_2} H_3C\text{-}S\text{-}CH_3 \xrightarrow{+\frac{1}{2}O_2} H_3C\text{-}SO\text{-}CH_3 \quad \cdots\cdots (5\text{-}11)$$
$$\text{methionine} \qquad\qquad\qquad \text{DMS} \qquad\quad \text{DMSO}$$

알코올발효에서 메일라드 갈변이 일어나면 당과 아미노산 손실을 초래하여 알코올 수율이 낮아지지만 식품산업에서는 이 반응을 오히려 이용한다. 예를 들면, 제 빵, 고기의 갈변, 맥아는 맥주와 위스키의 색깔, 커피의 갈변 등 식품산업에서 많이 응용된다.

양조주는 이들 고급알코올류가 적당한 비율로 존재할 때 향미가 증진된다. 그러나 주정은 무색·무미·무취이어야 하므로 양조주 제조와 달리 고급알코올류는 모두 제거해야 할 불순물이다. 발효과정에서 특정 아미노산이 과잉으로 존재할 경우 고급알코올 생성이 저해(feed back inhibition)된다.[89] 발효 초기단계에 산소를 공급하면 효모증식이 촉진되며 고급알코올생산도 증가하는 경향을 보인다. 술덧을 교반하여 이산화탄소와 에탄올농도를 낮추면 속성발효가 유도된다. 한편, 발효조 압력을 유지하여 포화 이산화탄소의 방출을 제한하면 효모성장과 고급알코올류 생성이 감소한다는 보고도 있다.[90] 포화 이산화탄소를 술덧으로부터 배출하기 위한 교반 방법과 속도는 고급알코올류 생산과 풍미에도 영향을 미친다.

술덧을 증류하면 퓨젤유는 제품 생산량에 대해 평균 0.5% 정도 분리된다. 원료 중의 아미노산 함유량, 사용한 효모 종류, 증자방법에 따라 퓨젤유의 생성량은 달라진다. 술덧은 퓨젤유 이외에도 다양한 에스테르 및 지방산이 소량 함유되어 있다. 저온증자(90℃, LTC) 한 술덧에서 에탄올 대비 퓨젤유 생산량은 고온증자(124℃, HTC)보다 많았다.[91] 그 이유는 저온 증자과정에서 당-아미노산 반응(melanoidin)이 적게 일어났기 때문이다. 뿐만 아니라 곡물을 고온 압력증자 하면 DMS와 같은 황 화합물 생성량이 증가한다.[92][93]

---

[89] アルコール. 1967. 日本醸造協會誌. 62(11): 1196-1205
[90] Alltech's ACD101 files. Chemical Engineering A-Malting and Brewing Science II. pp.1-26
[91] Nam K.D. *et al.* 1987. Large Scale Alcohol Fermentation with cassava Slices at Low Temperature. *Kor. J. Appl. Microbiol. Bioeng.* 15: 75-79.
[92] Leppanen O. *et al.* 1983. Polysulphides and Thiophenes in Whisky. *Flavour of Distilled Beverages. ISBN*

증자, 단식과 연속증류 과정에서 methanethiol(CH_3SH), dimethyl trisulfide (DMTS, CH_3SSSCH_3) carbonyl sulfide(COS), sulphur dioxide(SO_2), 황화수소(hydrogensulfide, H_2S)가 생성된다. 특히, 술덧 중의 유기 황 화합물의 분해산물로 DMS와 DMTS는 단식 증류과정에서 온도와 지속시간에 따라 생성량이 증가된다는 것이 밝혀졌다. 그리고 Quast 등은 퓨젤유 생성량은 에탄올 대비 0.1~1% 정도이고 퓨젤유의 조성은 거의 비슷하였으나 함량은 사용한 원료에 따라 달랐다고 보고하였다.[94]

5.7.4 기타 발효 부산물

알코올발효 과정에서 글리세롤, 에스테르, 알데히드 등 휘발성 유기물질(VOC, volatile organic compounds)이 생성된다. 대사과정에서 각종 아미노산은 탈아미노반응으로 decarboxylic amino acid와 암모니아로 분해되는 가역적 반응이다. 여기서 생성된 반응 생성물은 아미노 전이반응(轉移反應, transamination)을 통하여 아미노기를 α-케토산에 전달하여 새로운 아미노산을 생성하고 자신은 케토산으로 분해된다.

오염된 야생효모와 세균들에 의해서도 젖산, 글루콘산(gluconic acid), 초산과 같은 많은 유기산류가 생산된다. 이 외에도 고급지방산의 에스테르, 푸르푸랄(furfural), 피리딘(pyridine), 아민(amine), 지방산류가 미량으로 생산된다.

5.8 알코올발효 세균과 ED 대사

효모 이외에 알코올발효 능력을 가진 미생물은 당분이 풍부한 식물 즙의 발효액으로부터 분리한 *Z. mobilis*가 있다. *Z. mobilis*는 ED 경로를 거쳐 포도당 1몰에서 1몰의 ATP를 생산한다.[95][96] 그러나 효모의 경우 EMP 경로에서 포도당 1몰로부터 2몰의

O-85312-546-5. pp. 205-214
[93] Ronkainen P. 1972. The Formation of Volatile Sulphur Compounds Dring Pressure Cooking of Grain/Water Mixtures. *J. Inst. Brew.*79: 200-202
[94] Quast D.G. *et al.* 1985. Technology, Quality and Uses of Alcohol Produced in Brazil. *The Sugar Journal, July*. pp.13-15
[95] Entner N, Doudoroff M. 1952. Glucose and gluconic acid oxidation of Pseudomonas saccharophila. *J. Biol.*

ATP를 생산하는 것과 비교된다. 더구나 Z. mobilis 균은 TCA 경로에 불완전하기 때문에 호기적 배양을 하여도 ATP 생성과 균체량(cellmass)도 효모처럼 증가되지 않는다. 뿐만 아니라 호기적 배양을 하면 아세트알데히드가 축적되어 오히려 생육이 저해된다.[97] 하지만 Z. mobilis 균은 절대 혐기적 조건하에서 균체의 생육이 감소하는 대신 에탄올 생성은 촉진되는 대사기능을 가진 세균이다. Z. mobilis는 ED 경로를 거쳐 GA3P(glyceraldehyde-3-phos-phate)와 피루브산이 생성된다. 대사과정을 순서대로 설명하면 다음과 같다[그림 5-6].

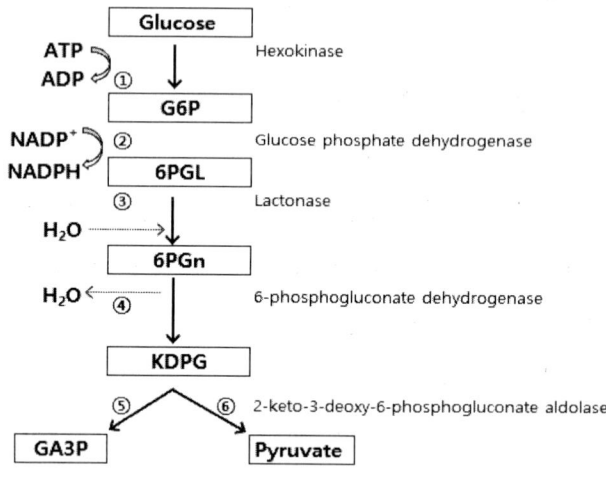

[그림 5-6] Enter-Doudoroff (ED) 경로

제①단계: 포도당이 hexokinase에 의하여 포도당-6-인산(G6P, glucose-6-phosphate)으로 전환되는 것은 EMP 해당과정과 같다.

제②단계: EMP 경로와 구분되는 반응으로 G6P가 탈수소효소(glucose phosphate dehydrogenase)의 작용으로 환상(ring)구조인 6-인산글루콘산락톤(6PGL, 6-phosphoglucono lactone)이 생성된다. 이때 해당경로에서 전자전달체(electron carrier)로 작용하는 NADH 대신 NADPH (nicotinamide adenine dinucleotide phosphate) 한 분자가 생산된다.

Chem. 196: 853-862.
96) Conway T. 1992. The Entner-Doudoroff pathway: history, physiology and molecular biology. *FEMS Microbiol Rev.* 9: 1-27.
97) 外村 健三 等. 細菌によるエタノールの生産. 化学と生物. 25(3): 177-185

제③단계: 6PGL은 lactonase에 의해 가수(+H_2O)되면 6-인산글루콘산(6PGn, 6-phosphogluconate)으로 전환되면서 직쇄(linear)구조가 된다. 이 lactonase는 ED 경로와 오탄당 인산경로에 사용되는 효소이다. 여기서 생산된 6PGn은 ED 경로로 진입하게 된다.

제④단계: 6PGn은 6-phosphogluconate dehydrogenase에 의하여 탈수(-H_2O)되면서 ED 경로에서 중요한 중간물질인 2-케토-3-디옥시-6-인산글루콘산(KDPG, 2-keto-3-deoxy-6-phosphogluconate)으로 전환된다.

제⑤·⑥단계: 이 KDPG는 aldolase에 의하여 GA3P(glyceraldehyde-3-phosphate)와 피루브산으로 분해된다. 여기서 GA3P와 피루브산이 에탄올로 전환된다. ED 경로의 전체 반응식(5-12)과 같이 ATP 1분자가 생성된다.

$$C_6H_{12}O_6 \rightarrow 2CH_3COCOOH + ATP + NADPH + NADH \quad \cdots\cdots\cdots\cdots (5\text{-}12)$$
Glucose　　　　　Pyruvate

바이오에탄올 생산에 있어 S. cerevisiae에 비해 Z. mobilis의 장점을 요약하면 다음과 같다.

① 균체 생성량이 적어 당 소비율이 낮기 때문에 발효수율이 높다.
② 유기산, 글리세롤 등 부산물 생성 수준이 낮다.
③ 세포 재순환 사용에도 불구하고 높은 생존율을 보인다.
④ 세포 재활용이 용이한 응집성과 침전성(precipitability)을 가지고 있다.
⑤ 내당성, 내삼투압, 내고온성, 내알코올성(Max. 16%)이다.
⑥ 당 이용률이 좋고 알코올 전환속도가 효모에 비해 3~4배 빠르다.[98][99]

멕시코 용설란에서 분리한 Z. mobilis는 이와 같은 장점이 많음에도 불구하고 산업적으로는 독일에서 50㎘ 발효조와 멕시코에서 증류주 제조에 이용하는 사례가 있으나 널리 활용되지 못하는 데는 몇 가지 장애 요인이 있다. Z. mobilis가 이용할 수 있는 기질은 포도당, 과당 및 설탕만 가능하다. 또한, Z. mobilis는 목질계 섬유소(lignocellulose)의 가수

---

[98] Rogers P. et al. 1982. Microbial reactions: Ethanol Production by *Zymomonas mobilis*. New York: Springer-Verlag. pp.37-84
[99] 주우홍 외. 2021. 미생물생물공학. 응용미생물학의 기초 제2판. 월드사이언스. pp.458-485

분해산물인 자일로스 및 아라비노오스(arabinose)와 같은 오탄당을 발효시킬 수 없다. 뿐만 아니라 대장균 및 효모와 달리 Z. mobilis는 목질계 섬유소의 가수분해산물에 존재하는 초산과 다양한 페놀화합물 등 독성 저해물질에 대한 내성이 없다.[100] 목질계 섬유소의 가수분해산물은 전처리 공정에 따라 초산농도가 1.5%(w/v)까지 높아져 Z. mobilis나 효모의 생육 임계농도를 초과한다. 효모는 초산농도 500mg/ℓ를 초과하면 저해를 받는다. 더구나 Z. mobilis는 호기적 조건이 되면 일반적으로 알데히드나 초산을 기질 내에 축적하는 특성이 있어 균체 성장과 알코올 생산성은 현저히 감소된다고 알려져 있다. 이 같은 단점을 개선하고자 산소 소비와 전달율(KLa) 및 교반속도가 알코올생산에 미치는 영향에 대한 연구가 있었다.[101]

미국의 국립재생에너지연구소(NREL)는 오탄당을 기질로 이용하는 연구를 수행하였다.[102)103] 그 결과, 초산에 대한 내성균주 개발을 위해 돌연변이 유발[104] 혹은 적응돌연변이(adaptive mutation) 기술[105]과 대사공학적 노력으로 균주개발에 성공하였다. 그러나 가수분해산물에 억제제가 혼합되어 있을 경우 낮은 발효수율과 생산성 때문에 추가적인 연구가 진행되고 있다.

Z. mobilis는 효모와 달리 발효조를 절대 혐기적 조건으로 유지해야 하므로 연속발효에 사용하는 것은 더욱 어렵다. 연속발효의 경우 공급되는 기질은 이미 해당 온도와 기압에 상응하는 용존산소가 녹아 있기 때문에 균주의 생육과 알코올발효가 저해를 받는다. 균주 특성에 맞는 밀폐 발효조의 설비투자와 운전비용이 높은데 반해 경제성은 낮다. 그러므로 Z. mobilis를 이용한 알코올발효는 회분식 공정에만 사용이 가능하다.

$$6CO + 3H_2O \rightarrow C_2H_5OH + 4CO_2 \quad \cdots\cdots\cdots (5\text{-}13)$$

---

[100] Doran-Peterson Joy et al. 2008. Microbial conversion of sugars from plant biomass to lactic acid or ethanol. *The Plant Journal*. 54 (4): 582-592
[101] Tanaka. H. et al. 1990. Fermentative Ability of *Zymomonas mobilis* under Various Oxygen Supply Conditions in Batch Culture. *J. Ferment. Bioeng*. 69(4): 234-239
[102] Deanda K. et al. 1996. Development of an arabinose-fermenting *Zymomonas mobilis* strain by metabolic pathway engineering. *Applied and Environmental Microbiology*. 62 (12): 4465-70
[103] Zhang M. et al. 1995. Metabolic Engineering of a Pentose Metabolism Pathway in Ethanologenic *Zymomonas mobilis*. *Science*. 267(5195): 240-3.
[104] Joachimsthal E.L. et al. 2000. Characterization of a high-productivity recombinant strain of *Zymomonas mobilis* for ethanol production from glucose/xylose mixtures. *Applied Biochemistry and Biotechnology*. 84-86 (1-9): 343-56
[105] Manoj A. et al. 2011. Adaptation yields a highly efficient xylose-fermenting *Zymomonas mobilis* strain. *Biotechnology and Bioengineering*. 108 (4): 777-85.

$$2CO_2 + 6H_2 \rightarrow C_2H_5OH + 3H_2O \quad \cdots\cdots\cdots\cdots (5\text{-}14)$$

이 외에 *Clostridium ljungdahlii* 균은 일산화탄소, 이산화탄소 및 수소로부터 감지할 수 있는 농도의 에탄올을 생성한다고 아칸소대학 연구원들이 Oak Ridge National Laboratories와 협력하여 연구한 결과를 보고한 바 있다.[106] 이 결과에 따르면 혐기성 그람 양성세균인 *Clostridium ljungdahlii*은 CSTR에서 에탄올 0.1g/ℓ 이하에서 1.8g/ℓ 까지 18배나 증가되었다고 보고하였다.[107] 이 세균은 일산화탄소, 이산화탄소, 수소 합성가스로부터 24시간 이내에 1.43g/ℓ 에탄올을 생산하였다(반응식 5-13 & 5-14).[108]

---

[106] https://en.wikipedia.org/wiki/Oak_Ridge_National_Laboratory
[107] https://en.wikipedia.org/wiki/*Clostridium_ljungdahli*#cite_ref-4
[108] 박소정 외. 2011. *Clostridium ljungdahlii* 성장 및 에탄올 생산에 pH가 미치는 영향. *Appl. Chem. Eng.*, 22(5): 562-56

제6장 효소

6.1 효소 개요

효소는 생물체가 생산하는 일종의 유기촉매로서 단백질과 여러 가지 보결군(補缺群, prosthetic group)이 결합된 물질이다. 전효소(全酵素, holoenzyme)는 단백질 부분이 주효소(主酵素, apoenzyme)이고, 보결군은 조효소(coenzyme)라 한다. 효소는 기질과 결합한 효소-기질복합체(酵素-基質複合體, ES, enzyme-substrate complex)가 형성되면 기질의 활성화 에너지가 낮아져 반응이 잘 일어난다.

holoenzyme = apoenzyme(protein) + coenzyme(non-protein)
E(enzyme) + S(substrate) ↔ ES(enzyme-substrate complex) → E + P(product)

효소는 ES 복합체를 만들어 기질의 화학반응에 필요한 활성에너지를 낮춤으로서 물질대사의 속도를 증가시키는 생체촉매(biocatalyst) 역할을 한다. 조효소는 무기이온과 비타민 B_1과 B_2, niacin 같은 비타민 B 복합체와 뉴클레오티트(nucleotide)와 같은 유기화합물이 결합된 것으로 미생물대사나 생화학에서 중요한 역할을 한다. 효소분자는 100~1,000개의 아미노산이 특이한 순서로 구성된 단백질이다. 효소는 열감수성으로 적정온도 이상으로 올라가면 효소 기능을 상실하게 된다.

효소 일부는 단백질로 구성되어 있어 단백질과 같은 성질이 있다. 효소는 모든 화학반응이 일어나기 위해서는 에너지가 필요한데 이를 활성에너지장벽(activation energy barrier)이라 한다. 이 반응이 일어나기 위한 최소한의 에너지양을 활성에너지(EA, activation energy)라 한다[그림 6-1]. 생화학 반응계에서 정반응이 일어나서 생성물(P, products)이 반응물(S, substrate or reactants)보다 많을 경우 표준자유에너지 변화(△G)[109]는 음의 값을 가지며 자발적 반응이 일어난다. 생성물이 적으면 △G값이 양의 값을 가지면 반응이 일어나지 않는다. 따라서 반응이 평형상태를 유지하는 것보다 높은 에너지가 필요한 에너지장벽을 낮추어 반응을 촉진하

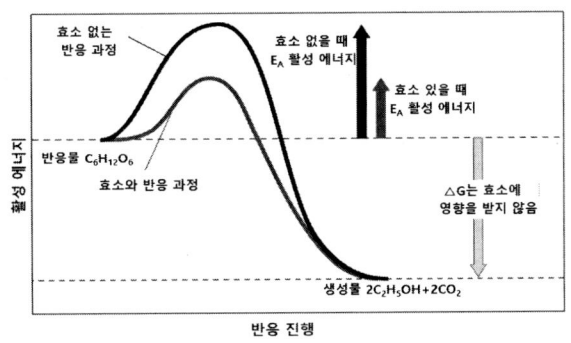

[그림 6-1] 반응물이 효소에 의한 활성에너지 변화

는 것이 촉매의 역할이다. 효소는 생촉매(生觸媒, biocatalizer)로써 생화학 반응에서 전이상태(轉移狀態, transition state)의 활성에너지를 낮추어 생성물 생산속도를 촉진하는 단백질성 물질이다. 효소는 다음과 같은 특성을 가진다.

① 효소는 일반적으로 단백질 성질을 가지며 가열에 의해 변성된다.
② pH, 강산, 강알칼리에 의해 변성이 일어난다.
③ 유기용매나 무기염을 첨가하면 침전한다.
④ 효소의 활성은 생리적 조절을 받는다.
⑤ 기질 및 반응 특이성을 가진다.
⑥ 저온~상온에서 반응이 일어나므로 에너지를 절약할 수 있다.
⑦ 중금속과 같은 촉매를 사용하지 않아 공해문제를 야기하지 않는다.
⑧ 보조인자(補助因子, cofactor)를 가진다. 무기금속 이온이나 유기화합물과 결합하여 직접 효소반응에 참여하거나 안정성에 기여한다.
⑨ 촉매기능을 가지며 효소의 반응속도가 1/2일 때 기질의 농도, 기질에 대한 효소의 친화정도를 나타내는 Km상수(Michaelis constant)를 가진다.

효소는 특정한 기질에만 반응하는 기질특이성과 특정한 산물만 생산하는 반응특이성이 있다. 효소는 3차원 구조의 활성부분(active site)은 반응의 결합력으로 기질과 효소-복합물(enzyme-substrate complex)을 만든 다음 효소가 분리되면서 생산물이 만들어 진다. 이때 결합력은 정전결합(靜電結合, electrostatic bond), 수소결합(水素結合, hydrogen bond), 반데

---

[109] 반응 전후 자유에너지($\triangle G$)의 변화량은 $\triangle G = \triangle H - T\triangle S$로 표현된다. 여기서 $\triangle H$: 엔탈피(enthalpy), T: 절대 온도(K), $\triangle S$: 엔트로피(entropy) 이다.

르발스결합(Van der Waals bond), 소수성 상호작용(疎水性相互作用, hydrophobic interaction)의 비공유 결합에 의해 이루어진다. 기질과 효소의 결합양식은 자물쇠와 열쇠 모델(lock and key model), 효소 결합부위가 결합전후의 모양이 달라지는 유도-적합 모델(induced-fit model) 등이 있다.

6.2 효소의 분류

효소명명법(enzyme nomenclature)은 국제 생화학 연합(IUB, international union of biochemistry) 산하 효소위원회(EC, enzyme commission)의 명명법 규정에 따른다. 효소의 명명법은 효소의 기질이나 기능과 연관하여 어미에 -ase를 붙이거나 촉매반응 또는 촉매반응의 형식에 따라 분류 및 명명한다.

예를 들면, 관용적 명칭으로는 diastase, 기질 어미에 -ase를 붙인 경우는 맥아당을 분해하여 포도당을 생성하는 maltase가 있다. 기능에 따라 산화 또는 탈수소(-H_2) 반응을 촉진하면 각각 산화효소(oxidase)와 탈수소효소(dehydrogenase)라 한다. 효소의 분류는 다음 같이 7종류로 분류한다.[110] 이들 여러 가지 효소 작용에 따른 반응 생성물은 [표 6-1]에 요약하였다.

① **산화환원효소(oxidoreductase)**: 수소원자나 전자의 이동으로 산화환원반응을 촉매하는 효소군이다. 탈수소효소, 환원효소, 산화효소, catalase, peroxidase 등 주로 산소를 사용하거나 생성하는 반응에 관여한다.

② **전이효소(transferase)**: 한 기질에서 다른 기질로 원자나 원자단을 옮기는 반응을 촉매하는 효소군이다. 해당과정에서 ATP의 무기인산기(Pi)를 전이하는 각종 kinase가 대표적인 전이효소이다.

③ **가수분해효소(hydrolase)**: 가수(加水, +H_2O)하여 큰 분자 기질의 공유결합을 분해시키는 효소군이다. Glycoside hydrolase, peptide hydrolase, estrase가 있다.

---

[110] https://en.wikipedia.org/wiki/Enzyme_Commission_number

[표 6-1] 여러 가지 효소 작용에 따른 반응 생성물

분류번호/종류	작용	효소	반응 생성물 (Reaction product)
EC 1[111] 산화환원효소	물질의 산화환원 반응을 촉진	oxidase dehydrogenase	$2H_2 + O_2 \rightarrow 2H_2O$ $C_2H_5OH + NAD^+ \rightarrow CH_3CHO + NADH_2$
EC 2 전이효소	기질의 원자단을 다른 기질에 옮김	creatine kinase amino group transferase	creatine + ATP $\rightarrow$ phosphocreatine(Pcr) + ADP glutamate + pyruvate $\leftrightarrow$ α-ketoglutarate + alanine
EC 3 가수분해효소	물의 도움으로 기질을 분해	amylase maltase sucrase ATPase	starch $\rightarrow$ mlatose + dextrine maltose $\rightarrow$ glucose + glucose sucrose $\rightarrow$ glucose + fructose ATP $\rightarrow$ ADP + Pi
EC 4 분해효소	기질을 분해	catalase carboxylase	$2H_2O_2 \rightarrow 2H_2O + O_2$ pyruvate($CH_3COCOOH$) $\rightarrow CH_3CHO + CO_2$
EC 5 이성질화효소	기질분자 내의 원자배열 변화	C^6-인산이성질화 효소	G6P(Glucose-6-phosphate) $\leftrightarrow$ F6P(fructose-6-phosphate)
EC 6 분해효소	ATP를 사용한 물질의 합성	citric acid synthase glutamic acid synthase	active acetate + oxalacetate $\leftrightarrow$ citrate α-ketoglutarate + NH_3 $\leftrightarrow$ glutamate
EC 7 Transrocases	이온이나 분자의 이동 또는 막 내에서의 분리를 촉매	phosphate transporter	AX + Bside$_1$ = A + X + Bside$_2$ (Bside$_1$: 세포막 내, Bside$_2$: 세포막 밖) NADH : H^+-translocating

④ **리아제(分解酵素, lyase)**: 가수분해 이외의 방법으로 카르복실(carboxyl, -COOH) 및 알데히드 기(基, radical, -CHO), 물, 암모니아 등 원자단을 분리하여 기질에 이중결합을 생성하거나 이중결합에 이들 원자단을 부가시키는 반응을 촉매 하는 효소군 이다. 탈탄산효소가 대표적이다.

⑤ **이성화효소(isomerase)**: 기질을 분해 또는 산화하지 않고 분자 내의 입체적 혹은 구조적 변화로 이성화과정을 촉매 하는 효소군이다. 포도당 분자의 D- 또는 L-형을 생성하거나 aldose와 ketose의 상호 전환을 촉매 하는 효소군이다.

⑥ **리가아제(ligase)**: ATP 등에서 무기인산이 인산화 될 때 유리되는 에너지를 이용하여 두 분자 간 화학결합을 유도하는 효소군 이다. 유전자 재조합 플라스미드 제작 등 DNA 복제나 RNA합성에 관련된 효소군이다.

---

[111] EC는 효소가 촉매하는 화학반응에 따른 숫자 분류체계로 효소 번호(EC, Enzyme Commission number)

⑦ 트랜스로카제(translocases): 세포막을 가로지르는 이온과 분자들의 이동 또는 막 내에서 이들의 분리를 촉매 하는 효소군이다.

이 효소는 수소원자(H^+), 무기(금속) 양이온과 이들의 착염, 무기 음이온, 아미노산과 펩타이드, 탄수화물과 이들의 유도체, 기타 화합물의 전위(translocation)를 촉매 하여 세포막을 이동할 수 있도록 중요한 기능을 제공한다.

6.3 전분 분해효소

알코올과 전분당 제조공업에서 전분의 열처리 및 당화공정은 수율과 직결된다. 증자 과정에서 단단한 전분의 입상구조가 열에 의해 붕괴되어 호화가 일어나면 점도는 점점 증가한다. 이 호화전분은 액화효소 작용으로 소당류가 생성되면서 점도는 낮아져 액화 슬러리가 된다. 이 증자 슬러리를 당화조(糖化槽)에 이송한다. 여기에 당화효소를 투입한 후 최적 당화조건에서 발효성 당 또는 전분당을 제조한다. 이 당화공정에 사용하는 아밀라아제(amylase) 종류에 따라 포도당, 과당 또는 맥아당 등 발효성 당의 가수분해산물을 얻을 수 있다[표 6-2].

[표 6-2] 전분 분해효소의 종류와 특성

구분	효소명/ 미생물	작용 기작	생성물	작용 최적 조건	
				온도(℃)	pH
액화 효소	α-amylase/ 세균	α-1,4-결합을 무작위로 분해(endo 형)	dextrin maltose glucose	85~95	5.0~6.0
당화 효소	β-amylase/ 곰팡이	α-1,4-결합 비환원성 말단부터 순차적으로 맥아당 단위로 분해 (exo 형)	maltose	60~65	3.5~5.0
	glucoamylase/ 곰팡이	α-1,4-, α-1,6-, α-1,3-결합 비환원성 말단부터 순차적으로 포도당 단위로 분해 (exo 형)	glucose		

주정 및 전분의 당화공정에 사용되는 당화효소는 고역가(高力價, high activity)로 농축된 액상효소와 정제·농축·건조 공정을 거쳐 분말로 만든 정제효소가 공급되고 있다. 그러나 최근 대부분 전분당이나 주정발효에 사용되는 당화효소는 효소의 역가 유지, 취급,

저장성 등 장점 때문에 액상 제품이 많이 유통되고 있다. 조효소는 고체상(固體床)에서 배양하여 건조 후 분쇄한 복합당화효소이다.

6.3.1 액화효소

액화효소(liquefying enzyme)는 α-amylase(α-1,4-glucan-4-glucanohydrolase, EC 3.2.1.1)이다. 이 효소는 선형구조(線形構造, linear structure)인 아밀로스 전분의 α-1,4 배당체 결합(glucosidic linkage)을 분자 내부에서 무작위로 작용(endo type enzyme)하여 저분자 물질 즉, 소당류(oligosaccharide)로 분해시키는 효소이다. 액화효소는 호화 슬러리의 점도를 급격히 낮추는 액화기능을 가진 효소이며, 이 현상을 액화(liquefaction)라 한다.

액화효소인 α-amylase 생산은 곰팡이 종류가 많으나 고온내열성 α-amylase는 세균류가 많이 생산한다. 예를 들면, 내열성 α-amylase는 *Bacillus subtilis*와 그 변이균주가 이용되고 있다. α-amylase의 최고활성을 보이는 pH는 4.8~6.5 범위이나 최적 pH는 효소기원에 따라 조금씩 다르다. *Bacillus acidocaldarius*와 *Bacillus licheniformis*가 생산한 α-amylase의 최적 활성 pH는 각각 3.5와 pH 9.0이다. 균주에 따라 생산된 α-amylase의 분자량은 *B. acidocaldarius*가 22,500, *B. licheniformis*가 68,000이다. α-amylase의 내열성은 동물 기원보다 식물과 세균이 생성한 액화효소가 70~100℃로 높다. 이들 변이균주가 생산한 α-amylase는 95℃ 이상에서 우수한 액화능력과 내열성을 가진 액화효소가 1980년대 이후 상용화되었다. 내열성 액화효소를 사용함에 따라 바이오에탄올과 주정의 증류공정에서 발생하는 고온수를 고농도 슬러리 증자에 활용할 수 있게 되었다. 증자에 소비되는 에너지절감과 술덧의 에탄올농도 증가로 인해 생산성이 증가되었다.

6.3.2 당화효소

당화효소(saccharogenic amylase)는 β-amylase(1,4-α-D-glucan maltohydrolase, EC 3.2.1.2)와 glucoamylase(1,4-α-D-glucan glucohydrolase, EC.3.2.1.3)가 이용되고 있다. β-amylase는 전분을 비환원성 말단에서부터 α-1,4 배당체 결합을 분해하여 맥아당을 생산한다. α-1,6 배

당체 결합은 분해할 수 없어 한계덱스트린(limit dextrin)이 남게 된다[그림 6-2].

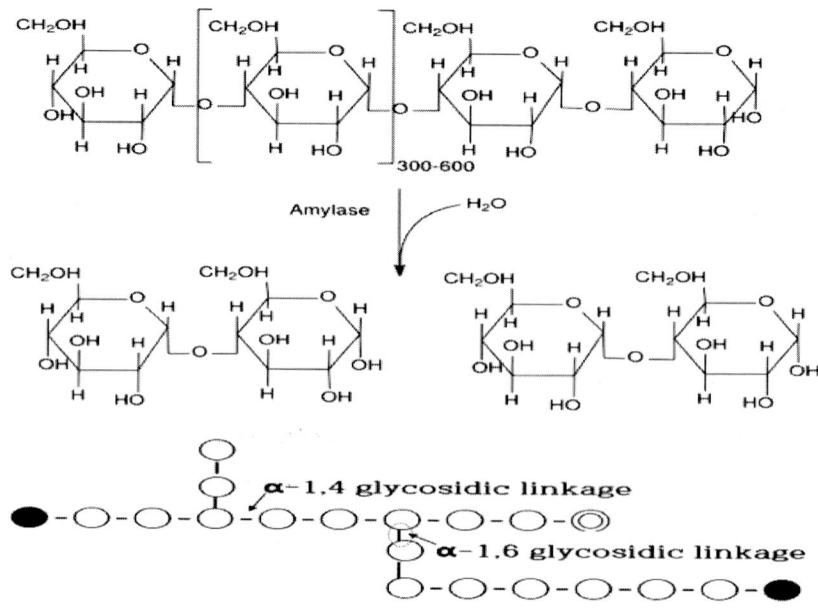

[그림 6-2] 포도당(○) 분자 300~600가 α-1,4 배당체 결합한 선형구조의 Amylose와 Amylose에 포도당이 α-1,6 배당체 결합을 한 Amylopectin
β-amylase는 비환원성 말단(●)부터 맥아당으로 가수분해하지만 α-1,6 배당체 결합을 분해하지 못해 limit dextrin으로 남는다. 환원성 말단(◎), 포도당(○)

Glucoamylase(γ-amylase) 혹은 AMG(amyloglucosidase)는 전분의 비환원성 말단에서부터 포도당 단위로 분해한다. 이 효소는 α-1,3 또는 α-1,6 배당체 결합을 일부 분해할 수 있으나 α-1,4 배당체 결합의 분해속도보다는 매우 느리게 일어난다. 전분의 비환원성 말단부터 차례대로 포도당을 분해하기 때문이다. 온도에도 매우 민감하여 60℃에서 불활성화가 시작된다. 최적 활성을 보이는 pH는 *Aspergillus* 속 균주는 4.5~5.0이고, *Rhizopus* 속 균주는 4.5~5.5 범위이다. Glucoamylase의 전분 분해한계는 당화효소를 생산하는 곰팡이 균종에 따라 결정된다. 예를 들면, *Rhizopus* 속이 생산한 당화효소는 한계덱스트린까지 분해할 수 있어 당화율이 95~100%에 이른다. 반면, *Asp. nigar*의 당화율은 70~80% 수준에 머문다. 그러나 *Asp. nigar*가 생산한 glucoamylase는 열안정성과 내산성이 우수하기 때문에 주정공장에서 가장 많이 사용되고 있다. 동시당화발효를 할 경우 *Rhizopus* 속 당화효소(glucoamylase)의 최적온도는 38℃ 전후이므로 이 균이 생산한

효소를 사용하는 것이 유리하다.

6.3.3 조효소

주정공장에서 사용하는 조효소 생산균주는 *Aspergillus* 속 또는 *Rhizopus* 속이다. 조효소는 α-, β-, γ-amylase 외에 단백질효소, 지방분해효소, 셀룰라아제, 피타아제(phytase) 등 50여종의 미량 효소들이 포함되어 있다. 조효소는 균체를 배양한 배지를 그대로 건조하여 분쇄한 것이기 때문에 당화효소 외에 다양한 미량효소와 효모성장 및 발효에 필요한 무기물을 많이 포함하고 있어 복합당화효소라 한다. 특히, 고체배지에서 생산된 구연산은 알코올발효 과정에서 잡균의 오염방지 효과가 있다.[112] 조효소는 내산성(耐酸性) 당화력이 우수하여 쌀보리, 겉보리 등 맥류 원료의 당화와 발효수율 증가에 매우 적합하다.

현재 공급되고 있는 정제 당화효소는 1990년 대 이후 지속적으로 내산성을 강화시킨 제품이 공급되고 있다. 상용 정제 당화효소의 내산성 당화율은 70.55~93.3%까지 다양하며 Alcozyme L400이 93.3%로 조효소와 같다[표 6-3]. 그러나 Alcozyme L400은 내산성은 크게 향상되었으나 조효소가 가지고 있는 미량효소와 유기산류가 없기 때문에 조효소를 대체할 수는 없다.

발효 초기단계에서 효모증식과 알코올발효가 동시에 왕성하게 일어나게 된

[표 6-3] 상용 당화효소의 당화력과 내산성 비율

제품명		당화력(unit/g)	내산성(%)[1]	비고
조효소	SP[2]	4,030	93.30	HK/2013
	a-SP[3]	3,760		
Spirizyme Plus FG	SP	35,856	84.43	NZ/2010
	a-SP	30,274		
Saczyme	SP	38,272	91.41	NZ/2013
	a-SP	34,983		
Sanferm	SP	11,700	70.55	NZ/2013
	a-SP	8,255		
Spirizyme	SP	29,370	80.01	NZ/2006
	a-SP	23,500		
SAN Extra	SP	26,000	78.35	NZ/2006
	a-SP	20,370		
Optidex L400	SP	29,360	89.39	GN/2010
	a-SP	26,244		
GA-L NEW	SP	30,060	89.10	GN/2010
	a-SP	26,784		
Alcozyme L400	SP	20,701	93.30	BK/2010
	a-SP	29,315		

[1] 내산성 비율(%) = a-SP ÷ SP × 100
[2] SP: accharification power(당화력)
[3] a-SP: acid-tolerant accharification power(내산성 당화력)
자료출처: I(주)부설연구소. 2013. 다양한 상업효소를 이용한 알코올발효실험 결과보고서

---

[112] Ueda S. 1987. Invention of Novel Ethanol fermentation of Starch Materials without Cooking and Its Development. *J. Jpn. Soc. Starch Sci.* 34(2): 113-118

다. 이때 유기산류, 발효대사 부산물, 이산화탄소가 대량으로 생산된다. 이산화탄소는 난용성이지만 아주 미세한 기포는 술덧의 pH에 영향을 미친다. 발효 초기단계에는 왕성한 효모의 증식작용으로 부생(副生)된 각종 대사산물로 인해 술덧의 pH가 3.0 까지 떨어진다. 이때 내산성이 약한 당화효소는 활성이 저하되고 효모도 pH 저하에 의한 부정적 영향을 받아 발효수율 저하의 직접적인 원인이 된다. 알코올발효에는 내산성 당화력이 우수한 효소 사용이 필수적이다.

Rhizopus 속 기원의 조효소가 발효수율 증가에 가장 유리하지만 *Aspergillus* 속과 혼합 배양하여 균의 생리적 특성을 이용하면 유기산 생산을 극대화할 수 있다. 뿐만 아니라 한계덱스트린까지 완전히 분해할 수 있다. 조효소는 정제 당화효소에 비하여 당화력이 낮기 때문에 사용량이 많을 뿐 아니라 당화력 대비 구입단가가 비싼 단점이 있다. 조효소는 제품 특성상 당화조나 발효조에 직접 투입해야 하기 때문에 오염기회에 노출되고 자동투입 설비도 쉽지 않은 단점이 있다. 조효소 사용은 수율이 증가하는 장점 때문에 전술한 단점에도 불구하고 주정발효에 많이 사용되고 있다.

특히, 맥류(麥類) 술덧은 SS성분과 비발효성당인 β-glucan과 pentosan을 함유한 기질 특성으로 인해 점도가 다른 원료에 비해 높고 알코올발효 과정에서 유기산류 생성량이 많아 술덧 pH가 낮아지는 특성이 있다. 내산성이 우수한 조효소 사용은 곡물에 포함된 피틴산(phytic acid, inositol hexaphosphate라고 함)이 강한 친화력으로 효모 영양원 및 효소 활성화에 중요한 무기물(Ca, F, Zn)과 착염(phytate)을 생성하기 전에 이노시톨(inositol)과 무기인산으로 분해되어 무기물과 함께 효모 대사 촉진과 당화효소 활성화(Ca 이온)에 이용할 수 있게 발효환경을 개선하는 기능이 있다. 조효소의 내산성과 phytase 등 미량효소들의 기능이 시너지효과를 발휘하여 정상발효 유도와 오염 억제로 인해 발효수율이 증가한다.

미국도 1990년대 후반부터 옥수수의 발효수율 증가를 목적으로 조효소를 사용하기 시작하였다. *Rhizopus niveus*를 tray에서 고체 배양하여 생산된 glucoamylase를 주성분으로 하는 조효소(Rhizozyme™)를 생산하고 있다[그림 6-3A/B]. 미국은 조효소를 사용하기 전에는 소위 옥수수 수율장벽(yield barrier)인 톤당 373ℓ의 한계를 넘지 못했다. 조효소를 사용한 이후에는 옥수수 톤당 수율이 387~402ℓ까지 증가되었다.[113][114] 옥수수의 수

---

[113] Alcohol Times. March 2002. Alltech Institute of Brewing and Distilling.

율증가 원인은 조효소를 사용함으로써 한계덱스트린과 일부 섬유소가 발효성 당으로 분해되었기 때문에 톤당 수율은 3.7~7.8%까지 증가되었다. 술덧 중 섬유소 감소량과 주정박 생산량을 조효소 사용 전후와 비교하여 수율증가 원인을 입증하였다. 특히, 조효소를 사용하여 "23% 알코올발효 기술"이 20th Alcohol School 과정에서 실험실규모 실험을 통해 가능성을 제시하였다.115)

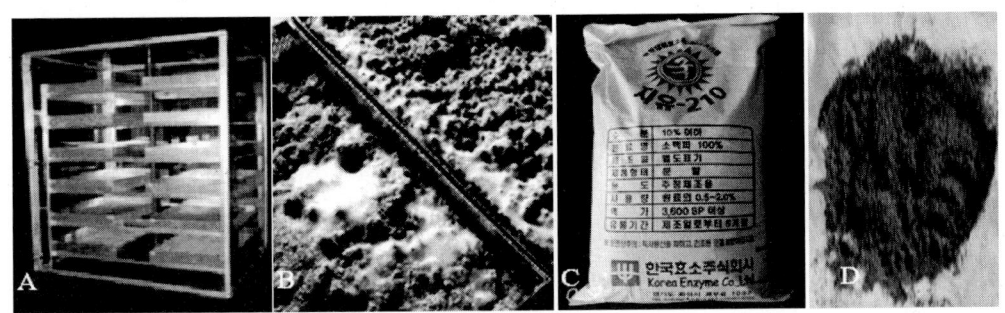

[그림 6-3] 상용으로 시판매되고 있는 조효소

조효소는 주정과 바이오에탄올 제조에 사용되며 증류식소주, 청주, 막걸리 제조용 국(製麴)이 있다. 국의 중요한 기능은 다음과 같다.

① 증미(蒸米)를 용해 및 당화시켜 주모(밑술)와 주발효 술덧을 제조한다.
② 국은 효모증식과 발효를 촉진하는 영양소를 제공한다.
③ 특화된 국은 제품의 풍미에 직·간접적인 영향을 미친다.
④ 내산성 당화력이 높고 유기산류에 의해 잡균 오염이 억제된다.
⑤ 당화 및 발효수율이 증가한다.
⑥ 효소의 안정성과 효모의 대사 촉진 및 무기물 이용률을 높여 준다.

6.3.4 기타 효소

전분 당화에 관여하는 효소는 α-, β-, γ-amylase 외에 이소아밀라아제(isoamylase, EC 3.2.1.68), 셀룰라아제(cellulase, endo-1,4-β-glucanase, EC 3.2.1.4), α-D-glucosidase(EC 3.2.1.20),

---

114) Alcohol Times. September 2002. Alltech Institute of Brewing and Distilling
115) 남기두. ① 2000. Personal corresponding files. Alltech's Alcohol School and Alcohol Products.
② Unpublished Report: 2001. Alcohol fermentation using an Alltech's enzymes and nutrient sources.

amylo-1,6-D-glucosidase(EC 3.2.1.33), 풀룰라나아제(pullulanase, pullulan 6-glucano hydrolase, EC 3.2.1.41), 펙티나아제(pectinase, EC 3.2.1.15), 글루카나아제(glucanase, 1,3-1,4-β-glucanase, EC 3.2.1.6) 등이 있다. 이 외에 조효소는 lipase, protease가 포함된 복합당화효소이다.

이소아밀라아제(脫分枝酵素, debranching enzyme)는 아밀로펙틴의 분지(分枝)인 α-1,6 배당체 결합만 특이적으로 분해하여 직쇄(直鎖) 덱스트린을 생성한다. β-amylase와 이소아밀라아제를 혼용하면 이론적으로는 전분을 100% 발효성 당으로 전환할 수 있다. 이소아밀라아제를 많이 분비할 수 있는 균주로 만든 조효소를 사용하면 발효수율을 증가시킬 수 있다.

셀룰라아제는 섬유소를 가수분해할 수 있는 효소를 총칭하나 협의(狹義)로는 endo-1,4-β-glucanase를 말한다. 이 효소는 섬유소를 β-glucose로 분해한다. 셀룰라아제는 β-1,4-glucan 내부에 작용하여 셀로 올리고당(cello-oligosaccharide)을 생산하기 때문에 CMase라고도 부른다. 헤미셀룰라아제(hemicellulase)는 곡류의 세포벽 구성 성분인 β-1,4-glucan 배당체 결합을 한 고분자 다당류를 저분자 당류로 가수분해하는 효소이다. α-D-glucosidase는 이당류와 올리고당의 α-1,2, α-1,4, α-1,6 배당체 결합을 한 다당류를 외부 말단에서부터 차례대로 가수분해하여 α-D-glucose로 분해한다.

풀룰라나아제(Pullulanase)는 탈분지효소(脫分枝酵素, debranching enzyme)이다. 다당류인 풀루란(pullulan), 아밀로펙틴(amylodextrin), 한계덱스트린의 α-1,6 배당체 결합을 분해하여 maltotriose를 생산하는 능력을 가진 효소이다. 당화공정에서 부가적으로 사용하면 발효성 당의 전환수율을 증가시킬 수 있다.

펙티나아제는 α-1,4 galactouronic acid 결합을 한 펙틴질을 가수분해한다. 이 효소는 세균, 효모, 곰팡이 등에 널리 분포되어 있다. 산업적 이용 사례는 맥주와 과즙의 청징성(淸澄性)을 개선하거나 여과 효율을 증가시키는 것이다. 글루카나아제는 포도당으로 구성된 다당류인 글루칸(glucan)을 포도당과 올리고당으로 분해하는 효소의 총칭이다. 글루칸은 알파 글루칸인 덱스트란, 전분, 풀루란 및 베타 글루칸인 섬유소, 라미나란 [laminaran, $(C_6H_{10}O_5)_x$]으로 구분된다. 베타 글루칸은 섬유소와 같이 포도당 C^1의 베타 위치의 -OH가 β-1,4 배당체 결합을 한 포도당 중합체이다. 글루칸은 주정의 원료 중 보리, 호밀, 쌀, 밀과 같은 곡류의 배유 세포벽(endosperm cell wall)에 많이 존재한다. 특히, 맥류의 술덧에 존재하는 글루칸은 α-amylase에 의해 분해되지 않기 때문에 술덧의 점성과 기포발생(foaming) 문제를 야기한다. 발효 과정에 과도한 기포발생은 2차 오염을 유발할 수 있다. 맥류로 알코올발효를 할 경우 소포제를 사용하여 기포발생을 억제하는 것이 좋다.

제7장 전분의 종류와 특성

7.1 탄수화물의 개요

알코올발효 기질로 광범위하게 이용되는 원료는 전분질과 당질원료가 있다. 이들 원료는 중요한 농산물로 탄수화물(carbohydrates)이 주성분이며 식품의 3대 영양소 중 하나이다. 탄수화물은 탄소(C), 수소(H), 산소(O) 등 3개의 원소로 구성된 화합물로 당(糖)의 성질을 가지고 있으며 일반식은 $C_m(H_2O)_n$로 나타낸다. 예외적으로 황산콘드로이틴(chondroitin sulfate)과 글루코사민(glucosamine, $C_6H_{13}NO_6$)은 황과 질소를 각각 함유하고 있지만 탄소화물로 분류된다.

탄수화물은 단당류(monosaccharide), 소당류(oligosaccharide), 다당류(polysaccharide)로 분류한다. 단당류는 가수분해가 더 이상 되지 않으며, 두 개 이상의 수산기(-OH), 한 개의 알데히드기(-CHO)나 케톤기(=CO)를 포함하고 있다. 수용성이고 일반적으로 단맛을 가지고 있다. 단당류에 포함된 탄소 수에 따라 그리스어 수를 붙여 triose, tetrose, pentose, hexose, heptose라 부른다.

알코올발효에 이용되는 전분질원료는 효소적 가수분해(enzymatic hydrolysis) 또는 산가수분해(酸加水分解) 하면 발효성 당류(fermentable sugars)가 생성된다. 주로 가수분해산물은 단당류인 포도당, 유당, 과당과 이당류인 설탕, 맥아당이다. 이들 당류는 효모 *S. cerevisiae*로 발효한다[표 7-1]. 효모 종류에 따라 삼당류인 raffinose는 소량 이용할 수 있지만 사당류와 다당류는 발효하지 못한다.

전분(starch)의 일반식은 $(C_6H_{10}O_5)_n \cdot H_2O$로 표시하며 포도당($C_6H_{12}O_6$)의 중합체로 포도당의 결합형태에 따라 아밀로스(amylose)와 아밀로펙틴(amylopectin) 두 종류가 있다. 전분은 탄소동화작용에 의하여 이산화탄소와 물이 광합성에 의해 생성된 식물의 중요한 영양 및 저장물질이다. 전분입자는 식물의 종류에 따라 다양한 크기를 가진다. 일반적으로 곡류의 전분입자는 2~40㎛이나 특히 보리와 쌀은 2~8㎛으로 매우 작고 서류의 경우 5~100㎛으로 곡류에 비하여 크다.116)

[표 7-1] 탄수화물의 분류와 *S. cerevisiae*에 의한 알코올 발효능

구분		종류	알코올 발효능
단당류 (monosaccharide)	삼탄당 : glyceraldehyde, dihydroxyacetone		mannose(+) 외 +++
	오탄당 : xylose, ribose, arabinose		
	육탄당 : 포도당, 과당, 유당, mannose		
이당류 (disaccharide)	설탕 (포도당+과당)		+++
	맥아당 (두 분자의 포도당)		+++
	trehalose (두 분자의 포도당이 α-1,1 결합)		-
	melibiose (유당+포도당)		-
삼당류 (trisaccharide)	raffinose (유당+포도당+과당)		+
사당류 (tetrasaccharide)	stachyose (두 분자의 유당+과당+포도당)		-
다당류 (polysaccharide)	단순다당류 : 전분, 글리코겐, 섬유소		-
	복합다당류 : 펙틴, 헤미셀룰로오스		-

비고 : +++ 알코올발효 good, + 알코올발효 week, - 알코올발효 negative

전분구조는 원료 전분의 종류에 따라 특유한 입상구조를 하고 있다. 물과 열에 의하여 단단한 분자집단구조(micelle structure)가 붕괴되어 전분의 구조가 느슨하게 되기 때문에 효소작용이 용이하다. 아밀라아제는 전분의 가수분해를 촉매 하거나 분해를 가속화 하는 효소이다. 아밀라아제의 작용기작과 전분의 구조적 특성을 잘 이해하는 것이 중요하다.

천연 전분은 분자집단구조를 하고 있으나 열처리하면 구조가 느슨해진다. 이 분자집단구조를 가진 전분은 β-전분이라 하며, 전분을 분해 및 소화 흡수가 잘 될 수 있도록 열처리하는 것을 전분의 α-화라 한다. α-전분은 습윤 상태나 저온(0~5℃)에 두면 β-전분으로 쉽게 되돌아가는 현상을 전분의 노화(retrogradation)라 한다. 60℃이상에서는 전분노화가 잘 일어나지 않는다. 전분노화에도 전분의 종류, 아밀로스와 아밀로펙틴 함량, 전분 농도, 수분, pH, 염류와 이온의 영향을 받는다. 전분노화를 억제하려면 수분함량을 낮추

---
116) Galliard T. 1987. Starch: Properties and Potential. *JOHN WILEY & SONS*. pp.16-19

거나 동결건조 또는 유화제를 첨가하면 된다.

[그림 7-1] 타피오카와 사탕수수
이식용 타피오카 줄기(A), 수확한 타피오카 뿌리(B), 건조시킨 타피오카(C), 사탕수수 잎을 태운 후 수확(D), 수확한 줄기(E)와 분쇄 및 착즙 공정(E)

전분 가수분해 과정에서 당화도(糖化度, DE, dextrose equivalent)를 측정하면 당화의 진행 정도와 최종 생산물의 수율을 예측할 수 있기 때문에 알코올 발효나 전분당 제조공정의 관리기법 중 하나로 쓰이고 있다.

전분은 지구상에서 섬유소 다음으로 많은 탄수화물로써 식용으로 가장 많이 이용되는 생물자원이다. 전분은 식량 이외 산업적으로는 맥주, 위스키, 주정, 바이오연료 등 제조 원료로 널리 이용되고 있다. 전 세계적으로 가장 많이 재배되는 곡물은 밀과 옥수수이며, 동남아시아는 타피오카(Tapioca)[117], 남미는 사탕수수가 많이 재배되며 이들 농산물은 중요한 1세대 바이오에탄올 제조 원료들이다[그림 7-1].

전분의 분자량과 중합도는 전분을 함유한 원료에 따라 다르며 전분 구조 특성과 물리·화학적 연구가 많이 진행되고 있다. 전자현미경, 광투과기(light transmission), 점도측정기, 팽윤(swelling)과 용해도, X선 회절법(X-ray diffraction) 등 분석기기와 생화학적 기법이 발전함에 따라 전분 특성이 규명되고 있다. 향후 식품 이외에 생물학적 분해가 가능한 수지나 비닐 제조와 같이 그 이용성이 더욱 다양해 질 것이다.

7.2 전분의 종류

7.2.1 아밀로스

전분은 아밀로스(amylose)와 아밀로펙틴(amylopectin)이 있다.

---

[117] 타피오카는 지역마다 cassava, manioc 등 명칭이 다양함

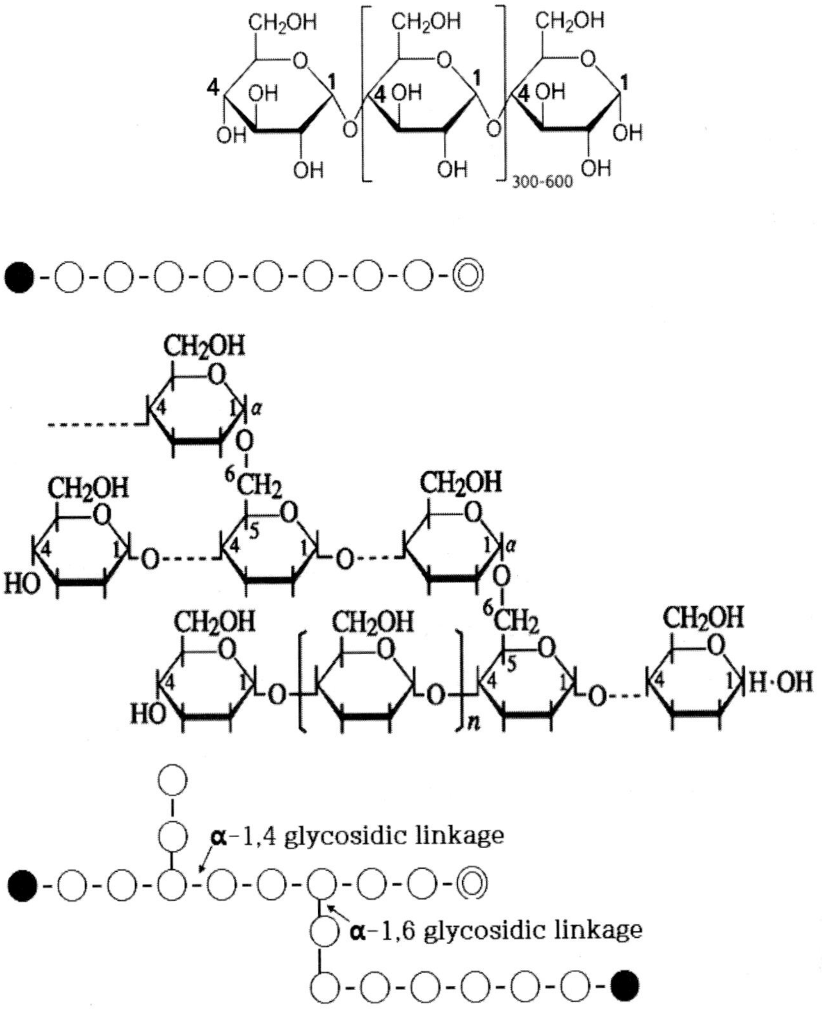

[그림 7-2] Amylose(위)와 amylopectin(아래)의 화학 구조
포도당(○), 비환원성 말단기(non-reducing end, ●), 환원성 말단기(reducing end, ◎), 포도당의 중합 개수(*n*)

아밀로스 전분은 α-1,4 배당체 결합을 하고 있는 선형중합체(線型重合體, linear polymer or straight chain)인 α-D-glucan이다[그림 7-2]. 즉, α-D-glucose 분자 간 환원성 말단 C^1번과 비환원성 말단 C^4번에 수산기와 연속적으로 a-1,4 배당체 결합을 한 중합체이다. 아밀로스는 6분자의 포도당이 α-helix 모양으로 나선구조(螺線構造, helical structure)를 하고 있다.

포도당의 탄소번호는 쇄상구조의 부제탄소(asymmetric carbon)인 C^1 위치에 결합하고 있던 알데히드기(-CHO)가 =CH·OH로 치환된 탄소에서부터 차례대로 탄소에 번호

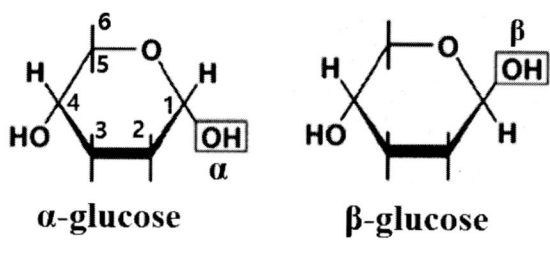

[그림 7-3] 포도당의 환상구조
탄소의 번호는 쇄상구조의 부제탄소인 C1 위치에서 차례대로 탄소에 번호(C^{1-6})를 부여하고, -OH가 부제탄소 C1번의 아래에 있으면 α-, 위쪽에 있으면 β-glucose라 한다.

(C^{1-6})를 부여한다. 부제탄소란 유기화합물의 분자 내 있는 탄소원자에 서로 다른 4개의 원자 또는 원자단이 결합된 탄소(C^1)를 말한다. 부제탄소에 결합된 -OH가 아래 있으면 α-, 위쪽에 있으면 β- glucose라 한다[그림 7-3].

아밀로스는 식물의 에너지와 영양 저장에 중요한 역할을 한다. 아밀로스는 선형구조로 공간을 덜 차지하기 때문에 식물에서 당 저장에 적합한 중합체이다. 식물의 종이나 품종에 따라 다르지만 일반적으로 아밀로스가 전분함량의 20~30%를 차지하고 나머지는 아밀로펙틴이다. 아밀로스는 300~수천 개 이상의 포도당이 중합된 고분자이다.

아밀로스는 요오드와 정색 반응(color reaction)시키면 청색을 나타낸다. 요오드가 아밀로스의 나선형 속에 들어가 아밀로스-요오드 복합체를 형성하기 때문이다. 이러한 특성을 이용하여 전분당이나 알코올발효를 위한 당화공정에서 가수분해 되지 않고 남은 미량의 아밀로스 검출에 활용한다(17.2.6 **요오드 정색 반응 참조**).

7.2.2 아밀로펙틴

아밀로펙틴은 24~30개 전후의 포도당이 α-1,4 배당체 결합을 하고 있는 아밀로스로 직선상 구조 내에 약 5%의 α-1,6 배당체 결합을 한 분지(分枝)를 가지고 있다. 아밀로펙틴은 포도당 분지를 가진 분지중합체(分枝重合體, branched polymer)로 분자집단구조가 모여 망상(網狀)구조를 하고 있다[그림 7-2]. 아밀로펙틴은 무미, 무취의 백색 분말로 아밀로스와 함께 전분을 구성하는 성분이다. 아밀로펙틴은 대략 2,000~200,000개의 포도당이 중합되어 있다.[118] 한 개의 사슬에 다른 사슬이 나뭇가지처럼 결합하고, 분지한 사슬에는 다시 다른 사슬이 결합하고 있어 가지가 많은 복잡한 구조를 하고 있다. 짧고 가지가 많은 사슬 형태는 결정이 해리되었을 때 다시 결정화되기 쉽지 않은 특성이 있다. 아

---
[118] https://en.wikipedia.org/wiki/Amylopectin

아밀로스와 아밀로펙틴의 특성은 [표 7-2]와 같다.

[표 7-2] 아밀로스와 아밀로펙틴의 특성 비교

구분	아밀로스 (amylose)	아밀로펙틴 (amylopectin)
구조	포도당이 직선상으로 α-1,4- 배당체 결합한 구조이며 포도당 6개 단위로 한 번 회전하는 나선형의 중합체	아밀로스의 직선상 구조에 포도당 24~30개 단위로 α-1,6-배당체 결합이 연결된 분자중합체
결합 형태	포도당이 α-1,4-배당체 결합	포도당이 α-1,4- 배당체 결합한 선형중합체에 약 5%의 α-1,6-배당체 결합한 분지를 가지고 있음
분자량	300~3,000	2,000~200,000
요오드 정색반응	청색	적자색
용해도	불용성	난용성이나 뜨거운 물에는 녹아 풀처럼 된다.
호화반응	쉽다	어렵다

쌀, 밀, 옥수수, 타피오카의 전분에는 아밀로펙틴이 72~82%를 차지하며, 아밀로스가 18~28% 정도이다. 찹쌀과 찰옥수수는 아밀로펙틴 100%로 구성된 전분이다.[119][120]

7.3 전분호화와 영향 인자

전분 현탁액은 온도에 의해 부피와 수용성이 증가하면서 점도가 점점 올라간다. 임계온도가 되면 전분농도에 따라 탄력성을 가지는 반고체의 겔을 형성한다. 이 같은 현상을 전분의 호화(糊化, gelatinization)라 한다. 전분은 일반적으로 다음과 같은 호화과정을 거친다.

7.3.1 수화현상

1단계 과정은 전분이 물속에서 현탁액이 된다. 이 현탁액의 온도를 높이면 물 분자가 결정성 분자집단구조를 형성하고 있는 아밀로스와 아밀로펙틴 분자들 사이에 침투하

---

[119] Galliard T. 1987. Starch: Properties and Potential. *John Wiley & Sons*. pp.1-6
[120] 한명규. 2002. 최신식품화학. 형설출판사 p.68

여 부피와 수용성이 증가한다. 이를 전분의 수화현상(hydration)이라 한다. 이때 전분입자들은 25~30% 정도의 물을 흡수한다. 이 수화현상은 가역적이라 물을 흡수한 전분을 건조시키면 물이 쉽게 증발된다.

7.3.2 팽윤현상

2단계 과정은 전분 현탁액의 온도가 계속 상승하면 전분은 물 흡수량이 증가하여 전분 분자의 간격이 계속 늘어나 부피가 팽창하게 된다. 이를 전분의 팽윤(swelling)현상이라 한다. 이때 전분 분자 간에 수소결합이 절단되어 전분의 결정성 분자집단구조가 붕괴되면서 선상구조(linear structure)에서 망상구조(網狀構造, three dimensional network)가 된다. 이렇게 팽윤된 전분도 그 형태는 유지되나 비가역적으로 수용성 성분의 용출량은 점점 증가한다. 팽윤된 전분을 완만하게 냉각하면 구형 결정이 되어 침전하지만 급속 냉각하면 겔(gel)을 형성한다.

7.3.3 전분입자의 붕괴와 노화

3단계 과정은 팽윤현상을 거쳐 특정 임계온도에 도달하면 전분입자들은 고유한 형태 즉, 결정성 분자집단구조의 형태를 잃고 붕괴된다. 전분 입자들이 계속적으로 붕괴되면 어느 정도의 투명한 교질상태의 용액이 된다. 이때 특성은 광선의 투과율과 점도가 계속 증가하다가 급격한 감소가 일어난다. 유동학적 성질들이 크게 변하여 투명하거나 유백색인 교질용액(colloidal solution)을 형성된다. 전분이 물속에서 50~60℃로 점진적으로 가열하면 팽윤된 전분 입자들이 붕괴되는 현상을 겔화(gelatinization)라 한다. 그리고 그 이후 약 70~80℃ 정도에서 풀(paste)을 형성하는 과정을 호화(糊化, pasting or gelatinization)라 한다. 전분의 종류별 겔화 및 호화 온도는 곡류보다 서류가 낮으며, 호화된 전분을 α-전분이라 한다[표 7-3]. α-전분 용액은 낮은 온도에서 방치하면 아밀로스 분자들은 서서히 부분적인 결정성을 회복하여 β-전분으로 되돌아가는 현상을 전

[표 7-3] 전분의 종류별 겔화 및 호화 온도(℃)

구분	쌀	보리	밀	고구마	타피오카
겔화 온도	59~62	58~63	65~67	56	52
호화 온도	77~80	77~80	77~80	65~67	63~65

분의 노화(老化, retrogradation)라 한다. α-전분이 노화되어 β-전분으로 되돌아가면 전분분자들이 수소결합으로 분자집단구조가 형성되면서 결정구조가 만들어 지므로 효소작용이 어려워지게 된다. 한편, 호화전분은 전분입자들이 느슨해져 결정성 구조들이 붕괴되므로 효소분자들이 쉽게 접촉할 수 있어 액화 및 당화가 촉진된다.

전분을 원료로 하는 전분가공업과 주정공정에서 전분의 물리·화학적 변화를 관찰하거나 측정하여 공정관리를 할 수 있다. 전분의 부피 팽창, 용해도 증가, 점도 변화, 전분입자 파괴에 따른 congo red 색소 흡수능력, 요오드 정색반응을 측정하여 공정관리를 할 수 있다.

7.3.4 전분호화에 영향 인자

전분을 호화시키는 목적은 전분입자 내부의 분자집단구조를 붕괴시키고 아밀로스와 아밀로펙틴 분자의 수소결합을 파괴하는 것이다. 전분호화에 영향을 주는 요인에는 전분의 종류, 수분함량, pH, 염류가 있다. 특히, 전분은 분자집단구조와 전분분자 간 수소결합에 영향을 많이 받는다.

전분 종류에 따라 호화 온도가 다르며, 수분함량이 많을수록 호화는 잘 일어난다. 그리고 전분 액의 팽윤과 호화는 pH가 알칼리성일 때 촉진되고, 당 농도가 낮을 때는 호화에 영향을 미치지 못하지만 20% 이상이면 방해를 받는다. 주정발효에서 고농도 슬러리를 만들 때 액화효소 사용, 효율적인 교반은 호화와 액화를 촉진한다.

제8장
주정원료와 발효공정

8.1 주정원료

8.1.1 전분질원료 현황

주정제조에 사용되는 전분질원료는 농업정책에 많은 영향을 받는다. 주정생산 배정원료 중 국산원료가 차지하는 비중은 1999년 약 15%에서 2023년에는 10% 이하로 감소하였다. 식량생산은 농가의 소득증대와 식량안보 차원에서 농업정책과 밀접한 관련이 있다. 우리나라는 2019~2021년 쌀 자급률이 104.8%였으나 쌀 이외 평균 식량자급률은 47.7%, 곡물자급률은 22.2%로 매우 낮은 실정이다. 농림축산식품부와 정부는 식량자급률을 향상시키고 "중장기적인 식량안보 강화 방안"[121]으로 식량작물의 증산 및 신수요 창출 노력을 지속하고 있다.

주정업계와 대한주류공업협회(주류협회)는 정부의 농업정책과 농가 소득증대를 지원하는 방안으로써 맥류의 계약재배를 권유하고, 장기적으로는 국산원료 확보차원에서 농산물 증산정책에 적극 참여할 필요가 있다. 특히, 보리와 쌀보리 재배는 다른 시설원예 농작물보다 농가수익은 낮으나 재배가 쉽기 때문에 농촌인구 고령화로 인한 휴경지 활용과 이모작을 권장하는 차원에서 더욱 확산시킬 필요가 있다. 수입쌀을 포함한 정부 정책원료 이외 발효주정 생산에 부족한 원료는 할당량 범위 내에서 타피오카를 수입하여 사용한다. 수입쌀은 WTO 협정에 따라 농산물의 시장개방에 관세화원칙을 적용하

---

[121] 대한민국정책브리핑. 2022-12-22. 중장기 식량안보 강화방안 발표
(https://www.korea.kr/news/policyNewsView.do?newsId=156544098)

는 대신 우리 정부는 MMA물량[122] 방식을 도입하였다. 따라서 2014년 이후 국내 쌀 소비량에 대한 일정량인 408,700톤이 매년 미국, 중국, 태국, 베트남 등으로부터 수입되고 있으며 이 중 일부는 주정원료로 배정되고 있다. 주정제조 원료는 식량자원인 고미(古米), 옥수수, 밀과 같은 구곡(舊穀)과 일부 잉여농산물, 쌀보리, 겉보리 등 정책농산물을 우선 배정해서 사용하고 부족한 원료는 수입 쌀과 타피오카를 사용한다.

원료별 생산수율은 맥류일 경우 톤당 360~400ℓ, 절간 430ℓ, 타피오카 475ℓ, 쌀 465~510ℓ로 원료 전분가에 따라 다르다[표 8-1]. 특히, 맥류는 원료특성 때문에 다른 원료보다 평균 수율이 낮다. 주정원료는 식량자원과 경합(競合)되므로 향후 원료확보가 점점 더 어려워질 전망이다. 안정적인 주정용 원료확보와 음주패턴의 변화로 인한 장기적인 주정수급에 관한 연구도 필요하다. 국내 부존자원의 재활용과 주정용 대체작물의 개발사업에도 관심을 가져야 한다. 향후 주정공장은 에너지 안보차원에서 연료용 바이오에탄올 생산 및 공급 가능성을 열어두고 발전 방향을 모색해야 한다.

[표 8-1] 주정생산 원료별 평균 전분가 (2016~2022년)

구분 원료명	원산지	전분가(%)	수분(%)	TKN(%)	FR(%)	수율(ℓ/T)[1]
타피오카	베트남, 인도네시아	75±1	12±2	0.48	84.5	475±5
현미	국산, 수입산	72±1	12±1	1.21	86.0	465±5
백미	국산, 수입산	78±1	12±1	1.06	88.0	510±5
쌀보리	국내산	68±1	12±1	1.38	78.5	400±5
겉보리	국내산	63±1	12±1	1.50	75.5	360±5
밀	국내산	66±1	12±1	1.49	79.5	390±5
절간	국내산	68±1	12±1	0.80	84.0	430±5

☞ TKN : total Kjeldahl nitrogen, FR : 발효 비율, [1] 수율은 에탄올 95%로 환산한 값임

국제 곡물가격은 작황과 환율 변화에 따라 수입가격이 연동되며, 원료가 제조원가에 미치는 영향이 매우 크므로 수율을 극대화 시켜야 한다. 기후변화와 작황에 따라 농산물 수확량의 변동성과 수요공급의 불균형으로 농산물 인플레이션(agflation) 때문에 수입가격은 매년 상승하고 있는 추세이다. 최근 국제 곡물가격의 폭등으로 인해 수입 타피오카 가격이 1996년 8월 톤당 188달러에서 현재 300~400달러 선에서 거래되고 있는 실

---

[122] UR 농산물협상에서 농산물 시장개방을 "관세화원칙" 대신 "minimum market access" 방식을 도입하였음. 따라서 1995년부터 저율관세할당(TRQ, tariff-rate quota volume) 명목으로 영구 수입해야 하는 물량임

정으로 농산물의 가격 변동성은 예측하기가 어렵다. 수입 원료와 값비싼 정책 농산물을 사용하기 때문에 생산성이 높은 연속발효보다 발효수율이 높은 회분식 발효가 우리 실정에 적합하다.

주류협회는 주정공장의 지속적 발전과 주정원료의 안정적인 확보, 대체에너지 개발 차원에서 정부 및 유관(有關) 기관과 협업 및 연구 활동 지원을 강화해야 한다. 이와 같이 국가의 장기적인 대체에너지에 관한 연구과제 수행과 정책개발에 적극 참여하는 활동이 회원사를 위한 일이지만 장기적으로는 농가소득 증대와 국가 에너지안보에도 기여하게 된다. 주류협회는 국가 대체에너지 개발사업, 에너지 다수확 작물개발, 목질계 섬유소의 자원화에 대한 연구 및 정책 개발에 산·학·연이 참여하고 추진할 수 있도록 지원사업을 강화하는 것이 바람직하다.

8.1.2 당질원료

폐당밀은 사탕수수와 사탕무로부터 원당을 제조할 때 부산물로 생산된다. 브라질과 남미에서 폐당밀(blackstrap molasses) 또는 원당의 재고가 많을 경우 사탕수수를 착즙하여 원당제조 대신 발효 공정으로 전환하여 바이오에탄올을 생산한다.

최근 폐당밀은 동물사료나 고부가가치의 라이신(lysine), 글루탐산나트륨(MSG, monosodium glutamate), 핵산 생산 또는 철강 제선공정에서 유연탄의 결착제로 이용되는 등 그 활용범위가 확대되고 있다. 신소비처가 확대되고 농산물 가격 인플레이션 등 복합적인 원인으로 인해 당밀의 국제가격은 점점 높아지는 추세이다.

당밀 특성은 제당과정에서 청징제(淸澄劑)로 첨가된 석회가 남아 있어 K^+, Ca^{2+} 등 무기이온이 많이 함유되어 있고 설탕 정제기술에 따라 당 함량이 다르다. 예를 들면, 인도네시아 당밀의 경우 수분 28.6%, Brix 80.3, 자당 31~35%, 환원당 21.6~23%, 총당(total sugar) 53~58% 범위이다. 국내 제당공장에서 발생되는 당밀은 50~53%로 수입당밀보다 당 농도와 pH가 낮은 것이 특징이다.

당밀로 알코올발효를 할 경우 가장 큰 단점은 회분성분이 많고, 발효되지 않은 잔당(remained total sugar)은 증류공정에서 탈수 되어 캐러멜(caramel)과 타르물질(tar substances)을 생성하는 점이다. 이와 같은 성분은 회분과 함께 생산 공정에서 스케일(관석 罐石, scale)을 생성하는 직접적인 원인이 된다. 특히, 증류공정에서는 스케일 침착(沈着)으로 인해 열교환기의 냉각효율이 급격히 떨어진다. 뿐만 아니라 증류공정의 요탑 내부에 스케일 부착은 심각한 수준이며 경화되기 전에 CIP 약품 세척을 해야 한다. 그러므로 요탑은 주기적으로 완전 분해하여 물리적 충격 또는 알칼리 약품으로 스케일을 제거한 후 재조립해야 하는 번거로움이 있었다.

현재 우리나라는 폐당밀을 주정발효의 원료로 사용하는 것이 금지되었다. 그 주된 이유는 당밀 주정폐액은 증자 및 증류 공정에서 열에 의해 생성된 색소와 타르물질들은 생물학적 난분해성 유기물질로 폐수처리가 어려웠기 때문이다. 당밀폐액은 1차 생물학 처리를 한 후 유출액은 반드시 2차 고도처리를 해야 방류할 수 있었다. Fenton법과 같은 화학적 처리공정을 부가하거나 다중효용관(多重效用罐, multiple effect evaporator)으로 농축하였다. 이 농축 시럽은 액상사료 또는 배합사료 제조에 활용된다. 그러나 브라질은 당밀폐액을 산화지(酸化池, oxidation pond)에 모았다가 사탕수수 농장에 액상비료로 살수(撒水)한다. 태국은 바이오에탄올 공장에서 발생하는 당밀폐액을 농축하여 액상사료로 활용하고 있다.

8.1.3 목질계 섬유소

생물자원(biomass)이란 태양에너지를 축적한 다양한 생물체를 총칭하는 bio와 mass의 합성어다.[123] 목질계 생물자원은 식물계에서 재생 가능한 천연자원이며 지구상에서 가장 풍부한 생물고분자(生物高分子, biopolymer)로 글루칸(glucan) 외에 β-1,4 배당체 결합을 하고 있다[그림 8-1]. 산림자원은 지구 전체 바이오메스의 약 90%를 차지하고 있다. 목질계 섬유소의 삼림자원은 미래 에너지자원으로써 기후변화를 완화할 수 있는 잠재력이 매우 큰 자원이다.

우리나라 국토면적은 2020년 말 현재 100,449㎢(2020, 국토교통부)이며, 산림법상 실질적인 산림면적은 62,981㎢로서 국토의 62.7%에 이른다. 우리나라 산악 특성상 산림도로(山林道路) 개설이 부족하여 임산자원을 제대로 활용하지 못하는 것이 현실이다. 경제성이 낮은 잡목은 간벌하여 임산자원으로 활용하고, 경제림 조성은 국가의 중요한 산림

---

[123] (社團法人) 日本エネルギー学会(編). 2002. バイオマス ハンドブック. pp.2-6.

육성 사업으로 추진해야 한다. 이외에도 목재 제재공장과 가구공장의 폐재(廢材)와 잔자재(殘資材), 건설 폐목재 등은 우드 칩(wood chips or pellets)으로 자원화 한다.

최근에는 여러 가지 바이오매스 중 목질계 섬유소의 효소적 생물전환 공정과 최적 산가수분해 조건 규명에 많은 연구가 진행되고 있다. 일반적으로 목질계 섬유소는 리그닌 5~25%, 헤미셀룰로오스 23~32%, 셀룰로오스 38~50%로 구성되어 있다. 목질계 섬유소는 고차구조(高次構造)를 하고 있어 셀룰라아제(cellulase) 작용이 어렵다. 다양한 방법으로 전처리(pretreatment)한 후 효소당화를 하지만 효소 가격이 매우 비싸다. 반면, 이것을 산가수분해(acid hydrolysis) 하면 효모대사에 저해작용을 하는 반응 부산물이 많이 생성되는 단점이 있다.

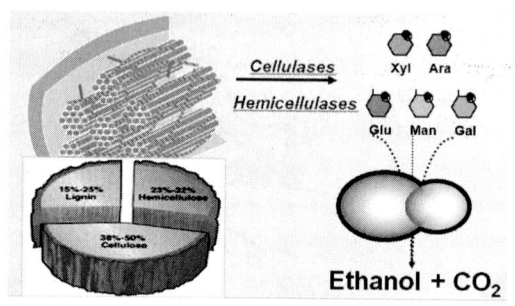

[그림 8-1] 목질계 섬유소의 구조 모델
효소적 가수분해산물로부터 에탄올 생산

목질계 섬유소는 저온 증기폭쇄(steam explosion),[124][125] 또는 고온 고압폭쇄(200℃ /17kg/cm²) 처리로 전처리한 다음 산 및 효소 가수분해를 하면 xylose, arabinose, glucose, mannan, galactose 등의 분해산물을 얻을 수 있다[그림 8-1]. 전 세계적으로 목질계 섬유소로부터 가수분해산물의 수율증가를 위한 기술개발과 이를 이용한 바이오에탄올 및 바이오디젤의 생산기술개발로 대기오염을 저감하려고 많은 연구가 진행되고 있다.[126] 이와 같은 연구과제는 세계 각국에서 중요한 정부정책으로 지속적인 지원을 받고 있다.

목질계 섬유소를 물리·화학적으로 전처리한 후 효소 및 산 당화시킨 당화액은 바이오에탄올 뿐만 아니라 부가가치가 높은 발효 생산물의 기질로 사용할 수 있다. 1세대 전분질원료인 곡류는 효소적 가수분해로 비교적 용이하게 고수율의 발효성 당으로 전환시켜 알코올을 생산할 수 있다. 그러나 1세대 농산물인 전분질원료는 대부분 식량자원이기 때문에 농업생산성에 따라 수급 변동성이 심하고 농산물 인플레이션이 수반된다.

---

[124] 엄찬호 외, 1996. 저온 폭쇄처리에 의한 목재주성분의 분리·정제 및 이용(II). 목재공학. 24(2): 20-25
[125] 桑原 正章 等. 1985. 木材の爆砕処理と酵素糖化. 醱酵工學. 63(5): 433-438
[126] Warren E. Mabee et al. The biorefining story: Progress in the commercialization of Biomass-to-ethanol file.

그래서 지구상에서 가장 풍부한 2세대 원료인 목질계 섬유소가 크게 주목을 받는다.

일본 BTRC는[127] 향후 목질계 섬유소의 전처리 공정에 황산을 사용하지 않고 효율적으로 발효성 당을 생산할 수 있는 기술개발을 시도하고 있다. 현재 목질계 섬유소는 발효성 당으로 전환수율 및 알코올수율을 각각 80% 이하에서 90% 이상 달성을 목표로 하고 있다. 에탄올발효에 사용되는 효모는 오탄당(5C)을 발효할 수 없기 때문에 오탄당 발효능력이 있는 균주로 동시당화발효가 가능한 상용화 공정 개발에 대한 연구가 진행되고 있다.

미국 ZeaChem사가 개발한 공정은 기존 에탄올생산 공정과 같이 산가수분해법으로 발효성 당을 추출하지만 에탄올발효에 효모대신 Termites로 알려진 Acetogen[128] 박테리아는 혐기성 호흡 또는 발효의 최종 생산물로서 당을 아세트산(CH_3COO-)으로 전환한다. 이 아세트산을 에틸 아세테이트(ethyl acetate)와 같은 에스테르로 전환시킬 때 탈수반응에서 리그닌 성분은 가스화(gasification)를 통해 수소가 생산된다. 수소는 에틸 아세테이트를 수소화하여 에탄올로 전환시키는 공정이다. 이 공정은 이론적으로 1몰의 포도당으로부터 3몰의 에탄올 생산이 가능하다. 에탄올 2몰을 생산하는 기존 발효공정보다 50%나 생산량이 높아 에탄올 생산비용을 크게 낮출 수 있는 새로운 에탄올 전환기술이다.[129] 실증실험을 위한 파일럿플랜트는 포플러나무를 사용하여 옥수수보다 에이커 당 5배의 에탄올을 생산할 수 있다는 신기술임을 입증할 예정으로 추진되고 있다.

최근 국내에서도 간벌목재가 바이오매스로서 주목받고 있지만 산림인프라가 부족하여 효율적인 집하(集荷)가 어려운 실정이다. 목질계 섬유소 외에도 습지 잡초인 부들(bulrush)과 해조류(marine algae)[130] 등 바이오매스 자원개발에도 관심을 가지고 있지만 자원화가 쉽지 않다. 하지만 우리나라는 산림자원의 축적량이 많아 효과적으로 집하만 되면 재생자원으로써 잠재력이 매우 큰 편이다. 따라서 산림도로를 구축하는 것이 우선이다. 산불예방과 버려지는 간벌(間伐) 삼림자원은 동절기 신탄(薪炭) 또는 우드 칩으로 공급하고, 농촌주택 환경개선에 목재를 많이 활용하는 것 처럼 산림선진국 사례를 참고하여 부존자원의 이용을 확대하는 것이 바람직하다.

---

[127] Sawayama S. Biomass Technology Research Center Team leader. Technology for Bioethanol Production from wood without Sulfuric acid
[128] 혐기성 호흡 또는 발효의 최종 생성물로서 아세테이트(CH_3COO-)를 생성하는 미생물
[129] KISTI. 2008.07.24. 새로운 에탄올 제조방법. 글로벌동향브리핑(GTB)
[130] 제1차 해양바이오에너지 심포지엄. 2008. 해양조류로부터 바이오에너지 생산기술. 부경대학교. 부산테크노파크.

목질계 섬유소는 전술한 바와 같이 효율적이고 경제적인 전처리 기술개발이 필요하다. 바이오에탄올의 생산원가는 당질, 전분질, 목질계로 갈수록 증가하며 공정도 점점 복잡해진다[그림 8-2]. 섬유소로부터 바이오에탄올 생산은 기존의 농황산(濃黃酸) 전처리 기술보다 제조원가를 낮출 수 있는 기술개발이 핵심이다. 함수에탄올 탈수(脫水)는 공비제를 첨가한 공비증류법보다 흡착제(molecular sieve dehydration)를 이용한 탈수공정을 많이 채택하고 있다. MSD 공정은 공비증류보다 에너지가 적게 소비되고 인체에 무해하며 완전 자동화운전이 쉽기 때문에 제조원가를 감소시킬 수 있다.

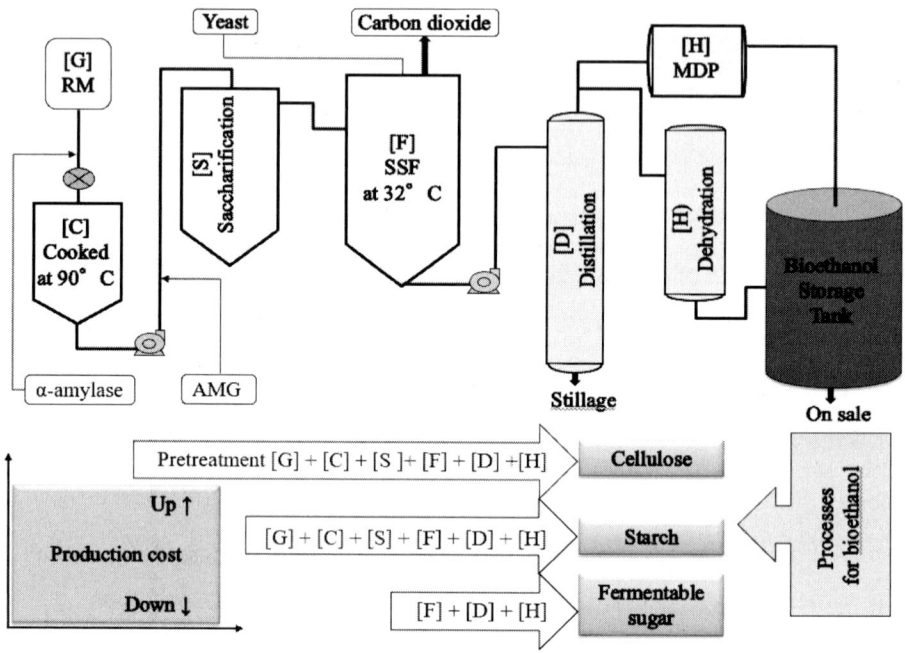

[그림 8-2] 원료에 따른 바이오에탄올 생산원가 변화 및 생산 공정 흐름도
당질, 전분질, 목질계 섬유소를 발효시킨 술덧을 증류한 후 공비제에 의한 3성분계 공비증류 또는 MSD 공정으로 무수바이오에탄올을 생산한다. G : 분쇄공정, C : 증자, S : 당화, F : 알코올발효, D : 증류공정, H : 공비 및 MSD 탈수 공정을 나타냄

당질원료는 온수로 간단히 희석 또는 열처리하여 발효할 수 있다. 전분질원료처럼 분쇄, 증자, 당화공정이 불필요하기 때문에 생산 공정이 매우 간단하다. 반면, 목질계 섬유소는 반드시 전처리를 한 후 전분질원료와 같은 공정을 거쳐야 하며, 전처리 기술에 따른 당화수율은 제조원가의 경제성을 좌우한다. 목질계 섬유소를 직접 분해할 수 있는 강력한 셀룰라아제 생산 균주개발을 위한 연구가 진행되고 있다.

목질계 섬유소와 달리 다소 분해가 용이한 농산폐기물을 이용한 바이오에탄올 생산은 경제성 검증을 위한 실증연구(demonstration scale)에서 상업규모 생산 공장(commercial scale)이 건설되었다. 예를 들면, 한 다국적 기업에서 제2세대 바이오매스인 도시 고형폐기물(MSW, municipal solid waste)을 이용한 실증연구 플랜트를 2014년 미국 Hugoton에서 가동하였으나 목표한 생산수율에 이르지 못한 바 있다. 이와 같이 신자원의 개발 기술에 대한 실증연구는 반복적으로 다양한 사례연구(case study)를 통해 공정의 안정성과 발효 최적조건을 평가하여 경제성을 검토할 수 있어야 한다. 실증실험은 최종 경제성 평가서가 나올 때까지 지속적인 연구지원이 필요하다.

목질계 섬유소의 분해효소는 대부분 N사에서 공급하고 있다. 현재 N사는 목질계 섬유소로부터 바이오에탄올을 생산할 수 있는 고역가 당화효소인 Cellic Ctec을 생산하기 시작하였다. 특히, 세계 처음으로 밀짚과 볏짚으로부터 바이오에탄올을 생산할 수 있는 공장을 건설하여 2013년 1분기부터 가동하였다. 2014년 미국 Iowa주는 옥수수 잔재물을 이용한 바이오에탄올의 공장을 가동하였고, 브라질도 버개스(bagasse)로부터 바이오에탄올 생산 공장을 Costa Pinto와 Alagoas에 건설하였다. 그러나 이후 상업화에 대한 정보는 확보하지 못했다.

향후 목질계 섬유소를 포함한 2세대 바이오매스로부터 바이오에탄올의 전환은 제조원가 절감을 위한 고역가의 당화효소와 셀룰라아제분비 효모 개발,[131] 효율적인 전처리 및 당화공정 개발에 초점이 맞춰져야 한다. 목질계 섬유소의 가수분해 수율을 높일 수 있는 원천기술 개발에 지속적인 관심과 연구투자가 뒤따라야 한다.

우리나라는 2050년까지 탄소중립(Net-zero) 목표를 달성하기 위해 이산화탄소와 메탄을 포함한 온실가스 배출량은 감소시키고 흡수량을 증대시켜 순배출량 "0"이 되도록 노력하고 있다. 순배출량 "0"이란 대기로 방출되는 인위적 온실가스 배출량과 대기에서 제거되는 온실가스의 양이 균형을 달성하도록 관리하는 것이다. 향후 바이오에탄올은 자동차연료의 대체에너지 차원보다 그 용도가 더 광범위하게 확대될 것으로 예상된다. 국내 부존자원인 목질계 바이오매스의 자원화 및 바이오에탄올 전환기술 개발에 지속적인 정부차원의 지원이 절실하다.

---

[131] Souza A.C.D. *et al.* 2013. Sugar Bagasse hydrolysis Using Yeast Cellulolytic Enzymes. *J. Microbiol. Biotechnol.* 23(10): 1403-1412

8.1.4 전분질원료의 당화방법

전분질원료의 당화방법으로는 효소와 산당화법이 있다[표 8-2]. 주정발효와 바이오에탄올 생산에는 효소법이 가장 널리 이용되고 있다. 전분당화는 아밀로 액체국법, 맥아법, 국(麴, koji)법, 효소법이 있다.

[표 8-2] 주정 및 바이오에탄올 생산을 위한 원료의 분류와 당화방법

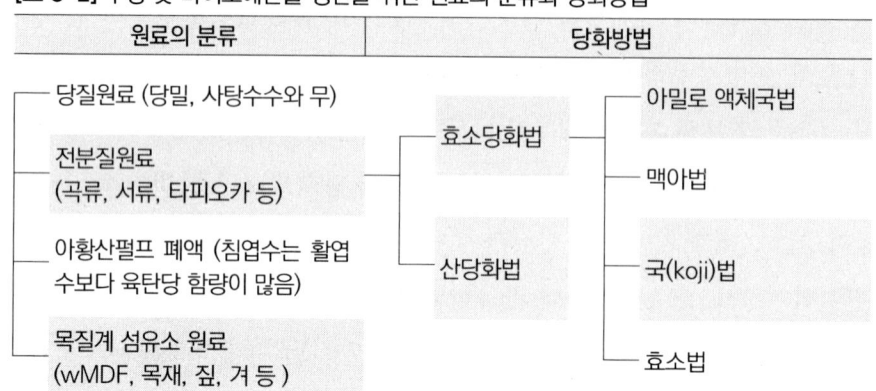

(1) 아밀로 액체국법

1) 아밀로 주모 국 절충법

아밀로법은 아밀로(amylo) 균으로 불리는 *Mucor rouxii*와 효모를 동시에 배양하여 전분질원료의 증자 슬러리를 동시당화발효 하는 방법이다. 아밀로 균은 *Mucor* 속 이외에도 곡류일 경우 *Mucor delemar*, 절간일 경우 *R. japonicus*가 주로 사용되었으며 전분에 대한 당화력이 강한 대신 α-amylase 분비가 약해서 액화력이 부족한 단점이 있다. *Rhizopus* 속은 번식력이 왕성하며 한계덱스트린의 α-1,6 배당체 결합을 분해할 수 있고, 당화력과 유기산 생성능력이 강한 특성을 가진 균이다.

아밀로 균과 효모를 접종하여 3일간 통기 배양하면 효모가 대수증식기에 달하고 아밀로 균도 왕성하게 배양된 것을 아밀로 주모라 하며 국(麴)으로 당화시킨 주 술덧에 합병한 다음 3~4일 발효한다.

2) 액체국 주모법

액체국용으로는 주로 *Asp. awamori var. fumeus AF-1*과 그 변이 균들이 사용되었다. 액체 국균은 amyloglucosidase 역가가 강하고 α-amylase 생산능력이 있는 국균인 *Asp. awamori* 변이균이 주정제조에 많이 이용되었다. 상용효소로 대체되기 이전인 1970년대까지만 해도 우리나라 주정공장은 액체국을 배양하여 증자 슬러리를 당화시켜 주정을 제조하였다[그림 8-3].

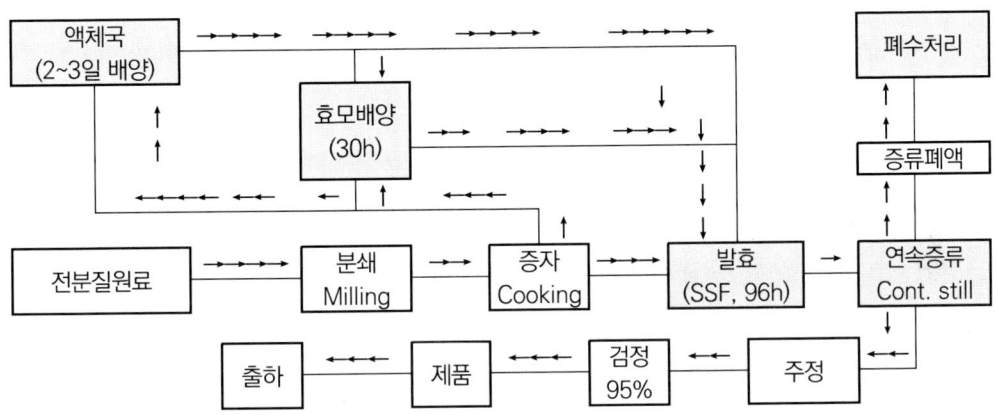

[그림 8-3] 액체국 주모법에 의한 주정발효

액체국 기질의 당 농도는 효모 배양보다 낮은 약 5~7% 전후로 증자한 후 국배양조에 이송하여 냉각한다. 액체국 배양은 절간(고구마를 썰어 건조한 빼때기를 절간이라 함) 기질에서 배양이 잘 된다. 주정공장에서는 절간을 비축하여 아밀로 균 배양 기질로 사용하였다. 아밀로 균과 효모 배양에 필요한 단백질원과 무기질은 보충한다. 질소원으로는 유안 $(NH_4)_2SO_4$, 요소 $CO(NH_2)_2$, 암모니아 NH_3, 질산나트륨 $NaNO_3$을 사용할 수 있으며 원료의 질소 함량만으로 부족한 질소량(TKN)을 1000mg/ℓ 정도 되게 보충하고 밀기울은 부가적으로 사용한다.

액체국에 접종할 종균은 미리 삼각플라스크의 슬라이스 감자(sliced potato) 배지에 포자가 형성될 때까지 배양시킨다. 포자가 완전히 생성되면 여기에 코지즙을 넣어 진탕배양(shaking culture)한 다음 액체국 배양조에 접종한다. 2~3일 정도 통기 배양하여 당화력과 검경을 확인한 후 주모배지에 10% 전후를 합병한 후 효모를 이식하여 계속 통기 배양한다.

주발효 증자 슬러리에 배양된 액체국과 주모를 합병하여 동시당화발효를 한다. 액체국 배양용 배지의 당 농도가 너무 낮으면 주발효용 술덧의 총당이 희석되는 단점이 있고 너무 높으면 국균 배양이 지연되면서 잡균이 오염될 수 있다. 그러나 액체국 주모법은 우리나라 주정발효에 많이 이용되었지만 술덧의 에탄올농도 증가에는 한계가 있었다. 주발효용 술덧은 원료에 따라 증자기에서 발효조에 수송이 가능한 당 농도 16% 이하로 증자해야만 하였다. 술덧 총당은 주모와 액체국을 합병하는 양만큼 희석되었기 때문에 액체국 주모법으로 술덧의 에탄올농도를 8% 이상 높이기가 어려웠다.

최근에는 강력한 액화력과 당화력을 가진 상업용 정제효소가 보급되고 있다. 그 결과, 액체국 배양설비가 주정공장에서 완전히 사라졌고 공정도 매우 단순해 졌으며 고압증자에서 저압 및 저온 증자로 개선되었다. 정제 액상효소는 취급이 용이하고 효소 주입 자동화가 쉽다. 이 같이 주정공장에서 자체적으로 액체 및 당화 효소를 배양하여 주정을 생산하던 기술은 이제 상업용 효소 공급으로 완전 대체되었기 때문에 주정제조 역사 속으로 사라졌다.

(2) 맥아법·국법·효소법

맥아법은 맥아의 말타아제(maltase)를 이용하여 술덧을 당화하는 방법이다. 주로 맥주와 위스키와 같은 증류주의 술덧 당화에 맥아를 사용한다. 맥아는 상업용 전문제조업체에서 대량생산한 제품이 널리 사용되고 있는 추세이다. 대부분의 맥주나 증류주를 제조하는 양조장은 상업용 맥아를 사용한다.

국법(麴法)은 가양주와 전통주류의 재현, 소량·중소규모의 증류식소주 생산에 필요한 술덧 당화에 이용된다. 국 배양은 주로 밀기울로 만든 고상배지에 *Asp. oryzae, Asp. usami mut. shirousami*와 *Rhizopus* 속을 접종하여 만든다. *Aspergillus* 속은 균총(菌叢) 색이 다양하며 주로 황국균(*Asp. oryzae*), 흑국균(*Asp. niger*), 백국균(*Asp. awamori*)으로 나뉜다. 특히, 황국균은 국과 개량 누룩 제조에 많이 이용된다. 이 국균(Koji)은 전분의 당화와 단백질 분해력이 강하며 국산(麴酸, kojic acid, 일명 누룩산)을 생산한다. 최근에는 제국(製麴)도 자동제국기와 상자배양기(箱子培養器, tray system)의 보급으로 인해 생산성이 크게 높아 졌다. 대량생산이 가능하게 되었을 뿐 아니라 용도에 따라 특성화된 다양한 국이 생산되고 있다.

효소당화법은 1970년대까지 주정제조에 액체국 주모 절충법으로 주정을 제조하는데 사용되었다. 1980년 이후에는 주정발효와 바이오에탄올 생산에 우수한 역가를 가진 상업용 액화 및 당화 효소가 공급되면서 주정산업도 크게 발전하는 계기가 되었다. 세균 기원(bacterial origin)인 강력한 내열성 α-amylase 공급으로 인해 고농도 슬러리 증자가 가능하지만 현재 주정발효에 이용되는 효모의 에탄올내성이 최대 12%인 것이 한계점이다.

8.2 주정발효 공정

8.2.1 생산설비의 기술발전

1980년대부터 주정공장은 고효율, 고생산성 공정인 연속발효법을 검토하기 시작하였다. 외국의 경우 한두 가지 원료를 장기간 사용하는 반면 우리나라는 다양한 원료를 사용한다. 주정용 원료는 정부로부터 정책원료를 우선 배정받는 구조이며, 정책원료 가격이 비싸기 때문에 수율향상과 원가절감만이 제조원가를 낮추고 가격 경쟁력을 확보할 수 있다. 특히, 우리나라 주정공장은 중소규모이고 가동률이 정해져 있기 때문에 제조원가를 절감하려면 발효수율 극대화와 생산성을 증가하는 대안 밖에 없다. 우리 주정 생산 여건에는 회분식 발효(batch fermentation) 공정이 가장 적합하다는 결론에 도달하였으며 발효공정의 흐름도는 [그림 8-4]와 같다. 반면, 연속발효법은 바이오에탄올을 대량 생산하는데 적합한 공정이다.

에너지다소비업종인 주정산업은 1970년대 두 번의 오일쇼크 이후 원가절감을 위해 전사적(全社的)인 에너지관리에 utility 원단위 개념이 도입되었다. 예를 들면, 술덧의 증자조건은 고온증자에서 저온증자로 개선되었다. Gas Chromatography 등 최신 분석 장비가 도입되면서 증류공정의 유액(流液) 분석이 이루어지기 시작하였고, 공정별 유액의 분석결과를 근거하여 최적 환류비로 운전하고 분축액 취출(取出, draw out)량을 조절함으로써 품질 향상과 에너지를 절약할 수 있었다.

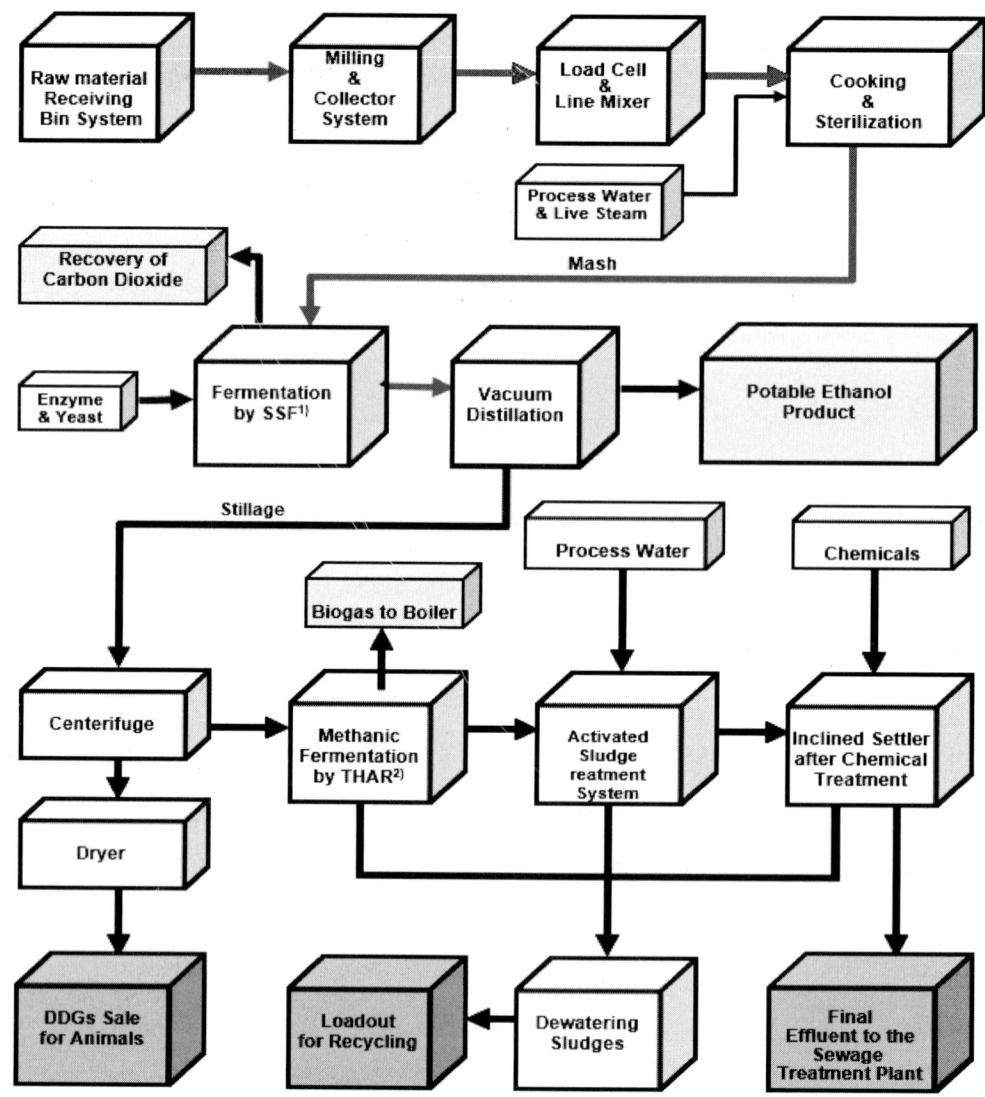

[그림 8-4] 주정생산을 위한 회분식 발효 공정의 흐름도
1) 동시당화발효(SSF : simultaneous saccharification and alcohol fermentaton)
2) 고온혐기성소화조(THAR, thermophilic hybrid anaerobic reactor for methanic fermentation)

① 환류비와 유액을 정량적으로 조정하여 운전방법을 개선한다.
② 증류공정의 고온수 활용 대안으로 양만장(養鰻場)과 화훼재배를 한다.
③ 공정 온수로 히트펌프를 가동하여 냉난방 에너지를 대체한다.
④ 열병합 보일러 설치한다.

⑤ 스팀 인젝터(injector)를 활용하여 증자효율 제고로 에너지를 절감한다.
⑥ 노후설비는 고효율 설비로 점진적으로 대체한다.
⑦ 내열성 액화효소 공급으로 인해 증자할 때 고온수를 사용함으로써 에너지를 절약한다.

제조원가와 에너지 절감을 위해 주정공장 여건에 맞게 전사적 차원에서 공정개선과 에너지관리가 본격적으로 추진되었다. 각 주정공장은 에너지 절약 및 온실가스 배출을 자발적으로 저감하겠다는 자발적 협약(Voluntary Agreement)을 체결하고 이에 따른 시설자금을 지원받아 노후 설비를 고효율 설비로 개선하였다. 정부의 환경설비개선자금, 중소기업지원자금, 에너지합리화자금을 활용하여 증류기 등 노후설비를 개선하였다. 에너지 위기는 주정공장 설비 현대화 및 기술혁신의 도화선이 되었으며, 향후 주정시장의 변화를 대비하는 기회가 되었다.

(1) 발효 기술개발

발효공정에서 기술개발과 원가 및 에너지 절감요인[132]은 다음과 같이 요약된다.
① 최적효소 선발과 효율적인 설비개선을 통해 증자 및 발효 효율을 향상시킨다.
② 정부정책 원료를 제외한 수입 원료는 안정적·합리적 가격으로 조달한다.
③ 원료 수송체계와 사내 입고한 원료의 재고 관리를 개선한다.
④ 고온·고당도 내성균주의 개발로 에너지 절약을 시도한다.
⑤ 증자 슬러리 제조는 저온증자 방법으로 개선한다.
⑥ 폐열 회수와 폐액 재사용으로 에너지 이용 효율을 극대화한다.
⑦ 고농도사입으로 폐액 발생량과 공정 회전율을 감소시킨다.
⑧ 증류공정 개선으로 합리적 환류비 조정 및 증류기의 운전기술을 향상시킨다.
⑨ 회분식 공정의 단점인 dead time을 줄일 수 있는 발효공정으로 개선하여 주정발효를 fed-batch법, 다단사입법 또는 반연속발효법을 검토한다.

상기 요인들을 합리적으로 개선한 결과, 술덧의 알코올농도는 10~12% 까지 올릴 수 있었다. 요탑은 간접가열 방식으로 전환함에 따라 저비점 불순물의 효율적인 분리가 가

---

[132] 남기두. 1999. 알코올 발효공정의 효율성 제고 방안. 경북대학교·理學博士 學位論文

능해졌으며, 증류폐액의 발생량은 감소하였으나 총고형분 농도는 증가하였다.

알코올발효의 제조원가는 연속 또는 회분식 공정에 따라 다르지만 주정을 생산할 때 제조원가 중 원료비가 차지하는 비중은 약 75% 전후로 매우 높다. 원료의 당전환율을 높여 수율을 증가시키는 발효기술개발에 집중하게 되었다.

발효부산물인 이산화탄소 회수는 전력이 많이 소비되는 공정이다. 전력소비를 절감하기 위해서는 압축기와 냉동기의 효율을 높이고 응축기는 최상의 냉각효율을 유지할 수 있도록 냉각수질과 수온을 관리한다. 특히, 이산화탄소 제조설비의 생산효율은 냉각수 온도에 큰 영향을 받는다. 응축기 튜브에 미생물 오염(slime)으로 인한 냉각효율 저하를 방지하는 것이 관리 포인트이다.

이산화탄소 회수율을 높이려면 가스 흡입 측에 인라인 부스터 팬(inline booster fan)과 예냉기(豫冷器, precooler)를 설치한다. 팬이나 예냉기를 설치하면 약 15% 이상 증산이 가능하다. 부수적으로 술덧에 포화된 용존 이산화탄소의 배출이 촉진되므로 주정발효에도 유익하다.

(2) 주정폐액의 통합처리공정

주정폐액은 고농도유기물질을 함유하고 있기 때문에 메탄가스를 회수할 수 있는 혐기성 처리공정을 채택하는 것이 합리적이다. 메탄소화조에서 발생하는 바이오가스 중 메탄함량은 45~65% 범위이다.

발생한 메탄가스는 주정박 회수 여부에 따라 다르나 주정생산에 필요한 총 소비에너지의 약 20%까지 대체할 수 있다. 주정폐액은 처리공법에 따라 경제성을 검토해 본 결과, 통합처리공정 즉, 물리·생물학적으로 처리한 유출수를 추가적으로 화학적 처리공정과 병행했을 때 완벽하게 처리할 수 있었다. 증류폐액을 농축하여 주정박을 회수하고 증발증기는 응축시켜 활성오니처리 하는 방법보다 통합처리공정을 채택했을 때 폐수처리 원단위가 낮다.[133)134)135]

[133)] Nam K.D. *et al.* 1996. Treatment of Naked-barley Distillery Wastewater Using a Thermophilic Hybrid Anaerobic Filter. The 69th annual conference and exposition. *Proceedings of the WEF*.551-560. Dallas, Texas, October, U.S.A.

[134)] Nam K.D. *et al.* 1998.Treatment of Distillery Wastewater Ⅰ: A thermophilic High Rate Anaerobic Reactor Operation Experience. *Proceedings of IAWQ*. Beijing, China

[135)] Nam K.D. *et al.* 1999. Treatment of Distillery Wastewater using Thermophilic High-rate Hybrid Anaerobic

(3) Utility 설비 개선

Utility 중 보일러는 양질의 스팀을 공급해야 하기 때문에 매우 중요한 설비이다. 따라서 노후 보일러 교체는 질소산화물(窒素酸化物, NOx)과, 황산화물(黃酸化物, SOx) 발생량이 적고, 연소효율이 좋은 저녹스 버너가 장착된 보일러로 교체하는 것이 바람직하지만 버너만 교체하는 것도 가능하다.

주정폐액 중 함황 아미노산이 분해되면 황화수소(H_2S)와 메틸메르캅탄(methyl mercaptan, CH_3SH), DMS(dimetyl sulfide, $(CH_3)_2S$) 등 휘발성 황 화합물(VSC, volatile sulfer compounds)이 생성되어 메탄소화조 유출액과 메탄가스의 악취 유발원이 된다. 메탄가스에 포함된 이 성분들은 보일러 노(爐) 내 연소과정에서 황산화물로 산화되어 설비를 부식하는 직접적인 원인이 된다. 보일러에서 연소하기 전에 적절한 방법으로 탈황(脫黃)한다.

황 화합물은 보일러의 급수 예열설비인 이코노마이저(economizer), 공기예열기(air preheater), 보일러 연소실 내 튜브와 보일러의 내구연한을 단축시키는 원인이 된다. 정기적으로 보일러 안전검사를 실시하고, 공장 가동을 중지할 때마다 보일러 관련 설비들의 안전점검과 운전관련 각종 계장의 정상 작동여부를 점검한다. 이상이 발견되었을 경우 계장이나 설비는 즉시 수리 또는 교체한다.

보일러의 최적 운전조건은 공연비(AFR, air-fuel ratio)[136]를 최대한 낮게 유지하면서 완전연소가 될 수 있도록 계장과 제어장치들의 성능을 확인한다. 공연비가 높은 만큼 보일러의 현열손실(顯熱損失, sensible heat loss)이 증가한다. 연소제어용 계장들은 검증된 것을 반드시 설치하고 수시로 사전 점검한다. 에너지절감과 연소효율을 높이기 위해서는 버너의 성능도 중요하다.

연소효율 개선을 통한 에너지 절감을 위해서는 환류 및 비환류형 버너, 고압기류식 버너, 회전식 버너 등으로 기존의 버너보다 연소효율이 좋은 최신 버너로 교체하는 것을 고려한다. 기류식은 스팀이나 공기로써 연료를 혼합시켜 연소효율을 증가시키는 방법이다. 버너의 위치에 따라 내부, 외부, 중간 혼합형 버너 등이 개발되어 실용화되고 있다. 노후 보일러를 교체하거나 기존 버너의 성능을 개선할 경우 보일러 환경에 적합한

Reactor in Industrial Scale. *J. Microbiol. Biotechnol.* 9: 737-743
[136] 공기비 공식 = $21/(21-O_2)$, O_2 : 산소농도(%)

버너를 선택한다.

    최근에는 환경개선이나 재생에너지 확대보급 차원에서 건설되고 있는 소각장과 열병합발전소에서 고압스팀을 저렴하게 공급받을 수 있는 기회가 많아 졌다. 이때 생산공정에 필요한 스팀을 전량 공급받을 경우 생산 작업이 스팀 공급사에 종속될 우려가 있다. 주정 생산의 특수성을 고려하여 스팀공급사와 정기보수 일정을 상호 협의하여 수립하는 것이 좋다. 외부스팀을 일부만 공급받을 경우 나머지 스팀은 기존 보일러를 가동하여 보충해야 한다. 만약 기존 노후 보일러를 교체할 경우 부하변동에 신축성이 좋은 트윈버너 보일러(twin burner boiler, 20~100%까지 커버 가능함)를 설치하면 스팀부하 증감에 효율적으로 대응할 수 있다. 최근 대기질 개선을 위해 대기환경규제지역이 확대되고 있으며, 영향권역별로 환경용량을 고려한 환경기준이 강화되고 있는 추세이다. 더불어 악취관리지역이 점차 확대 시행되면서 중소기업은 생산 활동이 위축되거나 방지설비 투자에 큰 부담을 느끼는 것이 현실이다. 방지설비의 선택은 유지관리가 쉽고 운전비용이 상대적으로 저렴한 최신설비를 선택하여 시공한다.

8.2.2 회분식 알코올발효 공정

    발효법의 종류는 발효조에 술덧을 공급하는 방식에 따라 회분식 발효(batch fermenter), 연속식 발효(continuous frementer), 유가식 발효(fed- batch fermenter)로 구분한다. 우리나라 주정공장이 채택하고 있는 회분식 발효란 발효조에 술덧과 주모를 합병한 후 더 이상 술덧의 유출입 없이 발효를 완료시키는 공정을 말한다.

    효소당화 후 발효를 진행하는 단행복발효와 발효조에서 당화와 알코올발효가 동시에 진행되는 병행복발효(동시당화발효)가 있다. 발효조는 개방식과 밀폐식으로 구분한다. 중소규모의 발효조는 개방식이 많고, 대용량 발효조는 밀폐식이 많다. 밀폐식 발효는 탄산가스를 회수할 수 있고 잡균 오염도 방지할 수 있다.

    우리나라는 주정발효에 전분질원료만 사용하고 있다. 주정발효 공정은 원료를 분쇄, 증자, 당화, 발효, 증류 및 폐수처리 공정으로 구분된다. 전분질원료는 당화 공정 유무에 따라 단행복발효 또는 병행복발효 한 술덧을 증류하여 주정을 생산한다[그림 8-4]. 국내 발효주정 생산은 대부분 수입 원료를 사용하기 때문에 원료비가 제조원가에 차지하는 비율이 매우 높다. 무엇보다 수율을 최대로 올릴 수 있도록 공정을 관리해야 한다.

회분식 알코올발효는 32±1℃에서 약 96시간 발효시킨다. 발효 초기단계에 술덧의 온도를 잘 관리해야 한다. 대용량의 발효조는 술덧의 교반에 많은 에너지가 소비되나 교반효과는 떨어질 경우가 많다. 따라서 교반과 함께 펌프로써 술덧을 순환시키는 액-액 교반을 병행하는 것이 좋다. 발효 초기단계는 효모가 왕성한 발육과 동시에 알코올발효가 진행되기 때문에 술덧의 온도가 급격히 상승한다. 냉각장치(chiller)로써 발효 최적온도를 유지한다.

알코올발효의 수율을 결정하는 요인은 여러 가지가 있지만 당화율과 효모의 에탄올 발효 능력이 가장 중요하다. 우수한 균주를 선발하여 사용하며 효모의 생육 최적조건을 만들어 준다. 발효환경에 따라 발효성 당분 중 일부는 글리세롤, 호박산, 퓨젤유 및 기타 휘발성 유기산류가 대사부산물로 생성된다.

국내 주정공장은 모두 회분식 발효 공정을 채택하고 있다. 현재 주정공장에서 사용하고 있는 효모는 *S. serevisiae* 또는 그 변종으로 총당 21±2%(에탄올농도 최대 12%)까지 발효가 가능하다. 총당 농도는 술덧의 알코올농도와 비례한다. 발효수율을 향상시키려면 무엇보다 잡균오염을 예방해야 한다. 오염이 발생하지 않도록 잡균들의 생육과 증식이 억제되도록 공정을 관리한다. 특히, 합병한 후 효모증식과 생육을 왕성하게 유도하면 잡균오염이 현저히 감소되며, 이미 오염된 균이 있어도 증식이 억제되어 정상발효를 유도할 수 있다. 잡균오염을 감소시키기 위해 증자, 당화, 주모배양 및 발효 등 모든 공정의 설비는 세척(CIP)과 살균방법을 표준화한다. 생산 공정은 표준운전매뉴얼로 운전하여 개인 간 기술격차(skill gap)를 감소시킨다.

회분식 발효는 증자한 주발효용 슬러리를 발효조에 수송하기 전 당화조에서 당화시킨 후 발효조에 이송하고, 여기에 미리 배양된 주모를 접종하여 단행복발효 한다. 이 발효공정은 당화공정이 있어 단행복발효라 할 수 있겠으나 당화되지 않은 덱스트린(30~50%)은 발효조에서 동시당화발효가 진행되므로 실질적으로 병행복발효이다.

당화공정이 있을 경우에는 증자한 슬러리를 당화조에 이송하여 최적 당화온도까지 냉각한 후 당화효소를 넣어 먼저 1시간 동안 당화시킨다. 당화 후 냉각하여 발효조에 이송한다. 이때 당화액의 첨가량은 증자기와 발효조 용량에 따라 다르나 2~6회 발효조에 첨가한다. 이와 같이 증자한 슬러리를 당화 후 발효조에 이송하여 먼저 배양된 주모를 합병하여 배양한다. 이 과정은 효모증식이 목적이므로 전발효(prefermentation stage) 또는 효모증식(yeast propagation) 단계라 한다. 이후 순차적으로 당화액을 첨가하는 횟수에 따라 1단사입(段仕込) 또는 다단사입(multi-stage preparation)을 한다. 한편, 동시당화발효는 별도의 당화공정을 거치지 않기 때문에 공정이 단순해지고 잡균의 오염기회가 감소한다. 주모를 합병한 후 다단사입을 할수록 속성발효를 유도하는 효과가 있다. 이미 대수증식기를 거쳐 발효가 진행되면서 생성된 대사산물이 단사입으로 인해 희석되어 저해현상이 감소하기 때문이다.

재래 회분식 발효공법은 알코올생성 속도가 매우 느리고 생산성이 낮기 때문에 필요한 발효조 용량이 증가하는 단점이 있다. 회분식 발효조 초기 투자비용은 연속발효에 비해 높다. 생산성을 높이고 생산량 증감에 대응하는 차원에서 기존의 회분식 발효조를 Cascade 연속발효 공정으로 개선하는 방안도 검토할 필요가 있다. 왜냐하면 향후 주정 생산량 증감이 클 것으로 예상되기 때문이다. 주정공장은 인력수급에도 많은 어려움이 따를 것이므로 자동화와 더불어 생산 작업의 유연성을 확보할 필요가 있다.

노후 발효조를 교체할 경우 기존 발효조의 용량은 대부분 100~360kℓ이나 700~1,000 kℓ로 대용량화하고, 회분식 발효는 Cascade 연속발효를 할 수 있도록 공정을 개선한다. 그리고 향후 주정 생산량은 정체 또는 장기적으로는 감소가 예상된다. 기존의 주정 생산설비를 신증설하기보다는 공정을 개선하여 생산성을 극대화하도록 한다. 생산설비 증설은 M&A와 같은 확실한 증산(增産) 변수가 있을 때 추진한다.

8.2.3 분쇄

분쇄기 종류에는 hammer mill, roll mill, impact grinder, cutting mill 등 다양한 유형이 있는데, 주정공장에서는 주로 hammer mill을 많이 사용한다. 원료는 증자과정에서 전분이 충분히 용출될 수 있을 정도의 입자크기로 분쇄한다. 분체 입자크기는 분쇄에 소요되는 동력과 최종 발효수율에 영향을 미친다. 적합한 분쇄 입자크기를 유지할 수 있도록 분쇄기와 정선기의 망(sieve, screen)이 손상되지 않게 엄격한 유지관리가 필요하다.

분체의 입자크기는 가능한 미분쇄하는 것이 효과적이다. 과도한 미분쇄는 동력소비가 증가하므로 원료의 전분 특성에 따라 적당한 유형의 분쇄기 선택과 분쇄정도를 결정해야 한다. 따라서 분쇄기와 정선기의 망 크기를 잘 선택한다. 대개 고른 분쇄입도를 얻기 위해 분쇄기 망 크기는 원료에 따라 구분하여 사용한다. 곡물의 경우 일반적으로 1.8~2.3㎜ 크기를 사용하면 충분하다. 분쇄기 종류와 분쇄입도는 원료의 종류, 분쇄 능력과 소비동력을 고려하여 결정한다.

8.2.4 증자

증자(蒸煮, cooking)란 원료 분체의 혼합액(slurry)을 열처리하여 발효용 술덧을 만드는 공정을 말한다. 증자한 슬러리(증자액 또는 증자요라 함)를 발효 전 후 구분하지 않고 beer, wash, mash라 한다. 여기서는 발효 전까지의 증자와 당화액은 "슬러리"라 하고, 발효액은 "술덧"이라 구분하여 사용한다. 증자 목적을 요약하면 다음과 같다.

① 분체와 첨가물에 포함된 잡균을 살균한다.
② 슬러리 중 활성 무기이온들을 불활성화 시켜 스케일 생성을 억제한다.
③ 효모성장과 발효에 부족한 필수 무기원소와 질소원을 첨가한다.
④ 당화율과 발효 수율을 증가시킨다.
⑤ 전분 분자집단구조를 붕괴시켜 전분 용출(溶出)이 용이하도록 열처리하여 효소작용이 쉽도록 호화·액화한다.

증자는 분체를 자동계량기(load cell)로 계량하여 온수와 함께 혼합기(inline mixer)에서 슬러리를 만든다. 증류공정에서 나오는 고온수를 활용하여 DM 25~30% 전후의 슬러리를 만들 때 액화효소 일정량을 주입한다. 이 공정에서 작은 전분 알갱이가 생성되지 않고 잘 균질화(均質化) 된 슬러리를 만든다. 만약 전분 알갱이가 생성되면 증자과정에서도 풀리지 않고 대부분 다음 공정으로 이송된다. 이 알갱이들은 당화조나 발효조에서 시간이 경과하면 붕괴되어 잡균의 오염 원인이 될 뿐만 아니라 발효수율에도 영향을 미친다. 그러므로 혼합기에서 슬러리를 제조할 때 분체의 호화온도보다 약 5℃ 낮은 온수를 공급하여 분체 알갱이가 형성이 되지 않도록 잘 혼합하여 증자기에 투입한다. 증자공정에서 알갱이가 생성되지 않는 한 슬러리 온도는 높일수록 좋다. 슬러리의 현열 증가는 증자에 소비되는 에너지를 그만큼 감소시킬 수 있기 때문이다. 알갱이 형성 방지와 슬러리 온도 증가를 위해 혼합기와 증자기 중간에 고속혼합기(homogenizer)를 사용하는 것이 좋다. 슬러리는 위치수두를 이용하여 증자기에 유입될 수 있도록 설계하는 것이 바람직하다. 슬러리가 온도와 체류시간에 따라 점도가 상승하면 펌프 이송이 어렵고 완충조(buffer tank)에서 넘칠 우려가 있기 때문이다.

전분은 앞 장에서 설명한 바와 같이 증자과정에서 수화, 팽윤, 붕괴 과정을 거쳐 비로소 슬러리가 만들어 진다. 증자공정에서 사용하는 액화효소의 특성과 사용량은 [표 8-3]과 같다. 최근 주정공장에 사용할 수 있는 액화효소는 내열성이 좋은 다양한 고역가 효소들이 공급되고 있다. 효소의 선택폭이 넓어지고 고농도의 슬러리 증자가 가능하게 되었다.

[표 8-3] 상업용 액화효소 특성과 사용량 (vs. 전분질원료 기준)

제품명	효소종류	역가 (KNU/g)	사용량 (%)	최적 조건	
				온도(℃)	pH
BioWin HTA100	α-amylase	400	0.02~0.03	85~95	5.0~6.0
Liquoflow pHlex DS	α-amylase	309	0.02~0.03	85~95	5.0~6.0

증자 사례를 보면, 증자기에 투입되기 전 인라인혼합기에서 약 60℃(보리 58℃ 이외 다른 원료 68℃) 온수와 분체를 혼합하여 슬러리를 만든다. 이 공정에 액화효소를 공급하고 균질기를 거친 슬러리는 증자기에 이송한다. 증자방법은 증자온도에 따라 고온증자(high temperature cooking)는 124℃에서 1시간, 저온증자(low temperature cooking)는 90℃에서 3시간 유지한다.[137] 증자 승온(昇溫) 조건은 액화효소에 따라 설정되며 [그림 8-5] 사례와 같이 증자한 후 당화조 혹은 발효조로 이송한다. 이때 필요하면 pH 5.0~5.5 내외로 조절하고, 증자한 슬러리는 당화조에서 당화한다. 당화액은 발효조에 이송하여 주모를 합병한 후 발효한다.

Moellgaard 등은 85~87℃에서 밀을 원료로 하여 CSTR과 PFR(plug-flow tube reactor)를 직렬로 배치한 연속증자기로 저온증자 후 에탄올발효를 시도하였다. 그 결과, DM농도 30~35%의 슬러리를 저온증자 하여 종래 고온증자에 비해 에너지를 50%까지 감소할

---

[137] Nam K.D. et al. 1986. Large Scale of Ethanol Fermentation from Sweet Potato Cooked at Low and High Temperature. Kor. J. Appl. Microbiol. Bioeng. 14: 233-237.

수 있었다고 보고하였다.[138]

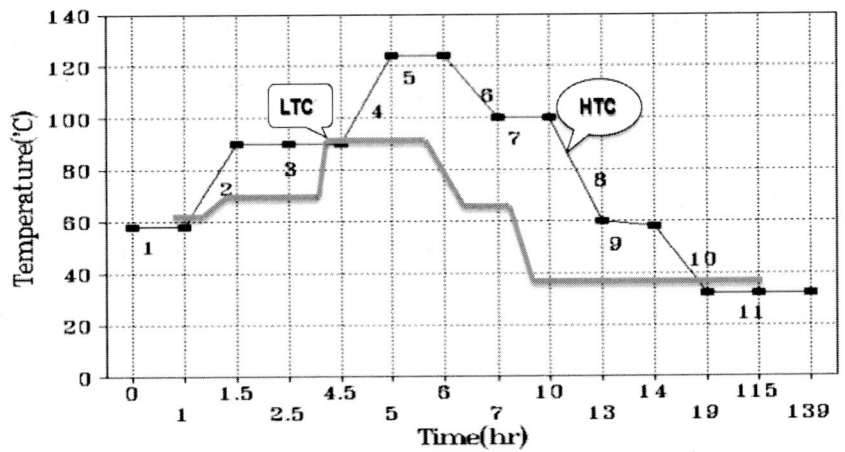

[그림 8-5] 증자 온도 프로파일(profile)에 따른 작업 조건
1단계 : 원료+물+액화효소를 혼합 후 증자기에 투입, 2단계 : 액화를 위해 90℃로 승온
3단계 : 90℃/3h 액화, 4단계 : 124℃로 승온, 5단계 : 이 온도에서 살균시간,
6~7단계 : 증자기에서 당화조로 이송, 8단계 : 당화를 위해 60℃로 냉각, 9단계 : 60℃/1h 효소당화, 10단계 : 에탄올 발효를 위해 32℃로 냉각, 11단계 : 32℃에서 4~5일 발효

이와 같이 증자공정에서 에너지가 많이 소비되므로 에너지 절감을 위해 저온증자 및 고온순간증자(line & jet cooking, extrusion-cooking, HTST, 150 ℃/30~45sec) 조건 등 다양한 증자방법 개발이 시도되었으며 일부 공정은 실용화되었다.[139][140][141][142] 무증자는 아직 일부 양조주 제조분야 이외에는 제성비율이 낮아 주정이나 바이오에탄올 산업에는 실용화되지 못하고 있다. 저온증자는 전분질과 당질원료의 알코올발효에 이미 실용화되었다.[143][144] 증자공정에서 바이오에탄올 생산에 소비되는 총 에너지의 약 20~50%가

---

[138] Moellgaard A. et al. 1986. Continuous Low-temperature Cooking of Wheat for the Production of Ethanol(A-05951). *F860710/AnM/Wass*. NOVO Industri A/S, Denmark
[139] Fujio Y. et al. 1984. Acoholic Fermentation of Raw cassava Starch by *Rhizopus* koji without Cooking. *Biotechnol. Bioeng.* 24: 315-319
[140] Matsuoka H. et al. 1982. Alcoholic Fermentation of Sweet Potato without Cooking. *J. Ferment. Technol.* 60(6): 599-602
[141] Matsumoto N. et al. 1982. Industrialization of a Noncooking System for Alcoholic Fermentation from Grains. *Agri. Biol. Chem.* 46(6): 1549-1982
[142] Ueda S. et al. 1980. Alcoholic Fermentation of Raw Starch Without Cooking by Using Black-koji Amylase. *J. Ferment. Technol.* 58(3): 237-242
[143] Matsumoto N. et al. 1985. Industriral Scale Alcoholic Fermentation of Maize Heated at Low Temperature. *Nippon Nogeihagaku Kaishi*. 59(3): 271-277
[144] Matsumoto N. et al. 1985. Small Scale Alcoholic Fermentation of Grains Heated at Low Temperature. *Nippon Nogeihagaku Kaishi*. 59(3): 265-269

소비된다. 수율저하 없이 에너지를 절감할 수 있는 새로운 증자기술 개발이 지속적으로 연구되고 있다.145)

일반적으로 술덧을 제조하기 위해 곡물과 물의 혼합 비율 DS 20~22% 범위 내에서 슬러리를 증자하는데 많은 에너지가 소비된다. 에너지소비를 절감하기 위해 곡물과 물의 혼합비율 2:1 이하에서 고압스팀으로 수화(水和)한 슬러리를 증자한 후 발효공정에서 적당한 농도로 희석하는 방법이 개발되었다.146)

우리나라는 다양한 주정원료 사용과 수율 지향적 생산 환경 특성 때문에 증자기, 주모조, 발효조는 연속교반조(CSTR)를 사용한 회분식 발효법으로 주정을 생산해 왔다. 또한, 국내 주정공장은 대부분 저온증자를 선호한다. 저온증자는 증자과정에서 황 화합물, 캐러멜과 같은 색소물질의 생성량이 고온증자에 비해 적게 생성된다. 저온증자와 발효 술덧의 감압증류로 인해 색소성분 생성이 현저히 감소되었고, 증자 에너지가 절약될 뿐 아니라 폐수처리도 용이하여 3차 고도처리를 하지 않아도 방류수 수질기준 이하로 처리가 가능하게 되었다.

8.2.5 당화와 발효

당화효소는 정제 당화효소와 조효소가 있다. 당화효소의 최적조건은 pH 3.5~6.0, 온도 58~68℃이며, 당화효소에 따라 조금씩 다르다[표 8-4]. 증자 슬러리의 당화작용은 58±3℃에서 0.5~1시간 동안 당화하므로 여기서 당화되지 않은 덱스트린(dextrin)은 발효조(32±1℃)에서 동시당화발효가 일어난다.

액상 당화효소만 사용할 경우 당화조나 발효조에 효소주입 장치의 자동화가 쉬우나 분국을 혼용할 경우는 직접 투입해야 하기 때문에 HACCP 기준에 맞게 설비를 보완한다. 효소사용량은 원료 전분에 대하여 20~30u/g 사용을 권장한다. 특히, 조효소는 발효가 종료된 후에도 당화효소 역가는 약 75% 전후가 활성을 유지할 정도로 내산성이 우수하다.

---

145) Hagen H.A. 1982. Continuous Cooking f Grain for Ethanol Production. Novo Nordisk A/S, Denmark. *Article A-5805a-GB*. pp.1-8
146) UK patent GB 2093063B. 1985. Method for Mashing Starch-rich Material.

[표 8-4] 상용 당화효소의 특성

제품명	효소명	역가 (unit/g)	사용량 (%)	최적 조건	
				온도(℃)	pH
Saczyme® Go 2X	glucoamlyase	90,000 (91.41)	0.02~0.03	62~68	3.5~5.0
조효소 (GU-210)	α-, β-, γ- amylase, protease, phytase, citric acid 등 유기산류, UGF, 내산성이 우수함	4,800 (93.30)	0.3~0.4	60~65	4.0~5.5
알코자임 (복합효소)	glucoamlyase, protease, hemicellulose	20,000 (93.30)	0.1~0.3	60~65	3.5~6.0

( ) : 내산성 당화력 %를 나타냄

    당화조 운용은 투입한 당화효소를 활성화 시키는데 목적이 있다. 이 공정에서 전분의 당화율은 원료 종류에 따라 다르나 50~70%에 이른다. 이때 당화되지 않고 남은 덱스트린과 올리고당은 발효조에서 동시당화발효가 일어난다. 그런데 당화공정에서 포도당 농도가 너무 높게 발효조에 공급되면 효모가 저해를 받을 수 있으므로 충분한 효모수를 확보한다. 주모 합병량(合倂量)을 증가시켜 효모 증식을 촉진한다. 그러나 동시당화발효 공정에서 유리(遊離)되는 포도당은 즉시 효모가 이용하기 때문에 포도당 축적에 의한 저해현상은 나타나지 않을 뿐 아니라 공정이 단순화되므로 당화관련 설비의 설치면적이 축소되는 장점이 있다. 동시당화발효를 할 때 당화효소의 작용온도와 알코올발효의 최적온도가 서로 다르기 때문에 당화효율이 떨어져 발효수율이 감소되지 않도록 온도관리에 유의한다. 발효 최적온도 범위 내에서 당화효소의 활성을 가지는 *Rhizopus* 속 기원인 당화효소를 병용하거나 *S. formosensis* Nakazawa와 *S. cerevisiae*를 혼합 배양하는 대안도 고려할 수 있다.

    발효조 내 이산화탄소(CO_2) 분압(分壓)은 가능한 낮게 유지할수록 좋다. 회분식 발효조의 경우 주모 합병 후 발효가 시작되는 초기단계에서 적당량의 공기를 공급하여 효모 증식을 촉진시킨다. 그러나 발효조에 공기가 과잉 공급되면 발효성 당의 손실을 초래하므로 공급시간은 이산화탄소 발생 압력 또는 효모가 대수증식기에 도달하는 시간으로 결정할 수 있다. 당 농도가 15% 이상이면 기질 중에 상당량의 산소가 존재해도 알코올발효가 진행된다. 충분한 효모농도가 확보되지 않으면 잡균오염과 발효수율이 저하될 수 있다. 공기 공급시간은 이산화탄소의 생산량과 직결된다.

산소는 효모증식, 알코올 대사, 고분자 불포화 지방산과 지질을 생합성할 때 사립체(mitochondrial matrix)와 원형질막(Plasma mem-brane)에서 필요하다. 불포화지방산과 펩타이드 단백질을 첨가하고, 조효소 사용비율을 증가시키면 효모증식이 촉진되어 수율향상과 속성발효 유도가 가능하다. 알코올발효가 정상적으로 완료된 술덧의 직당(direct reducing sugar)은 0.2% 이하로 검출된다.

8.2.6 주모 배양과 술덧관리

(1) 효모균체 증식속도

회분식 반응조(CSTR)에서 미생물 증식속도는 기질과 미생물 성장에 필요한 영양소 중 하나가 제한될 경우 이로 인해 성장이 제한받는 것을 Monod식으로 설명할 수 있다. 알코올발효는 원료기질의 공급방법에 따라 회분식, 연속식 및 유가식(fed-batch) 발효가 있다.

회분식 발효공정에서 균체증식속도는 비증식속도(比增殖速度, specific growth rate) μ와 균체밀도(cell density) $X(g/\ell)$ 또는 세포밀도 $N(g/\ell)$, t = 시간의 함수관계는 수식(8-1 & 8-2)와 같이 나타낼 수 있다.

$$\frac{dX}{dt} = \mu \cdot X \quad \cdots\cdots\cdots (8\text{-}1)$$

혹은

$$\frac{dN}{dt} = \mu \cdot N \quad \cdots\cdots\cdots (8\text{-}2)$$

Monod식(수식 8-3)에서 비증식속도 μ는 세 변수 즉, 성장에 필요한 기질농도 $S(g/\ell)$, 최대 비증식속도 $\mu m(h^{-1})$, $Ks(g/\ell)$에 대한 함수로 타나낼 수 있다. 이들 함수는 발효 중 기질에 축적된 알코올에 의하여 효모가 저해를 받는다.[147] Ks는 최대 비증식속도의 반

---

[147] Nanba A. et al. 1987. Kinetic Analysis for Batch Ethanol Fermentation of *Saccharomyces cerevisiae*. J. Ferment. Technol. 65(3): 277-283

($\mu = 0.5\mu$m)이 얻어지는 기질농도로써 균과 기질의 친화성을 나타낸다.

$$\mu = \frac{\mu m \cdot S}{Ks + S} \quad \cdots\cdots (8\text{-}3)$$

연속발효 공정에 공급되는 기질공급량 $F(\ell/h)$, 발효조 용량 $V(\ell)$, 당농도 $So(g/\ell)$, 생성된 알코올농도 $P(g/\ell)$라고 하면 희석율 D(dilution rate, h^{-1})은 수식(8-4)와 같고, 알코올생산성 Pv(volumetric alcohol productivity, g/$\ell \cdot$ h)는 수식(8-5)와 같이 나타낼 수 있으며, 알코올 전환율(Cp/So, alcohol conversion rate)은 수식(8-6)과 같다.

$$D = \frac{F}{V} \quad \cdots\cdots (8\text{-}4)$$

$$Pv = P \cdot D \quad \cdots\cdots (8\text{-}5)$$

$$Cp/So = \frac{P}{So} \quad \cdots\cdots (8\text{-}6)$$

위 수식(8-5)의 알코올생산성(Pv)은 발효조를 설계하는데 매우 중요한 설계 인자이다. 일정 시간 경과에 대한 균체의 순변화는 증식(μ)에서 유출농도(D)를 뺀 것으로 표현(수식 8-7)할 수 있어 정상상태(steady state)에서 균체 농도는 일정하므로 수식(8-8)과 같이 "0"이 된다.

$$\frac{dX}{dt} = \mu X \cdot DX \quad \cdots\cdots (8\text{-}7)$$

$$\frac{dX}{dt} = 0 \quad \cdots\cdots (8\text{-}8)$$

정상상태 하에서 균체의 최대 비증식속도는 $\mu X = DX$, 즉 $\mu = D$가 되어 희석율과 동일하여 반응조 내 균체의 유출현상(washout)이 없는 최적조건이 되므로 D(h$^-$)가 발효시간이 된다. 이와 같이 회분식 및 연속반응 속도식을 이용한 알코올생산속도, 고농도알코올 발효 최적조건 해석을 소프트웨어에 의한 계측과 제어에 관하여 연구되었다.[148]

---

[148] 南波 章. 1988. 醱酵生産における計測と制御に關する硏究. 醱酵工學. 66(2): 109-123

발효 생산 공정의 설계 및 운전 최적조건을 분석하기 위해 미생물 거동(擧動, kinetics)과 효소반응 속도론이 기초가 되고 있다.

(2) 효모 배양과 증식곡선

1) 산업규모 효모 배양

주발효 술덧에 접종할 효모를 미리 배양한 것을 주모(酒母) 또는 밑술이라 한다. 주모조(酒母槽)에서 효모를 배양할 때 온도조절을 할 수 있도록 냉각설비, 교반 및 공기공급 (air diffuser) 장치가 설치되어야 한다. 효모균체 농도와 생존율은 발효수율에 직접적인 영향을 미친다. 효모는 호기적 조건으로 배양시키면 "제5장 효모와 세균의 대사생화학"에서 기술한 바와 같이 원료기질은 해당과정을 거쳐 생성된 피루브산이 acetyl-CoA 로 전환되어 TCA 경로를 통해 산화 분해된다. 이 경로에서 전환된 에너지는 전자전달계(ETC)에서 ATP가 생성되면서 유리된 전자와 수소(H^+)는 최종적으로 이산화탄소(CO_2)와 물(H_2O)로 분해된다. 이와 같이 호기적 조건하에서는 소비된 포도당의 약 50%, 혐기적 조건일 경우 약 2.5~10%가 효모균체로 전환된다. 효모 증식을 위해서는 호기적 조건으로 배양해야 한다.

주모용 산업배지(슬러리) 제조는 주발효 술덧과 동일한 방법으로 증자하고, 배지 농도는 10±1% 범위가 효모배양에 적당하다. 증자압력은 주발효 증자보다 높은 2kg/㎠ 전후로 가압 증자하며 이때 pH는 4.5 정도로 조절하면 오염을 현저히 감소시킬 수 있다. 증자한 효모 배양용 배지는 주모조에 이송하여 32±1℃까지 냉각한다.

실험실에서 플라스크에 전배양한 효모(S. serevisiae)를 이식구(移植口) 통해 주모조에 접종한다. 이식구는 70% 알코올에 완전히 잠기게 하여 30분 이상 침적(沈積)하여 살균 후 사용한다. 효모 증식속도는 원료 종류, 질소원과 무기염류 등 부원료(副原料)의 첨가 량에 따라 다르다. 효모농도는 호기적 조건에서 약 22±2시간 배양하면 기하급수적으로 증식하여 대수증식기(exponential phase)에 도달한다. 대수증식기에 도달하면 발효조에 합병(合倂) 전까지는 냉각과 동시에 산소공급을 중지한다. 냉각은 효모의 대수증식기 상태를 유지하면서 노화를 지연시키고, 잔존(殘存) 산소로 효모활성 유지 및 당 과소비(過消費)도 억제할 수 있다. 이와 같이 효모배양은 Pasteur 효과를 응용한 균체증식 배양기법이다. 즉, 통성혐기성균인 효모배양은 산소를 공급하면 해당과정에서 포도당의 에탄올 발효는 억제되고 호기성 호흡으로 ATP 생성과 균체증식이 가속화되어 대수증식기에 빨리 도달할 수 있다.

주모는 주발효 술덧 용량 대비 7~10%를 접종한다. 발효조는 발효 초기단계에 공기공급 장치(air sparser or diffuser)가 필요하다. 주발효의 술덧에 효모균체가 가능한 빠른 시간 내에 균체 포화농도($60~120 \times 10^6$ cells/mℓ)까지 증식을 할 수 있도록 유도해야 알코올발효가 잘 진행된다. 발효 초기단계에서 에탄올농도가 4% 이상 빨리 도달하면 에탄올에 의한 잡균의 오염억제 효과가 있다. 발효 초기단계에서 효모증식이 촉진되도록 관리하고 오염방지제를 사용하는 것도 고려할 수 있다.

예를 들면, hop를 초임계법으로 추출한 이성화 알파산(isomerised α-acid)과 베타산(β-acid)은 맥주의 쓴맛을 나타내는 물질이다. 이 알파산을 주성분으로 만든 오염방지제는 그람양성균을 억제하는 특성을 가지고 있다. 오염방지제를 사용하면 에탄올 수율증가와 발효 부산물 생성이 억제되는 효과가 있다.

2) 효모의 증식곡선

효모를 포함한 미생물의 전형적인 증식곡선은 [그림 8-6]과 같다. 대수증식기에서 효모균체 농도는 $40~60 \times 10^6$ cells/mℓ에 이른다. 이 효모의 건조중량은 0.26mg/10^7cells(S. cerevisiae 기준)에 상당한다.[149]

효모는 출아증식이 일어날 때 알코올 발효능력이 가장 왕성하다. 유도기에서 대수기로 진입하는 초기단계를 가속기 또는 촉진기(acceleration phase)라 하고 대수기에서 사멸기로 접어들 때를 감속기(deceleration phase)라 구별하지만 여기서는 전형적인 유도기(lag phase), 대수증식기(exponential phase), 정지기(stationary phase), 사멸기(death phase) 등 4단계의 증식곡선에 대하여 알아본다.

가. 유도기(lag phase)

---

[149] Nam K.D. *et al.* 1987. Continuous Alcohol Fermentation Using Immobilized and Growing yeast Cells. *Kor. J. Appl. Microbiol. Bioeng.* 15: 248-252.

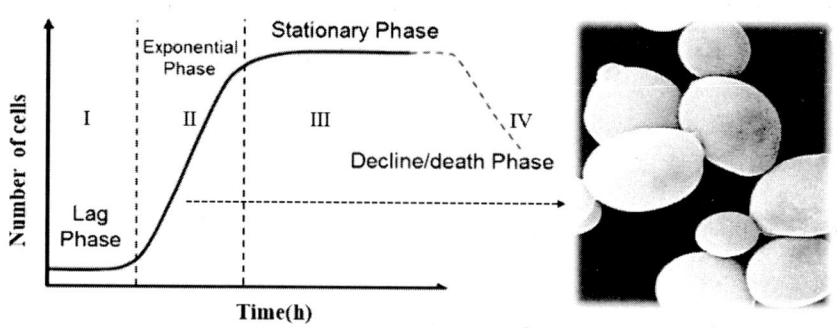

[그림 8-6] 미생물의 증식곡선과 *S. cerevisiae*가 budding하는 모습
Ⅰ: 유도기(lag phase), Ⅱ: 대수기(log or exponential phase), Ⅲ: 정지기(stationary phase), Ⅳ: 사멸기(death or decline phase)로 구분한다 (사진 출처 : Alltech's Inc. files).

종효모를 액체배지 혹은 주모조에 이식하면 효모가 새로운 환경에서 증식하기 위한 적응 시간이다. 증식에 필요한 각종 효소, ATP, 필수적인 보조인자, 단백질 합성에 필요한 리보솜(ribosome)을 생합성하지만 세포증식은 거의 일어나지 않는다. 이때 효모 크기는 다양하게 나타난다. 특히, 효모는 세포증식을 위해 DNA를 복제하여 세포가 비대해지면서 불균형 성장을 하는 것을 관찰할 수 있다.

나. 대수증식기(exponential phase)

효모는 유도기에서 새로운 환경에 적응하는 준비가 끝나면 증식속도가 빨라지면서 세포수가 대수적으로 증가한다. 이때 호기적 조건하에서 효모가 포도당 해당과정과 TCA 회로를 거치면서 에너지 축적과 함께 효모균체가 증식한다. 이식 후 8~16시간 경과하면 효모가 출아증식을 하면서 이산화탄소가 발생하기 시작하고 20~24시간 경과하면 대수증식기($40{\sim}60{\times}10^6$cells/mℓ)에 도달하며 이때 배지온도가 상승한다.

효모증식은 배양조건에 큰 영향을 받는다. 특히, 주모조의 당 농도, 온도, pH, 용존산소, 교반속도 등은 증식속도와 배양시간을 좌우하는 인자들이다. 따라서 최적 생육조건하에서 효모는 균형성장을 하여 세포구성 성분의 합성속도와 세포분열속도가 거의 일치하게 된다. 이때 효모 크기와 모양도 일정하게 된다. 대수증식기에 도달하면 각종 대사산물로 인해 pH 3.5~4.5까지 급격히 떨어지면서 배지온도는 상승한다.

다. 정지기(stationary phase)

회분식 발효조에서 효모가 증식하면 각종 영양성분은 시간이 경과함에 따라 점점 고갈된다. 특히, pH 저하와 독성 대사산물의 축적으로 인해 증식속도는 점점 감소하여 마침내 효모증식이 정지상태에 이르는데 이 시기를 정지기라 한다.

효모는 대사과정에서 지방산을 베타산화(β-oxidation)시켜 아세트산(acetic acid), 호박산(succinic acid), 젖산(lactic acid), 프로피온산(propionic acid) 등 각종 유기산류가 부생(副生)되어 축적된다. 지방의 베타산화란 지방산이 진핵미생물의 지방산 수송체(fatty acid transporter)에 의해 세포내로 유입되어 산화되면서 저급지방산으로 분해되는 지방산대사를 말한다. 이때 지방산의 β-자리 탄소가 산화되어 acetyl-CoA로 전환된다. 이 acetyl-CoA는 TCA 회로에서 완전 산화분해 되면서 환원력은 GTP, NADH, $FADH_2$로 전환된다.

특히, 지방산의 베타산화로 생성된 프로피온산은 기질 내 Ca^{2+}이온과 반응하면 프로피온산칼슘(calcium propionate)이 되어 효모나 세균 등의 생육 억제능력(inhibition ability)이 증가하게 된다. 프로피온산칼슘은 가공식품의 방미제(防微劑)나 보존료로 이용되기도 한다. 이들 대사산물들로 인해 정지기에는 균체의 증식률(reproduction rate)과 사멸율(death rate)이 일치하게 된다. 효모수는 최대가 되지만 세포크기는 최소가 된다. 이 시기에 물리적인 작용이나 화학약품에 대한 내성은 강화된다. 내생포자를 형성하는 세포인 경우 포자도 이때 형성된다.

효모는 알코올발효가 40시간 이상 경과되면 노화가 시작된다. 발효시간이 경과함에 따라 사멸기에 접어들면서 액포(液胞, vacuole)의 크기가 점점 크게 되는 것이 특징이다. 또한, 액포 내에 미립자 움직임을 현미경으로 관찰할 수 있다. 액포 크기와 액포 내 미립자의 상태를 보면 노화와 발효 경과시간을 짐작할 수 있다.

이와 같이 회분식 배양(batch cultivation)에서 대사산물에 의한 억제효과를 완화하기 위한 대안으로 효모 균체농도를 증가시켜서 생산성과 수율증가를 시도하고 있다. 회분식 배양의 단점은 대사부산물 축적으로 인해 저해를 받지만 연속적으로 배지를 공급하면 축적되는 대사부산물이 희석되는 효과가 있다. 이와 같은 단점을 개선하려고 유가식 발효(fed-batch fermentation), 세포고정화를 위한 생체촉매개발,[150] 세포고정화, 응집성효모의 재순환에 의한 발효공정이 연구[151][152][153]되었으며 일부공정은 이미 상용화되었다.

---

[150] 千畑 一郞. 1985. 固定化生体触媒の開発. 醱酵工學. 63(5): 445-455

라. 사멸기(death phase)

사멸기의 특성은 효모의 증식률보다 사멸율이 높기 때문에 대수적으로 감소하게 된다. 각종 유발효소에 의한 세포구조의 파괴, 효소단백질의 변성과 실활(失活), 세포내 에너지 물질의 고갈, 각종 독성 대사부산물이 축적된 결과이다.

(3) 효모수 측정과 술덧관리

Lab에서 전배양된 종균을 주모조에 이식한 후 약 20~24시간 경과하면 대수증식기에 도달한다. 이때 배지온도가 상승하면서 탄산가스가 왕성하게 발생된다. 만약, 주모조의 온도, pH, 산소농도 등 배양조건이 나쁠 경우 대수기에 도달하는 시간은 지연되고 효모가 기형화되거나 야생효모가 증식할 가능성이 있다. 이 경우 2차 오염이 발생하여 효모배양을 실패할 수 있다. 대수증식기에 도달하면 공기공급(air diffuser)을 중지하고 냉각시켜 노화를 지연시키고 온도 상승에 의한 충격(heat shock)과 당 소모율이 감소할 수 있도록 한다.

효모수 측정은 현미경으로 Thoma 혈구계수기(Haemacytometer)의 시료 중 균체수를 직접 계수(計數)한다[그림 8-9]. 균체수 계측을 위한 여러 가지 계수기가 있지만, 일반적으로 효모, 곰팡이의 포자와 같이 세포가 비교적 크고 액체 중에 분산된 것은 혈구계수기를 사용하고, 세균은 하우저 계수기(Petroff-Hausser counter) 혹은 Helber 계수기를 사용한다.

혈구계수기와 카버글라스(cover glass) 부피 사이에 존재하는 효모의 총균수를 현미경으로 확인하여 시료 1㎖ 중에 포함된 균체수로 환산한다. 이 방법은 대부분 효모수 측정에만 활용되며, 세균은 너무 미세하여 측정하기가 어렵다. 만약, 시료 중 생균수를 측정하기 위해서는 평판배양법이 이용된다. 효모의 생균과 사균(死菌)을 신속히 구분하여 계측하고자 한다면 0.1% methylene blue 염색법을 활용한다.[154] 특히 효모의 경우 이 염색법에 따라 청색으로 염색되면 알코올발효 능력과 효모 활성이 현저히 떨어진 노화균 또는 사균(死菌)이라 판별한다.

---

[151] Nam K.D. *et al* 1987. Continuous Alcohol Fermentation Using Immobilized and Growing Yeast Cells. *Kor. J. Appl. Microbiol. Bioeng*. 15: 248-252.
[152] Watanabe T. *et al.* 1990. Production of Ethanol in Repeated-Batch Fermentation with Membrane- Type Bioreactor. *J. Ferment. Bioen*g. 69(1): 33-38
[153] Kita K. *et al.* 1990. Continuous High-Ethanol Fermentation from Cane Molasses by a Flocculating Yeast. *J. Ferment. Bioeng*. 69(1): 39-45
[154] 佐見 學. 1995. アルカリ性メチレンブルー染色法による酵母活性の測定. 日本釀造協會誌. 90(7): 536-541

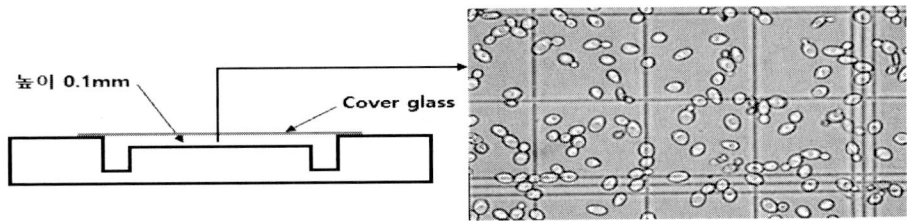

[그림 8-7] Haemacytometer에 의한 효모수 측정(× 600)

1) 효모수 측정법

① 시료를 백금이로 취해 혈구계수기에 적하(滴下)한 후 카버글라스를 덮는다 [그림 8-7].
② 현미경으로 1구획의 세포수(a)를 계측하여 4구획의 효모수 X(4a)로 환산한다.
③ 효모수를 계측할 때 그 칸의 두 변(ㄴ or ㄱ)에 포함된 것만 가산하고 나머지 두 변은 제외한다.
④ 효모수 계산 사례
- 4구획 부피: $0.05(L) \times 0.05(W) \times 0.1(H) \times 4 = 0.001(㎣)$
- 1㎖ 부피 환산: $1000(㎣/㎖)/0.001(㎣) = 10^6/㎖$
- 따라서 효모수 = $X \times 10^6$ cells/㎖ 이다.

2) 술덧 검경

에탄올발효 과정에서 술덧의 검경관리는 정상발효를 유도하는데 그 목적이 있다. 검경은 슬라이드글라스(slide glass) 위에 백금이로 술덧 한 방울을 적하하고 카버글라스로 기포가 생기지 않게 조심스럽게 덮는다. 현미경으로 효모의 형태와 사멸 여부, 잡균의 오염 상태를 시각적(視覺的)으로 검사하며 오염사례는 [그림 8-8]과 같다.

먼저, 효모의 상태와 효모수, 사균(死菌)의 대략적인 비율을 확인하면 발효 진행 상태를 알 수 있다. 잡균의 오염 여부 및 오염 정도를 확인하여 정상적인 발효가 될 수 있도록 적절한 대응을 하는 것이 매우 중요하다. 특히, 초산균의 오염은 가장 심각한 결과를 초래한다. 초산균은 에탄올을 초산으로 전환하기 때문에 술덧 중에 검출되지 않도록 철저한 공정관리를 한다. 초산균 생성은 원료의 분쇄에서부터 모든 공정에 걸쳐 철저한

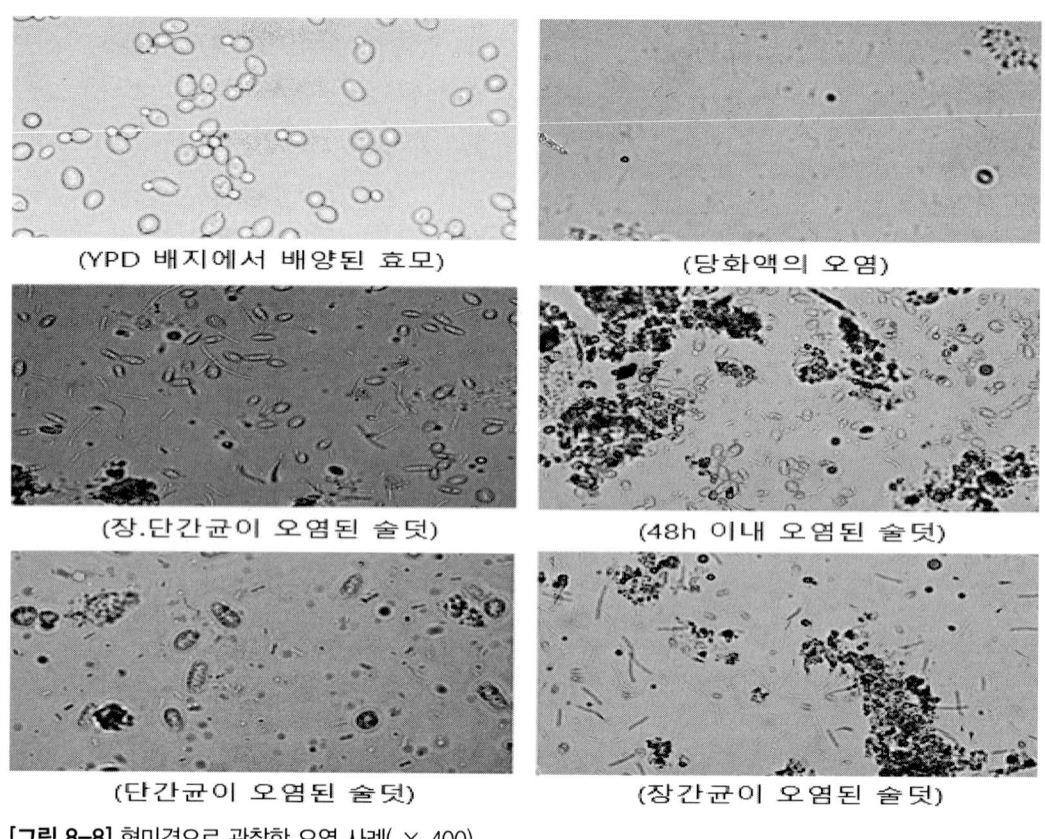

[그림 8-8] 현미경으로 관찰한 오염 사례(× 400)

HACCP 관리와 살균을 통해 차단할 수 있다. 알코올발효 공정은 미생물을 이용한다는 것을 항상 인지하고 살균과 세척을 철저히 하면 충분히 배제할 수 있다.

술덧에 초산균이 오염되면 술덧의 색깔은 갈색으로 변하며 심한 이취가 발생한다. 술덧의 알코올농도가 8% 이하이고 점도가 높을 경우 발생할 가능성이 있다. 그러나 최근 고역가의 효소와 발효능력이 우수한 효모 사용으로 인해 알코올농도 10% 이상 작업이 표준화된 이후 초산균 오염으로 인한 수율저하 사례는 보고된 바 없다.

3) 검경 방법

술덧의 검경을 위해 먼저 검체 시료를 확보하여 오염과 효모의 활성 여부를 다음과 같은 순서로 확인한다.

① 슬라이드글라스에 methylene blue 용액을 약간 묻혀둔다.

② 시료를 멸균된 백금이로 슬라이드글라스 위에 적하한다.

③ 커버글라스를 덮고 현미경으로 관찰한다. 이때 커버글라스를 슬라이드에 잘 밀착시킨 다음 천천히 기포가 생기지 않도록 조심해서 덮는다.

④ 효모의 상태와 잡균의 오염 여부를 확인한다.

효모는 세포벽을 보호하는 다당류의 활성이 낮거나 사멸하였기 때문에 염색된다. 따라서 염색되지 않은 생균의 비율을 쉽게 확인할 수 있다.

4) 특기 사항 및 대응 방법

① 효모균체는 노화가 진행 될수록 S. cerevisiae일 경우 전형적인 난형에서 길쭉하면서 쭈글쭈글한 부정형 또는 구형으로 변한다.

② 알코올발효가 왕성한 술덧 중의 효모균체 수는 원료 종류에 따라 약 100~150×10^6cells/㎖로 관찰된다.

③ 발효가 60시간 이상 경과하면 간헐적으로 장간균 계열의 세균에 오염되기도 한다.

④ 술덧의 잡균오염 여부 확인은 직당, 점도, pH, 산도를 확인한다. 이상이 있을 경우 정상발효를 유도하기 위한 필요한 조치(措置)를 신속히 취한다. 일반적으로 장간균보다 단간균이 조기(早期)에 오염되었을 때 수율저하가 일어난다. 분석결과에 따라 신선한 주모, 건조효모 또는 당화효소의 추가적 첨가 여부를 결정한다. 술덧의 효모가 대수증식기에 도달하지 못했거나 잡균 오염으로 술덧에 이미 대사 저해물질이 많이 생성되어 산도가 증가하고 pH는 저하되었을 경우도 있다. 이때는 발효가 50% 이상 진행된 다른 발효조에 분산하여 저해물질의 농도를 희석시켜 정상발효로 유도하는 조치가 필요하다. 검경 확인 후 오염정도의 표기 사례는 [표 8-5]와 같다.

[표 8-5] 현미경 관찰할 때 오염에 대한 표기사례

표기 방법	오염정도 및 효모 상태
G	오염균 없음, 효모 상태 양호
GV	오염균이 한 시야에 10cells 이하
+	오염균이 한 시야에 50cells 이하
++	오염균이 한 시야에 100cells 이하
++++	오염균이 한 시야에 100cells 이상

제9장 생산성향상을 위한 연구 사례

9.1 쌀보리의 최적 액화효소 및 수율 향상법

주정원료로 사용되고 있는 겉보리와 쌀보리 같은 맥류(麥類)의 경우 오탄당인 펜토산(pentosan)이 소량 포함되어 있다. 보리에 포함된 비전분 다당류(non-starch polysaccharides)는 약 70~75%가 글루칸(β-glucan)이고 나머지는 아라비노자일란(arabinoxylan)으로 구성되어 있다.[155] 이외에도 맥류에 포함된 펙틴(pectin), 미분쇄(微粉碎)된 보리등겨(맥피, 麥皮) 등은 증자과정에서 팽윤(澎潤, swelling)되어 점도 상승의 원인이 된다.

펙틴은 유리된 당류(糖類)나 Ca^{2+}이 있을 경우 겔(gel)을 형성하여 점도 상승을 조장(助長)한다. 맥류는 다른 전분질원료에 비해 상대적으로 전분가는 낮고 점도가 높기 때문에 맥류 이외의 주정원료와 같은 사입농도로 증자하기가 어렵다. 증자기에서 슬러리의 점도가 높아 교반효율과 열전달율이 떨어져 에너지소비는 증가하지만 증자효율은 감소한다. 당화조나 발효조에서 높은 점도로 인해 전분입자와 당화효소 또는 효모가 작용할 수 있는 접촉기회가 제한되므로 당화비율이 낮아지고, 발효 최적온도 관리에도 영향을 미치게 되어 결국 발효수율이 떨어지는 원인이 된다.

9.1.1 가수분해법에 따른 전분가 비교

원료 전분가는 사입 최적농도 결정, 예상 이론수율 계산을 위해 분석한다. 대부분 생

---

[155] Voragen A.G.J. et al. 1987. Non-starch Polysaccharides from Barley: Structural features and Breakdown During Malting. J. Inst. Brew. May-June 93: 202-208

산현장에서는 산가수분해법으로 전분가를 분석하고 있다. 현장 작업조건과 동일하게 효소가수분해법과 산가수분해법으로 전분가를 비교 분석하여 쌀보리의 수율저하 특성을 규명하고자 시도하였다[표 9-1].

[표 9-1] 가수분해법과 액화효소에 따른 전분가 분석

원료 종류	산가수분해 (SVa)	효소가수분해(SVe)	
		T120L	BAN240L
쌀보리	66.73	56.49 (84.7)	57.49 (86.2)
쌀	75.71	73.30 (96.8)	74.44 (98.3)

( )산가수분해 전분가에 대한 비율(%) = SVe÷SVa×100

쌀보리와 쌀의 전분가 함량을 분석한 결과, 전분가는 산가수분해법이 효소가수분해법보다 높았으며, 효소가수분해에 사용한 액화효소는 쌀보리와 쌀 모두 T120L보다 BAN을 사용 하였을 때 약간 높게 분석되었다. 특히, 쌀보리의 효소가수분해에 의한 전분가(SVe)가 낮은 이유는 액화효소와 당화효소에 의해 분해되지 않는 비발효성당인 β-glucan, pentosan과 같은 비전분 당류가 쌀보다 많이 함유한 기질 특이성[156][157]에서 기인된 것이다. 즉, 쌀보리의 비발효성 당분이 효소가수분해로는 분해되지 않았으나 강산에 의한 산가수분해법에서는 상당량이 환원당으로 가수분해 되었기 때문에 전분가 차이가 발생한 것이다. 쌀과 쌀보리의 전분가 분석결과에 나타난 바와 같이 액화효소는 T120L보다 BAN을 사용했을 때 전분가가 높게 검출되었다.

9.1.2 쌀보리의 실험실규모 알코올발효

(1) 액화효소 종류에 따른 쌀보리의 점도 변화

쌀보리 DM 25%의 기질에 액화효소인 T120L과 BAN을 넣고, 온도를 분당 1℃로 상승시키면서 쌀보리의 점도를 연속 측정하였다[그림 9-1].

두 효소 모두 60℃에서부터 점도가 급격히 상승하기 시작하여 65℃에서 최고 점도를 보였다. BAN을 사

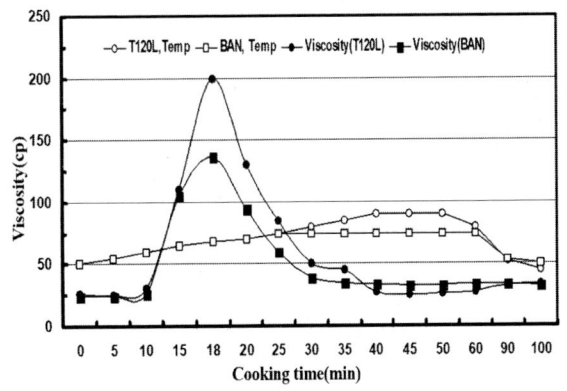

[그림 9-1] 쌀보리의 증자단계에서 시간에 따른 점도의 변화

---

156) Voragen A.G. *et al.* 1987. Non-Starch Polysaccharides from Barley Structural Features and Breakdown During Malting. *J. Inst. Brew.* 93: 202-208
157) F-860973 report-Industrial application Ⅲ. 1986. NOVO Industri A/S, Denmark.

용했을 때 점도는 147cP, T120L은 200cP를 기록한 후 18분경과 이후부터 급격히 감소하였다. BAN은 75℃/30min, T120L은 90℃/10min 유지 후 냉각시키면 점도는 각각 35cP, 27cP까지 떨어졌다.

(2) 쌀보리의 알코올발효

쌀보리 분체 750g을 수돗물로 3kg 되게 정확히 칭량한 후 잘 혼합한다. pH(5.6)를 확인하고 액화효소인 T120L 또는 BAN 넣는다. 이것을 히팅맨틀(heating mantle)에서 분당 1℃ 상승속도로 가온하여 T120L인 경우 90℃/10min 유지한다. BAN인 경우 75℃/30min 증자 및 액화를 한 후 58℃까지 냉각하여 당화효소를 투입한 다음, 1시간 동안 당화시킨다. 이 당화액을 250㎖ 삼각 플라스크(Erlenmyer flask)에 150g씩 정확히 분주하고 미리 전배양한 효모(starter)를 5㎖씩 접종한다. 이 삼각 플라스크에 자석 막대(magnetic bar)를 넣고 교반기(block agitator) 위에서 300rpm, 32℃에서 발효시킨다.

액화효소는 T120L 시험구(A·B·C)보다 BAN을 사용한 시험구(D·E·F)가 당화효소 종류에 관계없이 쌀보리 수율은 증가하였다[표 9-2]. 톤당 수율을 비교하면 액화효소는 T120L을 사용한 시험구(A·B·C)는 370~388ℓ인 반면, BAN을 사용한 시험구(D·E·F)는 379~392ℓ로 BAN이 쌀보리 액화에 적합하였다. 특히, 쌀보리 톤당 수율은 액화효소 T120L 사용한 A시험구보다 BAN을 사용한 D시험구가 4ℓ 증가하였다. 액화효소 종류에 관계없이 당화효소는 정제 당화효소와 조효소를 사용한 A, D시험구의 수율이

[표 9-2] 액화 및 당화효소에 의한 쌀보리의 수율변화(Lab scale)

구분	액화효소 사용량 (g/kg starch)		당화효소 종류 및 사용량 (g/kg starch)		노화 전분	발생량 $CO_2(g)$	YP/So[1] (g/g)	Yield[2] (ℓ/Ton)
A	T120L	0.2	RE+CE	0.36+5	ND[3]	10.50	0.395	388
B	T120L	0.2	SAN super(S)	1	ND	9.66	0.364	358
C	T120L	0.2	S+NZ188	1+0.18	ND	10.01	0.377	370
D	BAN240L	0.1	RE+CE	0.36+5	ND	10.60	0.399	392
E	BAN240L	0.1	SAN super(S)	1	ND	10.22	0.385	379
F	BAN240L	0.1	S+NZ188	1+0.18	ND	10.33	0.389	384

[1] Yp/so는 포도당이 에탄올로 전환율
[2] Yield는 수율(95% EtOH, ℓ/Ton) = SV(%) x 0.7154 x FR(%) x 10/0.95
[3] ND : 불검출,
  RE : 정제 당화효소(국산), CE : 조효조(국산), SAN super(S)와 NZ188는 당화효소(NOVO, Denmark)

액상 당화효소를 조합하여 사용한 시험구보다 훨씬 높게 나타났다. 이 실험에서 증자과정 중에 생성된 노화전분과 발효되지 않고 남은 잔류 환원당은 검출되지 않았다.

결론적으로 쌀보리의 에탄올발효는 BAN으로써 액화하고 정제효소와 조효소를 혼용하여 동시당화발효를 했을 때 가장 좋은 결과를 얻을 수 있었다. 쌀보리와 같은 맥류의 주정발효에는 반드시 조효소를 사용하고 이외 주정원료에도 조효소를 혼합 사용하면 수율향상과 발효시간을 단축시킬 수 있다. 조효소는 α-, β-, γ-amylase 외 여러 가지 미량 효소, 유기산류 등을 많이 포함한 복합당화효소로서 발효 특이성이 검증되었다.

9.1.3 쌀보리의 산업규모 알코올발효

(1) 액화효소에 따른 점도 영향

산업규모의 주정 발효조(용량: 117㎥)에서 액화효소의 영향을 비교하였다. 실험실규모 실험과 마찬가지로 산업규모의 알코올발효에서도 점도의 감소효과는 역시 BAN이 T120L 보다 훨씬 뛰어났다[표 9-3]. 고농도 증자를 할 때 T120L의 경우 70℃때의 점도가 647cP인데 비하여 BAN의 경우 237cP까지 현저하게 떨어지는 것이 확인되었다. 한편, 쌀을 기질로 한 경우 증자방법이나 액화효소의 종류에 상관없이 약 30cP로 아주 낮았다. 특히, BAN을 사용한 저온증자의 경우 고온증자보다 점도 감소 효과가 더 낮기 때문에 증자 슬러리 농도를 높일 수 있었다.

(2) 증자 온도의 영향

쌀과 쌀보리를 고온(120℃/1h) 및 저온(90℃/2h) 증자 조건[158]에서 BAN과 T120L로써 각각 액화하였다[표 9-3]. 증자 슬러리를 발효조에 이송하여 58℃까지 냉각한 후 정제효소와 조효소를 넣고 1시간 당화시킨다. 이어 32℃까지 냉각하여 미리 배양된 효모를 술덧 대비 10% 접종하여 동시당화발효를 수행하였다.

쌀보리의 경우 액화효소 BAN을 사용했을 때 T120L에 비해 점도 저하 효과가 뛰어

---

[158] Nam K.D. *et al*. 1987. Large Scale Alcohol Fermentation with cassava Slices at Low Temperature. *Kor. J. Appl. Microbiol. Bioeng*. 15: 75-79

났고, 최종 발효수율도 약간 높았다. 특히, BAN을 이용한 저온증자의 경우 고온증자에 비해 발효수율이 증가하였다. 이로써 실험실규모뿐 아니라 산업규모 발효에서도 BAN의 효과가 확인되었다. 쌀의 경우 T120L을 사용해도 기질의 점도는 전혀 문제가 되지 않았고, 발효수율도 BAN에 비해 약간 나은 반면 같은 조건하에서 쌀보리의 발효수율은 쌀에 대해 약 89.4%까지 올릴 수 있었다.

[표 9-3] 산업규모(117㎥) 발효에 사용한 액화효소 종류에 따른 점도 및 발효수율 비교

원료명	효소 종류 및 사용량[1](kg/Ton)		총당(%)	점도(cP) 70℃/40℃	EtOH(%)	YP/So[2]
쌀보리	T120L	0.127	18.18	647/47	9.03	0.394
쌀보리	BAN	0.058	18.56	237/36	9.25	0.395
쌀보리	BAN(LTC)[3]	0.109	18.54	210/33	9.27	0.397
쌀	T120L	0.127	18.09	<30	10.14	0.445
쌀	BAN(LTC)	0.055	17.34	<30	9.71	0.444

[1] α-amylase(액화효소) 사용량
[2] Yp/so는 포도당이 에탄올로 전환율
[3] 저온증자(LTC, low temperature cooking : 90℃/120min.

증자온도를 120℃에서 180℃까지 증가함에 따라 카르보닐화합물(carbonyl compound, 2가(價)기인 카르보닐기 =CO를 가진 화합물) 생성량은 비례적으로 증가된다.[159] 증자과정에서 환원당과 유리 아미노산이 Maillard 반응으로 글루코실아민(glucosylamine)이 생성되어 여러 단계의 반응을 거쳐 최종적으로 갈색의 고분자물질인 멜라노이딘(melanoidin)이 생성된다. 효모가 이용할 수 있는 발효성 당과 아미노산의 손실을 가져온다. 이 반응은 비효소적 갈변으로 효모에 저해작용을 하는 HMF(hydroxymethyl furfural), 캐러멜(caramel) 색소, 푸르푸랄(furfural) 등이 생성된다. 너무 고온에서 증자하면 온도와 pH에 의하여 메일라드 반응이 촉진되고 냉각이 지연되기 때문에 전분노화가 수반된다. 반면, 80℃ 이하에서 증자하면 효소반응이 늦어 발효가 지연되어 수율 저하를 초래하므로 증자 최적조건을 찾아야 한다.

BAN을 사용한 저온증자의 경우 캐러멜과 같은 반응생성물이 현저히 감소되기 때문에 술덧의 색으로도 쉽게 확인할 수 있다. 이들 성분이 감소하면 발효환경이 개선되고

---

[159] Lorenz K. *et al.* 1972. Starch Hydrolysis Under High Temperatures and Pressures. *American Association of Cereal Chemists, Inc., 3340.* Nov-Dec. pp.615-618

생물학적 폐수처리가 쉽다. 쌀보리 증자 및 액화공정은 기존 T120L을 사용한 고온증자보다 BAN을 사용한 저온증자가 유리하였다. 특히, BAN은 저온증자에서 액화능력이 우수하여 증자 에너지 및 교반 소요동력이 절약되었다. 증자 후 슬러리의 현열은 고온증자에 비해 낮기 때문에 냉각 시간과 에너지를 줄일 수 있는 장점도 있었다. 무엇보다 액화효율의 증가로 인해 혼합액이 균질화(均質化, homogenization)되어 오염원인이 될 수 있는 분체 알갱이의 형성을 막을 수 있어 고농도 술덧제조가 가능하였다.

쌀보리의 비발효성 탄수화물인 β-glucan은 세포벽 물질의 약 70%를 구성하는 혼합결합(mixed linkage)을 한 $(\alpha-1,3) \cdot (\alpha-1,4)$-$\beta$-D-glucan 외에, 리그닌, 헤미셀룰로오스, 다량의 조단백질 등이 고점도의 원인으로 추정된다.[160] 쌀보리의 β-D-glucan과 오탄당(pentosan) 함량은 각각 3.5%와 9.0%인데 반해 쌀은 0.2%와 3.5%를 함유한 것이 쌀보리가 쌀의 수배에서 수십 배 높은 β-D-glucan과 오탄당을 함유하고 있기 때문에 다른 원료에 비해 점도가 높고 발효비율이 낮은 직접적인 원인이었다.

액화효소 T120L 보다 BAN을 사용했을 때 원료 기질의 종류에 관계없이 환원당 생성량은 약 1% 증가되어 발효수율이 증가하였다. 쌀보리를 발효할 때 조효소 또는 정제효소와 혼용할 경우 발효수율은 항상 증가하여 맥류원료에 대한 조효소의 특이성이 입증되었다.

주정 및 바이오에탄올 생산용 액화 및 당화 효소 성능이 향상된 제품이 지속적으로 개발되고 있으므로 현재 사용하고 있는 효소와 비교실험을 통해 최적의 효소를 선발(選拔)하여 사용한다.

9.2 주정폐액을 재사용한 알코올발효

주정폐액은 원심분리 한 여액을 증자공정에서 사입용수로 대체 사용 가능한 혼합비율과 재사용 횟수에 따른 총고형분 농도 변화를 검토하였다. 여액을 사입용수 대체사용에 따른 용수 절감효과와 발효수율,[161] 농축에 소비되는 에너지의 절감 가능성을 검토

---

[160] Godfrey T. et al. 1983. Industrial Enzymology-The Application of Enzymes Industry. The Nature Press. Hong Kong. pp.179-193

하였다.

슬러리 제조에 재사용하기 위해 요탑에서 나오는 주정폐액을 원심분리 한 결과, 원료에 따라 COD 21~39.2%, SS 65.3~75.3%, 총고형분 33.7~45.5%가 각각 제거되었다[표 9-4].

9.2.1 실험실규모 알코올발효

[표 9-4] 주정폐액을 원심분리 한 여액의 분석결과

분석항목/농도 (mg/ℓ)		쌀보리	타피오카	절간
CODCr	in	70,410	37,410	44,427
	out	42,811	29,570	29,952
	제거율 (%)	39.2	21.0	32.7
현탁성 고형분 (SS)	in	29,350	16,850	21,100
	out	10,167	4,667	5,200
	제거율 (%)	65.3	72.3	75.3
총고형분 (TS)	in	68,097	34,020	84,011
	out	37,050	22,500	52,000
	제거율 (%)	45.5	33.7	38.1

☞ 모든 분석은 10회 평균값, 원심분리 여액의 제거율(%)
☞ 원심분리기 원심력 ×2100g

원심분리 한 여액과 수돗물을 일정량 혼합하여 분체와 잘 혼합시킨 다음 내열성 액화효소인 T120L을 넣고 히팅맨틀 위에서 90℃까지 가온하여 30분간 액화 후 121℃/20분간 살균하였다. 이것을 60℃까지 냉각한 후 당화효소와 조효소는 산업규모와 동일한 사용비율만큼 넣어 당화시킨 다음, 500㎖ 삼각 플라스크에 250g씩 정확히 분주하였다. 여기에 미리 배양한 효모 5㎖씩 접종하여 32℃에서 발효시켰다. 위와 동일한 방법으로 수돗물 대신 원심분리 한 여액을 30%, 50% 및 100%까지 대체하여 슬러리를 제조하였다.

발효수율은 여액 대체비율 50%까지는 대조구에 비해 차이가 없거나 약간 증가하였으며 여액을 100% 대체했을 경우 65.16%까지 현저히 감소하였다[표 9-5].

[표 9-5] 여액을 사용한 쌀보리의 알코올발효(Lab scale)

분석항목 (농도 %)	증자 용수를 여액으로 대체한 비율			
	대조구	30%	50%	100%
총당	20.36	20.42	20.56	21.69
잔당	1.65	2.31	2.45	2.95
EtOH	10.55	10.58	10.79	9.10
발효비율	80.47	80.46	81.50	65.16
총고형분	5.25	6.25	6.40	9.70
CODCr (mg/ℓ)	43,030	55,800	60,800	77,440
pH (initial/final)	5.37/4.40	5.20/4.50	5.00/4.60	4.79/4.58

여액 중 비발효성 유기물질인 단백질, 사멸한 효모 등이 어느 수준까지는 조성제(助成劑) 역할을 하여 발효수율을 향상시키는 효과가 있었다. 그러나 여액 사용비율 증가와 반복 사용으로 인해 염류성분들이 농축되면서 총고형분 농도가

---
[161] Richard, P. E. et al. 1985. Grain Sorghum Stillage Recycling: Effect on Ethanol Yield and Stillage Quality. *Biotech. Bioeng.* 27: 1735-1738

함께 증가되었다. 이로 인해 삼투압 증가, 발효과정에서 생산된 대사산물의 축적, 점도 상승으로 인해 효모가 저해작용을 받게 된다. 여액 사용량 증가에 따라 발효과정에서 불순물의 생성량도 증가하였다.[162]

발효 후 단증류를 하고 남은 잔액(殘液)의 총고형분 및 COD는 여액 재사용량 증가에 따라 COD 및 총고형분 함량이 비례적으로 증가되었다[표 9-5]. 여액을 100% 사용했을 때 COD와 총고형분 농도는 각각 1.8배, 1.85배까지 증가하였다. 초기 술덧의 pH는 여액의 재사용량 비율 증가에 따라 약간씩 낮아졌으며, 잡균 오염 여부는 methylene blue 염색법으로 관찰하였으나 오염은 없었다.

9.2.2 파일럿규모 알코올발효

실험에 사용한 파일럿발효조(총용량: 2,172ℓ, working volume: 1,662ℓ)는 교반속도, 온도 및 공기공급량을 조절할 수 있도록 제작하였다. 파일럿발효조에서 타피오카 분체(292㎏) 대비 질소원으로 황산암모늄 $(NH_4)_2SO_4$ 0.05%(w/w) 첨가 및 여액과 사입용수 일정량을 잘 혼합하여 액화효소를 넣은 다음 자체증자를 한 후 1.5㎏/㎠/h 살균하였다. 이것을 60℃까지 냉각한 후 당화효소와 조효소를 넣고, 1시간 당화 후 32℃까지 냉각하여 미리 배양된 효모 10%를 접종하여 발효하였다.

Lab scale 실험결과에서 확인된 바와 같이 여액을 50%까지 대체하였을 때 알코올발효 수율은 약간씩 증가하였다. 파일럿규모 실험에서는 술덧 제조에 필요한 사입용수 중 여액 50%와 70%를 대체하여 파일럿발효조에서 자체 증자한 후 동시당화발효를 수행하였다.[163] 사입용수를 여액으로 50% 및 70% 대체했을 때 최종 발효수율은 각각 84.63% 및 84.71%로 산업규모의 생산현장에서 얻은 평균 발효수율보다 약간 높았으며, 타피오카 여액 70%까지 대체 가능한 것으로 확인되었다[표 9-6]. 그러나 70%이상을 대체 사용했을 때 파일럿발효조에서 자체증자를 하였기 때문에 교반강도 등 제한적 요인으로 인해 원료의 균질화가 잘 되지 않아 발효실험이 어려웠다. 산업규모에서는 슬

---

[162] Leppanen O. *et al.* 1978. The Re-used of Stillage Water in the Mashing of Grain as a Means of Energy Conservation. *J. Inst. Berw.* 84: 115-117
[163] Ronkainen P. *et al.* 1978. The re-use of Stillage Water in the Mashing of Grain as a Means of Energy Conservation. *J. Inst. Brew. March-April.* 84: 115-117

[표 9-6] 여액을 사용한 파일럿규모 발효 (타피오카)

분석항목 (농도 %)	원심분리 한 여액의 사용 비율	
	50%	70%
총당	18.57	19.14
잔당	2.24	2.23
EtOH	10.13	10.44
발효비율	84.63	84.71
pH (initial/final)	5.00/5.13	500/5.00

러리 제조는 혼합기(line mixer)와 고속균질기를 사용하였기 때문에 작업은 가능하였으나 여액 70% 이상 대체했을 때 수율이 저하되었다. 발효 잔당의 경우 평균 잔당에 비해 여액을 사용한 시험구에서 약간씩 높게 검출되었다. 이것은 여액 중에 잔존하는 비발효성 환원당의 농도가 누적 증가한데서 기인된 것이다. 알코올발효가 용이한 타피오카는 최대 여액 70%까지 대체 가능하였다.

[표 9-7] 여액 70%를 대체한 절간의 알코올발효 (파일럿발효조)

여액 재사용 회수	총당 (%)	잔당 (%)	점도 (cp)	EtOH (%)	발효비율 (%)
수돗물만 사용	15.99	0.92	250	8.71	84.59
여액 1회 사용	15.78	1.03	590	8.59	84.54
여액 2회 사용	15.88	0.96	670	8.46	84.33

절간은 맥류와 마찬가지로 점도 상승 때문에 고농도사입이 어렵다. 술덧은 고점도로 인해 냉각지연 등 알코올발효가 비교적 까다로운 절간 여액도 70%까지 대체 사용하여 알코올발효를 수행한 결과, 술덧의 점도는 대조구보다 2배 이상 증가하였으나 알코올발효 수율은 비슷하였다[표 9-7]. 술덧을 증류한 여액을 1회 재사용한 경우 점도는 2.36배 증가하였으나 발효수율은 비슷하였다. 여액은 2회 반복 사용했을 때 점도는 수돗물만 사용한 시험구보다 2.68배나 증가하였으며 최종 발효비율은 84.33%로 오차범위에서 비슷하였다. 3회 이상 재사용하면 발효수율은 점점 감소하기 시작하였다. 여액의 재사용량과 반복사용 횟수 증가에 따라 점도 상승 이외에 각종 유·무기물, 중금속, 2차 발효부산물, 페놀혼합물(phenolic compounds) 등 독성물질과 삼투압이 증가되었기 때문이다.

9.2.3 산업규모 알코올발효

산업규모 생산현장에서 표준작업의 변경이나 scale up 실험의 검증은 생산수율과 제조원가에 직결되므로 실험 자료의 정확성과 신중한 결단이 필요하다. 산업규모 알코올 발효에서 파일럿스케일 실험결과를 바탕으로 증자 슬러리 제조에 필요한 사입용수 30%를 여액으로 대체하여 발효수율을 검증하였다. 타피오카, 절간, 쌀보리를 198~437회(평균 298회) 알코올발효를 수행하였다[표 9-8].[164]

[표 9-8] 산업규모 발효조(117㎥)에서 수돗물 사용과 여액 30%를 대체한 알코올발효

원료 종류	증자 용수	총당 (%)	잔당 (%)	EtOH (%)	발효비율 (%)	YP/So	실험횟수
타피오카	수돗물만 사용	19.74	1.82	10.39	81.74	0.417	198
	여액 30% 대체	19.63	1.72	10.39	82.20	0.420	254
절간	수돗물만 사용	16.97	1.00	8.41	83.77	0.428	359
	여액 30% 대체	15.25	1.11	8.29	84.42	0.405	279
쌀보리	수돗물만 사용	16.97	1.84	8.40	76.87	0.392	437
	여액 30% 대체	16.63	1.75	8.29	77.98	0.396	360

여액 30%를 대체했을 때 수돗물만 사용한 대조구에 비해 타피오카, 절간, 쌀보리의 발효비율은 0.46~1.11%가 높았다. 산업규모 알코올발효에서도 여액은 술덧 제조에 필요한 수돗물 30%까지 대체 가능하다는 것이 검증되었다. 수돗물 30%를 여액으로 대체할 수 있어 이에 상응하는 수돗물이 절약되었다. 여액의 재사용은 효모에서 기인된 미지성장인자(未知成長因子, unknown growth factors) 등으로 발효수율이 향상되었다. 여액을 재사용한 주정폐액은 비발효성 유기물질과 총고형분 농도가 증가하여 단미사료(單味飼料, single ingredient)인 주정박을 생산할 때 농축 비용이 절감되는 부수적인 효과도 있다.

결론적으로 원료 종류에 관계없이 원심분리 한 여액을 수율저하 없이 수돗물을 30%까지 대체할 수 있다는 것이 검증되었으며 이에 상당하는 수돗물을 절약할 수 있었다.

---

[164] 남기두 외. 1997. 주정 증류폐액의 재사용에 의한 산업규모의 알코올발효. *한국생물공학회지*. 12(4): 414-417

9.3 고온균주를 이용한 알코올발효

9.3.1 고온균주 개발

고온균주에 의한 바이오에탄올 생산 공정이 실용화되면 지금까지 에너지 다소비산업으로부터 한 단계 진보된 공정이 될 것이다. 주정생산은 원료가 제조원가에 차지하는 비중이 매우 높다. 생산수율을 높이고 발효과정에서 고온에 노출되어도 수율감소나 온도 충격을 덜 받는 고온균주의 개발이 요구되어 왔다.

고온균주를 사용하면 음용주정과 바이오에탄올 생산 공정에서 수율감소를 피할 수 있고 냉각에너지가 절감되어 생산비용이 감소된다.[165] 고온균주의 실용화는 운전 단순화, 생산성 증가로 일일 생산능력 증가도 가능해 진다. 신설공장의 경우 냉각장치(chiller)를 하지 않아도 되기 때문에 초기 투자비를 절감할 수 있다. 주정공장은 생산수율 극대화 및 원가절감 차원에서 고온균주의 탐색[166] 및 실용화는 하절기 냉각수의 온도상승으로 인한 발효 적온관리에 어려움을 해결할 수 있는 대안이다.[167]

고생산성 및 고온균주가 개발되어 실용화되면 무엇보다 생산관리가 쉬워진다.[168][169] 고온균주는 여름철 고온노출로 인한 수율감소를 극복할 수 있을 뿐 아니라 냉각에 필요한 에너지를 절감할 수 있어 용수부족과 수온 상승으로 인한 발효환경을 크게 개선할 수 있다.

9.3.2 정상과 고온 발효

타피오카, 옥수수, 쌀보리는 기존공정의 증자 슬러리를 파일럿발효조(single CSTR)에

---

[165] Wallace-Sainas V. *et al.* 2013. Adaptive evolution of an industrial strain of *Saccharomyces cerevisiae* for combined tolerance to inhibitors and temperature. *Biotechnology for Biofuels*. 6: 151
[166] Nam K.D. *et al.* 1988. Screening of Thermotolerant Yeast Strain for Ethanol Fermentation. *Kor. J. Appl. Microbiol. Bioeng.* 16: 265-269.
[167] 남기두. 1997. 고온균주에 의한 연료용 알코올발효. *주류공업*. 17: 70-78
[168] Sohn H.Y. *et al.* 1994. Screening and Characterization of Thermotolerant Alcohol Fermentation. *J. Microbiol. Biotechnol.* 4: 215-221
[169] Sohn H.Y. *et al.* 1994. The Fermentation Characteristics of Newly Selected Thermotolerant Yeasts at High Temperature. *J. Microbiol. Biotechnol.* 4: 222-229

이송 받아 실험하였다. 정상발효(33℃)와 고온발효(39℃)는 각각 전배양 된 S. cerevisiae IFO 1-84와 RA-74-2를 접종하여 발효하였다. 고온발효는 발효가 진행되는 동안 술덧 온도는 조절하지 않았고 알코올발효를 각각 30ℓ 발효기(Jar fermenter)와 파일럿발효조 (total volume 2,172ℓ, working volume 1,662ℓ)에서 수행하였다.

(1) 30ℓ 발효기에서 고온발효

30ℓ 발효기에서 고온발효를 수행한 결과, 알코올발효 속도는 옥수수의 경우 초기단계는 고온균주인 RA-74-2(-○-)가 빨랐으나 시간이 경과함에 따라 발효비율 증가가 미미하였다[그림 9-2A].

온도변화는 옥수수 술덧의 정상발효(S. cerevisiae IFO 1-84, -●-)의 경우 12시간 적응 이후 대수증식과 동시에 36시간까지 알코올발효가 왕성하게 진행되면서 온도가 상승하였다[그림 9-2B]. 이때 술덧의 온도가 35℃까지 상승하였기 때문에 최적온도 유지를 위해 33℃까지 냉각시켰다. 48시간 경과부터 다시 온도가 35℃까지 상승하였으나 온도는 점점 실온으로 떨어졌다[그림 9-2B]. 알코올발효 초기단계에서 균체증식과 알코올발효가 왕성할 때는 발효조 외부의 방열 손실보다 내부 알코올발효 물질대사 생성열이 높기 때문에 술덧의 온도가 상승하였다. 알코올발효가 60시간 이상 경과

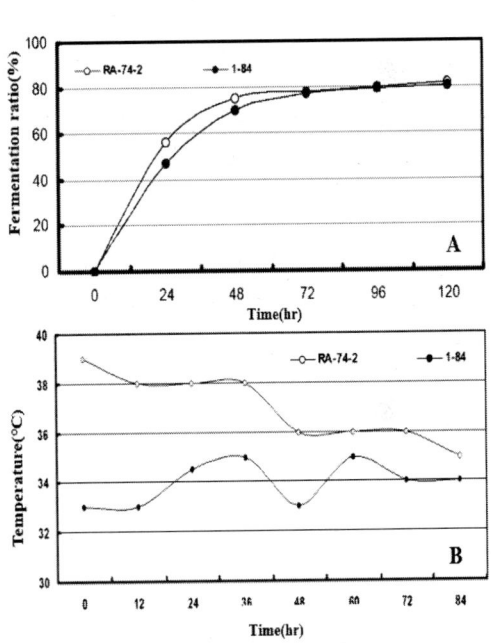

[그림 9-2] 30ℓ 발효기에서 S. cerevisiae IFO 1-84는 33℃ (-●-)에서 고온균주인 RA-74-2는 39℃ (-○-)에서 알코올 발효 (A)와 온도의 변화 (B)

하면 발효조 내부 알코올발효에 의한 대사생성열은 발효조의 방열 손실보다 적기 때문에 술덧의 온도는 실온까지 떨어지게 된다. 술덧의 온도는 계절에 따라 발효조의 외부 실온에 크게 영향을 받는다.

한편, 고온균주(RA-74-2, -○-)에 의한 알코올발효 온도는 39℃의 술덧이 12시간까지

떨어지다가 이후부터 36시간 경과할 때까지 효모의 대수증식기와 왕성한 알코올발효로 인해 38℃가 유지되었다. 48시간까지는 다시 온도가 떨어져 후발효가 진행되는 동안 36℃가 72시간까지 유지되었다. 이후 후발효가 완료됨에 따라 물질대사 생성열이 없어 실온까지 떨어졌지만 술덧의 온도가 35℃로 정상발효보다는 높았다.

(2) 파일럿발효조에서 고온발효

30ℓ 발효기와 동일한 조건으로 파일럿발효조에서 정상발효와 고온발효를 수행한 결과, 타피오카, 옥수수, 쌀보리의 발효비율은 정상발효보다 고온발효 했을 때 0.87~1.16%(원료 톤당 4.4~5.9ℓ)가 낮았다[표 9-9]. 파일럿발효조에서 알코올발효가 진행되는 동안 술덧의 온도변화는 30ℓ 발효기와 비슷한 경향을 보였다.

[표 9-9] 파일럿발효조에서 고온발효 결과

원료 종류	타피오카		옥수수		쌀보리	
	정상발효	고온	정상	고온	정상	고온
전분가 (%)	73.00		68.21		66.55	
발효비율 (%)	84.46	83.42	81.41	80.25	79.00	78.13
수율* (ℓ/Ton)	459.7	454.0	414.0	408.1	392.0	387.6

*수율 (ℓ/Ton) = SV% × 10 × FR × 0.7154 × 0.99/0.95

결론적으로 고온발효는 정상발효보다는 수율이 떨어지므로 고온균주의 상용화는 어렵다. 그러나 대량생산이나 음용주정 및 바이오에탄올 생산에 있어 하절기에 한시적 적용은 가능하다고 판단되었다. 아열대지방의 바이오에탄올공장은 냉각수 온도가 높기 때문에 활용 가능성이 높다. 하절기 고온노출로 인한 수율저하를 감소하기 위해 한시적으로 고온성 효모인 *S. formosensis* Nakazawa를 혼합 배양하는 대안도 있다.

9.4 전분질원료의 연속발효

9.4.1 연속발효의 종류

연속발효는 발효조 개수에 따라 단일 발효조(SF, single fermenter)에 의한 연속발효와 Cascade 연속발효(CF)가 있다. CF 연속발효는 발효조 2~9개가 직렬로 배치되고, 술덧의 흐름은 첫째 발효조에서 마지막 발효조까지 자연 수두압으로 흘러가거나 펌프 이송에 의한 연속발효를 "Cascade 연속발효"라 한다.

상용화된 SF 연속발효는 전술한 Biostil 공정이 대표적이며, 이외 대부분의 연속발효는 CF 연속발효 공정이다. CF 연속발효 탱크 용량과 수량은 사용하는 원료의 종류, 최종 목표하는 발효수율에 따라 다르게 설계한다. 무엇보다 발효조 수량은 목표 발효수율을 달성하기 위해 술덧 흐름은 plug-flow를 구현할 수 있도록 설계해야 한다. 발효조 용량이 크면 클수록 불완전한 혼합유동(mixing flow)이 일어나므로 가능한 완전혼합에 가까운 조건을 만들어야 한다. 발효조 내부에 구획(compartment)을 만들거나 baffle을 설치하여 혼합효율을 증가시킬 수 있는 혼합기술(mixing technology)을 응용하여 설계한다.

9.4.2 다단발효조에 의한 연속발효

파일럿규모의 다단발효조(multi-stage CSTR)에서 연속발효의 특성과 알코올생산성을 검토하여 향후 공장 이전 또는 증설공장에 적용 가능성을 확인하는 시도였다. 다단발효 공정은 70% 알코올과 스팀으로 살균하였다. 슬러리 제조는 분체를 DM 25% 기준으로 혼합조(V1)에서 1일 2회 제조하여 연속적으로 공급하였다[그림 9-3]. 이 혼합액은 이송 펌프로 예비증자기(precooker, 60℃/5.4min)를 거쳐 주 증자기에 유입된다. 증자는 저온연속 증자하여 냉각 콘덴서를 거쳐 당화조(V3)에 유입시켜 60℃에서 당화시킨다. 이 조건에서 당화액은 원료에 따라 DE 75~85%에 이른다. 이 당화액을 효모 배양조(V4) 및 전발효조(V5)에 유입하여 0.025vvm의 호기적 조건으로 효모를 증식시킨다. 전발효조(V5)의 유출액은 발효조 V10까지 자연수두(水頭)로 이송되면서 발효가 완료되도록 설계하였다. V6~V10까지는 혐기적 조건으로 운전하고 알코올 발효과정에서 발생되는 술덧의 온도는 내부 냉각코일로 32±1℃가 자동 조절된다.[170]

S. cerevisiae IS-019 효모의 단독배양(SCM, single cultivation mode)과 술덧재순환(MRM, mash recycling mode) 그리고 *S. cerevisiae* IS-019와 응집력이 있는 *S. uvarum* IS-026을 혼합배양(MCM, mixed cultivation mode)으로 운전방법을 달리하여 발효능력과 생산성을 검토하였다.

---

[170] 남기두 외. 1992. Pilot Scale Multi-stage CSTR에서 전분질원료의 연속 에탄올발효. *한국산업미생물학회지*. 20(3): 324-328.

연속발효의 희석률(dilution rate) 결정은 회분식 산업규모 공정과 같이 평균수율(D = 0.017h-1) 이상 얻을 수 있도록 설계하였다. 연속발효 공정에서 발효조에 유입되는 슬러리의 당화공정은 최적의 당화효소 선택과 당화조건을 확립하는 것이 중요하다. 발효수율은 당화수율, 온도, 효모의 물질대사 부산물 농도가 효모 생존율에 영향을 미친다. 예를 들면, 발효술덧이 최적온도를 초과하여 36℃ 이상 고온에 노출되면 효모 생존율과 발효수율은 떨어진다. 고온 노출 시간이 길면 알코올발효에 소요될 기질이 균체 생존을 위해 내열성 단백질(Hsp, heat shock proteins) 생성에 소모되므로 기질 손실을 가져 온다. 특히, *S. cerevisiae*는 고온 노출과 물리·화학·생물학적 스트레스가 가중되면 스트레스 반응으로 Hsp 단백질이 효모균체에 고농도로 축적하게 된다.[171][172]

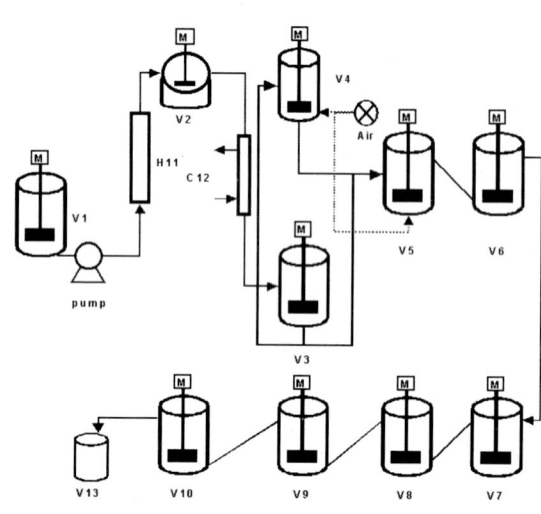

[그림 9-3] Multi-stage CSTR 연속발효 공정
V1 : 혼합조, V2 : 연속증자기, V3 : 당화조, V4 : 연속 효모배양조, V5 : 전발효조, V6~V10 : 다단발효조, V13 : 술덧 저장조

가능한 생산성과 발효수율 향상을 위해 효모의 스트레스 요인을 감소시켜 주고, 원료에 부족한 무기질과 질소원은 보충할 필요가 있다. 연속발효 공정에서 효모를 회수하여 장기간 반복 사용하면 균체는 노화와 자가분해가 일어난다. 효모균체수는 많으나 효모의 활성이 떨어지고 알코올발효 능력도 감소하여 결국 발효수율과 알코올생산성이 감소하게 된다. 대안으로 고농도의 효모균체와 활성 유지를 위해 영양원을 공급한다. 이외에도 다양한 발효조의 개발, 응집성 효모를 이용한 균체 재이용 및 속성발효 연구가 시도되고 있다.

---

[171] Fujita K. *et al*. 1998. Hsp104 Responds to Heat and Oxidative Stress with Different Intracellular Localization in Saccharomyces cerevisiae. *Biochemical and Biophysical Research Communication* 248: 542-547
[172] Fujita K. *et al*. 1998. HSO104 Expression and Morphological Changes Associated Disinfectants in *Saccharomyces cerevisiae*: Environmental Bioassay Using Stress Response. *Wat. Sci. Tech.* 38(7): 237-243

9.4.3 알코올생산성 검토

다단발효조의 운전은 당화조가 오염되지 않는 한 30~60일간 안정적인 연속운전이 가능하였다. 쌀보리 연속발효의 생산성(EtOH g/ℓ·h)은 효모의 단독배양(SCM) 1.20, 술덧 재순환(MRM) 1.19, 혼합배양(MCM) 1.19를 각각 얻었다[표 9-10].[173]

[표 9-10] 회분식 및 연속발효 공정에서 얻은 생산성의 비교

공정	실험수(회)	원료	총당(%)	D(h^{-1})	EtOH (g/ℓ)	수율 (g/g)	생산성 (g/ℓ·h)	Ref. or source
회분식 발효	358	옥수수	18.89		81.7	0.432	0.61	This work
	13	쌀보리	18.82		76.4	0.406	0.61	This work
	9	옥수수	18.26		77.5	0.424	0.65	This work
	65	타피오카+옥수수	18.85		81.3	0.431	0.64	This work
	255	옥수수+쌀보리	18.93		79.6	0.421	0.63	This work
	33	옥수수+절간	19.05		73.4	0.438	0.58	This work
연속 발효		당밀					2.00	Ref.[174]
	D-AS[1]	insoluble starch	10.00		37.0		1.55	Ref.[174]
	SCM[2]	옥수수	17.37	0.017	76.1	0.438	1.29	This work
		쌀보리	17.61	0.017	71.4	0.405	1.20	This work
		쌀보리	17.61	0.200	52.3	0.297	10.5	This work
	MCM[3]	쌀보리	17.56	0.017	70.9	0.404	1.19	This work
		쌀보리	17.56	0.200	55.0	0.313	11.0	This work
	MRM[4]	쌀보리	17.29	0.017	71.0	0.411	1.19	This work
		쌀보리	17.29	0.200	60.8	0.351	12.2	This work
	공정화	당밀					28.6	Ref.[174]
	Free cell	당밀					3.35	Ref.[174]
	D-AS	insoluble starch	5.0		20.0		2.00	Ref.[174]
	Cell recycle	환원당	10.0				29.2	Ref.[174]

[1] 아밀라아제와 효모 고정(D-SA, system of soluble-auto-precipitating enzyme and a flocculating yeast.
[2] 단독배양법(SCM,, single cultivation mode by *S. cerevisiae* IS-019)
[3] 혼합배양법(MCM, mixed cultivation mode by *S. cerevisiae* IS-019 and *S. uvarum* IS-026)
[4] 요재순환법(MRM, mash recycling mode by *S. cerevisiae* IS-019)
☞ 회분식 발효(117㎥)는 주모를 합병 후 1.5시간만 air diffuser로 공기를 공급하였고, 연속발효는 공기공급을 0.025vvm 조건으로 실험하였다.

많은 연구자들은 산업기질 대신 합성배지를 사용하여 높은 생산성을 보고하였다. 그

---

[173] 남기두 외. 1994. Pilot Scale Multi-stage CSTR에서 전분질원료를 이용한 알코올 생산. *한국산업미생물학회지*. 22(1): 80-84
[174] Hoshino K. et al. 1990. Continuous Ethanol Production from Raw Starch using a Reversibly Soluble-Autoprecipitating Amylase and Flocculating Yeast Cells. *J. Ferment. Bioeng.* 69(4): 228-233

러나 실제 산업현장에서 발효조 용량설계에 활용할 수 있는 생산성은 알코올발효 수율 80%(YP/So= 0.41) 이상에서 얻은 생산성이어야 의미가 있다. 산업규모의 회분식 알코올 발효에서 얻을 수 있는 생산성은 원료기질에 따라 다르나 고구마와 타피오카를 혼합 사용했을 때 0.58g/ℓ·h으로 가장 낮았다. 회분식 발효조 용량을 설계할 때 우리나라와 같이 다양한 원료를 사용할 경우 발효수율이 낮고 발효환경이 가장 어려운 원료의 최소 생산성(0.58~0.64g/ℓ·h)을 기준하여 설계해야 한다. 맥류는 다른 주정원료와 C/N비를 고려하여 생산계획을 수립하면 맥류의 단점이 보안되어 생산성을 증가시킬 수 있다.

쌀보리는 다단연속발효에서 회분식 발효에 비해 약 2배 높은 생산성(1.19~1.20g/ℓ·h)을 얻었다. 다단연속발효에서 얻은 생산성을 기준하면 기존의 회분식 발효보다 약 50%의 발효조 용량으로써 동일한 알코올을 생산할 수 있다. 하지만 음용주정 생산이 목적이고, 일일생산량(daily production capacity)이 지정되어 있고 수율 지향적인 우리 실정에는 연속발효 공정이 적절하지 않다는 결론을 얻었다.

알코올생산성은 회분식이나 연속발효에서 낮은 알코올농도와 균체농도에 제한을 받는다. 연속발효에서 낮은 수율은 산소 부족에서 기인[175]되는 경우가 있다. 따라서 본 연구에서는 공기공급율 0.025vvm에서 실험하였다. 그러나 0.125vvm 이상에서는 알코올 생산성이 점점 감소[176]하므로 Cysewski 등은 0.1vvm에서 기질농도 10g/ℓ에서 29g/ℓ·h의 높은 생산성을 보고하였다. 그러나 앞에서도 언급하였듯이 경제적인 알코올농도와 발효수율 이하에서 얻은 생산성은 산업적인 관점에서 보면 의미가 없다.

또한, Kida 등은 총당 20%의 당밀 기질로부터 응집성효모를 이용한 연속발효 공정을 개발하였다. 발효조 두 개를 직렬로 연결한 칼럼 발효조 상부에 확장구역(expansion zone)을 두었다. 발효조의 유출액(술덧)은 이 확장구역에서 유속이 떨어져 술덧 중 효모가 쉽게 응집하여 침전되도록 설계하였다. 두 번째 발효조의 생균 효모수가 10^9cells/ml 이상일 때 20.3g/ℓ·h(에탄올농도 81g/ℓ, 희석율 0.25h-1)의 높은 생산성을 얻었다고 보고하였다.[177] 이 생산성은 산업규모 회분식 발효조와 비교하면 쌀보리 0.58~0.64g/ℓ·h에 비

---

[175] Cysewski G.R. et al. 1978. Process Design and Economic Studies of Alternative Fermentation Methods for the Production of Ethanol. *Biotechnol. Bioeng.* 20: 1421-1444
[176] Ghose T.K. at al. 1979. Rapid Ethanol Fermentation of Cellulose Hydrolysate. I. Batch Versus Continuous Systems. *Biotechnol. Bioeng* 21: 1387-1400
[177] Kida K. et al. 1990. continuous High-Ethanol Fermentation from a Flocculating Yeast. *J. Ferment. Bioeng.* 69(1): 39-45

해 35배나 높다.

    연료용 바이오에탄올은 제조원가를 낮추는 것이 무엇보다 중요한 점이다. 바이오에탄올 생산 공정 중 증류과정에서 에너지가 가장 많이 소비된다. 증류공정에 소비되는 에너지 절감을 위한 대안으로써 술덧으로부터 에탄올을 직접 회수하는 연구가 진행되고 있다. 술덧으로부터 응집성 효모를 침전시켜 재순환 및 탄산가스로 교반하는 에탄올 발효와 여기에 에탄올회수용 정류탑이 결합된 새로운 공정을 운전한 결과, 27% 이상 높은 생산성을 얻었다고 보고하였다.[178]

    효과적인 알코올생산성 제고를 위해 이종(異種)의 특성을 가진 효모를 혼합배양하거나 효모와 효소를 고정화하여 전분질원료로부터 연속발효[179] 또는 효모와 효소를 동시 고정화 하여 반복 사용을 시도하고 있다.[180][181][182][183] 에너지 절감을 위한 대안으로 생전분으로부터 에탄올 생산을 위해 아밀라아제 고정화 또는 효모와 아밀라아제를 동시 고정화하여 회분식 및 연속식 발효에서 각각 $1.55 \sim 2.0 g/\ell \cdot h$(에탄올농도 $20 \sim 37 g/\ell$)의 생산성을 얻었다고 보고하였다.[184] 생전분으로 알코올발효를 시도한 것은 평가할 수 있으나 알코올농도가 너무 낮아 알코올 회수비용이 크게 증가하므로 실효성은 낮다. 고정화한 효모 beads를 충전한 중간 파일럿(semi-pilot) 및 대규모(large-scale) 발효조에서 효모 생존능력을 유지하면서 장기간 안정적으로 에탄올을 생산하였다.[185] 이와 같이 효모나 효소를 고정화하여 재사용하려는 것은 생산성 향상과 제조원가를 절감하려는 시도이다. 예를 들면, 멤브레인 여재(membrane filter)와 생물접착능력을 가진 효율적인 담체 개발 및 이를 장착한 새로운 연속발효 공정 개발이 시도되고 있다. 1970~80년대에는 고정

---

[178] Pham C.B. et al. Simultaneous Ethanol Fermentation and Stripping Process Coupled with Rectification. *Journal of Fermentation and Bioengineering*. 68(1): 25-31

[179] Yamade K. et al. 1989. Continuous Alcohol Production from Starchy Materials with a Novel Immobilized Cell/Enzyme bioreactor. *J. Ferment. Bioeng*. 67(2): 97-101

[180] Nam K.D. et al. 1988. Simultaneous Saccharification and Alcohol Fermentation of Unheated Starch by Free, Immobilized and Coimmobilized Systems of Glucoamylase and *Saccharomyces cerevisiae. J. Ferment. Biotechnol*. 66: 427-432.

[181] Ogbonna J.C. et al. 1989. Evaluation of Optimum Conditions for Immobilization of Viable Cells by Using Calcium Alginate. *J. Ferment. Bioeng*. 67(2): 92-96

[182] 千畑一郎. 1985. 固定化生体觸媒の開發. 醱酵工學. 63(5): 445-455

[183] Sasaki 1988. 食品産業におけるバイオリアクタ-利用の現狀と問題. 食品衛生研究. 38(8): 25-40

[184] Hoshino K. et al. 1990. Continuous Ethanol Production from Raw Starch using a Reversibly Soluble-Autoprecipitating Amylase and Flocculating Yeast Cells. *J. Ferment. Bioeng*. 69(4): 228-233

[185] Noguchi S. et al. 1982. Research Association for Petroleum Alternative Development Japan. Continuous Production of Ethanol using Immobilized Yeasts Cells. *Proceedings*. 2: 464-472

화증식효모로써 연속에탄올 생산에 집중되었지만 오늘날에는 고정화생체촉매를 이용하여 유기합성반응, 식품공업, 의약, 폐수처리에 광범위하게 응용되고 있다.

9.5 Biostil 공정의 연속발효

Biostil 공정은 Alfa-Lavel A/B 연구소(Sweden)에서 개발된 특허 공정이다.[186)187)] Biostil 공정은 1981년 데모용 플랜트가 호주 Sarina에 건설되어 성공한 이후 전 세계에 20개 이상 바이오에탄올 공장이 가동되고 있다. 이 공정의 가장 큰 특징은 무엇보다 높은 발효수율을 얻을 수 있다는 것과 용수 사용량이 감소될 뿐 아니라 다른 CF 연속발효에 비해 SF 연속발효(single fermentor)이므로 공정이 단순하여 운전이 쉽고, 효모를 재순환하는 점이다.[188)]

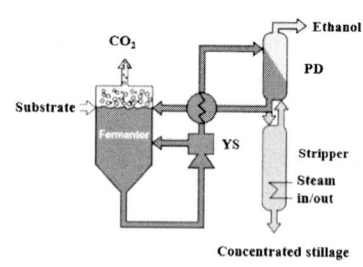

[그림 9-4] Biostil 2000 공정
YS : yeast separator, PD : Primary distillation, Stripper : 폐액 농축탑

술덧으로부터 효모분리기(YS, yeast separator)로 회수한 효모는 산처리(酸處理) 없이 탈알코올 폐액과 함께 발효조에 재순환된다. 이로 인해 술덧 중의 염류와 용해성 고형분(DS, dissolved solids) 농도가 증가하기 때문에 삼투압(osmotic pressure)에 잘 견디는 효모를 사용한다. 즉, 일반적으로 알코올발효에 사용하는 *S. cerevisiae* 대신 삼투압 내성이 높은 *Schizosacch. pombe*를 사용한다. 특히, Biostil 공정은 정류탑에서 알코올을 회수한 술덧의 약 60%를 발효조에 재순환시키고 남은 폐액은 폐액 농축탑(stripper)에서 농축시켜 알코올 ℓ당 5~6ℓ 폐액이 최종 배출된다.[189)] 최종 배출폐액의 유기물질농도가 감압증류기의 요탑 배출폐액보다 2배 이상 농축된다. 건조 공정에서 에

[186)] Cook. R. 1983. Biostil-A Breakthrough in Distillery Design. *Sugar y Azucar Yearbook*. pp.96-99
[187)] Garlick L. 1983. Biostil-Fermentation of Molasses Cane Juice Using Continuous Fermentation. *The Sugar Journal*. September. pp.13-16
[188)] Cysewaki G.R. *et al*. 1977. Rapid Ethanol Fermentation Using Vacuum and Cell Recycle. *Biotechnol. Bioeng*. 19: 1125-1143
[189)] Deodhar A.S. *et al*. 1990. Biostil a Continuous Fermentation Distillation System. *Bharatiya Sugar*. April. pp.95-100

너지비용이 감소되는 진보된 공정이다. CF 연속발효 공정에 비해 Biostil 공정은 에탄올 수율이 5% 이상 증가하고, 공정수 약 25%, 제조원가 약 10% 이상이 감소된다. 재래 발효공정은 발효성 당의 약 7~10%가 글리세롤로 전환되어 당 손실을 초래하는데 반해 약 반밖에 생성되지 않는 장점이 있다.[190][191] Biostil 공정은 재래공정(브라질 Sao Luiz)과 비교하면 하나의 발효조로 연속발효(SF)를 함으로 필요한 면적이 약 1/4(350㎡)로 감소되어 콤팩트(compact)하며 폐액 발생량은 약 7%(0.8ℓ/ℓEtOH) 밖에 발생하지 않는다.[192]

Biostil 공정은 단일 원료 즉, 당밀 또는 전분질원료 중 타피오카 가루, 옥수수, 밀 등 전분질원료에도 적용이 가능한 연속발효 공정이다[그림 9-4]. 1차 가공된 전분질원료를 사용하기 때문에 술덧으로부터 효모 분리 및 재순환 사용이 가능하다. 효모를 회수하여 재사용하면 효모성장에 필요한 발효성 당이 절약되므로 발효수율은 그만큼 증가하게 된다.[193] [그림 9-5]의 Mashing(증자) 공정에서 당밀은 온수와 발효에 적당한 당 농도로 희석되어 슬러리 탱크(④)에 유입된다. 당밀 희석액(稀釋液)은 증자기(tubular cooker)를 통과하면서 95℃ 저온증자(⑥)한다. 증자 과정에서 당밀 희석액 중에 포함되어 있는 이물질과 각종 탄산염과 황산염은 침전되거나 비활성화 된다. 주모 배양용 배지는 약 16°Bx로 증자하여 효모 배양조에 보내고, 본 발효용은 24~ 30°Bx로 증자(⑥) 후 감압증발탱크(flash tank)[194]를 거

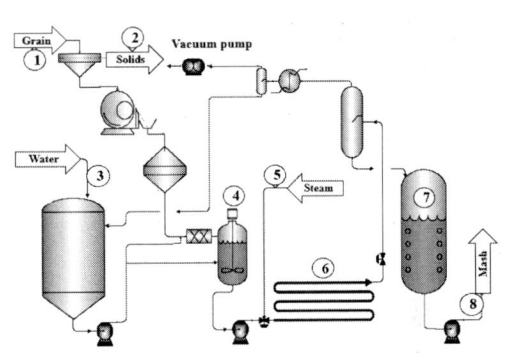

[그림 9-5] Biostil 2000 고성능 에탄올생산 공정
곡물 분쇄 및 tubular cooker로 슬러리 증자 공정

쳐 완충조(⑦)에 유입하여 발효적온까지 냉각한 후 SF 연속발효조에 공급한다. 곡물의 경우 1차 이물질을 정선기(①)에서 제거한 후 분쇄한 분체(①)와 온수를 혼합기에서 슬

---

[190] Cook R. 1983. Biostil-A Breakthrough in Distillery Design. *Sugar y Azucar yearbook*. pp.96-99
[191] Garllck L. 1983. Fermentation of Molasses Cane Juice Using Fermentation. *The Sugar Journal, September*. pp.13-16
[192] Kosaric N. 1991. Development of Short-Residence Time Ethanol fermentation Processes. Department of Chemical and Bioengineering. University of Western Ontario, London, Ontario, Canada. *Proceedings*. 14: 1227-1143
[193] 남기두. 알코올 발효기술. 2004. *주류산업*. 24(3): 30-48
[194] 증자 슬러리로부터 플래시(flash) 하는 증기 $F=(h_1-h_2)\div r_2\times 100$이다. 여기서 F: 플래시 중량(%), h_1: 술덧의 비엔탈피, h_2: 플래시 증기 압력에서 포화수의 비엔탈피, r_2: 플래시 증기 압력에서 증발잠열이 제거되는 만큼 냉각부하가 감소한다.

러리(④)를 만들어 증자한 이후 흐름은 당밀과 같다(그림 9-5). Biostil 2000 공정은 회분식과 재래 연속발효 공정에 비하여 다음과 같은 장점이 있다.

① 오염 위험성이 낮고 글리세롤 생성량이 낮아 발효수율이 증가한다.
② 잔당이 0.5% 이하이며 효모 재순환사용으로 효모증식에 필요한 당만큼 에탄올 생산수율이 증가한다.
③ 증류폐액 약 60%를 재순환 사용함으로써 용수 사용량이 감소된다.
④ 공정이 단순하여 완전 자동화 운전이 쉽고 운전비용도 감소한다.
⑤ 설비가 콤팩트하여 설치면적이 최소화된다.
⑥ 배출폐액의 총고형분 농도(TS, total solid)가 약 30%로 높다

배출폐액은 총고형분 농도가 높기 때문에 바로 건조기에 투입해 주정박을 생산하므로 건조 에너지 비용이 감소하는 장점이 있다.

9.6 Delta-T의 연속발효

9.6.1 공정 개요

Delta-T의 연속발효 공정은 유출수가 전혀 없도록 설계되었기 때문에 폐수처리설비가 필요 없는 배출수 "0"인 것이 특징이다. CVEC는 Delta-T가 설계하여 1996년 5월부터 가동되는 바이오에탄올 생산 공장이다[그림 9-6A].[195] 공장자동화는 원료 입고에서 제품생산까지 모든 설비 및 계장은 분산제어 시스템(distributed control system)을 도입하여 향후 설비증설에 대비하여 설치되었다.

원료는 고성능 분쇄기로 분쇄하여 CSTR mixer로써 분체 슬러리를 제조[그림 9-6B]한 후 PFR(plug-flow reactor)로 연속증자[그림 9-6C]하여 CF4 연속발효 공정[그림 9-6D]

---

[195] Personal Corresponding files to Dr. Bill Wells. 1996. Answers to Your Questions(60㎘/d of 95% Ethanol Production Base). *file date* : *9/19/96, 9/20/96, 10/4/96, 10/17/96*, and CVEC Specifications and Features, and Process Description.

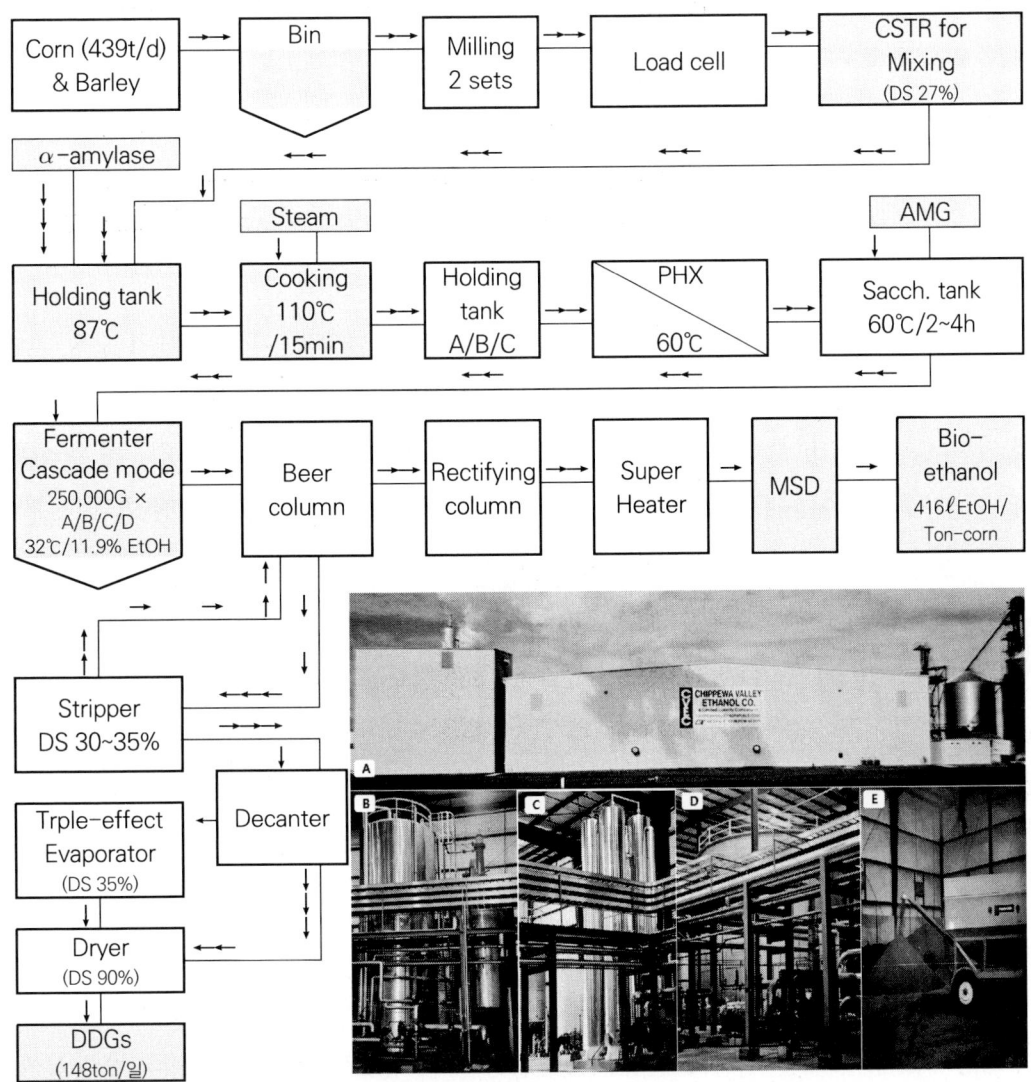

[그림 9-6] CVEC 바이오에탄올 생산 공정의 block diagram
공장동(A), 슬러리 제조용 CSTR과 Holding tank(B), PFR 증자기(C), Side agitator가 장착된 fermenter(D), DDGs 저장 창고(E)

에서 발효한다. 에탄올발효는 side agitator가 설치된 4개의 발효탱크를 직렬로 배치한 CF4 연속발효 공정이다. 발효조의 온도와 술덧 level 조정 등이 완전 자동화로 구축되었으며, 공정은 세정작업 없이 장기간 안전하게 연속 운전될 수 있다. 주원료는 옥수수와 보리이며 술덧으로부터 증류한 함수에탄올을 MSD 공정으로 탈수하여 무수바이오에탄을 생산한다.

함수에탄올을 탈수하는 MSD 공정은 지금까지 알려진 투과막증발(pervaporation)법 보다 실용적일 뿐 아니라 진보된 공정이다. 그러나 MSD 공정은 초기 투자비가 다소 높았으나 지속적인 기술개발로 인해 상당 부분 모듈(module)화 되어 설치비용이 점점 감소되고 있는 추세이다. 유지관리비가 저렴하고 탈수제의 내구연한은 약 5년이나 다른 탈수방법보다 경제성이 우수하고 환경오염 저감과 인체 무해성(無害性) 때문에 공비제를 이용한 재래 공비탈수설비도 점점 MSD 공정으로 전환되고 있다.

증류폐액은 다중효용증발기로 총고형분 약 35%까지 농축 한 후 건조하여 주정박을 생산한다. 건조기에서 유출되는 주정박은 냉각설비를 거치지 않고 창고에 이송하여 방랭 한다[그림 9-6E]. 주정박을 건조할 때 3중 효용증발기에서 증발되는 증기를 우리나라와 같이 회수하여 폐수처리 하지 않고 대기로 방출하는 것이 크게 다른 점이다.

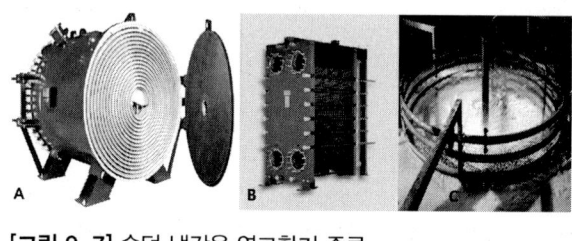

[그림 9-7] 술덧 냉각용 열교환기 종류
A : SHE(spiral heat exchanger), B : PHE(plate heat exchanger), C : 내주사관(internal cooling tube) 당밀의 개방식 발효조

술덧의 온도조절은 발효조 용량에 따라 이중 재킷(double jacket) 또는 내부 사관(蛇管, internal cooling tube)을 설치한다[그림 9-7]. 내부 사관의 재질은 열전도성이 높고 가공성이 쉬운 동(銅)을 많이 사용한다. 동은 부식성과 마모성을 고려하여 튜브의 두께를 충분히 감안하여 결정한다. 최근에는 STS재질로 대체되고 있는 추세이다.

대용량 발효조일 경우 전통적으로 Alfa-Lavel이나 GEA의 spiral heat exchanger(SHE)가 사용되었다. SHE는 비발효 잔당분(殘糖分)과 찌꺼기(殘渣), 현탁성 조섬유 입자 등으로 인한 열교환기의 막힘 현상(clogging phenomenon)이 거의 없고 CIP가 용이한 장점을 가지고 있다. SHE는 고가(高價)인 것이 단점이나 국내 주정공장도 spiral type의 열교환기를 많이 사용해 왔었다. 수년전부터 광폭 plate로 개선된 판형 열교환기(PHE, plate heat exchanger)가 보급되기 시작하면서 이것으로 대체되고 있다. Delta-T는 발효조의 온도조절용 열교환기에서 술덧의 순환유속을 유체역학적으로 해석하여 배관규격과 전열면적을 설계하였다. 그 결과, PHE를 대용량 발효조에 채택하였으며 아무런 문제없이 가동되고 있다[그림 9-6D]. 열교환기를 spiral 타입(type)에서 판형 타입으로 대체함으로서 구입 단가는 약 1/10 수준으로 떨어졌다. 이후 열교환기의 제작기술 향상과 니즈(needs)의 요구에 따라 주문제작도 가능하게 되었으며, 바이오에탄올 생산 현장에 PHE가 널리 사용되기 시작하였다. 무엇보다 열교환기 재질과 사양은 내마모성, 광폭 plate 사용, 분해 조립이 용이하도록 개선되었기 때문에 사용목적에 맞는 타입을 선택하면 된다.

외부 냉각장치(external cooling system)를 설치하는 가장 큰 장점은 대용량 발효조의 온도관리가 용이하고 교반효과가 높기 때문이다. 더불어 열교환기의 CIP 자동화가 용이하다. 발효조와 냉각장치의 세정작업은 잡균오염 예방과 수율에 직접적인 영향을 미친다.

9.6.2 공정 설명

(1) 원료 · 증자 · 발효

기차와 트럭으로 입고된 원료는 사일로(silo)에 저장된다. 옥수수 분체를 CSTR mixer 에서 공정 온수로 DM 27% 슬러리를 87.7℃에서 액화시키고 질소원으로 암모니아 (NH_3)를 주입한다. 이 슬러리를 연속적으로 PFR 증자기에 공급하여 110℃/15분간 살균한다. 60℃/2~4h 당화시킨 후 32℃로 냉각한 슬러리를 1번 발효조에 공급한다. 순차적으로 4번 발효조까지 흘러가면서 알코올발효가 완료된다. 4번 발효조의 알코올농도는 8.33~9.52w%이고, 잔당은 0.1% 내외로 운전된다.

(2) 증류 · 탈수 · 농축 · 건조

술덧은 요탑에서 에탄올과 폐액으로 분리된다. 탈수공정의 증류기는 요탑(beer or mash column), 요탈수탑(stripper), 정류탑(rectifying column)으로 구성된다. 무수에탄올 생산은 정류탑 상부의 알코올증기를 super heater로 115℃로 가열하여 MSD 공정에 유입한다. 이 MS가 충전된 흡수탑(absorption tower)에서 탈수한다. 연료용 바이오에탄올 생산은 대개 별도로 퓨젤유를 분리하지 않고 탈수하여 무수 바이오 에탄올로 생산된다.

요탑의 폐액은 stripper에서 농축되어 3중 효용 증발기(triple-effect evaporator) A/B/C를 거치면서 농축된다. 최종 농축기 C에서 DS 30~35%까지 농축된 시럽은 데칸터에서 기(旣) 분리된 SS와 혼합하여 직화(直火) 건조기(direct-fired rotary drum dryer)에서 건조한다[그림 9-6E]. 건조기에서 유출되는 주정박은 대형 창고에 이송하여 방랭 한다.

(3) 주정박의 사료적 가치

미국은 옥수수를 비롯한 풍부한 농산물이 생산되고 있다. 곡물 가격은 우리나라보다 훨씬 저렴하고 주정박의 판매가격은 오히려 원료가격보다 높다. 주정박(DDGs)은 곡물보다 조단백질 약 30%(3배), 조섬유 약 8%(4배), 조지방 약 8%(2.7배)로 농축되었기 때문에 조단백질 함량이 높은 단미사료로 평가받고 있다.

우리나라는 주정박이 단미사료로써 판매보다는 배합사료의 부영제(富營劑)로 대부분 공급된다. 다양한 원료를 사용함에 따라 주정박의 품질을 좌우하는 조단백질 함량이 일정하지 않고 변동성이 많은 단점이 있다. 국내에 수입되는 주정박 90% 이상은 옥수수 주정박이며 조단백질과 섬유소 함량은 각각 28%, 35% 전후이다. 수입 주정박을 국내 주정박으로 대체하려면 조단백질 함량이 최소 28% 이상이 되도록 사입을 조정하면 된다.

주정박 생산은 많은 에너지가 소비되는 점을 고려하여 조단백질 함량을 조정하고, 주정박 건조원가에 대한 정보를 공유하여 합리적인 단가를 결정하는 것이 장기적으로 상생할 수 있는 대안이다.

9.7 Vogelbuch의 연속발효

연료용 바이오에탄올 생산을 위해 상업화에 성공한 연속발효 공정은 Melle-Boinot 공정[196], Chief Industries Inc.의 이중 연속발효 공정(dual fermentation systems), Vogelbuch (VB) 연속발효 공정, GEA Wiegand GmbH의 연속발효 공정이 있다

종래 연속발효 공정은 발효조 2~9개로 구성된 cascade 공정으로 음용주정과 연료용 바이오에탄올을 생산해 왔다. 연속발효의 장점은 정상상태에서는 항상 최대생산성이 유지되면서 대량생산이 가능하다는 점이다. 연속운전 기간도 수주에서 수개월 동안 지속이 가능하나 상시 오염 위험에 노출되어 있다.

1990년대 이전에는 설계 단계에서 연속발효 system을 single line 혹은 dual line 선택을 고심해야 했다. 미국의 C사는 발효조를 옥외에 이중 연속발효 공정(A/B lines)을 설치

---

[196] 山出和弘. 1986. 固定化バイオリアクによるタアルコールの連續生産. ライフサイエンス研究會で講演資料

하였다. 연속발효 공정의 운영은 주기적인 공정살균과 오염 등 비상사태에 대비하여 A/B 라인을 교대로 사용할 수 있도록 설계되었다. 이 공정은 생산 안정성 확보는 가능하지만 초기 투자비용이 크게 증가하는 단점이 있다. 현재는 발효공정을 이중으로 설치하지 않아도 고역가의 상용효소 개발과 오염방지제 사용, 공정 CIP 시설을 강화하여 cascade single line으로 정상적인 연속발효가 가능하게 되었다.

V사가 개발한 연속발효 공정은 첫 번째 상용규모 공장을 네덜란드에 설치하여 상업적 가동에 성공하였다. 이후 Pekin(Illinois, USA)에 추가 건설되었으며 이들 공장을 가동한 결과, V사의 연속발효 공정은 술덧의 유입과 유출이 정상상태에서 매우 안정적인 운전을 할 수 있었다. 회분식 발효에 비해 V사의 연속발효 공정의 장점은 낮은 자본비용, 인력감소, 공정의 신축성 등을 들 수 있다. 특히, 공정은 증류공정에서 에너지의 회수 및 재순환을 극대화하고, 원심분리 한 여액 농축은 강하막 증발기(降下膜蒸發器, falling film evaporator) 열원으로써 공장의 다양한 폐열을 이용하였다. 이 농축액을 원심분리 한 SS와 혼합하여 최종적으로 주정박 또는 농축시럽(syrup)을 생산하는 공정을 개발하였다.[197] 신공정과 재래공정의 utility 소비량을 비교한 결과, 신공정의 경우 12.3%나 절감할 수 있다[표 9-11].

[표 9-11] V사의 신공정과 재래공정의 utility 비교 (단위 : 스팀 kg/ℓ EtOH)

공정별	재래공정 (공비증류)	신공정 (MSD탈수)
발효(전분)	0.60	0.60
증류 및 탈수	2.15	1.92
농축	0.96	0.48
주정박 건조	2.04	2.04
총 utility	5.75	5.04
Utility 절감량 (%)		-12.3

G사의 연속발효 공정은 효모를 증식시킬 수 있는 2개의 전발효조(two pre-fermenter)와 생산량에 따라 7개 주발효조로 구성된다. 원료에서 기인된 황 화합물(sulphuric components)은 일반 상압증류법으로는 잘 분리되지 않아 극미량만 존재해도 제품에 이취를 유발한다. 요탑 상부의 알코올 응축액을 추출탑에 이송할 때 동(銅) 충전반응기(reactor)를 통과시켜 황 화합물을 제거할 수 있도록 공정을 개선한 점이 가장 큰 특징이다.[198]

---

[197] Alexander S. *et al.* 1982. Full-scale Continuous Fermentation for The Commercial production of Fuel Ethanol. *Energy Biomass Waste.* 6: 857-869
[198] GEA Process Doc Files. 1996.Production of potable and neutral alcohol from starch containing raw materials. *NWVD/Ar/LA.* pp.1-4

제10장 에탄올의 이화학적 성질

10.1 주정과 에탄올

주정이란 주세법상 "전분이 함유된 물료(物料) 또는 당분이 함유된 물료를 발효시켜 알코올분 85% 이상으로 증류한 것"이라고 정의하고 있다.

주정은 주세관리상 발효주정과 정제주정으로 구분한다. 발효주정은 국내외서 수급된 원료를 발효시킨 술덧을 증류한 것을 말하고, 정제주정은 사탕수수, 사탕무, 당밀(molasses)을 발효시킨 술덧을 1차 증류한 조주정(組酒精, crude alcohol)을 수입하여 한 번 더 정제한 주정을 말한다.

우리나라에서 생산되는 정제주정은 대부분 브라질, 이탈리아, 파키스탄으로부터 조주정을 수입하여 정제한다. 발효주정은 정책원료를 우선 사용하고 부족한 원료는 할당량 범위 내에서 타피오카를 수입하여 생산한다. 수입국은 베트남, 태국, 인도네시아와 같은 동남아시아 국가이다. 현재 발효주정 생산용 원료는 매년 주정수급에 따라 다소 차이는 있으나 배정생산량을 충족하기 위해 부족한 원료의 수입의존도는 50~80%에 상당한다.

국내 생산 주정 약 88%가 희석식소주 제조용으로 나머지 12%는 산업용으로 소비된다. 주정은 용도에 따라 음용주정(drinking alcohol) 외에 산업용 알코올(industrial alcohol)이 있다. 산업용 알코올은 함수에탄올과 무수에탄올로 구분된다.

외국은 알코올산업이 1970년대 1,2차 석유위기(oil crisis) 이후 대체연료로 주목받게 되었다. 최근에는 대기오염저감 차원에서 수송용 자동차의 대체연료로 휘발유와 알코올을 혼합한 가소홀(gasohol) E3~27, E85, E100이 보급되고 있다. E10이란 에탄올 10%

와 휘발유를 90%를 혼합한 자동차 연료유를 말한다. 가소홀(gasohol)은 휘발유(gasoline)와 알코올(alcohol)의 합성어이다.

아시아 국가 중 한자(漢字)를 사용하는 나라는 에탄올을 주정(酒精)이라 하며, 별도 언급이 없으면 알코올은 ethyl alcohol을 말한다. 각종 주류음료(alcoholic beverages or drinks)의 주성분인 에틸알코올은 ethanol, spirits, wine spirits, grain·drinking·potable alcohol 등으로 불려진다.

10.2 주정의 이화학적 성질

10.2.1 주정의 성상

에탄올은 무색투명한 휘발성, 가연성 액체, 분자량 46.07, 분자식 C_2H_5OH로 표기되며 물과 무한대로 혼합된다. 에탄올의 일반적인 특성은 [표 10-1]에 요약하였으며, 에탄올농도에 따른 비중 및 밀도환산은 [표 10-2]와 같다. 에탄올은 혼합될 때 발생하는 희석열 때문에 용적이 감소하는 특이성이 있고, 에탄올과 물이 1:3 비율일 때 용적감소가 최대에 달한다.

[표 10-1] 에탄올의 일반적인 특성

계통명 (systematic name)	Ethanol
다른 명칭 (other names), 관습명	drinking alcohol, ethyl alcohol, ethyl hydroxide, grain alcohol, methyl carbinol
분자식 (molecular formula)	C_2H_6O, C_2H_5OH
분자량 (molecular weight)	46.07g/mole
성상 (appearance)	colourless clear liquid
밀도와 상태 (Density and phase)	0.789g/cm^3, liquid
용해도 (solubility in water)	fully miscible
융점 (melting point)	−114.3°C (158.8°K)
비점 (boiling point)	78.4°C (351.6°K)
공비혼합물 (azeotrope), w/w%	EtOH 95.63%+ H_2O 4.37% at 78.2°C

[표 10-2] 에탄올 농도(v/v%)에 따른 비중 15℃/15℃)과 밀도 (15℃) 환산표

Alc	밀도	비중	Alc	밀도	비중	Alc	밀도	비중
94.8	0.81644	0.81718	96.6	0.80925	0.80998	98.3	0.80183	0.80255
94.9	0.81605	0.81679	96.7	0.80883	0.80956	98.4	0.80137	0.80209
95.0	0.81566	0.81639	96.8	0.80841	0.80914	98.5	0.80090	0.80162
95.1	0.81528	0.81601	96.9	0.80799	0.80872	98.6	0.80044	0.80116
95.2	0.81489	0.81562	97.0	0.80756	0.80829	98.7	0.79997	0.80069
95.3	0.81450	0.81523	97.1	0.80714	0.80787	98.8	0.79949	0.80021
95.4	0.81410	0.81483	97.2	0.80671	0.80744	98.9	0.79902	0.79974
95.5	0.81371	0.81444	97.3	0.80628	0.80701	99.0	0.79854	0.79926
95.6	0.81331	0.81404	97.4	0.80584	0.80657	99.1	0.79805	0.79877
95.7	0.81291	0.81364	97.5	0.80541	0.80614	99.2	0.79756	0.79828
95.8	0.81251	0.81324	97.6	0.80497	0.80570	99.3	0.79707	0.79779
95.9	0.81211	0.81284	97.7	0.80453	0.80525	99.4	0.79657	0.79729
96.0	0.81710	0.81784	97.8	0.80409	0.80481	99.5	0.79607	0.79629
96.1	0.81130	0.81203	97.9	0.80364	0.80436	99.6	0.79557	0.79629
96.2	0.81090	0.81163	98.0	0.80319	0.80391	99.7	0.79706	0.79778
96.3	0.81049	0.81122	98.1	0.80274	0.80346	99.8	0.79455	0.79527
96.4	0.81007	0.81080	98.2	0.80229	0.80301	99.9	0.79403	0.79475
96.5	0.80966	0.81039	98.2	0.80229	0.80301	100.0	0.79351	0.79422

에탄올은 지방족 포화알코올류에서 수소 원자 1개가 제거된 원자단을 알킬기(-基, R-, alkyl radial or alkyl chain)라 한다. 알코올은 알킬기와 -OH가 결합한 R-OH로 표시되며 일반식은 $C_nH_{2n+1}OH$이며 -OH기 1개이면 1가 알코올이다. 알코올은 물, 에스테르, 에테르, 포화탄화수소, 탄화수소 유도체와 임의의 비율로 혼합되며 많은 화합물과 공비혼합물을 만든다. 에탄올은 물과 같이 해리하여 양성자를 생성하고 분자 간에 수소결합을 하고 있는 양성용매이다. 에탄올은 극미량 자기 해리가 일어나지만 pH 측정은 불가능하다.

10.2.2 주정의 용도

주정은 희석식소주 제조 이외에 다양한 주류제조에도 활용된다. 산업용으로는 유기용제, 에테르, 에스테르, 제약원료, 바니시(vanish), 잉크, 화장품, 에센스, 아세트알데히

드 제조, 생물표본의 보존, 소독, 세정제, 드링크제, 비타민류, 위생약품 제조, 방향 추출제 등 다양한 분야에서 활용되고 있으며, 바이오에탄올은 내연기관 및 항공엔진의 대체연료로써 보급이 확대되고 있다.

에탄올은 셀룰로이드(celluloide), 알칼로이드(alkaloide), 사포닌(saponin)과 염산키니네(quinine hydrochloride) 제조의 추출제로 이용된다. 소화 효소인 디아스타제, 단백질, 은(Ag)의 침전제로도 사용된다.

향후 주정 소비량은 화학공업, 식품산업, 신약개발 등 다양한 신산업분야의 발전과 더불어 응용범위가 더욱 확대될 것으로 전망되고 있다. 소득수준의 향상, 식문화와 의식 변화로 주정 소비를 주도해 왔던 주류 제조용은 중·장기적으로 감소할 것으로 전망된다.

10.2.3 주정의 살균 작용

알코올은 세포의 원형질을 침전, 탈수하여 조직을 치밀하게 만드는 수렴작용(收斂作用, astriction)과 지방을 녹이는 성질이 있다. 알코올농도가 100%에 가까우면 세균 표면의 단백질이 급속히 응고됨에 따라 세포벽 내부로 침투되지 못하기 때문에 세포는 비활성 상태가 되지만 죽지는 않는다. 생육조건이 되면 세균은 활성을 회복할 수 있으므로 살균력은 오히려 떨어진다. 알코올농도 60~90%는 세균에 대한 탈수작용이 있으나 살균력은 70%에서 가장 강하다.

10.2.4 약리적 성질과 대사열량

적당량의 알코올을 마실 경우 식욕을 자극하고, 위액분비를 촉진하면서 음식물 흡수를 조장한다. 알코올농도가 높은 술을 반복적으로 마시면 위 점막이 자극을 받게 된다. 과도한 음주는 호흡중추신경을 마비시킬 뿐 아니라 특히 신경계에 유해하므로 정신병 원인이 될 수 있다.

술을 마시면 위에서 20~30%, 소장에서 70~80%가 흡수된다. 흡수된 알코올은 혈류를 통해 뇌와 간 등 조직에 운반된다. 알코올은 알코올 탈수소효소(ADH, alcohol dehydrogenase)에 의해서 독성이 강한 아세트알데히드(acetaldehyde)로 전환된다. 이 아세트알데히드는 간세포 내에서 아세트알데히드탈수소효소(ALDH, acetaldehyde dehydro-genase)에 의해 인체에 무해한 초산(acetate)으로 빠르게 전환된다. 이 초산은 미토콘드리아 기질에서 acetyl-CoA로 전환되어 TCA 회로를 거쳐 최종적으로 물과 이산화탄소로 산화되면서 에너지를 생산한다(**제5장 효모와 세균의 대사 생화학 참조**).

ALDH 활성은 개인차가 많으며 얼굴이 붉은 사람은 이 효소의 활성이 낮다. 따라서 아세트알데히드가 체내에 축적되어 심한 숙취를 유발하므로 음주량을 줄이는 것이 현명하다. 과도한 음주는 소화효소 생산과 해독작용 등 간 기능이 저하되어 간질환을 유발할 수 있다. 건강한 음주습관을 갖는 것이 무엇보다 중요하다.

알코올은 분해대사 과정에서 에탄올 1g은 7kcal의 에너지를 방출한다. 농주(農酒)를 마시고 에너지를 얻거나 추위를 탈피하기 위한 수단으로서의 음주하는 것은 일시적인 효과는 있다. 알코올은 흡수되면 바로 분해되어 에너지를 생성하므로 체온이 급상승하게 된다. 동절기에 음주 후 저체온 증상을 조심해야 한다. 숙취는 인체의 전해질 균형을 깨트리면서 여러 가지 숙취증상을 유발하므로 충분한 수분을 섭취하는 것이 숙취(宿醉) 해독에 좋다.

영양학적으로 탄수화물과 단백질 1g이 체내에서 완전 분해되면 각각 4kcal 에너지가 생성된다. 알코올은 7kcal/g의 에너지를 생성하므로 지방 9kcal/g의 78%에 상당하며 탄수화물과 단백질보다 에너지 밀도가 높다. 음주를 하면 흡수된 알코올은 즉시 분해되기 때문에 체내에 저장되지 않고 분해되는 반면 단백질·지방·탄수화물과 같은 영양원은 체내에서 분해 흡수되어 일부는 글리코겐(glycogen)으로 저장된다. 알코올의 에너지 밀도는 지방보다는 낮지만 탄수화물과 단백질보다 1.75배나 높다. 술을 먹을 때 식사량은 평소보다 적게 먹어야만 알코올성 비만을 피할 수 있다.

10.3 알코올의 종류

알코올은 주정, 목정(木精, methanol, methyl alcohol, CH_3OH) 이 외에도 고급알코올(higher alcohol) 등 종류가 많다. 알코올의 일반식은 포화알코올 $C_nH_{2n+1}OH$, 불포화알코올

$C_nH_{2n-2}OH$로 표시된다. 알코올은 반드시 수산기(-OH, hydroxy radical)를 한 개 이상 가지며, 수산기 수에 따라서 다음과 같이 분류한다.

① 수산기 수에 따라 1, 2, 3, 다가-알코올(mono-, di-, trihydric-, polyhydric-alcohol)이라 한다. 예) 1가 알코올: 메탄올, 에탄올
② 수산기가 결합하고 있는 탄소원자에 알킬기(alkyl radical, R-) 결합수에 따른 제1, 제2, 제3-알코올(primary-, secondary-, tertiary-alcohol)이라 부른다.
③ 이중 또는 삼중결합의 유무에 따라 포화 또는 불포화 알코올이라 한다.
④ 탄화수소 종류에 따라서 지방족(aliphatic-), 지환족(alicyclic-), 방향족(aromatic-) 알코올로 분류된다.

메탄올, 에탄올, 프로필알코올, 부탄올, 아밀알코올, 활성아밀알코올은 포화알코올이다[표 10-3]. 이 알코올들은 발효과정에서 효모의 대사산물로 생성되어 술덧에 존재하며 증류공정에서 제거되는 고급알코올류 즉 퓨젤유(fusel oil)이다. 이 고급알코올류는 에를리히 경로(Ehrlich Pathway), 탄수화물의 대사, 아미노산 생합성 과정에서 생성된다.[199]

[표 10-3] 주정의 정제공정에서 나타나는 대표적인 알코올류 (비점 : ℃)

분류	관습명	별명	화학식	비점
지방족 포화 알코올	Methyl alcohol	Methanol	CH_3OH	64.6
	Ethyl alcohol	Ethanol	CH_3CH_2OH	78.4
	n-Propyl alcohol	1-Propanol	$CH_3CH_2CH_2OH$	97.4
	iso-Propyl alcohol	2-Propanol	$(CH_3)_2CHOH$	81.4
	n-Butyl alcohol	1-Butanol	$CH_3CH_2CH_2CH_2OH$	117.7
	iso-Butyl alcohol	2-Methyl-1-propanol	$(CH_3)_2CHCH_2OH$	118.1
	sec-Butyl alcohol	2-Butanol	$CH_3CH_2CHOHCH_3$	95.5
	$tert$-Butyl alcohol	2-Methyl-2-propanol	$(CH_3)_2COH$	82.5
	n-Amyl alcohol	1-Pentanol	$H_3(CH_2)_3CH_2OH$	137.8
	iso-Amyl alcohol	3-Methyl-butanol	$(CH_3)_2CHCH_2CH_2OH$	131.6
	Active amyl alcohol	2-Pentanol	$CH_3CH_2C(CH_2)CH_2OH$	128.0
불포화	Propylene glycol	1,2-Propanediol	$CH_3CHOH \cdot CH_2OH$	188.2
	α-Butylene glycol	1,2-Buthanediol	$CH_3CH_2CHOH \cdot CH_2OH$	194.0
지방족 다가	Glycerol	Glycerin	$CH_2OH \cdot CHOH \cdot CH_2OH$	290.0

알릴알코올(allyl alcohol), 프로피렌글리콜(propylene glycol)과 부틸렌글리콜(butylene glycol)

[199] 原 昌道. 1967. アルコール. *日本醸造協會誌*. 62(11): 1196-1205

은 수산기(-OH)가 2개인 지방족 2가 불포화알코올이다. 대표적인 지방족 다가알코올인 글리세롤은 수산기 3개를 포함하고 있다. 알코올은 고유한 분자량, 비점과 비중 등 이화학적 특성을 가지고 있다. 이 특성을 이용하여 추출증류를 하면 에탄올만 분리 정제할 수 있다.

1·2가 알코올과 지방족 알코올은 유동성 액체이다. 분자량 중 탄소수가 C_6~C_{11}인 알코올은 점성이 있고, C_{12} 이상이면 고체상태이다. 탄소수가 증가하면 비중도 증가한다. C_3 알코올까지는 물에 완전히 용해되지만 C_6 이상의 알코올은 불용성이다.

에탄올은 음용 가능한 발효주정과 음용할 수 없는 합성알코올 두 종류로 구분한다. 합성알코올은 석유화학 기원인 에틸렌을 물과 함께 고온·고압하에서 인산계 촉매를 사용하여 직접수화법(直接水和法)으로 생산한다. 이외에도 공업적으로 에틸렌이 생산되지 않았을 때에는 아세트알데히드에 수소를 첨가하여 합성하는 수소첨가 및 황산 제조법이 있다. 석유기원인 에틸렌을 화학적으로 합성한 알코올은 음용할 수 없다. 합성알코올은 석유기원이고 안정성이 검증되지 않았기 때문이다. 미국의 FDA에서도 합성알코올은 음용으로 허용하지 않고 있다.

주정은 그 용도가 주류제조용 이외 사용 목적일 경우 음용으로 전용할 수 없도록 반드시 변성제를 첨가하여 유통시킨다. 주정은 무색·무취·무미의 특성을 갖기 위해서는 발효과정에서 에탄올 이외 부생된 모든 성분들은 불순물로 취급된다. 그러나 주정에서 제거해야 할 불순물인 고급알코올류가 양조주와 증류주의 경우 맛과 향기를 결정하는 중요한 인자가 되기도 하다. 주정은 증류 과정에서 각 기능탑의 탑정(塔頂) 응축기에서 불순성분을 분축(分縮) 시켜 계외로 제거한다.

메탄올을 오용(誤用)한 사고가 후진국에서 가끔 발생한다. 메탄올은 소량 음용하였을 경우 시력을 잃는 부작용이 있고 그 양이 많으면 생명도 잃게 된다.

제11장 증류탑 설계와 증류기의 발전

11.1 알코올 회수방법

11.1.1 단식증류

단식증류기는 주전자 모양의 솥(pot), 알코올증기 상승관(swan neck), 응축기(condenser)로 구성된다. 단식증류기는 솥에 술덧을 넣고 가열하여 증발한 알코올증기를 응축시켜 원액을 얻는다. 비점 차를 이용하여 술덧 중의 에탄올을 분리·정제하는 방법을 증류(蒸溜, distillation)라 한다. 증류는 술덧의 공급방식에 따라 단식증류와 연속식증류로 나눈다. 단식증류는 술덧을 증류기(Pot still or batch still) 솥에 한 번 채워 증류를 완료하는 것을 말한다[그림 11-1]. 연속증류는 술덧의 일정량을 연속적으로 증류기(Continuous still)에 공급하여 증류하면서 탑 하부에서 폐액이 배출되고 탑 정부에서는 에탄올을 회수한다.

[그림 11-1] 다양한 단식증류기
단식증류기(C)는 응축기를 판형열교환기로 사용한 것이 A와 B 감압 단식증류기와 다름

단식증류기에서 증류가 진행됨에 따라 술덧 중 에탄올함량은 감소되고 유출되는 응축액의 에탄올농도는 증가하였다가 다시 점점 감소하게 된다. 증류가 완료되면 솥의 잔류 폐액은 배출한다. 증류가 시작되면 초기에는 술덧에 포함된 에탄올과 휘발성이 높고 비점이 낮은 성분들이 주로 유출되나 증류가 진행됨에 따라 점점 비점이 높은 중휘발도와 저휘발도 성분들이 차례로 유출 된다[그림 11-2].

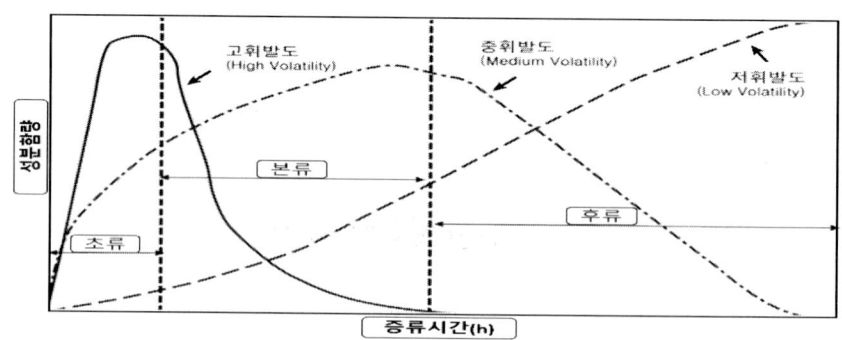

[그림 11-2] 단식증류를 할 때 고·중·저 휘발성도 성분이 차례로 유출되는 모식도

전통적인 증류주제조는 단식증류기를 이용하나 최근에는 단식증류기를 약간씩 개조한 개량형 단식증류기를 이용하는 사례가 많아지고 있다. 단식증류는 휘발도와 증류 경과시간에 따라 유출액을 초류(heads), 본류(spirits), 후류(feints) 순으로 나눈다. 따라서 응축액을 분취(side cut)하여 포집하는데 초류와 후류의 유출액을 "어느 시점부터 어느 정도까지 회수할 것인가?"는 품질을 좌우하는 매우 중요한 증류기술이다. 증류과정 중에서 알코올증기의 회수구간 결정은 양조장에서 자사 제품의 특성과 제조 목적에 부합하도록 실험 자료와 운전경험을 통해서 축적되는 기술이다.

증류주의 향미성분은 분리 동정되어 알려진 것만 해도 300여 종류 이상이다. 비점이 낮고 상대휘발도가 높은 저비점 성분과 에탄올보다 비점이 높고 상대휘발도가 낮은 고비점 성분으로 대별된다. 대표적인 저비점 성분은 알데히드류이다. 에탄올과 비슷하게 거동(擧動)하는 고급알코올류인 고비점 성분은 푸르푸랄(furfural, $C_2H_4O_2$, bp 161.8℃)과 고급지방산 등이 있다.

발효가 끝난 술덧은 9~12%의 에탄올을 함유한다. 이 술덧을 1회만 증류하면 에탄올 약 45% 내외가 된다. 증류식소주는 1회 증류하여 제조하기도 하지만 위스키의 경우 일반적으로 2~3회 증류하여 에탄올 65~70%의 원액을 얻는다. 이때 1차 증류액을 2차 증류하게 되는데 이를 spirit 증류라 한다. 이는 1차 증류액과 앞서 2차 증류할 때 모아둔 초류와 후류를 함께 넣어 증류한다. 단식증류를 한 번 증류하기도 하지만 럼(heavy rum)과 같은 증류주는 단식증류를 2~3회 또는 연속증류 하여 생산한다. 연속증류의 효과를 얻을 수 있도록 단식증류기를 변형하거나 개량하여 특화된 제품을 제조하기도 한다[그림 11-3D3].[200]

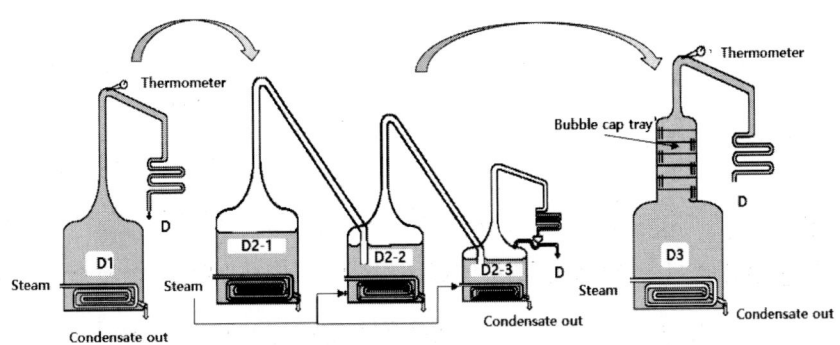

[그림 11-3] 단식증류기의 발전 과정
전통적인 단식증류기 → 3중 단식증류기 → 개량형 단식증류기로 발전함 (D 알코올 유출액), 단증류기 D1, 3중 단식증류기 : D2-1 1차 술덧 증류, D2-2 2차 저농도 단식증류, D2-3 3차 고농도 단식증류, 개량형 단식증류기 D3 : bubble cap tray를 증기 상승관 내부에 설치한 개량형 증류기

11.1.2 연속식증류와 탑 설계

(1) 연속식증류

알코올발효가 끝난 술덧은 에탄올 외에 발효부산물인 메탄올, 퓨젤유, 알데히드, 글리세롤, 각종 유기산류가 미량 포함되어 있다. 술덧에서 증발한 에탄올증기의 조성은 기액평형도표(氣液平衡圖表, vapor- liquid equilibrium graph)인 x-y 몰분율(mole fraction)로 나타낼 수 있다[그림 11-4]. 증류할 때 술덧으로부터 알코올증기가 발생하는데 이 증기 중에는 술덧에 포함한 저·중·고비점 불순물들이 증발과 응축하는 기-액 상태(氣-液 狀態)를 반복하면서 점점 농축 분리된다.

---

[200] Jacques. K.A. *et al.* 1999. The Alcohol Textbook. *Nottingham University Press.* pp.243-288

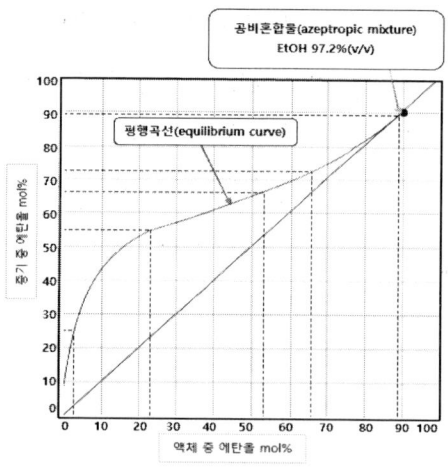

[그림 11-4] 에탄올 증기의 조성 기액평형도표

알코올 및 발효부산물은 각각 고유 비점(boiling point)을 가지고 있다. 순수한 에탄올만 회수하기 위해 물을 가수하여 추출증류(抽出蒸溜) 하면 불순성분들을 효과적으로 분리할 수 있다. 가수로 에탄올농도가 희박한 에탄올수용액이 되면 에탄올과 불순성분의 비점차(沸點差)가 커지게 된다. 에탄올수용액 중에 포함되어 있는 불순물은 동일한 압력과 온도로 운전되는 기능탑(技能塔)에서 상대적으로 비점이 낮은 성분들이 탑정으로 분리 농축된다. 비휘발도는 순성분의 증기압 비율로 각 성분의 분리 난이도를 나타내는 지표이다.[201] 추출증류는 알코올수용액이 탑정에서 흘러내리면서 저비점 불순물은 탑정으로 구축되고, 탑 하부에서 불순물이 제거된 알코올수용액은 정류탈수탑으로 공급된다.

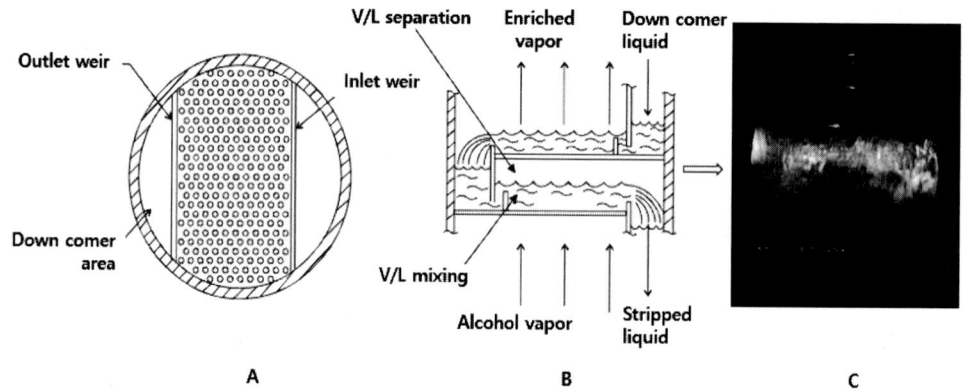

[그림 11-5] 증류 효율이 개선된 perforated plate or sieve tray에서 알코올증기의 거동 상태
A : Tray의 유입/유출 위어(inlet/outlet weir)와 강수영역(downcomer area), B : 알코올증기가 상승하면서 위 tray의 액에 잠열을 공급하여 증발시키고 자신은 응축되어 아래로 흐른다. C : 이와 같은 기-액 상변화 현상이 탑 내 각 단(plate)에서 반복적으로 일어나면서 알코올은 점점 농축된다.

요탑은 [그림 11-5A]와 같이 sieve tray 단(段)에서 에탄올증기가 상승하면서 상단(上段, upper tray)에 있는 에탄올수용액에 잠열을 제공하여 증발시키고 자신은 응축되어 tray

---
[201] 이화영 외. 1997. 증류·단위조작. 서울: 嘉重堂. pp.454-512

를 흘러내린다[그림 11-5B]. 상단으로 알코올증기가 올라가면서 액상(液狀)과 기상(氣狀)의 상변화가 반복되면서 에탄올은 점점 농축된다[그림 11-5C]. 유하액(流下液)은 탈알코올 되어 폐수만 흘러내리게 된다.

추출증류에서 알코올수용액은 농도가 낮을수록 비점이 물에 가까워지므로 비휘발도에 따라 저비점 불순물을 탑 정부로 농축 가능하다. 알코올의 농축과 추출증류는 Raoult의 법칙[202]이 적용된다. 에탄올 증류는 x-y 몰분율도표와 같이 비등·분리·응축 조작이 반복하면서 결국에는 기-액 조성이 동일한 공비혼합물(共沸混合物, azeotopic mixture, 공비점 78.2℃)을 형성한다. 이 공비혼합물은 증류(증발·응축)를 반복하여도 더 이상은 농축되지 않는다[그림 11-4].

(2) 증류탑 설계

요탑은 술덧의 에탄올농도를 기준하여 분리탑 유무에 따라 탑 단수를 달리 설계한다. 각각의 기능탑 설계는 x-y 몰분율도표를 바탕으로 Ponchon-Savsarit(PS)법과 McCabe-Thiele법(MT)[203][204] 등을 이용하여 필요한 이론단수(理論段數, theoretical plate)를 계산한다.[205] PS법은 엄밀한 수단으로 작도(作圖)하는 방법이지만 MT법은 다음과 같이 이상적인 가정 조건하에 정류탑의 이론단수 계산과 설계를 한다.

가정 조건으로는;

① 술덧의 알코올농도와 생산량을 근거하여 탑 중간 1개소에 공급하여 탑정에서는 알코올을 회수하고, 탑 하부에서는 폐액(에탄올농도 200mgℓ 이하)을 배출한다.

② 요탑에 공급되는 술덧은 비점 상태로 공급한다.

③ 각 분자의 분자 증발잠열(λ)은 각 tray에서 모두 동일하다.

④ 각 단 액의 엔탈피(h)는 동일하다고 가정한다.

⑤ 탑 열손실은 없다.

---

[202] 이상용액의 증기압은 용매의 몰분율(mole fraction)에 비례한다($pi = p \cdot x_i$, 여기서 pi: 이상용액의 증기압, p: 용매의 증기압, x_i: 용매의 몰분율)
[203] 尾崎 淺一郎. 1986. アルコールハンドブツク. *日本工業協會 8版*
[204] Perry R.H. *et al*. 1984. 6th Perry's Chemical Engineer's Handbook. *McGraw-Hill*
[205] Stanley M. Walas.1990. Chemical Process Equipment. *Butterworth-Heinmann*. pp.371-457

증류탑의 설계는;

① PS 또는 MT 법으로 이론단수를 계산한다.

② 이론단수에 효율을 계산하여 필요한 단수를 결정한다.

③ 허용 증기속도를 계산하여 탑경(塔徑), 단간격(段間隔), 탑 높이 등을 결정한다.

④ Tray 종류와 크기, 강수관(downcomer) 등 배치(layout)를 결정한다[그림 11-5 A/B].

⑤ 필요한 재질의 두께와 구조설계를 한 후 상세 설계를 한다.

설계 특성을 보면 분리가 비교적 쉬운 것을 증류할 경우 tray 단수와 환류비(reflux ratio)는 적어진다. 전량 환류 시킬 때 이론단수는 최소가 되지만 환류비가 감소하면 이론단수는 증가한다. Tray 단수와 환류비는 최소가 될 수 있도록 설계한다. 제품의 순도를 높이려면 tray 단수는 증가하지만 환류비는 크게 증가하지 않는 특성이 있다. 탑경이 커지면 이에 따라 단간격도 변경되어야 한다.[206] 이들 상호관계를 충분히 반영한 최적의 증류기를 설계한 다음 공정 모사(process simulation)로 최적화한다. 화학플랜트 설계에 범용으로 이용되는 소프트웨어(software)는 ChemCAD, ProII, Aspen Hysys, Unisim Design, ProMax 등이 있다. 2세대 감압증류기는 ProII 소프트웨어로 설계하고 사례연구(case study)와 공정 모사를 통해 불순물의 최적 분리 및 운전조건을 최적화하였다.

외부 전문 엔지니어링사로부터 신규프로젝트에 대한 제안서를 받을 경우 다음과 같이 도면과 서류를 확인한다. 예를 들면, 프로젝트에 관련 도면은;

① 건축·구조·토목·소방(소방기계·전기)·설치 도면

② PFD(process flow diagram)

③ UFD(utility flow diagram)

④ P&ID(process & instrument diagram)와 U&ID 등

서류는;

① 기본 엔지니어링 설계 data(설계 basis, 기후조건, 예상 utility 소비 목록과 사양 등 포함)

② 운전 매뉴얼(operation manual)

③ 장비 목록과 data sheets

④ 배관 자재 사양(piping and material specifications)

---

[206] Panicker P.K.N. 1969. Distillation pant-design. *Chemical Processing & Engineering, September.* pp.35-39

⑤ 소방 설비
⑥ 전기 및 계장 엔지니어링 output
⑦ Vender 목록과 납품된 설비의 사양서류 등이 포함되었는지 확인한다.

11.2 외국 증류기술의 발전

증류장치는 연금술사(alchemist)에 의해 개발된 이후 18세기 산업혁명과 함께 여러 분야의 과학자, 기술자 및 사업가들의 기술과 경험의 기여(寄與)로 인해 연속증류기로 발전하였다. 나폴레옹은 영국으로부터 주류 수입의존도를 줄이기 위한 노력의 일환으로 사탕무 개발과 발효 개선을 위해 제안하였고 포상(褒賞)에 자극받은 몇몇 프랑스인은 초기 증류기 개발자로 참여하였다. 초기 프랑스 증류기는 브랜디 생산에 적합했지만 위스키 술덧을 증류할 때 잔류 고형분 처리에 결함이 있었다. 프랑스 설계자들은 아일랜드, 영국, 독일의 기술 기여자(寄與者) 덕분에 증류기를 개선하여 위스키와 기타 액체 증류에 사용할 수 있도록 개량하게 되었다.

1813년, Cellier-Blumenthal은 Adam과 Bérard가 1905~6년에 개발한 증류장치의 연구 핵심 원칙인 "① 상승하는 증기에서 저비점 성분의 농축, ② 분축에 의한 증기의 농축 및 환류(reflux)"시키는 아이디어를 바탕으로 증류탑에 대한 특허를 최초로 획득하였다. 그가 개발한 증류기는 여전히 재래형 단증류기(pot still type-kettle)이였지만 다공판(perforated plate) tray를 장착한 칼럼(vertical column)으로 대체되었으며, 이 칼럼의 일반적인 개념은 미래 칼럼 형 증류기(column type still)의 설계를 위한 기초를 제공하게 된다.

1817년 독일인 Pistorius는 감자 술덧으로부터 알코올을 회수할 수 있는 증류기로 특허를 받았다. 이 증류기는 알코올 함량 약 60~80%인 원액을 생산할 수 있었으며 1870년대까지 독일 전역에서 널리 사용되었다.

1822년, Perrier 경은 양조장 운영자로서 유럽 최초의 연속 위스키 증류기 중 하나에 대한 특허를 받았다. 이 연속증류기는 술덧이 연속적으로 plate를 흘러내리면서 증기와 액상이 접촉할 수 있도록 현대의 포종(bubble cap) tray와 유사한 "baffles"이 설치되어 증류효율을 향상시켰다.

1828년, Stein은 주전자 모양의 솥(pot) 두 개를 연결하여 재래 단식증류기(Pot still)보다 에너지 효율이 개선된 연속증류기(Stein still)로 특허를 받았으며, 스코틀랜드에서 상업적으로 사용된 최초의 연속증류기가 되었다.

19세기 아일랜드는 세계 최고의 위스키 생산국이었다. 아일랜드인 Coffey는 밀주(密酒)를 단속하던 소비세 담당관으로 단식증류기의 구조와 작동원리를 관찰할 기회가 많았다. 전통적으로 위스키 증류에 많이 사용해 오던 주전자 모양의 단식증류기(Pot still type)와 연속증류기의 비효율성과 문제점들을 발견할 수 있었다. 1822년, Coffey는 이를 반영하여 연속 칼럼 증류기(column still)로 개량하여 발명특허를 획득하였다. 여전히 비효율적인 장비였고 기존 칼럼증류기의 응축액은 모두 수기(受器)로 빠지는 단점을 수정 설계하여 자탑에 환류(reflux)될 수 있도록 Cellier-Blumenthal의 증류기를 기반으로 한 Coffey 증류기가 재탄생하게 되었다. 이 증류기는 분리탑(analyser)[207]과 정류탑(rectifier)으로 구성된 연속증류기(cylindrical column type)로 개량되었다. 이 개량 증류기는 술덧이 정류탑 내부를 경유하면서 예열된 후 분리탑으로 공급되는 기술이 적용되어 연료를 절감할 수 있었으며, 현대 알코올 증류기와 매우 유사하게 설계되었다. 새로운 연속증류 기법은 전통적인 단식증류(Pot still)보다 매우 높은 알코올 함량에서도 가벼운 위스키를 효율적으로 생산할 수 있게 되었다. Coffey는 1930년 이 연속증류탑에 대한 디자인 특허를 받았다. 현재도 이 증류기는 스코틀랜드와 아일랜드 이외 다른 EU 지역에서 널리 이용되고 있으며 "Coffey or Patent Still"라 불리며 이후 모든 증류기의 모델이 되었다.

Coffey Still은 에탄올 농도 90% 이상의 원액을 얻을 수 있었지만 개량형(modern version)은 공비점에 가까운 95% 원액을 얻을 수 있다.[208] 연속증류기는 유럽에서 위스키산업이 발전하면서 개량을 거듭한 결과, 브랜디, 위스키 증류에서 음용 또는 산업용 바이오에탄올을 생산할 수 있는 증류기로 진화되었다.

세계 2차 대전 중에는 독일과 일본은 연료용 무수알코올을 생산하는데 연속증류기가 사용되면서 증류탑 제작과 설계 및 운전기술이 크게 발전하였다. 일본에서 사용되는 대표적인 연속증류기는 프랑스 증류기술(original still)을 도입하여 Allospase와 Super Allospase(SA), Extra Super 증류기가 음용주정용으로 개발되었다.[209]

---

[207] 알코올과 저비점 불순성분은 탑정으로 폐액은 탑 하부로 분리하는 기능탑이기 때문에 analyser를 분리탑 또는 요탑(mash column)이라 번역함
[208] https://en.wikipedia.org/wiki/Column_still, & Jean-Baptiste_Cellier-Blumenthal, & Aeneas_Coffey

일본의 알코올산업은 1960~70대 산업화 과정을 거치면서 공해유발과 에너지 다소비 산업으로 분류된다. 자국산(自國産) 농산물 비중이 감소됨에 따라 1970년대 초 일본 알코올산업은 구조조정을 거쳐 발효주정 생산이 완전히 종료되었다. 일본은 증류식소주를 제외한 발효주정 생산은 완전히 중단되었고 조주정을 수입하여 정제주정만 생산하게 되었다. 주정생산 시설은 NEDO에 편입되었고, 국가연료정책에 따라 바이오에탄올을 생산할 수 있는 국가에너지 비상관리 체제로 전환되었다.

알코올 증류방법은 단식증류기로 시작된 이래 많은 기술적 발전을 거듭하여 근대 증류법은 다성분계(多成分系)를 분리할 수 있는 공정으로 발전하였다. 증류기는 증류 목적에 따라 증류탑의 단수(段數), 탑의 구조, 불순물의 분리 순서와 방법, 기능탑의 조합, 에너지 절감 방법에 따라 다양한 증류기가 개발되어 왔으며 현재도 계속하여 진화되고 있다. 대부분 증류기는 상압(常壓)증류기로 에탄올-물의 공비조성에 가까운 함수에탄올을 생산하는 것이 목적이었다.

11.2.1 Ilges 증류기와 개량형

(1) Ilges 증류기

증류기는 에탄올 농축을 위한 요탑(Ⅰ), 충전탑인 정류탑(Ⅱ)과 정제탑(Ⅲ) 그리고 정류탈수탑으로 구성된다[그림 11-6]. 술덧의 공급은 정류탑 내부 열교환기를 통해 예열된 후 요탑에 공급된다. 요탑 정부(頂部)의 알코올증기가 정류탑(Ⅱ) 하부에 전량 유입되고, 정류탈수탑 하부에서 온

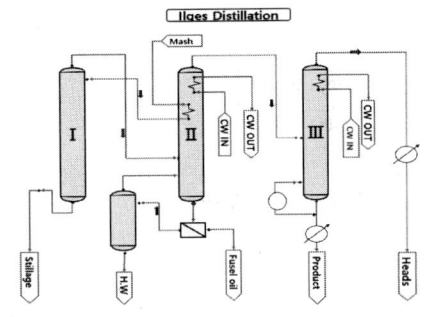

[그림 11-6] Ilges 증류기
요탑(Ⅰ), 정류탑(Ⅱ)과 정류탑수탑, 정제탑(Ⅲ)

수가 배출된다. 요탑은 baffle tray를 설치하였기 때문에 스케일 부착은 적지만 증류효율이 나쁜 것이 단점이다. 정류탑(Ⅱ)은 요탑(Ⅰ) 정부에서 유입된 알코올증기를 농축하여 알코올증기 상태로 정제탑(Ⅲ) 중부(中部)에 공급한다.

정류탑(Ⅱ) 하부에서 퓨젤유를 취출 분리하고 희석된 에탄올수용액은 정류탈수탑에

---

209) 工場操作 蒸溜編(上卷). 1961. 化學工業 臨時增刊. 12(2): 69-79

유입된다. 이 정류탈수탑에서 회수된 에탄올은 정류탑에서 점점 농축되고 탑 하부에서 온수가 배출된다. 정제탑(Ⅲ) 탑정에서 저비점 불순물을 분리(heads)하고, 탑 하부에서 제품이 생산된다. 정류탑과 정제탑은 충전재를 사용하는 구조상 특징을 가지고 있다. Ilges 증류기는 정류탑과 정제탑의 응축기를 탑 상부의 내부에 설치하여 내부 환류량(internal reflux)을 증가시킨 것이 특징이다.

(2) 개량형 Ilges 증류기

개량형 Ilges 증류기는 원형(原形) Ilges 증류기와 달리 요탑(Ⅰ), 정류탑(Ⅱ), 정제탑(Ⅲ)의 각 응축기를 오늘날 증류기와 같이 탑정 외부에 설치하였다. 요탑은 탑 상부에 탑경(塔徑)이 작은 농축부를 신설하고 특수한 cap tray를 채택하였기 때문에 증류효율은 나쁘지 않았으나 baffle tray에 비해 스케일 부착이 쉬운 단점이 있었다.

요탑 농축부에서 유출되는 알코올증기로부터 저비점 불순물을 분축시켜 제거하고 남은 응축액은 자탑(自塔)에 환류 되도록 공정이 개선되었다. 정류탑(Ⅱ)과 정제탑(Ⅲ)은 충전재 대신 포종(泡鐘, bubble cap) tray가 설치되었다. 개량형 Ilges 정류탑은 요탑 상부에서 알코올증기 대신 알코올 유액이 정제탑 중부에 유입되도록 공정이 개선되었다. 정제탑 정부에 설치된 외부 응축기에서 메탄올을 분리하고 탑 하부에서 제품을 생산하도록 공정이 개선되었다.

11.2.2 Barbet 증류기

탑경(塔經)이 다른 세 구획(sections, 농축부, 초류부, 알코올 회수부)을 가진 일체형(一體形) 요탑과 정류탑(concentration column) 2개로 구성된 증류기이다. 요탑은 탑정에서부터 차례대로 탑경이 커지면서 저비점 불순물을 농축할 수 있는 heads 농축부(heads concentrator)와 술덧이 유입되는 초류부(pre-stripper or pre-distillation), 요탑 순으로 제작된 다기능탑(多技能塔)이다.

요탑의 heads 농축부에서 유출되는 탑정 알코올증기는 외부 응축기에서 가스상 불순물(gaseous impurities)과 heads가 분리된다. 요탑의 초류부에서 40~60%의 에탄올 유액은 정류탑 하부로 보내진다. 이 탑 중하부에 집적(集積)된 퓨젤유는 일정량 취출하여 퓨젤유를 분리하고, 중상부에서 프로판올을 취출할 수 있도록 설계되었다. 에너지 절감을 위해 초류에 공급되는 술덧은 요탑의 배출폐액과 열교환 시킨 후 유입한다. 이 증류기는 부드러운 럼(light rum)과 중성주정(neutral sprit)을 제조하는데 많이 이용되는 증류기이다.

11.2.3 Gillaume 증류기

Ilges 개량형 증류기에 초류탑(Ⅱ), 후류탑(後溜塔, Ⅴ)이 첨가되어 5개의 탑으로 구성된 증류기이다[그림 11-7]. 요탑(Ⅰ)은 술덧으로부터 알코올증기를 초류탑(Ⅱ) 탈수부 상부에 보내고 폐액은 요탑 하부에서 배출된다. 초류탑(Ⅱ)의 농축부는 탑 경이 크고 탈수부는 탑경이 작은 하나의 탑으로 구성되었다. 초류탑은 불순물을 분리하는

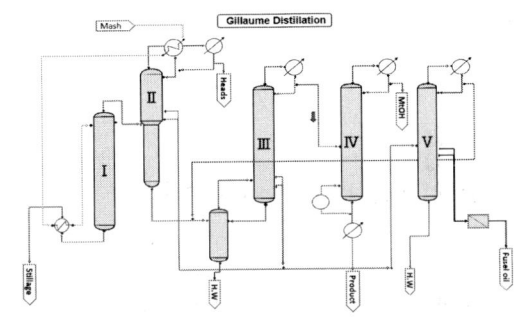

[그림 11-7] Gillaume 증류기 : 요탑(Ⅰ), 초류탑(Ⅱ), 정류탑(Ⅲ), 정제탑(Ⅳ), 후류탑(Ⅴ)

탑으로 가수에 의한 추출증류가 적용되어 알데히드 및 퓨젤유 분리효율과 증류비율이 크게 향상되었다. 탑정 알코올증기는 외부 응축기로써 저비점 불순물을 분축시켜 일정량을 배출(heads)시키고, hot decanter 단에 집적된 퓨젤유 일정량은 후류탑으로 보낸다. 저비점 불순물과 퓨젤유 일부가 제거된 에탄올 유액은 탑 하부에서 정류탈수탑에 유입된다.

정류탑(Ⅲ)은 알코올을 농축하는 탑으로 이 탑의 퓨젤유 농축단에서 퓨젤유가 집적된 알코올 일정량을 분취하여 후류탑(Ⅴ)으로 보낸다. 정류탈수탑의 배출온수는 초류탑(Ⅱ)의 추출수로 공급되고 나머지는 배출된다. 후류탑은 초류탑(Ⅱ)과 정류탑(Ⅲ)에서 유입된 미량의 퓨젤유를 함유한 에탄올수용액은 재증류하여 퓨젤유를 농축한다. 이 탑(Ⅴ) 중부 퓨젤유 농축단에 집적된 알코올 일부를 연속적으로 취출하여 퓨젤유분리기에서 퓨젤유를 분리한다.

후류탑(Ⅴ) 정부의 알코올 응축액은 일정량을 정류탑(Ⅲ)에 순환시키고 나머지는 자탑에 환류 시킨다. 정제탑(Ⅳ)은 탑정에서 메탄올을 함유한 유액 일부는 제거하고 탑 하부

에서 제품을 생산하는 탑으로 개량형 Ilges 증류기의 정제탑과 동일하다.

Gillaume 증류기는 요탑(Ⅰ)에 공급되는 술덧을 초류탑(Ⅱ) 정부의 알코올증기로써 1차 예열시킨 다음 요탑(Ⅰ)의 배출폐액과 2차 열교환하여 요탑 상부에 공급한다. 술덧 예열에 배출폐액의 현열과 알코올증기의 잠열을 활용함으로써 에너지소비를 감소시켰다. 품질 향상을 위해 기능탑이 추가됨에 따라 에너지 사용량이 증가한 것을 반영한 공정개선이었다.

정류탑(Ⅲ) 하부에는 알코올증기의 압력변동을 완화시킬 수 있는 압력조절 장치를 사용하였다. 정류탑의 퓨젤유 농축단을 안정적으로 운전할 수 있도록 개선한 것이 이 탑의 가장 큰 특징이다. 추출증류와 정류탑 하부에 탈수탑을 첨가한 것이 최근의 증류방식과 매우 유사한 증류기로 진화되었다.

11.2.4 Golzen-Grimma 증류기

Gillaume 증류기를 개량한 것으로 에너지 효율 향상 및 퓨젤유 분리탑을 추가한 점이 특징이다. 퓨젤유 분리탑은 초류탑과 정류탑의 최종 분취액(side cut fractions) 중의 퓨젤유를 농축하여 퓨젤유를 분리하여 에탄올 회수율을 높일 수 있도록 개량한 증류기이다.

11.2.5 Allospase 증류기

일본증류공업에서 개량된 증류기로 요탑, 농축탑, 추출탑, 정류탑, 정류탑수탑, 정제탑, 불순물처리탑, 분리탑으로 구성되어 있다. 요탑은 Ilges와 Gillaume 증류기와 같으나 분축으로 알데히드류를 계외로 방출시킬 수 있도록 요탑 상부에 탑 경이 작은 분리탑 기능이 부가된 일체형 탑으로 개선되었다. Barbet 증류기의 요탑 기능과 비교된다.

농축탑은 탑 하부에서 퓨젤유를 분리하고 탑정에서는 알코올 약 95%까지 농축하여 추출탑으로 보내 추출증류 한다. 정류탑은 추출된 알코올수용액을 공비혼합물(azeotrope)까지 다시 농축시켜 정제탑으로 보내고 탑 하부에서 온수를 배출한다. 이 온수는 추출탑의 추출수로 이용한다.

정제탑 탑정에서 저비점 불순물과 메탄올 함유한 유액 일부는 불순물처리탑으로 보내고 나머지는 환류시키고, 탑 하부에서 제품을 생산한다. 불순물처리탑은 저비점 불순물과 메탄올을 농축시켜 계외로 제거하고 탑 하부에서 회수한 에탄올은 재순환시킨다. 이 증류기의 최대 특징은 추출증류법을 채용한 점이다. 추출증류 이론은 농축탑 응축액을 에탄올 비점(78.4℃) 이상이 되게 희석함으로써 에탄올 비점과 비슷한 불순물들은 탑 상부로 구축하고, 희석된 에탄올수용액은 탑 하부로 낙하하게 된다. 희석에 따른 상대휘발도를 이용하여 쉽게 불순물을 탑 상부로 분리 농축한다. 추출탑 중상부에 퓨젤유분리단(hot decanter)을 설치하여 퓨젤유를 연속적으로 분리하고 탑정에서 저비점 불순물이 분리되도록 설계되었다.

이 증류기는 일본협화발효공업(日本協和醱酵工業)이 가장 먼저 산업적으로 채택하였다. 그러나 이 증류기의 일체형 요탑은 저비점 불순물 분리가 어렵다는 것을 알고 요탑을 분리탑과 요탑으로 완전히 분리한 Super Allospase 증류기(SA still)가 탄생하게 되었다. 이후 신설되는 알코올공장은 처음부터 SA증류기를 도입하였고, 기존공장들도 분리탑을 추가로 설치하게 되었다.

SA증류기는 우리나라에도 많이 보급되었으며 현재까지도 가동되고 있는 증류기 중 하나이다. "12.3 Super Allospase 증류기" 항에서 다시 한 번 상세히 다룬다.

11.2.6 Extra Super 증류기

일본화학기계제조(日本化學機械製造)에서 개발한 제5형식으로 SA증류기와 매우 유사한 증류탑이다. 각 탑 기능도 대체적으로 SA증류기에 준하며 9개의 기능탑으로 구성되었다. 분리탑과 요탑(제2요탑)은 탑 경이 서로 다른 하나의 탑으로서 접속되어 있기 때문에 기능적으로는 10개의 탑이다. SA증류기와 다른 점을 요약하면 다음과 같다.

① 분리탑 탑정의 저비점 불순물을 함유한 불순알코올은 증기 상태로 제2추출탑에 공급하지 않고 분축액을 공급한다.
② 제2추출탑 상부의 퓨젤유 분리단(hot decanter)을 없애고, 저비점 불순물을 함유한 불순알코올은 농도가 낮은 상태로 탑정에서 취출한다.
③ 제1추출탑 하부의 희박한 에탄올수용액은 분리탑으로 반송하지 않고 정류탈수탑에 공급하여 에탄올을 회수한다.

④ 메탄올분리탑은 정제탑의 탑정에서 분취한 유액 속의 메탄올을 고농도로 농축하여 계외로 분리할 수 있도록 별도 탑이 설치되었다.

11.2.7 제8형식 증류기

일본중앙화공기(日本中央化工機)사가 개발한 증류기로 요탑, 농축탑, 추출탑, 정류탑, 정류탈수탑, 메탄올분리탑, 정제탑, 저비점농축탑으로 구성된다. 이 증류탑이 SA증류기와 다른 점을 요약하면 다음과 같다.

① 추출탑이 하나이다.
② 요탑, 농축탑, 추출탑의 각 탑 정부의 저비점 불순물을 모두 합해서 저비점농축탑에 공급하여 농축 분리한다.
③ 저비점농축탑, 추출탑, 정제탑, 메탄올분리탑에서 분취한 알코올 유액 및 퓨젤유 성분을 모두 모아 농축탑에 공급하여 알코올을 공비점까지 농축하면서 퓨젤유를 분리한다.

제12장 우리나라 주정공업의 발전

12.1 주정공업의 태동

우리나라 주정공업은 일제강점기, 광복 및 1960년대 이후로 크게 구분할 수 있다. 조선주조사(朝鮮酒造史)에 의하면 일제강점기인 1920년을 전후하여 부산, 인천, 평양에 3개의 알코올공장이 건설되었다. 이때 우리나라에 처음 도입된 증류기는 Ilges와 Gillaume 증류기였다.[210]

일제의 대륙침략을 위한 병참기지 건설차원에서 전시(戰時) 연료용 무수에탄올 생산을 위한 공장이 부산에 건설되었으며 일본에 의해 현대적인 알코올산업이 태동하게 되었다. 광복 이후 6개 적산공장(敵産工場)과 한국인이 경영하던 2개 공장으로 주정공업이 재출발하였다.

1965년에 식량부족을 해결하기 위해 양곡관리법이 시행되면서 곡물로써 주류제조를 금지시켰다. 순곡물(純穀物)로 만든 증류식소주가 역사 속으로 사라지고, 막걸리 제조를 포함한 양조산업은 큰 타격을 받았다. 대신 고구마, 당밀, 타피오카로 만든 주정을 생산하게 되었다. 소주도 증류식소주가 희석식소주로 대체되면서 희석식소주 제조에 알맞은 주정제조와 증류기술이 발전하게 되었다. 주정제조에 사용되는 원료도 잉여농산물을 포함한 다양한 전분질원료를 사용하기 시작하였으며, 주정 품질향상을 위해 주류규격제도가 시행되었다.

---

[210] 裵商冕 編譯. 1997. 朝鮮酒造史(1907~1935). 奎章閣

12.1.1 1970년대 변화

1970년대 주류에 의한 사회적 문제 야기(惹起)를 계기로 정부는 주류제조장을 정비하는 주세정책을 시행하였다. 주류산업 관련 단체와 제조장 통폐합, 지역주류 50% 의무구입 판매제도 도입, 주조사제도(酒造士制度) 신설, 주류원료의 국산화 등 다양한 주세정책이 시행되었다.

당밀은 증자 및 증류공정에서 캐러멜과 HMF 색소가 많이 생성된다. 이들 난분해성 물질을 포함한 당밀폐액은 활성오니법으로 폐수처리가 불가능하였다. 당밀폐액을 농축시킨 시럽은 당시 농축산업의 발전이 미흡한 상태라 소비량이 극히 제한적 이였다. 수입 원료인 당밀은 환경오염 문제로 인해 결국 주정제조 원료로 사용이 금지되었다. 이후 전분질원료의 주정폐액을 농축한 시럽과 주정박은 단미사료로써 소비되거나 배합사료(配合飼料) 제조에 활용되기 시작하였다.

주정공장은 대부분 중소기업체로서 고유가시대와 환경규제강화로 주정폐액을 처리하는데 있어 폐수처리기술의 어려움과 폐수처리 설비자금 압박에 봉착(逢着)하게 되었다. 도심에 있었던 주정공장들은 공단이나 외곽지역으로 이전하면서 주정제조설비와 폐수처리시설이 현대화되기 시작하였다. 다양한 주정제조 원료를 사용하는 우리 실정에 맞는 폐수처리방법이 확립되지 못한 상태였다. 기존의 생물학적 폐수처리법에 농축법을 부가적으로 채택할 수밖에 없는 상황에 놓이게 되었다. 농축법은 에너지가 많이 소비되지만 주정폐액을 완벽하게 처리할 수 있었다. 농축 및 건조설비와 생물학적 처리공정을 조합해 주정폐액을 처리하게 되었다.

주정업체들은 과도한 환경설비 투자 때문에 경영에 심각한 도전을 받았지만 강화되는 환경규제를 준수하기 위해 방지설비투자와 처리기술개발에 주력하였다. 주정공장들은 기존의 생물학적처리시설을 최대한 활용하면서 회사 특성에 맞는 폐수처리방법을 추가적으로 검토하게 되었다. 대학 및 정부산하 연구기관에 "쌀보리 주정폐액의 효율적인 메탄소화법"에 대한 문제점과 해결 방안을 찾기 위해 연구용역 실시와 동시에 자구책을 강구하였다. 결국 주정폐액의 통합폐수처리기술 개발은 주정업체가 스스로 회사 여건에 맞는 솔루션을 찾게 되었다.

12.1.2 1980년대 변화

주정공장 폐수처리기술이 성숙단계에 안착한 시기라 할 수 있다. 주정폐액을 농축 후 건조시켜 만든 주정박은 단미사료로써 판매하게 되었고, 증발된 증기는 응축시켜 기존 호기성 처리공정에 유입하여 최종 처리하였다.

처음에는 농축기를 외국에서 수입하였지만 곧 순수 국내기술로 다양한 원료를 사용하는 우리 여건에 맞는 고효율의 튜브 번들(tube bundle type) 농축기가 개발되었다.[211] 농축액을 건조하는 rotary disk와 튜브 번들 건조기가 완전 국산화되어 다양한 원료를 사용하는 국내 주정생산 여건에 적합하고 운전 내구성도 크게 향상되었다. 농축법을 도입하지 않은 주정업체는 호기성 및 혐기성 처리방법을 조합한 완벽한 통합폐수처리공정을 확립하게 되었다. 그 결과, 주정폐액으로부터 대체에너지인 바이오가스를 생산할 수 있는 고온고효율의 혐기성소화조(THAR, thermophilic hybrid anaerobic reactor)가 개발되었다.

1980년대에는 덴마크 N사가 고역가(高力加)의 내열성(耐熱性) 액화효소 공급을 시작하였다. 내열성 액화효소 사용으로 인해 고온수 사용과 고농도 사입이 가능해 에너지가 절감되었고, 종래 술덧의 알코올농도 8% 전후에서 12%까지 증가되어 생산성이 향상되었다. 에너지 다소비성 상압증류기를 에너지 절약형 증류기로 대체가능성을 검토하기 시작하였다. 선진국의 알코올산업 현장을 견학하여 새로운 알코올발효, 증류 및 폐수처리 기술을 접하게 되었다. 주정업체는 에너지이용합리화법에 따라 정부의 여러 가지 시설자금지원으로 공정개선과 공장자동화에 투자하기 시작하였다.

1989년 국내 처음으로 I사는 감압증류기술을 도입하게 된다. 기본기술은 중성주정(neutral spirits) 생산용 증류기를 바탕으로 수년간 기술협의 끝에 국내 음용주정 제조에 적합한 증류기로 개발되었다. 새로운 개념의 감압증류기를 1990년 2월부터 상업가동을 시작하였다.[212] 이것은 우리나라 주정사(酒精史) 60여년 만에 새로운 감압증류기에 의한 음용주정을 생산하는 신기술로 기록된다. 이를 계기로 비로소 증류탑 설비자동화가 이루어지기 시작하였다. 안정적인 제품을 생산할 수 있게 되었고, 감압증류기가 국내에 보급되는 계기가 되었다.

---

211) 이주선. 1996. SUNTECO. L 및 YW 주류업체에 국산 고효율 농축설비 성공적 설치. http://www.sunte.co
212) 남기두. 2003. 주정용 증류시스템 개발과 증류기술의 발전. *주류산업*. 23(2): 30-40

12.1.3 1990년대 이후 변화

1990년대는 WTO의 무역환경이 크게 변화하는 격동기를 맞게 되었다. 우리 주정업계도 세계화와 개방화 물결로 국내외 주류시장의 변화를 적극 수용하게 된다. 정부도 각종 주류와 주정제조면허 규제를 완화하기 시작한다. 특히, 주류품질의 고급화를 유도하기 위하여 백미를 사용할 수 있도록 허용하는 한편 주정제조용 원료의 종류 및 수량을 매년 지정하던 것을 식량사정과 주류수급 상 부득이한 경우에 한하여 지정할 수 있도록 행정규제가 완화되었다. 주류시장의 개방과 소비자의 제품 다양화 요구와 니즈(needs)의 변화에 대비하여 주정품질 향상과 더불어 원가절감을 통한 경쟁력확보가 경영의 중요 이슈로 대두되었다.

우리나라 희석식소주 제조기준에 적합한 주정을 생산하는 국가는 일본밖에 없다. 일본은 에너지 다소비 산업이며 심각한 환경문제를 발생시키는 발효주정 생산을 1970년대에 전면 금지하였다. 현재는 조주정을 수입하여 정제주정만 생산한다. 그러나 우리나라는 에너지절약형 증류기 개발과 주정폐액의 생물학적 폐수처리 난제(難題)를 완전히 해결하였다.

주정원료 중 쌀보리 사용량이 증가함에 일일생산량 달성과 폐수처리에 어려움이 대두되었다. 1991년 "쌀보리 수율향상 방안"으로 술덧의 알코올농도를 높이고자 N R&D[213]와 공동 발효실험 과제를 실시하였다. 쌀보리 조성을 분석한 결과, 전분가 55~60%, 조단백질 8~10%, 조지방 2~3%, 헤미셀룰로오스(hemicellulose) 8~10%, 셀룰로오스(cellulose) 4~5%, 베타 글루칸(β-glucan) 2~5%, 리그닌(lignin) 2~3%이였다.[214] 그리고 쌀보리 전분가를 산가수분해법과 비교하기 위해 효소가수분해법을 확립하였다.[215] 쌀보리 공동 발효실험을 통해 조효소를 사용하면 맥류 원료의 발효수율이 향상되었다. 그 원인은 조효소가 아밀라아제(α-, β-, γ-amylase) 외에 β-glucanase, 단백질효소, 섬유소분해효소, 기타 미량효소 phytase(EC 3.1.3.26) 등 유기산류를 많이 함유하고 내산성 당화력이 우수한 복합당화효소제 기능 때문인 것으로 확인되었다.

N사는 조효소 조성을 정밀 분석하여 맥류의 회분식 발효 환경에 적합한 내산성 당화

---

[213] Enzyme R&D(Novozymes A/S, Denmark)
[214] Personal corresponding files(F-860973)-Re.1986-05-23: Ilsan Ind. Questionnaire(KR-860507). Enzyme R&D, NOVO Industrai A/S, Denmark
[215] 남기두 외. 1996. 쌀보리를 기질로 한 알콜발효의 최적 액화효소. *한국산업미생물학회지*. 24(2): 217-221

효소의 개발 필요성을 공유하게 되었으며 조효소를 대체할 수 있는 당화효소 개발에 착수하였다. 기존 AMG(amyloglucosidase)에 내산성 당화력과 cellulase효소 기능이 강화된 SAN, SAN Super, Cellobisase, Novozym 188 등을 공급하기 시작하였다. 조효소를 대체할 시제품 formula를 제공받아 공동 발효실험을 수행하였다. 조효소를 대체할 수 있는 당화효소는 개발하지 못했지만 이후 N사가 공급하는 당화효소의 내산성은 크게 강화되었고 조효소의 특성을 이해하는 계기가 되었다. 쌀보리와 겉보리의 주정발효에는 조효소와 정제효소를 혼용하는 것이 수율관리에 효율적이라는 결론을 얻었다. 실례(實例)로 미국도 1990년대 말부터 조효소를 혼용하여 옥수수의 수율장벽을 넘을 수 있게 되었다(6.3.3 **조효소항 참조**).

2005년 1세대 감압증류기의 개선점을 보완한 2세대 감압증류기가 I사와 K엔지니어링사에 의해 희석식소주 제조에 적합한 주정을 생산할 수 있도록 설계되었다. Super Allospase(SA) 증류기는 3개의 탑이 담당했던 기능을 하나의 요탑으로 통합하여 그 이상의 성능을 발휘할 수 있도록 공정을 개량할 수 있었다. 1세대 감압증류기의 운전기술 축적으로 2세대 감압증류기를 안정적으로 가동하게 되었으며, 정제주정 생산에도 감압증류기를 사용하기 시작하였다.

2023년 말 우리나라 주정공장의 연간 생산능력은 총 412,302㎘(발효주정 185,262㎘, 정제주정 227,040㎘)이다. 주정은 주류제조용으로 88%가 소비되었다. 향후 주정산업은 가음(可飮)인구 감소와 주류소비 성향의 변화로 인해 정체산업(停滯産業)이 될 가능성이 많다. 주정 소비를 촉진하기 위해 소주제품의 고급화, 비주류 분야의 주정 소비시장 개척, 가소홀의 실용화보급 정책 등에도 관심을 가져야 한다.

주정의 소비 진작(振作) 일환으로 주정제조 유휴(遊休) 생산설비를 활용하여 연료용 바이오에탄올을 생산할 수 있는 환경이 조성되기를 기대한다. 바이오에탄올의 수송용 연료화는 연료안보 및 대기배출오염 저감차원에서 도입될 수 있는 대안이다. 향후 주정의 대체소비처가 개발되지 않으면 주정소비시장은 포화상태가 될 것이며 장기적으로는 감소될 것이다. 주정제조면허는 완전히 개방되었지만 장치산업이고 에너지다소비산업인 동시에 고농도 유기성 폐액이 발생하는 특성을 가지고 있다. 주정산업은 생산, 판매, 유통은 정부의 통제를 받는 특수성이 있어 신규업체가 주정제조업에 진입하는 것이 쉽지 않다.

향후 주정시장의 완전개방과 가격 자유화를 대비하여 품질 경쟁력을 높여야 생존할 수 있다. 주정은 주류 이외의 소비처를 적극 개발하여 주정소비 시장 축소에 대비해야 한다. 장치산업의 특성상 대량생산 하면 생산성이 증가되어 원가절감이 가능하므로 가격 경쟁력에서 우위를 점할 수 있다. 주정제조업도 향후 위기를 대비한 규모생산을 위한 인수합병도 예상된다.

12.2 증류기술의 발전 배경

우리나라는 1960~80년대 압축 경제성장기에 알코올소비량도 크게 증가하였다. 이 시기에 소주 소비량 증가에 따른 주정의 공급 부족 현상이 나타났다. 주정을 충분히 공급하기에는 발효주정 생산설비가 크게 부족하였을 뿐 아니라 국내산 원료 수급도 부족해 결국 주정 수급의 불균형이 초래되었다. 빠른 시간 내 주정수급을 정상화하기 위한 대안으로 조주정을 수입해 정제(재증류)한 정제주정을 생산하기에 이른다. 정제주정의 생산은 복잡한 발효설비가 불필요하고, 증류기만 설치하면 되므로 비교적 짧은 공기(工期) 내에 증류탑을 설치할 수 있어 주정수급에 신속히 대응할 수 있었다.

조주정 정제를 위한 증류기는 기존의 발효주정 생산용 증류기에서 요탑만 없는 정제주정용 변형 SA증류기가 채택되었다. 이 증류기는 8개의 기능탑(초류탑, 초류탈수탑, 1·2추출탑, 정제탑, 정제탈수탑, 제품탑, 불순주정탑)으로 구성되었다. 처음에는 조주정을 희석하여 초류탑에 공급해 퓨젤유를 분리하는 발효주정 증류기술에 의존하였다. 그러나 조주정은 이미 공비혼합물 조성까지 1차 증류한 알코올이기 때문에 저비점 성분 상당량이 제거된 상태였다. 조주정을 정제하면서 공정분석, 원료 조주정의 품질분석 자료와 운전경험이 축적되었다. 종전에는 조주정을 희석하여 초류탑에 공급하였으나 초류탑과 초류탈수탑을 운전하지 않고 원료 조주정을 직접 추출탑에 공급하여 정제하게 되었다. 추출증류를 강화하여 저비점 불순물을 효과적으로 분리하는 증류 운전기술도 개발되었다. 퓨젤유는 초류탑을 가동하지 않고 정제탑 하부에 집적시켜 충분히 분리할 수 있는 운전기술이 수개월 만에 확보되었다.

초류탑과 초류탈수탑을 운전하지 않고 양질의 정제주정을 생산할 수 있는 증류 공정으로 개선되었다. 조주정 정제용 증류기는 우리나라에서 1세대 변형 상압증류기라 할 수 있고 2005년 이후 감압증류기가 정제주정 생산에 이용되기 시작하였다.

12.2.1 1990년대 이전

일제강점기부터 일본의 증류설비와 운전기술이 그대로 도입되었다. 우리나라에 설치된 재래 증류기는 일본에 의해 Ilges, Gillaume 증류기, 일화(日化) 제3·4형식, Extra Super 증류기, SA 증류기를 모체로 약간씩 공정이 개량 또는 변형된 상압증류기가 도입 설치되었다.

에너지다소비업종인 주정산업도 공장 에너지관리의 중요성이 대두됨에 따라 증류공정 개선을 통한 에너지절감과 동시에 주정품질을 향상시킬 수 있는 증류기술과 공정개발에 관심이 집

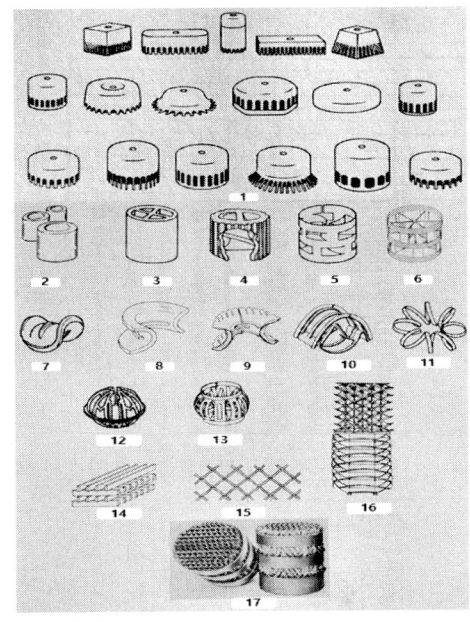

[그림 12-1] 증류탑에 설치되는 충전재와 tray 종류
(1) 다양한 모양의 bubble caps, (2) raschig ring, (3) partition ring, (4) double spiral R., (5) metal pall R., (6) plastic pall R., (7) ceramic Berl saddle, (8) seramic intalox saddle, (9) plastic intalox saddle, (10) metal intalox saddle, (11) Tellerette, (12) plastic tripak, (13) metal tripak, (14) wood grid, (15) section thru expanded metal packing, (16) sections of expanded metal packings, (17) GEM structured packing

중되었다. 알코올생산은 증류공정에서 에너지의 약 70%가 소비되기 때문에 공정개선에 집중하지 않을 수 없었다. 전사적(全社的) 에너지관리는 증류탑의 효율적인 운전에 초점이 맞춰지면서 증류 공정 개선과 운전기술 발전이 가속화되었다.

1980년대는 급속한 경제성장과 도시화가 진행되는 과도기였다. 대부분의 주정공장은 도시 외곽에 있었으나 도심 팽창으로 인해 공단지역 또는 더 외각으로 공장을 이전해야 하는 상황에 놓이게 되었다. 공장이전이나 재래 노후 증류설비를 교체하면서 주정의 생산설비가 획기적으로 개선되는 전기를 맞게 되었다. 이때 SA증류기의 변형 또는 개량형 증류기가 도입되었다.

1980년대 이후에 설치된 증류기의 경우 대부분 기존의 포종(泡鍾, bubble cap) tray 대신 sieve tray를 설치한 요탑이 등장하게 되었다. 또한, 감압증류기는 sieve tray, valve tray 등 다양한 충전재(packing materials)를 증류탑 기능에 따라 선택적으로 사용하게 되었다

[그림 12-1]. 탑 재질도 전통적으로 사용해 오던 동(銅)에서 STS 재질로 전환되었다.

12.2.2 1990년대 이후

1989년 I사는 노후 증류설비를 교체하면서 국내 처음으로 감압(진공)증류기를 설치하였다. 감압증류기는 상압증류기에서 분리가 어려운 다이아세틸, 크로톤알데히드(croton aldehyde), 푸르푸랄(furfural), 에틸아세테이트와 같은 저비점 불순물을 효과적으로 분리할 수 있는 것이 장점이다. 감압증류기는 일부 증류탑이 감압으로 운전되기 때문에 감압 탑의 운전열원은 상압 탑의 알코올증기 잠열을 이용하는 에너지 절감형 증류기로 발전하였다.

최근에는 증류탑 효율을 향상시키기 위해 각종 고효율 tray와 충전재가 개발되어 실용화되고 있을 뿐 아니라 새로운 증류 및 분리 농축기술이 개발되고 있다. 음용에탄올 이외 연료용 무수에탄올 생산은 3성분계 공비증류(azeotropic distillation)[216] 대신 분자체 탈수공법(molecular sieve dehydration process)[217][218], 역삼투막법(逆滲透膜法, reverse osmosis), 기-액 또는 액-액 추출법, 임계이산화탄소(supercritical gas)를 이용한 알코올 회수와 농축기술, 투과증발(pervaporation)과 같은 진보된 회수공정이 개발되었으며 이 중 일부 기술은 이미 상용화되었다.

투과증발법의 상용화 사례를 보면, 프랑스에서 사탕무즙과 당밀을 이용하여 무수에탄올 생산을 위해 첫 대규모생산 공장을 건설하였다. 투과증발기술은 일본에서 5개의 상업용 에탄올 탈수용 플랜트를 비롯하여 여러 산업분야에서 성공적으로 가동되고 있다.[219]

알코올 증류기술의 발전으로 증류기의 기능탑 수량과 스팀 소비량이 증가되었지만 품질이 크게 향상되었다. 품질이 개선된 후에는 세부적인 공정개선과 운전최적화를 통

---

[216] Black C. 1980. Distillation Modeling of Ethanol Recovery and Dehydration Processes for Ethanol and Gasohol. *CEP. Sept.* pp.78-85
[217] Swain R.L.B. 1993. New Efficiencies in Reducing Ethanol production Costs. Delta-T corporation. *The World Conference on Clean Fuels and Air Quality Control.*
[218] Dehydration of Ethanol by Molecular Sieve Beds. 1993. *Vogelbuch USA Inc. Files.*
[219] Rapin J.L. 1988. The Betheniville Pervaporation Unit-The First Large-Scale Productive Plant for The Dehydration of Ethanol. *Proceedings of Third International Conference on Pervaporation Processes in The Chemical Industry. Nancy, France, September* 19-22, pp.364-378

해 품질은 더욱 향상되었고 에너지소비는 다시 감소되기 시작하였다. 증류공정 중 알코올증기의 잠열, 알코올 유액의 현열, 배출온수의 폐열을 회수하여 술덧과 유액을 예열함으로써 에너지소비량은 다시 감소하기 시작하였다. 감압증류기가 음용주정생산에 실용화되면서 품질향상과 증류에 소비되는 스팀이 재래 상압증류기에 비해 약 50%나 획기적으로 감소하게 되었다. 현재 주정공장은 대부분 감압증류기로 교체되었으며, 일부 주정공장은 SA증류기의 변형 탑이 운전되고 있다.

연료용 바이오에탄올 증류에는 터보압축기(turbo compressor)를 이용한 에너지 절약형 증류기가 상용화되었다. 음용주정 생산에도 기계식 증기재압축기(MVR, mechanical vapour recompressor)를 적용한 증류기 개발이 시도되고 있다. MVR이나 차압을 이용한 에너지 절약형 증류기는 우리나라와 같이 고품질이 요구되는 음용주정 생산에는 적합하지 않으며 안정적인 운전에도 높은 위험(high risk)이 수반된다.[220]

새로 개발된 증류공정은 파일럿규모의 증류기에서 다양한 종류의 술덧으로부터 안정적인 생산능력, 운전조건 및 제품품질을 검증하는 과정이 필요하다. 생산능력과 품질검증은 어느 수준까지는 가능하지만 다양한 원료의 술덧을 사용하는 음용주정의 품질검증은 매우 어렵다. 파일럿플랜트로 장기간 운전하면서 사례연구(case study)를 통해 검증해야 하기 때문에 운전경비와 인력이 많이 소요된다. 그래서 공정 시뮬레이션(process simulation)으로 연구결과를 검증하는 경우가 많다. 신설 프로젝트의 성공적인 운전결과를 얻기 위해서는 생산현장에서 얻은 운전기술과 축적된 자료를 활용하여 충분한 공정 시뮬레이션 연구를 해야 한다. 공정 시뮬레이션 자료를 분석하여 운전매뉴얼을 작성하고, 압축된 정보는 향후 시운전에 활용한다.

최근에는 정류탑 상부 응축기 대신 강하막증발기(降下膜蒸發器, FFE, falling film evaporator condenser)와 MVR을 조합한 에너지절약형 증류기(F-MVR 감압증류기) 개발이 시도되고 있다[그림 12 -2].[221] 이 증류기는 정류탑 탑정 알코올증기의 잠열을 요탑에 공급하고 남는 알코올증기는 상부 강하막증발기에서 응축시켜 유액은 탑에 환류시킨다. 강하막증발기에 공급되는 냉각수는 인젝터(steam injector)를 통과하는 고압스팀으로 인해 감압이 발생한다. 이 감압에 상응하는 온도에서 냉각수는 저압스팀으로 상변화(狀變化)가 일어나게

---

[220] Leppanen O. *et al.* 1989. *Unpublished files*-Use of a Turbo Compressor in an Ethanol Distillation System. *Alko Ltd. Process and Product Development*. SF-05200 Rajamaki, Finland
[221] 홍성환. 2022. (주)한국마이콤

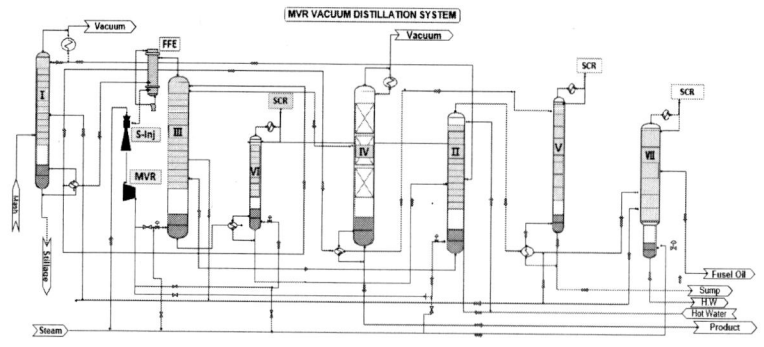

[그림 12-2] 에너지절약형 F-MVR 감압증류기
요탑(Ⅰ), 정제탑(Ⅲ), 제2추출탑(Ⅵ), 제품탑(Ⅳ), 제1추출탑(Ⅱ), 메탄올분리탑(Ⅴ), 복합불순주정탑(Ⅶ)

된다. 이 저압 스팀을 MVR로 압축하여 정류탑, 제1·2추출탑의 열원으로 공급하는 새로운 개념(concept)의 증류기이다. F-MVR 감압증류기는 이론적으로 2세대 감압증류기보다 에너지가 더 적게 소비된다. F-MVR 감압증류기는 에너지절감을 위한 새로운 개념으로 접근과 시도는 평가된다. 하지만 F-MVR 감압증류기는 안정적인 탑 운전과 분축 설비 반영이 공정상 어려운 점이 있다. 안정적인 증류기 운전과 품질관리에 상당한 위험(risk)이 수반될 수 있어 음용주정 생산에 적용하기에는 기술적 검토 및 공정 시뮬레이션이 더 필요하다.

음용주정을 생산하는데 소비되는 에너지 원단위는 증류기 종류, 증류공정에서 열 회수 정도, 생산량, 운전기술에 따라 다르다. 현재 국내에 가동되고 있는 상압증류기의 경우 LNG 소비원단위(Nm³/ℓ·95%-EtOH)는 0.32~0.51, 감압증류기의 경우 0.19~0.22이다 [표 12-1]. 증류기의 공정개발과 운전기술 향상으로 향후 주정생산 원단위는 더 감소할 것으로 예상된다. 최근에는 각종 소각장이나 병합발전소로부터 부생(副生)되는 비교적 저렴한 스팀을 공급받을 수 있어 utility 수급 환경이 다변화되는 추세이다.

[표 12-1] 증류기 종류에 따른 에탄올 증류 원단위의 비교

에너지소비 원단위	증류기 종류		비고
	상압증류기	감압증류기	
LNG(Nm³/ℓ-95% EtOH)	0.32~0.51	0.19~0.22	① 발열량 : 10,500kcal/Nm³-LNG 기준
스팀(kg-steam/ℓ-95% EtOH)	4.71~7.50	2.79~3.24	② 스팀 1톤 생산에 LNG 68Nm³ 소비를 기준으로 환산하였음

12.3 Super Allospase 증류기

Allospase 증류기의 요탑 기능에 분리탑을 추가하고 제2추출탑(Ⅷ)과 온수탑(Ⅸ)이 첨가된 10개의 기능탑으로 구성된 개량형 증류기가 탄생하였다. 이 증류기를 Super Allospase(SA)증류기라 하며 추출탑을 Allospase 탑이라 부른다.

이전에는 Gillaume 증류기와 이것을 개량한 증류기가 많이 사용되었다. 이와 같은 증류기는 알데히드류와 퓨젤유 등 불순물 분리는 증류비율을 낮추지 않고 완전히 제거하기가 불가능하였다. 이것을 개선하기 위해 분리탑을 첨가하고, 가수추출법이 개발되어 1952년부터 주정공업 분야는 대부분 추출 증류법이 채택되어 오늘에 이른다.

오늘날 추출증류는 기본적으로 Les Usine de Melle(프랑스)사의 일본특허에 의한 것으로 약간씩 개량되어 Allospase와 SA증류기로 진화되었다. SA증류기는 기능탑이 많은

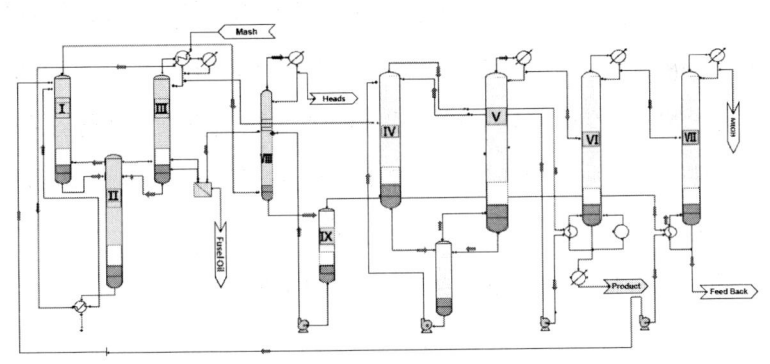

[그림 12-3] Super Allospase 증류기
좌로부터 분리탑(Ⅰ), 요탑(Ⅱ), 농축탑(Ⅲ), 제2추출탑(Ⅷ), 온수탑(Ⅸ), 제1추출탑(Ⅳ), 정류탑(Ⅴ), 정제탑(Ⅵ), 불순물처리탑(Ⅶ)

대신 에너지효율과 주질 향상을 위해 제2추출탑 하부에 탈수탑(온수탑)을 설치하여 온수는 추출수로 활용한다. 온수탑에서 증발한 알코올증기는 불순물처리탑의 재열기(reboiler)에 유입시켜 잠열을 이용한다. 응축액은 분리탑으로 순환시켜 증류에 소비되는 에너지를 절감하도록 개선되었다. SA증류기의 각 기능탑에 대하여 약술한다[그림 12-3].

12.3.1 분리탑

예열된 술덧을 분리탑 상부로 공급하여 메탄올 이외의 알데히드, 저비점 에스테르 종류의 불순물들이 많이 포함된 알코올을 증기상태로 제2추출탑(Ⅷ) 하부에 공급한다.

이들 불순물들은 제2추출탑의 마지막 응축기의 가스분리기를 통해 기체상태로 방출

되고, 응축액 일부는 heads로 처리하고 나머지는 환류된다. 이때 술덧에 일부 용해되어 있던 이산화탄소도 함께 배출된다. 이산화탄소는 비중이 공기보다 무겁기 때문에 가스분리기에서 흰 가스 상태로 하향(下向) 배출된다.

저비점 불순물들이 제거된 술덧은 미량의 불순물을 포함한 상태로서 요탑(Ⅱ)의 탑정에 유입된다. 요탑(Ⅱ) 저부에서 발생한 배출폐액은 분리탑(Ⅰ)에 공급되는 술덧을 예열시킨 후 배출된다.

12.3.2 요탑·농축탑과 퓨젤유 분리

요탑(Ⅱ)에 유입된 술덧은 탑정에서 약 45% 전후의 알코올증기 상태로 농축탑(Ⅲ) 하부에 유입된다. 이 농축탑(Ⅲ)에서 거의 공비혼합물 조성에 가까운 96% 전후로 농축되어 탑 정부에 설치된 응축기를 경유하여 제1추출탑(Ⅳ)에 공급된다.

퓨젤유분리는 공비혼합물 상태로 제2추출탑(Ⅷ) 15단, 농축탑(Ⅲ) 2~8단, 정류탑(Ⅴ) 1~6단에서 퓨젤유가 집적된 알코올 층(alcohol layer)으로부터 일정량을 취출하여 퓨젤유분리기에서 분리한다. 퓨젤유는 용해도와 비중이 낮기 때문에 물로 희석하면 퓨젤유는 에탄올수용액의 표면으로 분리되어 퓨젤유층을 형성한다. 주기적으로 퓨젤유분리기 상부에 농축된 퓨젤유를 배출하고 하층액은 분리탑(Ⅰ) 정부로 순환시켜 알코올을 회수한다.

12.3.3 제1추출탑

제1추출탑(Ⅳ)은 가수(加水)하여 저비점 불순물들의 상대휘발도를 이용하여 추출증류한다. 이 탑(Ⅳ)은 농축탑(Ⅲ) 정부에서 공비혼합물 농도까지 농축되어 유입된 에탄올을 정류탑(Ⅴ) 하부의 탈수탑 배출온수로 희석하여 추출증류 한다. 이 추출증류에서 다시 저비점 불순물을 포함한 알코올증기는 탑정 응축기에서 분축시켜 제2추출탑(Ⅷ)으로 보낸다. 추출탑에서 희석된 에탄올수용액의 에탄올농도는 낮으면 낮을수록 비점차가 커지므로 불순물을 용이하게 탑정으로 추출 분리할 수 있다.

제2추출탑은 제1추출탑(Ⅳ)보다 알코올농도를 낮게 운전하는 것이 잔존 불순물을 효과적으로 분리할 수 있다. 제1추출탑에서 추출증류가 이루어진 유하(流下) 알코올수용액은 정류탑(Ⅴ)의 탈수탑에 유입되어 다시 공비혼합물 농도까지 농축시킨다. 정류탑 정부의 알코올증기 응축액의 일부는 정제탑(Ⅵ)에 유입되고 나머지는 자탑에 환류 시킨다. 추출탑(Ⅳ) 상부에서는 분리되지 않고 남은 저비점 불순물 특히 메탄올은 탑정에서 농축되어 불순물처리탑(Ⅷ) 중부로 유입되고, 제품은 정제탑 하부에서 생산된다.

불순물처리탑 탑정에서 메탄올이 농축된 불순주정을 분취하여 제거하고 탑 하부에서 회수된 알코올은 재순환(feedback)시킨다. 정류탑(Ⅴ)의 탈수탑과 온수탑(Ⅸ)은 온수 회수가 목적이며, 이 온수는 제1·2추출탑의 추출용수로 공급한다.

12.3.4 정류탑과 정제탑

정류탑(Ⅴ)은 추출증류 한 에탄올수용액을 물-에탄올 공비조성까지 농축하는 탑이다. 정류탑 상부에서 농축된 알코올은 정제탑(Ⅵ)으로 유입된다. 정제탑(Ⅵ)은 제품 생산이 목적이다. 이 탑정에서 소량의 메탄올을 함유한 유액은 탑정에서 분취하여 불순물처리탑(Ⅷ)으로 이송된다. 정제탑(Ⅵ) 운전은 제1추출탑(Ⅳ) 정부의 알코올증기 잠열을 이용하도록 설계되어 스팀소비량이 절감된다. 재열기(reboiler) 내 튜브 번들(tube bundle)의 누설은 직접적으로 제품에 영향을 미칠 우려가 있다. 에너지절감은 가능하지만 품질에 영향을 미칠 수 있기 때문에 직접 스팀을 공급하는 방식을 선호한다.

12.3.5 불순물처리탑

이 탑(Ⅷ)은 메탄올과 불순물을 분축시켜 계외로 배출하고 에탄올은 탑하부에서 회수하여 재순환(feedback)시킨다. 이 탑 운전열원은 제1추출탑의 온수탑에서 증발하는 희박한 알코올증기의 잠열이다.

12.3.6 제2추출탑

제2추출(Ⅷ)은 저비점과 중비점 불순물을 분리하는 탑이다. 분리탑(Ⅰ) 정부에서 아세트알데히드, 에스테르 종류의 저비점 불순물을 함유한 알코올증기가 이 탑(Ⅷ)의 하부로 유입된다. 제1추출탑(Ⅳ)의 최종 응축기에서 분취되어 온 알코올유액은 이 탑 15단에 설치된 hot decanter 단에 유입시켜 정류탈수탑의 온수로 추출증류를 한다. 이 탑(Ⅷ) 정부의 알코올증기는 응축기에서 응축시켜 대부분 이 탑에 환류 시킨다. 이 탑 최종 응축기의 분축액 일부는 분취하여 계외로 제거하고, 가스분리기에서는 아세트알데히드와 같은 저비점 불순물(heads)은 가스 상태로 배출된다.

추출증류에서 낙하한 에탄올수용액은 이 탑 하부 온수탑(Ⅸ)에서 회수되고, 최종 배출온수는 제1·2추출탑(Ⅳ·Ⅷ)의 추출용수로 이용된다. 탈주정탑의 알코올증기는 불순물처리탑(Ⅶ)의 운전열원으로서 잠열을 제공한 후 응축액은 분리탑(Ⅰ) 정부로 순환된다.

12.4 감압증류기의 공정 분석

12.4.1 증류기의 구성

증류기는 재래 상압증류기와 감압증류기(vacuum still)로 구분한다. [그림 12-4]와 같이 감압증류기는 요탑(Ⅰ), 정류탑(Ⅲ), 제1추출탑(Ⅱ), 복합불순주정탑(Ⅶ), 제2추출탑(Ⅴ), Side stripper(Ⅵ), 제품탑(Ⅳ)으로 구성된다.

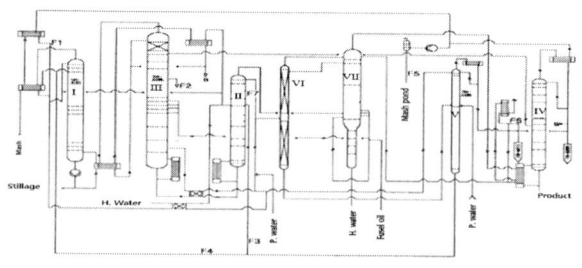

[그림 12-4] 감압증류기 흐름도
요탑(Ⅰ), 정류탑(Ⅲ), 제1추출탑(Ⅱ), Side stripper (Ⅵ), 복합불순주정탑(Ⅶ), 제2추출탑(Ⅴ), 제품탑(Ⅳ)

12.4.2 감압증류기의 특성

감압증류기는 요탑을 제외한 기능탑의 기능은 SA증류기와 동일하다. 다만, 감압증류기의 요탑은 상압증류기보다 낮은 감압과 저온에서 운전되므로 SA증류기의 분리탑 기능보다도 반응성이 높은 알데히드류를 더 효과적으로 분리할 수 있는 탑이다. 탑 기능에 따라 운전압력이 약간씩 다르며, 요탑과 제품탑은 감압(減壓)으로 운전하도록 설계되었다.

감압운전을 하면 같은 양(mole)의 알코올이지만 부피가 증가하여 탑 내 유속이 빨라진다. 이에 대한 이해를 돕기 위해 기체상태 방정식으로 설명한다. 식(12-1)과 같이 탑 내 상승하는 알코올증기의 부피(V)는 압력에 반비례하고 절대온도(T)에 비례한다. 상압증류탑과 동일한 알코올 양이 감압증류탑에서 거동할 때 알코올증기의 부피는 진공도와 요탑의 운전온도에 따라 크게 증가하게 된다. 감압증류기에서 요탑 하부의 운전온도는 상압증류보다 30~40℃ 낮게 운전되는 대신 운전압력의 감압 정도에 따라 알코올증기의 체적 증가로 인해 증기 상승속도가 몇 배 빨라진다. 이와 같은 현상을 충분히 반영하여 증류탑을 설계해야 한다.

$$V_2 = V_1 \times \frac{P_1}{P_2} \times \frac{T_2}{T_1} \quad \cdots\cdots\cdots\cdots (12\text{-}1)$$

- 보일의 법칙 : 온도(T)가 일정하면 압력(P)과 부피(V)는 반비례
- 샤를의 법칙 : 압력이 일정하면 부피는 온도에 비례
- 아보가도로의 법칙 : 온도와 압력이 일정하면 부피는 몰수에 비례한다.
- $PV = nRT$에서 기체상수(n) = $0.082058 \ell \cdot atm \cdot mol^{-1} \cdot K^{-1}$

증류기는 운전자의 운전능력과 자동화 정도 등에 따라 품질과 증류비율도 영향을 받는다. 표준운전매뉴얼을 정립할 필요가 있다. 증류공정에서 알코올제조에 소비되는 총 에너지의 약 70%가 소비된다. 증류기를 효율적으로 운전할 수 있도록 운전기술을 최적화하는 노력이 필요하다.

1세대 감압증류기의 경우 F1~F7 유액의 불순물농도를 분석한 결과에 따라 효율적으로 재처리될 수 있도록 공정을 개선하였다[그림 12-5]. 요탑과 제품탑의 진공도 유지를 위한 진공펌프의 씰(sealing) 용수를 세정탑(washing column)에 보충한다. 이 씰 수는 진공도 유지와 펌프 흡입가스 중에 있는 알코올 회수가 목적이다. 개선 전에는 세정탑 유출수를 퓨젤유분리기의 희석용수로 사용하였다. 이 씰 수는 저비점 불순물 특히, 다이아세틸과 알데히드 종류가 많이 포함되어 있다. 이 씰 수를 재활용할 경우 증류과정에서 2차 화학반응물질 생성량이 증가하기 때문에 증류 초기단계에서 계외로 분리하는 것이 가장 이상적인 탑 운전법이다.

제1추출탑(Ⅱ)의 처리능력과 추출효과를 검증하였다. 추출효과는 사용원료와 발효과정 중 불순물의 종류 및 함량에 따라 정류탑(Ⅲ)으로 가는 유액의 조성변화가 있었다. 제1추출탑(Ⅱ) 추출능력 한계를 검토하기 위해 알코올농도를 점점 낮추어 비점차를 크게

하여 추출효과를 검증하였다. 에탄올수용액의 비점을 증가시키려면 추출수를 추가 공급해야 한다. 에탄올농도가 낮아진 에탄올수용액을 증류하는데 필요한 스팀을 재열기(reboiler)에 추가적으로 공급해야 한다. 탑 하부 재열기에 스팀 공급량을 늘리면 탑 내에서 상승하는 알코올증기의 유속과 유량도 함께 증가하다가 탑 처리부하를 초과하는 한계점에 도달하게 된다. 이 때 탑 내부 온도와 압력 구배가 일정하지 않고 맥동(surging) 현상이 나타나게 된다. 과도한 운전부하와 기-액비에 따라 증기 포켓(vapor pocket)이 생기거나 비말동반(entrainment)이 심화되고, tray에서 액이 흘러내리는 weeping 현상, 강수관으로 흘러내려야할 액이 반대로 탑정으로 넘쳐흐르는 flooding 현상이 발생하게 되어 추출효과가 떨어지게 된다. 정상적으로 탑을 운전할 수 없는 한계점에 도달하여 결국 탑 운전이 어렵게 된다.

이와 같은 현상은 정류탑(Ⅲ)에서도 동일하게 일어날 수 있다. 탑 내 알코올증기의 유속이 빨라지면 퓨젤유 농축단의 퓨젤유층(fusel oil layer)이 불안정하게 요동(搖動)치게 된다. 이때 퓨젤유가 비말(飛沫) 상태로 상승(上昇)하면서 제품의 관능저하를 초래하는 원인을 제공하게 된다. 정류탑의 배출온수(lutter water)에도 에탄올 유출량이 점점 증가하며, 정상적인 탑 운전을 할 수 없게 된다. 정류탈수탑의 배출온수는 정상적으로 운전될 때 에탄올농도는 200mg/ℓ이하이다.

12.4.3 공정개선 효과 분석

추출탑(Ⅱ)에 공급되는 추출수가 증가하는 만큼 스팀소비량도 증가하게 된다. 추출수 증가에 따른 안정적인 탑 운전을 위해 스팀 공급량 증가보다 추출수 온도를 hydro heater(F7)로써 조절할 수 있도록 개선하였다. 추출수 공급량은 공정개선 후 약 10%가 감소되었다. 추출수 온도는 105℃에서 110℃로 가열하여 탑정부에 공급하였다. 이렇게 개선함으로서 에탄올과 같이 거동할 수 있는 중·저비점 불순물이 낙하(落下)하지 않고 추출효과는 개선되었다.

GC 분석 결과에 따라 각 기능탑의 최종 유액을 불순물 함량에 따라 제1추출탑(Ⅱ) 유입량을 조정하여 탑 부하를 경감시켰다. 그 결과 제1추출탑은 유입을 중지한 양만큼 제품생산량을 증가시킬 수 있었고 정류탑과 제1추출탑(Ⅱ) 내 기-액의 장애는 발생하지 않았으며 품질도 일정하게 유지되었다.

제품의 유기불순물은 원료 종류에 관계없이 일정하게 유지되었다. 이것은 술덧으로부터 2차 화학반응물질 생성에 관여하는 알데히드류와 상압증류로 분리하기 어려운 아크롤레인(acrolein),[222] 크로톤 알데히드(croton aldehyde)가 요탑의 감압으로 인해 효과적으로 분리되었기 때문이다.[223] 이들 성분은 극미량만 존재해도 관능과 유기불순에 아주 민감하게 반응하는 물질들이다. 에틸아세테이트(ethyl acetate)는 최소 3성분계 공비혼합물을 형성하기 때문에 일반 증류로는 완전히 제거하기가 어렵다. Berg 등은 효과적인 분리를 위해 추출증류에 약제(chemicals)를 넣어 쉽게 분리할 수 있는 특허를 받았다.[224] 상압증류기에서 잘 분리되지 않은 크로톤알데히드와 미량 불순물들은 감압증류기에서는 잘 분리되며 실제 관능도 크게 개선되었다.[225]

공정개선으로 생산량 증가에도 불구하고 오히려 추출수는 감소시킬 수 있었다. 추출수 감소량만큼 hydroheater에서 가온시켜야 할 열량과 정류탑(Ⅲ)에서 알코올 회수에 필요한 열량, 제품 증산효과를 열정산과 물질수지(heat and material balance)를 종합 검토한 결과, 증류에 소비되는 에너지가 감소되었다. 제1추출탑(Ⅱ)에서 추출되지 않고 남은 이취성분 효모취(off-flavor like vitamin and yeast oder) 유발원으로 추정되는 함황 및 중·저비점 불순물은 정류탑(Ⅲ)에서 농축되면 탑 상부로 거동한다. 정류탑(Ⅲ) 중부의 퓨젤유 농축단에서 에탄올농도 구배에 따라 퓨젤유와 함께 집적된 알코올 일정량을 연속적으로 취출해 이취성분이 제품탑으로 넘어가지 않도록 운전한다. 이 취출 알코올 유액은 복합불순주정탑(Ⅶ)에서 퓨젤유와 농축하여 분리한다.

복합불순주정탑(Ⅶ)과 side stripper(Ⅵ)의 중요한 운전요인은 최적의 압력차(Δt)를 유지하여 알데히드류를 탑정으로 잘 농축시키는 것이다. Side stripper(Ⅵ) 하부 유액은 다시 제2추출탑(Ⅴ) 상부로 유입하여 재추출 증류하여 중·저비점 불순물을 농축하고, 탑 하부 유액은 요탑(Ⅰ)과 제1추출탑(Ⅱ)에 재순환한다. 제2추출탑(Ⅴ)과 같이 불순주정탑

---

[222] Serjak W.C. *et al.* 1953. Acrolein Production by Bacteria Founded in Distillery Grain Mashes. Publication July 27. pp.14-20
[223] Lehtonen P. *et al.* 1984. Liquid Chromatographic Determination of 2-Propenal(Acrolein) and 2-Butenal (Crotonaldehyde) from Water-Ethanol Mixtures. *Z Lebensm Unters Forsch*.178: 487-459
[224] Berg *et al.* 1986. Process for Separation of Ethyl Acetate from Ethanol and Water by Extractive Distillation. *United State Patent 4,569,726*
[225] Ikarl *et al.* 1986. Behavior of a Minute Amount of Crotonaldehyde in Distillation of Aqueous Ethanol Solution under Reduced Pressure. *Ind. Eng. Chem. Process Des. Dev.* 25(4): 859-862

(DA-5105) 유출입 유액의 불순물을 분석[표 12-2]하였으며, 미확인 피크(unknown peak) 물질로 추정되는 함황 향기성분을 [표 12-3]에 정리하였다.

[표 12-2] 불순주정탑(DA-5105)과 복합불순주정탑(VII)의 휘발성 향기성분[1)]

탑명I.	Stream	휘발성물질명	체류시간 (min)	Peak area (pA×S)	농도 (mg/ℓ)
VII	In	I-amyl alcohol	7.32	9.1	18.4
	Out	No detection			
	Heads (Side cut)	Methanol	2.77	213.6	715.1
		I-propanol	3.35	94.9	242.5
		Unknown peak	5.04	15.2	
		Unknown peak	5.92	117.7	
		Unknown peak	6.05	22.8	
		I-amyl alcohol	7.35	22.5	38.2
		Unknown peak	7.90	12.0	
		Unknown peak	8.47	7.0	
		Unknown peak	9.31	11.1	
DA-5105	Into DA-5105 (Stream 1)	Methanol	2.78	640.4	2160.8
		Unknown peak	4.11	6.0	
		Unknown peak	4.25	18.5	
		Diacetyl	4.59	259.4	1134.6
		Unknown peak	5.25	7.5	
		Unknown peak	6.66	16.8	
		Unknown peak	7.19	10.1	
		I-amyl alcohol	7.35	408.1	611.6
		Unknown peak	8.08	15.4	
		N-amyl alcohol	8.35	8.8	23.8
	Heads (Stream 2)	Unknown peak	2.69	6.7	
		Methanol	2.78	202.7	678.1
		I-propanol	3.35	15.7	42.3
		Diacetyl	4.59	12.6	56.9
		Unknown peak	5.25	5.0	
		N-butanol	5.67	7.5	22.1
		Unknown peak	5.92	5.0	
		Unknown peak	6.66	12.9	
		Unknown peak	7.18	9.2	
		I-amyl alcohol	7.35	528.5	790.7
		Unknown peak	8.07	16.1	
		Unknown peak	2.69	25.4	
		Methanol	2.78	3.8	1.3
		Unknown peak	3.21	9475.1	
		I-propanol	3.43	125.6	319.8
		Unknown peak	3.54	25.3	
		N-propanol	3.79	133.4	350.8
		Unknown peak	4.10	1401.6	

탑명l.	Stream	휘발성물질명	체류시간 (min)	Peak area (pA×S)	농도 (mg/ℓ)
DA-5105	To subpond (Stream 3)	Unknown peak	4.36	5349.8	
		Diacetyl	4.62	4.3	1.9
		Unknown peak	5.25	36.8	
		Unknown peak	5.39	213.9	
		Unknown peak	5.71	341011.0	
		Unknown peak	6.05	18.0	
		Unknown peak	6.19	26.7	
		Unknown peak	6.66	649.6	
		Unknown peak	7.02	84.5	
		Unknown peak	7.18	160.6	
		I-amyl alcohol	7.40	288400.0	428913(?)
		Unknown peak	7.60	5.3	
		Unknown peak	7.70	7.7	
		Unknown peak	8.07	32.5	
		Unknown peak	8.35	1529.2	
		Unknown peak	8.68	46.4	
		Unknown peak	9.68	16.2	
		Unknown peak	9.86	14.9	
		Unknown peak	9.98	9.8	
		Unknown peak	10.22	39.9	

1) The capillary column used was the ID 0.53mm, the length 30m and the nonpolar HP-1

정류탑의 중간제품에서 감지할 수 있는 이취(異臭, off-flavor) 성분으로는 효모 또는 비타민(vitamin) 취(臭)가 원료에 따라 감지될 수 있다. 이와 같은 이취는 타피오카를 사용하였을 때 가장 빈번히 나타난다. 추정되는 원인으로는 술덧의 질소원 부족으로 인해 효모가 대사과정에서 질소결핍(N-starvation) 현상과 타피오카 껍질성분이 관련이 있는 것으로 예상된다. 질소원을 공급하거나 맥류의 C/N비 조정 또는 타피오카 껍질 성분이 적은 원료를 사용했을 경우 효모취가 없어지기 때문이다.

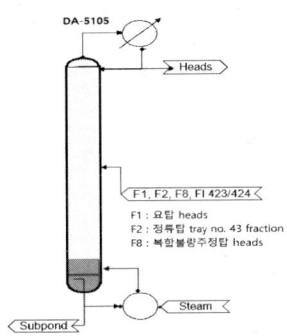

[그림 12-5] 불순주정탑의 공정개선

추출증류 공정에서 분리되지 않은 불순물은 정류탑(Ⅲ에 유입된다. 정류탑의 퓨젤유 농축단에서 퓨젤유 취출액과 함께 제거하는 것이 바람직하다. 이곳에서 취출량이 적으면 정류탑에 축적되기 시작하여 점점 탑 상부로 거동하게 된다. 탑 상부로 올라가지 않도록 운전한다. 퓨젤유 농축단과 탑정부의 중간에서 일정량을 연속적으로 분취하여 복합불순주정탑(Ⅷ)으로 보내도록 공정을 개선하였다.

정제탑 정부의 분취 유액을 분석하면 메탄올과 프로필알코올을 제외한 대부분의 불순물은 GC 분석 한계농도 이하로 정제되었다. 미량의 불순물과 메탄올을 함유하고 있지만 관능에는 영향이 없었다. 관능에 직접 영향을 미치는 효모취 성분은 극히 미량인 ppb 수준이므로 오직 관능에 의존하여 정제탑 중부와 상부의 취출량 조정으로 품질을 개선할 수 있다.

제2추출탑 정부에서 메탄올과 비교적 비점이 높은 불순물은 액상으로 제거된다. 보다 낮은 저비점 불순물은 가스 상태로 가스 홀(gas hole)을 통해 분리된다. 이들 성분의 특성은 함황 아미노산에서 유래된 S를 함유한 물질로 매운 자극취를 가지는 것이 특징이다. 불순주정탑(DA-5105)에 유입되는 불순성분 중에는 분리 동정되어 정량분석이 가능한 물질과 미확인 물질(unknown peak)을 포함하여 10종류가 탑에 유입되었다[표 12-2]. 이를 증류하면 탑 상부에서 heads로 제거되는 분취유액은 탑에 유입될 때 극미량이 함유되어 분석한계 값 이하였으나 탑정 분취 유액에는 28종류의 미확인물질들이 농축되어 검출되었다[그림 12-5].

[표 12-3] 함황 휘발성 향기성분으로 추정되는 물질들

Chemical abstracts name (화학명)	Alternate names	Rational formula 시성식 (示性式)	MW	BP
Hydrogen sulfide	Hydrosulfuric acid	H_2S		
Methyl sulfate	Sulfuric acid monomethyl ester	CH_3OSO_2OH	112.1	1.45-1.47
Methionic acid	Methane disulfonic acid	$CH_2(SO_3H)_2$	176.1	
Methanethiol	Methyl mercaptan	CH_3SH	48.1	5.95
Thioacetic acid	Ethanethioic acid	CH_3COSH	76.1	93
Ethanethoil	Ethyl mercaptan	CH_3CH_2SH	62.1	34.7-35.0
Methyl sulfide	Thiobismethane	$(CH_3)_2S$	62.1	36.2
Propanethial S-Oxide	thiopropanal S-oxide	$CH_3CH_2CH=SO$	90.1	
Dimercarol	2,3-Dimercapto-1-propanol	$CH_2SHCHSHCH_2OH$	124.2	60
Thioglycerol	3-Mercapto-1,2-propanediol	$HOCH_2CH(OH)CH_2SH$	108.1	
Ethyl Methanesulfonate	Methanesulfonic acid ethyl ester	$CH_3SO_2OCH_2CH_3$	124.1	85-86
2,3-Dimercapto-1-propanesulfonic acid	2,3-Dithiolpropanesulfonic acid	$HSCH_2CHSHCH_2SO_3H$	188.2	

Chemical abstracts name (화학명)	Alternate names	Rational formula 시성식 (示性式)	MW	BP
3-Sulfolene	2,5-Dithydrothiophene 1,1-dioxide	$C_4H_6O_2S$	118.6	
Thiodiglycolic acid	2,2'-Thiobis [acetic acid]	$HOOCCH_2SCH_2COOH$	150.1	
Thiomalic acid	Mercaptobutanedioic acid	$HOOCCH(SH)CH_2COOH$	150.1	
Sulfonyldiacetic acid	Sulfonediacetic acid	$HOOCCH_2SO_2CH_2COOH$	182.1	
Methyl allyl trisulfide	Methyl-2-propenyl trisulfide	$CH_3SSSCH_2CH=CH_2$	152.2	28–30
n-Butyl mercaptan	1-Butanethiol	$CH_3(CH_2)_2CH_2SH$	90.1	98.2
tert-Butyl mercaptan	2-Methyl-2-propanethiol		90.1	63.7–64.2
Ethyl sulfide	1,1'-Thiobisethane	$(C_2H_5)_2S$	90.1	92
Isobutyl Mercaptan	2-Methyl-1-propanethiol	$(CH_3)_2CHCH_2SH$	90.1	88
3-Thenoic acid	3-Thiophenecarboxyic acid	$C_5H_4O_2S$	128.1	
Methionone Hydroxy analog	2-Hydroxy-4-(methylthio)-butanoic acid	$CH_3SCH_2CH_2CH(OH)COOH$	150.1	
n-Amyl mercaptan	1-Pentanethiol	$CH_3(CH_2)_3CH_2SH$	104.2	123–124

이소아밀알코올은 GC로 작성한 표준검량한계를 초과하였다. 반복적인 분석에서도 같은 양상을 보이므로 이소아밀알코올과 비슷한 RT(retention time)를 가진 물질과 혼합 peak 생성 또는 다른 어떤 원인인지 규명이 필요하였다. 불순주정탑은 각 탑에서 온 최종 불순물을 다시 농축하여 탑정에서 일정량을 계외로 배출(heads)하고 정제된 하부액은 공정에 재순환(feedback)시켜 알코올을 회수한다. 이렇게 공정을 개선하여 재증류함으로서 제1추출탑(Ⅱ) 내 알코올의 유하부하(流下負荷)가 감소되어 결과적으로 처리능력 향상과 더불어 관능이 크게 개선되었다.

12.4.4 요탑의 감압운전.

주정품질은 균일하고 일관성 있는 제품이 생산되어야 한다. 양질의 제품생산은 우선 증류기 성능이 우수해야 하고, 안정적인 운전기술이 뒷받침 되어야 한다. 아울러 정상적인 알코올발효가 진행될 수 있도록 술덧을 관리한다. 아무리 정상발효 된 술덧이라도 증류기의 운전기술에 따라 품질과 에너지 소비량도 달라질 수 있다.

일반적으로 증류기의 안정적인 운전과 균일한 제품 생산에 제한적 요인으로는 요탑 오염을 들 수 있다. 요탑의 감압운전은 술덧 중의 탄산염, 황산염에 의한 tray, 각단(各段, plate), 탑 동체에 스케일 부착으로 인한 오염을 줄일 수 있는 장점이 있다. 재래 요탑은 포종(bubble cap) tray가 대부분으로 탑 내 스케일 생성은 물론 outlet weir까지 모래와 찌꺼기가 누적되어 요탑의 장기운전이 어렵고 증류효율도 점점 낮아지는 단점이 있었다. 주기적인 증류탑 청소를 위해 각 단(段, plate) 마다 핸드 홀(hand hole)을 설치하였다. 1980년 이후 제작된 요탑은 포종 tray의 단점을 개선하여 sieve tray로 교체되기 시작하였다. 상압증류기에서 빈번하게 발생하였던 요탑의 스케일 오염으로 인한 증류효율 저하는 완전히 해결되었다. 재래증류기는 술덧의 종류에 따라 안정적인 운전기간을 예측하기란 불가능하였다. 요탑에 문제(trouble)가 발생할 때 마다 가동을 중지하고 물리·화학적 방법으로 탑을 세정하였다.

감압증류기는 처음부터 요탑을 sieve tray로 제작되었기 때문에 스케일로 인한 생산량 감소는 완전히 해결되었다. 요탑의 안정적인 운전기간도 예측 가능하게 되었다. 요탑은 저온 및 감압으로 운전되기 때문에 경질(硬質) 스케일은 생성되지 않는다. 단지, 술덧 중의 SS와 모래성분은 술덧 공급단과 인입배관에 일부 누적될 수는 있다. 증류기 가동을 중지할 때 탑을 물 세척 혹은 약품세척으로 쉽게 해결할 수 있다.

이와 같이 공정과 운전기술 개선으로 타피오카 원료를 단독 사용할 경우 발생하였던 효모취를 개선할 수 있어 제품 관능이 크게 향상되었다. 부대 효과로서는 제품생산능력이 개선 전 보다 5.9~7.8% 증가되었다. 술덧을 증류할 때 제품생산량을 증가시키면 폐액의 발생량은 비례적으로 증가하지만 원단위는 반비례적으로 감소한다.

12.4.5 개선점

감압증류기의 특성과 공정 개선효과를 세밀히 분석하여 향후 개선방향을 설정하였다. 공정개선을 통하여 품질개선 및 생산성 증가 효과가 있었다. 그러나 효모취 성분을 분석 및 동정(同定, identification)하여 규명하는 문제는 미제(未濟)로 남았다. 술덧의 증류는 감압증류기와 상압증류기 종류에 관계없이 프로판올의 분리가 비교적 어려웠다. 프로판올(두 종류의 이성질체 n-, iso-프로판올이 있음)은 정류탑 퓨젤유 농축단의 에탄올농도보다 높은 78%에서 잘 농축되었고 에탄올농도 90%까지 거동하기 때문이었다. 정류탑의 운전조건에 따라 퓨젤유 농축단의 에탄올농도 구배가 달라지므로 분석결과에 따라 취출량을 재조정하거나 취출구 개선이 필요하였다. 프로판올은 에탄올과 친화적으로 거동하기 때문에 정류탑에서 분취기능을 더욱 강화할 필요가 있었다. 각 증류탑과 응축기 유액의 성분조성을 분석하여 최적 환류비 조정으로 증류탑의 합리적인 운전이 가능하게 되었다.

감압증류기는 알코올증기의 잠열을 이용하기 때문에 hardware적으로는 tail heads의 분축 기능을 보완하고 software적으로는 운전기술 향상과 특히, 요탑 개선이 필요하였다. 감압증류기의 성능향상을 위하여 향후 감압증류기를 설계할 때 반영해야 할 사항은 다음과 같다.

① 요탑과 정제탑의 구조 및 기능적 개선 필요
② 저비점 불순물의 분리기능 강화와 비말동반 방지대책을 강구(講究)
③ 제2추출탑(Ⅴ) 처리능력 보완과 분축 기능 강화
④ 복합불순주정탑(Ⅶ)의 탈수부 능력 개선
⑤ 물질 및 열정산을 근거하여 잠열 이용과 잉여 열량의 처리 개선
⑥ 진공펌프 세정탑 운전 개선과 저비점 불순물질의 분리기능 강화
⑦ 각 탑 최종 응축기의 tail fractions 취출량 및 heads 농축탑의 처리능력과 기능강화 외 일부 공정개선

상기 개선점을 보완하면서 1세대 감압증류기보다 품질향상과 에너지절약을 동시에 구현할 수 있는 개량형 감압증류기 제작을 구상하게 되었다. 주정제품의 이취성분은 알코올발효 환경뿐 아니라 발효 후 남은 잔당이 효모와 오염된 세균에 의해 생성된다. 그리고 감압증류의 요탑은 재래 상압증류보다 30~40℃ 낮게 운전되기 때문에 2차 열화학적 반응생성물질이 크게 감소된다. 관능에 민감한 황 함유물질들의 이화학적 성질이 파악되면 증류탑 운전을 효율적으로 개선할 수 있다.[226]

그러나 이 성분들의 정량분석은 모세관칼럼(capillary column)으로는 분석한계가 있었고, 알 수 없는 물질(unknown peak)을 동정하기 위해 GC/MS를 활용하였으나 원인물질 분석과 규명은 상당 부분 미제(謎題)로 남았다. 증류과정 중 중간제품을 분석한 결과, 타피

---

[226] The Merck Index. 1983. 10th edition. Merck & CO,. Inc. U.S.A.

오카 술덧을 증류할 때만 에탄에티올(ethanethoil, CH_3CH_2SH)이 극미량 검출되어 분석과 동정에 성공하였다. 나머지 unknown peak에 대한 지속적인 연구가 필요하다.

불순성분을 정량분석하기 위해 GC에 FID 검출기(flame ionization detector)를 장착하고 분리 기능이 우수한 유리칼럼(packed glass column) 또는 모세관칼럼으로써 분석을 시도하였다. 관능에 영향을 미치는 이취성분은 극미량 존재하므로 분석기량과 숙련된 분석경험이 요구되었다. 이취 성분분석은 칼럼의 분리도 및 선택성, 감도가 우수한 검출기, 분석하고자 하는 성분 특성에 맞는 칼럼 선택이 무엇보다 중요하였다. 함황 이취성분 분석에 사용하는 고감도 검출기(FPD, flame photometric detector)인 황성분화학발광검출기(SCD, sulfur chemiluminescense detector)로 교체하여 분석을 시도하였지만 만족할만한 성과는 얻지 못했다. 냄새성분의 분석에 head space 분석법으로 알코올성 음료, 환경 및 정밀화학 성분의 분석보고[227][228]가 있으나 주정 이취와 냄새 성분 동정 및 정량분석에 대한 자료는 미흡하다.

12.5. 2세대 감압증류기

감압증류기 운전에서 축적된 기술과 개선점을 반영하여 개량한 감압증류기로 개선전 감압증류기와 구분하기 위해 2세대 감압증류기라 명명하였다[그림 12-6]. 1세대 감압증류기의 특성에서 설명한 바와 같이 요탑을 운전한 경험과 축적된 기술을 바탕으로 2세대 감압증류기는 요탑의 분리·분축 및 비말동반 상승을 방지할 수 있도록 기능을 크게 개선하였다. 요탑은 SA증류기와 비교하면 3개의 기능탑이 하나의 탑으로 통합 설계할 수 있었던 것은 반응성이 높은 알데히드류와 저비점 불순성분을 효과적으로 분리할 수 있도록 감압과 저온 운전 특성 때문이다.

정류탑 알코올증기 잠열은 감압 운전되는 요탑과 제품탑의 운전 열원으로 이용된다. 이 외에도 요탑에 공급될 술덧은 요탑과 복합불순주정탑의 탑정 알코올증기와 열교환

---

[227] In H.Y. et al. 1995. Volatile Components and Fusel oils of Sojues and Mashes Brewed by Korean Traditional Method. Kor. J. Food Sci. Technol. 27: 235-240
[228] Lee, T.S. et al. 1998. Volatile Flavor Components in Takju Fermented with Mashed Glutinous Rice and Barley Rice. Kor. J. Food Sci. Technol. 30: 638-643

되어 비점까지 예열된다. 요탑의 탑정 응축액은 불순주정탑 탑정 알코올증기와 열교환되어 제1추출탑에 유입된다. 이 응축기에 필요한 냉각수가 절약되도록 공정이 개선되었다. 정류탑과 복합불순주정탑의 탈수탑을 통합하여 일체형으로 제작하였기 때문에 콤팩트한 설비배치를 구현하였다. 요탑, 제품탑, 제1추출탑, 복합불량주정탑 환류조(reflux tank)의 head space 알코올증기는 각 탑 최종응축기에 유도하여 분축되도록 개선하였다. 2세대 감압증류기 운전으로 품질이 크게 향상되었으며, 부수적으로 증류탑의 에너지소비량도 감소하였다.

12.5.1 요탑 기능과 운전

감압으로 운전되는 요탑(Ⅰ)은 술덧으로부터 에탄올, 고형분 및 저비점 불순물 분리가 용이한 탑이다[그림 12-6]. 저비점 불순물 중 특히 알데히드류는 증류과정에서 2차 화학반응물질을 생성하기 때문에 이를 최소화하기 위해 에탄올농도가 낮은 증류 첫 단계에서 최대한 계외로 분리한다. 요탑은 직접스팀을 사용하는 대신 정류탑 상부 알코올증기(over head vapour)를 요탑 재열기(reboiler)에 도입하여 탑을 운전한다. 알코올증기 잠열을 이용함으로써 스팀 사용량을 크게 감소시킬 수 있는 에너지절약형 증류기이다. 이때 요탑의 알코올증기량은 상압증류기와 비교하면 진공도에 따라 다르나 증기비체적이 크게 증가한다. 알코올증기의 상승속도가 빨라져 tray의 포말영역(froth zone)에서 다량의 비말이 발생하게 된다. 비말을 동반한 알코올증기는 다음 탑으로 이행될 수 있다. 이를 방지하기 위한 기술을 요탑 설계에 충분히 반영한다. 저비점 가스상 불순물을 효과적으로 분리할 수 있도록 공정을 개선하였다.

요탑에서 제1추출탑(Ⅱ)으로 가는 유액의 알코올농도는 탑정 환류비(reflux ratio)에 따라 약 65~95%까지 농축될 수 있다. 환류비는 높일수록 각 성분의 분리와 농축효과가 증가하나 에너지소비량도 비례하여 증가하게 된다. 요탑의 알코올증기는 자탑(自塔)에 공급될 술덧을 첫째 응축기에서 1차 예열된다. 이 술덧을 계속하여 복합불순주정탑(Ⅶ)의 탑정 첫째 응축기에서 2차로 비점가까이 예열하여 요탑에 공급한다. 술덧 예열로 응축되고 남은 알코올증기는 직렬로 연결된 2~4개의 요탑 응축기에서 분축시킨다. 요탑의 마지막 응축기에서는 비응축성(非凝縮性) 공기, 이산화탄소, 아세트알데히드와 저비점 불순물을 포함한 기체는 진공펌프에 의해 알코올 회수탑(scrubber)을 경유, 기체상 저비점 물질만 배출되고 회수된 응축액은 요조(醪槽, mash sump)로 순환시킨다. 요탑 응축기에서 응축된 알코올 유액의 일부는 환류시키고, 나머지는 불순주정탑(Ⅴ) 정부의 첫째 응축기의 알코올증기와 열교환 후 제1추출탑(Ⅱ) 중부로 유입된다. 요탑의 최종 응축기에서 분취한 유액은 불순주정탑(Ⅴ) 또는 복합불순주정탑(Ⅶ)으로 이송된다. 요탑의 퓨젤유 농축단에서 분취한 알코올 유액은 집수조(集受槽)를 경유하여 복합불순주정탑(Ⅶ) 하부 폐액과 열교환 후 이 탑에 유입된다.

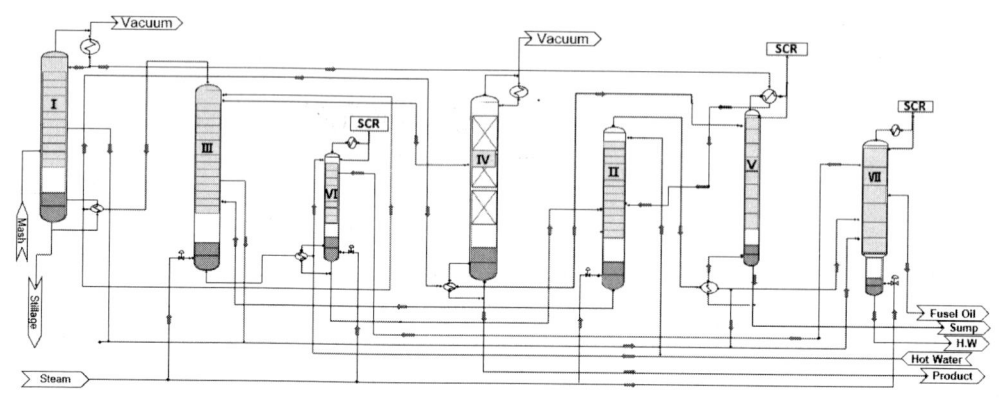

[그림 12-6] 2세대 감압증류기
요탑(Ⅰ), 정류탑(Ⅲ), 제2추출탑(Ⅵ), 제품탑(Ⅳ), 제1추출탑(Ⅱ), 불순주정탑(Ⅴ), 복합불순주정탑(Ⅶ)

12.5.2 제1추출탑

제1추출탑(Ⅱ)은 저·중비점 불순물을 추출 분리한다. 여기서 추출은 용제가 아닌 가수에 의한 추출이다. 요탑에서 유입된 알코올 유액은 정류탑(Ⅲ) 하부의 배출온수(98~105℃)로써 7~15% 전후의 에탄올수용액으로 희석하여 증류한다. 이때 알코올농도가 낮아질수록 추출효과는 증가하나 희석된 에탄올수용액으로부터 에탄올을 회수하는데 소비되는 에너지는 상대적으로 증가하게 된다. 추출탑의 알코올농도는 품질의 항상성(恒常性, constancy) 유지와 제품생산량에 직접적인 영향을 주기 때문에 기술적 관리가 필요하다.

유기불순 성분의 분리는 이 탑(Ⅱ) 정부에서 온수로 희석하면 에탄올수용액의 상대비휘발도 차이가 생긴다. 희석된 에탄올수용액이 낙하하면서 추출증류가 일어난다. 이때 에탄올수용액 중 물과 공비혼합물을 형성하지 않는 수산기(hydroxy radical, -OH)가 없는 유기불순물과 각종 알데히드류를 포함한 알코올증기는 불순주정탑(Ⅴ) 재열기를 가열하고 남은 잉여 알코올증기는 저비점 불순물이 많은 상태로 복합불순주정탑(Ⅷ) 중부에 공급된다. 재열기에서 잠열을 주고 응축된 제1추출탑(Ⅱ)의 유액은 복합불순주정탑(Ⅷ)의 배출온수와 열교환 후 이 탑에 유입된다.

제1추출탑에서 증류되면서 하부로 낙하한 에탄올수용액은 소량의 메탄올, 퓨젤유, 물이 공비혼합물 상태로 정류탑 하부 배출온수와 열교환 후 정류탑 탈수부에 유입된다.

12.5.3 정류탑

정류탑(Ⅲ)은 제1추출탑(Ⅱ) 하부에서 유입된 에탄올수용액을 공비혼합물 조성 농도까지 재 농축시키는 탑이다. 정류탑은 직접 스팀 공급에 의해 가동되며 증류공정에서 에너지가 가장 많이 소비되는 탑이다. 정류탑은 에탄올수용액을 농축하는 과정에서 탑 내 에탄올농도 구배에 따라 퓨젤유를 집적시켜 농축·분리·정제하는 기능을 가진 탑이다. 탑정 알코올증기는 요탑의 재열기로 보내 잠열은 요탑 가동열원으로 이용한다. 요탑의 재열기는 정류탑의 제1차 응축기가 된다. 여기서 응축되지 않고 남은 증기는 제품탑(Ⅳ) 재열기에 잠열을 제공하고 응축되지 않은 알코올증기는 불순주정탑(Ⅴ) 상부로 유입된다. 불순주정탑(Ⅴ)에서 메탄올의 농축·분리는 제품탑(Ⅳ) 재열기로부터 유입되는 정류탑(Ⅲ)의 알코올증기량에 의해 결정된다. 정류탑(Ⅲ) 하부 배출온수는 이 탑에 유입되는 제1추출탑 에탄올수용액을 예열시킨 후 제2추출탑(Ⅵ) 재열기에서 남은 현열을 제공하고 최종적으로 온수조에 유입된다. 정류탑(Ⅲ), 제품탑(Ⅳ), 불순주정탑(Ⅴ)은 서로 연동되어 가동되므로 압력변화에 민감하고 운전조건은 품질에 영향을 미친다. 탑을 설계할 때 우선 물질수지 및 열정산 균형을 잘 맞추어 설계하고 증류탑 운전도 경험과 기술축적이 필요하다.

제1추출탑에서 유입된 에탄올수용액 중 퓨젤유와 비점 80~85℃ 부근의 불순물은 정류탑 중부 퓨젤유 농축단에서 농축된다. 퓨젤유 농축단의 에탄올농도 구배는 일반적으로 40~65%에서 퓨젤유가 잘 집적된다고 알려져 있다.[229] 2세대 정류탑 운전도 에탄올

---
[229] 尾留川孝 外. 1981. 発酵と工業. 39(7): 641

농도 50~78%에서 잘 집적되는 것이 확인되었다. n-프로판올은 에탄올과 물에 잘 녹고 에탄올농도가 68~78%에서 집적된다[표 12-4]. 반면, iso-아밀알코올은 에탄올농도 50%에서 잘 농축되며 78% 이상이 되면 거의 검출되지 않는다.[230] 효과적인 퓨젤유 분리를 위해서는 퓨젤유 농축단에서 최적의 에탄올농도를 유지하여 퓨젤유 층이 잘 형성되도록 운전한다. 정제탑 퓨젤유 농축단의 알코올농도와 압력변화가 없도록 운전하는 것이 중요하다.

퓨젤유의 일반적인 성상은 황색이나 갈색이며 비중은 약 0.83이다. 최종 퓨젤유 생산량은 증류탑의 증류효율, 원료의 단백질 함량, 증자온도, 발효환경에 따라 다르나 에탄올 제품 생산량 대비 약 0.5%가 생산된다.

[표 12-4] 정류탑에서 에탄올농도에 따른 퓨젤유 종류와 농축율

EtOH (%)	n-propanol		iso-butanol		n-butanol		iso-amyl alcohol	
	C(mg/ℓ)	CR(%)	C(mg/ℓ)	CR(%)	C(mg/ℓ)	CR(%)	C(mg/ℓ)	CR(%)
50.0	3,975	7.0	7,972	16.7	1,272	37.4	16,108	56.1
54.6	11,197	19.6	13,110	27.5	1,268	37.3	8,099	28.2
68.5	18,082	31.6	13,626	28.6	378	11.1	4,214	14.7
78.2	21,680	37.9	8,291	17.4	334	9.8	327	1.0
81.0	2,250	3.9	4,670	9.8	151	4.4	trace	
합계(T)	57,184	100	47,669	100	3,403	100	28,748	100

- C : 농도C(mg/ℓ)
- CR : 에탄올농도에 따른 퓨젤유 농축율(%) = 퓨젤유농도(C)/퓨젤유 합계(T) × 100
- SA 정류기의 정류탑 가동 결과

정류탑 퓨젤유 농축단에서 취출한 일정량의 알코올은 복합불순주정탑(Ⅶ)으로 보내진다. 소량의 메탄올을 함유한 탑정 알코올증기는 공비점 농도까지 농축되어 제품탑(Ⅳ)에 유입된다. 정류탑의 운전은 이 탑 중부(中部)의 퓨젤유 농축단 온도와 정부(頂部)에서 유출되는 알코올증기의 온도차를 이용하여 운전하면 퓨젤유 농축단을 안정적으로 운전할 수 있다. 이 두 지점의 온도는 지속적으로 변화하기 때문에 그 값을 계산하여 제어와 피드백이 가능한 공정제어시스템인 PID 컨트롤러(proportional-integral-derivative controller)로써 제어 루프 메커니즘(control loop mechanism)을 구성하면 자동화운전이 가능하다. PID 컨트롤러 운전은 필요한 설정 값(SP, set point)과 측정된 공정 변수(PV, process

---

[230] 남기두 외. 1986. 대규모의 주정발효 과정에서 생성된 불순물과 그 효율적 분리. *한국산업미생물학회지*. 14(5): 371-376

variable)를 미적분하여 비례 제어하므로 운전 신뢰성이 높아 산업제어시스템으로 널리 활용되고 있다.

12.5.4 제품탑

정류탑(Ⅲ) 정부에서 유입된 알코올을 재증류하여 최종 제품을 생산하는 탑으로 감압 운전된다. 제품탑(Ⅳ)에 유입되는 알코올은 앞 증류공정에서 메탄올을 제외한 불순물이 모두 분리되었기 때문에 극미량 메탄올을 함유한 공비혼합물 상태로 유입된다. 이것을 증류하면 에탄올(78.4℃)과 메탄올(64.7℃)의 비점차이 때문에 탑정에서 메탄올이 농축된다. 탑정 분축액 일부를 불순주정탑(Ⅴ)으로 보내 재증류하고 탑 하부에서 제품을 생산한다.

제품탑 운전열원은 정제탑 상부의 알코올증기가 요탑 재열기를 경유하여 제품탑 재열기에 유입된 잠열로 가동한다. 재열기에 응축된 알코올 유액은 환류조를 거쳐 정류탑에 환류시킨다. 정류탑 정부의 알코올증기 잠열은 요탑과 제품탑의 가열 열원으로 이용하기 때문에 에너지 절약형 증류기이다.

12.5.5 불순주정탑

불순주정탑(Ⅴ)은 아래와 같이 각 탑의 마지막 응축기에서 분축된 불순물을 농축하여 계외로 배출하고 에탄올을 회수하는 탑이다.

① 요탑의 최종 분축액

② 제품탑 최종 응축기의 분축액

③ 복합불순주정탑 최종 응축기의 분축액

④ 정류탑의 알코올증기가 요탑과 제품탑의 재열기를 경유하면서 비응축 가스 상 불순물이 유입된다.

불순주정탑(Ⅴ)운전은 저비점 불순물이 탑(Ⅴ) 내에서 낙하(落下)하지 않는 한 최대 환류비로 운전하면서 고농도로 농축된 불순주정을 계외로 배출한다. 고농도로 농축된 불순주정은 노란색 계통의 색을 띠며 특유의 불순취(不純臭)를 가진다.

불순주정탑의 운전지표로써 메탄올농도를 분석하여 배출량을 결정한다. 탑의 중요한 운전은 메탄올의 농축도를 파악하는 것이다. 탑(Ⅴ) 하부 유액은 탑의 운전부하, 불순물의 분석결과에 따라 제2추출탑(Ⅵ)으로 순환시키거나 요조(醪槽, mash sump)로 재순환시킨다. 불순주정탑의 운전열원은 제1추출탑(Ⅱ) 탑정 알코올증기의 잠열을 이용한다. 탑 재열기에서 응축되지 않고 남은 알코올증기는 복합불순주정탑(Ⅶ)에 유입시켜 증류한다.

12.5.6 제2추출탑

복합불순주정탑(Ⅶ)의 중상부에서 유입되는 알코올을 재추출하여 불순물 분리효율을 증가시켜 알코올 회수율을 높이는 탑이다. 제2추출탑(Ⅵ) 중부에 배출온수(98~105℃)를 공급하여 복합불순주정탑에서 유입된 알코올 유액에 집적된 불순물은 재추출 증류한다. 제2추출탑 정부에서 고농도로 집적된 불순주정은 계외로 배출한다. 탑 저부의 에탄올수용액은 제1추출탑(Ⅱ) 중부로 순환시킨다. 제2추출탑 가동열원은 정류탑에서 배출되는 온수의 현열을 이용하고, 부족한 열원은 탑 하부에 직접 스팀을 보충한다.

12.5.7 복합불순주정탑

복합불순주정탑(Ⅶ)은 가스 상태의 저비점 불순물을 탑정에서 분리되고 퓨젤유는 탑 중부에 집적시켜 분리·배출하는 탑이다. SA증류기의 불순물처리탑과 분리탑의 두 기능이 통합된 탑이라 할 수 있다. 제1추출탑(Ⅱ)의 탑정 알코올증기는 불순주정탑(Ⅴ) 재열기에 잠열을 제공하고 잉여 증기는 복합불량주정탑 하부에 유입되며, 응축액은 이 탑(Ⅶ)의 배출온수와 열교환된 후 탑에 유입된다. 불순주정탑 하부 유액은 제품 주질에 따라 제2추출탑에 유입처리하거나 지하조로 재순환시킨다.

이 탑(Ⅶ) 정부의 최종 응축기에서 저비점 불순물은 기체 상태로 배출되고, 탑정 유액 일부는 제2추출탑으로 반송되고 나머지는 환류된다. 이 탑 중부 퓨젤유 농축단에서 퓨젤유를 함유한 알코올 일정량을 연속적으로 취출하여 퓨젤유분리기에서 에탄올농도 20% 전후로 희석해 퓨젤유를 분리하고 희석된 에탄올수용액은 자탑(Ⅶ)에 환류시킨다.

퓨젤유분리기에서 희석 전후의 퓨젤유농도 및 제거율은 [표 12-5]와 같이 최종 퓨젤유 조성은 n-프로판올 24.6%(0.7배), iso-부탄올 17.9%(2.6배), n-부탄올 1.5%(2.9배), iso-아밀알코올 53.7%(7.3배)로 농축되어 분리되었다. 자탑(Ⅶ)으로 환류되는 희석에탄올수용액 중에 퓨젤유의 제거율은 n-프로판올 82.3%, iso-부탄올 76.8%, n-부탄올 83.3%, iso-아밀알코올 65.7%이다.

[표 12-5] 정제탑 퓨젤유 농축단에서 퓨젤유 조성 및 제거율 (에탄올농도 20% 희석 기준)

Sample name	n-propanol (%)	iso-butanol (%)	n-butanol (%)	iso-amyl alcohol(%)
최종 퓨젤유 조성	24.6	17.9	1.5	53.7
희석 전 분취액(B)	34.6	6.9	0.5	7.3
희석 에탄올수용액(A)	6.1	1.6	0.1	2.5
제거율[1-(B/A) x 100]	82.3	76.8	83.3	65.7

일반적인 퓨젤유의 조성은 아밀코올 50~60%, 부탄올 10~20%, 프로판올 20~30%, 그 외 에탄올, 지방산, 지방산 에스테르, 푸르푸랄의 혼합물질로 평균분자량 60~70, 비점 약 130℃이다. 퓨젤유는 무색, 무미, 무취가 특징인 주정에서는 완전히 분리 제거해야 하는 불순물이다. 이외 초산에틸, MEK(methyl ethyl ketone), 크로톤알데히드, 아세탈, 아세토인 등은 발효과정에서 미량 생성되어 강한 이취와 색깔을 나타내는 불순물이지만 감압증류기에서는 효과적으로 분리된다. 그러나 퓨젤유는 양조주인 와인이나 위스키의 경우 품질을 결정짓는 중요한 향기성분이다

12.6 공장자동화

12.6.1 증류기 자동화

양질의 주정을 생산하기 위해서는 증류기의 안정적인 운전기술에서부터 시작된다. 각 기능탑의 단위 공정별, 원료별 증류 유액의 불순물 함량을 분석한 자료 축적이 필요하다. 축적된 자료는 증류기를 합리적이고 안정적으로 운전할 수 있는 정보를 제공한다.

공정별 증류유액을 분석하기 위해서는 GC/MS가 기본적인 분석 장비이다. 정확한 분석을 위해서는 분리도(分離度)가 우수한 모세관칼럼(capillary column)을 선택한다.

최근 자동화는 재래 증류기의 공정개선, 신설 또는 교체하는 증류기와 생산설비에 많이 반영되고 있는 추세이다. 증류탑의 자동화는 술덧의 공급량과 예열 온도, 탑 가동용 스팀 공급량, 탑 내 온도와 압력 변화, 효과적인 분축을 조절하기 위한 각 응축기에 냉각수 공급량을 자동 제어할 수 있도록 자동운전시스템이 상당한 수준으로 이미 구축되어 있다.

증류기 운전조작에 있어 특히 유의할 점은 요탑의 하부 온도와 압력 관리, 추출탑의 상하 온도와 차압관리, 정류탑 퓨젤유 농축단의 알코올농도 구배를 안정적으로 유지하면서 취출량 조정을 쉽게 할 수 있도록 설계되어야 한다. 요탑·정류탑·제품탑·불순주정탑과 추출탑·불순주정탑·복합불순주정탑은 상호 연동되어 운전되므로 탑 압력의 균형유지가 중요하다. 정류탑과 복합불순주정탑은 퓨젤유 농축단의 에탄올농도 구배 및 요동(搖動)이 발생하지 않도록 관리한다. 증류기의 운전 신뢰성 확보를 위해 우선 증류탑이 잘 설계되어야 한다. Utility 공급 자동화와 제어기기들의 환경설정(configuration)도 중요하다.

주정 생산설비의 자동화와 smart factory에도 많은 관심이 집중되고 있다. 증류기의 자동화는 일관성 있는 양질의 제품을 안정적으로 생산하는데 그 목적이 있다. 기존 운전 소프트웨어도 지속적으로 갱신(update)되어야 한다. 최근에는 증류기 운전, 생산관리, 안전관리를 통합한 소프트웨어 개발이 시도되고 있다. 특히, 증류기 운전에 최적화된 소프트웨어 개발은 운전자의 운전 최적조건, 조작기술과 경험이 반영되었을 때 완벽한 구축이 가능하다. 운전조건들을 database로 축적하여 이를 기반으로 소프트웨어를 갱신(update)하면 운전 신뢰성을 높일 수 있다. 이를 이용한 자동화 운전으로 인력 감소 또는 무인 운전이 가능해져 인력 수급의 어려움과 고령화로 인해 발생하는 생산 및 운전 불안정을 극복할 수 있다.

12.6.2 공장자동화

주정공장의 자동화는 기존공장과 신설공장은 다르게 접근한다. 기존공장을 자동화할 경우 투자비에 대비 인력감소 효과는 미미(微微)할 경우가 많다. 공장 자동화는 생산 공정관리와 양질의 제품을 일정하게 생산할 수 있도록 "어느 수준까지 자동화할 것인가?"를 결정한다.

자동화 수준은 투자비 규모와 직결되므로 생산 공정을 상세하게 분석한 후 자동화 수준을 결정한다. 기존 주정공장의 자동화는 무인화 또는 인력감소 보다는 생산 공정과 증류기의 안정적인 운전(Steady operation), 공정관리(Stable process control) 및 표준화 작업(Standardization operation)을 구축하는 "3S"에 방점을 두고 추진한다. 자동화에 의한 인력감소는 중장기적 효과로 나타나게 투자속도를 조절하는 것이 자동화에 잘 적응할 수 있고 인력관리에도 바람직하다.

기존 공장의 자동화는 공장설비 배치, 제품 생산을 위한 원료의 흐름, 근무자의 동선(動線), 향후 공장의 확장성, utility 용량과 공장건물 규모 등을 충분히 고려하여 자동화 수준을 결정하고 단계적으로 추진하는 것이 바람직하다. 공장자동화는 장래 설비와 생산량 증가 등 확장성을 감안하면 분산제어시스템(DCS, distributed control system)을 채택하는 것이 바람직하다. 기존공장의 자동화는 우선순위에 따라 인력과 안전 운전에 민감하고 품질 변동성이 큰 증류기부터 완전 자동화를 구축한 후 단계적으로 분쇄, 발효, 폐수 처리 공정을 통합 관리할 수 있도록 추진한다.

제4차 산업혁명(4IR, 4th Industrial Revolution)은 컴퓨터를 기반으로 하는 생산방식의 혁명이다. 정보통신기술(ICT)의 융합으로 이루어지는 제4차 산업혁명은 18세기 유럽과 미국을 중심으로 일어난 산업혁명 이후 네 번째로 중요한 산업시대가 열렸다. 4IR의 열매라 할 수 있는 데이터 분석기술과 AI(artificial intelligence)기술을 접목한 공장자동화 소프트웨어를 주정공장도 검토할 단계가 되었다.

12.7 FAQ

12.7.1 알코올의 추출증류 원리는?

물(w, water)을 에탄올과 혼합하면 에탄올(e, ethanol) 이외의 고급 알코올류(ha, higher alcohol)와 3성분계 공비혼합물(w-e-ha)이 형성되어 휘발도가 변한다. 공비혼합물의 에탄올농도는 희석됨에 따라 1기압에서 에탄올(EtOH, bp 78.4℃) 몰분율(mole fraction)은 감소하고 물 몰분율은 증가하여 물(H_2O, 100℃) 비점에 가까워져 물과 에탄올의 비점차가 점점 커지게 된다. 물과 에탄올의 공비혼합물(w-e)보다 비점이 낮은 휘발성 불순물을 쉽게 탑정으로 분리하는 조작(操作)을 추출증류라 한다.

알데히드(a), 메탄올(m), 퓨젤유 중 n-프로판올(p) 등이 에탄올, 물과 3성분계 공비혼합물(amp-e-w)을 형성했을 때 공비혼합물의 비점은 에탄올-물 2성분계 공비혼합물(e-w) 비점(78.4℃)에 근접하게 된다. MEK(bp 79.64℃), 초산에틸(77.1℃)은 일반적인 증류법으로는 에탄올로부터 제거하기가 어렵기 때문에 감압과 추출증류로 쉽게 분리할 수 있다. 알데히드류는 증류 초기에 제거하여 증류과정에서 온도와 압력에 의해 2차 화학반응물질의 생성을 예방한다. 퓨젤유는 증류탑에서 비휘발도에 따라 에탄올농도 25~81%에서 축적되는 특이적 성질을 이용하여 분리한다. 프로판올은 다른 퓨젤유보다 에탄올농도가 20%나 높은 78%에서 잘 농축되기 때문에 재래 SA 증류기 경우 취출구 위치와 취출량을 수정할 필요가 있다.

Carlson 등은 에탄올-다른 알코올과 공비혼합물 에탄올-프로판올(e-p)의 상대휘발도 변화와 효과적인 분리에 대해 연구한 바 있다.[231] 추출증류 효과는 요탑(Ⅰ)과 진공펌프 세정탑에서 알데히드는 대부분 분리 제거되고 남은 알데히드, 메탄올, C_2~C_5계의 퓨젤유는 제1추출탑(Ⅱ)을 거쳐 복합불순주정탑(Ⅶ)으로 이송된다. 이 탑(Ⅶ) 중부에서 퓨젤유를 집적시켜 계외로 분리한다. 요탑(Ⅰ)에서 분리할 수 없었던 C_3계(프로판올, C_3H_7OH) 퓨젤유는 제1추출탑에서 추출증류 후 일부 제거되고 남은 C_2계 퓨젤유와 메탄올은 정류탑(Ⅲ) 중부 에탄올농도 78%주변에서 잘 농축되므로 여기서 분리하여 제품탑으로 넘어가지 않도록 관리한다.

정류탑에 C_3계 퓨젤유가 가능한 유입되지 않도록 하려면 추출탑에서 에탄올농도가 낮을수록 좋다. 에탄올농도가 너무 낮으면 추출효과는 증가하지만 에탄올수용액을 농축하는데 소비되는 스팀은 증가하게 된다. 양질의 제품 생산을 위해서는 에탄올수용액의 최적농도를 찾아 추출 증류한다.

---

[231] 平田光穗 外. 1966. 蒸留工学ハンドブック. 朝倉書店. pp.566~569

12.7.2 동재질·감압증류 효과·tray 특성은?

전통적으로 증류기 제작에는 동(銅)을 가장 많이 사용해 왔다. 18세기 위스키, 브랜디 등 증류주 생산을 위한 발효와 증류 기술이 발전하던 단계에서 동은 다른 금속재질보다 풍부하고 인장성(引張性)과 가공성이 좋아 다루기가 쉬웠고 무엇보다 술덧에 대한 내산성이 있기 때문이다. 동으로 만든 단식증류기는 다른 금속재질보다 열전도성이 뛰어나며 증류기 제작도 용이하였고, 품질에도 긍정적인 영향이 있었기 때문이다.

Coffey가 재래 단식증류기의 단점을 개선한 증류기를 처음에는 철로 만들었으나 술덧의 낮은 pH에 의한 산부식(酸腐蝕)과 금속미(金屬味) 때문에 실패하였고 동제 탑을 새로 제작하여 성공하였다. 이후 재료공학적인 분석과 다양한 측면에서 원인분석을 시도한 결과, 술덧에 황 기원인 이취성분은 동 재질의 증류기에서 황화동(CuS)으로 제거되어 품질이 개선된다는 것이 확인되었다. 술덧은 pH 5이하의 산성(酸性)과 열에 의해 철 부식이 촉진되고 철 이온은 술맛을 저하시킨다는 것이 확인되었다.

최근에는 증류식소주, 위스키, 브랜디를 증류하는 단식증류기나 연속증류기 제작에 동과 스테인리스 스틸(STS, stainless steel)이 광범위하게 사용된다. 일본은 1980년대 초 화장품의 향수 추출에 진공증류를 사용한데서 착안하여 소주증류에 적용해 보았다. 그 결과, 고구마와 감자는 상압증류를 하는 것이 품질이 우수하였지만 서류(薯類)를 제외한 원료는 감압증류를 할 때 품질이 다소 향상되었으나 상압증류도 가능하였다. 그러나 쌀은 반드시 감압증류를 하는 것이 상압증류에 비해 제품이 우수하다는 결과를 얻었다.

감압증류하면 상압증류에 비해 상승하는 알코올증기의 체적(體積)이 증가하므로 유속이 빨라진다. 알코올증기 상승관의 직경과 높이로써 충분한 면적을 확보하여 비말동반(飛沫同伴, entrainment)을 배제할 수 있도록 설계한다. 주질 향상을 위해 증류기술과 증류기 제작에도 많은 변화가 수반되었다. 단식증류기의 증기 상승관 내부에 냉각장치(cooler)나 방해판(baffle plate) 또는 tray를 설치하였다. 이 같은 장치를 부가(附加)함으로써 알코올증기 속에 비말동반 상승을 최대한 억제시킨다. 알코올증기의 비말동반은 증류주 품질에 직접적인 영향을 주기 때문이다.

증류기술이 발전함에 따라 증기 상승관 내부에 설치된 냉각장치의 가동은 증류 초기 단계부터 사용하지 않고 후류분이 나오는 단계에서 가동하면 분축 효율은 증가하고 비말동반은 감소되어 품질향상이 가능하였다. 증류식소주와 주정생산에 감압증류기술이 적용되면서 자연스럽게 감압에 견딜 수 있는 내압 STS 재질로 대체되었다.

증류탑 응축기(condenser)는 전통적으로 동 재질의 튜브 번들(tube bundle type)을 많이 사용하였다. 최근에는 STS 재질을 선호하고 있으며, 응축기 제작 대신 기성(既成) 또는 주문제작한 판형열교환기(PHE)를 활용하는 사례가 늘고 있다.

주정은 품질규격이 충족되고 소주제조업체가 요구하는 관능을 만족시킬 수 있는 제품을 생산해야 한다. 이와 같은 니즈(needs)의 요구를 충족할 수 있는 증류탑 설계와 운전 기술은 중요할 수밖에 없다. 맛과 향을 개선하기 위해 황을 함유한 이취 성분을 효과적으로 제거할 수 있도록 동 재질의 충전재(cupper intalox saddle)를 증류공정에 사용한다.

1980년대 이전 우리나라 증류탑은 동체와 tray 제작에 동 재질만 사용하였다. 1980년대 이후부터 정제주정 생산용 증류기가 신설되고 노후 재래증류탑을 교체하면서 동과 STS 재질이 혼용되기 시작하였다. 다양한 tray가 기능탑 특성에 따라 처리능력과 효율 향상을 위해 채택되었다[표 12-6]. STS 재질을 사용해도 응축기, 알코올증기와 환류탱크는 동 충전재를 사용하였다. 니즈가 요구하는 관능을 만족할 수 있도록 감압증류기(hardware)의 성능개량 뿐 아니라 증류 운전 기술(software)의 개선에 지속적인 탐구가 필요하다.

[표 12-6] Tray 종류별 처리 능력과 장단점

특징 \ 항목	Bubble cap type	Valve type		Shower type	
		Flexitray	Nutter Float valve	Sieve	Ripple
특허	Stone & Webster	Frits W. Glitsch	Hoch	Nutter Co.	
처리능력	1.0	1.2~1.4			
압손실	중	중		저	
장점	넓은 범위에서 안정	건설비 저렴	광범위한 작업조건에서 효율 좋음	건설비 저렴	
단점	건설비 높고, 단(tray) 간격이 넓다.			Sieve를 막을 수 있는 물질이 포함된 경우 부적합	단효율 낮음

12.7.3 단식증류기 용량과 향미·원액 숙성은?

일일생산량, 발효조 용량, 단식증류기 가동횟수는 주조계획(酒造計劃)에 따른다. 증류식소주는 단식증류기로 증류하기 때문에 솥 용량은 증류 소요시간과 직접 관련이 있다. 솥 용량이 대형화되면 교반기를 반드시 설치해야 한다. 증류하는 동안 술덧을 교반하지 않으면 탄내로 인해 증류주의 향미가 변한다.

단식증류기는 통상 5~6kℓ 또는 6~18kℓ솥이 많이 이용된다. 일본 S사는 영국에서 수입한 22kℓ(지름 4m) 단식증류기를 사용한다. 증류기 솥 용량이 크면 교반기가 장착되어야 한다. 6kℓ의 단식증류기로 1회 증류하면 통상 예열시간(약 50분)을 제외하고 4시간 정도가 소요되도록 설계한다. 증기 상승관 내부에 냉각장치가 있을 경우 4시간 소요된다면 3시간 경과했을 때부터 냉각장치를 가동하는 것이 제품 향미가 증진되는 것으로 알려져 있다. 단식증류기가 품질에 영향을 미치는 요인은 다음과 같다.

① 단식증류기 솥에 열원 공급은 사관식(蛇管式, coil type) 또는 이중관식(二重罐式, jacket type)인 간접방식과 직접 분사식이 있다. 스팀을 직접 및 간접 방식으로 가열할 경우 압력은 각각 0.5~1.0kg/cm²G(105~120℃), 2.0kg/cm²G 이하의 스팀을 공급하며 절충식도 있다. 단, 스팀의 공급 방식에 따라 열원 공급 장치의 유지관리에도 많은 차이점이 있다.

② 증기 상승관의 접속 단면적은 솥 단면적의 25% 전후가 되도록 설계한다.

③ 냉각수의 수온은 18~19℃가 적당하다.

증기 상승관 길이는 길수록 내부 환류량이 증가하나 2m 정도가 적당하다. 증기 상승관의 단면적과 길이는 상승하는 알코올증기의 내부 환류비와 관계있다. 최근에는 내부 환류비 증가를 위해 증기 상승관에 다양한 tray를 설치하거나 외부에 별도의 탑과 조합하여 증류하기도 한다. 이렇게 단식증류기도 기술이 진화되어 개량형 단식증류기 또는 연속식증류기로써 특화된 제품을 생산하고 있다. 단식증류기를 가동하면서 운전경험과 조작기술의 축적이 중요하다. 증류기 조작기술은 제품의 분석결과를 바탕으로 최적 운전방법을 표준화해 가는 과정이다. 같은 술덧을 증류해도 운전자의 숙련도에 따라 맛과 향이 다를 수 있다. 최근에는 다양한 운전요소를 표준화한 자동화 프로그램으로 운전이 가능해지고 있다.

일본의 사토오주조(左藤酒造), 하쿠로주조(白露酒造), 산와주조(三和酒造), 타카하시주조(高橋酒造), 타카라주조(宝酒造) 등 증류식소주 제조사의 생산시설을 견학하고, 제품을 확보하여 향미성분 분석과 관능을 비교하였다. 상기 각 양조장의 증류식소주를 비교분석한 결과, 결국 주류는 기호성이기 때문에 증류식소주와 희석식소주의 우위를 직접 비교할 수는 없었다. 일본의 증류식소주는 일반적으로 향기가 너무 강열하였다. 숙성되지 않은 증류주는 양조주의 향미 주체인 고급알코올의 측도(測度) 중 하나인 부탄올(butanol)과 아밀알코올(amyl alcohol)의 비율(B/A)을 비교한 결과 유의성을 발견하지 못했다 (analysis data not presented).

우리가 일반적으로 말하는 증류주인 위스키는 오크통에서 숙성을 시킨다. 숙성기간 동안 원액은 오크통에서 용출된 화학물질과 물리·화학적 반응이 일어나 특유한 향미를 가진다. 원액의 고급알코올 향미는 숙성과정에서 감소 또는 마스킹(masking)되고, 오크향의 강약이 원액 향기를 지배하기도 한다. 이와 같이 숙성은 저장용기 재질이 품질 향미를 크게 좌우한다. 원액을 숙성할 때 "새 오크통을 사용할 것인가 아니면 사용했던 것을 재사용할 것인가?"하는 선택도 중요하다. B 위스키는 반드시 새 오크통에 원액을 숙성하는 반면 S 위스키는 재활용 오크통에 원액을 숙성한다.

12.7.4 기존 증류기로 제품증산 방법은?

제1추출탑의 알코올농도는 제품 생산량과 품질을 결정한다. 추출탑의 에탄올농도는 제품생산량에 비례하고 품질에 반비례 한다. 추출탑 에탄올수용액의 농도 증감으로 제품생산량을 증감할 수 있다. 단, 증산할 수 있는 한계는 제품의 관능 저하가 없는 범위 내에서 증산 가능하다. 증류탑을 설계할 때 "안전율이 얼마나 계산되었는지 또는 어떤 tray를 사용했는지?"에 따라 탑의 운전부하와 생산량이 결정된다. 추출탑의 알코올농도를 올리면서 동시에 증류탑 운전 조건을 최적화하면 현재 생산량보다 약 10~40%는 증산이 가능하다.

12.7.5 증류기의 운전기술과 공정관리는?

각 기능탑의 유액 중 불순물을 분석하여 탑 내 농축 상태를 먼저 파악한다. 탑정에 있는 각 응축기의 유액을 분석하여 분축 정도를 파악한 후 각 응축기에 공급되는 냉각수를 조절한다. 이상적인 분축이 일어난다고 판단될 경우 최종 또는 직전 응축기에서 일정량을 분취하여 배출하거나 더 농축이 필요할 경우 해당 기능탑으로 반송 처리한다.

술덧은 정상발효를 유도하여 부산물생성이 최대한 억제될 수 있도록 발효환경을 관리한다. 증류탑 응축기에 공급되는 냉각수 수질과 수온도 품질에 영향을 미친다. 하절기에는 온·습도가 높아 냉각탑 온도관리가 어렵기 때문에 분축 효율이 떨어져 주질에도 영향을 미친다. 수온 상승은 발효수율과 증류탑 응축기의 분축 효율 감소로 인해 제품관능도 저하한다. 하절기에는 증류기의 운전부하를 감소시켜 품질저하가 되지 않는 부하로 운전한다.

12.7.6 정류탑이 비정상적으로 운전될 때는?

(1) 증상

탑 상·중·하의 온도구배(溫度勾配)가 일정하지 않고 변화폭이 심하거나 탑 정부 온도가 올라가지 않고 탑 하부 압력이 증가하는 현상이 나타난다. 탑정 환류량의 변화가 심하거나 탑 내 이상 음 발생, 맥동(脈動, surging) 발생, 비말동반(entrainment) 심화, 유액이 알코올증기의 개방구(開放口, sieve tray opening hole)를 통해 낙하는 weeping 현상, 강수관(downcomer)을 통해 흘러내려야 할 유액이 탑정으로 넘치는 flooding 현상, 포종(泡鐘, bubble cap)일 경우 유액량은 많고 상승하는 알코올증기량이 적을 때 tray riser를 넘쳐흘러 내리는 dumping 현상이 발생하면 정상적인 탑 운전을 할 수 없다.

(2) 원인과 내부 점검

증류기의 탑 운전이 원활하지 못할 경우 그 증상을 정확히 파악해야 한다. 비파괴검사(非破壞檢査, NDT, Non-Destructive Testing)로는 Gamma 또는 Radiation scanner로써 탑 내부를 조사하거나 개방검사를 한다. 개방검사를 하기 위해서는 우선 탑 가동을 중지하고 탑 상하 맨홀을 열고 환기팬(ventilation fan)을 설치하여 내부를 완전히 냉각시킨다. 온도 및 산소 농도를 측정하여 안전하다고 판단될 경우 탑 내 man way를 상부에서 하부로 순차적으로 분해하면서 개방 검사를 실시한다.

정류탑은 증류공정에서 스팀이 가장 많이 소비되는 탑이다. 탑 운전을 시작할 때 스팀공급은 서서히 단계적으로 공급량을 증가시켜야 한다. 이때 가온되는 탑의 온도구배를 확인하면서 스팀을 증감한다. 동절기에 증류탑 운전을 시작할 때 스팀공급은 서서히 충분한 탑 예열시간을 주면서 가온한다. 급격한 스팀공급은 탑 내 증기압과 증기 발생량 과다로 tray에 맥동 또는 수격작용(水擊作用, water and fluid hammer)이 발생할 수 있다. 이로 인해 tray를 구성하고 있는 강수관(downcomer)과 man way를 고정하고 있는 볼트와 너트가 반복되는 진동으로 인해 느슨해지거나 풀려 이탈될 수 있다. 무리하게 증류를 계속하면 상태가 심각하게 악화되면서 탑 동체에 균열도 발생할 수 있다. 진동이 발생하면 주변의 볼트 너트가 풀리는 현상이 가중된다. 이탈된 볼트와 너트들은 tray를 지지하는 다른 부품에 충격을 가하거나 파괴할 수 있다. 이탈된 부품들은 tray의 강수관을 막아 맥동이 발생하여 상황을 더욱 악화시키는 사례가 발생한다. 증류탑의 다양한 고장 원인과 수리는 Kister의 증류운전(Distillation Operation)을 참조한다.[232]

(3) 예방책

탑을 중지할 때는 주기적으로 탑에 접속된 배관 오염 여부와 스팀 분사관(噴射管, diffuser)을 잘 점검한다. 가장 중요한 것은 탑을 가동할 때 스팀을 서서히 단계적으로 공급하면서 가온에 필요한 시간을 충분히 준다. 스팀 분사관 내부에 스케일 유무, 분사관 홀이 막히거나 오염은 되지 않았는지, 분사관의 지지대와 동체에 균열은 없는지를 확인 점검 한다. 만약 스팀 분사관이 막혔을 경우 스팀공급량의 증감이 원활하지 못해 탑을 정상적으로 운전할 수 없다.

12.7.7 제품 관능이 급속히 저하될 때는?

관능은 매우 중요한 품질기준이다. 객관적인 정량화가 되지 않아 관능 담당자에 따라 호불호(好不好)가 나타날 수 있다. 기준을 객관화하기 위해 관능은 반복적인 삼점검사법(triangle test)에 의한 분별력을 향상시키는 것이 중요하다(제17장 주정의 품질관리 항 참조).

---

[232] Kister H.Z. 1989. Distillation Operation. McGraw-Hill.

품질이 떨어졌을 때 우선 추출탑의 에탄올농도와 추출수의 관능을 확인한다. 정류탑에서 유입되는 알코올 관능이 저하되었을 경우 퓨젤유 농축부와 프로판올 농축부의 취출량을 늘린다. 정류탑의 알코올증기가 요탑과 제품탑의 재열기를 거쳐 불순주정탑으로 유입되는 최종 알코올 증기량을 늘린다. 이때 정류탑에 스팀공급량을 증가시켜 환류량이 감소하지 않도록 유지하면 주질은 개선된다.

추출수의 수질악화는 이상 발효한 술덧을 증류하거나 장기간 연속운전으로 인해 추출수 중에 미량 유·무기물질과 고형물이 축적되었을 경우 나타날 수 있다. 이와 같이 오염된 배출온수를 추출수로 사용하였을 때 추출효과가 감소하여 품질이 저하(低下)된다. 추출수의 관능, pH, 전기전도도, $KMnO_4$ 소비량, 총고형분 농도를 점검한다. 분석항목 중 편리한 방법으로 확인하여 정상적인 범위를 초과할 경우 추출수를 신선한 수돗물로 교체하면 관능이 개선된다. 추출수에 고비점 유·무기고형물이 농축되지 않도록 신선한 수돗물(fresh water)을 자동보충(make up)되도록 한다. 자동화 설정은 추출수의 전기전도도 측정값으로 공급밸브(FCV) 개폐(開閉)를 비례 제어할 수 있도록 자동제어루프(automatic control loop)를 구성한다.

추출수의 pH가 낮거나 신선한 물을 보충할 수 없을 경우 정류탈수탑에 알칼리 용액(식품첨가물)을 주입하면 추출수 수질과 주질을 신속히 개선할 수 있다. 약품을 사용하는 것보다는 주기적으로 추출수를 분석하여 고비점 유·무기물이 농축되지 않고 일정한 수질을 유지하도록 신선한 물(fresh water)을 자동 보충(make up)할 수 있게 공정을 개선한다. 추출수의 관리지표로는 관능과 $KMnO_4$ 소비량으로 확인하는 것이 쉽고 편리하다.

12.7.8 현재가치 환산과 예상투자금액 산출법은?

알코올관련 프로젝트(증류탑, 화학 반응조 및 각종 탱크류 제작 등)는 과년도 투자금액을 알고 있을 경우 물가상승률을 반영하여 현재가치(PV, present value)로 환산할 수 있다. 현재가치를 가지고 생산능력(용량)의 증감에 따른 예상투자금액(ECI, estimated cost of investments)을 six-tenths rule로 산출할 수 있다.

이 법칙에 준하면 증류탑과 반응조의 제작비용은 생산규모나 반응조 용량이 2배 증가하여도 비용은 2배로 증가하지 않는다. 생산설비의 용량규모가 10배를 넘지 않는 범위에서 장치별 factor를 적용하여 산출할 수 있다. 설계 및 적산금액 산출의 factor는 누적경험으로 결정된다. 자료나 정보가 없을 경우 일반적으로 0.6을 적용하여 예상투자비를 추정할 수 있으며 이를 근거로 예산을 확보하거나 자금계획을 수립할 수 있다.

> **예제**
>
> 2024년 "주정 생산능력 일 500DM 증류기 신설 프로젝트"를 추진하려고 한다. 예상투자비용(ECI)과 DM당 예상투자비는 얼마로 계상(計上)하면 될까? (단, 1996년 "250DM/일 증류기"를 198억원에 건설하였음)
>
> 답 : 예상투자비(ECI): **664.6억원**, DM당 예상투자비: **132.9백만원**

2024년까지 28년간 물가인상률을 반영한 현재가치는 438.5억원이다[표 12-7]. 따라서 현재 검토하고 있는 프로젝트의 생산능력이 2배인 "주정 500DM/일 생산 프로젝트"의 예상 투자비는 664.6억원으로 DM당 투자비는 132.9백만 원이다.

결론적으로 생산설비에 필요한 각종 반응조의 제작은 생산능력이나 용량을 2배로 증가해도 비용은 2배로 증가하지 않는다. 반응조 설비규격과 사양, 재질이 변경되거나 특히 반응조의 두께가 변경되면 예상금액도 달라진다. 변수가 클 경우 투자비의 직접경비인 재료비(한국물가정보, www.kpi.or.kr)를 보정하면 근접한 값을 산출할 수 있다.

[표 12-7] 과년도 투자비에서 PV 및 생산량 증가에 따른 예상투자비 (ECI) 산출 사례

1995년 투자금액			2024년 PV 환산					
			PV (Cap: 250DM/일)				ECI (Cap: 500DM/일)	
투자비 (억원)	생산 능력	백만원 /DM	물가인상률(%)		PV (억원)	백만원 /DM	ECI (억원)	백만원/DM
			합계	년평균				
198억	250	79.2	80.58	2.88	438.5[1]	175.4	664.6[2]	132.9

[1] 현재가치(PV) = 198억 × 1.0288^{28} = 438.5억 [2] 예상 투자금액(ECI) = 438.5억 × $(500/250)^{0.6}$ = 664.6억

Remarks
① 주모조 제외한 탱크류의 재질은 SS400, 통합폐수처리방법(농축+생물학적처리) 기준
② 부대설비(제품저장조, 창고 등) 규모에 따라 증감, 공장부지 비용은 제외

제13장 바이오에탄올 생산기술

13.1 세계의 바이오에탄올 동향

대체에너지로서 다양한 바이오매스를 이용해 생산된 에탄올은 음용주정(drinking alcohol)과 구분하기 위해 "바이오에탄올, 연료 알코올, bioethanol, or fuel or power alcohol"이라 부른다. 대체에너지개발은 지구환경보전과 배출가스 오염도 저감 즉, 탄소중립목표 달성차원에서 도입 필요성이 심각하게 대두되고 있다. 특히, 대체에너지 개발 측면에서 살펴보면 석유와 같은 화석연료는 가채(可採) 기간이 유한(有限)하다. 농산물과 같이 지속적으로 재생산 가능한 바이오매스인 에너지 식물자원의 개발은 온실가스배출량(GHG, greenhouse gas) 감소, 대기오염 저감, 화석에너지 의존도 감소, 새로운 환경산업의 발전 기회 이점 때문에 그 필요성이 증대되고 있다.

바이오매스(biomass)는 생물체가 생육과정에서 이산화탄소와 물을 흡수하여 탄소동화작용(carbon dioxide assimilation)을 통해 유기화합물을 합성하여 영양물질로 저장한 고분자물질이다. 광합성으로 인해 바이오매스가 생산되면 대기 중의 이산화탄소 농도를 감소시키는 효과가 있다.

곡물로부터 수송용 바이오에탄올을 생산하는 것은 경제성이 없다. 곡물은 대부분 식량자원이기 때문에 원료가격이 비싸다. 수송용 바이오에탄올을 제조할 경우 휘발유와 가격 경쟁력을 가질 수 있도록 정부의 보조금 지원정책이 반드시 필요하다. 바이오에탄올은 자연환경에 미치는 영향이 적기 때문에 수율을 높여 생산원가는 낮추는 공정개발이 지속되고 있다.[233]

지구 환경보전에 대해 국제적 관심이 고조되고 있는 가운데 1992년 5월 리우데자네 이루 지구정상회의가 있었다. 각국 정상들은 지구환경보존에 공감하여 기후변화협약(FCCC, frame-work convention on climate change)을 마련하여 서명하였다. 1994년에 발효(發效)되어 현재 197개국이 참여하고 있다. 협약의 목적은 "생태계가 자연적으로 기후변화에 적응할 수 있고, 식량생산성이 위협받지 않고, 지속가능한 방법으로 경제개발이 가능할 수 있는 충분한 시간에 성취되어야 한다."라고 설정하였다. 기후변화협약은 선언적 성격이었으나 파리 기후변화협약의 목적은 "지구 평균 온도상승을 산업화 이전 대비 2℃보다 상당히 낮은 수준으로 제한하고 1.5℃로 유지를 목표로 한다."로 세계 각국이 "자발적 감축 목표"를 설정하고 정기적으로 검토하는 방식을 채택하였다. 5년마다 국가별 "자발적 감축 목표" 이행 계획을 제출하고 점검하는 시스템으로 변화와 상황에 유연하게 대체하기로 협약하였다. 모든 국가들의 참여를 유도함과 동시에 선진국과 개발도상국과의 구분을 완화하여 목표달성을 위한 구체적이고 포괄적인 목표를 설정하여 기후변화에 공동 대응하기 위한 협약으로 발전하였다.

세계 각국은 대기오염을 줄이기 위해 목질계 섬유소로부터 바이오에탄올 생산을 위한 기술개발에 초점을 맞추고 있다. 자동차연료의 함산소 사용기준이 강화되고 있기 때문에 가소홀에 바이오에탄올 혼합비율을 증가시키는 추세이다. 장기적으로는 가소홀을 사용하는 자동차 보급률이 감소 추세로 전환될 것이지만 전기자동차나 수소자동차 보급률이 50% 이상 될 때까지는 바이오에탄올 소비량이 오히려 증가될 것으로 예상된다.

2020년까지 전 세계의 에탄올생산량 추이는 1.8억kℓ를 상회하고 있다[그림 13-1]. 2005년 이후 매년 연료용 바이오에탄올 중심으로 수요가 크게 증가하고 있는데 반해 음용과 산업용 바이오에탄올 소비량은 정체되고 있다. 연료용 바이오에탄올 이외의 산업용 바이오에탄올 공급은 상대적으로 위축될 가능성이 있다. 이와 같이

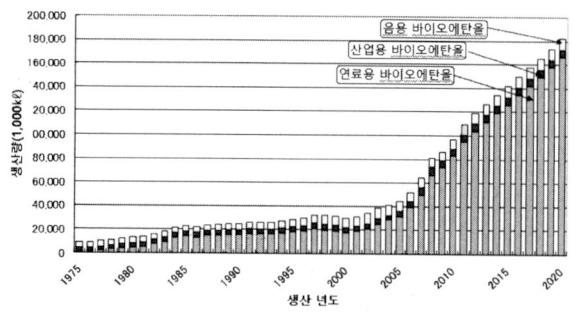

[그림 13-1] 전 세계 바이오에탄올 생산량 추이
(자료 : 2011.12.12 경남바이오에너지교류회 Proceedings)

---

233) Danielsson M. Wheat Based Ethanol production Experiences from a New French Plant. Chemature AB, Sweden. pp.254-256

세계 각국의 자동차 보급률은 소득과 인구 증가로 인해 지속적인 증가세를 보이고 있다. 자동차 배출가스로 인한 대기오염 저감을 위해 바이오에탄올 공급을 확대하는 추세가 농산물 자원 부국을 중심으로 더욱 확대될 것이다. 그 대표적인 국가로는 미국, 브라질, 호주, 캐나다, 독일, 스웨덴, 남아프리카가 있다[그림 13-2].

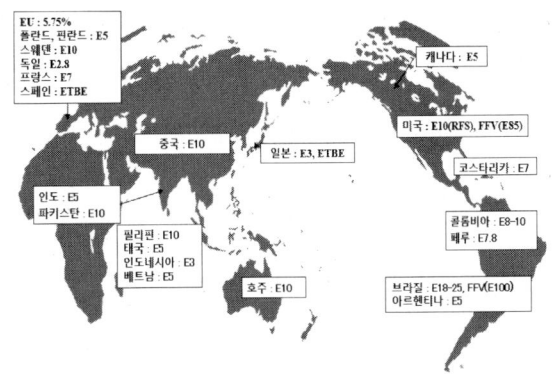

[그림 13-2] 바이오에탄올을 수송용 연료로 도입한 국가들, 태국은 2024년 E20까지 확대 공급하고 있다. (자료 : 2011.12.12 경남바이오에너지교류회 Proceedings)

13.1.1 미국

미국은 1880년대에 이미 알코올 자동차를 제작하였다. 1973년 1차 석유위기 이후 10% 바이오에탄올을 혼합한 가소홀(E10)을 사용하기 시작하여 현재 E10~15, E85 가소홀 보급이 상용화되었다. 1978년 환경보호청(EPA)에서 가소홀 판매를 법제화하였다. 이 법률에 따라 정유공장, 터미널 및 주유소에서 가소홀을 판매하고 있으며, 2005년 기준 휘발유와 디젤의 총 소비량에 대해 에탄올 4%(200백만㎘), 바이오디젤 0.17%(28.4만㎘)였다. "25×25" 정책주도(Policy Initiatives Coalition)로 2025년까지 농산물 및 임산물로부터 미국의 에너지생산 중 25% 달성 목표로 에탄올 혼합비율을 지속적으로 증가시킬 것을 촉구하면서 목질계 에탄올 연구개발, 실증시험 및 연구개발을 위한 연방자금 75억 달러, 지속가능한 바이오에너지 작물 지원을 위한 140억 달러를 요구하였다.[234]

공장에서 바이오에탄올을 출고할 때 부정유통을 방지하기 위해 미리 3~5%의 휘발유를 혼합시킨 변성알코올로 유통시킨다. 미국 바이오에탄올의 유통체계는 중간도매업자인 블렌더(blender)가 중추적인 역할을 담당하고 있다. 블렌더는 탱크로리, 철도, 바지선(barge)을 통해 수송된 바이오에탄올에 휘발유 또는 MTBE를 혼합한 개질휘발유(reformulated gasoline)를 제조하여 주유소까지 유통시켰다. "2005년 에너지정책법(Energy

---

[234] Montgomery G. 2007. Biofuels in the U.S. Bio fuels World International conference. *Proceeding Text Book*. pp.224-250

Policy Act of 2005)"에 따라 사실상 MTBE는 사용이 불가능하게 되었다. 바이오에탄올의 확대보급을 위해 휘발유와 가격 경쟁력을 가질 수 있도록 감세혜택(tax incentive)을 각 주별로 시행하고 있다. 바이오에탄올의 실용화로 인한 기대효과는 환경오염물질 배출량이 감소함에 따라 지구온난화 억제, 석유의존도 감소, 석유에너지 절약과 잉여농산물을 활용함으로서 친농업정책에도 크게 기여하는 것이다.

바이오에탄올은 청정연료로써 자동차연료 이외에 연료전지, 열병합발전소와 항공연료를 대체할 수 있어 소비 잠재력이 매우 높은 대체에너지원이다. Nebraska주는 옥수수와 수수의 생산량이 미국에서 3번째로 많이 생산되는 주이다. 그러므로 이 지역에 있는 바이오에탄올 공장은 원료수송비가 절감되고 원료수급 불안으로 인해 공장 가동을 중지하는 사태는 발생하지 않는다. 이 지역은 바이오에탄올이 전체 수송용 소비연료 중 약 50%를 차지할 만큼 활성화되어 있다. 30여개 주는 여름(6.01~9.15)을 제외하고 E15를 판매하고 있다. 여름철 E15 이상인 가소홀 판매를 중지하는 이유는 스모그(smog)악화 우려 때문이다.

미국은 바이오에탄올 정책과 함께 농업보호정책, 대기정화법, 함산소 연료의 사용 프로그램을 발효(發效)하고 강력한 정부 정책으로 인해 바이오에탄올 시장이 급팽창되고 있다. 2030년까지는 지구상에 가장 풍부한 목질계 섬유소로부터 바이오에탄올을 생산하여 상용화보급을 확대할 목표로 경제성 제고에 대한 연구가 활발히 진행되고 있다.

미국은 미래 운송에너지로써 목질계 섬유소의 에탄올(lignocellul-osic ethanol)이 휘발유 수요의 20~30%를 대체할 수 있는 유망한 대체에너지 중 하나로 평가하고 있다. 바이오매스로서 목질계 섬유소 외에 에너지작물, 농업잔재물 및 도시고형폐기물이 주목받고 있다.235)

바이오에탄올 산업은 지난 수년 동안 엄청난 성장을 거듭해 왔다. 미국의 연간 에탄올 생산량은 옥수수 생산량에 따라 증감은 있었으나 최근에는 약 1/4이 바이오에탄올 생산에 소비되는 실정이다. 바이오에탄올은 잉여농산물의 경제성 제고와 에너지 안보 차원에서 다루고 있다. 미국은 정치가 불안한 중동국가에서 61% 이상 원유를 수입하고 있다. 미국 내 바이오에탄올 증산정책은 정부의 매우 중요한 정책이다. 강력한 대체연

---

235) Krishnan C. 2010. Alkali-Based AFEX Pretreatment for the Conversion of Sugarcane Bagasse anf Cane Leaf residues to Ethanol. *Biotechonolgy and Bioengineering*. 107(3): 441-450

료 개발정책을 추진하고 있어 바이오에탄올제조 산업의 전망은 매우 밝다.

함수에탄올에 공비제를 첨가한 공비증류 또는 MSD 공정으로 무수에탄올을 생산한다. 종전에는 함수에탄올에 탈수용 공비제를 넣어 3성분계 공비혼합물을 증류하여 무수에탄올을 생산하였다. 미국과 브라질은 CHX을 주로 사용해 왔으나 환경오염 문제 때문에 공비제의 사용규제가 점점 강화되었다. CF 연속발효에서 기술한 바와 같이 C사는 탈수비용이 적게 소비되는 MSD 공정으로 무수에탄올 제조에 성공하면서 이후 신설공장은 MSD 공정을 채택하게 되었다.

2022년 바이오에탄올은 73백만kℓ[236]가 생산되었으며 공장도 205개로 증가하였다. 미국 에너지정책의 기본전략은 안보차원에서 에너지 자급률 증가에 있다. "The California Waive"란 자동차연료의 옥탄가 증가제인 MTBE 첨가는 환경보호에 역행하는 물질로 사용을 금지한 정책이다. 주정부(州政府)는 모든 개질휘발유 프로그램(RGP, reformulated gasoline program)에 MTBE 사용을 금지시켰다. 가소홀 자동차의 대기오염 저감효과는 증명되었다. EPA에서 공식보고에 따르면 일산화탄소가 25%나 감소되었다. 미국은 주정부의 독자적인 바이오에탄올 정책으로 보급이 확대되고 있을 뿐 아니라 바이오에탄올 산업은 시장요구에 따라 자동차, 소형 항공기, 알코올 전용차량의 보급이 증가되고 있는 추세이다[그림 13-3].

[그림 13-3] 알코올연료를 사용하는 출퇴근용 Skylane 및 E85 가소홀 자동차

13.1.2 브라질

브라질은 세계 두 번째 바이오에탄올 생산국인 동시에 최대수출국이다. 2003년 3월부터 FFV를 생산하기 시작하였으며 FFV 엔진은 에탄올, 휘발유 또는 이들 연료의 혼합농도에 관계없이 사용할 수 있다.

1920년대부터 국립기술연구소(INT)에서 바이오연료를 사용하는 내연기관시험을 시작하였으며 처음에는 E3을 사용하였다[그림 13-4]. 1973년 1차 석유위기 이후 축적된

---
[236] 미국 주정산업 연구보고서. 2021.02. *대한주정판매(주)*. p.4

바이오에탄올 제조기술과 풍부한 농산물을 바탕으로 1975년 11월에 10년 계획으로 "PROALCOOL, The Brazilian National Alcohol Program"을 추진하였다.237) 오늘

[그림 13-4] 가스홀 자동차의 발전
1925년 개발한 가스홀 자동차(A), 1979년 E100사용하는 에탄올 전용차 제작(B), 2003년부터 운행되고 있는 FFV 자동차(C)

날 세계 대체에너지 산업부분에서 가장 성공적인 국가로 발전하였으며 재생에너지 비율이 45%에 이른다. 수송용 연료는 디젤을 제외한 가소홀 중 에탄올 사용비중은 함수(8.4%) 및 무수(8.5%) 에탄올을 포함하여 재생에너지 비율의 37%를 차지한다.238)

기존의 자동차도 연료계통의 부품이나 엔진구조의 개조 없이 가소홀을 사용할 수 있다.239) 1980년도 3월 이후부터는 100% 알코올을 사용하는 바이오에탄올 전용자동차도 보급되기 시작하였다. 1990년대 세계 처음으로 모든 휘발유에 에탄올을 첨가한 무연 휘발유 공급을 시작하였다. 일부 연구자들은 에탄올을 사용하면 발생하는 배출 가스 중 알데히드의 발암성에 대한 우려를 제기하였다. 1975년부터 미국은 자동차에 촉매전환기를 부착하기 시작한 이후 브라질을 포함한 전 세계 자동차도 장착이 확산되었다.240)

2015년부터 바이오에탄올 소비를 촉진하기 위해 E27을 보급하기 시작하였다. 브라질은 대부분 사탕수수 즙과 당밀을 이용하여 바이오에탄올을 생산하며, 농산물을 생산할 수 있는 미개발 가경면적(可耕面積)이 많은 실정이다.

브라질은 바이오에탄올 생산에 회분식 발효공정을 채택하고 있다. 남부지역과 상파울루(São Paulo) 주에서 바이오에탄올의 약 87%가 생산된다. 제당공장은 국제 원당가격 변화와 원당 재고량에 따라 쉽게 제당에서 바이오에탄올 생산 공정으로 전환할 수 있다. 브라질은 세계 기후변화정책에 적극 참여하고 청정에너지인 바이오에탄올을 자동차 대체연료로 공급하는 인프라를 갖춘 선도(先導) 국가이다. 알코올산업을 국가에서 적극 지원하고 원료 생산자인 농민, 원당과 알코올제조 공장, 소비 등 밸류 체인(value chain)이 국가주도로 정착되었다. 브라질 농무성은 매년 농산물작황에 따라 바이오에탄올 혼합 비율을 고시하여 농민의 소득을 보호하는 적극적인 농업정책을 펴고 있다. 브라질은 바

---

237) Rnnaldo S.d.M. *et al.* 1988. The Brazilian National Alcohol Program. *Energy Economics*. pp.229-234
238) Terabe K. 2007. Update of Brazilian Bio Fuels Business. *Proceeding Text Book*. pp.251-272
239) 남기두. 2003. 최근의 브라질 자동차 연료 동향. *주류공업*. 23(3): 31-39
240) Coordination BNDES and CGEE. 2008. Sugarcane-based bioethanol : energy for sustainable development. *ISBN: 978-85-87545-27-5*. pp.47-48

이오에탄올산업 육성과 강력한 인센티브를 국가차원에서 지속적으로 지원하였기 때문에 성공할 수 있었다. 친환경 자동차와 FFV 보급율은 신차의 약 90% 이상을 차지하는 실정이다.

브라질 자동차협회(Anfavea)는 "브라질 자동차 산업 탄소배출 절감 방향"이라는 연구를 통해 정부와 민간의 통합된 전략 없이 현재 속도로 전기자동차가 보급될 경우 2035년 종류별 차량 비중은 Flex 67%, 전기자동차 32%, 디젤 1%가 될 것으로 예상하였다. 전기자동차를 점진적 도입 또는 전면적 도입 여부, 바이오연료 주도(主導)로 자동차 산업육성책 추진 시나리오에 따라 Flex 자동차의 보급비율 증감은 있겠으나 바이오에탄올 소비량은 지속적으로 증가할 것으로 예상하였다. 브라질의 바이오 에탄올산업은 성장산업일 뿐만 아니라 "바이오연료를 기반으로 한 전기자동차 생산 및 연구" 허브로 성장하겠지만 향후 수십 년간 내연기관 산업도 건재할 것으로 예상하였다.[241]

사탕수수로 바이오에탄올과 원당을 생산할 때 착즙공정에서 섬유소를 주성분으로 하는 버개스(bagasse)가 부산물로 다량 발생한다. 버개스와 사탕수수 잎으로부터 바이오에탄올 전환기술을 덴마크 N사와 공동 개발하여 파일럿플랜트를 건설하였다. 전환기술이 실용화되면 생산수율 증가로 제조원가는 더욱 낮아 질 것으로 예상된다.

P사가 바이오에탄올 생산자로부터 직접 파이프라인, 탱크로리, 철도, 선박으로 수송하고, 유통은 자회사에서 가소홀을 만들어 전국주유소에 공급하거나 석유메이저를 통해 유통시키는 구조를 갖고 있다.

브라질은 사탕수수가 많이 재배되고 있어 바이오에탄올 생산은 지속가능하며 최대 수출국을 유지하고 있다. 내수 확대로 수출량은 매년 감소하는 추세를 보이나 정부주도로 강력하게 바이오에탄올 생산 및 보급정책을 추진하고 있다. 휘발유와 가격경쟁력을 가질 수 있도록 세제혜택을 지원하고 생산자와 유통과정은 정부가 관리하고 있다. 농민과 바이오에탄올 생산자가 상생 발전하는 대체에너지 선진국으로 발전하였다. 브라질의 알코올관련 산업은 파라나(Estado do Panana)주의 알코올생산자협회(ALOPAR), 알코올공장기업연합(SLALPAR), 설탕공장기업연합(SLAPAR)이 주도하고 있다.

---

[241] Kotra 해외시장뉴스. 2022. 에탄올 vs 전기차, 브라질 자동차의 미래는?(https://dream.kotra.or.kr/kotranews/cms/news/actionKotraBoardDetail.do?MENU_ID=180&pNttSn=195362#;)

13.1.3 유럽과 일본

[그림 13-5] 무연 휘발유, E10(가소홀), diesel유 판매를 안내하는 입간판, EU

유럽은 EAP(European Alcohol Program)에 따라 가솔홀 보급을 2005~2007년까지 단계적으로 E2~7까지 확대보급을 추진한 결과, 현재 E2.8~10의 보급이 정착되었다[그림 13-5]. EU 경제장관들은 바이오연료에 부과되는 소비세 감면을 합의한 바 있으나 기후협약 이행보다는 환경단체의 주장을 더 수용하는 추세이다.

1997년 "EC 회원백서"에서 재생에너지에 관한 전략적인 "Action Plan"을 발표하였다. Action Plan은 식량과 잉여농산물의 새로운 개척차원에서 각국의 산림과 바이오매스를 이용한 바이오에너지 확대보급을 위한 기술개발이 포함되어 있다. 특히, 스웨덴은 화석원료 15%를 대체하고자 25개의 공장 건설을 추진하였다.

일본은 신에너지개발기구(NEDO)를 운용하고 있는데 2003년 8월부터 E3보급 및 판매가 가능하도록 법을 제정하였다. 청정에너지 보급은 알코올협회의 "에탄올의 연료이용에 관한 조사보고서"에 근거하여 추진되고 있다. 환경성의 바이오에탄올 보급 시나리오에 의하면 2003년부터 E1~5에서 E10으로 확대 보급을 추진하였으나 현재까지 추진동력을 얻지 못하고 있는 실정이다. 그러나 MTBE 대신 인체에 무해한 ETBE로 대체하고 있다. 2021년 일본 정부의 "에너지기본계획(제6차)"에 따르면 재생에너지의 비율을 "22~24%"에서 "36~38%"로 대폭 상향 조정하였으나 바이오에너지보다 해상풍력발전에 집중하는 것으로 나타났다.

13.1.4 기타 국가

캐나다에서 판매되고 있는 E5는 휘발유 소비량의 약 7%에 달한다. 2010년까지는 E10을 35%까지 증가시킬 목적으로 "35/10 목표"를 추진하였으나 2015년까지 E5가 공급되었으며, 향후 E10 보급에 필요한 바이오에탄올 수급을 위해 관련 산업을 적극적으로 육성하고 있다.

태국은 타피오카 재배 1000만 농민의 안정적인 농가 소득증대를 위해 친농업정책으로 가소홀 보급을 적극 추진해 왔다. 매년 30만대 이상의 차량증가가 지속되고 있어 대기오염저감을 위해 바이오에탄올 정책을 의욕적으로 추진하고 있다. 방콕을 시작으로 확대 보급하기 위한 주유소 인프라를 전국적으로 확충하였으며 2024년 현재 E10~20이 보급되고 있으나 향후 석유 대체율을 더 높이기 위해 중요한 국책사업으로 추진되고 있다. 이 사업을 효율적으로 추진하기 위해 총리 산하 특별 부서인 에너지부를 신설하여 바이오에탄올 정책 입안 및 지원을 전담하고 있다.

온실가스배출량이 세계 5위인 인도네시아는 파리기후협정을 비준하고 사탕수수와 타피오카에서 바이오에탄올을 생산해 2010년 휘발유 소비량의 5%(1.48백만㎘) 공급을 시작으로 2025년 15%(6.28백만㎘)까지 증가를 목표로 추진하고 있다.

베트남도 E5를 2018년부터 의무부과제도를 도입하여 보급을 확충하고 있는 중이다. 2021년 바이오에탄올의 의무혼합제도를 실시하고 있는 국가는 유럽 34개국, 아시아 8개국, 북남미 12개국, 아프리카 3개국 총57개국에 달한다. 각국 바이오에탄올 생산 주원료와 혼합비율은[표 13-1]과 같다.[242] 대체자동차 연료로써 바이오에탄올을 보급하고 있는 국가는 미국과 브라질이 대표적이며, 현재 전 세계에 6,000개 이상의 알코올생산 공장이 가동되고 있다.

[표 13-1] 바이오에탄올 제조용 주원료 및 가소홀 혼합율 (단위 %)

항목	브라질	미국	스페인	독일	프랑스	스웨덴	태국
주원료	사탕수수	옥수수	밀, 보리	밀, 호밀	밀, 사탕무	밀	TC, 사탕수수
혼합율	E20~100	E10~85	E3	E5	E3	E10	E10~20

☞미국은 Minnesota, Hawaii, Montana, WDC, MR 등 5개주는 의무화, E85는 일부 주에서 도입

13.2 무수에탄올 생산기술

13.2.1 개요

술덧의 에탄올농도는 높을수록 비점이 낮아져 에탄올을 회수하는데 필요한 에너지소

---

[242] F.O. Licht, World ethanol & biofuels report 2006, *European Bioethanol Fuel Association*

비와 폐액 발생량은 감소한다. 고농도 알코올발효는 기질과 부산물인 대사산물에 의해 효모가 받는 저해작용도 심화된다. 이것을 경감시킬 목적으로 발효조에서 에탄올을 연속적으로 직접 회수하여 낮은 알코올농도를 유지할 수 있는 다양한 발효기술이 개발되고 있다.

예를 들면, 추출발효(extractive fermentation), 활성탄이나 수지(resin)를 이용하여 에탄올을 연속적으로 흡수하는 흡착법(adsorption), 미세막용제추출법(membrane aided solvent extract system)이 개발되었다. 미세막용제추출법은 미세막 측의 감압에 의해 술덧으로부터 에탄올의 선택적 투과성을 이용한 투과증발(pervaporation)이 있다. 투과증발은 PTFE (polytetrafloro ethylene) 재질로 만든 다공성 미세막으로 당밀과 농축 포도당액의 연속발효 술덧으로부터 직접 에탄올을 막증류(membrane distillation)하여 회수함으로써 에탄올 저해작용이 완화되었고 장기간 운전도 가능하였다고 보고되었다.243)

함수에탄올을 탈수할 때 다양한 기술을 적용한 결과, 탈수비용은 공비증류 > MSD > 투과증발(pervaporation) > 증기투과(vapour permeation) 순으로 낮아졌으며, MSD 공정에 비해 증기투과로 탈수할 경우 탈수비용은 57%까지 절감할 수 있다고 보고되었다.244) 현재 상용화된 탈수방법은 공비증류, 투과증발(pervaporation) 및 MSD 공정이 있다.

함수에탄올로부터 공비제를 첨가하여 공비증류로 무수에탄올을 생산하였으나 1996년 이후부터 함수에탄올의 과열증기를 zeolite 충전칼럼에 통과시켜 탈수하는 MSD 공정이 실용화되어 보급되기 시작하였다. MSD 공정의 특징은 공비증류보다 20~25%의 에너지를 절감할 수 있는 에너지절약형 탈수법이다. 주정폐액의 농축과 건조공정을 포함하면 총에너지 절감효과는 17~22%에 이른다. MSD 공정은 유지관리가 쉽고 완전 자동화시스템 구축이 용이하여 운전 안전성과 신뢰성이 입증된 탈수법이다.

13.2.2 공비증류에 의한 탈수

(1) 공비제 종류와 특성

함수에탄올에 공비제를 넣으면 최저 비점을 나타내는 3성분계 공비혼합물을 형성한

---

243) Calibo R.L. *et al.* 1989. Continuous Ethanol Fermentation of Concentrated Sugar Solutions Coupled with Membrane Distillation Using a PTFE Module. *J. Ferment. Bioeng.* 67(1): 40-45
244) Kujawski W. 2000. Application of Pervaporation and Vapor Permeation in Environmental Protection. *Polish Journal of Environmental Studies.* 9(1): 13-26

다. 공비제로는 CHX(cyclo hexane, C_6H_{12}), 다이에틸 에테르(diethyl ether, $(C_2H_5)_2O$), 벤젠(benzene, C_6H_6), 휘발유, 트리클로로에탄(trichloroethylene, C_2HCl_3), 펜탄(pentane, C_5H_{12})이 사용된다. 공비제를 사용한 공비혼합물 증류에 소비되는 에너지는 거의 비슷하나 펜탄이 가장 낮다. 공비제는 인체 유해성 때문에 지금은 MSD 공정으로 대체되고 있는 추세이다.

공비제의 구비조건을 요약하면 다음과 같다.
① 증발잠열이 적어야 한다.
② 열적·화학적으로 분해·중합을 하지 않고 안정적이어야 한다.
③ 최소한 분리할 성분들 중 하나와는 공비(共沸)해야 한다.
④ 공비제는 회수가 용이하고, 가능한 부식성과 독성이 없어야 한다.
⑤ 가격이 저렴하고 안정적이어야 한다.

공비제와 공비증류의 단점은 다음과 같다.
① 무수에탄올 또는 유출수(effluent water stream) 오염으로부터 공비제를 제거하기가 쉽지 않다.
② 공비제는 대부분 유출수에 포함되어 배출될 가능성이 상존하며 저장 및 인허가에 문제점이 발생할 수 있다.
③ 발암물질로 입증되었거나 의심되는 물질로써 작업자에 대한 안정성이 미흡(未洽)하다.
④ 공비증류 공정은 공비제의 좁은 범위 및 작동 변수만으로 운전되도록 설계되었기 때문에 유연성이 극히 제한된다.
⑤ 예상하지 못한 다른 용제가 극미량 존재하여도 공비증류 공정은 무용지물이 된다.
⑥ 공비증류에 의한 탈수는 일반적으로 에너지다소비 공정이다.

(2) 공비증류 공정

함수에탄올에 공비제를 넣어 증류해 무수에탄올을 생산한다. 공비증류기는 요탑, 정류탑, 탈수탑, 용제 회수탑과 용제분리기(decanter)로 구성된다.

정류탑의 공비혼합물[245]을 탈수탑의 중간 단에 공급한다. 공비제는 연속적으로 용제분리기에 보충되고, 용제분리기에서 회수된 공비제는 탈수탑으로 순환된다. 탈수탑의 탑정 증기는 2성분계(물-공비제) 또는 3성분계(물-에탄올-공비제) 공비혼합물을 형성한다. 탈수탑 탑정 공비혼합물 증기는 냉각기를 경유하여 용제분리기(decanter)에서 상층 공비제는 회수되고, 에탄올이 포함된 하층액은 용제회수탑(entrainer stripper)에 보내어져서 탑정 응축액은 용제분리기로 보내지고 나머지 환류된다. 이 탑 하부 액은 정류탑으로 반송되어 에탄올을 회수하고 무수에탄올은 탈수탑 하부에서 회수된다.

무수에탄올 제조에 소비되는 에너지 절감을 위해 공정 개선이 꾸준히 시도되어 왔다. 공비증류 공정에서 정류탑의 상부 알코올증기의 잠열은 요탑이나 탈수탑의 열원으로 재이용하여 에너지를 절약할 수 있는 공정으로 개선되었다. 무수에탄올 제조에 총 스팀 사용량의 약 70%가 소비되므로 정류탑의 잠열을 이용하면 약 25%의 스팀을 절약할 수 있다. 농축 및 건조공정을 포함한 재래 공비증류의 스팀원단위(kg/ℓEtOH)는 5.3에서 4.4로 약 17%가 절감되었다고 한다.[246]

13.2.3 흡착탈수법에 의한 탈수

(1) 흡착제 제올라이트

탈수공정에 이용되는 제올라이트(MS, molecular sieve)는 합성 알루미노실리케이트(alluminosilicates)이다. 1756년부터 천연으로 존재하는 제올라이트는 가열하면 수분을 방출하고 냉각하면 다시 수분을 재 흡착하는 새로운 광물질로 물과 강력한 친화력을 가지고 있다는 것이 알려졌다. 천연 제올라이트는 희소성과 화학적 다양성 때문에 약 50년 동안 합성물질이 개발되기 전까지는 상업적 용도로 실용화되지 못했다.[247]

제올라이트는 결정구조가 복잡하고 분자량 크기에 따라 분자를 선택적으로 흡수·흡착하는 능력을 가진 물질이다. 3Å의 세공(細孔) 크기(pore size)를 가진 제올라이트는 물 분자만 선택적으로 흡수·흡착하지만 이보다 분자량이 큰 알코올은 통과된다. 유출되는

---

[245] 에탄올 공비혼합물 = EtOH 95.57wt% + H_2O 4.43wt%
[246] Leppanen O. *et al.* 1980. Energy Consumption in the Distillation of Fuel Alcohol. *Proceedings of the IV International Symposium on Alcohol Fuels Technology. Guaruja-SP-Brazil.* 1: 113-117
[247] Vogelbusch files. 1993. Dehydration of Ethanol by Molecular Sieve Beds. and Process Flow Scheme-Dehydration. *VOGELBUSCH USA INC.* Houston, TX, USA

알코올증기를 응축시키면 무수에탄올이 된다.

상업적인 합성흡착제는 고농도의 결정성 제올라이트를 펠릿(pellet)화한 것이다. 이 외에도 실리카겔(silica gel), 알루미나(alumina), 이온교환수지가 있다. MSD 공정에 충전한 흡착제는 가열 및 감압으로 수분을 제거하여 재생한다. MS는 흡착된 수분 재생과정을 거쳐 흡착 복원력이 있는 한 계속하여 반복 사용할 수 있다.

(2) MSD 공정의 특징과 운전사례

공비제에 의한 탈수는 환경오염 문제 때문에 MSD 공정으로 점점 대체되고 있다.[248] MS에 의한 탈수기술은 1956년 첫 특허를 받았지만 1980년대까지는 에탄올산업에서 검증되지 않은 "신기한 기술"이었다.

최근 미국과 브라질은 바이오에탄올 생산량 증가로 인해 가소홀 혼합비율이 크게 증가되는 추세이다. 일부지역은 E85, E100이 보급되면서 FFV 자동차 판매증가와 더불어 바이오에탄올 소비도 증가세를 보이고 있다. 자동차 수송용 바이오에탄올은 휘발유에 대한 가격경쟁력을 확보하기 위해 끊임없이 생산원가를 낮추려고 기술을 개발하고 있다. 무수에탄올 생산은 공비증류에서 탈수에너지가 적게 소비되는 공정으로 전환되는 추세이다.

MSD 공정의 이점은 다음과 같다.

① 다른 공정에 비해 탈수도가 높다.
② 가장 최신·최적화된 자동화 운전시스템으로 최상의 운전조건을 유지할 수 있어 운전의 신뢰성이 높고 무엇보다 운전이 쉽다.
③ 최신 통합설계로 재래 공비증류에 비해 에너지사용을 1/3로 감소시킬 수 있고, 보일러의 NOx 배출은 약 65%까지 저감시킬 수 있다.[249]
④ 유기용제를 사용하는 공비증류에 비해 환경오염이 크게 감소된다.
⑤ 생산능력에 따라 MSD 설치가 용이한 모듈(module)로 공급되고 있어 설치비용이 점점 감소되고 있다.

---

[248] Swain R.L.B. 1988. Ethanol Dehydration Technology: State of the Art. National Alcohol Fuels 1988 Meeting And Exhibition. May 16~18, Washington, DC, USA
[249] Swain. R.L.B. 1993. Clean Technology for Ethanol Production. Delta-T Corporation. National Renewable Energy Laboratory. Colorado Springs, CO. pp.1-6

⑥ 모듈은 상당부분 미리 배관과 배선이 되어 있기 때문에 현장 건설비용과 설치기간을 단축시킬 수 있어 투자비용이 절감된다.

MSD 공정의 운전사례를 보면 MSD 공정은 흡착제인 제올라이트를 충전한 2개의 흡착탑(A/B탑)으로 구성된다[그림 13-6]. 술덧을 증류하여 공비조성에 가까운 함수에탄올의 과열증기를 MSD A탑에 공급하면 에탄올증기 중의 수증기는 제올라이트에 선택적으로 흡착된다. A탑의 출구로는 무수에탄올증기가 유출되므로 이를 응축시키면 무수에탄올이 얻어진다.

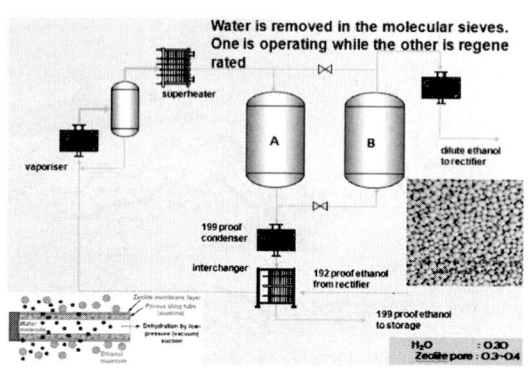

[그림 13-6] MS Dehydration 공정
A탑을 가동할 동안 B탑의 탈수제에 흡착된 수분을 제거하여 A/B탑을 교대로 사용할 수 있다.

B탑은 정상가동으로 흡착할 때의 온도와 압력을 유지한 채 A탑에서 유출하는 무수에탄올증기 일부를 도입하여 제올라이트에 흡착된 물 분자를 탈착시켜 재생한다. 즉, 스윙체크밸브(swing check valve)로써 A/B탑에서 흡착과 탈착 조작을 교대로 반복 운전하면서 무수에탄올을 생산한다. 재생할 때 유출되는 증기에는 에탄올이 함유되어 있기 때문에 정류탑으로 순환시켜 에탄올을 회수한다.
무수에탄올의 수분함량은 0.25~20ppm 수준으로 안정적인 운전이 가능하다.

주로 기상(氣想) 흡착법은 흡착제를 재생할 때 에너지소비 및 에탄올 회수율 측면에서 효율적이다. 현재 액상 흡착법은 거의 사용되지 않고, 고온 증기 상태에서 흡착 성능이 우수한 제올라이트가 가장 많이 사용된다. 제올라이트에 흡착된 물을 재생하는 방법에는 2가지 방법이 있다. 불활성가스를 흘려보내면서 재생하는 온도변동흡착법(temperature swing adsorption)과 탈수된 무수에탄올증기 일부를 감압 하에서 흘려보내면서 흡착제를 재생하는 압력변동흡착법(pressure swing adsorption)이 있다. MSD 탑의 탈수제 재생에 필요한 건조시간은 3~10분 정도 소요되며 소비에너지는 $266kcal/\ell EtOH$에 불과하다. 종래 공비제를 사용한 공비증류보다 생산원가를 크게 절감할 수 있는 진보된 공정으로 평가되고 있다.

13.2.4 막분리법에 의한 탈수

막분리법(membrane separation method)에 의한 탈수는 함수에탄올을 공급하면 물만 선택적으로 막을 투과시켜 분리하는 방법으로 투과증발(pervaporation)과 증기투과(vapor-permeation)법이 있다.

투과증발은 공급 측을 액상으로 하고 투과 측을 증기상(蒸氣狀)으로 분리하는 막분리 공정이다. 증기투과는 공급과 투과 측 모두 증기 상으로 혼합물을 분리한다. 막투과법의 특징은 혼합물 중 특정 성분을 선택적으로 투과할 수 있는 다공성 고분자소재의 막을 사용한다. 막 구동력은 막을 투과하는 성분의 증기압차 혹은 분압차이다. 분압차를 크게 하려면 공급 측을 가열하여 투과성분의 증기압을 높여 준다.

증기투과에 의한 함수에탄올 탈수는 공업화 초기에는 고분자막이 사용되었다. 1988년에 프랑스 Betheniville에 있는 Bazancourt 당업조합의 설탕과 에탄올 제조공장에서 PVA(polyvinyl alcohol)의 고분자막(polymeric membrane)을 이용한 투과증발로 무수에탄올 생산하는 플랜트가 건설되어 세계에서 처음으로 상업운전을 시작하였다. PVA에 함수에탄올 약 93wt%를 공급하여 99.8wt% 이상의 무수에탄올 생산에 성공하였다.

일본 NEDO-PJ는 증류와 증기투과법을 합친 "증류-막 하이브리드 파일럿플랜트" Izumi(出水) 공장을 건설하여 "NEDO Bioethanol Project"를 추진하고 있다.[250] 이 파일럿플랜트의 운전 및 소요에너지에 대한 시스템 평가에 따르면 목질계 섬유소를 농황산(濃黃酸)으로 가수분해한 당화액을 발효한 술덧(에탄올 8%)에서 99.6wt% 이상의 무수바이오에탄올을 생산하였으며, 소비에너지 원단위(kg-steam/ℓEtOH)는 1.9(1350kcal)로 Bogelbusch 탈수 원단위 1.92와 비슷하다. BTRC는 황산으로 전처리하지 않고 효소당화(*Acremonium celluloticus*) 후 효모로써 오탄당과 육탄당을 동시 발효공정으로 경제성분석을 시도하고 있다.

---

[250] Takashi S. 2007. Current and Future Technologies of Bioethanol Production. Bio fuels World International conference. *Proceeding Text Book*. pp.7-43

13.3 미국의 바이오에탄올 생산기술[251]

13.3.1 효모의 증식 환경

효모가 증식할 때 모세포(mother cells)가 낭세포(daughter cells)의 세포막을 분담하기 때문에 많은 영양원이 필요하다. 산소는 스테롤과 불포화 지방산의 합성에도 이용된다. 효모는 증식할 때 에탄올생성이 가장 왕성하며 알코올발효 속도는 증식하지 않는 효모에 비해 33배나 빠르다.[252]

효모의 증식에는 아미노태 질소(FAN), 스테롤, 불포화지방산(unsaturated fatty acids) 및 산소농도가 영향을 미친다. 불포화지방산이 너무 과도하게 공급되면 알코올생성은 오히려 저해를 받거나 중지된다. 질소원 공급은 효모성장에 꼭 필요한 영양원으로 미국은 옥수수 침출액(corn steep liquid)과 유리아미노산(FAN, free amino nitrogen 아미노산 1~3단위의 peptide)을 많이 사용한다.

효모가 발효능력을 유지할 수 있는 영양 요구조건은 다음과 같다.

① 충분한 질소원을 공급한다. 유리 아미노산은 140(FAN으로는 100~850) mg/ℓ 이상 공급한다. 질소원 공급은 고농도 효모의 생존율 증가, 출아 증가, 속성 알코올발효를 유도할 수 있다.
② 필수 미량원소(Zn, Mn 등)와 비타민(biotin, pantothenic acid 등)을 공급한다.
③ 효모가 고온 노출로 스트레스를 받지 않도록 온도를 잘 제어한다.
④ 세포성장과 유지에 필요한 불포화지방산(inter-cellular unsaturated acids)을 공급하면 발효성 당 소비가 절약되고 속성발효 유도 및 수율이 증가된다.
⑤ 효모는 증식능력이 없을 때 발효능력이 현저히 떨어진다.
⑥ 효모는 혐기성 조건에서 발효성 당 약 90%를 에탄올로 전환시키고, 소비당의 약 2.5~10%가 효모균체로 전환된다.

---

[251] 남기두. 2000. Personal Notes. Alltech's 20th Annual Alcohol School. Lexington, USA
[252] Lyons T.P. *et al.* 2003. The Alcohol Textbook 4th edition. pp.94-98

13.3.2 고농도 에탄올발효

효모의 생리적 특성을 잘 관리하면 에탄올농도 23%까지 발효가 가능하다. 발효시간을 단축하려면 효모배양을 위한 전발효조(前醱酵槽, pre-fermenter)를 운용하는 것이 좋다. 전발효조 관리는 발효 초기 12시간 경과까지는 공기 공급과 교반을 한다. 이때 효모성장을 조장하기 위하여 스테롤과 펩타이드 상태의 FAN을 140~200㎎/ℓ 정도 공급한다.

A사는 조효소(Rhizozyme™)와 건조 효모(superstart)를 사용하여 동시당화발효 한다[그림 13-7]. A사가 추천하는 조효소 사용량과 발효조건을 유지하면 발효시간은 약 11시간 정도 단축 가능하다. 술덧의 알코올농도를 23%까지 올리기 위해서는 효모에 영향을 미치는 스트레스 요인들을 감소시켜야 한다[그림 13-8]. 에탄올발효와 발효설비의 효율적 관리를 위해 효모의 생리·생화학적 특성을 이해해야 한다.

[그림 13-7] 조효소(Rhizozyme™)를 에탄올발효에 이용하면 좋은 점
알코올수율 증가(30ℓ/톤), 술덧 알코올농도 증가, 속성발효, 당화효소 사용량 30% 감소 가능하다.

효모에 대한 생리학적 스트레스 요인은 온도, 잡균 오염, 독성물질(mycotoxin), 알코올농도 등이 있고, Na^+ 이온과 초산 농도는 500㎎/ℓ 이상, 젖산 농도는 800㎎/ℓ 이상이면 효모가 생존할 수 없다. 회분식 발효와 달리 연속발효는 신선한 슬러리가 연속적으로 공급되므로 효모에 의해 생성된 발효 저해물질이 희석되는 효과가 있기 때문에 생리적 저해를 덜 받는다.

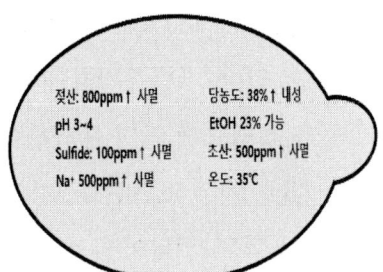

[그림 13-8] 효모에 영향을 미치는 스트레스 요인들

고농도 에탄올발효를 위해서는 고농도 사입을 해야 하므로 효모는 내당성이 있어야 한다. 술덧은 포도당이 축적되지 않도록 유가 공급(spoon-fed)하면서 동시당화발효 한다. 부가적으로 질소원, inositol, 미량의 무기물인 Co^{2+}, Ni^{2+} 등 제한 영양소를 공급하면 스트레스가 크게 감소된다. 잡균오염 배제와 더불어 물리·화학·생물학적 스트레스요인을 최소화하면서 일반 효모로써 고농도 에탄올발효 가능성을 "Alltech's Alcohol School"에서 실습하였다. Ingledew는 23% 에탄올발효의 가능성을 제시하면서 유한한 화석연료를 대체

할 수 있는 가능성과 잠재력은 "바이오에탄올 산업의 육성"뿐이라 강조하였다. 생산원가 절감을 위한 꾸준한 공정개발연구와 정부정책지원이 지속되면 대체에너지로써 바이오에탄올 산업 전망은 밝다.

13.3.3 발효온도와 피트산

발효 최적온도 조절을 용이하게 하는 방법은 없을까? 가장 손쉬운 방법은 발효성 당 농도를 낮추면 된다. 당 농도가 낮으면 술덧의 에탄올농도가 낮아져 알코올 회수비용과 공정 회전율이 증가하여 제조원가 상승으로 나타난다.

조효소는 최적 pH와 온도에서 전분을 포도당으로 유리시킨다. 이렇게 생성된 포도당은 효모가 속성 발효를 할 수 있는 환경을 제공한다. 일반적으로 에탄올발효 최적온도는 32℃ 이하이다. 동일 효모로서 알코올농도를 12% 이상 올리려면 발효온도를 낮게 유지하면 가능하나 산업규모 생산 공장에서 chiller 설비를 가동하지 않고 발효 온도를 29℃ 이하로 유지하는 것은 어렵다.

피트산(phytic acid = inositol hexakisphosphate, $C_6H_{18}O_{24}P_6$, 분자량 660.03)은 곡류에 상당량이 포함되어 있다. 에탄올발효에서 피트산은 비타민, 아미노산, 무기물인 Ca^{2+}, Zn^{2+}, Fe^{2+}, K^+ 등을 효모보다 먼저 흡착하여 불용성 염복합체(phytate)를 형성하므로 효모가 이용할 수 없게 된다. 피트산을 "항영양원(抗營養源, anti-nutrition source or robber)"이라 한다. 조효소에 포함된 피타아제(phytase)는 피트산을 가수분해 하여 이노시톨(inositol)과 인산(H_3PO_4) 6분자를 유리시키므로 효모성장과 수율증가를 촉진한다.

[표 13-2] 조효소 Rhizozyme™의 사용 효과

항목	에탄올 (%)	수율 (ℓ/톤)	효모수 (cells/mℓ)	젖산균수 (cells/mℓ)	발효시간 (h)
Control	12.5	402	100×10^6	1×10^5	48
Rhizozyme™	13.1	424	140×10^6	1×10^4	43

☞ AI 연구소에서 실험한 결과임

Lab scale 실험에서 조효소를 사용하여 약 5.5%의 수율 증가와 발효시간이 단축되었다[표 13-2]. 특히, 효모 농도는 40%나 증가되었으며 젖산균농도는 낮았다. 미국은 정제 당화효소만 사용하였지만 현재는 조효소를 부가적으로 사용하면서 오랫동안 유지되어 온 옥수수 수율장벽을 극복하였기 때문에 조효소 사용을 적극 권장하고 있다.

13.3.4 오염방지 대책

술덧의 가장 기본적인 관리는 잡균오염을 방지하는 것이다. 일단 잡균이 오염되면 2~17% 수율이 감소된다. 술덧 오염은 산도가 증가하고 부산물에 의한 독성, 제품에 이취 증가 등 문제점이 야기된다. 오염 배제를 위한 관리요인은 발효조와 접속되어 있는 각종 배관들의 지관(支管, deadlegs)을 철저히 세척하고 살균한다. 회분식 발효조의 온도 조절용 열교환기는 가능한 공유하지 않고 단독으로 사용하도록 설계한다. 그러나 설치비용이 두 배로 증가하는 단점 때문에 발효조 2기가 공유하도록 설치하는 사례가 많다. 하나의 열교환기로 발효조 2기가 공유할 경우 곡관(曲管) 부분의 살균과 세척이 용이하도록 충분한 배출밸브(drain valve)를 설치한다. 적절한 자동세척 프로그램을 운용하고, 발효조와 연결된 배관은 주기적인 약품세척으로 스케일과 찌꺼기를 제거한다.

효모성장을 촉진하기 위해 스테롤과 펩타이드를 사용한다. 젖산균이 발효 초기단계에 오염되면 발효수율이 낮아진다. 젖산균의 특징은 그람양성(gram-positive)인 간상세균으로 발효대사에 관여하며, 미호기성(微好氣性, micro-aerophilic)으로 복합영양원을 요구하는 균이다. 최적 pH는 5.5~6.2 범위이나 이 보다 낮은 pH에서도 잘 성장하며, 온도는 30~40℃ 범위에서 생육을 잘 한다. 오염세균은 대부분 유기산류인 초산과 젖산을 생성한다. 이들 산류(酸類)는 종류에 따라 500~800mg/ℓ 이상 축적되면 효모를 사멸시키고 이취를 생성하는 원인이 된다.

동종젖산발효균(homo-fermentive strains)은 당분을 대부분 젖산으로 전환한다(식 13-1). 그러나 이형젖산발효균(hetero-fermentive strains, L. plantarum)은 젖산과 알코올을 생성한다(식 13-2).

$$\text{Glucose} \longrightarrow 2\text{lactic acid} \quad \cdots\cdots\cdots\cdots\cdots\cdots\cdots\cdots\cdots\cdots\cdots\cdots\cdots\cdots\cdots\cdots (13\text{-}1)$$
$$\text{By homo-fermentive strains}$$

$$\text{Glucose} \rightarrow 1CO_2 + 1\text{lactic acid} + 1C_2H_5OH \text{ or } CH_3COOH \quad \cdots\cdots\cdots (13\text{-}2)$$
$$\text{By hetero-fermentive strains}$$

13.3.5 미생물의 독성물질

세계 곡물시장에 공급되는 곡물 중 약 25%가 진균독(mycotoxin)에 오염되어 있는 것으로 추정되고 있다. 진균독이 오염된 원료를 사용하여 에탄올발효를 할 경우 효모성장이 저해를 받아 발효수율이 감소할 수 있다. 에스테르화된 glucomannan(D-glucose와 D-mannose를 주요 구성 성분으로 하는 수용성 다당류)는 진균독과 결합하여 효모성장을 저해하는 진균독을 배제시킬 수 있는 기능이 있다.

효모에 대한 성장 저해 농도는 진균독 종류에 따라 다르나 일반적으로 10~100mg/ℓ이면 저해를 받는다. 밀, 보리, 옥수수 등 곡류에 자라는 곰팡이 *Fusarium* sp.가 생산하는 진균성 독소는 푸모니신(fumonisin), 지랄레논(gearalenone), 보미톡신(vomitoxin)이 있다. 이들 성분이 원료에 존재할 경우 효모성장 억제와 발효수율이 감소된다. 곡물의 수분은 저장과 품질에 가장 큰 영향을 미친다. 곡물의 품질관리는 수분을 측정하여 13% 이하인 곡물만 사일로(silo)에 저장하여 곰팡이 증식과 곡물이 덩어리를 형성하는 것을 방지한다.

13.3.6 분쇄입도와 조효소 사용

원료 분체의 입자크기는 작을수록 당화 및 발효는 용이하지만 분쇄동력은 증가한다. 분체의 입자크기는 당화와 발효시간 내 전분이 용출될 정도까지 분쇄한다. 옥수수의 경우 미분쇄하여 조효소를 사용하면 톤당 수율 30ℓ(8.2%)가 증가하여 수율장벽을 극복할 수 있다[표 13-3]. 조효소(Rhizozyme™)는 아밀라아제, cellulase, protease, phytase 이외 효모성장을 자극하는 비타민과 성장인자들이 포함한 복합효소이다. 조효소를 첨가하면 효모의 증식상태가 지속되므로 알코올과 탄산가스 수율은 증가하고, 유기산 생성은 감소하면서 발효시간이 단축되는 특성이 있다.

[표 13-3] 옥수수 분체입도에 따른 에탄올 수율

분쇄 입도 (screen size inch)	생산수율 (ℓ/톤)
미분쇄 옥수수 (3/16")	395
조분쇄 옥수수 (5/16")	365
보리/호밀 (Rye)	373/358

13.4 wMDF로부터 바이오에탄올 제조기술253)

13.4.1 wMDF의 원료 수급과 화학조성

목질계 섬유소와 비식용 자원으로부터 바이오에탄올을 생산하기 위해 전처리, 당화와 발효기술개발에 대한 연구가 지속적으로 진행되고 있다. 폐자원이나 임산자원은 무엇보다도 안정적으로 집하(集荷)되어야 원료로서 가치가 있다. 농산물 폐자원인 보릿짚으로부터 바이오에탄올을 생산할 수 있다면 폐자원 처리비용이 절감되는 효과가 있다.254)255)256)257)258)

폐압축보드(wMDF, wasted medium density fiberboard)는 목재 섬유질(fiber)을 분해하여 수지를 도포하고 열압(熱壓)으로 성형(成形)한 밀도 0.4~0.8g/㎤의 목질 판상재로 가공성이 매우 우수하다. 2000년대 이후 가구와 실내 건축 마감재로써 수요가 획기적으로 증가하는 추세이다. MDF의 fiber 길이는 20~30㎜인데 해리시키면 10㎜ 이하로 짧아져 재활용에는 부적합하여 전량 폐기물로 처리되고 있는 실정이다. 우리나라에서 wMDF는 매년 200만㎥이 발생된다. MDF를 이용한 각종 제품 생산 공장이 비교적 집중되어 있기 때문에 wMDF 수집이 용이하고, 폐가구(廢家具)는 행정적 시스템에 의해 효과적인 수집 및 수거가 가능하다. 폐자원을 재활용하는 측면에서 잠재 가치가 매우 높다고 평가된다. 버려지는 wMDF를 활용하여 바이오에탄올을 생산한다면 비식용 자원으로서 안정적인 원료수급이 가능하다는 장점이 있을 뿐 아니라 폐기물 재활용 측면에서 긍정적인 효과가 있다.259)260)261)262) 일반적인 목질계 섬유소의 3대 구성성분은 목재의 종류, 재배지

---

253) 일산실업(주)칠서에탄올공장. 2015. 폐압축보드로부터 바이오에탄올 제조기술개발. *중소기업 기술개발사업 최종보고서* (S2086042)
254) Lee, H.S. *et al*. 1999. Advanced methods of waste recycling technologies(mainly hazardous waste). *Korea Envirionment Institute*. Koera.
255) Kim, Y.R. *et al*. 2009. Lignin removal from barley straw by ethanol pretreatment. *Korean J. Biotechnol. Bioeng*. 24: 527-532.
256) Kim, S.W. 2014. Development of pretreatment and saccharification processes for application of biomass. *Ministry of Agriculture Food and Rural Affairs*. Korea.
257) Kim, J.S. 2013. The characteristics of alkaline pretreatment methods of cellulosic biomass. *Korean J. Chem. Eng. Res*. 51: 303-307.
258) Lee J.H. *et al*. 2020. Improving lignocellulosic biofuel production by CRISPR/Cas9- mediated lignin modification in barley. GCB Bioenergy. 13: 742-752.
259) Lee, S.M. *et al*. 2011. Industry status and trends of international standardization plate wood products. *Korea Forest Research Institute*. 432. Korea.

역, 기후에 따라 다르지만 glucan 40~45%, hemicellulose 20~30% 및 lignin 25~35%의 조성을 보인다.[263]

본 연구는 NREL(National Renewable Energy Laboratory) 분석법에 따라 wMDF 분체를 전처리 전후 3대 구성성분을 분석한 결과, sieve size 1,000㎛를 통과한 wMDF 분체의 주요 성분은 glucan 38.00%, hemicellulose 15.46% 및 lignin은 31.13%로 비슷하였으나 hemicellulose 함량은 조금 낮은 것이 특징이었다[표 13-4]. MDF를 만드는데 사용한 원재료가 합판공장의 부산물과 소경목(小經木)인 침엽수를 사용한 것을 감안하면 다른 성분은 비슷하였다.

[표 13-4] wMDF의 조성 분석 결과(단위 wt%)

Components	Untreated wMDF (1,000㎛)	Treated[3] wMDF (1,000㎛)	Treated wMDF (200㎛)
Glucan	38.00±0.53[2]	63.25±0.96	62.98±1.01
Hemicellulose	15.46±0.16	16.24±0.25	15.84±0.44
Lignin (AIL)	31.13±0.80	4.11±0.07	3.31±0.17
Extractives (Water)	11.61±0.39	8.88±0.46	7.60±0.54
Extractives (EtOH)	1.52±0.05	1.16±0.21	1.16±0.07
Ash	0.09±0.01	0.03±0.00	0.03±0.00
Others[1]	2.19	6.33	9.08
Delignification ratio		86.80	89.37

[1] Not calculation, [2] Mean ± SD (n=25), [3] Treated using the sodium chlorite
※ wMDF는 D사 제품을 사용하였음, 아염소산나트륨(NaClO$_2$) 전처리

1,000㎛ 망(sieve)을 통과한 분체를 전처리한 후 wMDF 화학조성은 glucan 63.25%, hemicellulose 16.24% 및 lignin은 4.11%로 확인되었고, 분체 크기가 작을수록 glucan과 hemicellulose 함량은 소폭 감소하였으며 lignin 제거가 잘 되는 경향을 보였으나 큰 차이는 없었다.

---

[260] Kim, Y.J. *et al.* 2013. Bioethanol fermentation of cellulosic food wastes by *Pichia stipitis*. *Korean J. Society of Waste Management.* 30: 478-485.
[261] Choi, G.W. *et al.* 2011. Production of bioethanol by using beverage waste. *Korean J. Biotechnol. Bioeng.* 26, 417-421.
[262] Bae, J.G. 2012. Waste wood recycling scheme established advanced research institutions. *Ministry of Environment.* Korea.
[263] Kim, J.H. *et al.* 2007 Bioethanol production technology and utilization. *Chonnam National University.* Korea.

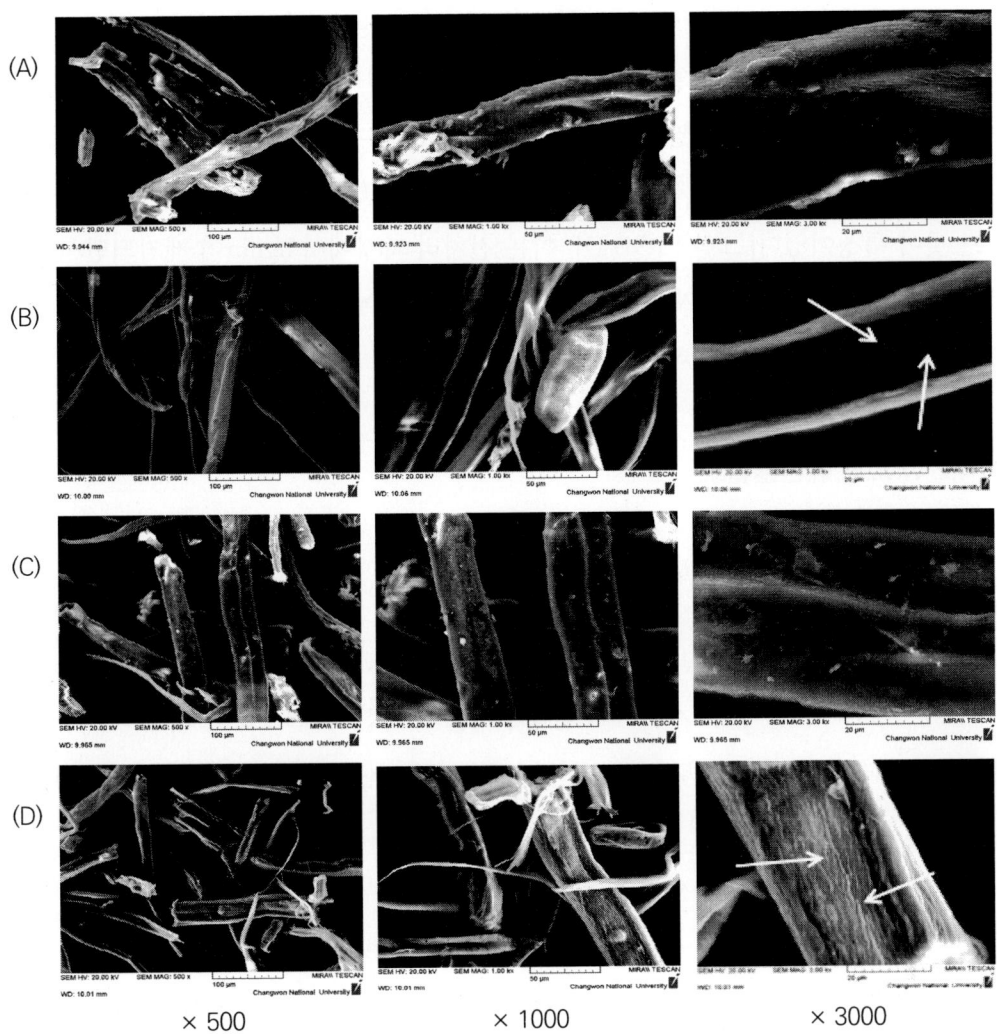

[그림 13-9] wMDF의 전처리 여부에 따른 FE-SEM 사진
A : 열처리하지 않은 wMDF(1,000 ㎛), B : 열처리한 wMDF(1,000 ㎛), C : 열처리 하지 않은 wMDF(200 ㎛), D : 열처리한 한 wMDF(200 ㎛)
전처리 전 A/C와 전처리 후 B/D는 표면구조가 거칠(→)게 달라진 것이 관찰되었음

    Holocellulose(glucan+hemicellulose)는 전처리 전 53.46%이었으나 전처리 후에는 분체크기에 따라 각각 79.49%, 78.82%로 증가하였다. lignin은 31.13%에서 분체크기에 따라 각각 4.11%, 3.31%로 월등히 감소한 것이 가장 큰 특징이었다. Lignin 제거율은 분체크기별로 86.8%, 89.4%로 분체크기가 작을수록 높은 것으로 나타났다. 목질계 섬유소의 전처리 과정에서 가장 중요한 특징은 당회수율을 최대화하면서 lignin 함량은 최

소화하는 것인데, 그런 측면에서 본 연구의 전처리 효율은 뛰어난 것으로 평가되었다. wMDF의 전처리 공정에서 열처리 전후의 표면 구조 변화를 확인하기 위해 전계방사형 주사전자현미경[264])으로 촬영하여 비교하였다[그림 13-9]. FE-SEM 분석결과, 전처리한 wMDF 표면을 관찰하면 깨끗하고 정돈된 모양으로 변하였으며, 표면에 주름이 많이 있는 것이 특징이었다[그림 13-9B/D]. 이는 전처리 과정에서 lignin이 제거되면서 깨끗한 표면구조로 바뀌고 목질계 섬유소의 조직이 연화되어 주름이 생긴 것이고, 분체크기에 따른 뚜렷한 차이는 확인하기 어려웠다.

13.4.2 wMDF 에탄올발효

(1) 전처리 및 효소당화액 분석

목질계 섬유소의 효과적인 전처리를 위해 분쇄한 wMDF를 증류수에 침지한 다음 121℃에서 25분 동안 열수 처리하여 합성수지를 제거한 후 건조하여 시료로 사용하였다. 이 시료를 초산 완충용액, 아염소산나트륨, 아세트산 수용액을 첨가 후 전처리하여 최적 조건을 확립하였다.[265) 266)267)

전처리에 얻은 wMDF Holocelulose를 기질을 4, 8, 10%로 각각 제조한 다음 당화액을 분석한 결과, glucose와 xylose 이외 rhamnose, arabinose, galactose 및 cellobiose는 검출되지 않았다[표 13-5]. 기질농도 증가에 따라 glucose와 xylose 함량은 증가하였으나 기질농도대비 당화도(DE)는 점차 감소하였다. 점도는 기질농도 증가에 따라 증가하다가 10%에서는 급격

[표 13-5] wMDF의 효소당화액의 분석결과(농도 mg/ℓ)

DS[1]	Glucose	Xylose	Rhamnose	Arabinose	Galactose	Cellobiose	Viscosity (cP/19℃)	DE[3]	pH
4%	27,530	5,554	ND[2]	ND	ND	ND	2.1	82.7	4.45
8%	55,368	8,063	ND	ND	ND	ND	6.2	79.3	4.40
10%	68,089	10,594	ND	ND	ND	ND	13.2	78.7	4.25

[1] Dry substance of hollocellulose, [2] Not detect, [3] DE(%) = (Glucose+Xylose)/DS×100

---

[264] Field Emission Scanning Electron Microscope, TESCAN, USA
[265] Wise, L.E. et al. 1946. Isolation of holocellulose from wood. *Paper Trade Journal*. 122: 35-43.
[266] 남기두 외. 2016. 폐MDF의 아염소산나트륨 전처리에 따른 효소당화 효율. *한국국제농업개발학회*. 28(2): 268-273
[267] 남기두 외. 2015. 바이오에탄올 생산을 위한 폐MDF의 전처리 및 효소당화. *한국생물공학회*. 30(6): 332-338

히 13.2cP까지 증가하였으며 10% 이상은 용해가 어려웠다. 술덧 제조과정에서 당화도, 점도 상승을 고려한 결과, 발효에 적합한 기질농도는 8%로 확인되었다.

목질계 섬유소를 이용한 바이오에탄올 생산에서 가장 중요한 과정이 전처리 공정이다. 목질계 섬유소의 효율적인 전처리법 개발을 위한 시도가 지속되고 있다. 전처리 후 원재료의 기질농도를 최대한 증가시켜 발효성 당 농도를 높이는 기술개발이 연구의 추진방향임을 시사한다.268)269)270)271)

wMDF holocellulose 8% 당화액에 영양원 첨가 유무 관계없이 고압살균기에서 100℃/1h 동안 살균한 후 32℃로 냉각 후 전배양된 효모를 접종하여 발효하였다. 이 당화액을 lab scale 실험결과를 바탕으로 배양기(30ℓ)에서 알코올발효를 수행하였다. wMDF로부터 바이오에탄올을 생산하기 위한 전체 과정은 [그림 13-10]과 같다.

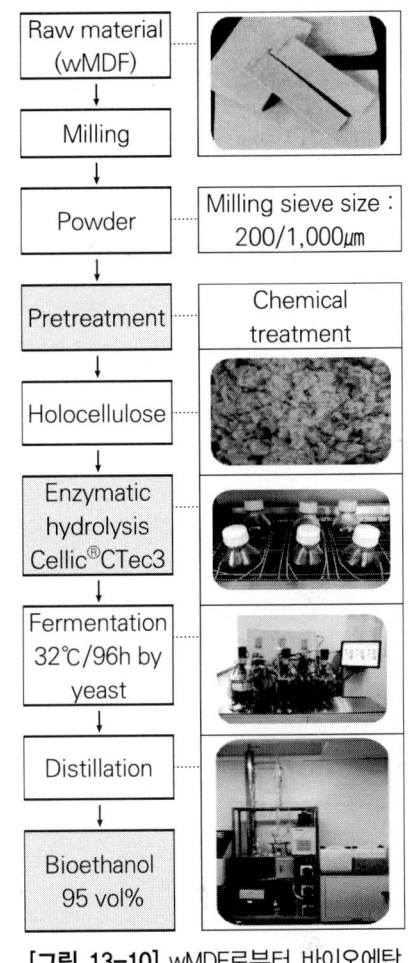

[그림 13-10] wMDF로부터 바이오에탄올 생산 흐름도

(2) 영양원 무첨가 에탄올발효

wMDF 당화액에 영양원 첨가 없이 YPD 액체배지에 전배양한 효모를 접종하여 96시간 동안 발효하면서 경시적(經時的)으로 분석하였다. [그림 13-11A]와 같이 발효시간이 지속될수록 에탄올농도와 발효비율이 증가하였다. 최종 발효비율은 85.82%이었다. 영양원을 첨가하지 않은 시험구의 발효 속도가 다소 늦었으나 포도당은 대부분 에탄올로 전환되었으며 약 56시간 만에 발효가 완료되었다.

---

268) Kang, H.W. *et al.* 2010 Development of thermostable fusant, CHY1612 for lignocellulosic simultaneous saccharification and fermentation. *Biotechnol. Bioprocess Eng.* 25: 565-571
269) Park, Y.C. *et al.* 2011 Pretreatment characteristics of ammonia soaking method for cellulosic biomass. *Korean Chem. Eng. Res.*, 49: 292-296
270) Bae, J.G. 2012 Waste wood recycling scheme established advanced research institutions. *Ministry of Environment*. Korea.
271) 남기두. 2013. 바이오에탄올 생산을 위한 바이오매스 개발, 발효, 증류기술 그리고 보급 사례. *BT News*. 20(2): 26-36

에탄올발효가 다소 지연되는 것은 wMDF 당화액에는 발효성 당인 포도당 외에 효모 생육에 필요한 질소원과 무기물이 부족하였기 때문이다. 속성 발효를 유도하고 발효수율을 최적화하기 위해서는 영양원을 보충하여 효모의 생육조건을 개선할 필요성이 있었다.

(3) 영양원 첨가 에탄올발효

[표 13-6] wMDF의 발효실험 결과(Lab scale)

Classification	TS[1] (g/ℓ)	RTS[2] (g/ℓ)	Alcohol (g/ℓ)	FR[3] (%)	Yeast (cells/mℓ)	pH
Not added nutrients	59.90	0.6	26.30	85.82	20×10⁶	3.85
Added nutrients	59.90	0.6	26.54	86.60	45×10⁶	4.10

[1] Total sugar(glucose content before fermentation)
[2] Residual total sugar(glucose content after fermentation)
[3] FR(Fermentation ratio) = [alcohol(g/ℓ)÷TS(g/ℓ)÷0.6439(factor)÷0.7947(density)]×100

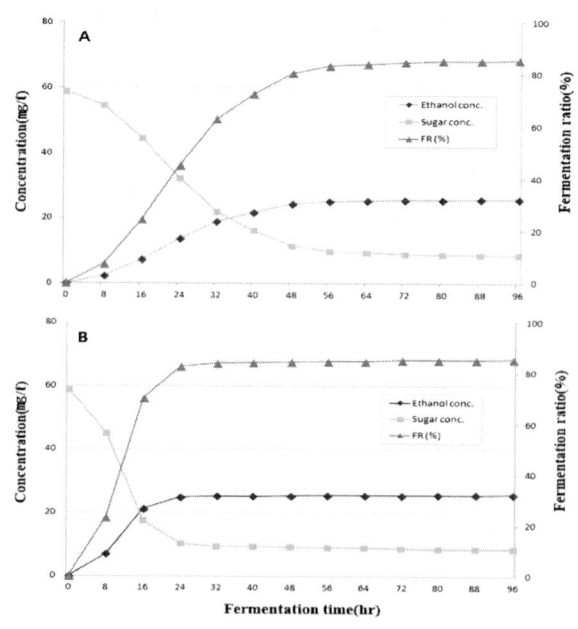

[그림 13-11] 영양원 첨가에 따른 에탄올발효 속도
A : 영양원 첨가하지 않음, B : 영양원 첨가(yeast extract: 2g/ℓ, peptone: 5g/ℓ, MgSO₄·7H₂O: 1g/ℓ)

wMDF 당화액에 에탄올발효 효모균주의 생육에 필요한 영양원을 첨가하여 무첨가와 동일한 조건으로 발효하였다. 발효시간이 경과할수록 에탄올농도와 발효비율이 급격히 증가하였으며, 최종 발효비율은 86.60%였다[표 13-6]. 영양원을 첨가하지 않은 시험구[그림 13-11A]와 비교하면 발효 속도가 영양원을 첨가했을 때 월등히 빨랐으며, 효모 개체수도 약 2배 이상 증가하였고, 약 24시간 만에 발효가 거의 종료되었으며. 영양원을 첨가했을 때 발효비율은 1% 높았다[그림 13-11B].

(4) Jar-Fermenter 발효

Lab scale 발효실험과 동일한 조건으로 발효기(30ℓ)에서 검증하였다. 발효기 실험결과, 에탄올농도 25.40g/ℓ, 발효비율 86.64%, RTS 0.2g/ℓ로 대부분의 포도당이 에탄올로 전환되었다[표 13-7]. 발효액 중의 효모수는 30×10^6cells/mℓ로 일반적인 회분식 주정발효 술덧 효모수의 1/4 수준으로 매우 낮았다. 이것은 영양원을 첨가하였지만 효모증식과 생육을 저해하는 물질이 wMDF의 전처리 과정에서 생성되었거나 wMDF의 수지 및 약품이 일부 잔존하여 기인(起因)된 것으로 추정된다. 효모 균체수가 적지만 최종 발효수율에 영향이 없었던 것은 기질농도가 낮았기 때문인 것으로 판단된다.

[표 13-7] Jar-fermenter에서 wMDF의 발효실험 결과

Strain	TS[1] (g/ℓ)	RTS[2] (g/ℓ)	Alcohol (g/ℓ)	FR[3] (%)	Mep[4] (g/ℓ·h)	Oep[5] (g/ℓ·h)	Yeast (cells/mℓ)	pH
Fermenter	57.29	0.2	25.40	86.64	1.78	1.05	30×10^6	4.01

[1] Total sugar(glucose content before fermentation)
[2] Residual total sugar(glucose content after fermentation)
[3] FR(Fermentation ratio, %) = [alcohol(g/ℓ)÷TS(g/ℓ)÷0.6439(factor)÷0.7947(density)]×100
[4] Maximum ethanol productivity(ethanol 21.38 g/ℓ, 12h)
[5] Overall ethanol productivity(ethanol 25.27 g/ℓ, 24h)

wMDF의 에탄올발효는 24시간 경과하면 발효가 거의 종료되었으며 영양원 첨가로 속성발효 유도가 가능하였다. 최적 발효조건에서 최대 에탄올생산성은 1.78g/ℓ·h(12h)이였으며, 총괄 에탄올생산성(Overall ethanol productivity)은 1.05g/ℓ·h였다. 일반적으로 주정공장에서 전분질원료를 사용한 회분식 발효의 총괄 에탄올생산성(EtOH g/ℓ·h)은 현미 0.68, 쌀보리 1.03, 카사바 1.28로 보고되고 있다. 회분식 발효의 생산성은 0.58~0.6으로 연속발효보다 낮다.[272][273]

본 연구결과에서 얻은 총괄 에탄올생산성은 회분식 주정발효보다 1.6배 높았다. 이 생산성을 기준으로 발효조 용량을 설계한다면 62.5%의 발효조 용량으로써 동량(同量)의 에탄올을 생산할 수 있다는 결과를 얻을 수 있었다.[274]

---

[272] 남기두. 2004. 알코올 발효기술. *주류산업*. 24(3): 30-48
[273] Choi G.W. *et al*. 2008. Comparison of ethanol fermentation by saccharomyces cerevisiae CHY1077 and *Zymmomonas mobilis* CHZ2501 from starch feedstocks. *Korean Chem. Eng. Res.* 46: 977-982.
[274] 남기두 외. 2016. 폐압축보드를 이용한 바이오에탄올 생산. *한국생물공학회*. 31(1): 73-78

(5) wMDF 술덧의 증류

wMDF 술덧에는 약 3~4%의 에탄올이 함유되어 있어 바이오에탄올을 농축하는 공정이 필요하다. I 부설연구소에 설치된 파일럿증류기로써 에탄올농도 95.37%까지 농축하였다. 이때 증류폐액 중의 에탄올 잔량은 300mg/ℓ 이하로 검출되었다[그림 13-10]. 매년 200만m³ 정도의 MDF가 폐기물로 폐기되고 있어 이를 활용해서 바이오에탄올 생산기술을 개발하는 것이 목적이었으며, 자원이 부족한 우리나라는 폐자원을 활용한다는 측면에서 매우 긍정적인 연구 성과였다.

13.4.3 wMDF를 이용한 발효기술 종합

wMDF 1,000kg에서 바이오에탄올 207ℓ 생산이 가능하였다[그림 13-12]. 이 결과는 음용주정과 바이오에탄올을 생산하는 전분질원료의 수율보다는 낮지만 폐자원을 활용한 일관공정개발에 큰 의미가 있으며, 목질계 섬유소의 효소당화, 발효, 증류 및 전처리 기술개발 향상과 전처리 공정에서 부산물로 발생하는 lignin으로부터 탄닝제(tanning agent) 제조 특허기술을 개발한 의미가 있다(특허: 제10-1780754호, 발명의 명칭: 폐 MDF를 이용한 천연가죽 탄닝제와 이의 제조방법, 등록일: 2017년 09월 15일). 개발된 탄닝제는 피혁 조직과 수축, 유연화, 인장력과 내열성을 강화하는 개선제이다. 불소를 함유한 탄닝제는 기존 중금속 크롬을 함유한 탄닝제를 대체할 수 있어 피혁산업 발전과 환경오염을 개선할 수 있어 향후 목질계 섬유소의 전처리 공정에서 부생되는 부산물의 재활용에도 기여할 것으로 믿는다.

강산(強酸)으로 전처리할 때 사용된 화학약품(chemicals)은 일관생산 공정에서 다음 단계로 넘어갈 때 분리하여 재활용하거나 중화 또는 제거하여 당화 및 발효 저해요인을 감소시켜야 한다. wMDF의 물리적 특성 때문에 DM 8% 이상은 점도 상승으로 인해 고농도기질 제조가 어려웠다. 전처리한 holocellulose는 8% 이상 기질 제조를 위한 용해기술개발이 필요하였다.

wMDF의 발효기질농도는 낮았지만 전분질 주정발효의 평균 발효비율보다는 높았으며, 발효액 에탄올농도가 낮기 때문에 에탄올 회수비용은 증가한다. 제조원가를 낮추기 위해 지속적으로 고효율의 전처리 기술개발, holocellulose의 용해기술개발, 에탄올농도가 낮은 술덧에서 직접 에탄올을 회수할 수 있는 투과증발(pervaporation)을 조합한 신공정 개발이 요구되었다.

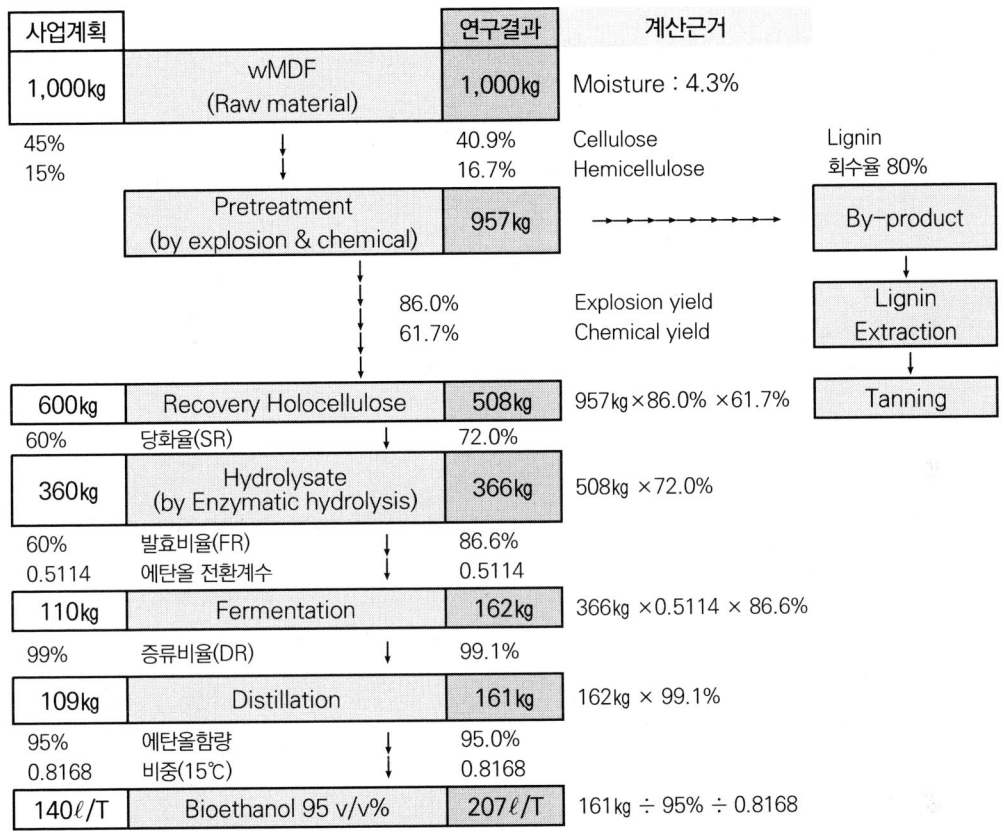

[그림 13-12] 바이오에탄올 생산을 위한 wMDF의 처리순서 및 물질수지

13.4.4 개발기술의 기대효과 분석

(1) 정성적 기대효과

① wMDF가 재생 가능한 2세대 바이오매스 원료로 그 가치가 확인되었으며, 전처리·당화·발효·증류 기술의 개선 및 증진 효과가 있었다.

② wMDF를 활용한 바이오에탄올 제조를 위한 진보된 전처리·당화·발효기술을 확보하였다.

③ wMDF로부터 효율적인 발효성 당 성분을 회수하는 기술 확보로 biorefinery 응용

분야가 확대될 수 있다.

④ wMDF로부터 바이오에탄올 생산과 전처리 부산물인 lignin을 재활용하는 통합기술개발이다.

⑤ 비식용 목질계 섬유소로부터 바이오에탄올 제조기술개발에 기여하였다.

⑥ 바이오연료 보급 확대로 기후변화 대응 가능성을 제시하였다.

⑦ 에너지 국산화와 연료안보에 기여할 수 있어 에너지 수입의존도를 감소시킬 수 있는 대안이다.

(2) 정량적 기대효과

① 발생하는 wMDF 200만㎥ 중 30%만 회수하여도 36만 톤[275]이며, 74,520㎘[276]의 바이오에탄올 생산이 가능하다.

② 국내 폐자원을 활용한 바이오에탄올 생산기술로 46,947㎘[277]의 원유수입 대체가 가능하다.

③ 국내 E3를 보급할 경우 2023년 휘발유 소비량을 기준할 때 필요한 바이오에탄올 424,193㎘[278] 중 17.5%를 wMDF로부터 생산한 바이오에탄올로 대체 가능하다.[279]

13.5 사탕수수로부터 바이오에탄올 생산

SB 공장은 사탕수수로부터 원당과 바이오에탄올을 생산한다.[280] 제당공장은 원당생산을 우선으로 하나 원당재고가 많으면 에탄올제조공정으로 전환하여 바이오에탄올을 생산한다. 당밀 또는 사탕수수를 착즙하여 개방형 발효조에서 35~40시간 발효한다. 술덧을 증류한 함수에탄올을 공비증류 하여 무수에탄올로 생산한다.

---

[275] 36만톤 계산 = 200만㎥ × 0.6(비중) × 0.3(회수율 30%)
[276] 74,520㎘ 계산 = 360,000ton × 207ℓ/ton(yield)
[277] 46,947㎘ 계산 = 74,520 × 0.63{에탄올 발열량(26.8 MJ/kg) ÷ 휘발유 발열량(42.5 MJ/kg)}
[278] 17.5% = 74,520÷(2023년 국내 휘발유 소비량 : 14,139,794㎘ × 3%) × 100
[279] 세계일보. 2024-02-19. 車 휘발유 소비량 1413만 ㎘ "역대 최대치(한국석유공사 2023년 통계).
https://www.segye.com/newsView/20240229515332?OutUrl=naver
[280] 남기두. 2003. 가스홀 실용화 연구 관련 브라질 출장. *해외출장복명서(BK_BZ_GasOH)*

제당공정은 착즙을 농축하는 시설이 주된 설비이며, 알코올 제조시설은 발효조, 증류기는 요탑·정류탑·탈수탑·용제회수탑으로 구성된다[그림 13-13]. SB 공장에서 연간 생산량은 원당 125,000톤, 바이오에탄올 35,000톤을 생산하여 15%는 산업용 함수에탄올(93% 이상)로 공급하고, 85%는 무수에탄올을 만들어 자동차 연료용으로 공급한다.

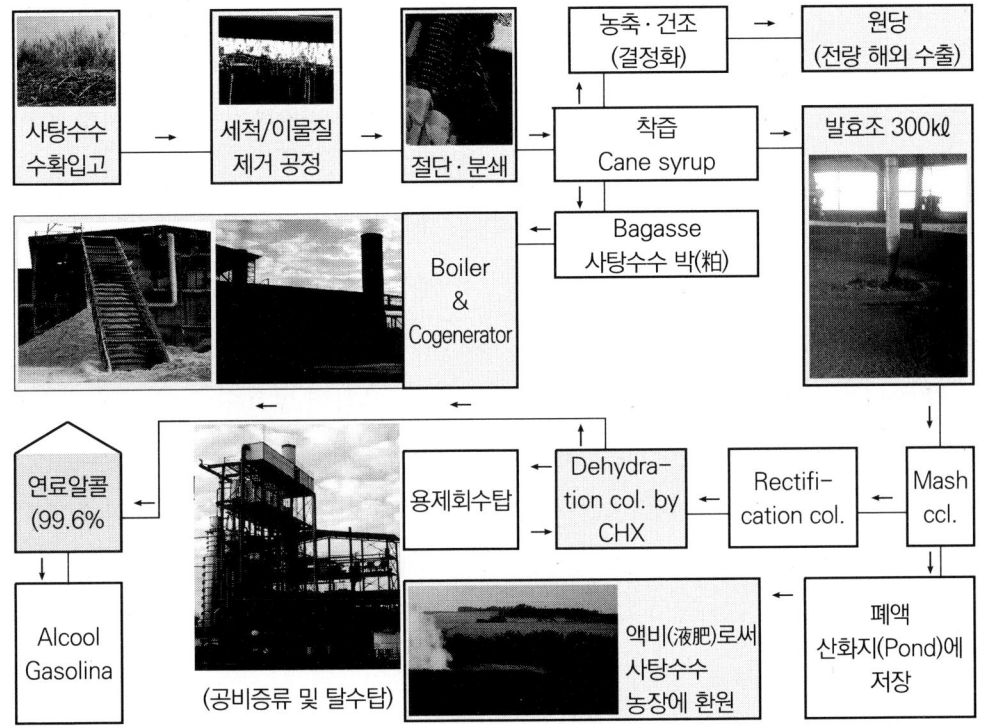

[그림 13-13] SB 공장의 생산 흐름도

착즙공정에서 발생한 버개스는 병합 발전기(cogenerator)를 가동하여 전력을 생산하여 자가 소비한다. 알코올폐액은 별도의 폐수처리공정을 거치지 않고 산화지(酸化池, oxidation pond)에서 사탕수수 농장과 초지에 유기질비료로 살수(撒水)한다.

13.6. FAQ

13.6.1 당화공정은 필요한가?

효모는 발효성 당으로 전환된 단당류나 이당류만 발효한다. 동시당화발효가 가능하기 때문에 별도의 당화공정을 운용하는 것은 선택사항이다. 당화공정을 운영하면 오염 기회가 증가하는 반면, 냉각부하가 분산되고 최적 당화온도에서 효소를 완전히 활성화시켜 안정적인 발효를 할 수 있다. 증자 슬러리를 발효 최적온도까지 냉각시켜 동시당화발효 하는 것이 유리하다. 이때 증자 슬러리의 냉각설비는 이중(A/B dual line)으로 설치하는 것이 바람직하다.

당화공정 없이 동시당화발효를 할 경우 생전분(生澱粉)과 한계덱스트린의 분해력이 강한 *Rhizopus viveus* 기원인 조효소를 당화효소와 혼용하면 발효수율 향상과 숙성시간 단축이 가능하다. 조효소는 "6.3.3 조효소"와 "13.3.3 발효온도와 피트산" 항에서 기술한 바와 같이 장점이 많다. 단점은 정제 당화효소에 비하여 단가는 높고 당화력이 낮아 취급물량이 많을 뿐 아니라 조효소 투입 자동화 설비구축이 쉽지 않은 점이다. 조효소는 당화조나 발효조에 직접 투입하기 때문에 2차 오염에 주의를 요한다.

13.6.2 증자기 종류와 증자방법은?

증자기 종류는 Henze형(conical type), 구형(球形, spherical type), 원통횡형(圓筒橫形, cylindrical transverse type) 또는 입형 탱크(vertical tank type)로 교반기가 장착된 증자기(CSTR cooker)가 주류이며, 우리나라는 대부분 회분식 구형증자기 또는 증기분사기(steam injector)를 병용(倂用)하여 증자한다.

증자방법은 회분식과 연속식 증자법이 있다. 증자방법은 중소규모일 경우 회분식 증자가 적합하고 대규모일 경우 연속증자가 효율적이다. 분체 슬러리를 연속증자하면 에너지효율은 증가하는 대신 증자효율이 감소할 우려가 있으므로 최적 증자조건을 찾는다. 최종 발효수율은 증자방법보다 증자조건과 증자효율에 지배된다. 누적 발효수율을 비교해 보면 연속발효보다 회분식 발효수율이 높다. 대량생산을 할 경우 수율이 다소 낮아도 비발효 당은 주정박으로 회수되므로 전체적인 생산성과 생산원가를 비교하면 연속발효 공정이 유리하다.

13.6.3 증자 조건은?

증자기 유형과 증자방법, 원료 및 분체입도에 따라 최적 증자조건이 다르다. 증자한 슬러리는 감압증발탱크(holding or flash tank)를 잘 활용하여 냉각을 조절한다. 이때 증발탱크는 증자한 슬러리로부터 폐증기 증발을 촉진시킬 수 있도록 감압 운전하면 슬러리의 현열이 낮아져 냉각이 쉽다. 일반적으로 90~100℃의 저온증자일 경우 고농도사입이 가능하다.

고온순간(HTST, high temperature short time) 증자는 전분의 노화를 방지할 수 있고 고농도 슬러리 제조가 가능하다. 고온순간증자는 jet cooking 또는 U-tube 증자가 있다. 고온순간증자 온도와 체류시간은 반비례 관계이다. 구형 또는 Henze 증자기로서 회분식증자를 할 경우 90~110℃/60min, 연속증자일 경우 U-tube 증자는 115~140℃/3~15min, column cooker일 경우 120℃/20min 증자한다.

13.6.4 연속발효 공정에서 오염 대책은?

1) 오염 억제제 사용

오염방지 대책은 증자공정을 포함하여 모든 공정을 HACCP기준에 맞게 관리하는 것이 최우선이고 오염 억제제(inhibitor)는 보조수단으로 사용한다. 발효조와 그 부속배관 세척은 CIP의 세척프로그램으로 세정제(detergents)와 온수로써 세척한다. 발효과정에서 2차 오염 가능성을 배제하기 위해 항생제나 오염억제제를 보완적으로 사용한다. 술덧에서 빈번히 출현하는 오염세균으로는 간균 형태인 *Lactobacillus*, 구균 또는 체인 형태인 *Leuconostoc*, 구균 또는 tetrads(사연, 四連) 형태인 *Pediococcus*, *Lactobacillus*, *Zymomonas* 등이 있다. 이들 오염균 중 *Leuconostoc*, *Pediococcus*, *Lactobacillus*는 젖산을 생성하며 다이아세틸 냄새 원인균이다. 이 오염세균과 효모는 포도당 이용을 서로 경쟁함에 따라 결국 발효수율이 감소하게 된다.[281] 공장관리 목표는 오염을 배제하여 알코올수율을 극대화하는데 초점을 맞춘다.

오염 억제제로써 LACTOSIDE와 같은 항생제 투입이 가장 널리 이용되고 있다. 술덧에 미량원소인 Zn^{2+} 이외에 질소원으로서 유안, 요소, 효모 펩타이드(yeast biopeptide), 암모니아(NH_3)를 첨가하면 발효수율이 증가되고 오염도 억제된다. 옥수수 술덧의 경우 효모 펩타이드를 원료농도 대비 500~1800mg/ℓ을 투입하였을 때 투입량에 비례하여 에탄올수율은 0.63~9.21% 증가한 결과를 얻었다고 한다.

2) 발효조의 순차적 살균

Cascade 연속발효 공정에서 잡균오염이 발생하였을 경우 발효공정을 중지할 필요는 없다. 발효조를 순서대로 공조(空槽)한 다음 살균하여 복구하면 된다. 발효조 4개(A/B/C/D)로 구성된 CF4 연속발효 공정일 경우 먼저 A조를 공조하여 세척 및 살균할 동안 증자 슬러리는 B조에 직접 공급하여 발효한다. 살균이 완료되면 A조에 술덧 공급을 재개하고 B조를 공조하여 살균한다. 살균이 진행되는 동안 술덧의 흐름은 A조에서 C조에 유입시킨다. 이와 같이 순차적으로 살균하여 운전을 정상화한다.

13.6.5 주정폐액의 재순환 사용비율과 효과는?

수율감소가 없는 한도 내에서 폐액을 재순환하여 사용하는 것은 바람직하다. 원심분리기로 주정폐액의 SS는 습박(濕粕, 수분함량 70~82%)과 여액으로 분리한다. 유출 여액은 전분질원료의 주정폐액일 경우 사입용수 30%, 당밀과 타피오카 폐액일 경우 최고 재사용 한계는 50%까지 수율저하 없이 대체 가능하다.[282] 재사용하는 여액에는 효모생육에 필요한 유리아미노산(FAN)과 미지성장인자가 포함되어 있다(**9.2 주정폐액을 재사용한 에탄올 발효 참조**). 농축기와 건조기에서 발생하는 폐증기 응축수는 사입용수로 사용한다.[283] 고

---

[281] 2000. Laboratory Exercises. Alltech's 20th Annual Alcohol School. *Alttech Laboratory Brewing and Distilling Divison.*
[282] Wilkie A.C. *et al.* 2000. Stillage characterization and anaerobic treatment of ethanol stillage from conventional and cellulosic feedstocks. *Biomass & Bioenergy.* 19: 63-102
[283] Swain R.L.B. 1993. Clean Technologies for Ethanol Production. Delta-T Corporation. National Renewable Energy Laboratory. *Colorado Springs CO.*

온 응축수의 재활용은 에너지 절약, 사입용수 절감 외에도 냉각탑 부하 감소, 폭기조 온도 및 악취방지시설의 부하를 감소시킨다. 주정폐액을 재순환하여 사용하면 최종 폐액 발생량은 감소하지만 재순환 사용비율과 재사용 회전수 증가로 인해 폐액의 고형물농도는 점점 높아진다. 농후한 폐액으로부터 주정박을 생산할 때 고형물의 농축도 만큼 증발에 필요한 에너지소비와 용수 절감효과가 나타난다. 주정폐액의 재순환 사용비율과 회전수는 수율이 저하되지 않는 범위에서 재사용량을 결정한다.

13.6.6 발효시간 및 수율 관리는?

미국도 2000년 이전에는 옥수수로부터 바이오에탄올을 제조할 때 정제 당화효소만 사용하였다. 이후부터 정제 당화효소와 조효소를 혼용하고 있다. 조효소를 사용하면 발효시간을 종래 50~60시간에서 약 11시간 이상 단축할 수 있었고 가장 큰 장점은 옥수수 수율장벽(yield barrier 373ℓ/톤)의 한계를 넘은 발효수율 증가와 오염 억제효과가 있었기 때문이다.

우리나라도 맥류를 사용하면서 조효소 사용량이 크게 증가하였다. 최근에는 조효소와 정제 당화효소를 원료 종류와 발효환경에 따라 단독 또는 혼합사용하고 있다. 발효수율 증가와 고농도 에탄올발효를 위한 공정관리 요인은 다음과 같다.

① 분체입도 및 분쇄 망 손상여부를 수시로 확인한다.
② 증자는 슬러리 이송이 가능할 정도만 호화 및 액화하여 고농도사입(33~35% DS)을 한다. 알코올농도 12% 이상으로 발효하고자 할 경우 슬러리를 유가식(spoon fed)으로 첨가한다. 고농도 발효는 특히 최적온도 관리에 유의한다.
③ 내산성 당화효소와 조효소의 사용비율을 조정하여 원가를 낮춘다.
④ 고농도사입은 세균의 오염방지 효과가 있으며 생산성이 증가한다.
⑤ 고농도 술덧의 동시당화발효는 포도당이 축적되지 않는 장점이 있다. 따라서 효모는 동시당화발효와 연속발효 공정에서는 회분식 발효보다 포도당과 대사산물에 의한 삼투압 저해 및 스트레스가 감소한다.

13.6.7 가소홀의 제조와 에탄올농도 측정은?

가소홀제조는 매우 단순하다. 가소홀제조는 휘발유와 바이오에탄올 저장탱크에서 트럭이나 수송열차 탱크로리에 상차(上車)할 때 펌프로 이송하는 배관에 장착된 인라인 혼합기(inline mixer)를 통해 주입되면 혼합된다. 가소홀 중의 바이오에탄올함량 측정은 염석(salting out)법으로 정량한다. 분석 순서는 다음과 같다[그림 13-14].

[그림 13-14] Petrobras(BR)의 탱크 터미널, 가소홀 중의 에탄올 농도 측정법(염석법 : E25)

① 100㎖ 삼각플라스크에 10% 소금용액 50㎖를 취한다.
② 여기에 제조한 가소홀 50㎖를 넣어 100㎖로 한다.
③ 이것을 잘 혼합한 후 정치하면 휘발유는 상층(organic layer)으로 분리되고, 바이오에탄올은 친수성 -OH기가 있기 때문에 염석되어 하층 소금용액(aqueous layer)으로 분리된다. 소금용액의 눈금이 증가하여 $50+a$㎖가 된다.
④ 가소홀의 에탄올함량은 2배로 희석되었기 때문에 $2a\%$가 된다.

이와 같이 가소홀 중 바이오에탄올 혼합비율은 염석법으로 쉽게 분석할 수 있다. 가소홀을 사용할 수 있는 자동차는 E0~27를 유연하게 사용할 수가 있어 에탄올농도에 민감하지 않다. E85 이상 E100을 사용하는 자동차나 경비행기는 에탄올 전용 엔진을 사용한다.

13.6.8 바이오에탄올 생산에 합리적 공정은?

바이오에탄올이나 주정은 규모생산이 되어야 생산비용을 절감할 수 있다. 대량생산을 위해서는 연속 에탄올발효가 바람직하다. 바이오에탄올은 일일 생산능력에 따라 발효공정의 설비규모가 달라진다. 바이오에탄올 생산을 위한 일관공정 사례를 예시하면 다음과 같다[그림 13-15].

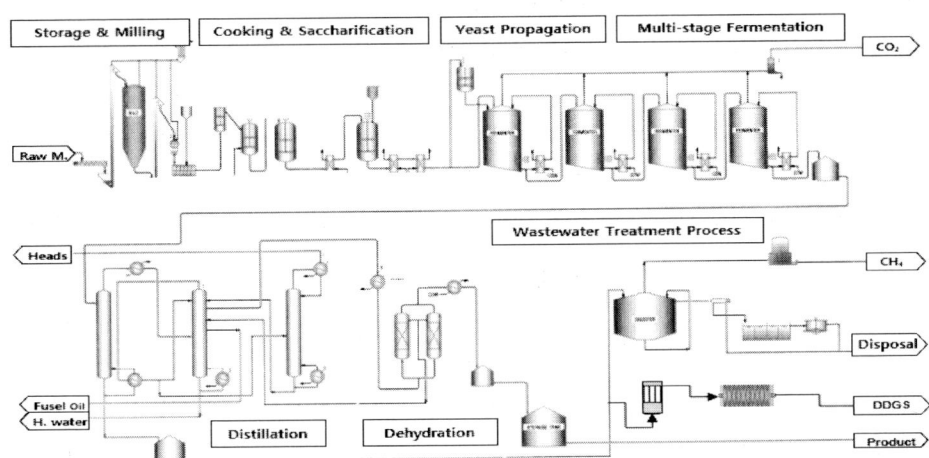

[그림 13-15] 바이오에탄올 생산 공정 흐름도
좌측 위부터 원료의 저장 및 분쇄, 증자 및 당화, 주모 배양, 연속 에탄올발효, 증류(요탑, 정류탑, 불순주정탑), MSD 탈수탑, 폐수처리공정(농축 건조, 메탄가스회수 후 2차 생물학적 처리) 순으로 배치한 흐름도

① 원료 저장용 사일로(silo)에서 분쇄한 분체는 CSTR 연속증자 후 슬러리는 감압 증발탱크에 유입시켜 냉각한다.

② 연속 동시당화발효 한 술덧을 증류하여 공비혼합물 수준의 함수에탄올을 회수한다.

③ 증류기는 요탑, 정류탑, 불순주정탑으로 구성한다. 요탑은 감압으로 운전하는 것이 에너지절감에 유리하다. 요탑의 운전열원은 정류탑 탑정 증기의 사용 여부는 탈수공정에 따라 달라질 수 있다. 연료용 바이오에탄올을 생산할 때 정류탑은 퓨젤유 분리기능보다 공비점까지 농축하는 것이 목적이다. 정류탑 탑정 증기를 "요탑 열원으로 사용할 것인가? 또는 MVR을 사용할 것인가?"는 에너지와 물질 수지를 검토한 후 결정한다.

④ 함수에탄올의 탈수는 공비증류보다는 MSD 공정을 채택한다. 탈수에너지가 약 20~25%까지 감소되고 자동화운전이 용이할 뿐 아니라 흡착제는 인체에 무해하다. 향후 증기투과(vapor permeation)법은 모듈화(modularization)가 진전(進展)되면 MSD 공정보다 경제성이 높을 때 선택한다.

⑤ 폐액은 원심분리 하여 주정박을 회수하고 여액은 혐기성 소화처리 한다. 여액 일부는 슬러리 제조공정에 반송하고 남은 여액만 혐기성 처리한다. 여액을 처리하면

소화조 설계 용량이 감소하기 때문에 초기투자비용이 절감되는 효과가 있다. 여기서 발생하는 메탄가스는 대체에너지로서 보일러에 공급하거나 전기발전에 사용한다.

⑥ 건조 주정박은 원료의 단백질과 지방분 함량에 따라 다르나 옥수수의 경우 원료보다 각각 3배와 5.8배로 농축되기 때문에 단미사료로써 가치를 높이 평가받고 있다.[284] 건조공정에서 발생하는 폐증기는 응축시켜 사입용수로 재활용한다.

⑦ 메탄소화조 유출수는 가압부상조에 유입시켜 소화 스컴(scum)을 부상 분리한다. 스컴은 농축조로 보내고 여액은 활성오니공정에서 생물학적으로 처리한다. 폐수처리공정에서 발생한 혐기성 및 호기성 잉여오니는 혼합 탈수하면 탈수효율이 증가한다. 탈수오니는 유기질 비료로 재활용한다. 방류수 일부는 RO 처리하여 공정세정수와 생활용수로 활용한다.

---

[284] Nelson D.W. Distillers Grains(MP 51). The Research Division Institute of Agriculture and Nature Resources University of Nebraska-Kincoln

제14장 바이오에탄올 생산과 주행시험

14.1 우리나라 현황

국토교통부의 "2024년 교통문화지수 실태조사 결과"에 따르면 12월 말 기준 26,298천대의 자동차가 보급되었다. 이중 친환경자동차(전기, 수소, 하이브리드) 2,746천대(10.4%)를 포함하여 승용차가 21,771천대로 82.8% 이상을 차지하며 대도시에 집중되어 있다. 이들 차량에 의한 대기오염은 날로 심각해지고 있다. 최근 친환경차의 신규 등록대수가 증가하고 있지만 아직은 보급률이 10.4%로 낮은 실정이다. 중장기적으로는 전기, 하이브리드, 수소 자동차 등으로 대체될 것이나 친환경자동차의 보급률이 50% 이상 대체될 때가지 휘발유를 대체하는 bridge 연료로써 바이오에탄올의 보급정책은 필요하다.

바이오에탄올 보급정책은 잉여농산물이 풍부하거나 식량이 아닌 에너지 대체작물을 생산할 수 있고 국가 정책의지가 뒷받침되는 나라는 성공적으로 확대되고 있다. 그러나 농산자원이 풍부한 국가들도 정부의 세제지원정책이 없을 경우 휘발유와의 가격 경쟁은 불가능하다. 미국과 브라질도 가소홀이 휘발유 가격보다 낮거나 비슷하게 판매되고 있는 것은 정부지원 때문이다. 결국 대체에너지 보급은 국가 에너지안보, 수입의존도 감소, 에너지 다원화 측면에서 접근해야 한다. 경제성을 떠나 사회적 편익을 고려하여 정부정책으로 지원이 뒷받침 되어야 지속가능한 사업이다. 정부의 정책지원이 없으면 부존자원(賦存資源, endowed resources)이 없는 우리나라에서 대체바이오에탄올의 실용화 보급은 실현될 수 없다.

우리나라도 자동차의 대기오염 저감을 위해 수송용 무수에탄올의 생산보급에 대하여 1980대 초부터 검토되었다. 국가정책적인 지원이 따르면 바이오에탄올은 대체자동차연료로서 가장 현실적인 대안 중 하나이며 석유수입의존도와 대기오염 저감에 기여할 수 있다.

석유는 중동지역에 매장량이 많고 전 세계의 약 2/3가 이곳에서 생산된다. 중동지역은 국제정세에 민감하며 군사, 정치, 사회적 갈등으로 인해 석유 공급의 불균형이 언제든지 초래될 수 있다. 무엇보다도 향후 중동지역에서 전개될 국제적 상황을 전혀 예측할 수 없다. 석유수입의존도가 너무 높은 것도 우리의 한계점이다. 국내 여건에 맞는 대체에너지이용 효율 제고 및 신재생에너지의 정책개발과 지원이 더욱 절실한 이유이다.

수송용 바이오에탄올의 조기 상용화는 국가경제 및 안보 측면에서도 매우 중요하다. 국내 수송용 연료 중 일부라도 대체하여 석유수입의존도를 감소시키면 에너지이용합리화정책에도 부합된다. 정부지원으로 바이오에탄올의 연구개발 및 실용화를 위해 주정업체도 적극 참여해 왔다. 최근까지 신재생에너지 workshop을 매년 주관하여 산학연의 기술교류와 저변 확대를 지속해 왔다.

세계 각국의 대체에너지개발사업은 중요한 국가정책사업으로 채택하여 중장기적인 개발계획의 로드맵(road map)에 따라 꾸준히 지원되고 있다. 잉여농산물로부터 바이오에탄올을 생산하여 대체에너지로 사용하는 국가는 미국, 브라질, 스웨덴, 호주가 대표적이다. 이들 국가들은 잉여농산물이 있어 가능하나 대부분의 국가들은 식량 자급률이 낮기 때문에 식량 이외의 대체작물이나 바이오매스 개발이 요구된다. 2세대 원료인 산림목재, 갈대, 밀짚으로부터 바이오에탄올생산 기술개발을 경쟁적으로 추진하고 있다. 이들 바이오매스는 복잡한 전처리 공정이 반드시 필요하다. 현재 개발된 전처리 방법으로는 생산수율이 낮거나 공정이 복잡하기 때문에 제조원가가 높아 1세대 원료에 비해 경제성이 낮으므로 생산수율 증가와 전처리하는 원천기술개발에 각국(各國)은 집중하고 있다.

우리나라는 1980년대까지는 식량을 제외한 바이오매스로부터 바이오에탄올 생산 연구가 실험실규모에 머물렀다. 1987년 당시 상공자원부에서 대체에너지기술개발을 위해 "대체에너지개발촉진법('87년)"을 고시하였다. 이후 이법에 따라 정부지원으로 대체에너지 개발사업이 활성화되면서 소규모 태양광 발전소, 산업폐기물 소각로, 태양열 온수기 및 연료전지 개발 분야에서 가시적 성과가 나타나기 시작하였다.

생물·화학·효소 공학 등 관련학문의 급속한 발전으로 바이오에너지 생산기술과 경제성도 크게 높아졌으며 실용화도 촉진되는 듯하였다. 1990년대부터 저유가시대를 맞으면서 이러한 정부주도의 에너지개발보급정책이 관심 밖으로 밀려났다. 급기야 에너지를 전담하던 정부기관이었던 동력자원부가 상공자원부로 흡수·통합되었다. 대체에너지 개발과 보급을 중요한 정부정책차원에서 지속적으로 추진한 국가들은 대체에너지 선진국으로 발전하는 양극화가 나타났다. 우리나라는 대체에너지와 재생에너지 개발 및 보급이 낙후되었으며 특히 바이오에너지부분이 더욱 소외되었다.

2023년 에너지통계월보에 따르면 에너지 수입의존도가 97.5%를 정점으로 차츰 감소하고 있는 추세지만 93%로 아직 매우 높다. 원자력 발전을 포함하면 81% 수준으로 수입의존도가 약간 감소한다. 국산에너지 비중은 원자력이 약 66%로 가장 높고, 다음이 신재생에너지가 29%이며 기타 수력, 석탄, 천연가스 순이다. 대체에너지의 개발 및 합리적 이용 보급을 위해서는 정부차원에서 에너지정책이 투명하고 지속성 있게 추진되어야만 성공할 수 있을 뿐 아니라 기후변화협약(FCCC)[285]에 따른 이산화탄소 배출량규제 목표를 달성할 수 있다.

부산광역시는 1990년대부터 2000년대까지 자동차의 대기오염 저감을 위한 대안으로서 가소홀 실용화에 대한 관심이 많았다. 부산광역시는 알콜조합과 E10을 이용한 자동차 시내주행시험을 공동으로 실시한 바 있다. 경상남도는 해양조류와 대나무를 이용한 바이오에탄올 생산프로젝트 추진을 공론화하면서 적극적인 지원과 관심을 보였다. 경상남도는 녹색성장위원회를 구성하여 경남테크노파크와 함께 경남신재생에너지산업교류회를 발족시켰다. 경남테크노파크는 경상대학교에 2년 동안 "바이오에너지 인력양성사업"을 계속하였으나 정부의 후속사업이 지원되지 않아 지자체로서 추진에는 한계가 있었다.

---

[285] 남기두. 2005. 기후변화 협약 발효가 주정 및 산업에 미치는 영향. *주류산업*. 25(1): 20-38

14.2 알콜조합 설립

14.2.1 설립 배경

1990년대 초 상공자원부가 시행하는 대체에너지기술개발 국책사업에 참여하기 위하여 대한알콜산업기술연구조합(알콜조합)이 결성되었다. 알콜조합이 국가사업에 참여한 목적은 주정업체의 기술력으로 정부정책 과제인 "무수에탄올 생산을 위한 파일럿플랜트의 실증시험"을 성공적으로 수행하여 국가 에너지 정책에 기여하는데 있었다. 알콜조합은 기술력과 수행 능력을 인정받아 연료용 무수바이오에탄올생산 기술개발을 위해 연간 300㎘ 생산규모의 파일럿플랜트를 준공, 연구를 수행하였다[그림 14-1].[286]

[그림 14-1] 무수에탄올을 생산용 파일럿플랜트
J(주)사에 알코올조합이 1993년 준공

실증시험은 4년 동안 정부지원금 12.2억원, 알콜조합 자체 자금 21.1억원, 총 33.3억원의 연구사업자금이 투입되었다. 그 결과, 파일럿플랜트의 안정적인 가동을 통해 타피오카로부터 무수에탄올을 생산할 수 있는 관련 생산설비 및 제조기술을 국산화하여 "일관생산 공정" 개발에 성공하였다. 개발된 바이오에탄올 제조공정은 재래 회분식 발효공정 대신 대량생산이 가능한 연속발효 공정을 채택하였다. 이 연속발효(m-CSTR)는 I사에서 개발된 파일럿플랜트를 250배로 scale up한 공정이었다.[287] [288] 파일럿플랜트는 주정공장의 기술인력 지원으로 가동되었다. 실증시험을 통하여 연료용 무수에탄올 제조기술을 완전 국산화하였으며, 파일럿플랜트를 가동하면서 소중한 기술을 축적할 수 있었을 뿐 아니라 국책 연구 과제는 성공적으로 수행되었다.[289]

---

[286] 김종식 외. 1992~1996. 수송용 연료로 이용할 에탄올 생산을 위한 공장규모 연구(상공자원부 921C205- 502DG1)
[287] 남기두 외. 1994. Pilot Scale Multi-stage CSTR에서 전분질원료를 이용한 알콜 생산. *한국산업미생물학회지*. 22(1): 80-84
[288] 부산일보. 1992. 과학: 가솔린·에탄올 혼합 「꿈의 연료」
(https://www.busan.com/view/busan/view.php?code=19920916000198)
[289] 남기두. 1997. 자동차 바이오에탄올 개발 현황. *주류공업*. 17(1): 45-56

14.2.2 파일럿플랜트 운전 결과 요약

타피오카를 사용한 파일럿플랜트 연속발효 공정에서 최종 유출되는 술덧의 에탄올 농도는 9.4~9.5w%이었다. 술덧을 공비증류와 흡수제를 이용한 MSD 공정으로 무수에탄올의 생산비용을 비교하였다. 요탑으로부터 회수한 알코올은 정류탑에서 농축하면 약 4% 전후의 수분을 함유한 함수에탄올이 생산된다.

함수에탄올의 탈수에서는 공비제를 첨가한 공비증류와 흡착제에 의한 탈수(MSD) 두 가지 방법을 비교 검토하였다. 공비증류는 탈수탑에 공비제인 펜탄을 넣어 3성분계 공비혼합물을 만들어 99.6%의 무수에탄올을 생산하였다. 용제는 용제분리기에서 분리하여 재순환하였다. 공비증류보다 탈수비용이 절감되는 MSD 공정에 의한 경제성도 비교하였다. MSD 운전은 정류탑 상부의 함수에탄올증기를 super heater로써 150℃까지 가열한다. 과열된 에탄올증기를 제올라이트가 충전된 MSD 탑에 공급하여 99.5%의 무수에탄올 회수하는데 성공하였으며, 약 5%의 수분을 함유한 폐에탄올증기는 정류탑으로 재순환시켜 에탄올을 회수한다.

[표 14-1] 연간 300㎘을 생산할 수 있는 파일럿 플랜트에서 최적운전 결과 요약

공정별 분석 항목	증자기	당화조	발효조	함수에탄올의 탈수법	
				n-pentane	MSD 공정
사입총당 (%)	17	17	17		
온도 (℃, $1^{st}/2^{nd}$)	85/98	60	30-35		
에탄올 (wt%)			9.4-9.5	99.6	99.5
잔당 (%)			0.9-0.95		
pH	5.6-5.9	4.0	3.8-3.5		
효소 사용량	0.1ℓ/Ton	20u/g			
당화율 (%)		75-79			
발효비율 (%)			93-94		
생산성 (g EtOH/ℓ.h)			1.24		
증류비율 (%)				99.0↑	99.0↑
스팀소비량 (kg/ℓ.EtOH)	0.9			2.7	2.1
Yield (l/Ton)				425	425

14.3 E10 가소홀 시내주행 시험

14.3.1 가소홀 주행시험 목적

파일럿플랜트에서 만든 무수에탄올로써 E10(휘발유 90%+무수에탄올 10%를 혼합)을 제조하여 지원차량에 휘발유대신 주입하여 시내주행 실증시험을 알콜조합 지원으로 부산광역시와 공동으로 실시하였다[그림 14-2].[290]

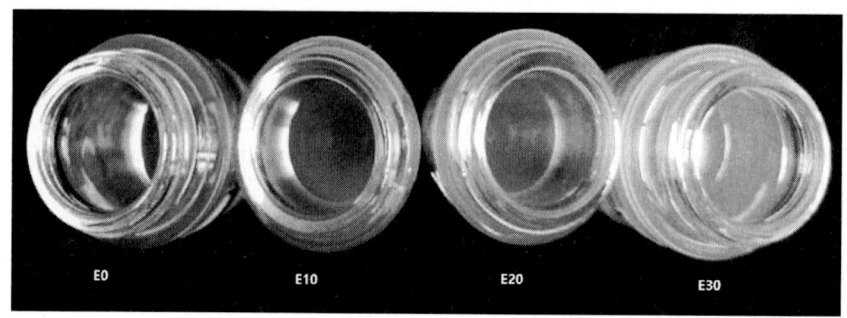

[그림 14-2] 무수에탄올과 휘발유를 혼합한 가소홀
좌로부터 E0, E10, E20, E30 (Cap tube : 30mm D x 100mm H = 50㎖)

시내주행 실증시험은 엔진의 시동성(始動性)을 고려하여 동절기부터 봄까지 6개월간 국내 최초로 실시하였다. 주행시험에 참여한 33대(평균 주행거리: 47,145km)의 자동차를 대상으로 자동차 배출가스 분석 및 다음과 같은 설문을 서면(書面) 조사하였다.
   ① 자동차의 배기가스 오염물질 저감효과 분석
   ② 가소홀 사용 전후 주행연비와 엔진 시동성
   ③ 가소홀 사용 전후 자동차의 승차감 변화 유무
   ④ 향후 실용화되면 가소홀 사용 여부에 대하여 조사

일반적으로 시내주행시험에 참여한 차주(車主)들은 가소홀 사용에 대한 우려가 많았다. "가소홀 사용으로 인해 내차 엔진 손상은 없을까?" 또는 "가소홀 제조에 대한 의문"이 대부분이었다. 자동차는 각종 센서가 많이 부착된 정밀 내연기관인데 엔진 개조 없

---
[290] 부산일보. 1995. 11.15. 대체에너지 가소홀 실용화 "눈앞".
(https://www.busan.com/view/busan/view.php?code=19951125000074)

이 사용하기 때문에 "얼마나 정밀한 농도로 E10을 만들었는지? 또는 엔진 시동이 걸리지 않거나 운행 도중에 멈추지는 않을까?"하는 우려가 많았다.

14.3.2 시내 주행시험 결과

시내주행 실증시험에 참가한 자동차 배출가스 중 일산화탄소(CO)와 탄화수소(HC)를 주기적으로 부산광역시보건환경연구원에서 분석하였다. 그 결과, E10을 사용했을 때 휘발유보다 일산화탄소(CO) 52.8%, 탄화수소(HC) 53.8%까지 현저히 감소되었다[표 14-2].[291]

[표 14-2] E10 가소홀을 사용할 때 자동차 배출가스 측정결과

분석항목	휘발유 측정 평균 농도	1회 측정 농도	1회 측정 저감율(%)	2회 측정 농도	2회 측정 저감율(%)	3회 측정 농도	3회 측정 저감율(%)	3회 평균 농도	3회 평균 저감율(%)
CO (%)	0.36	0.25	30.6	0.13	63.9	0.14	61.1	0.17	52.8
HC (ppm)	138	76.0	44.9	54.0	60.8	60.7	56.0	63.6	53.9

☞시내 주행실험 기간 : 1995.12.7.~1996.6.6)

대부분 주행시험에 참가한 차주들은 가소홀 사용에 대한 막연한 불안과 불신감이 많았으나 주행시험이 끝난 후에 이 같은 우려가 해소되었음이 설문조사에서 확인되었다. 참가한 차주들은 대기오염 저감, 에너지 다양화 및 에너지 자급률 증가를 위한 정부정책을 이해하고 가소홀의 사용에 대한 긍정적인 마인드(mind)로 변한 것으로 조사되었다. 주행연비와 시동성은 차이가 없거나 다소 향상되었다는 응답이 많았다.

시내주행 실증시험을 통해 객관적인 분석 자료를 근거하여 부산지자체는 "가소홀 실용화" 정책을 뒷받침할 제도적 법률적 장치가 필요하다는데 인식하는 계기를 마련하였다. 바이오에탄올의 실용화 및 보급은 아래와 같은 요인 때문에 반드시 범정부차원에서 단계적으로 추진되어야 할 국책사업이다.

    ① 경제성장과 생활패턴 변화에 따른 에너지 수요의 지속적 증가

    ② 화석연료의 수입의존율 감소

---

[291] 남기두 외. 1996. 가소홀차량 주행시험에 따른 배기가스오염도 측정 및 실용화 방안 연구. 부산시광역시·보건환경연구원·대한알코올산업기술연구조합

③ 탄소중립 구현을 위한 환경 친화적인 대체에너지개발사업의 지속 추진
④ 지구환경보전을 위한 수송연료의 국제적 관심고조 및 규제 강화 추세
⑤ 국내 에너지수급의 취약성과 에너지수입의존율 감소
⑥ 에너지안보 차원에서 지속가능한 장기대책

수송용 바이오에탄올의 실용화사업은 외국의 사례에서 보듯이 잉여농산물이 아무리 풍부한 국가일지라도 정부차원의 세제혜택과 확고한 정책의지가 없으면 성공할 수 없다. 국내 실용화사업도 정부의 세제지원과 의지가 뒷받침될 때 지속가능한 사업이다.

가소홀 보급사업이 실현되면 농민소득 증대와 함께 농업발전, 에너지 다양화와 자급률 향상 및 주정업체 유휴생산설비의 활용으로 주정산업이 도약하는 계기가 될 수 있다.

14.3.3 가소홀의 특성

바이오에탄올을 혼합한 가소홀은 무연휘발유에 비하여 옥탄가(octane value)가 증가된다. 일반적으로 E10일 경우 옥탄가는 2point 향상되므로 주행연비가 그만큼 높아지고 엔진기능도 원활해진다. 가소홀은 엔진 실린더 내에서 연료가 비정상적으로 연소되면서 발생하는 소음(knocking), 마찰음(pinging)이 현저히 감소한다. 휘발유의 동결방지제 (antifreezer) 기능과 엔진 클리너 기능도 있다.

배기가스 중 유기물탄화수소(OMHCE, organic material hydrocarbon equivalent)와 일산화탄소(CO) 배출이 감소되므로 대기오염 저감효과가 크다. 1993년 미국 California주의 대기청정법(Clean Air Act)은 자동차 배기가스배출 환경규제를 더욱 강화하였다. 이 법에 따르면 자동차 연료의 함산소 기준을 충족하기 위해 대체물질을 반드시 첨가해야 한다[표 14-3]. 미국과 유럽은 지하수오염 때문에 MTBE 사용을 완전히 중지시켰다. 우리나라는 MTBE를 함산소제로 사용하고 있으며, 1993년 이후부터 산소함유량을 0.5에서 1%로 강화하였다.

1980년대까지 휘발유에 소음방지제 및 옥탄가 상승을 위해 테트라에틸납 $(C_2H_5)_4Pb$, 테트라메틸납 $(CH_3)_4Pb$ 또는 에틸메틸납을 사용하였다. 1970년 일본 도쿄의 납 중독사건 이후 맹독물질인 알킬납[292]은 1980년대에 와서 대부분 국가들이 사용을 금지하였

---

[292] 알킬기(-R)와 결합(PbR₄)한 4에틸납, 4메틸납, 에틸메틸납의 총칭

다. 우리나라는 1987년 7월 이후부터 무연휘발유 사양으로 자동차가 생산되기 시작하였고 1997년 2월 "대우 르망" 단종(斷種)으로 유연휘발유 자동차 생산이 완전히 종료되었다. 알킬납 대신 MTBE로 대체되었으며 대기환경보전법에 따라 무연휘발유 사용이 의무화되었다.

[표 14-3] 휘발유 첨가제의 함산소량

항목 \ 함산소종류	I-O[1)	EtOH	E10	MtOH	MTBE	ETBE
분자식	C_6H_{18}	C_2H_5OH	C_6H_{18}+ C_2H_5OH	CH_3OH	$(CH_3O)C-(CH_3)_3$	$CH_3CH_2O-C(CH_3)_3$
비중	0.74	0.79	0.76	0.79	0.74	0.74
열량(kcal/kg)	10,500	6,400	10,100	4,800	8,400	8,600
옥탄가	82	92	84	91	101	102
비점(℃)	99.4	78.3		64.7	55.3	72.8
산소량(wt%)	0	34.8	4	49.9	18.2	15.7

I-O : iso-octane, EtOH : ethanol, MtOH : methanol, MTBE : methyl tertiary butyl ether, ETBE : ethyl tertiary butyl ether
1) 휘발유의 내폭성(耐爆性) 판정의 표준으로 쓰이는 탄화수소의 일종(휘발유의 평균 분자량 : 98.8, 분자식 : ~$C_7H_{14.8}$)

MTBE는 휘발유에 완전히 용해되어 산화안정도가 높고 저장 안정성이 우수한 특징을 가지고 있다. 친수성이 강한 MTBE는 물에 15~40$\mu g/\ell$만 존재해도 감지되며, 휘발유 대비 생물학적 난분해성이며 인체에 맹독물질로 수질오염의 원인물질이다.[293] MTBE는 식수원과 토양을 오염시킬 뿐 아니라 잠재적인 발암물질이다. 우리나라도 일본과 같이 바이오에탄올 기원인 ETBE로 대체되기를 기대한다.

---

[293] 이민호 외. 2016. 휘발유 연료용 첨가제 종류에 따른 성능 특성 연구 Part 1. 연료물성 및 증발가스 배출 특성. *韓國油化學會紙*. 33(1) pp.18-128

14.4 가소홀의 실용화사업 추진

14.4.1 추진경과

특수 목적으로 설립된 알콜조합은 국책연구과제인 대체에너지기술개발사업을 산·학·연이 성공적으로 수행한 모델사례가 되었다. 알콜조합이 수행한 연구과제는 국가 대체에너지 다변화 정책 및 대기오염방지에 주정제조업체도 기여할 수 있다는 기술력과 의지의 표현이었다. 이후 지속적으로 바이오에탄올의 실용화보급에 관한 지식을 관련업계와 공유해 왔다.[294][295][296]

바이오에탄올 이슈로 한국과 브라질 양국은 정부 차관을 중심으로 워킹그룹(working group)을 구성하고 Petrobras 상파울루 본사에서 주 한국 브라질 대사가 참석한 가운데 1차 회의를 가졌다. 주 브라질 대사는 한국정부의 저탄소 녹색성장정책의 강력 추진 의지를 소개하고, 바이오에탄올 도입 초기단계에는 브라질의 협조와 국가 간 기술교류의 필요성을 강조하였다.

브라질은 2009년 FFV 자동차가 판매시장의 90% 이상을 점유하면서 판매보급률이 꾸준히 증가하고 있다. 브라질 정부 대표는 농산물증산정책을 위해 무분별한 농지개발로 아마존 열대우림이 파괴되고 있다는 국제적 관심과 우려하는 시각에 동의할 수 없다고 하였다. 일부 전문가들은 열대우림의 농지개발이 지구온난화를 가속화한다는 주장 역시 근거가 없다고 반론을 제기하였다. 지난 10년간 농지는 36% 증가한 반면 농산물의 생산성은 268%나 증가하였으므로 농지개발이 온난화에 미치는 영향에 대하여 동의하지 않았다. 한국도 바이오에너지정책과 향후 진행될 로드맵을 소개하였다. 에탄올생산기술, 2세대 대체 바이오매스개발, 연료에탄올 실용화에 대한 정보교류가 필요하다는데 상호 공감하였다.

오늘날 국제유가의 변동성은 예측이 불가능하다. 지구온난화를 생각할 때 화석연료를 대체할 수 있는 지속 및 재생 가능한 자원을 개발하는 것이 우리에게 절실하다. 현재

---

[294] 남기두. 2002. 국내외 가소홀 이용 현황과 실용화 필연성. *주류공업*. 22: 22-29
[295] 남기두. 2003. 최근의 브라질 자동차 연료 동향. *주류산업*. 23(3): 31-39
[296] 남기두. 2007. 최근 바이오에탄올 생산수급 및 생산기술 동향. *주류산업*. 94: 58-69

국제유가가 아무리 안정적으로 유지될지라도 국가 에너지안보 차원과 에너지 다변화 측면에서 대체 바이오연료 개발은 지속적으로 추진되어야 한다. 향후 바이오에탄올과 바이오디젤 생산에 있어 기술진전이 있더라도 기존의 휘발유나 디젤에 대한 가격 경쟁력을 갖추기는 어렵다. 이들 생산원료는 변동성이 많은 농산물인 동시에 식량자원이기 때문이다. 바이오에탄올이 석유에 대한 경쟁력을 갖기 위해서는 제조원가의 갭(gap)을 줄일 수 있도록 생산성을 높이는 원천기술개발이 절실하다.[297][298] 바이오에탄올을 포함한 대체에너지 보급률 증가와 성공여부는 지속가능한 정부의 정책적 지원에 달려 있다. 이것은 지금까지 대체에너지 개발선진국의 성공사례로부터 알 수 있다.

1980년대 중반부터 지구환경보존에 관한 범세계적인 관심이 고조되기 시작하여 몬트리올의정서, 바젤협약, 기후변화협약이 속속 체결되었다. 이에 따라 자동차 배기가스에 대한 국제적 규제도 점차 강화되어 왔다. 이러한 외부적 환경변화 요인 외에도 우리나라는 에너지 대부분을 수입에 의존하고 있기 때문에 그 심각성이 크다. 국내 부존자원으로부터 대체에너지를 개발하는 것만이 해외수입의존도를 줄이는 길이다. 중장기적으로 연료용 바이오에탄올을 실용화하기 위해 수입하는 것은 에너지 경제성 측면에서는 매우 취약하다. 바이오에탄올의 자동차 연료화는 미국, 브라질, 호주, 태국 등 많은 국가에서 실용화되고 있다.

주정제조업체가 산학연과 협동하여 원천기술개발을 주도하여 생산원가를 낮추고 정부지원이 병행될 때 바이오에탄올의 실용화 보급사업은 성공 가능성이 높아진다. 우리나라는 현재 바이오디젤만 의무혼합비율을 강제(强制)하고 있다. 온실가스 저감을 위한 기후변화협약의 발효(發效)로 인해 국내외적으로 대체에너지개발 및 대기배출량 감소정책이 추진되고 있다. 그동안 주정업계도 가소홀의 실용화사업을 위한 파일럿플랜트 규모의 생산기술개발에 적극적으로 참여해 왔었다.[299]

바이오에탄올을 연료로 사용하기 위해서는 관련법들이 우선 정비되어야 한다. 석유 및 석유대체연료사업법시행령 개정(2024.8.6. 일부개정)으로 제5조 석유대체연료법 제2조 제11호의 규정에 의한 "석유대체연료의 종류"에 바이오에탄올이 삽입되었다. 바이오에탄올연료유란 자동차 연료용 바이오에탄올과 석유제품인 휘발유와 혼합하여 제조

---

[297] 남기두. 2004. 주정발효에 새로운 효소적용 가능성 검토. *주류산업*. 24(3):62-70
[298] 남기두. 2004. 알코올 발효기술. *주류산업*. 24(3): 30-48
[299] 남기두. 1997. 자동차 바이오에탄올 개발 현황. *주류공업*. 17: 45-56

한 연료(가소홀)를 말한다. 각국의 자동차 연료용 바이오에탄올 규격과 품질 특성에 대한 연구300)와 기후변화협약의 규제 강화로 대체에너지의 중요성이 재인식되는 계기가 되었다. 정부의 연료알코올 보급 확대를 위한 구체적인 추진방향이 미흡하다고 지적한 바 있다. 가소홀은 수송용 대체연료로서 실용화 가능성이 높기 때문에 일정기간 동안 국내 부존자원(목질계 섬유소)으로 생산과 보급이 정착될 때까지 연료용 에탄올 수입을 규제할 필요성도 있다. 현 석유사업법을 합리적으로 조정하여 가소홀의 보급 확대를 위해 기존 휘발유가격과 경쟁할 수 있도록 감세제도(減稅制度) 마련과 보완정책 과제에 대하여 보고된 바 있다.301)

가소홀이 실용화되면 자동차 배기가스에 의한 대기오염이 크게 감소되어 국민건강이 증진된다. 바이오에탄올의 실용화는 지속가능한 정부 역할과 지원제도가 매우 중요하다. 가소홀 보급은 국내 가용자원으로부터 생산할 수 있는 바이오에탄올 한도 내에서 점진적으로 확대하는 것이 바람직하다. 바이오에탄올의 제조원가는 화석연료보다 높다. 에너지경제성만 비교하면 수입 원료로 만든 바이오에탄올보다 국내 잉여농산물로 생산한 바이오에탄올의 제조원가가 더 높기 때문에 석유나 청정연료인 LNG를 수입하는 것이 경제적이다.

탄소중립 목표를 달성하기 위해서는 "신에너지 및 재생에너지 개발·이용·보급 촉진법(2022.11.15) 일부개정"에 따라 중장기적인 국책사업으로 바이오에탄올 상용화 사업이 추진되어야 하나 바이오에탄올은 검토 수준이다. 그러나 정부는 바이오디젤의 의무 혼합비율(RFS)은 현재 3%에서 2030년까지 8%로 높인다는 로드맵만 있다.

한편, 부산광역시에서 수행한 시내주행 실증시험 결과와 같이 자동차 배기가스 중 일산화탄소(CO)와 탄화수소(HC)의 감소효과가 입증된 바 있다. 범 정부차원에서 시장가격에 반영되지 않는 환경비용 절감, 에너지안보, 농민소득 증대, 온실가스와 대기오염 감소로 인한 탄소중립 달성 및 국민건강 증진을 고려하면 사회적 편익이 훨씬 높다. 정부의 정책적인 결정만 되면 즉시 추진이 가능하다. 바이오에탄올이 휘발유 가격과 경쟁할 수 있도록 세제 인센티브 제공과 관련법이 보완되면 기존 주유소 인프라를 통해 보급할 수 있다.

---

300) 이진휘 외. 2012. 차량용 연료로 사용되는 바이오에탄올과 가소홀. *한국유화학회지*. 29(3): 516-530
301) 서울산업대학교. 2006. 발효 에탄올 함유 바이오 가소홀 연료의 개발 및 자동차 적용 성능평가에 관한 연구(산업자원부 GOVP1200711995)

국내 조달 가능한 바이오에탄올 범위 내에서 단계적으로 확대 추진하는 것이 우리 실정에 맞다. 국내 가소홀 보급은 종합적으로 국내 원료 조달 및 생산 여건을 고려할 때 E10보다 E1~3를 보급하는 것이 현실적인 실용화 정책이라고 사료된다.[302]

14.4.2 워킹그룹 구성

(1) 협의 내용

워킹그룹[303]은 "바이오에너지 분야의 향후 협력방안과 바이오에너지 보급 활성화를 위해 양국 간 정책·기술·정보 교류 및 협력 증진"에 대하여 다루어진 아젠다(agenda)를 요약하면 다음과 같다.

한-브라질 양국은 바이오연료정책 현황 및 계획에 대하여 향후 바이오연료 관련 협력방안을 제시하고 상호 논의하였다. 브라질은 미국에 이어 세계 2위의 바이오에탄올 생산국이며 수출여력이 있는 국가로 평가된다. 브라질은 사탕수수 재배면적을 확대할 수 있는 충분한 유휴 경작지를 보유하고 있어 바이오에탄올 생산량은 향후 지속적으로 증가될 것으로 전망되었다. 바이오에탄올은 남부지역 87%, 동부지역에서 13%가 생산되고 있다. 브라질 정부는 국토의 전면적인 조사를 통해, 경작 가능지역, 환경보호지역으로 구분하여 자연환경을 파괴하지 않으면서 사탕수수 경작지를 확대하고 농업생산성을 높이는 방안을 강구하고 있었다.

브라질은 바이오에탄올 수송인프라를 확충하여 바이오에탄올 수송비 절감 및 수출을 확대 할 것으로 예상되었다. 대부분의 생산시설은 남부지역에 위치하고 있어 새로운 에탄올터미널 간 약 2,000km의 송유관을 국영석유회사인 P사가 건설 중이나 강과 바다를 통해 운송하는 방안도 검토 중인 것으로 확인되었다.

한-브라질 기업 간 협력을 강화하기로 하였으며, 브라질은 바이오에탄올 생산 및 수출 확대를 위해 한국기업들과의 협력을 희망하였다. P사는 한국기업들과 전략적 파트너십 관계 구축, 투자 유치 및 장기계약 체결을 희망하였다. R&D 분야에서 버개스

---

[302] 남기두. 2010. 국내 바이오에탄올(E3) 보급에 대한 정책 제언. *주류산업*. 103: 38-49
[303] 한국 지식경제부와 브라질 광물에너지부 장관이 양국 간 정책·기술·정보 교류 및 협력 증진"에 대한 상호 합의에 따라 구성되었음(2008년 11월)

(bagasse)를 활용한 바이오에탄올 생산 기술개발 협력도 논의되었다.

(2) 시사점

에너지시장 여건 변화에 유연하게 대처하고, 에너지원 다변화, 기후변화협약 대응을 위해 바이오에탄올 실용화를 위한 혼합비율(E1~3)은 가장 낮은 단계부터 추진할 필요가 있다. 현재의 유가변동은 국제환경 변화에 따라 가변적이고 예측이 어렵지만 경기회복이나 전쟁 발발(勃發)로 인한 고유가 지속시대를 선제적으로 대비해야 한다. 브라질은 바이오에탄올 생산 및 수출 여력이 있는 국가이다. 우리나라는 바이오에탄올을 자동차 연료로 보급할 경우 중요한 수입국가가 될 것이므로 브라질 정부와 기업 간에 협력관계 지속이 필요하였다.

브라질은 한국을 유망한 바이오에탄올 수출가능 국가로 보고 있기 때문에 유통인프라 구축 관련 경험과 정보 교류 및 기업 간에 상호 협력이 용이할 것으로 판단하고 있었다. 브라질의 바이오연료 시장은 향후 지속적으로 확대될 것이다. 브라질은 한국기업과 바이오연료 관련 시설투자, 농장개척, 정보공유 등 협력 증대에 매우 긍정적인 입장을 가지고 있었다. 한국 주정폐액의 혐기성 처리기술에 대해 관심을 보였다. 향후 한-브라질 간 버개스의 바이오에탄올 전환기술개발과 R&D 분야에서 공동연구 가능성이 많았다.

14.4.3 도입 필요성과 기대효과

가소홀이 실용화하면 기대되는 효과는 일산화탄소, 탄화수소, 오존과 같은 오염배출원이 감소되므로 대기 질이 개선되어 국민건강 증진에 기여하게 된다. 나아가 원유 수입량이 저감되어 석유수입의존도가 감소하게 될 것이다. 무엇보다 국내 주정공장의 잉여 생산설비를 활용하여 정책원료로 생산한 주정을 연료용 바이오에탄올로 전환하는 대안도 있다. 유휴경작지 활용과 이모작(二毛作)을 통한 농민수익을 증가시킬 수 있다. 국내산 쌀이 남아도는 현실을 감안할 때 다수확 품종의 쌀과 맥류 계약재배를 확대하여 바이오에탄올 원료로 사용하면 농민소득 증대 효과가 있고, 석유수입의존도 감소 및 에너지공급원이 다양화될 수 있다.

결론적으로 연료용 바이오에탄올의 생산은 지속가능한 정부의 중장기적인 대체에너지정책 의지에 달려 있다. 주정업체는 가소홀 보급사업 추진을 대비하여 바이오에탄올 생산원가를 최대한 낮추어 정부의 세제지원부담을 경감시킬 수 있도록 원천기술개발에 노력해야 한다. 정부는 수송용 연료에 부가되는 세제인센티브제를 활용하여 소비자가 가소홀을 선택하여 사용할 수 있도록 가소홀과 휘발유 가격을 조정해준다면 실용화 보급은 가능하다.

14.4.4 선행 과제와 관련법 개선

(1) 선행 과제

바이오에탄올 생산에 있어 가장 중요한 것은 생산수율이다. 원료는 바이오에탄올 제조원가에 65~75%로 그 비중이 매우 높다. 에탄올 이외의 다른 부산물을 적게 생산하는 균주개발이 진행되고 있다. 바이오에탄올을 생산할 수 있는 효모 *S. cerevisiae*와 세균 *Z. mobilis*의 유전체 염기서열 분석이 완료되었다. 이들 유전자들의 기능이 밝혀짐에 따라 에탄올 발효능력이 우수한 새로운 균주개발 가능성이 더욱 높아졌다. 발효수율을 높이기 위해서는 우선 잡균오염을 방지해야 한다. 발효공정은 2차 오염에 의한 원료 손실을 방지할 수 있도록 위생적인 생산 환경을 도입하여 설계되어야 한다.

제조원가 중 utility 비용은 두 번째로 큰 비중을 차지한다. 고온내성 효모를 사용하면 여름철 발효 최적온도 조절을 위한 chiller 가동 에너지 절감과 수율감소를 극복할 수 있다. 고온내성 효모가 실용화될 때까지 하절기에는 당밀 발효용 *S. formosensis*와 *S. cerevisiae*를 혼용하는 대안도 고려할 수 있다. 생산원가를 낮추기 위해 고온균주 개발 이외에도 고농도발효(very high gravity) 기술, 에너지소비를 절감할 수 있는 증류기술 등 공정개발 연구는 지속되어야 한다.

바이오에탄올 생산을 위한 다양한 에너지작물 개발에도 꾸준한 연구가 필요하다. 농업과 임업의 부산물인 바이오매스로부터 에탄올을 생산하기 위하여 1970~80년대부터 집중적으로 연구가 진행되어 왔다. 목질계 섬유소를 효과적으로 분해하는 효소개발은 진행 중이다. 목질계 섬유소를 산가수분해에 의해 발효성 당으로 전환하면 육탄당과 오탄당 이외 많은 부산물이 생성된다. 가수분해산물 중 오탄당을 동시에 발효할 수 있는 효모균주의 개발연구가 진행되고 있으며, 현재 유전자 재조합으로 새로운 균주가 개발되었으나 아직은 오탄당 이용률과 내당성이 낮은 수준이다.

우리나라 산림축적량은 이미 산림 선진국으로 분류된다. 목질계 섬유소 자원을 이용하기 위해서는 임도를 포함한 산림인프라 구축과 더불어 다음과 같은 연구개발이 선행되어야 한다.

① 목질계 섬유소의 고효율 생물·화학·물리적 전처리 기술개발
② 목질계 섬유소의 최적 당화효소 개발, 당화기술과 발효공정의 최적화
③ 에너지소비가 적은 에탄올 회수 기술개발(투과증발) 및 최적화
④ 오탄당과 육탄당을 동시에 발효할 수 있는 내당성(耐糖性)·내열성·내산성 균주가 개발

(2) 실용화를 위한 관련법 개선

가소홀 실용화사업은 우선 신재생에너지 연료혼합 의무화제도(RFS, Renewable Fuels Standard)를 실행할 "로드맵"이 마련되어야 한다. 바이오에탄올 실용화사업을 위해서는 다음과 같은 관련 법령의 개선이 병행되어야 한다.

① 교통세법 시행령과 석유사업법 시행령에 의한 고시로 가소홀에 대한 교통세 감면이나 감경(減輕) 인센티브제도 도입
② 관세법에 따른 현행 관세율(공업용 8%, 주정용 10%)을 수송용 원료로 수입하는 물량에 대하여 무관세 적용
③ 주세법의 주정제조원료 배정 이외 연료용 바이오에탄올 생산용 원료 지정 완화 및 원료관리 방법 개선
④ 부가가치세 감경 혹은 "신에너지 및 재생에너지 개발·이용·보급 촉진법"에 의한 생산설비 지원 등 관련법 개선

제15장 주정폐액 처리기술 개발 사례

15.1 주정폐액 처리 개요

폐수처리 공정을 검토하기 위해서는 배출량과 수질분석을 정확히 해야 한다. 수질 분석결과에 따라 호기성 또는 혐기성 처리방법이 결정된다.

예를 들면;
① 폐수와 방류 수질의 BOD, COD, SS, TP, TN 등 농도 분석
② 폐수 발생량과 물리·화학·생물학 처리방법의 조합 여부 결정
③ 유지관리가 용이한 설비 선택 (예: 공기공급 방법과 교반 장치 등)
④ 자동화 계장설비는 무인(無人) 가동 수준으로 자동화
⑤ 경제적인 운전비용 등을 고려하여 최적의 처리방법을 선택

폐수수질에 따라 처리방법이 결정되면 "공사견적의뢰서"를 작성한 후 환경설비·방지시설 전문 업체에 공사견적의뢰서를 발송하거나 초청 설명회를 통해 충분한 정보교환을 하고, 견적범위(Scope of quotation)를 결정한 후 동일한 조건으로 제안서를 의뢰한다. 제출받은 제안서를 분석 및 대조하기 쉽게 설비 조견표(早見表)를 작성한다. 여기에 포함된 기술자료(technical data sheets)를 면밀히 분석하여 합리적인 공정을 선택한다.

주정폐액 처리에는 농축, 물리·화학·생물학적 처리공정이 조합된 통합처리공정이 필요하다. 주정폐액과 식품산업폐수는 오염도 즉, BOD, COD, SS, pH 분석결과에 따라 처리방법이 결정된다. SS성분은 입자크기와 침강성에 따라 전처리 공정으로서 침전조, bent sieve 또는 원심분리 중 효율적인 방법을 선택한다.

COD 분석법은 $Cr(K_2Cr_2O_7)$법과 $Mn(KMnO_4)$법이 있으며 Cr법으로 분석한 농도가

Mn법보다 높다. 일반적으로 BOD/COD 비율이 0.6 이상 또는 COD_{Mn} 농도가 BOD>COD일 경우 생물학적처리가 가능하다. BOD/COD 비율이 0.6 이하 또는 BOD <COD 일 경우 생물학적으로 처리가 어렵기 때문에 물리·화학적 처리법을 검토해야 한다. BOD=COD 비율이 같을 경우 생물학적으로 분해가 어려운 유기물질이 혼합되어 있을 가능성이 많다. 이 같은 폐액은 활성오니 공정에서 MLSS농도를 잘 유지하면 생물학적 처리가 가능하나 유기물 성분을 분석하여 최종 결정한다.

물리화학적 처리방법은 침전, 흡착, 이온교환, 중화, 응집, 부상, 역삼투법이 있다. 주로 침전이나 여과는 폐수 중의 무기물질이나 입자가 큰 부유물질을 제거하는 전처리 방법으로 많이 이용된다. 여과법은 일반적인 여과와 고도처리를 위한 수단으로 사용된다. 침전분리법칙은 "유체 속에서 입자가 침전될 때 그 침강속도는 입자지름의 제곱에 비례"한다는 Stokes법칙[304]이 적용된다. 원액폐수로부터 분리하려는 입자가 크고 밀도가 높을수록 침전 속도는 빨라진다. 반대로 가볍고 입자밀도가 작은 활성 및 혐기성 오니 (sludge) 분리는 침전분리가 어렵기 때문에 가압부상법이 적당하다.

화학적 처리방법은 우선 응집제 특성에 맞는 pH 범위 이내로 조정하여 응집효과를 높인다. 응집에 필요한 최적 pH에서 유·무기응집제를 첨가하고, 교반을 하면 미세 플록(floc)은 점점 큰 플록으로 성장하여 쉽게 침강(沈降) 분리할 수 있다. 비중이 너무 가벼우면 침강분리에도 대용량의 침전조가 필요하다. 메탄소화조 월류액과 같이 가스를 포함한 SS와 오니는 침강분리가 어렵다. 가압공기 또는 미세기포(micro-bubble)를 이용하여 오니를 부상분리 하는 것이 효율적이다. 부상분리기에 미세기포를 공급하면 오니 표면에 미세기포가 도포(塗布)되어 플록이 성장하면서 부상분리 된다. 부상 스컴(scum)은 부상되는 플록에 의하여 농축되며, 이 스컴을 위어 스키머(weir skimmer)로 회수하여 탈수 처리한다.

생물화학적 처리방법은 호기성과 혐기성 처리법으로 구분되며 처리법의 특징은 [표 15-1]에 요약하였다. 호기성 처리법은 활성오니법, 살수여상법(撒水濾床法, trickling filters), 산화지(酸化池, oxidation pond)법이 있으며 혐기성 처리법으로는 대체에너지를 생산할 수 있는 메탄소화법이 있다. 메탄소화조 운영은 폐액 중의 BOD농도가 높을수록 메탄가스

---

[304] $v = 2/9 \times r^2 g(\rho_p - \rho_f) \div \eta$, 여기서 v = 입자의 종단속도(m/s), r: 입자반경(m), g: 중력가속도(m/s²), ρ_p: 입자 밀도(kg/㎥), ρ_f: 유체밀도(kg/㎥), η: 유체 점성계수(s/㎡)

발생량이 많아 경제성이 증가한다.

[표 15-1] 호기성 및 혐기성 처리법의 특징

호기성 처리법의 특징	혐기성 처리법 특징
① 폐액이 상온일 경우 온도조절이 불필요함	① 질소 및 인의 제거가 어려움
② 질소 및 인의 제거가 용이 (대사 특이성)	② 메탄생성균의 성장속도가 매우 느림
③ 미생물 증식속도가 빠름	③ 반응조 실패 때 회복에 장시간이 소요
④ 반응조 실패 때 회복시간이 짧음	(Seeding할 경우 회복시간 단축 가능)
⑤ 저농도 BOD의 폐수처리에 적합	④ 고농도 폐수처리를 할 때 경제성이 있음
⑥ 방류기준에 적합한 기준까지 처리 가능	⑤ 방류기준에 부적합하고 후처리가 필요함
⑦ 슬러지 발생량이 많아 처리비용 증가	⑥ 호기성 대비 10% 미만의 슬러지 발생
⑧ 슬러지에 병원성 미생물이 존재 가능	⑦ 혐기성 슬러지는 유기질 비료화 가능
(슬러지 안정화를 위해 장기 산화지 처리)	(별도의 슬러지 안정화가 불필요)
⑨ 용적부하율 0.5~1.0kg BOD/㎥/d로 낮음	⑧ 용적부하율 6~20kg COD/㎥/d로 높음
⑩ 폭기조 깊이가 ~5m 이내 (Blowering 가능)	⑨ 반응조 깊이에 제한 없고, 동력소비 적음
⑪ 폭기 (용존산소)를 위한 동력이 많이 소요	⑩ 영양물질 요구가 거의 없음
⑫ 영양물질 요구량이 많음	⑪ 소화일수가 길고 특유한 취기가 발생
⑬ 최종 생산물은 H_2O와 CO_2	⑫ 최종 생산물은 대체에너지인 CH_4와 CO_2

폐수처리 특징을 파악한 후 폐수수질에 부합되는 처리방법과 공정을 선택한다. 폐수처리는 환경미생물공학과 화학공학을 기반으로 미생물의 물질대사를 이용한 생물학적 폐수처리공법이다. 환경기술 분야는 토목공학, 기계공학, 계측공학, 응용미생물학, 환경공학, 분석화학, 전기공학 등 많은 관련 학문이 융복합(融複合)되어 상호 연결된 종합기술이다.

15.2 호기성 처리법

15.2.1 활성오니법

활성오니법(activated sludge process)은 1913년 영국의 Arden과 Rockett에 의해 개발되었으며, 폭기조와 침전조로 구성된 호기성 폐수처리공법이다.[305] 이 처리법은 유기물질

---

[305] 田中 俊博 外. 1990. 新しい活性汚泥法を用いた處理施設(その1). 用水と廢水. 32(5): 414-423

을 호기적 미생물 군집에 의해 응집, 흡착, 산화분해, 침전작용으로 분해·제거하는 원리이다.

활성오니공정에서 가장 많이 검출되는 원생동물인 *Protozoa*, 우점종(優點種) 세균의 하나인 *Zoogloea* 속(屬, Genus) 등 플록 형성능력을 가진 균 이외에도 *Pseudomonas, Flavobacterium, Alcaligenes, Bacterium, Bacillus, Vorticella* 속, 조류(藻類, Algae), 효모, 사상균(bulking 유발 원인균) 외에 다양한 미생물에 의하여 유기물이 완전히 산화 분해되면서 유리되는 에너지로 균체가 증식된다. 결국, 생물학적으로 분해가능한 모든 유기물은 미생물의 이화작용에 의해 분해되고 최종적으로 일부는 미생물균체로 전환되어 오니로 남는다. 이것을 계외로 처리하는 것을 잉여오니(剩餘汚泥, excess sludge)라 하며, 호기성 처리보다 혐기성 처리 공정에서 오니발생량이 적다.

활성오니의 정화기작은 세균류의 점성물질 분비에 의한 플록 형성능력에 따라 처리효율이 좌우된다. 활성오니법은 부유오니(MLSS, mixed liquid suspended solids)만 이용되며, 폭기조 내 균제농도를 증가시킬 목적으로 미생물흡착재(bio-media)를 넣어 미생물이 잘 부착할 수 있는 환경을 조성하는 변법(變法)도 있다. 예를 들면, 표면적이 1mm이하의 모래, 활성탄 주입(GAC, granular activated carbon) 또는 매우 작은 pore size를 가진 알루미나 펠렛(alumina pellets),[306] 폴리우레탄을 이용한 유동상형 생물막 처리법이 있다. 폴리우레탄은 큰 입경(粒経)을 가졌음에도 불구하고 비표면적이 큰 3차원 망상구조(網狀構造)를 가진 것이 특징이다. 이와 같은 처리법은 미생물이 흡착제에 부착되어 생촉매 활성화 및 유동화가 촉진되어 유기물 제거가 빨라진다. 처리성능에 가장 큰 영향을 미치는 것은 활성미생물의 개체수이다. 미생물흡착재를 폭기조에 넣어 미생물농도를 증가시켜 생촉매 기능을 강화시키는 변법도 있다. 일반적으로 미생물이 부착할 수 있는 표면적이 크고 유동하기 쉬운 것일수록 좋다.[307]

이외에도 접촉폭기법(contact aeration method), 혐기-호기성 오니법(A/O, anaerobic-oxic sludge method)이 있다. 처리효율을 향상시킨 변법으로는 장기폭기법, 다단폭기법, 연속회분식법(SBR, sequencing batch reactor)이 개발되어 식품폐수처리에 널리 실용화되고 있다.

---

[306] Kana K. *et al.* 1989. Immobilized of *Saccharomyces cerevisiae* on γ-Alumina Pellets and Its Ethanol Production in Glucose and Raisin Extract Fermentation. *J. Ferment. Bioeng.* 68(3): 213-215
[307] 府中 裕一 外. 1990. ウレタンフォームを用いた流動床型生物膜処理. *用水と廃水*. 35(5): 391-398

15.2.2 활성오니법에 의한 탈질법

폐액 중 단백질은 혐기성 조건에서 분해 생성된 암모니아성 질소(NH_4^+-N)가 호기성 조건에서 질화되어 NO_3^--N로 전환된다. 이것은 무산소 조건에서 첨가한 유기탄소로부터 수소를 제공받아 물이 생성되고 질소가스(N_2)는 방출되는 생물학적 탈질기작은 다음과 같다[그림 15-1].

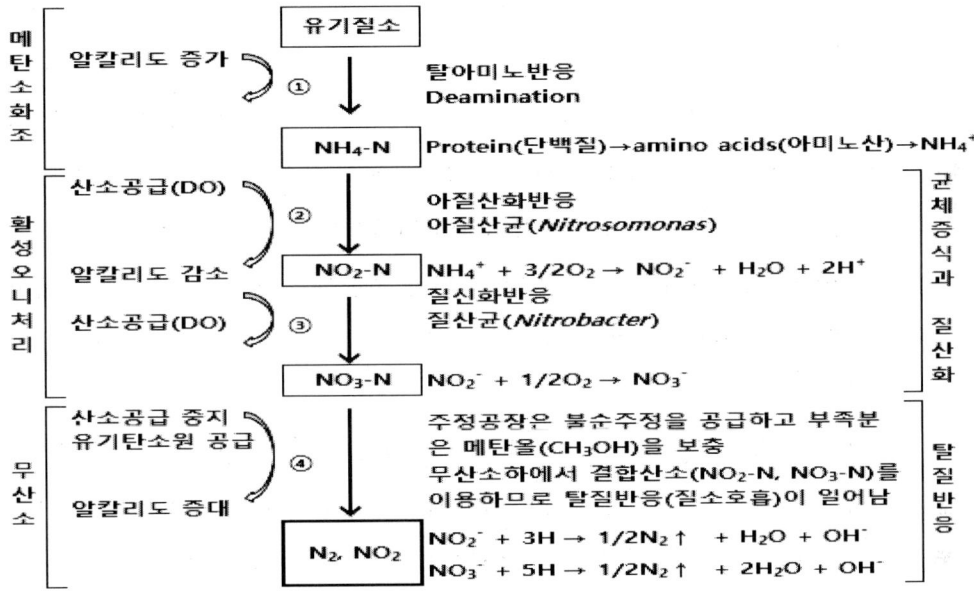

[그림 15-1] 주정폐액에 포함된 유기성질소의 생물학적 탈질기작
주정공장은 탈질공정에서 수소공여체로 메탄올 대신 불순주정이나 퓨젤유를 수소공여체로 활용한다.

제①단계: 주정폐액에 함유된 단백질(유기질소) 성분은 혐기성 메탄소화 과정에서 탈아미노(deamination, -NH_2) 되어 암모니아성 질소(NH_4^+-N)가 생성된다. 메탄소화조에서 암모니아(NH_3) 농도가 1500~3000mg/ℓ이상 존재하거나 pH가 7.4 이상으로 초과하면 메탄균은 심각한 생육저해를 받는다.

제②, ③단계: 메탄소화조의 유출액에 포함된 암모니아성 질소는 활성오니공정에 유입된다. 폭기조에서 용존산소(DO, dissolved oxygen)를 공급하여 호기적 처리를 하면 질산화(nitrification) 및 탈질소(denitrification) 과정을 거친다. 질산화은 아질산화(nitrite, NO_2^-)를 거쳐 질산화(nitrate, NO_3^-)가 일어난다. 암모니아성 질소를 아질산으로 변화시키는 세균을 아질산균(ammonia oxidizing bacteria, *Nitrosomonas* 속), 아질산을 질산으로 변화시키는 세균은 질산균(nitrite oxidizing bacteria, *Nitrobacter* or *Nitrococcus* 속)에 의해 질산화가 일어난다.

질화균은 아질산균과 질산균의 총칭으로 대부분 독립영양 세균이다. 질화균의 비증식속도는 $0.21~1.08 day^{-1}$, 질산균은 $0.28~1.44 day^{-1}$로 Proteus (그람음성 균, 운동성의 편모를 가진 균) 등 통성혐기성 세균 $40~60 day^{-1}$에 비해 매우 길다. 이 균들은 암모니아와 아질산을 산화시켜 에너지를 획득하며, 이산화탄소(CO_2), 탄산(carbonic acid, H_2CO_3) 및 중탄산(HCO_3^-)을 탄소원으로 하여 세포를 합성한다. 질화균의 비증식속도는 통성혐기성균에 비해 매우 길다. 오니일령(SRT, sludge or solid retention time)은 일반적으로 질화균 증식에 충분한 3~6일 정도 유지해야만 미생물의 유출(wash out)이 방지되고 효과적인 폐수처리를 할 수 있다. 질화균 유출을 억제할 수 있도록 설계하여 운전하는 것이 탈질(脫窒)과 폐수처리효율 유지에 매우 중요한 운전 포인트이다.

일반적으로 질화작용에는 NH_4^+-N 1mg당 7.1mg의 알칼리도가 소비된다. 완충능이 적은 폐수처리의 경우 알칼리도를 보충하지 않으면 폭기조 pH가 산성으로 떨어져 처리효율이 낮아진다. 생물학적 처리공정에서 아질산성 질소(NO_2^-N)의 축적은 공정 운전상 처리효율과 직접적인 관련이 있으므로 중요한 관리 요소이다.

제④단계: DO를 공급하지 않는 무산소 교반조건에서 생물학적 탈질이 일어난다. 탈질은 에너지원의 획득 방법에 따라 크게 Wuhrmann방식과 Bringmann방식이 있다.[308] 전자는 탈질반응조에 유기탄소원을 첨가하지 않고 질화 처리수 중의 잔존 BOD와 내생 호흡으로 세포질의 생리적 대사조건을 이용하여 탈질하는 방법이다. 이 방법은 운전비용이 저렴한 반면 탈질조 용량이 증가하고 질소제거효율은 낮다는 단점이 있다. NO_3^-N의 농도가 30mg/ℓ 이상일 때는 실용성이 낮다. 후자는 폭기조에서 BOD 성분이 완전 산화 분

---

[308] 안대희 외. 1996. 수처리와 미생물. 생물산업. 9(3): 25-31

해되어 고갈(枯渴)된 영양원은 메탄올과 같이 분해가 쉬운 유기탄소를 수소공여체(水素供與體, hydrogen donor)로 첨가하여 탈질 한다. 유기탄소를 공급하여 무산소 조건을 만들어주면 기존 폭기조 용량으로써 탈질이 가능하나 운전비용이 증가하는 단점이 있다.

주정공장은 탈질공정에 유기탄소 원으로 메탄올 대신 불순주정이나 퓨젤유를 수소공여체로 활용하면 쉽게 질산성질소(NO_3-N)를 탈질시켜 질소가스(N_2)로 방출할 수 있다. 최적 탈질조건은 C/N비 1~3 이상을 유지할 수 있도록 유기탄소 공급량을 조정한다. C/N비가 높을수록 탈질효율은 증가하나 유기탄소의 과도한 첨가는 미분해로 인해 방류수 BOD농도가 증가될 우려가 있다.[309]

15.2.3 생물학적 탈인법

혐기성/호기성 반응(A/O, anaerobic and aerobic reaction)은 재래 활성오니법의 단점을 개선한 인(燐, P) 제거효율이 뛰어난 처리공법이다.[310] 재래 활성오니법은 균체증식에 필요한 인만 이용하였기 때문에 인 제거효과가 거의 없었다. 그러나 활성오니의 생리적 대사특성을 이용하면 인 제거가 가능해 진다.

A/O법은 폐수나 하수 중의 인을 제거하는 고도처리공법이다. 인제거 미생물(PAOs, phosphorus accumulating organisms)은 무산소 상태에서는 균체 내부에 축적된 인을 자기소화(自己消化, autolysis) 과정에서 액 중으로 방출하면서 BOD 성분을 습취한다. 이때 처리액 중 인 농도는 증가하게 된다. 반면, 호기상태로 전환되면 습취한 BOD 성분을 분해하는 데 필요한 인을 과잉 습취하여 축적하는 특성이 있다. 이와 같이 활성오니 균은 균체 내에 인을 폴리인산염(polyphosphate) 형태로 축적 또는 배출하는 대사특이성을 활용한 생물학적 처리기법이다.[311] A/O법으로 운전하면서 처리액에 배출된 인을 과잉으로 함유한 잉여오니를 계외로 배출함으로서 인을 효과적으로 제거할 수 있다. 일반적으로 잉여오

---

[309] 염한기 외. 2018. 당밀과 질산성 질소의 C/N ratio 변화에 따른 탈질 및 미생물 군집 특성에 관한 연구. *미생물학회지*. 54(2): 105-112

[310] Barnard J.L. 1976. A review of biological phosphorus removal in the activated sludge process. *Water S. A.* 2: 136-144

[311] Hiraishi A. *et al*. 1989. Influence of External Orthophosphate Concentrations on Some Kinetic Properties of Activated Sludge in an Anaerobic-Aerobic System. *J. Ferment. Bioeng.* 67(4): 247-279

니 중에는 1~2%의 인이 포함되어 있다. 독일은 고효율의 생물학적 인제거법(EBPR, enhanced biological phosphorus removal)을 개발하였다.[312] EBER 공정의 인발 오니(汚泥) 중 인 함량이 약 7%에 이른다.

주로 오니 중 인은 다음과 같은 형태로 축적된다.

① 대사와 생육을 위해 인지질, NAD, FAD, 핵산(DNA, RNA)으로 축적

② Mg^{2+}과 K^+이 결합된 폴리인산염 형태로 미생물 세포내 축적

③ 인은 활성오니에 침전 또는 흡착에 의한 물리화학적으로 고정되어 존재한다.

인의 제거는 단백질이 질소가스로 탈질되는 것과 달리 활성오니 균체를 제거하는 만큼 인이 제거된다. 활성오니 균체에 인이 가능한 많이 축적될 수 있는 A/O법과 인과 질소를 동시에 제거할 수 있는 A_2/O(anaerobic/anoxic/oxic)법으로 활성오니처리 운전조작을 최적화하면 균체 내부에 인 농도를 높게 축적시켜 효과적인 탈인과 탈질을 동시에 할 수 있다.

15.2.4 SBR 처리법

연속회분식법(SBR, sequencing batch reactor)은 활성오니 처리법(AST, activated sludge treatment)의 변법이다.[313] 이 방법은 도시하수, 화학폐수, 담배, 식품, 제지, 질소함유량이 많은 소시지와 유가공(乳加工) 폐수처리에 적당하다[그림 15-2]. 특히, SBR 처리법은 질소와 인을 효과적으로 제거할 수 있는 폐수처리방법 중 하나이다.[314]

이 공정은 반응조 수에 따라 single, dual basin, 3 basin, 4 basin 공법이 있다. 생물학적으로 영양소를 제거하기 위해서는 반드시 공정 중 한곳 이상에서 산소를 공급하지 않는 무산소 지역(anoxic area)이 있어야 한다. SBR 반응조는 폭기와 비폭기를 동일 반응조에서 순차적인 전환에 의해 산소공급을 제한하면서 미생물 대사특이성을 이용한 처리법이다. 운전방법은 활성미생물군의 유지 또는 순환방법을 설정한 최적운전 프로그램에 따라 가동된다. 폐수 중 생물학적 영양소제거(BNR, biological nutrient removal) 방법은 재

---

[312] Jardin N. et al. 1996. Behavior of Waste Activated Sludge from enhanced Biological Phosphorus Removal during Sludge treatment. *Water Environment Research*. 68(6): 965-973

[313] Amend J.R. et al. files. Treatment of High-strength Organic Chemical industry Wastewater in a Sequencing Batch Reactor. *MALCOLM PIRNIE. INC. NY. USA*. pp.1-13

[314] Mikkelson K.A. 1995. AquaSBR Design Manual. Aqua-Aerobic Systems, Inc. pp.9-15, 31-33

래연속흐름(cBNR, conven- tional continuous-flow BNR), 운하형(dBNR, ditch type BNR), 연속회분식반응(sBNR, sequencing batch reactor type BNR or SBR)법이 있다.

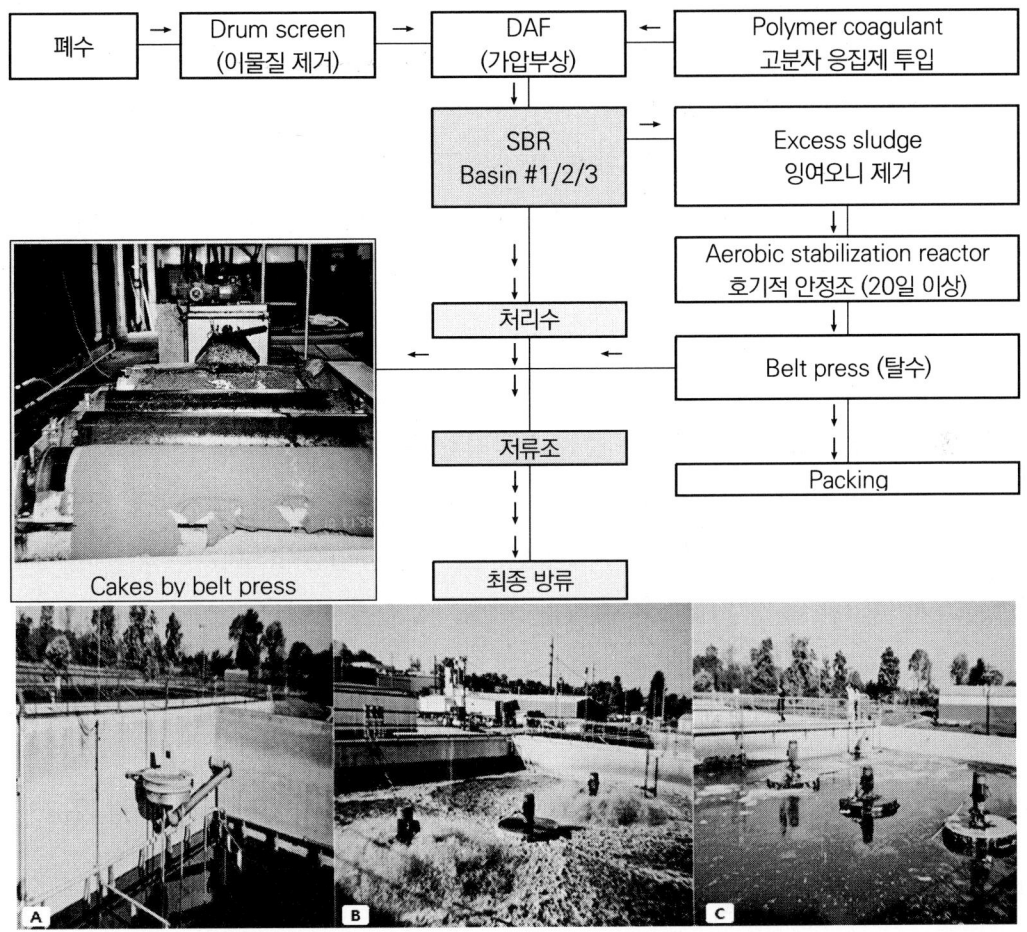

[그림 15-2] SBR 공정에 의한 소시지의 폐수처리
폐수 COD 1,100~3,180mg/ℓ의 원폐수유입(A), 표면폭기(B), 오니분리를 위한 정치·침강(C)

SBR 공법의 장점은 다음과 같다.

① 폐수처리시설의 설치비용이 비교적 저렴하다.

② 지속적이고 안정적인 처리수질과 효율이 보장된다.

③ 폐수의 부하변동에 대처가 용이하다.

④ 이상적인 침강 분리가 가능하다.

⑤ 사상균 성장이 억제된다.

⑥ 약품 첨가 없이 탈질과 탈인을 동시에 제거 가능하다. 즉, 폭기와 무산소

(anoxic/oxic) 조건을 순차적으로 제어하면 활성미생물의 생물학적 대사특이성에 의해 질소와 인을 동시에 제거한다.[315]

⑦ 오니 반송장치가 불필요하고 잉여오니가 적게 발생하는 공정이다. 잉여오니 처리비용이 절감된다.

SBR[316]의 운전 순서는 아래와 같다.

① 교반 유입(mixed fill): 반응조에 원수 유입, 폭기하지 않고 반응조 내 액을 완전히 교반한다. 이때 반응조는 무산소·혐기상태가 되며 사상균 증식이 억제된다.

② 폭기 유입(react fill): 교반/폭기/원수유입, 간헐적 폭기/교반으로 호기/무산소 상태를 반복한다. 이때 질산화 및 탈질화가 일어난다.

③ 폭기 반응(react): 원수유입 중지/폭기 계속/질산화·탈질화 반응을 유도한다.

④ 침강(settle): 교반/폭기를 중지하여 침강분리 한다.

⑤ 상층액 분리(decant/sludge waste): 교반/폭기 중지, 반응조 체적의 1/3 양과 소량의 오니를 배출한 후 여기에 다시 원수를 유입한다.

⑥ 휴지(idle): 휴지기간은 유입량과 폐수 수질에 따라 운전 프로그램에 최적 cycle time을 설정하면 매우 효과적으로 탈질과 탈인을 극대화할 수 있는 진보된 폐수처리 공정이다.

15.3 잉여오니의 분리기술

15.3.1 개요

생물학적 폐수처리공정에서 제거되는 대부분의 유기물질은 활성미생물에 의해 이산화탄소, 물, 질소가스 등으로 분해된다. 이때 유기물은 미생물에 의해 고분자에서 저분자로 산화·분해되면서 유리되는 에너지로 균체가 증식한다.

---

[315] Ketchum L.H. *et al.* 1987. A comparison of biological and chemical in continuous and sequencing batch reactors. *Journal WPCF.* 59(1): 13-18
[316] Irvine R. 1985. Project Summary-Technology Assesment of Sequencing Batch Reactors. *EPA/600/S2-85/007. May.* pp.1-4

반응조의 최적 F/M(food/microorganism ratio)비는 처리효율을 결정하는 중요한 운전인자이다. 여기서 F/M부하(BOD kg/kg MLSS·day)란 유기물질(BOD, F)을 활성오니의 미생물농도인 MLSS(M)로 나눈 값(F/M)이다. F/M비는 반응조 처리능력 한계 이내에서 낮으면 폐수처리가 잘 되고, 높으면 처리부하가 증가하기 때문에 처리효율은 떨어진다. 생물학적 폐수처리공정에서 비활성 미생물균체를 통상 오니라 부르며, 공정 중 일정량을 연속적으로 계외로 배출하는 오니를 잉여오니라 한다. 폐수처리공정에서 잉여오니를 연속적으로 일정량을 제거(除去)하여 폭기조 내 F/M비를 잘 유지하는 것이 운전기술이다. 잉여오니는 활성미생물이 노화되었거나 사멸한 균체로 물리화학적으로 상호 흡착, 응집 또는 침전된 것을 인출하여 탈수슬러지(dehydrated sludge) 상태로 제거한다.

탈수슬러지는 중금속 허용농도 이하일 경우 유기질비료로 사용하거나 매립한다. 잉여오니는 비중이 낮아 침전 분리가 어렵다. 응집제로써 미세 플록을 큰 플록으로 성장시켜 가압부상법으로 농축 분리한다. 오니를 가압부상하면 부상 스컴은 2~7%까지 농축 가능하다. 이렇게 농축된 스컴 오니를 회수하여 유·무기 응집제를 넣어 더 큰 플록으로 만든 후 진공드럼탈수기(vacuum drum dehydrator), 벨트프레스(belt press), 스크루프레스(screw press) 또는 원심분리기로 탈수한다.

오니는 비중이 너무 낮기 때문에 큰 플록으로 성장시키고자 유·무기 응집제를 사용하지만 고액분리가 쉽지 않다. 이 원인에 대해서는 분명하지 않으나 오니 표면에 생물학적으로 다양한 세포외 고분자물질(extra-cellular polymer)의 존재가 하나의 원인으로 생각된다.[317] 일반적으로 생산현장에서 유·무기 응집제로 오니 탈수를 개선할 수 있으나 응집처리 기작(coagulation mechanism)은 고려되지 않고 경험적으로 응집제를 선택하여 사용하는 경우가 많다.[318]

폐액처리 과정에서 처리수 중 고형물질을 분리하기 위해 침전조를 가장 많이 사용한다. 침전조의 경우 낮은 표면부하 때문에 침전조 설치 면적과 용량이 커지는 것이 단점이다. 반면, 가압부상조나 경사판 침전조(settling tank with sloped plate)를 이용하면 재래 침전조의 약 1/10의 크기로 효과적인 오니의 분리가 가능하다.

---

[317] Kang S.M. *et al.* 1990. Dewatering of Extracellular and Activated Sludge by Thermochemical Treatment. *J. Ferment. Bioeng.* 69(2): 117-121
[318] Kang S.M. *et al.* 1990. Properties of Extracellular Polymer Having an Effect on Expression of Activated Sludge. *J. Ferment. Bioeng.* 69(2): 111-116

15.3.2 부상조의 종류

(1) 공기 부상조

공기부상법(IAF, induced air flotation)은 500~10,000㎛의 기포로써 고형분을 분리하는 기술로 1916년 광산업에서 금속분리를 위해 응용한 기술이다. 분리효율은 낮으나 수질에 따라 매우 효과적인 분리가 가능하다.

(2) 가압공기 부상조

4.0~5.6kg/cm²의 압력공기와 물을 순환시키면 과포화수 상태가 된다. 과포화수를 폐수와 혼합시킨 후 대기압으로 노출시키면 용존 공기상태에서 기포가 생성되어 부유물질에 부착되면서 부상한다. 미세기포(微細氣泡)에 의해 오니 스컴은 부상조 표면으로 부상하면서 점점 농축된다. 이 가압공기 부상기술(DAF, depressed air flotation)은 1950년대에 유럽에서 실용화되어 침전조 대체 정화공정(alternative clarification process)으로 폐수처리공정에 널리 이용되었다.319)

(3) 미세기포 부상조

최첨단 부상공학기술로 부상기술 역사상 최초로 부유성 고형물은 물론 물속의 중금속, 탄화수소, 염료, 효소 등 용해성 불순물을 부가적으로 분리할 수 있는 혁신적인 기술이다.

미세기포 부상분리(PBF, pre-generated bubble flotation)법은 고도폐수처리에 많이 이용된다. PBF의 장점은 낮은 운전비와 최고의 부상효과로 폐수를 재이용 가능할 정도로 분리효과가 우수하고 높은 수면적 부하(水面積負荷, surface loading) 운전이 가능하다. 작은 설치 공간면적과 고가(高價)의 고액 분리장치가 불필요한 장점이 있다. PBF 부상분리는 간단한 기계작동과 무해한 운전 환경을 제공하며, 일반 침전조에서 제거되는 잉여오니 농도보다 2배 이상 농축시켜 분리할 수 있다. 이렇게 농축된 스컴을 탈수장치로 탈수하여 유기질 비료로 재활용하거나 소각 또는 매립한다.

---

319) Sven Liers *et al.* Modeling dissolved air flotation. *Water Environment Research.* 68(6): 1061-1075

탈수오니를 유기질 비료로 재활용할 경우 탈수에 사용한 유·무기 응집제는 중금속 함량이 허용기준 이하인 규격제품을 사용하여 2차 토양오염을 유발하지 않도록 한다.

15.4 주정폐액의 화학적 처리

15.4.1 Fenton법의 개요

주정폐액은 혐기성 또는 호기성 처리해도 생물학적으로 난분해성물질(難分解性物質, non-biodegradable substanc)인 색소는 남는다. 고온증자와 상압증류 공정에서 화학반응으로 생성된 색소는 화학적 처리가 필요하다. 활성오니처리의 최종 유출수를 2차 화학적으로 산화처리하기 위해 Fenton 공정을 부가하고 그 처리 효과를 검증하였다[그림 15-3].[320]

활성오니법의 최종 침전조 월류수를 염화제2철($FeCl_3$)과 양이온 고분자응집제(cationic polymer coagulant)를 넣어 플록을 성장시킨 다음 부상분리 한다. 폭기조 월류액 중 부유성 물질과 활성오니는 아크릴아마이드(acrylamide)계 양이온 공중합체(共重合體, copolymer)의 응집제가 최적 응집효과를 보였다. 1·2차 PBF에서 회수된 스컴은 원심분리기로 탈수 처리한다. 이 PBF 부상조에서 플록이 제거된 유출액에 Fenton 시약[Fe(Ⅱ)+과산화수소(H_2O_2)]으로써 산화환원 처리를 한다.[321] COD 1g 완전 산화에 필요한 산소와 과산화수소의 투입량을 계산하면 아래와 같이 각각 1g과 2.125g이 필요하다.

$$1g\ COD = 1g\ O_2 = 0.03125\ mole\ O_2 = 0.0625\ mole\ H_2O_2 = 2.125g\ H_2O_2$$

이때 반응조건은 산화환원전위(ORP) 500~650㎷, pH 2~4에서 약 1시간 반응할 수 있도록 설계하였다. 여기서 월류액은 중화조에서 pH를 중성으로 조절한 다음, 응집조에 양이온 응집제를 주입하여 미세한 플록을 더욱 성장시켜 2차 PBF에서 부상분리한 후 최종 방류한다. 부상분리는 미세플록의 응집 및 분리효과를 극대화하기 위해 미세기포발

---

[320] 남기두 외. 1999. 생물학적으로 처리한 주정폐액의 효율적인 화학적 처리방법. *생명과학회지*. 9(6): 692-697
[321] Walling C. 1975. Fenton's Reagent Revisited, *Acc. Chem. Res.*, 8. pp.125-131

생기(MBG, micro bubble generator)를 사용하였다. PBF에 미세 버블을 공급하면 부상조 상부 표면의 스컴 밀도가 점점 높아져 분리효과가 증가되었고, 방류수질도 개선되었다.

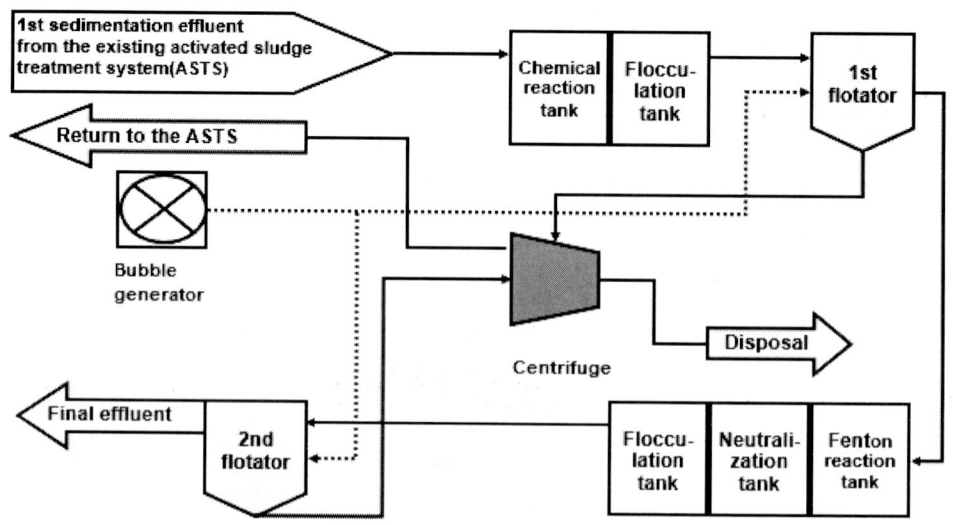

[그림 15-3] Fenton법을 추가한 주정폐액의 효율적인 폐수처리 흐름도
미세기포를 이용하여 1·2차 미세기포 부상조(PBF)에서 폐수처리액 중의 색소성분 등 잔류하는 난분해성 유기물질을 Fenton법으로 산화시켜 오니로 제거할 수 있는 폐수처리공정을 개발함

IAF의 경우 생성되는 기포직경이 평균 80~120㎛ 정도인데 비하여 미세버블발생기에서 생성된 기포는 20~50㎛ 크기로 강력한 표면흡착 활성을 가진다. 각 부상조의 표면부하(surface hydraulic loading rate)는 $7m^3/m^2/h$ 조건으로 운전하였다. 이때 기포와 결합하여 표면에 부상한 슬러지는 스컴 제거장치(skimmer)로 회수하여 원심분리기로 탈수 처리하였다.

15.4.2 1st PBF에서 COD와 SS의 제거

고온증자 및 상압증류 한 주정폐액은 혐기적 메탄소화를 거쳐 활성오니법으로 중복 처리하여도 최종 월류수에 남아 있는 COD농도가 배출수 허용기준을 초과하는 경우가 많았다. 최종 방류수에서 검출되는 COD 성분은 생물학적으로는 더 이상 분해되지 않는 색소성분이다. 이 같은 난분해성 색소성분은 Fenton 시약의 수산기(-OH radical)에 의해 화학처리법으로 쉽게 처리할 수 있다.

Fenton 시약인 과산화수소와 철염의 사용비율은 처리효율과 슬러지 발생량에 직접적인 영향을 미친다. Fenton 시약의 주입량을 최적화하는 방안에 대한 연구가 필요하였다.322) 다량의 슬러지 발생은 처리비용이 증가되므로 Fenton 공정 이전에서 가능한 많은 유기물을 제거하면 약품사용량을 절감할 수 있다.

미세기포발생기에서 생성된 기포는 강력한 화학적 흡착능력(吸着能力)을 가지고 있어 화학적 슬러지와 SS 제거에 효과적이었다. 일반적으로 IAF의 경우 고형물 부하율(solid loading rate)은 6~12kg/m²/h 정도를 권장하지만323) 미세기포부상법의 경우 10.8~14.5kg/m²/h로 운전이 가능하였다.

250일 연속운전기간 동안 [그림 15-4]와 같이 1st PBF에 유입 COD농도는 변화가 심하였으나 유출수는 Fenton 처리하여 2nd PBF에서 오니를 분리한 후 안정적인 최종 방류수 수질(-▲-)을 유지할 수 있었다.

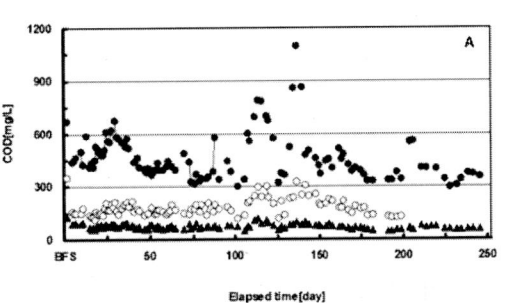

[그림 15-4] 1st PBF에서 COD농도 변화
1st PBF에서 COD_{Mn} 유입(-●-), 유출(-○-)과 2nd PBF의 최종 방류수(-▲-)

15.4.3 2nd PBF에서 COD 제거

1st PBF의 유출수는 물리·생물학적 처리공정을 거치면서 처리되지 않은 난분해성 COD 성분을 Fenton 반응조에서 산화 및 화학처리한 후 2nd PBF에서 스컴 오니를 분리한 여액을 최종 방류하였다.

반응조 pH가 3보다 증가하면 처리효율은 감소하였고, UV조사, 산소 또는 공기를 공급324)하면 반응조에서 -OH radical 생성이 촉진되어 아세틸렌,325) 알코올류, 에테르류, 아마이드류326) 등 총유기탄소(TOC, total organic carbon)의 분해력 상승으로 처리효율이 증

---

322) Kim, I.T. et al. 1999. The Combined Chemical and Biological Treatment of Dyeing Wastewater. J. KSEE. 21: 1439-1449
323) Haarhoff J. et al. V. 1995. Design Parameters for Dissolved Air Flotation
324) Kim S.M. et al. 1997. Landfill Leachate Treatment by a Photoassisted Fenton Reaction. Wat. Sci. Tech. 35(4): 239-248
325) Walling C. et al. 1973. Fenton's Reagent. III. Addition of Hydroxyl Radicals to Acetylenes and Redox Reaction of Vinyl Radicals. J. Am. Chem. Soc. Feb. pp.848-850
326) Walling C. et al. 1974. Fenton's Reagent. IV. Structure and Reactivity Relations in the Reactions of

가되었다는 보고가 있다. Fenton 반응조에 ceramic diffuser 2대를 설치하여 그 효과를 검증하였으나 산업규모 처리장에서 교반효과는 상승되었지만 약품사용량 감소는 확인할 수 없었다. 이것은 사용한 원료 종류에 따라 유입폐액의 수질변화 요인이 너무 많아 정확한 검증이 어려웠다. 그러나 ORP가 300~400mV로 설치 이전보다 100mV 정도 낮아지는 것으로 보아 Fenton 시약 사용량이 다소 줄어들었을 것으로 예상되었다.

활성오니 유출수는 1st PBF에서 COD가 60.3%가 제거되었다. 이 유출수를 Fenton 반응조에서 산화 처리한 다음 중화시켜 미세플록을 응집시켜 2nd PBF에서 최종 부상분리한 여액의 평균 COD 제거율은 60.5%였다. 1st PBF에서 SS농도가 평균 128mg/ℓ 유입되어 Fenton 처리 후 최종 방류수는 33mg/ℓ로 처리되어 SS 제거율은 평균 74.2%로 매우 안정적으로 처리할 수 있었다[표 15-2]. 응집처리 공정에서 염화제2철 $FeCl_3$(염화철Ⅲ, ferric chloride) 황산알루미늄 $Al_2(SO_4)_3$의 일일 약품사용량은 각각 66%, 19%까지 많이 감소되었으나 고분자 응집제 사용량은 큰 변화가 없었다[그림 15-5A].

[표 15-2] 활성오니법 및 부상방법에 따라 COD와 SS의 제거율

분석 항목		공기 부상법 (IAF)	활성오니처리	1st PBF	2nd PBF
COD_{Mn}	in(mg/ℓ)	8,346 (7,806~9,238)			
	out(mg/ℓ)	1,473 (1,081~2,241)	466 (310~1,096)	185 (141~303)	73 (44~125)
	제거율(%)	82.8	67.6	60.3	60.5
SS	in(mg/ℓ)	7,160 (12,800~3,150)			
	out(mg/ℓ)	2,141 (610~3,500)	305 (160~990)	128 (48~385)	33 (10~80)
	제거율(%)	70.1	85.8	58.0	74.2

*주정폐액 처리공정 중 1mg/ℓ of COD_{Mn} = 2.85mg/ℓ as COD_{Cr}
*농도 평균값, ( )측정값 범위

Hydroxyl Radicals and the Redox Reaction of Radicals. *J. Am. Chem. Soc*, Jan. pp.133-139

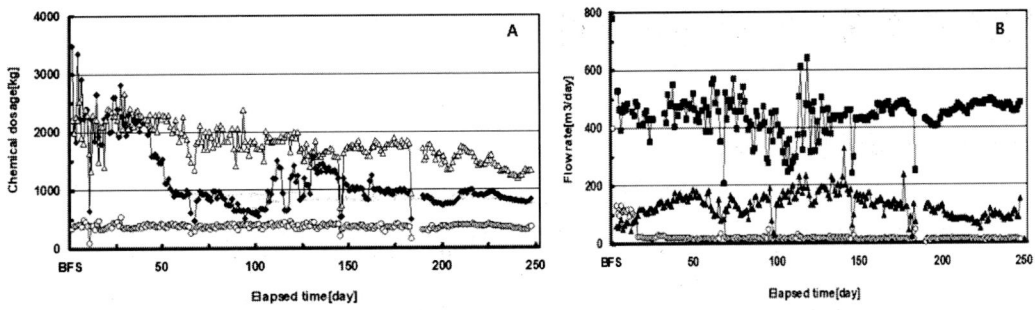

[그림 15-5] 그림A는 1차 응집처리 공정에서 약품사용량
염화제2철(-◆-), 고분자(-○-), alum(-△-)의 약품사용량(kg/일), 그림B : 상수도 사용량(-○-), 최종 방류수(-■-), 최종 방류수의 재활용량(-▲-)을 나타냄(㎥/일)

15.4.4 경제적 효과 분석

주정폐액은 1차 혐기성 메탄소화조 월류액을 가압부상으로 고액분리(固液分離) 후 활성오니처리를 하는 것이 일반적이다. 방류수 배출허용기준이 강화되면서 처리효율 향상 문제가 대두되어 추가적인 방지설비를 검토한 결과, Fenton법을 부가한 통합처리공정을 개발하게 되었다.

활성오니공정에서 재래 처리방법은 일반적으로 유입수의 농도를 1~3배로 희석하여 처리하였다. 새로운 처리공정은 무희석 처리하여 배출수 허용기준 이하로 방류할 수 있었다. 처리수질이 크게 개선되었기 때문에 방류수 중 일부는 회수하여 발효공정의 세척수, blower 냉각수, 사내 청소용으로 재활용 할 수 있었다. 최종

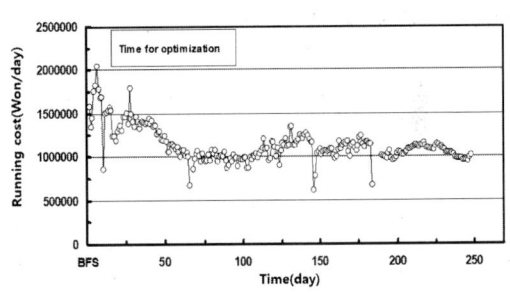

[그림 15-6] Fenton처리 약품비용
(H_2O_2+Fenton regent, -○-)

방류수량(-■-)은 약 45%나 감소시킬 수 있었다[그림 15-5B]. 화학처리공정에서 약품사용량도 감소되었으며, 폐수처리 운전비용은 공정개선 전보다 약 30% 절감되었다[그림 15-6].

15.5 주정폐액의 혐기성 처리

15.5.1 유기물의 분해기작

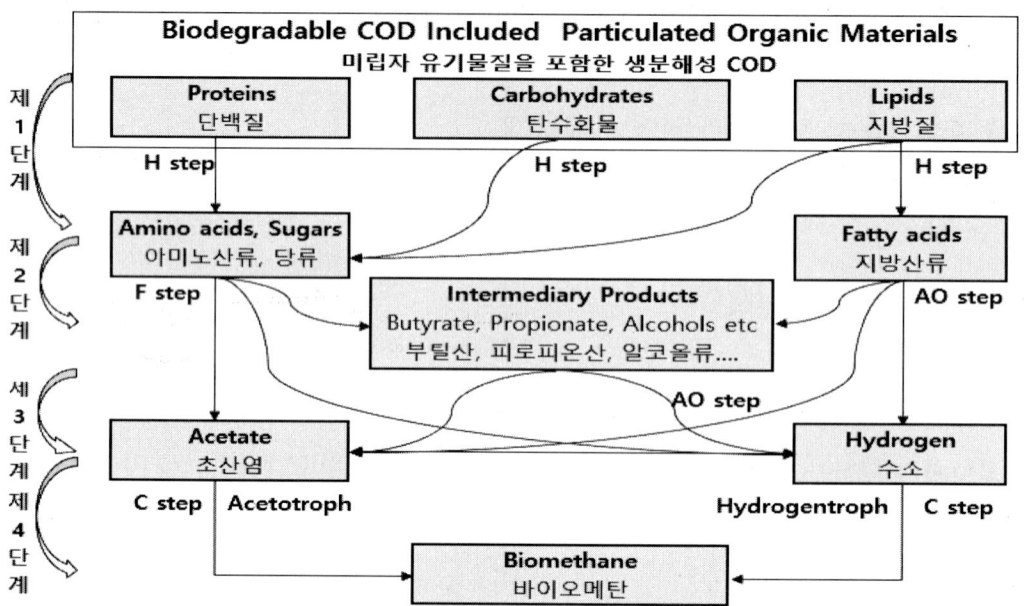

[그림 15-7] 유기물의 혐기적 분해 기작

제1단계(H, hydrolysis step) : 가수분해, 제2,3단계(F, fermentation & AO, anaerobic oxidation steps) : 발효 및 혐기성 산화로 초산염과 수소가 생성, 제4단계(C, conversion) step) : 초산염(70%)과 수소(30%)는 두 가지 다른 영양 메탄균에 의해 바이오메탄(CH_4)이 생합성된다.

메탄소화조에서 혐기적으로 분해 가능한 단백질(proteins), 탄수화물(carbohydrates), 지질(lipids, fat, grease)의 고분자물질이 저분자물질로 분해되는 기작은 [그림 15-7]과 같다.

제1단계 가수분해(H, hydrolysis step): 단백질, 탄수화물, 지방을 기질로 이용하는 미생물에 의하여 가수분해 되어 저분자화 된다. 가수분해산물로는 단백질은 아미노산류(amino acids)로, 탄수화물은 당류(sugars)로, 지방은 글리세롤과 지방산류(fatty acids)로, 이외 알코올류 등 유기물 단량체(organic monomer)로 분해된다.

제2단계 산류 생성(acidogenic fermentation step): 유기물 단량체들은 미생물에 의한 발효 및 혐기성 산화(anaerobic oxidation)로 프로피온산(propionate), 낙산(酪酸, butyrate)과 같은 유기산류가 생성된다. pH가 낮을 때에는 초산과 낙산이, 높을 때에는 초산과 프로피온산이 많이 생성되며 이외에도 중간 생성물로 알코올류가 생성된다.

제3단계 초산 생성(acetate fermentation step): 이들 유기산류는 메탄의 전구물질인 초산과 수소로 전환된다. 산생성균(acidogenic bacteria)은 유기산을 초산, 수소(H_2), 탄산가스(CO_2)로 전환시킨다.[327] 이때 제2단계에서 생성된 유기산과 알코올이 초산균에 의해 분해될 때 수소기체 분압은 가능한 낮게 유지되는 것이 좋다.[328]

제4단계 메탄생성(methanogensis step): 최종 단계에서 초산을 에너지원으로 이용하는 초산염 영양(acetotroph) 메탄균(methanogens)과 수소를 에너지원으로 이용하는 수소 영양(hydrogenotroph) 메탄균에 의해 메탄이 생성된다. 이 두 종류의 균들은 정상상태에서 혼합생태계(mixed ecosystem)의 균형이 잘 유지된다. 혐기성 소화기작은 생물학적으로 분해 가능한 유기물질이 4단계 분해과정을 거쳐 메탄가스가 생성된다.

15.5.2 소화조 관리 요인

메탄소화조 최적 운전에 필요한 관리지표로서 pH, 산화환원전위(ORP), 알칼리도, 체류시간(HRT), 고형분 체류시간(SRT, sludge retention time), COD/SO_4 비율, C/N 비율, CNP 비율, 온도가 있다. 온도관리는 메탄균에 영향을 주지 않는 T±0.6~2℃ 이내로 관리하는 것이 바람직하다.

메탄균의 증식(generation time)은 반응조의 온도에 따라 다르며 10℃에서는 50일, 35℃에서 3일로 온도 증가에 따라 성장속도가 달라진다. 소화온도에 따라 메탄소화에 필요한 최적 HRT도 달라진다. 일반적으로 중온소화인 경우 HRT가 30일 정도이나 고온소화일 경우 12일 이내로 약 1/3로 줄어든다.[329] 고온소화조 운영의 장점은 잉여오니의 발생량이 적고 활성오니에 비하여 탈수효과는 좋으나 온도관리와 안정적인 운전이 어렵다. 주정폐액은 고온으로 배출되므로 고온소화가 유리하다.

상압증류에서 발생한 주정폐액의 배출온도는 폐열회수 여부에 따라 다르나 90℃ 이상 유출되므로 고온소화를 할 경우도 냉각하여 공급해야 한다. 메탄소화와 활성오니 처

---

[327] Gujer W. *et al.* 1983. Conversion Processes in Anaerobic Digestion. *Wat. sci. Tech.* 15: 127-167
[328] 남궁규철 외. 2010. 메탄발효 효율향상을 위한 하·폐수 슬러지의 전처리 기술. *Kor. J. Microbiol. Biotechnol.* 38(4): 362-372
[329] Malina J.F. *et al.* 1992. Design of Anaerobic Processes for the Treatment of Industrial and Municipal Wastes. *Technomic Publishing Co. Inc.*, 7: 3-33.

리공정을 거쳐도 분해되지 않고 남은 색소성분이 방류수 기준을 초과할 경우 화학적 처리공정을 추가해야 한다. 고온증자와 상압 증류한 주정폐액은 생물학적 처리 후 색소성분이 분해되지 않고 남아 있어 화학적 처리가 반드시 필요하다. 최근에는 저온증자와 감압증류로 공정이 개선되었기 때문에 주정폐액의 색소문제는 크게 완화되어 Fenton 공정을 거치지 않아도 방류수 수질기준 이하로 처리 가능하게 되었다.

메탄소화조에서 발생하는 바이오가스 중의 메탄함량은 35℃ 중온소화일 때 50~70%, 56~60℃ 고온소화일 때 45~65% 수준이다. 고온소화는 반응속도가 빠른 대신 메탄균은 온도변화에 민감하다. 메탄소화조의 안정적인 운전은 메탄균의 균체 유출 방지와 최소 SRT 5일을 유지해야 한다. 균체유출은 메탄소화효율 저하를 가져 오지만 지속되면 소화조 운전이 불가능하게 된다.

최근에는 혐기성 반응조 내에 균체 고정을 목적으로 새로운 생물반응기(bioreactor)가 연구되고 있으며 일부는 산업적으로 활용되고 있다. 메탄균은 절대 혐기성 세균으로 소량의 산소가 존재해도 심각한 저해를 받는다. 균체생육을 조장하기 위해서는 고도의 혐기적 조건을 유지해야 한다. 그럼에도 불구하고 소화조 유출수로부터 메탄균 회수 목적으로 폭기조 희석수를 혐기성 침전조에 유입시켜 운전한 사례가 많이 있었다. 이때 메탄균은 희석수의 용존산소와 온도에 의해 실활(失活)되거나 충격은 받지만 온도 저하와 메탄가스 탈기(脫氣) 효과로 고액 분리 및 침전효율은 상승하게 된다. 이렇게 침전된 오니를 메탄소화조에 반송하면 소화조 MLSS농도는 높일 수 있으나 실제로 활성 메탄균의 농도는 낮아진다. 그 결과, 메탄균의 활성저하 때문에 소화효율이 크게 떨어진 상태로 소화조를 운전한 사례가 많았다.

메탄소화조 운전에 최적 ORP는 -520~-530㎷ 범위이다. -430㎷까지는 메탄소화가 가능하지만 -360㎷에 이르면 메탄생성이 완전히 중지된다.[330] 혐기성 처리에 있어 C:N = 10:1~25:1이상에서 잘 처리되나 C:N = 10:1 이하일 경우 암모니아 방출로 인해 pH가 과도하게 증가되어 메탄균이 저해를 받는 것으로 알려져 있다. C:N:P = 500~700:5:0.6~1[331]일 때 혐기성 처리가 적당하고, 폐수 중에 과도한 황 화합물과 암모늄(NH_4^+) 이온과 독성 유기물이 존재하면 균체증식과 생육에 저해를 받는다. 특히, 암모

---

[330] Stafford D.A. *et al.* 1979. Anaerobic Digestion. *Applied Science Publishers Ltd., London.* pp.15-33.

[331] Farmer J.K. *et al.* 1989. Anaerobic Treatment of Winery Wastewaters. 43rd Perdue University Industrial Waste Conference Proceedings. *Lewis Publications, michigan, USA.* pp.524-534

늄(NH_4^+) 이온이 3000mg/ℓ 이상이면 pH에 관계없이 상당한 독성물질로 작용한다. 또한, pH 7.4를 초과하면 심각한 저해를 받는다.

COD/SO_4비가 1.7~2.7일 때 메탄균과 황환원균(sulfate-reducing bacteria)이 초산과 수소를 같은 전자수용체로 이용함으로서 상호 경쟁적이나 황환원균이 초산에 대해 친화성이 큰 것으로 보고되었다.[332] 함황 아미노산으로부터 기인된 황산이온(SO_4^{-2}) 농도가 증가하면 메탄소화에 심각한 저해를 초래한다. 저해 원인은 황 환원균이 수소(H_2)를 황화수소(H_2S) 생성에 소비하기 때문에 메탄생성량이 감소하게 된다.

열역학적으로 흡열반응인 프로피온산은 초산, 수소, 이산화탄소로 분해할 때는 높은 온도가 유리(有利)하다. 하지만 수소를 이용한 메탄생성은 발열반응이므로 높은 온도가 오히려 불리 하게 작용된다. 하나의 메탄소화조에서 정상상태로 메탄소화가 일어날 때에는 유기물의 이화작용으로 인한 흡열과 발열 반응의 균형이 잘 유지된다.

15.5.3 주정폐액의 메탄소화

주정폐액 발생량은 요탑 가열증기를 직접 또는 간접 가열방식, 술덧의 알코올농도에 따라 다르나 주정생산량의 10~15배 정도이다. 요탑을 감압으로 운전할 경우 80℃ 전후의 주정폐액이 배출되며, 약 3~10% 내외의 총고형분(總固形粉, total solids)이 함유되어 있다. 이 같이 고농도 주정폐액은 물리·화학·생물학적 다양한 방법을 조합한 통합처리기술을 통해 완벽한 폐수처리가 가능하다.

주정제조에 사용한 원료 종류와는 무관하게 완벽한 폐수처리가 가능한 방법은 농축 후 건조하여 주정박을 생산하는 것이다. 주정폐액을 농축과 건조 처리하면 에너지소비량이 증가하여 운전비용이 크게 증가하는 단점이 있다. 주정폐액은 고온혐기성 메탄소화가 최적의 선택이다.[333][334] 주정폐액은 1차 고온혐기성 메탄소화(56±0.6~2℃) 처리하여 메탄가스를 회수한 후 유출액은 2차 생물학적으로 통합폐수처리 하는 공정이 가장 경제적이다.

---

[332] Ueki A. *et al.* 1986. Sulfate-Reduction in the Anaerobic Digestion of Animal Waste. *J. Gen. Appl. Microbiol.* 32:111-123
[333] Vlissidis A. *et al.* 1993. Thermophilic Anaerobic Digestion of Alcohol Distillery Wastewater. *Bioreso. Technol.* 43: 131-140.
[334] Michael S.L. 1984. Anaerobic Treatment of Fermentation Wastewater. *Envi. Proc.* 3: 222-227.

메탄소화의 장점은 대체에너지를 생산할 수 있을 뿐 아니라 설비의 유지 관리비용이 활성오니법에 비해 훨씬 저렴하다는 점이다. 혐기성처리는 최종 슬러지 발생량이 감소하고 탈수처리가 호기성 잉여오니보다 쉬운 장점도 있다. 주정폐액의 경우 메탄소화 처리공정에서 영양원을 전혀 공급할 필요가 없기 때문에 운전비용과 슬러지 처리비용이 절감된다.

활성오니공법의 운전비용은 산소를 공급하는 블로어(blower) 가동에 35~55%가 소비된다. 메탄소화조 가동은 배출 메탄가스를 교반에 이용하는 가스교반 또는 유입 원액과 내부 소화액을 액-액 순환(liquid-liquid circulation)시키면 별도의 혐기성 침전조 없이 균체 농도와 알칼리도를 유지할 수 있다. 가스교반을 위한 동력이나 액-액 순환을 위한 펌프 가동에너지만 필요하게 된다. 메탄소화는 주정폐액과 유기물농도가 높은 산업폐수의 1차 처리에 매우 적합하다.[335] 하지만 메탄소화는 대체에너지를 생산할 수 있는 등 많은 장점을 가진 폐수처리공정 중 하나이나 소화조 유출수는 반드시 2차 처리를 해야 하는 단점도 있다.

맥류(쌀보리, 겉보리, 밀) 및 옥수수의 주정폐액은 C/N 비가 14~16으로 다른 주정원료에 비해 매우 낮고 원료 특성상 미립자 물질이 많을 뿐만 아니라 COD 농도가 매우 높다. 맥류의 주정폐액을 기존소화조에서 단독으로 1~2주 이상 연속 처리하면 유기산이 축적되는 현상이 나타난다. 이때 이산화탄소 농도는 증가하고, pH가 6 이하로 떨어지면서 소화액은 점점 황갈색으로 변한다. 이런 현상이 나타나면 가능한 소화조 부하를 감소시키면서 알칼리용액으로 pH 6.5 이상 상승시켜 준다. 메탄균의 생육 및 활성화가 회복되어 정상 메탄발효 환경으로 신속히 유도할 수 있다. 메탄소화조에서 발생하는 메탄가스는 주정을 생산하는데 소비되는 총 에너지의 약 14~20%까지 대체할 수 있다.

쌀보리 주정폐액에서는 소화과정에서 독성물질의 축적으로 인한 소화조 운전실패 현상이 자주 나타난다. 이를 극복하기 위하여 다양한 방법을 강구하였으나 2주 이상 쌀보리 주정폐액이 메탄소화조에 유입되면 운전이 불가능하였다. 이 문제를 해결하기 위하여 정부 산하기관인 동력자원부는 대체에너지 확대보급과 기업체 애로사항 해결차원에서 주정폐액의 메탄소화에 관해 많은 연구를 추진하였다. 그 결과, 1990년 당시 동

---

[335] Silverio C.M. *et al.* 1986. Anaerobic Treatment of Distillery Slops Using an Upflow Anaerobic Filter Reactor. *Proc. Biochem.* Dec. pp.192-195

력자원부 연구보고서에 따르면 쌀보리 주정폐액을 연속적으로 처리하려면;

    ① 주정폐액을 2.5배 희석하여 처리할 것과,

    ② 메탄소화일수(HRT)는 23일 이상으로 운전할 것을 권장하였다.

에너지다소비산업인 주정업체는 1970년대 석유위기 이후 관련 정부기관으로부터 메탄소화공법을 적극적으로 권장 받았다. 그러나 당시 맥류의 주정폐액을 메탄소화 하는 데 근본적인 문제점은 해결되지 못한 상태였다. 정책원료인 맥류를 사용하지 않을 수 없었기 때문에 주정업체도 위탁 R&D를 수행하면서 메탄소화조의 안정적인 운전을 위한 문제점을 개선하려고 노력하였다. HRT 23일 이상 장기소화를 하여도 쌀보리 폐액은 공급 5일 만에 소화액이 산성화되어 메탄소화가 불가능하게 되는 현상이 반복적으로 나타났다. 주정공장은 에너지소비가 높지만 부득이 농축 설비를 도입하게 되었다. 메탄소화공법은 다른 생물학적 처리방법보다 높은 유기물 처리부하, 낮은 영양 요구성, 산소공급 불필요, 대체에너지 회수, 낮은 운전비, 슬러지 발생량 감소 등 많은 장점 때문에 쉽게 메탄소화조 공정을 포기할 수 없었다.[336]

맥류와 옥수수의 주정폐액은 기존 메탄소화조에서 소화처리가 잘 되지 않았던 원인은 타 주정폐액보다 COD농도는 약 2배로 높고 C/N비 낮아 처리가 어려웠던 것으로 은데서 기인된 것으로 확인되었다. 총질소 함량(TKN, total Kjeldahl nitrogen)이 낮은 원료와 C/N비를 조절하기 위해 맥류(A)와 그 외 원료(B)를 ABBABB 또는 ABBBABBB와 같이 순차적으로 사입하여 주정폐액의 COD 농도는 낮추고 C/N비는 높임으로써 폐수처리 현안 문제점은 완전히 해결되었다.

메탄소화처리의 장점 때문에 재래 메탄소화조의 단점들을 보완한 공정이 출현하기 시작하였다. 짧은 체류시간을 가진 상향식 혐기성 블랭킷 소화조(UASB, upflow anaerobic sludge blanket), 혐기성 필터(AF, anaerobic filter),[337][338], 유동층(fluidized bed) 등 새로운 혐기성 공정개발에 관한 연구가 많이 보고되었다.[339][340][341][342] High rate 공정에서는 오니

---

[336] Robert P.G. *et al*. 1983. New Wastewater Treatment for Industrial Applications. *Envi. Proc.* 2: 235-242.
[337] Young J.C. *et al*. 1989. Design Consideration for Full-Scale Anaerobic Filter. *J. WPCF.* 61: 1576-1587.
[338] Braun R. *et al*. 1982. Anaerobic Filter Treatment of Molasses Distillery Slops. *Wat. Res.* 16: 1167-1171.
[339] Sheehan G.J. *et al*. 1980. Utilization, Treatment and Disposal of Distillery Wastewater. *Wat. Res.* 14: 257- 27
[340] Roth L.A. *et al*. 1977. Anaerobic Digestion of Rum Distillery. Can. *J. Inst. Food. Technol.* 10: 105-108.
[341] Shrihari S. *et al*. 1989. Anaerobic-Aerobic Treatment of Distillery Wastes. *Water, Air and Soil Pollution*. 43: 95-108

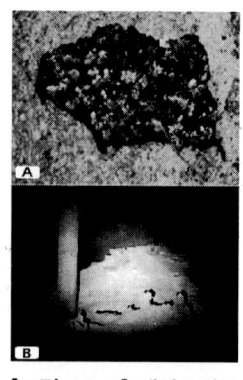

[그림 15-8] 메탄소화조 내 착염 struvite가 벽면에 성장하고 있는 사진 (A), 소화조 바닥에 세사(細沙, grit)등과 침전된 struvite(B)

의 체류기간이 수리학적 체류시간보다 길게 유지해야 증식이 늦은 혐기성 메탄균 유출로 인한 메탄소화조 운전실패를 방지할 수 있었다. 혐기성 미생물의 유출을 방지하기 위해 AF나 cross-flow filtration[343)]을 이용한 혐기성반응조가 개발되어 실용화되었다. 충전재를 사용한 혐기성소화조는 짧은 HRT에서 메탄균 유출은 방지할 수 있었으나 여재(filter media)의 막힘 현상이 발생하는 단점이 있었다.

UASB 장점은 혐기성 활성오니(anaerobic activated sludge)가 고농도의 과립체(顆粒体, granule)를 형성하는 점이다.[344)] 과립체는 10~70%의 회분(灰分)을 함유하고 있는데 대부분 Ca^{2+} 이온으로서 메탄발효가 일어나는 알칼리 조건에서 탄산염, 인산칼슘으로 존재한다. 이와 같은 염들은 메탄소화조 반응균형이 깨지면 착염을 형성하여 침전되거나 메탄소화조 내벽에 부착되어 결정체가 성장하게 된다[그림 15-8]. 이렇게 되면 가동유효용적(working volume)이 감소되면서 체류시간이 짧아져 소화효율은 점점 떨어진다.

착염 석출에 가장 민감한 영향인자는 온도이다. 고온메탄소화조의 최적온도는 T±0.6~2℃ 이내로 유지한다. 특히, 동절기 생산 작업을 중지할 때 소화조 온도관리가 중요하다. 온도가 낮아진 만큼 메탄균이 정상적인 활성을 회복되는데 소요되는 시간은 길어진다. 소화조 온도관리 실패로 인해 착염이 석출되거나 결정화되면 난용성으로 이를 제거하려면 운전을 중지하고 메탄소화조를 개방하여 청소해야 한다. 한 번 석출된 착염 제거에는 많은 시간과 노력이 소요되고 생산 작업이 영향을 받을 수밖에 없다. 메탄소화조 청소를 해야 하는 최악의 상태가 되지 않도록 관리해야 한다. 메탄소화조 바닥에 오니 제거용 배관을 설치하여 누적 오니를 주기적으로 배출할 수 있도록 설계할 때 맨홀은 내부 청소 가능하도록 설치한다.

재래 메탄소화조의 경우 인산암모늄마그네슘(struvite, magnesium ammonium phosphate,

---

342) Maree J.P. et al. 1987. Biological Sulfate Removal from Industrial Effluent in an Upflow Packed Bed Reactor. *Wat. Res.* 21(2): 141-146
343) Imasaki T. et al. 1989. Cross-Flow Filtration of Methane Fermentation Broth by Ceramic Membranes. *J. Ferment. Bioeng.* 68(3): 200-206
344) Fukuzaki S. et al. 1991. Characteristic of Methanogenic Granules Grown on Propionate in an Upflow Anaerobic Sludge Blanket(UASB) Reactor. *J. Ferment. Bioeng.* 71(10): 50-57

MgNH$_4$PO$_4$·6H$_2$O) 등 착염이 형성되어 세사(細沙, grit)와 함께 공침(共沈, coprecipitation)하거나 소화조 내벽에 침착되면 소화효율이 크게 떨어지는 현상을 경험하였다. 일단 결정화된 착염은 난용성이고 묽은 염산에만 용해된다. 온도관리 실패 또는 장기간 운전으로 인해 소화조에 누적된 착염을 제거하기 위해서는 메탄소화조를 개방하여 청소하는 것 외에는 다른 선택이 없었기 때문에 추가적으로 메탄소화조를 신설하는 대안밖에 없었다.

국내에서도 AF 공정을 외국으로부터 도입하였으나 한 종류 또는 정선(精選)된 원료를 장기간 사용하는 외국과는 달리 다양한 원료를 사용하는 우리 실정에는 맞지 않았다. 원료가 빈번하게 변경되고 곡물이나 타피오카의 껍질성분에서 기인된 입자상 SS성분과 포장재 등이 충전재를 막아버리는 현상이 발생하였다.

주정폐액은 원심분리 한 여액을 메탄소화 하도록 설계하면 소화조 용량도 감소되고 안정적인 소하조 운전이 가능하였다. 많은 메탄가스 회수를 위해 주정폐액을 전처리 없이 메탄소화조에 유입하면 미생물흡착재의 막힘 현상(clogging phenomenon)으로 인해 가동유효용적이 감소해 체류시간이 짧아지고 메탄소화 효율도 감소하게 된다. 결국, 정상운전을 할 수 없는 소화조 운전실패 현상이 발생하게 된다. 충전재를 활용한 소화조는 짧은 소화일수, 높은 소화효율 때문에 식품산업 폐수처리에 많이 채택되었다. 단, 소화조 충전재는 주기적으로 교체할 수 있도록 시공해야 한다. 산업적으로 이용되는 충전재는 직교류(直交流, cross flow), 관상(管狀, tubular), 폴링(pall ring)[345] 등이 있다. 우리나라는 다양한 주정원료를 사용하므로 충전재가 없는 혼합유동(mixing flow) 소화조 또는 상향류(上向流, upflow)의 소화조 운용이 유리하다는 결론을 얻었다.

주정폐액의 전처리는 폐액 중 SS 제거 목적으로 원심분리기를 주로 사용하지만 폐수처리공정에서 발생한 잉여오니 분리에는 침전조와 부상조가 많이 이용된다. 최근에는 오니의 효과적인 분리를 위해 공기부상조(IAF, induced air flotation), 가압부상조(DAF, depressed air flotation)[346] 또는 미세기포(micro bubble)를 이용한 superfroth 부상조[347]가 널리 활용되고 있다.

주정폐액의 메탄소화는 가능한 SS성분을 제거한 후 메탄소화 하는 것이 좋다. 생물학적 분해 가능한 미세입자만 유입되면 짧은 HRT에서도 안정된 소화처리가 가능하기

---

[345] Young J.C. 1991. Factors Affecting the Design and Performance of Upflow Anaerobic Filters. *Wat. Sci. Tech.* 24(8): 133-155
[346] Liers S. *et al.* 1996. Modeling Dissolved Air Flotation. *Wast. Envi. Res.* 68: 1061-1075
[347] Superfroth file. Total Solutions for Wastewater Treatment. *Enviro-bubble Flotation, Inc.*

때문이다. 현재 이용되고 있는 혐기성 소화처리공법들을 고형물 농도, 유기물의 공급방법, 소화조 형태, 소화방법에 따라 구분되고 있다. 운전온도에 따라 중온과 고온 소화, 운전방식에 따라 회분식과 연속식 소화, 고형물농도에 따라 건식과 습식 소화로 분류한다. 고형물함량이 20~40%일 경우 건식소화, 15% 이하인 경우 습식소화로 분류하며 주정폐액의 메탄소화는 TS가 10% 이하이기 때문에 습식소화에 해당된다.

메탄소화는 "15.5.1 유기물의 분해기작"에서 설명한 바와 같이 4단계 반응 중 제1~4단계 반응이 한 소화조에서 일어나는 1단 소화조(single or one step digester)와, 제1·2·3단계 반응이 일어나는 유기산발효와 제4단계 메탄 생합성 단계를 분리 운용하는 2단 소화조(two steps digester)로 분류된다. 주정폐액 처리에 많이 이용되는 혐기성 메탄소화조는 "습식연속 1단 소화공정"으로 분류되며, 산업폐수처리에 많이 이용되고 있는 혐기성 처리 공정의 분류와 소화조 특성은 [표 15-3]과 같다.[348][349]

[표 15-3] 현재 사용되고 있는 혐기성 처리 공정의 분류

반응조 종류	공정 설명
	(1) 재래식 소화 공법 (conventional digester) ① 대부분 단상식 소화로 고액분리를 하지 않고 유기물을 소화시키며 CSTR (continuous stirred tank reactor)이라고 하나 혼합효율이 가장 부족한 원시적인 재래 반응조 ② 하수슬러지, 돈 분뇨 등 소화에 가장 많이 사용되는 방식
Digester + Sedimentation tank	(2) 혐기성 접촉 공법 (anaerobic contact process) ① 소화조 후단에 침전조를 설치하여 침전조에 침전된 혐기성 미생물을 반송하고자 시도한 공정 ② 유출수 중의 용존 가스와 온도로 인해 혐기성 미생물의 침전이 어렵고, 침전이 용이한 모래 등 grits가 반송되어 소화효율과 working volume의 감소 원인 초래
	(3) 혐기성 필터 공법 (AF, anaerobic filter) ① 미국의 Young 박사가 60년대 말에 AF를 개발 ② 1970년대에 미국 B사가 AF 보급하였으나 미국에서 실패함 ③ B사 기술을 일본의 SP사가 구입 후 한국 S사 통해 한국에 시공함 ④ 여재의 막힘 현상(clogging phenomenon of filter media) 때문에 3~5년 주기로 여재를 완전 교체해야 하는 단점이 있음

---

[348] Young J.C. *et al.* Biological Process for Industrial wastewater Treatment. *Personal communication papers*
[349] 정인. 2011. 메탄 회수량 극대화를 위한 유기성폐기물 자원화 신공정의 운전결과. *바이오연료의 동향*. pp.45-97

반응조 종류	공정 설명
(그림: 혼합형 반응조 - media, sludge bed)	(4) 혼합형 반응조 (HR, hybrid reactor) ① 미국의 Young 박사가 AF의 단점을 보강하여 1980년대 개발한 반응조로 하부는 슬러지 베드나 그래뉼(미생물의 과립, granules)을 유지하도록 하여 AF의 장점만을 혼합한 개선 공법임 ② UASB보다 2~10배 많은 미생물 보유가 가능하고 반응조 안정성이 매우 높음 ③ 막힘/편류 현상은 일부 잔존하나 국내에는 주류(酒類), 화학공장 등에 적용사례가 많았음
(그림: UASB - Gas/Solid Separator (GSS), granules)	(5) 혐기성 입상슬러지 공법 (UASB, upflow anaerobic sludge blanket) ① 1970년대 중반 네덜란드의 Lettinga 박사에 의해 개발됨 ② 짧은 HRT와 높은 유기물 부하(8~40kg CODcr/㎥/d) 운전이 가능함 ③ 반응조는 안정성이 낮고 고형물이 많은 폐수에는 적용이 불가능
(그림: 유동층 반응기 - Fluidized bed)	(6) 유동층 반응기 (FBR, fluidized bed reactor) ① 1975년 미국의 William Jewell에 의해 개발된 공법 ② 미생물의 그래뉼보다 비중이 더 큰 모래, 돌 등을 이용 ③ 하수를 처리하다가 운전을 중지할 경우 여재들이 모두 침강된 후 재가동이 불가능하였음. 현장 적용에 실패한 후 산업현장에 적용이 거의 없으며, 운전비가 높은 단점이 있음

15.5.4 유기산 발효조의 운전 사례

주정폐액에서는 조건에서 전술한 바와 같이 메탄소화 제1·2단계에서 다양한 유기산류가 생성된다. 이 유기산류는 메탄소화 제4단계에서 메탄균에 의해 수소와 초산을 영양원으로 메탄이 생합성 된다[그림 15-7]. 메탄소화 특성을 보면 pH 5.7~6.0 이하의 산성에서는 유기산 발효가 우선적으로 일어난다. pH 6.5 이상이 되면 메탄균에 의하여 메탄이 생성된다.

재래 메탄소화조와 2단 메탄소화(two-stage digester) 공정의 특성에 대한 연구[350]가 활발히 진행되어 왔다. 2단 메탄소화란 1차 유기산 발효(organic acid fermenter)와 2차 메탄소화를 분리 운전하는 메탄소화법이다. 2단 메탄소화는 바이오가스 중 메탄농도가 65% 이상 높아지는 것이 장점이다. 메탄농도가 높아지는 이유는 1차 유기산발효조에서 유기물질이 저분자 물질로 분해되면서 이산화탄소가 배출되었기 때문이다. 하지만 1차

---

[350] Phae, C.G. et al. 1996. Effects of the Redox Potential of the Acidogenic Reactor on the Performance of a Two-stage Methanogenic Reactor. *J. Microbiol. Biotechnol.* 6(1): 30-35

유기산발효조에서 생성된 고농도의 유기산류를 포함한 월류액이 2차 메탄소화조에 유입되어 메탄가스 전환속도보다 유기산량이 많으면 유기산 축적현상이 나타나게 된다. 2단 메탄소화조의 운전은 바이오가스 중 메탄농도가 높은 장점에도 불구하고 소화조를 안정적으로 운전하기가 어렵다. 2단 메탄소화조를 재래 메탄소화조와 같이 이종(異種)균인 유기산 생성균과 메탄균이 혼합생태계(mixed ecosystem)를 형성하는 1단 메탄소화조(single methanic fermenter or digester)로 개조한 경험을 가지고 있다. 2단 메탄소화조 운전을 위해 1차 유기산발효조에 주정폐액을 공급하여 생성된 유기산을 경시적(經時的)으로 분석한 결과이다[표 15-4].

[표 15-4] 유기산 발효조에서 주정폐액으로부터 생성된 유기산 종류와 함량 (mg/ℓ)

경과시간(h)	0	3	6	12	24	36	48
pH	5.65	5.92	6.00	5.90	5.61	5.70	5.70
Acetic acid	290	243	252	330	540	779	1,010
Propionic acid	202	303	436	658	771	909	725
n-butyric acid	524	1719	2,282	2,387	2,411	2,172	2,284
iso-butyric acid	19	23	53	73	92	118	84
iso-valinc acid	15	165	81	75	138	121	98
n-valic acid	ND	ND	ND	14	35	34	40
iso-capric acid	ND	ND	ND	27	50	132	154

*ND: not detected.

프로피온산은 지속적으로 증가 추세를 보이지만 낙산의 경우 6시간 경과 이후에는 비슷한 생성량이 유지되었으며 총 유기산조성 중 50~70%를 차지하였다. n-valeric acid와 iso-capric acid는 유기산발효에서 12시간 경과 이후부터 생성되었으며, 48시간 이상 경과해도 각각 농도는 40mg/ℓ, 154mg/ℓ이었다.

단백질 가수분해산물은 포도당보다 빠르게 이용되지만 중성지방(triglycerides)이나 글리세롤의 분해는 늦다. 특히, 프로피온산 α- 혹은 β-oxidation에 의해 젖산(lactate) 또는 호박산(succinate)으로 분해된 후 메탄으로 전환되기 때문에 초산보다 메탄 전환속도가 늦다.[351] 메탄소화조의 유기산 축적지표(organic acids accumulation index)로 프로피온산을 이용하는 것이 편리하였다.

---

[351] Ghosh S. 1972. Anaerobic Process. J. WPCF. 44(6): 948-959

15.6 고온메탄소화조 운전 사례

15.6.1 설계 개요

재래 메탄소화조에 충전재를 설치하여 원심분리 여액을 소화할 수 있도록 고온메탄소화조(THAR, thermophilic hybrid anaerobic reactor)로 개량하였다[그림 15-9].

반응조 상하에 두 구획으로 나누어 내열성 충전재의 modular block을 설치하였다. 설계 HRT보다 빨리 유출하는 단락(短絡, short-circuiting flow) 가능성은 최소화하고 균체 축적은 최대가 될 수 있도록 설계하였으며, 재래 메탄소화조와 달리 THAR은 오니 베드(sludge bed)를 보유할 수 있도록 설계한 것이 특징이다.

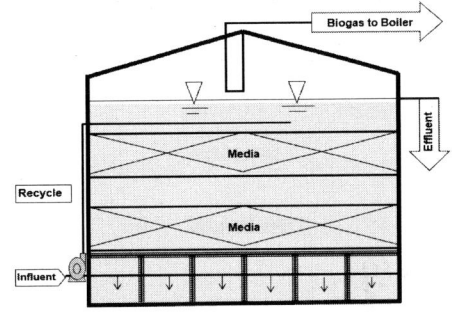

[그림 15-9] 고온메탄소화조(THAR)
가동유효용량 2,076㎥, 충전재(A)의 모듈블록
(60cmW×120cmL×60cmH, 102㎡/㎥)

THAR은 바닥에서 0.5m 높이에 분주배관(distributors)을 설치하였으며, 편류현상을 배제할 수 있도록 각 분주배관에 오리피스(orifice)를 설치하였다. 소화조에 공급된 주정폐액이 고른 압력으로 분주(分注)되어 상향흐름(upflow)을 유지할 수 있도록 설계하였고, 내부 소화액 관리를 위해 pH 및 온도 감지 센서(sensor), 유입수와 순환량 조정을 위한 유량계(FCV)를 설치하였다.

15.6.2 THAR의 운전

THAR의 start-up을 위해 3일간 기존 혐기성 메탄소화조 오니를 식종(植種)한 후 여액 공급량을 단계적으로 증가시켰다. 주정폐액은 THAR에 유입되기 전에 원심분리 하여 SS가 제거된 여액을 53~57℃까지 냉각시켜 공급하였다. THAR에 여액 공급량(m^3/d)은 sCOD 제거효율이 2일 이상 지속될 때 단계적으로 50, 100, 200, 300, 408까지 증가시켰다. 폐수 공급량과 재순환량의 비율은 운전기간 동안 8:1을 유지하였다. 1.5개월 만에 메탄소화조는 정상상태에 도달하였다. 소화액 pH는 약품을 사용하지 않고 6.8~7.5를 유지할 수 있었다.

THAR은 pH 6.8~7.5, 온도 53~57℃, 소화액의 유출수 알칼리도(as CaCO₃)는 2,960~5,420mg/ℓ 범위가 최적 운전조건이었다. 메탄소화조의 안정적인 운전을 위해 중온소화조(MHAR, mesophilic hybrid anaerobic filter)의 경우 sludge bed의 SS농도는 30,000~35,000 mg/ℓ 유지할 것을 추천하였고,[352] Greene[353] 등은 고온소화조가 중온소화조보다 높은 solid 농도가 필요하다고 하였으나 THAR은 중온소화조의 약 42% 수준인 3,520~10,250mg/ℓ에서 정상 운전되었다.

메탄소화조 유입 여액의 tSS농도는 20,000mg/ℓ(14일)~67,500mg/ℓ(1.5일)의 원액이 유입되어 유출수 tCOD 농도 증가의 직접적인 원인이 되었으나 소화조에서 tCOD보다 sCOD가 안정적으로 제거되는 추세를 보였다[그림 15-10A/B]. 운전 경과 92일 후 1주일 동안 중지하였다가 다시 운전을 시작했을 때 유출수의 tCOD 및 sCOD가 2~3일간 악화되었지만 곧 안정화되었다[그림 15-11A/B]. THAR은 HRT가 5~7일로 짧지만 tSS 유입농도가 증가해도 sCOD는 안정적으로 처리되었으며 일부 tSS는 소화되지 않고 유출되었다[그림 15-10B]. THAR은 유입 폐액의 SS농도 10,000mg/ℓ이하로 공급하면 높은 sCOD 제거율을 안정적으로 유지할 수 있음을 시사(示唆)한다.

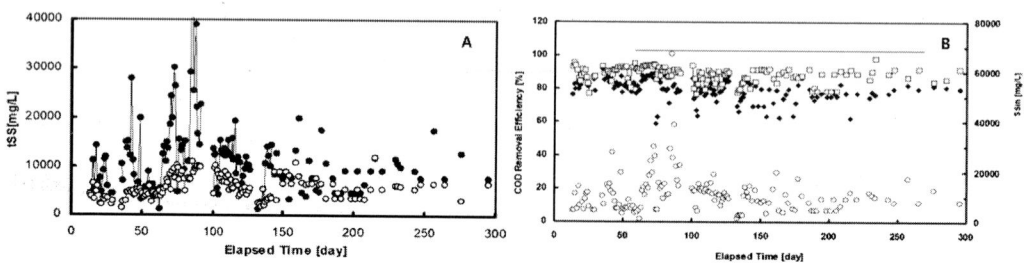

[그림 15-10] THAR을 10개월 운전기간 동안 tSS 유입에 따른 COD 제거율 변화
그림 A : tSS (유입 -●-, 유출 -○-).
그림 B : 소화조 유입 tSS (-○-) 농도에 따른 tCOD (-◆-)와 sCOD (-□-)의 제거율 변화
☞ 운전조건 : pH 6.8~7.5, 53~57℃, 체류시간 5~7일, 타피오카 81일, 옥수수 36일, 쌀보리 38일 연속 운전하였음

---

352) Young, J.C. et al. 1989. Design Considerations for Full-scale Anaerobic Filters. J. WPCF. 61: 1577-1585.
353) Greene R.A. et al. 1945. Plant Scale Tests on Thermophilic Digestion. Sewage Works J. 17: 718-724.

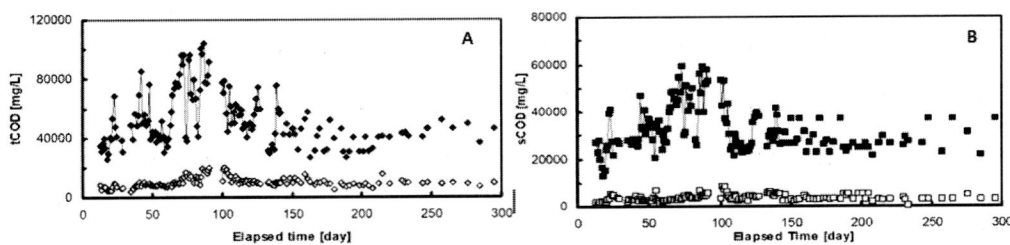

[그림 15-11] THAR을 10개월 운전 동안 COD 유출입 변화
그림 A : tCOD (유입 -◆-, 유출 -◇-), 그림 B : sCOD (유입 -■-, 유출 -□-)
☞ 운전조건은 [그림 15-10]과 같음

15.6.3 SS 제거율·주정박 및 소화조 충전재

(1) SS 제거율

메탄소화조에 유입되는 옥수수와 쌀보리 여액의 SS농도는 10,780~ 18,857mg/ℓ로 타피오카 여액의 약 2.5배 높게 유입되었다[표 15-5]. 옥수수와 쌀보리의 SS의 소화 제거율은 각각 35~49%, 60~71%였지만 타피오카 여액은 9~16%에 불과하였다. 타피오카 여액의 SS농도는 낮게 유입되었지만 소화율도 매우 낮았다. 충전재를 사용한 THAR일 경우 소화 제거율이 낮은 고농도의 SS 유입은 바람직하지 않았다. 메탄소화조 내 배관, 충전재 등 막힘 현상과 편류가 발생하여 가동유효용량이 감소되어 체류시간이 짧아지는 직접적인 원인이 될 수 있기 때문이다. 수입 타피오카의 경우 포장재인 PP(poly propylene) 포대(包袋)나 마대(麻袋) 등 일부가 원료와 함께 분쇄되어 전 공정(全工程)을 경유하여 메탄소화조에서 축적되었다.

[표 15-5] THAR의 정상운전 조건에서 원료에 따라 tSS 제거율

원료 명	타피오카		옥수수		쌀보리	
유입량 (㎥/d)	300	408	300	408	300	408
SSin (mg/ℓ)	4,334 (1,333 ~ 9,000)	7,731 (4,000 ~ 19,950)	12,161 (6,500 ~ 19,250)	10,780 (4,867 ~ 14,500)	18,857 (9,334 ~ 67,500)	11,750 (10,167 ~ 14,000)
SSout (mg/ℓ)	3,945 (1,917 ~ 6,000)	6,491 (3,533 ~ 8,000)	6,208 (4,750 ~ 9,000)	6,977 (3,125 ~ 10,900)	7,500 (4,375 ~ 11,000)	3,406 (2,875 ~ 4,000)
제거율 (%)	~9	~16	~49	~35	~60	~71

SS 유입은 메탄소화조 부하를 높이고 메탄균 유출(wash out)을 촉진한다. 메탄소화조 유입 SS농도는 10,000mg/ℓ 이하로 유지하는 것이 메탄소화조의 안정적인 운전에 유익하였다. 메탄소화조를 설계할 때 SS농도가 낮게 유입되도록 원심분리 또는 bent sieve를 설치한다. SS농도가 낮으면 소화조 설계용량이 감소되어 초기투자비용도 절감되고 안정적인 소화조 운전 측면에서도 바람직하다.

(2) 주정박

주정박 단가도 국제 곡물 및 유가의 가격변동에 따라 연동하여 조정하는 것이 바람직하다. 미국의 경우 주정박 거래단가는 구입원료 단가와 비슷하게 형성되고 있다. 곡물 주정박은 조단백질 30%(3배), 조섬유 8%(4배), 조지방 8%(2.7배)까지 농축되어 단미사료로써 충분한 사료가치가 인정된다. 주정박은 효모 조단백질 외에 미지성장인자(UGF, unknown growth factors)를 포함하고 있다. 혼합 사료의 부형제 또는 섬유질 보충제로 많이 이용된다. 또한, 배합사료용 곡물과 주정박을 수입하여 사용하고 있지만 국내 주정박은 저평가 받고 있는 실정이다. 향후 주정박 생산원가와 세계 곡물가격에 대한 정보를 서로 공유하면 합리적인 가격결정이 가능하고 상생할 수 있다.

(3) 소화조 충전재

AF(anaerobic filter) 메탄소화조는 1960년 말에 개발되어 혐기성 처리기술의 전환점이 되었다. 1977년 이후 AF가 full-scale로 건설되기 시작하였다. AF는 가용성(可鎔性)이고 생물학적 분해 가능한 유기물을 포함한 산업폐수 처리에 매우 적합하였다. AF media의 비표면적은 소화조의 성능과 소화효율에 영향을 미친다. 실험실규모의 성능과 산업규모의 성능을 비교하면서 유용한 자료가 축적되었기 때문에 혐기성처리기술이 크게 발전할 수 있었다. UASB 및 유동상 소화조(fluidized bed reactor)는 SS농도가 유입 COD의 10% 이하 폐액을 처리할 때 높은 효율로 운전할 수 있다.

여러 가지 모양의 폴링(pall ring)과 같은 무작위의 충전재(random filler)를 설치한 혐기성소화조의 경우 SS를 함유한 폐액을 처리할 때 막히는 문제점이 나타났다. 충전재를 사용한 메탄소화조는 주기적인 청소가 필요할 뿐만 아니라 3~6년마다 충전재를 완전히 교체할 것을

AF 개발자인 Young은 추천하였다.[354]

AF로써 주정폐액을 메탄소화 할 때 충전재의 교체주기를 놓치면 소화액 중에 포장재의 분쇄입자, 분해되지 않고 팽윤된 SS, 세사(細沙, grits) 등이 struvite 성분과 함께 석출된다. 석출된 착염은 충전재와 소화조 내벽에 부착(附着) 또는 침전하면서 결국 소화조 기능을 할 수 없게 한다. 구조화된 직교류 충전매체(structured cross-flow media)를 사용한 AF (anaerobic filter) 소화조는 이 같은 막힘 문제는 없었다고 보고되나 THAR의 장기적인 운전경험과 다양한 주정제조 원료를 사용하는 우리 실정에는 메탄소화조 내에 어떠한 형태의 충전재를 설치하는 것도 바람직하지 않다는 결론을 얻었다.

15.6.4 tCOD·sCOD·insCOD 제거

여액의 평균 tCOD농도(mg/ℓ)는 타피오카 37,577, 옥수수 49,396, 쌀보리 67,632이었다[표 15-6]. THAR에서 유입량 300㎥에서 408㎥로 증가시켰으나 tCOD의 평균 제거율은 타피오카 72~78%, 옥수수 74~79%, 쌀보리 83~84%가 유지되었다[표 15-6]. THAR은 설계 부하량 내에서 유기물농도가 높을수록 메탄가스 발생량은 비례적으로 증가하였고 소화 제거율도 안정적으로 유지되었다. [표 15-7]에 나타난 바와 같이 유입량 300㎥에서 408㎥로 증가함에 따라 메탄소화 후 타피오카와 옥수수의 유출액은 안정적으로 처리되었다. 쌀보리는 유입량 증가에 따라 유출액 sCOD농도는 3,927mg/ℓ에서 5,145mg/ℓ로 증가하여 sCOD제거율은 91%에서 86%로 떨어졌지만 38일 동안 쌀보리 주정폐액을 연속 메탄소화 처리할 수 있었다. 이후 활성오니처리 공정에서 메탄소화조 유출수의 sCOD 증가로 인한 처리효율 저하 또는 방류수질 관리에 문제점은 발견되지 않았다.

---

[354] Young J.C. *et al.* 1989. Design Consideration for Full-Scale Anaerobic Filter. *J. WPCF.* 61: 1576-1587.

[표 15-6] THAR에서 원료 종류에 따른 tCOD의 제거율

원료	타피오카		옥수수		쌀보리	
유입량 (m³/d)	300	408	300	408	300	408
tCOD 유입농도 (mg/ℓ)	37,713 (29,538 ~51,137)	37,442 (27,212 ~57,448)	51,973 (40,258 ~63,000)	46,819 (32,263 ~57,022)	76,645 (41,102 ~103,910)	58,620 (42,709 ~75,531)
tCOD 유출농도 (mg/ℓ)	8,716 (6,928 ~9,969)	9,811 (7,675 ~12,094)	10,939 (8,813 ~14,438)	11,753 (9,073 ~15,118)	12,324 (7,238 ~19,600)	9,665 (9,495 ~9,783)
tCOD 부하량 (kg/m³/d)	5.45 (4.27~7.39)	7.36 (5.35~11.29)	7.51 (5.82~9.10)	9.20 (6.34~11.21)	11.08 (5.94~15.02)	11.52 (8.39~14.84)
tCOD 제거량 (kg/m³/d)	4.31 (2.94~6.15)	5.43 (3.34~8.91)	6.26 (4.36~7.64)	6.89 (4.02~9.28)	9.03 (4.24~12.64)	9.78 (6.48~12.95)
제거율 (%)	78 (66~84)	72 (62~80)	79 (72~84)	74 (63~83)	84 (71~87)	83 (77~87)
C/N비	31.9[1)]		14.5		16.3	

☞ 모든 운전조건은 [그림 15-10]과 동일한 조건으로 운전함
[1)] C/N비 = TKN/평균 COD = 1,178/37,577 =31.9

[표 15-7] THAR에서 원료 종류에 따른 sCOD 제거율

원료	타피오카		옥수수		쌀보리	
유입 유량 (m³/d)	300	408	300	408	300	408
sCOD 유입농도 (mg/ℓ)	29,434 (20,697 ~36,235)	28,003 (22,677 ~36,984)	25,127 (21,296 ~30,375)	28,872 (26,346 ~31,748)	45,193 (26,075 ~59,613)	35,426 (29,859 ~41,648)
sCOD 유출농도 (mg/ℓ)	3,783 (1,462 ~6,960)	3,624 (3,024 ~5,314)	4,191 (2,250 ~5,063)	3,975 (2,361 ~5,234)	3,927 (2,667 ~6,881)	5,145 (4,063 ~5,823)
sCOD부하 (kg/m³/d)	4.25 (2.99~5.24)	5.50 (4.46~7.27)	3.63 (3.08~4.39)	5.67 (5.18~6.24)	6.53 (3.77~8.61)	6.96 (5.87~8.19)
sCOD 제거량 (kg/m³/d)	3.75 (2.48~4.88)	4.79 (3.71~6.65)	3.28 (2.44~4.00)	4.89 (.15~5.35)	5.57 (3.28~8.12)	6.21 (5.07~7.04)
제거율(%)	87 (78~95)	87 (79~91)	85 (9~91)	86 (80~91)	91 (87~94)	86 (85~88)

☞ 모든 운전조건은 [그림 15-10]과 동일한 조건

불용성 유기물질(insCOD, insoluble organic materials)이란 tCOD와 sCOD를 차감한 값이다. THAR에서 타피오카 여액의 경우 insCOD부하도 쌀보리와 옥수수에 비해 상당히 낮지만 제거율은 유입량에 따라 각각 34.4~46.7%로 낮게 나타났다[표 15-8]. 이 결과는 타피오카의 insCOD는 메탄소화가 어렵고 결국 잉어오니로 배출된다는 것을 의미한다. 옥수수와 쌀보리의 insCOD는 각각 56.7~70.4%, 76~78.3%가 메탄가스로 전환되었다.[355]

[표 15-8] THAR에서 원료에 따른 불용성 COD (insCOD) 제거율

원료 종류	타피오카		옥수수		쌀보리	
유입량 (m³/d)	300	408	300	408	300	408
insCOD 부하 (kg/m³/d)	1.20	1.86	4.23	3.53	4.55	4.56
insCOD 제거량 (kg/m³/d)	0.56	0.64	2.98	2.00	3.46	3.57
insCOD 제거율 (%)	46.7	34.4	70.4	56.7	76.0	78.3

☞ 모든 운전조건은 [그림 15-10]과 동일한 조건

15.6.5 쌀보리 주정폐액의 메탄소화

THAR에서 쌀보리 여액 일유입량 300m³, 평균 tCOD부하 11.08kg/m³/d에서 38일간 연속 처리하면서 문제점을 검토하였으나 연속 운전기간 중에 유출수의 수질악화나 유기산 축적현상은 나타나지 않았다. 일유입량을 408m³까지 증가시켜 평균 tCOD부하 11.52kg/m³/d로 처리하였으나 tCOD제거율은 비슷하게 유지되었다[표 15-6].

쌀보리 여액 일유입량을 300m³에서 408m³으로 증가시켰을 때 sCOD 제거율은 91%에서 86%로, 바이오가스 발생량(m³/m³/d)은 7.57에서 6.61로 감소하였다[그림 15-7/15-9]. 이 결과는 쌀보리의 경우 유입량 증가에 따라 최적 HRT와 tCOD 부하량을 초과하고 있음을 시사한다. 바이오가스 일평균 생산량은 쌀보리 여액 300m³를 공급했을 때 15,708m³가 발생되었으나 유입량을 408m³로 증가하였을 때 13,721m³로 12.6%나 감소하였다[표 15-9]. 바이오가스 생산량은 유입량의 유기물총량(tCOD)에 비례하지만 유입량을 300m³에서 408m³으로 증가시켰을 때 타피오카, 옥수수, 쌀보리 모두 약간씩 감소되었다. 이것은 소화조 처리부하를 초과하기 때문에 소화율이 떨어진다는 것을 의미한다.

---

[355] Robert P.G. *et al*. 1983. New Wastewater Treatment for Industrial Applications. *Envi. Proc.* 2: 235-242.

[표 15-9] THAR에서 사용원료에 따른 메탄가스 발생량

원료 종류		타피오카		옥수수		쌀보리	
유입량 (㎥/d)		300	408	300	408	300	408
Biogas 생산량 (㎥/d)		7,191 (4,971 ~8,036)	6,599 (4,184 ~8,026)	10,083 (9,401 ~11,894)	10,200 (7,420 ~12,336)	15,708 (11,430 ~19,574)	13,721 1(1,725 ~15,700)
tCODrem[1)] (kg/d)		8,947	11,273	13,003	14,307	18,743	20,299
Biogas 생산량 (㎥/㎥/d)		3.46	3.18	5.22	4.91	7.57	6.61
Biogas/ tCODrem (㎥/kg)	55℃	0.83 (0.59~1.27)	0.64 (0.43~0.95)	0.85 (0.68~1.26)	0.74 (0.54~0.89)	0.83 (0.61~1.98)	0.73 (0.55~0.87)
	STP[2)]	0.69	0.53	0.71	0.62	0.69	0.57

[1)] rem means removal quantity of tCOD
[2)] STP : 표준 상태(0℃, 1 atm)로 환산

사탕무, 사탕수수 또는 폐당밀의 주정폐액은 유기물농도가 매우 높은 반면 인과 질소는 미량 존재하므로 C/N 및 C/P 비가 매우 높다. 필수 무기질 또는 단백질이 부족한 주정폐액은 혐기성처리 할 때 인과 질소 및 단백질을 보충해야만 혐기성미생물이 제대로 성장할 수 있다.[356] THAR에서 쌀보리 주정폐액의 경우 C/N비가 타피오카 폐액보다 매우 낮았지만 장기간 안정적인 운전이 가능하였다. 쌀보리 여액에 미확인 독성물질 영향이나 원료 단백질에서 기인된 암모늄 이온(NH_4^+) 농도의 영향을 덜 받았다. 그 결과, 52개월 동안 소화효율 저하 없이 쌀보리 여액을 장기간 성공적으로 처리할 수 있었다. 주정생산량 증가에 따라 폐액 유입량을 17.6%(480㎥/d)까지 증가시켰더니 소화율만 약간 떨어지면서 유출수 COD농도가 증가하였지만 2차 생물학적 활성오니 처리공정에서 안정적으로 처리할 수 있었다. 이것은 THAR 내부 충전재에 부착된 메탄균의 균막(菌膜, biofilm)이 형성되어 고농도의 균체농도가 확보되었고, 특수 제작된 분주배관에 의한 고른 분산효과로 유기물질과 미생물의 접촉빈도 증가가 중요한 요인[357]으로 작용하여 쌀보리 주정폐액을 단독으로 38일간 연속 처리할 수 있었다는 것이다.

결론적으로 기설(旣設) 메탄소화조는 당시 쌀보리 등 맥류원료를 사용하지 않았으므로 맥류폐수의 유기물농도를 설계에 반영하지 못했기 때문에 COD 설계부하를 초과한

---

[356] Wang BZ et al. 1986. Anaerobic reactors treating beet sugar effluents. *EFFLUENT AND WATER TREATMENT JOURNAL. MAY*. pp.150-162
[357] Sheehan, G.J. et al. 1980. Utilization, treatment and disposal of distillery wastewater. *Wat. Res.* 14: 257-277.

것이 첫째 원인이었다. 쌀보리 폐액 처리가 어려웠던 주된 이유는 C/N비 16으로 타피오카 32보다 2배 낮고 tCOD 부하량은 타피오카 폐액보다 1.8~2배나 높아 적정 처리 부하율을 초과한 것이 직접적인 원인으로 확인되었다

15.6.6 메탄가스 발생량과 SOx

(1) 메탄가스 발생량

10개월 연속 운전 중 여액 유입량에 따른 메탄가스 생산량은 [그림 15-12A]와 같다. 바이오가스 중 메탄과 이산화탄소의 농도는 각각 59~68%와 32~41%이었으며 메탄농도는 pH에 의존적이었다[그림 15-12B]. THAR 운전 중 60~90일 경과했을 때 정상상태에서 여액 일유입량을 408㎥보다 26%나 적은 300㎥를 공급하였음에도 불구하고 메탄가스발생량은 오히려 많았다[그림 15-12A]. 이때 유입 여액은 고농도의 SS가 유입되어 일부는 메탄가스로 전환되었으나 유입량 증가에 따른 tCOD부하 증가로 인해 소화효율은 약간 감소하였다. 140일 경과 이후부터 매우 안정적으로 메탄가스 발생량은 유지되었다. 메탄가스 생산량을 증가시키려면 주정폐액을 원심분리 하지 않고 공급하면 어느 정도 메탄가스 발생량은 증가시킬 수 있지만 장기적으로는 소화조 운영에 바람직하지 않다는 결론을 얻었다.

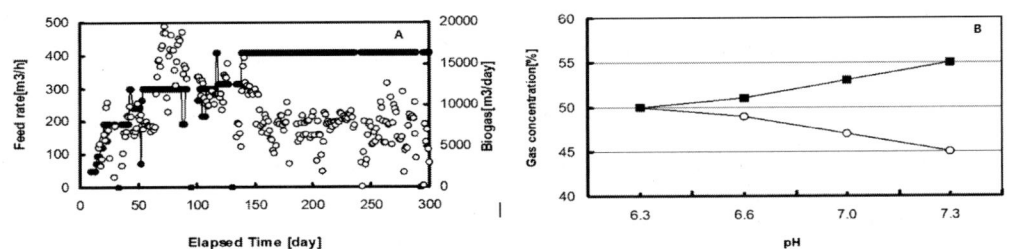

[그림 15-12] THAR을 10개월 운전 동안 여액 공급량과 pH에 따른 바이오가스 중 메탄농도
그림 A : 여액 공급량(-○-)과 메탄가스 발생량(-●-), 그림 B : pH(-○-)에 따른 바이오가스 중 메탄 농도(-■-)의 변화. 모든 운전조건은 [그림 15-10]과 동일조건으로 운전

바이오가스 생산량(㎥/㎥/d)은 유입량을 300㎥에서 408㎥으로 증가시켰을 때 타피오카 3.46 → 3.18, 옥수수 5.21 → 4.91, 쌀보리 7.57 → 6.61 순으로 조금씩 감소하였다[표

15-9]. 이 같은 원인은 COD부하가 증가한 반면 HRT는 짧아졌기 때문이다[표 15-6/ 15-7]. 쌀보리 폐액의 경우 tCOD 부하가 타피오카에 비해 약 2배 증가되어 메탄소화효율은 다소 낮아졌지만 이후 생물학적 처리 공정에서 부하증가로 인한 문제는 발생하지 않았다. HRT가 5일로 짧아지면 tCOD 제거율은 비슷하나 메탄가스 발생량은 조금씩 감소하였다. HRT 5일은 메탄균의 증식을 감안한 최소 SRT이다. 모든 원료에서 tCOD 제거량에 대한 바이오가스의 평균 생산량은 표준상태(STP: 0℃, 1atm)로 환산하면 0.53~0.71㎥/kg이었다[표 15-9].

주정폐액을 혐기성필터(fully packed anaerobic filter)에서 40~80kg COD/㎥/d 유기물 부하로 처리할 때 Silverio 등[358]은 유기물 제거효율 45~65%, 최고 가스 생성율 3.2ℓ/ℓ/d을 보고하였다. 통상산업부 자료[359]에 의하면 메탄가스생산량은 타피오카 0.58㎥/kg CODrem., 쌀보리 0.60㎥/kg CODrem.을 보고된 바 있으나 THAR의 메탄가스발생량은 최적 HRT 6.92일에서 타피오카와 쌀보리는 0.69㎥/kg CODrem.으로 우수성이 입증되었다. 중온성 소화조(Mesophilic hybrid reactor)의 sludge bed에 biomass가 축적되고 SS농도가 증가되므로 6~18개월마다 슬러지를 제거할 필요가 있다고 하였다.[360] THAR은 sludge bed중에는 3,250~10,250mg/ℓ의 SS농도에서 정상상태에 도달한 후 52개월 동안 비슷한 농도가 유지되었기 때문에 잉여슬러지를 제거하지 않고 운전하였다.

(2) 메탄가스 중의 SOx 문제

메탄가스 함량을 분석할 때 황화합물(H_2S)은 분석하지 못했다. 황화합물 수준은 매우 낮았으나 누적으로 인해 메탄가스 이송에 관련된 설비들의 부식을 초래할 수 있다.[361] 보일러에 공급하기 전 탈황(脫黃)하는 것이 좋다. 탈황은 세정 또는 전기·화학적 제거법 등 다양한 탈황법이 있다.

---

[358] Silverio, C.M. et al. 1986. Anaerobic treatment of distillery slops using an upflow anaerobic filter reactor. Proc. Biochem. 21: 1200-1211.
[359] Ministry of Energy & Resources of Korea. 1990. Development of Anaerobic Process for Distillery Wastewater.
[360] Young, J.C. et al. 1991. Full-scale Treatment of Chemical Process Wastes Using Anaerobic Filter. J. WPCF. 63: 153-159.
[361] Kim, K.R. et al. 1999. Removal of Hydrogen sulfide and Methyl mercaptan Using Thiobacillus in a Three Phase Fluidized Bed bioreactor. J. Microbiol. Biotechnol. 9: 265-270.

보일러 연소효율 증가를 위해 배기가스의 현열은 공기예열기(tubular air preheater)와 급수예열기(economizer)를 통해 폐열을 회수한다. 이때 급수예열기는 열교환 효율을 증가시킬 목적으로 다양한 모양의 핀을 부착한 핀튜브 열교환기(fin tube heat exchanger)를 많이 사용한다. 예열기 선택은 전열면적 증가를 위해 핀 부착여부, 용이한 유지관리를 위한 shell 직경과 전열면적의 증감은 설치공간을 고려하여 결정한다. 나관(裸管, bare tube)인 경우 열 회수율은 낮지만 핀 튜브에 비해 오염이 적고 오염된 튜브는 쉽게 세척하거나 부분 교체도 가능한 장점은 있지만 열 회수율이 낮다.

열교환기 튜브의 오염은 주로 황산화물(SOx, sulfur oxides)이 연소되어 아황산가스(SO_2, sulfite gas)로 전환되어 생긴다. 아황산가스는 연소 공기에 의해 산화되어 미세한 에어 졸인 삼산화황(SO_3, sulfur trioxide)이 된다. 이것이 흡습되면 황산미스트(mist)가 되어 보일러 급수 및 공기예열기의 재질을 부식시킬 뿐 아니라 열교환기 튜브에 스케일 상태로 부착되어 열 전달율을 저하시키는 물리·화학적 오염을 초래하는 직접적인 원인이 된다[그림 15-13A/ B].[362] 배출가스 온도가 황산 노점(露點, sulfuric acid dew point) 이하로 가동되면 심각한 부식을 일으킨다. 황산에 의한 부식을 방지하려면 배기가스 온도를 150℃ 이상 유지하는 것이 바람직하다. 에너지회수의 경제성과 환경오염 및 시설의 안정성과 내구성을 종합적으로 검토하여 판단할 필요가 있다.[363] 황산에 의한 오염은 보일러 설비의 내구성과 직결되므로 내부식성 재질을 선택한다. 공기 예열기의 재질은 적합한 탄소강을 선택하고 급수예열기는 STS 316L 또는 STS 347로 제작한다.[364]

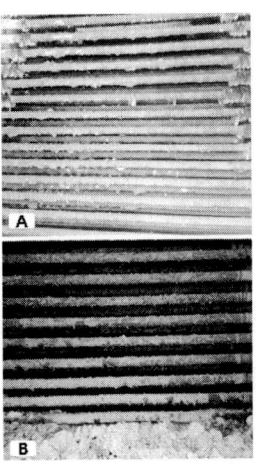

[그림 15-13] 보일러(25톤/h) 급수예열기의 튜브에 황산 mist에 의한 오염 및 부식 상태

---

362) 김현상 외. 2015. 열교환장치의 구조 및 재질에 따른 열회수율과 파울링의 발생 특성. *J. of Korean Inst. of Resources Recycling*. 24(2): 3-12
363) 최재훈 외. 2022. 발전소 절탄기 튜브의 배기가스 온도와 황산 농도에 따른 노점 및 내식성 분석. *J. Surf. Sci. Eng.* 55(6): 433-440
364) 연소용 공기공급 설비공사KCS 3190 1025:2021(https://www.kcsc.re.kr/StandardCode/Viewer/40082#)

15.6.7 미량원소와 소화조 운전실패 방지법

산업폐수에는 Fe^{3+}, Co^{2+}, Ni^{2+} 등 미량원소가 주로 결핍되기 쉬우며 Fe^{3+}과 Co^{2+} 이온 첨가는 처리효율을 상승시키는 것으로 보고되고 있다. Co^{2+}와 Ni^{2+} 이온 첨가로 TOC(total organic carbon)의 제거율은 변화가 없으나 반응속도는 4배로 증가되었다고 보고되었다.[365] Takashima 등도 메탄소화에 있어 SRT 5일에서 고농도의 초산 이용률을 유지하기 위해서는 N, P, S, Ca^{2+}, Mg^{2+}, Fe^{3+}, Co^{2+}, Ni^{2+} 등 8개 무기영양원이 필요하였다고 보고하였다.[366]

Farmer 등은 파일럿플랜트 소화조가 성능을 제대로 발휘하기 위해서는 Fe^{3+}, Co^{2+}, Ni^{2+} 이온들이 소량 필요하였으며, 유기물:질소:인(COD:N:P)의 비율은 500:5:0.6일 때 좋은 결과를 얻었다고 하였다. Ca^{2+} 이온 첨가는 저해인자를 완화시킴으로써 소화조 체류시간을 단축시키는 효과가 있으며 적당한 농도는 2.5mM이라고 추정된다. 소화조 효율을 개선하기 위해 사용량을 초과하게 되면 Ca^{2+} 이온은 암모늄, 인산염 등과 착염(struvite)을 형성하게 된다. 이 성분은 소화액에 용해되어 있지만 메탄소화조의 혼합생태계 균형이 깨어지거나 소화조 온도가 낮아지면 석출된다. 이 염들은 메탄소화조 벽에 침착하거나 소화조 바닥에 누적되면 사공간(死空間, dead zone)을 형성하게 된다. AF 반응조일 경우 충전재 막힘 현상의 직접적인 원인이 된다. Ca^{2+} 이온은 pH 조정 등 어떠한 목적으로도 소화조에 사용하지 않는 것이 현명한 운전법이다.

THAR에서 쌀보리 폐액으로부터 메탄가스 발생량 증가와 반응속도를 촉진시킬 목적으로 Co^{2+}(as $CoCl_2$)와 Ni^{2+}(as $NiCl_2$) 이온 첨가효과를 검증하였으나 산업규모의 메탄소화조에서 메탄발생량의 증감이나 유기산 축적 현상은 검증하기가 어려웠다.

메탄소화조의 운전 적정 pH는 7.0~7.2이고, pH 6.6이하로 떨어지면 메탄균이 심각한 저해를 받기 시작하여 pH 6.2부터 심화되므로 pH에 매우 민감하다.[367] 유기산 생성은 pH 4.5~5.0까지 떨어져도 영향을 덜 받았으나 메탄균의 활성은 크게 떨어졌다. pH 6.6

---
[365] Kida K. *et al.* 1995. Development of Effluent Treatment System of Shochu Distillery Wastewater. *J. Brew. Soc.* Japan. 90: 255-260.
[366] Takashima M. *et al.* 1989. Mineral nutrient requirements for high-rate mathane fermentation of acetate at low SRT. *Research journal WPCF.* 61(11/12): 1645-1650
[367] Boe K. 2006. Online monitoring and control of the biogas process. Ph.D. Thesis, Institute of Environment & Resources, Technical University of Denmark

이하로 떨어질 경우 알칼리로써 pH를 조정하여 유기산 축적에 의한 "소화조 운전실패(operation failed)" 또는 "souring" 현상을 방지하는 것이 중요하다.[368] 이때 pH, 알칼리도, NH_4^+ 이온이 너무 높아도 저해요인으로 작용하지만 알칼리도가 너무 낮으면 소화조 pH 유지가 어렵다.[369]

소화조 운전실패 현상이 발생할 때까지는 바이오가스 중 메탄함량은 52~56%가 유지되었으나 pH 6.2 이하로 떨어지면 소화조 운전이 어렵게 되었다. 메탄소화조 유입 여액을 유출수와 적절한 비율로 재순환시켜 알칼리도와 메탄균체 농도를 항상 일정하게 유지할 수 있도록 최소 SRT 이내서 운전한다. 메탄소화조 유출수의 재순환율은 메탄균체 농도와 알칼리도 확보 외에 유기물질과 인 및 질소 제거효율도 증가시킨다.[370] 지나친 재순환량 증가는 반응조 내부 유속을 증가시켜 오히려 균체유출 우려도 있다는 점을 유의하여 최적 운전조건을 유지한다.

메탄소화조의 효율적인 운전은 수소분압,[371] 알칼리도, 메탄 농도, pH, ORP 등을 연속 측정하여 관리함으로서 가능하다. 재래 소화조와 THAR를 비교할 때 체류시간은 30일에서 5~7일 이내로 크게 단축되었다. C/N비가 낮은 쌀보리 폐액 단독으로 38일 동안 연속 처리하였으나 메탄소화조 내 유기산과 NH_4^+ 이온의 축적현상은 나타나지 않았다. THAR과 같이 체류시간이 짧고 충전재를 사용한 메탄소화조에 유입되는 폐액의 SS농도는 가능한 낮게 유지하는 것이 중요하였다. 소화조에 유입된 SS는 주로 원료 껍질 성분에서 기인된 것으로 분해·소화과정에 입자가 팽윤된다. 이 같이 가용성 물질이 모두 용출되고 남은 SS 입자는 스펀지(sponge)화 되어 균체가 붙을 수 있는 충전재 역할도 하지만 메탄균과 알칼리도 성분을 함께 유출시키는 원인이 된다. THAR은 체류시간이 짧고 메탄균 농도는 높게 유지할 수 있어 혐기성 침전조 없이 운전할 수 있는 것이 특징이다. 안정적인 소화조 운영을 위해서는 주정폐액의 C/N비를 조정하고 SS농도는 가능한 낮게 메탄소화 하는 것이 중요한 핵심 운전기술이다.

---

[368] Andrews J.F. et al. 1969. Dynamic Model of the Anaerobic Digestion process. *J. Anitary Engineering Division. Proceedings SA-1*. pp.95-116
[369] Wohlt J.E. et al. 1990. Thermophilic Methane Production from Dairy Cattle Waste. *Biological Wastes*. 32: 193-207
[370] 전동걸 외. 2013. UASB를 이용한 혐기성 하수처리공저에서 ABF 유출수 반송에 따른 유기물질과 질소 및 인 제거. *J. Kor. Soc. Environ. Eng.*, 35(5), pp.381-387
[371] Kaspar H.F. et al. 1978. Product Inhibition in Sludge Digestion. *Microbial Ecology*. 4: 241-248

15.6.8 주정폐액의 통합처리기술

2000년 이전 주정폐액은 농축하여 주정박을 생산하였다. 이때 증발증기는 회수하여 기존 폐수처리공정에 유입시켜 생물학적으로 처리하였다. 이 같은 폐수처리공정은 주정폐액 3~10% 내외의 고형물을 회수하기 위해 나머지 수분(약 71%)을 증발시켜야 하기 때문에 에너지 소비가 많은 단점은 있으나 완벽한 폐수처리가 가능하다. 고농도 주정폐액으로부터 에너지를 회수할 수 있는 혐기성 메탄소화와 활성오니공법을 채택한 주정공장도 있었다. 메탄소화조에서 발생하는 바이오가스는 회수하여 대체에너지로 활용하고, 소화조 유출액은 활성오니와 화학적 처리법을 조합하여 방류수기준 이하로 완벽하게 처리할 수 있었다. 따라서 메탄소화는 쌀보리와 같은 맥류의 폐수처리에 어려움이 많았지만 고유가시대와 대체에너지 생산 측면에서 매우 바람직한 선택이었다.

주정폐액의 유기물농도는 증류방법, 증자방법, 분쇄입도에 따라 미립자상(微粒子狀, particulate materials) 부유물질의 함량이 달라진다. 주정폐액의 효과적인 처리 대안으로 산업규모의 THAR 메탄소화조 운전결과에 대하여 보고된 바 있다.[372] 충전재가 설치된 메탄소화조는 높은 BOD 부하로 운전할 수 있고, 소화효율이 높기 때문에 필요한 메탄소화조 용량이 감소하는 장점은 있지만 입자상물질의 누적으로 충전재의 막힘 현상이 발생하였다. 충전재에 부착된 미생물은 활성이 떨어지거나 사멸한 괴사체(塊死体)는 원료 포장재의 분쇄 찌꺼기와 함께 충전재의 막힘 현상을 촉진시켰다. 그 결과, 소화조의 가동유효용량이 감소하였다. 상향식 흐름도 편류(偏流, channelling)와 단락류(短絡流, short circuiting flow) 현상이 나타나게 되면서 폐액 상승속도가 빨라지고 HRT도 짧아지면서 소화효율이 점점 감소하였다. 이와 같은 운전경험으로 마침내 주정공장 여건에 맞는 혐기성 메탄소화공법이 확립되었다. 고농도 주정폐액은 물리·화학·생물학적인 통합처리를 하거나 농축하여 주정박을 생산하는 다음 두 가지 처리방법으로 요약된다.

[방법 1] 주정폐액을 농축하여 주정박을 생산하고, 이 공정에서 증발한 폐증기는 회수하여 활성오니법으로 처리한다.

---

[372] Nam K.D. *et al.* 1999. Treatment of Distillery Wastewater using Thermophilic High-rate Hybrid Anaerobic Reactor in Industrial Scale. *J. Microbiol. Biotechnol.* : 9(6): 737-743

[방법 2] 주정폐액을 물리·화학·생물학적 방법이 조합된 통합폐수처리공법으로 처리한다.

원심분리 여액은 1차 메탄소화시켜 바이오가스는 회수하여 LNG 대체에너지로 활용하고, 메탄소화조 유출액은 2차 물리·생물학적 방법으로 처리한다. 단, 방류수질에 따라 필요하면 3차 화학적 처리공정을 부가한다. 원심분리기에서 회수한 습박은 주정공장 주변 농축산업 환경에 따라 주정박을 만들거나 그대로 유통할 수 있다.

15.7 개량형 소화조의 설계 사례

15.7.1 THAR의 평가

혐기성 메탄소화는 대체에너지인 메탄을 생산할 수 있는 친환경적인 고농도 산업폐수처리에 적당하다. 주정폐액은 고온으로 배출되기 때문에 고온혐기성 소화처리를 하는 것이 효율적이다.[373] 이 외에도 주정폐액의 활용·처리 및 처분,[374] UASB를 이용한 당밀폐액의 혐기성 처리,[375] 고정막식 반응조에서 고농도당밀 주정폐액의 혐기성 소화처리[376]에 대한 연구가 활발히 진행되었다. 혐기성 메탄소화법의 장점은 활성오니법보다 슬러지 발생량이 적고, 용이한 운전과 운전비용이 낮기 때문에 고농도 산업폐수의 1차 처리에 적당하다.[377]

주정폐액 처리는 전술한 [방법 1]과 같이 농축을 하려면 주정폐액 중 약 3~10%의 고형분을 회수하기 위해 나머지 수분을 증발시켜야 하기 때문에 에너지가 너무 많이 소비되는 단점이 있다. 반면, 메탄소화법은 대체에너지를 생산할 수 있는 친환경적 처리방

---

[373] Vlissidis A. *et al.* 1993. Thermophilic Anaerobic Digestion of Alcohol Distillery Wastewaters. *Bioreso. Technol.* 43: 131-140
[374] Sheehan G.J. *et al.* 1980. Utilization, Treatment and Disposal of Distillery Wastewater. *Wat. Res.* 14: 257-277
[375] Riera F.S. *et al.* 1985. Use of the UASB Reactor for the Anaerobic Treatment of Stillage from Sugar Cane Molasses. *Biotechnol. Bioeng.* 27: 1710-1716
[376] Bories A. *et al.* 1988. Anaerobic Digestion of High-Strength Distillery Wastewater(Cane molasses Stillage) in a Fixed-Film Reactor. *Biological Wastes.* 2: 251-267
[377] Buhr H.O. *et al.* 1977. Review paper-The Thermophlic Anaerobic Digestion Process. *Water Research.* 11. pp.129-143

법이나 메탄소화조 유출액은 반드시 2차 생물학적 또는 화학적 처리공정을 거쳐야 방류수 기준을 충족할 수 있다는 것이 단점이다.

주정폐액은 증자 및 증류 공정에서 생물학적으로 난분해성 물질인 캐러멜, HMF, 멜라노이딘(melanoidine) 등 색소가 많이 생성된다. 주정폐액은 [방법 2]와 같이 처리하는 것이 경제적인 대안이다. 생물학적으로 난분해성 물질이 많을 경우 화학적 처리공정을 부가해야 한다. 주정폐액은 물리·화학·생물학 처리방법을 조합한 통합폐수처리공법에 의해 완벽한 폐수처리가 가능하며 농축법보다 운영비면에서 경제적이다.

혐기성 분해기작은 메탄 전구물질인 초산과 수소로 전환되면 메탄균에 의하여 메탄이 생성된다. 메탄균은 소화조의 온도에 따라 다르나 성장속도가 매우 느린 단점이 있다. 메탄균은 절대혐기성 세균으로 소량의 산소가 존재해도 생육에 저해를 받는다. 메탄소화조는 고도의 혐기적 조건, 균체농도, 알칼리도 유지가 중요한 운전 요소이며, 관리인자로는 온도, HRT, pH, ORP, C/N과 CNP비가 있다. 메탄소화에 부정적인 요인으로는 소화액 중에 과도한 황 화합물이나 암모니아 이온이 존재하면 균체 증식과 생육 저해뿐만 아니라 메탄가스 발생량이 감소하게 된다. 맥류의 주정폐액은 C/N비가 낮고 유기물농도와 미립자 물질이 많다. 쌀보리와 겉보리를 단독으로 1~2주 이상 연속 사용하면 메탄소화조에 유기산이 축적되면서 이산화탄소 농도는 증가하고, pH가 점점 떨어진다. 이때 메탄소화 액은 황갈색으로 변하면서 메탄이 생성될 수 없는 소화조 운전실패 현상이 나타난다. 이 경우 메탄소화조 부하를 경감시키면서 가성소다로써 pH 6.5 이상으로 조정하여 메탄균의 생육 및 활성화 환경을 조장시키면 정상적으로 회복시킬 수 있다.

메탄소화조 내 Ca^{2+}이온은 탄산칼슘과 인산칼슘으로 반응하여 최적 알칼리도 유지에 기여한다. 물리적인 요인으로 소화조의 균형이 깨지면 이들 알칼리 이온들은 착염을 형성해 석출 또는 결정화되어 메탄소화조 내에 침전하게 된다. 이 침전물이 누적되면 가동유효용량이 감소해 소화효율이 떨어지게 된다. 충전재가 막히는 현상 때문에 메탄소화조의 정상운전이 어렵게 되는 단점이 있었다. 혐기성 메탄소화법은 무엇보다 대체에너지를 회수할 수 있어 제조원가를 낮출 수 있는 장점이 있다. 주정폐액의 메탄소화는 전처리 여부와 원료에 따라 다르나 주정제조에 소비되는 총에너지 중 14~20%의 대체에너지를 생산할 수 있다.

15.7.2 새로운 THAD의 운전과 특성

THAR의 단점을 보완한 고온고효율의 메탄소화조를 개발하였다. 주정생산에는 다양한 원료가 사용된다. 국산원료인 쌀보리, 겉보리의 폐액은 고농도유기물을 함유한 것이 특징이다. 수입 타피오카에 포함된 세사(細砂)는 메탄소화조 내에서 무기물과 오니가 물리적 흡착이나 착염 형성을 조장(助長)하기도 한다. 착염 형성은 장기(長期) 휴조기간에 메탄소화조 온도가 떨어질 경우 가속화된다. 일단 착염이 생성되어 침전하게 되면 난용성 결정으로 염산에만 녹는다. 침전물이 누적되면 사공간(死空間, dead space)이 증가하여 메탄소화조 내 체류시간은 점점 짧아지게 된다. 소화효율 감소와 더불어 pH가 동반 하락하면서 메탄가스 발생량이 감소하다가 결국 메탄소화조를 가동할 수 없는 최악의 상태인 운전실패에 도달하게 된다.

AF 소화조는 단일 원료를 장기간 사용하는 외국과 달리 다양한 원료를 사용하는 국내 주정공장 여건에는 부적합하다는 것이 입증되었다. 주정폐액은 원료에 따라 입자상 물질인 조섬유질과 SS성분을 많이 포함하고 있다. 원심분리한 여액을 메탄소화조에 공급하는 것이 운전 트러블(trouble)을 예방할 수 있는 대안이다.

THAR을 9년간 운전한 축적자료와 경험을 바탕으로 재래 메탄소화조의 가장 큰 단점을 보완하여 THAD(thermophlic high-rate anaerobic digester)를 개발하였다[그림 14-16]. THAD는 주정폐액으로부터 대체에너지를 생산할 수 있는 친환경적 메탄소화조이며 다음과 같은 장점이 있다.

① 재래 메탄소화 기술보다 체류시간이 짧고 운전이 용이하며 초기 투자비용이 낮아 경제적이다.
② 메탄소화조는 전통적인 콘크리트 구조물 대신 SS400(structural steel) 혹은 STS (stainless steel) 재질을 사용함으로서 공기(工期)가 짧다.
③ 운전 특성상 재래소화조의 침전물 누적으로 인한 소화조 실패 현상을 근본적으로 개선할 수 있는 여액 양방향 재순환법(bi-directional recirculation mode) 기술이 제공된다.
④ 고온 및 고농도 유기물을 함유한 주정폐액 처리에 효율적인 수단이다.
⑤ 소화조 여액 분주관 설계기술, 내부 순환량 조절을 통한 알칼리도 및 메탄

생성균체 유출을 방지할 수 있는 기술이 포함된다.
⑥ 소화조 하부 오니 누적 방지를 위해 주기적으로 배출할 수 있는 설비(drainage)를 구비한다.
⑦ 메탄소화조 상부 바이오가스 체류 부분의 내부식성(耐腐蝕性) 시공기술을 제공한다.

그동안 유기산과 메탄소화 공정이 분리된 2단 메탄소화조와 충전재를 설치한 THAR을 10~20년 가동한 운전결과와 경험을 반영하여 주정폐액 처리에 최적화된 THAD를 개발하였다. THAD는 19년 이상 연속 운전하여 주정폐액의 메탄소화처리에 매우 적합한 것으로 입증되었다. 지속적으로 THAD 운전 자료가 모니터링(monitering)되고 있어 향후 더욱 진보된 메탄소화조 개발이 가능하게 될 것이다. 소화조 제작 재질은 전기적 부식 및 부식성 가스에 내성을 가진 특수 재질로 건설하는 것이 초기 투자비용은 증가하나 장기적인 소화조의 안전운전에 유리하다. 소화조액 수위부터 메탄가스 접촉부분인 상부경판을 내(耐) 부식성 특수 재질로 시공하면 투자비를 절감할 수 있다.

주정폐액, 음폐수, 가축분뇨는 고농도 유기물질을 함유한 폐액을 메탄소화하면 대체에너지를 생산할 수 있어 경제성이 높다. 메탄소화조의 안정적인 처리효율 유지를 위해서 다음과 같이 관리한다.

① 메탄소화조 working volume의 감소 요인(주기적 잉여오니 제거)을 제거한다.
② 최적 소화조 온도 T±0.6~2℃ 이내로 관리한다.
③ 메탄소화조 유입 폐수의 SS농도는 1% 이하로 공급한다.

가동유효용량이 감소하면 HRT, SRT가 감소하게 된다. 동절기 폐액 유입 없이 1주일 이상 소화조 가동을 중지할 때 소화조의 온도관리가 매우 중요하다. 이때 가온장치를 통해 소화 최적온도 범위를 벗어나지 않도록 조절하고 주기적으로 폐액을 공급하여 메탄균 활성을 유지하도록 관리한다.

소화 최적온도 범위보다 낮아지면 반응균형이 깨어지면서 소화액 중에 포함된 무기이온 즉, Mg^{2+}, Ca^{2+}, PO_4^{3-}, NH_4^+ 등이 struvite($MgNH_4PO_4 \cdot 6H_2O$)와 같은 착염을 형성하여 소화조 바닥으로 침전하게 된다. 이때 메탄소화조 내에서 struvite는 Mg^{2+}: NH_4^+:

PO_4^{3-}의 몰 비율이 1:1:1일 때 결정이 성장하면서 팽윤된 SS, 세사(細沙) 등과 함께 흡착 또는 응집되어 침전이 촉진된다. 이 착염 결정은 인입 배관설비, 펌프 임펠러, 반응조 내벽에 스케일로 부착되거나 메탄소화조 바닥에 누적된다. 폐액이 유입되지 않는 기간 동안 소화조의 온도관리와 메탄균의 활성유지에 만전을 기하고 반응조 균형이 깨어지지 않도록 관리한다. 소화조 하부 슬러지는 주기적으로 일정량을 배출시켜 struvite가 농축되지 않도록 관리하고, 메탄가스를 많이 회수할 목적으로 SS 등 미립자 성분이 과도하게 메탄소화조에 유입될 경우 메탄균의 유출 현상이 가속화될 수 있다는 것을 유념하여 운전한다.

메탄소화는 많은 장점 때문에 그동안 소화조 운전에서 노출된 문제점과 개선점을 반영한 THAD를 개발하게 되었다[그림 15-14]. 충전재를 사용한 THAR은 고효율의 처리능력은 입증되었으나 막힘 현상 때문에 주기적으로 충전재 청소가 필요한 단점이 있었다. 소화조 운전 실패 현상은 메탄소화조가 원인이 아닌 주정폐액의 낮은 C/N비와 높은 COD농도가 주원인이었다. THAR의 단점을 보완한 THAD를 개발하였다.

THAD는 주정폐액으로부터 대체에너지를 생산할 수 있어 온실가스를 감축할 수 있는 CDM(Clean Development Mechanism) 사업378)으로 한-브라질 워킹그룹회의에서 소개된 바 있다. 현재 브라질의 바이오에탄올 제조공장에서 발생하는 주정폐액은 대부분 산화지(酸化池, oxidation pond)에서 냉각시켜 사탕수수 농장에 액비로 사용되고 있다.

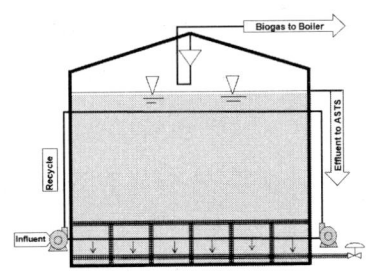

[그림 15-14] 고온 고효율 혐기성 메탄소화조(THAD)

---

378) Lee J.S. 2009. Proposals for the cooperation between Brazil and Korea on Biofuels. Bioenergy Research Center Korea. *KIER*

15.8 FAQ

15.8.1 주정박 계산 사례

> **예제**
> 주정박 발생량이 하루 100톤, 함수율 75%일 경우 건조 주정박의 예상 생산량(DDGs)은? 그리고 함수율이 65%일 경우 습박량은 얼마인가?
>
> 답 : A: DDGs 예상 생산량: **28.7톤/일**, B: 함수율 65% 주정박: **71.4톤/일**

계산근거

☞ 수분 0%인 건조물량(P_{dm}, dry matter) 기준으로 25톤/일이 발생한다.

  A: P_{dm} = 100톤/일 × (1-75/100) ÷ 100 = 25톤/일

☞ 수분 13%이하의 건조 주정박(P_d, DDGs)을 생산한다면?

  P_d = 25톤/일 ÷ (1-13/100) = 28.7톤/일이 된다.

☞ 수분이 65%일 경우 주정박 량(Q)은?

  B: Q = 25톤/일 ÷ (1-65/100) = 71.4톤/일

결론적으로 건조기에서 수분을 71.3톤/일을 증발시켜야 한다. 탈수기에서 생산되는 주정박의 수분함량은 낮을수록 건조공정에서 소비되는 에너지는 감소한다. 주정박 함수율이 70~75% 범위에서는 수분 1% 감소는 평균 증발량 3.2톤이 감소된다. 습박의 함수율은 낮을수록 건조에 소비되는 에너지가 감소하게 된다. 원심분리기의 탈수성능이 우수하고 유지관리가 용이한 기종을 선택하는 것이 주정박 생산 에너지를 절약하는 길이다.

15.8.2 메탄가스를 LNG로 환산하는 법

> **예제**
> 메탄소화조에서 쌀보리 주정폐액으로부터 일일 13,721㎥의 바이오가스가 발생하였다. 회수된 바이

> 오가스의 연간 LNG 대체금액은 얼마인가?
> 단, 바이오가스 중 메탄 함량 50%, 메탄 고위발열량 9,520kcal/㎥, LNG 고위발열량 10,500kcal/㎥, 연소효율 1, LNG 단가 950원/㎥, 가동일수 330일/년이다.
>
> 답 : 1,949,970천원/년

계산근거

총 발열량 (kcal/d) = CH_4 발생량 (㎥/d) × CH_4 고위발열량 (kcal/㎥ · CH_4) × CH_4 함량 (%)

☞ 바이오가스의 총발열량(Q)은 6,5311,960kcal/d가 된다.

  Q = 13,721㎥ · CH_4/d × (**9,520**)kcal/㎥ · CH_4 × (**0.5**) = 65,311,960kcal/d

☞ 총발열량(Q)을 LNG로 환산하면 **6,220**㎥ · LNG/d가 된다.

  LNG = 65,311,960kcal/d ÷ (**10,500**)kcal/㎥ × (**1**) = 6,220㎥/d

☞ 따라서 바이오가스의 연간 LNG 대체금액은 **1,949,970천원**이다.

  대체금액 = 6,220㎥/d × (**950**)원/㎥ × (**330**)일/년 = 1,949,970천원/년

15.8.3 주정박 건조기 응축수의 효율적 처리는?

(1) 현상파악

주정공장에서 발생하는 온수 종류는 증류탑 응축기의 냉각 유출수(cooling water), 증류탑 배출온수(lutter water), 농축·건조공정에 발생하는 폐증기 응축수(condensates), 각 공정에 사용한 스팀과 보일러 스팀트랩(steam trap)에서 배출되는 드레인(drains)으로 구분된다.

대부분 스팀 응축수는 보일러 급수로 회수하고, 건조공정의 폐증기 응축수는 휘발성 유기물(VOC, volatile organic compound)을 포함하고 있어 기존의 생물학적 폐수처리 공정에 유입 처리한다. 증류탑 배출온수는 추출수와 사입용수로 활용하고 잉여분은 냉각탑으로 순환시키는 것이 일반적이다. 주정폐액은 요탑 또는 요탈수탑(mash column stripper)의 운전조건에 따라 폐액 중의 현탁성 총고형분 농도가 달라진다. 일반적으로 사입농도와 곡물의 종류에 따라 주정폐액의 TS 농도는 3~10%이다. 이 주정폐액을 원심분리 하여 SS와 여액으로 분리한다. 여액은 다중효용관(multi-effect evaporator) 등 농축설비를 통해 TS 30~40%까지 농축한다. 이 농축액에 SS와 기(旣) 건조박을 혼합기에서 수분 40~50%

내외로 조정한 피건조 혼합물(시럽+SS+주정박)을 건조시켜 주정박(DDGs)을 생산한다. 건조기에서 건조촉진을 위해 유입된 공기와 증발증기는 응축기를 경유하면서 응축된 액은 활성오니처리장으로 보내고 비응축 공기는 배출하거나 악취방지설비에 유입 처리한다. 이 응축수 COD_{Cr}은 3000mg/ℓ 전후이므로 기존의 생물학적 처리공정에서 처리한다. 이 경우 하절기에는 폭기조 온도 증가로 처리효율이 저하되고 악취문제가 수반될 수 있다.

(2) 해결 방안

합리적인 대안은 폐증기 응축수를 공정에 재순환되도록 개선하는 것이다. 증류공정의 고온수가 많지만 폐증기 응축수를 증자용수로 대체하는 방법이 최선이다. 이렇게 공정을 개선하면 악취 경감도 되고 무엇보다 폭기조 온도상승으로 인한 활성오니처리의 효율감소 영향을 덜 받는다.

응축수 종류와 온도에 따라 사입 및 CIP 용수로 활용하고 남은 응축수만 냉각탑으로 보내면 냉각탑 부하가 경감되어 에너지절감 효과가 있다. 최근 미국은 바이오에탄올 생산 공장을 폐수배출이 없는 "무배출 공장"으로 건설하고 있다.

우리나라는 에너지절감을 위해 바이오가스를 회수할 목적으로 혐기성 메탄소화법을 선호한다. 메탄소화조 유출액은 반드시 2차 생물학적 또는 화학적 처리공정을 거쳐야 최종 방류할 수 있다. 고온응축수의 용도를 재조정하고, 최종 방류수는 RO 처리하여 공정 세척수와 생활용수로 활용하는 방안을 검토한다. 그동안 기술개발로 인해 RO 설비의 성능은 향상되고 가격은 점점 낮아지면서 모듈(module)로 공급되기 때문에 경제성 검토가 필요한 시점이다.

제16장 공장관리

16.1 공장관리와 자세

공장관리에는 제품 생산에 관련된 제반 생산설비가 최상의 성능을 발휘하여 안정적으로 제품을 생산할 수 있도록 원료에서 폐수처리까지 전반적인 생산 및 환경관리 업무가 포함된다. 제품 생산과 판매, 자재 구입, 노무(勞務) 등 공장경영에 관련된 전반적인 업무지원과 집행이 포함된다.

공장관리는 기존설비와 신증설프로젝트 검토 업무로 대별할 수 있다. 기존 생산설비의 유지관리는 생산 활동 과정에서 문제점이 발견되면 즉시 수리 또는 보완하고 필요하면 전반적인 개선 계획을 수립한다. 제품 생산설비는 항상 최고의 성능을 발휘할 수 있도록 공정안전관리제도(PSM, process safety management), 안전관리인정기준(HACCP, Hazard Analysis and Critical Control Points), 공장 에너지관리 시스템(FEMS, factory energy management system)을 기반(基盤)으로 공장 환경에 맞게 적용하여 공장을 관리한다. 품질향상과 제조원가를 합리적으로 관리하기 위해서는 database와 IT기술을 통하여 공장설비의 에너지 사용량을 실시간으로 monitering하여 제어한다. 공장 내 utility를 종합 분석하여 에너지 수급 계획과 관리를 최적화하는 노력이 필요하다.

공장 내 생산설비의 peak 전력을 직접 눈으로 보면서 관리할 수 있도록 최대전력관리(peak 및 부하관리) 장치를 설치하고 냉난방기기 및 조명 제어를 통합관리 하여 에너지 효율과 생산성을 극대화한다. 최근에는 공장 전력계통, 에너지관리, 생산과 안전관리를 위한 통합관리시스템이 개발되어 보급되고 있다. 신규설비나 프로젝트는 사내 업무처리 절차에 따르면 된다.

공장관리는 설비에 대한 관심과 애착이 가장 중요하다. 관리자의 기본적 자세는 생산설비에 대한 관심이라 할 수 있다. 관심 정도에 따라 부족한 지식은 탐구하고, 새롭게 습득한 지식은 자기 것으로 만드는 자세가 필요하다. 전문가가 우대받는 시대에 살고 있지만 중소기업에서는 멀티 플레이어(multiplayer)을 요구한다.

다양한 데이터와 정보를 필요한 지식으로 가공하는 기술도 개인의 능력이며 꼭 필요한 기량(skill)일 뿐 아니라 자기계발이다. 관심을 가지고 일에 능동적으로 접근하면 생산현장에서 발생하는 모든 기술적 문제는 해결 가능하다. 자신이 수행해야 할 주어진 업무내용을 정확히 파악하는 것이 우선이다.

오랜 기간 생산관리를 통한 경험으로 말할 수 있는 것은 '관심'에서 출발한다는 것이다. 관리자는 항상 생산설비가 최상의 성능을 발휘할 수 있도록 유지관리하기 위해 운전자들에게 사내외 교육에 능동적으로 참여시켜 기본적 소양(素養)을 갖출 수 있도록 기회를 많이 제공해야 한다. 관리기술의 know-how는 관리 대상 설비에 대한 관심과 애착에서 출발한다. 공장설비에 대한 관심은 애정의 발로이며 사물에 대한 지식욕을 자극하는 촉매제 역할을 한다.

루이 파스퇴르는 "기회는 오직 준비된 자에게만 찾아온다."고 하였다. 관리자로서 자신의 잠재력을 개발하고 자존감을 높이면 생산성향상과 안전이 확보된다.

16.2 생산과 공정 관리

생산관리는 제품생산 과정에서 발생할 수 있는 모든 과정을 관리하고 최적화하며, 공정관리는 모든 생산설비 및 폐수처리공정이 안정적으로 가동되어 제품생산을 원활히 할 수 있도록 최상의 운전상태를 유지하는 것을 말한다. 이를 통해 원가절감, 생산성향상, 품질향상을 달성할 수 있도록 원료의 사용계획, 작업방법, 공정개선 등 생산시스템을 관리하고 최적화할 수 있으며 여기에는 품질관리 프로그램도 포함한다.

생산관리 대상 및 내용을 요약하면 다음과 같다.
    ① 중점 관리할 설비사양을 포함한 대상설비 품목(list)을 작성한다.
    ② 설비의 관리내역(향후 개선·보완 때 고려 사항)을 문서화한다.

③ 표준운전매뉴얼은 주기적으로 최신정보를 수정·보완·개정(update)한다.
④ 원료·공정·제품·폐수처리의 분석 자료를 database화 한다.
⑤ 생산 계획과 결과 및 utility 원단위와 수율을 분석한다.
⑥ 공정 관련 연구개발이 필요한 과제는 산·학·연 협력 방안을 모색한다.
⑦ 품질(QC) 및 고객관리를 우선한다.
⑧ 설비의 고장(troubleshooting) 원인 분석과 보수 내용을 문서화한다.
⑨ 체계적인 공정안전관리, HACCP 관리, 에너지관리(설비별 실시간 파악이 가능한 에너지계통도 작성)를 생활화한다.
⑩ 폐수처리공정 및 부대설비는 최상의 처리효율을 유지하도록 관리한다.

폐수처리 능력은 제품생산량을 결정한다. 정상적인 에탄올발효를 유도하기 위해 술덧의 경시적 분석은 중요한 일상적 공정관리 요소이다. 술덧의 pH는 당화와 발효수율에 영향을 미치므로 적정범위를 벗어나지 않도록 증자과정에서 pH를 교정한다. 술덧의 pH를 낮게 조정하면 발효 초기단계에서 잡균오염을 감소시킬 수 있고, 조정하지 않아 너무 낮거나 높으면 효소활성과 효모성장이 저해를 받는다. 술덧의 에탄올농도, 산도, 검경은 수율관리에 있어 중요한 관리지표이며 정상발효가 진행되는지 여부를 확인하는 바로미터이다.

16.3 안전설비 투자

안전관리는 중대산업사고를 예방하기 위해 위험설비 및 물질을 취급하는 근로자들이 사고를 당하지 않도록 예방하는 것이다. 공정교육과 예방관리가 무엇보다 중요하다. 안전관리의 중요성은 아무리 강조해도 지나침이 없다. 안전관리는 생산 공장에서 모든 공장관리에 있어 우선순위이다.

향후 생산량의 증산 프로젝트나 기존설비가 노후 되어 재투자해야 하는 경우가 있다. 이때 "동일한 설비의 기종(機種)을 선택할 것인지? 아니면 검증되지 않았으나 최신기술이 적용된 고효율 설비를 선택할 것인가?" 고민에 처할 수 있다. 고효율의 최신 설비 또는 신기술이 적용된 프로젝트가 검증되거나 보편화되지 않은 것을 채택하기에는 고위험(high-lisk)이 따른다. 신규설비에 대한 기술, 기존설비의 유지관리, 또는 가까운 미래에 개선이나 교체가 필요한 프로젝트 검토를 위해서는 사전 준비와 학습이 필요하다. 프로젝트에 대한 제안서는 반드시 기술사양서를 첨부하도록 하고, 조견표를 작성하여 비교 분석하면 공정과 설비의 장단점 및 견적금액을 쉽게 파악할 수 있다. 동일한 조건으로 외국의 제안서를 함께 받아서 검토하면 해당 분야의 국제적인 기술 동향과 수준을 파악할 수 있고 새로운 기술을 접할 수 있는 기회가 될 수 있다.

신설설비의 경우 안전설비가 누락되지 않도록 잘 확인하여 집행한다. 주된 생산설비에 충실하다보면 안전설비는 후순위로 밀리는 경우가 있다. 모든 설비는 신설할 때 안전설비를 완벽하게 갖추는 것이 위험성도 낮다. 인화성 위험물을 생산하는 주정공장의 경우 제안서를 검토하는 단계에서 안전관리설비를 집중 분석한다. 설비가 완료된 후 빠트렸거나 미흡한 안전설비를 추가적으로 보완해야 할 경우 안전작업의 위험성은 크게 높아질 뿐 아니라 예산도 많이 소요된다. 제안서의 신중한 검토는 곧 투자비 절감과 작업위험성을 낮추는 첩경이다.

산업안전보건법(OSHA, Occupational Safety and Health Act)은 매년 강화되고 있다. 안전하고 쾌적한 작업환경을 조성하여 근로자의 신체안전과 생명보호에 집중하고 안전설비에 필요한 예산이 주 생산설비보다 후순위가 되어 누락되지 않도록 한다. 안전설비의 보완이나 신규투자는 비생산적 투자라고 소홀하게 다를 수 있는 사안이 아니다. 생산공장에서 안전을 떠나 생각할 수 있는 것은 아무것도 없다. 생산성이 아무리 높고 공장관리가 잘 되어도 안전사고가 발생하면 모든 것이 무의미 해진다.

안전관리는 항상 공장관리의 최우선 순위에 두고 설비투자 및 유지관리에 임하는 자세가 필요하다. 안전관리는 곧 근로자의 자존감을 올리는 관리라 할 수 있다. 안전에 관련된 설비투자와 교육은 근로자의 인권과 생명을 소중히 여긴다는 공장경영 의지의 또 다른 표현이다. 안전관리가 생활화되어 직원들의 자존감이 올라가면 생산성 향상은 시너지효과로 나타난다. 안전관리에 대한 교육은 주기적으로 실시하여 정신무장을 강화한다. 전문지식을 습득하는 것도 중요하지만 내 자신과 내 가족, 안전한 내 일터를 위해 안전관리를 생활화하고 안전지식을 공유하고 실천하는 자세가 곧 나를 위한 것임을 자각한다.

최근에는 인공지능(AI)을 기반으로 한 통합공정안전관리시스템의 개발에 관한 연구가 많이 진행되고 있으며 일부 소프트웨어는 출시되고 있다. 이와 같은 관리시스템이 향후 구축되면 정확성, 신뢰성이 확보되고 무엇보다 인적오류가 감소되어 작업의 안정성이 크게 향상될 것이다. 사전에 작업의 위험요소를 감지하여 제거함으로써 예방효과가 극대화되어 결국 안전관리 비용절감도 가능해 질 것이다.

16.4 공정안전관리

공정안전관리는 한국산업안전공단이 중대 산업사고 예방을 위해 공정안전관리 심사기준에 따라 평가한 등급에 준하여 사업장을 관리하는 제도이다. 공정안전관리 심사는 총 4단계 등급으로 안전관리수준을 평가하여 등급에 따라 관리하며, 등급은 환산 점수로 구분한다[표 16-1].[379]

[표 16-1] PSM 등급 및 등급별 관리기준

등급 구분	점수	일반기준	단순 위험설비 보유 사업장
P (우수) Progressive	90점 이상	등급부여 후 1회/4년 점검	
S (양호) Stagnant	80점 ~ 90점 미만	등급부여 후 1회/4년 점검	
M+ (보통) Missmanagement+	70점 ~ 80점 미만	등급부여 후 1회/2년 점검 및 1회/2년 기술지도 (중대산업사고 예방센터 기술지도팀)	등급부여 후 1회/2년 점검
M- (불량) Missmanagement-	70점 미만	등급부여 후 1회/1년 점검 및 1회/2년 기술지도 (중대산업사고 예방센터 기술지도팀)	등급부여 후 1회/2년 점검 및 1회/4년 기술지도 (중대산업사고 예방센터 기술지도팀)

---

[379] 안전보건공단. https://www.kosha.or.kr/kosha/index.do

주정공장의 공정안전관리는 "주정증류공정의 안전에 관한 기술지침"을 참고하여 화재, 폭발, 누출 등 중대산업사고를 예방하는 것이 중요하다. 공장의 안전관리 수행은 기본이지만 주기적으로 외부 전문가의 객관적인 컨설팅을 받아 중복 확인하는 것도 안전관리업무를 한 단계 업그레이드 할 수 있는 대안이다. 컨설팅기관의 "공정안전보고서"를 통해 내부적으로 확인되지 않고 놓친 부분을 보완할 수 있기 때문이다. 생산 공장에서 안전관리가 최우선 순위지만 생산설비에 우선수위가 밀리는 경우가 있다. 이를 경우 컨설팅기관으로부터 제출받은 "공정안전보고서"가 안전관리담당자에게는 안전관리업무 재점검 및 새로운 안전관리기법을 도입할 수 있는 호기(好機)가 될 수 있다. 누락이나 지적된 안전설비가 있다면 개선·보완·신설 공사를 추진할 수 있는 동력으로 활용할 수 있다.

감독기관으로부터 종합평가를 받을 때 관리감독자의 면담이 중요하다. 그동안 PSM 평가과정에서 많이 받았던 질문을 요약하였다. 평가는 면담, PSM 이행에 관련된 문서 점검 및 현장 확인을 실시한다. PSM 평가기준으로 14개 항목의 환산점수는 100점이며 항목별 배점이 많은 항목은 안전경영과 근로자 참여(21.0점), 안전작업허가 및 절차(8.5점), 도급업체 안전관리(8.0점), 변경요소 관리계획(7.0점), 현장 확인(17.0점) 등 이다.

위와 같이 PSM 심사배점을 보면 '안전경영과 근로자의 참여'를 평가하는 면담 점수가 가장 높다. 다음으로 '현장 확인' 항목이다. 안전경영을 기본으로 근로자들이 능동적으로 참여할 수 있는 분위기를 조성하는 것이 중요하다. 평소에 공정안전 자료와 공정의 변경요소는 관리문서와 일치되도록 수정·보완하고 점검하는 것이 매우 중요하다. 공정의 개보수작업은 안전작업허가서 발급과 절차를 준수하고, 도급업체 안전관리와 변경요소 관리계획도 실천되도록 내실 있는 관리 및 사전 점검이 필요하다.

Q1. 회사의 경영목표로 안전 보건을 우선적으로 강조하고 있는가?

안전관리목표와 경영방침은 공정안전관리 대상 업체로서 경영목표가 안전경영문화 정착이며, PSM제도 활성화와 안전의식을 극대화하고 지속적인 안전설비투자를 최우선으로 하는 것이다. 중대사고인 화재, 폭발, 누출을 방지하여 쾌적하고 안전한 '무재해 사업장'을 목표로 안전관리를 실천한다. 안전경영의지는 안전보건환경을 기본적 마인드로 인식하고, 설비개선 및 모든 생산단계에서 지속적인 개선을 우선적으로 고려한다. 선진적 법규를 준수하고 안전보건환경의 개선과 목표 달성을 위한 계획을 수립하여 실천한다. 이 같은 사내활동이 곧 지역사회 발전에도 기여할 수 있도록 노력한다. 정기적 군관민 합동소방훈련실시와 공단의용소방대 활동 참여 등이 여기에 해당된다.

Q2. 공정안전관리 12대요소의 내용과 목적을 정확하게 이해하고 있는가?

중대재해를 방지하기 위해 PSM 유해위험설비 및 위험물질을 체계적이고 지속적인 관리를 통해 중대 산업재해를 사전에 예방하여 근로자의 생명과 재산을 보호하기 위한 필요한 절차 및 요소들이다. 12개 요소 중 공정유해위험요인을 발견하여 사전에 제거하는 것이 가장 중요하다. 중대 산업재해를 예방하기 위해 공정위험성 평가와 유해위험작업을 시작하기 전에 작업위험성평가(4M-risk assessment reports) 및 안전작업허가서 작성은 안전관리의 기본으로 생활화한다. 안전작업허가서를 발행하는 목적은 작업자가 오늘 수행할 작업내용과 위험요인을 미리 파악하여 스스로 위험요인을 사전에 인지하여 안전작업을 할 수 있도록 하는 예방적 조치이다.

Q3. 공정위험성평가, 변경요소관리, 공정사고 및 자체감사 결과의 개선권고사항 및 처리현황을 정기적으로 확인하는가?

① 공정위험성평가(4년 주기)는 외부 전문가와 함께 실행한 K-PSR(이전 HAZOP, hazard and operability study)을 통해 개선권고 사항이 있으면 이를 수용하고 시정한다. 작업위험성평가(1년 주기)는 매년 4M기법(man, machine, media, management)으로 유해위험요소를 개선하고 그 결과를 문서화한다. 수시로 아차사고에서 발생한 유해위험요인을 가지고 위험성평가를 적용해 본 결과는 반드시 보고받고 확인한다. 평소 생산과정에서 주목받지 못하는 안전관리와 환경관리 업무를 챙겨서 담당자가 사명감과 긍지를 가질 수 있도록 한다. 정기적인 보일러의 세관작업, 안전밸브(safety valve) 작동 압력검사를 비롯하여 통상적인 안전관리 업무도 여기에 포함된다.

② 변경요소관리는 올해 '0'건이 발생하였으며, 이에 대한 변경요구서를 변경관리위원회에서 검토·승인하여 실행한다.

③ 공정사고는 '0'건 이며, '아차사고' 등 사례 발굴을 통해 개선·조치하였으며, 유해위험요인을 사전에 차단하여 공정사고를 최소화 하는데 노력하고 있다.

④ 자체감사를 실시하고 있으나 누락된 점을 보완하기 위해 ○월에 외부 전문 기관에 컨설팅을 의뢰한 바 있다. 컨설팅 결과에 따라 개선권고 사항이 있으면 확인하여 보완한다.

Q4. 사업장 내 외부 PSM 관련 안전보건 교육훈련 계획을 승인하고 그 결과를 보고받고 있는가?

안전보건 교육 및 훈련은 매년 1월에 계획을 세워 관리감독자 및 PSM 담당자에게 필요한 교육을 적극 지원하고 있다. 자체감사 팀원들의 역량 강화를 위해 외부 자체감사 교육과정을 이수(履修)하도록 계획을 세워 추진한다. 내부적으로는 산업안전보건법에 따라 의무교육을 분기별로 안전관리자가 근로자와 도급업체 직원에게 안전교육을 실시하고 협의체 운영일지를 결재한다. 교육 교제로 산업안전보건공단에서 적절한 내용을 제공받거나 안전관리자교육을 이수한 관리자가 전달교육을 실시하고 있으며, 사업장 내 산업재해 예방에 최선을 다한다.

Q5. 도급업체 안전관리의 구체적 내용을 알고 있는가?

도급업체가 있을 경우 PSM 대상 공정 여부에 따른다. 대상 공정이 있을 경우 공장관리와 동일하게 순회점검 및 합동안전점검을 통해 유해위험요인을 제거하도록 한다. 사내 설비 유지관리 및 도급 업체는 내부 선정기준에 준하여 산업안전의식 수준이 낮은 업체, 재해율이 높고 안전관리비 사용내역이 적거나 또는 적게 책정한 업체의 견적서는 검토단계에서부터 배제시킨다.

Q6. PSM 이행분위기 확산을 위해 노력하는가?

안전관리자는 관리감독권을 가지고 근로자와 PSM 수행 자료를 공유한다. 안전관리자에게 외부 전문가 교육 및 홍보 활동에 적극 참여할 수 있는 권한을 준다.

이행분위기 확산을 위해 다음과 같은 내용 실천한다.

① 안전게시판을 보급하고 게시 내용을 공유한다.
② 제안제도 및 포상 제도를 활성화하여 지속적으로 추진한다.
③ 특별휴가 제도를 실시하여 동기를 부여한다.
④ 현장 확인은 필수이다.
⑤ 익년도 투자계획을 수립하여 단계적이고 체계적으로 추진한다.
⑥ 아차사고 및 공정위험성을 발견한 자는 포상한다.
⑦ PSM제도와 안전문화정착을 생활화한다.
⑧ PSM 업무절차, PSM 12대 요소 등 관련 내용을 사무실과 현장 곳곳에 게시하여 머리와 몸에 숙지되도록 한다.

Q7. 안전보건활동(위험성평가, 자체감사, 외부컨설팅)과 안전 분야 투자를 연계하여 투자계획을 수립하는지?

필요하다고 판단될 경우 자체진단과 더불어 외부전문가에 의한 진단 및 감사를 실시한다. 주기적으로 외부전문가의 컨설팅결과에 따라 개선 및 권고 사항이 있을 경우 적극 반영하여 투자계획 및 예산을 확보하여 추진한다. 분기별 설비점검 및 보호구 지급 내역과 이행 사항을 보고받아 확인하고 결재한다. 소방관련 화재폭발방지는 예산을 확보하여 외부위탁과 자체 점검관리를 병행해서 상호보완적으로 소방 설비를 관리한다. 또한, 각종 화재감지 센서와 경보기의 작동 여부, 스프링클러(sprinkler) 등은 주기적으로 확인·점검한다.

Q8. 안전에 대한 목표를 설정하고 목표 대비 실적을 평가하며 관련 내용을 근로자들에게 공유 하는가?

연초 세운 목표는 분기별 점검하고, 사내 게시판에 그 결과를 공유한다. 사고가 있었다면 이에 대한 정확한 사고원인을 분석하여 재발방지 대책을 수립하는 것이 가장 중요하며, 자체평가를 반드시 실시하고 결과는 문서화한다.

Q9. PSM 관련 활동에 도급업체 근로자도 참여를 보장하는가?

　산업재해 예방은 도급업체라고 예외는 없으며 산업재해 앞에 너와 내가 따로 없다. 도급업체를 포함한 우리 모두가 산업재해로부터 자유로워질 수 있도록 관리한다. 제안제도, 공정안전 자료 및 지침 제정과 개정, 위험성평가, 비상조치훈련 등 PSM 활동에 근로자들의 참여 보장과 의견을 적극 반영한다. 제안제도는 도급업체를 구분하지 않고 대상자가 있으면 포상하여 동기를 부여하도록 한다.

　추진 위원회를 만들어 관리하고, 매주 ○요일 ○○회의를 통해 애로사항을 청취하여 산업재해를 사전에 예방할 수 있도록 노력하고 있다.

제17장 분석 및 QC 매뉴얼

17.1 원료와 술덧의 분석

17.1.1 환원당 정량 이론

(1) 분석 이론

분석 시료(환원당, R-CHO)를 황산구리(copper sulfate, $CuSO_4$)용액과 알칼리성 로셀염(rochelle salt, CHOHCOOK · HOHCOONa) 용액을 동량(同量) 혼합한 심청색의 펠링용액(Fehling solution)에 넣어 가열한다. 이때 시료의 환원당만큼 펠링용액이 환원되어 붉은색의 산화제1구리(cuprous oxide, Cu_2O)로 침전된다.

산화제1구리는 황산제2철[ferric sulfate, $Fe_2(SO_4)_3$]산성 용액으로 녹이면 산화되어 황산구리($CuSO_4$)로 변하고, 이에 비례하여 황산제2철[$Fe_2(SO_4)_3$]은 황산제1철(ferrous sulfate, $FeSO_4$)로 환원된다. 이때, 생성된 황산제1철($FeSO_4$)은 과망간산칼륨(potassium permanganate, $KMnO_4$) 용액으로 적정한다. 환원당에 의하여 환원되어 침전된 구리(Cu) 량으로 Bertrand table에서 이에 상응하는 당량(糖量)으로 시료 중 환원당 함량을 산출한다.

1) 산화제1구리의 침전

시료를 펠링용액에 넣고 정확히 3분 가열하면 환원당의 함량에 비례하여 구리(Cu^{2+})가 환원되어 산화제1구리(아산화동, Cu_2O)로 침전된다(반응식17-1). 이때 산화제1구리의 생성량은 가열조건 및 시간에 따라 변하므로 가열조건과 시간을 엄수해야 한다.

$$2Cu(OH)_2 + R\text{-}CHO \xrightarrow{heating} Cu_2O \downarrow + 2H_2O + R\text{-}COOH \quad \cdots\cdots (17\text{-}1)$$
환원당   red color

2) 산화제1구리의 산화

생성된 산화제1구리(Cu_2O)를 황산제2철[$Fe_2(SO_4)_3$]의 산성용액으로 녹이면 아래와 같이 Cu_2O는 산화되어 $CuSO_4$가 되고, 여기에 비례하여 황산제2철은 황산제1철($FeSO_4$)로 환원된다(반응식 17-2).

이때 주의할 점은 아산화동 침전생성물은 장시간 방치하지 말고, 여과할 때 공기와 접촉하지 않도록 가능한 빨리 황산제2철(C) 용액으로 용해하여 분석오차를 줄인다.

$$Cu_2O + Fe_2(SO_4)_3 + H_2SO_4 \rightarrow 2CuSO_4 + 2FeSO_4 + H_2O \quad \cdots\cdots (17\text{-}2)$$

3) $KMnO_4$ 표준용액으로 적정

생성된 황산제1철($FeSO_4$)을 과망간산칼륨 표준용액으로 적정한다. 당에 의해 환원되어 침전된 구리 양을 계산하여 Bertrand table에서 이에 상응하는 당량(糖量)을 구해 시료 중의 환원당 함량을 산출한다. 적정은 반응식(17-3)과 같다.

$$10FeSO_4 + 2KMnO_4 + 8H_2SO_4 \rightarrow 5Fe_2(SO_4)_3 + 2MnSO_4 + K_2SO_4 + 8H_2O \quad \cdots\cdots (17\text{-}3)$$

(2) 시약 조제

1) $CuSO_4 \cdot 5H_2O$ 용액(A용액)

황산동 40g을 증류수에 녹여 전량을 1ℓ로 표정(標定)한다.

2) 알칼리성 로셀염 용액(B용액)

로셀염($C_4H_4O_6KNa \cdot 4H_2O$) 200g을 NaOH 150g과 함께 증류수에 녹여 전량을 1ℓ로 표정한다.

3) 황산제2철 용액(C용액)

황산 제2철[$Fe_2(SO_4)_3 \cdot nH_2O$, n<1] 50g을 증류수 500㎖에 녹이고, 진한 H_2SO_4 200g (약 108.8㎖)을 조금씩 서서히 첨가하여 실온까지 냉각한 후 증류수로써 전량이 1ℓ로 표정한다. 단, 황산 제2철은 증류수에 녹일 때 증류수를 먼저 넣은 다음 황산을 천천히 첨가한다. 이때 발열반응이므로 조심한다.

4) $KMnO_4$ 표준용액(D용액)

과망간산칼륨 5g을 증류수에 녹여 전량을 1ℓ로 표정한다. 이 용액을 2일 이상 암실에서 방치하였다가 glass filter(3G-3) 또는 여과지로 여과하여 이 용액의 역가(factor)를 표정(標定, standardization)한다. 역가는 $KMnO_4$ 표준용액 1㎖에 상당하는 동량(㎎)을 정확히 구해야만 신뢰할 수 있는 분석정도(分析精度)를 유지할 수 가 있다.

(3) $KMnO_4$ 역가 표정법

1) 원리

옥살산암모늄[ammonium oxalate, $(NH_4)_2C_2O_4 \cdot H_2O$ Mw: 142.12] 혹은 수산나트륨[(sodium oxalate, $(COONa)_2$, Mw: 134g]으로 $KMnO_4$ 역가를 표정을 할 수 있다. 특히, 수산화나트륨은 결정수가 없어 공기 중에 수분을 잃거나 수분을 흡수하지 않으므로 $KMnO_4$ 용액의 적정에 이상적인 표준물질이다. 수산화나트륨은 황산 산성용액에서 수산[oxailc acid, $(COOH)_2$]을 유리하고 $KMnO_4$는 다음 반응식(17-4)과 같이 정량적으로 산화환원 반응이 일어난다.

$$5(COOH)_2 + 2KMnO_4 + 3H_2SO_4 \rightarrow 10CO_2 + 2MnSO_4 + K_2SO_4 + 8H_2O \cdots\cdots (17\text{-}4)$$

$$Cu(㎎/㎖) = \frac{63.54 \times 2}{표준물질의\ 분자량} \times \frac{표준물질의\ 칭취량(秤取量)}{KMnO_4\ 적정값} \cdots\cdots (17\text{-}5)$$

위 반응식(17-4)과 같이 황산용액에서 유리된 수산(Mw: 90)을 적정한다. 따라서 적정에 사용한 수산화나트륨과 옥살산암모늄은 2당량이기 때문에 이에 상응하는 구리 원자의 2당량은 127.08g(2 × 63.54g/g당량)이다. KMnO₄(1mole = 158.0339g = 5g당량) 1 ㎖에 상응하는 구리 량(mg)을 계산할 수 있다(계산식 17-5).

2) 역가 측정법

① 수산나트륨 또는 옥살산암모늄[ammonium oxalate, $(NH_4)_2C_2O_4 \cdot H_2O$ Mw: 142.12]을 정확히 0.25g을 칭량한다. 3개를 칭량하여 3회 측정한 평균값을 구할 수 있도록 준비한다.
② 칭량한 옥살산암모늄을 자제도가니(磁製, crucible)에 넣고 증류수 80㎖과 황산 1.5㎖을 가한다.
③ 예열한 round water bath 위에 이 도가니를 얹어서 80℃까지 가열한다.
④ 72~74℃로 냉각한 다음 조제해 둔 KMnO₄ 용액으로 신속히 적정한다. 오른손으로 온도계를 잡고 저으면서 왼손으로 적정한다. 적정하는 종말점(end point)은 투명색에서 전체적으로 미홍색이 띠기 직전으로 한다. 같은 방법으로 3회 반복 실험한 평균 KMnO₄ 용액 적정 값(a ㎖)을 구한다.
⑤ 위 ②항에서 옥살산암모늄을 넣지 않고 동일한 조건으로 공시험(blank test)을 하여 KMnO₄ 용액 적정 값(b ㎖)을 구한다.
⑥ KMnO₄ 표준용액 1㎖에 상당하는 동량(mg)은 식(17-6)과 같이 계산한다.

$$Cu(mg/㎖) = \frac{63.54 \times 2}{142.12} \times \frac{(NH_4)_2C_2O_4의\ 칭취량(g)}{KMnO_4\ 적정\ 값(a-b)} \quad \cdots\cdots (17-6)$$

17.1.2 원료 전분가 분석

(1) 분석 개요

환원당 정량방법은 Bertrand, Somogyi, Somogyi-Nelson, Lane- Eynon, DNS(Dansyl method) 및 기기분석이 있다. 주정공장에서 모든 분석은 주류분석규정[380]에 따른다. 주정공장에서 원료 전분가, 당화액 및 술덧의 총당, 직당, 잔당(RTS, residual total sugar)을 분

---
[380] 국세청. 2020.10. 주류분석규정

석한다.

　전분은 포도당 중합체로 자당(sucrose)과 마찬가지로 환원성이 없어 펠링용액을 환원하지 못한다. 산이나 효소를 이용하여 가수분해 시켜 환원당으로 전환시키면 Bertrand 법으로 분석할 수 있다. 정량된 환원당 양으로 반응식(17-7)과 같이 포도당 환산계수 0.9를 곱하여 전분 함량으로 산출한다.

$$F = \frac{(C_6H_{10}O_5)n의 분자량}{(C_6H_{12}O_6)n의 분자량} = \frac{162.1}{180.1} = 0.9 \quad \cdots\cdots (17\text{-}7)$$

　이 분석방법은 환원당과 환원성이 없는 덱스트린이나 전분질 시료의 총 환원당 함량을 분석할 수 있다. 환원성 당이 시료에 공존할 경우 공실험을 하여 가수분해한 전후의 환원당 차이를 구할 수 있다. 시료 중 발효성 당을 분석하는 방법은 산가수분해법과 효소가수분해법이 있다.

(2) 산가수분해법에 의한 전분가

① 분체 시료 1~2g을 정확히 칭량하여 300㎖ 삼각플라스크에 넣는다.
② 여기에 증류수 80㎖와 25%-HCl 20㎖을 가한다.
③ 마개 달린 공기냉각관(유리관 1m 전후)을 삼각플라스크에 부착하여 90~100℃의 oil bath에서 2.5h 동안 산가수분해(acid hydrolysis)한다.
④ 흐르는 냉각수에 급랭한 다음 5N-NaOH 30㎖를 가해 중화시킨다.
⑤ 이것을 500㎖ mass flask에 옮긴 다음 증류수로 눈금까지 표정한다.
⑥ 잘 혼합한 다음 여과지(No.2)로 여과한다.
⑦ 여액(시료 당 용액) 20㎖을 취한 다음 환원당 정량방법으로 분석한다.
⑧ 전분가 계산은 반응식(17-8)과 같이 계산한다.

$$전분가(\%) = \frac{G \times D \times 0.9}{S} \times 100 \quad \cdots\cdots (17\text{-}8)$$

☞ G : Bertrand 표에서 구한 당의 양(mg), D : 희석배수(500/20), S : 시료의 무게(g)

(3) 효소가수분해에 의한 전분가

효소가수분해로 전분가를 분석하기 위해서는 사용하는 액화효소의 최적 액화온도에서 액화시킨 다음, 당화효소로써 58℃에서 16시간(over night) 동안 당화시켜 생성된 환원당을 Bertrand법으로 정량한다[그림 17-1].

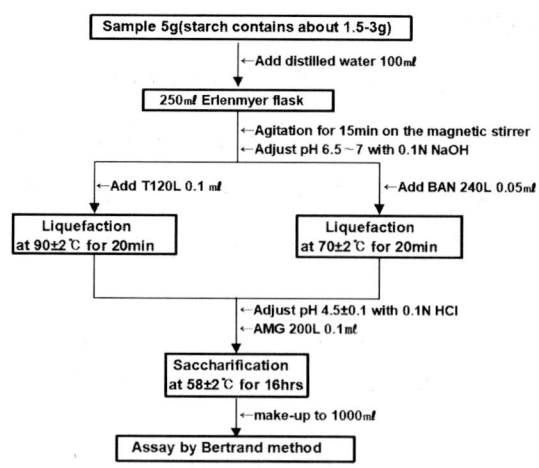

[그림 17-1] 효소가수분해법 Denmark NOVO R&D와 공동 확립한 분석법. 1991.04

17.1.3 회분과 모래

원료의 전분가, 수분, 회분, TKN(total Kjeldahl nitrogen)을 주로 분석하지만 타피오카의 경우에는 회분과 동시에 모래(sand)를 반드시 분석한다. 분석 목적은 조회분과 모래 성분(sand and grits)의 함량을 파악하여 원료 상태를 확인하는데 있다. 술덧은 증류탑에 공급되기 전 요지하조(醪地下槽, mash sump)에 모래와 공침하는 침전물과 폐수처리공정으로 유입되기 전 주정폐액 sump의 청소주기를 결정하는데 있다. 회분 및 모래 시험방법과 순서는 다음과 같다.

① 자제도가니를 dry oven(105℃)에서 1~2h 건조시킨 다음, 항습건조기(desiccator)에서 1h 방랭 하여 항량(恒量, constant weight)을 구한다.
② 이 자제도가니 무게를 칭량하고, 여기에 분쇄 시료 약 5g을 칭량한다.
③ 이것을 600℃ 회화로(ash furnace)에서 3~4h 회화시킨다.
④ 항습건조기에서 1h 동안 방랭 후 칭량한다.
⑤ 25%-HCl 25㎖을 가해 ash를 약 0.5시간 태운다.
⑥ 증류수로 여러 번 씻어 모래만 남기고 버린다.
⑦ Dry oven(105℃)에서 1~2h 건조시킨 다음 항습건조기에서 1시간 동안 방랭 후 칭량한다.
⑧ 회분과 모래 함량은 각각 식(17-9)과 식(17-10)으로 계산한다.

$$회분(\%) = \frac{W_1 - W_0}{S} \times 100 \quad \cdots\cdots\cdots\cdots\cdots\cdots\cdots\cdots\cdots\cdots\cdots\cdots\cdots\cdots\cdots\cdots\cdots\cdots\cdots\cdots\cdots\cdots\cdots (17\text{-}9)$$

$$Sand(\%) = \frac{W_2 - W_0}{S} \times 100 \quad \cdots\cdots\cdots\cdots\cdots\cdots\cdots\cdots\cdots\cdots\cdots\cdots\cdots\cdots\cdots\cdots\cdots\cdots\cdots\cdots\cdots\cdots (17\text{-}10)$$

W_0 : 항량이 된 도가니 무게, W_1 : 회화시킨 후 무게, W_2 : 증류수로 수세 건조 후 무게,
S : 시료의 무게

17.1.4 총질소 정량법

원료별 총질소(TKN) 함량을 분석하여 증자할 때 질소원 첨가여부를 확인하기 위해 분석한다. 일반적으로 단백질은 평균 16%의 질소를 함유하고 있기 때문에 총질소 함량에 질소계수 6.25를 곱하면 조단백질이 된다. 총질소 함량 분석은 Kjeltec™ 자동질소분석기를 기준으로 설명한다[그림 17-2].

[그림 17-2] 질소분석기
(Kjeltec™ 8400, FOSS, Denmark)

(1) 분석 이론

총질소 분석은 Kjeldahl 질소 정량법을 많이 이용하며 정량 순서는 분해·증류·중화·적정의 네 단계를 거친다.

1) 분해

시료에 진한 황산과 분해촉진제를 넣어 가열하면 시료 중의 질소는 암모니아로 분해되어 진한 황산과 반응하여 유안(ammonium sulfate)으로 포집된다(반응식 17-11).

$$N + conc\text{-}H_2SO_4 \rightarrow (NH_4)_2SO_4 + SO_2 + CO_2 + CO + H_2O \quad \cdots\cdots\cdots\cdots\cdots\cdots (17\text{-}11)$$

2) 증류

포집된 유안용액에 과잉의 진한 알칼리용액을 가해 수증기 증류하면 암모니아가 유

리되어 염으로 고정된다(반응식 17-12).

$$(NH_4)_2SO_4 + 2NaOH \rightarrow 2NH_3 + Na_2SO_4 + 2H_2O \quad \cdots\cdots\cdots (17\text{-}12)$$

3) 중화와 적정

유안에서 유리된 암모니아는 일정량의 묽은 황산용액에 흡수되어 반응식(17-13)과 같이 다시 유안으로 고정된다. 농도를 알고 있는 알칼리 표준용액으로 잔여 황산을 중화적정하면 암모니아와 반응하여 소비된 황산 양을 구할 수 있다(반응식 17-14). 알칼리 표준용액의 소비량으로부터 총질소량을 구하여 질소계수를 곱하면 조단백질 함량이 된다.

$$2NH_3 + H_2SO_4 \rightarrow (NH_4)_2SO_4 + H_2SO_4(\text{잔여량}) \quad \cdots\cdots\cdots (17\text{-}13)$$
$$H_2SO_4(\text{잔여량}) + 2NaOH \rightarrow Na_2SO_4 + 2H_2O \quad \cdots\cdots\cdots (17\text{-}14)$$

(2) 실험 방법

1) 시료 채취

시료의 채취량은 10~25mg의 질소(단백질 50~150mg 정도)를 함유할 정도의 양이 적당하다. 분석 시행착오를 줄이려면 식품성분표에서 대략의 질소 함량을 조사하여 시료의 채취량과 희석배수를 계산한다. 10% 단백질을 포함하고 있는 시료일 경우 0.5~1.0g을 칭량한다. 대부분의 곡류는 1.0g을 분해하면 안전하게 분석할 수 있다.

2) 질소 분석

Kjeltec^{TM} 자동질소분석기에 의한 분석순서이다.

① 250㎖ 시험관(test tube)에 1/1000 저울로 시료를 정확히 칭량하여 분해시험관에 넣는다. 시험관을 rack에 정렬하여 순서에 맞게 넣은 후 질소분석기로 이동한다.
② 분해촉진제(K_2SO_4와 $CuSO_4$를 9:1로 혼합)를 2스푼 넣는다.
③ 분해과정에서 발생하는 황산가스를 중화하는 흡수기(SR210)의 전원을 켠다. 수돗물을 용기의 1/2 정도 채우고 10%-NaOH 2ℓ를 채운다.

④ 진한 황산(농도 95% 이상) 15㎖를 시험관에 넣어 시료 전체가 황산에 잠기도록 잘 혼합한다.

⑤ 전기가열기(electric heater)의 온도를 420℃에서 1h 정도 분해한다.

⑥ 분해 장치에 rack을 걸며 상부 뚜껑을 덮고 분해를 시작한다.

⑦ 분해 액이 흑갈색에서 녹갈색을 거쳐 청색 내지 홍록색으로 투명해지면 30~40분간 더 분해한다. 이때 연노랑 색에서 무색에 가까워지면 분해반응을 종료한다.

⑧ 분해가 끝난 시험관은 분해 장치의 상부에 있는 걸쇠에 rack을 걸어 고정시킨 후 15~30분 방랭 한다.

⑨ 방랭 시킨 후 분해 장치의 상부 뚜껑을 열고 rack을 제거한 다음 상부뚜껑에 철판 마개를 설치하여 황산가스 또는 액이 분석기기에 흐르지 않도록 주의한다.

⑩ Kjeltec™ 질소분석기로 시료를 분석한다.

17.1.5 수분 분석

원료의 수분분석은 전분가와 함께 가장 기본적인 분석항목으로 원료의 건조 상태를 판단하는 지표이다. 수분함량은 상압가열건조법으로 105℃에서 건조시켜 감량으로 계산한다. 이 방법은 가열에 불안정한 성분과 휘발성분을 많이 함유한 시료의 경우 정확도가 떨어지는 단점이 있다. 측정원리가 간단하여 여러 식품의 수분분석으로 많이 활용되며 분석방법과 순서는 다음과 같다.

① 칭량 용기(petri dish)의 항량(恒量, constant weight) 무게를 미리 확인하고, 여기에 원료를 200~300g 칭량한 후 105℃/12h 건조기(dry oven)에서 건조한다.

② 1h 정도 항습건조기(desiccator)에서 방랭 시킨 후 칭량한다.

③ 이와 같이 가열, 방랭 및 칭량을 반복하여 항량을 구한다.

④ 계산은 식(17-15)와 같이 계산한다.

$$수분(\%) = \frac{W_1 - W_2}{W_1 - W_0} \times 100 \quad \cdots\cdots\cdots\cdots\cdots\cdots\cdots\cdots\cdots\cdots (17\text{-}15)$$

W_0 : dish의 무게, W_1 : (dish + 원료)의 무게, W_2 : W_1을 건조하여 항량이 되었을 때의 무게

17.2 술덧 분석

17.2.1 환원당 분석

(1) 총당

술덧에 포함된 총 당분을 말한다. 총당의 분석목적은 발효 최적농도의 술덧을 만들기 위해 증자공정에서 원료 투입량 결정, 발효 중간 및 최종 수율을 확인하여 정상적인 에탄올발효 진행 여부 판단 및 예상수율을 계산하는데 있다. 산가수분해법에 의한 총당 분석순서는 다음과 같다.

① 시료 20㎖을 취하여 물 160㎖과 함께 300㎖ 삼각플라스크에 넣는다. 단, pipette 내벽에 묻은 시료를 수회 세척하여 플라스크에 씻어 넣는다.
② 여기에 25% HCl 20㎖을 넣는다.
③ 삼각플라스크에 마개 달린 공기냉각관을 부착하여 90~100℃ oil bath에서 2.5h 산가수분해 한다. 단, 공기냉각관의 길이는 1m 이상을 권장한다.
④ 흐르는 냉수에서 급랭한 다음 5N-NaOH 30㎖을 가해 중화한다.
⑤ 이것을 1ℓ 매스플라스크(mass flask)에 옮겨 넣은 다음 증류수를 눈금까지 표정한다.
⑥ 1ℓ로 희석된 시료를 여과지로 여과한 여액 20㎖을 취해 분석한다.

(2) 직당

직당은 술덧 중 이당류 이하로 분해된 환원당 총량을 말한다. 직당 분석순서는 다음과 같다.

① 직당은 함량이 낮기 때문에 시료 20㎖을 취해 Bertrand table의 분석범위에 포함될 수 있도록 희석배수(250~500㎖)를 조절한다.
② 여과지로 여과한 다음 여액 20㎖을 취해 분석한다.

(3) 잔당

잔당은 에탄올발효가 종료된 시점에서 발효되지 않고 남은 당이다. 잔당 수준은 사용원료와 술덧의 총당 농도에 따라 다르나 일반적으로 타피오카, 현미, 절간은 0.5~1.0%, 쌀보리와 겉보리는 1.5~2.0% 정도이다. 잔당 분석 결과에 따라 역으로 술덧의 총당 농도를 조정하는 등 최적발효조건 개선, 정상발효 여부를 판단할 수 있다. 잔당은 사용원료의 직접적인 손실이며 이후 폐수처리공정에도 영향을 미치므로 원인분석이 반드시 필요하다.

① 발효액 100㎖을 취해 삼각플라스크에 넣은 다음 물 100㎖을 혼합하여 총당의 분석과 같이 산가수분해 후 냉각 및 중화한다.
② 이것을 500㎖ 메스플라스크에 옮겨 증류수로 눈금까지 채운다.
③ 여과지로 여과한 여액 20㎖ 취해 분석한다.

(4) 환원당 적정

1) 적정하는 순서

발효액의 총당, 직당, 잔당은 앞에서 전처리 된 시료를 다음과 같이 적정한다.

① 삼각비커(conical beaker)에 B용액 25㎖과 A용액 25㎖를 넣는다.
② 여기에 여액 전 처리한 시료 20㎖을 가한다.
③ 이것을 전기가열기 상에서 끓기 시작하는 시점부터 정확히 3분 동안 끓인다.
④ 이것을 흐르는 수돗물에 바로 급랭하고 삼각비커 내면을 증류수로 수세하여 산화제1구리(Cu_2O)를 침전시킨다.
⑤ 비스듬히 세워서 붉은 색의 산화제1구리(Cu_2O)가 침전되도록 약 1시간 냉각한다.
⑥ 펠링용액에 침전된 붉은색 아황산동은 여과하지 않고 위층의 액을 여과하여 액 중의 아황산동을 회수한다. 미리 깔때기에 여과지(No.5C)를 증류수로 부착한 후 여과한다.
⑦ 여과가 완전히 끝나면 C용액 20㎖을 취해 여과지와 깔때기에 묻어 있는 아산화동을 용해·세척하여 완전히 회수한다.
⑧ 여액을 흔들어서 아황산동의 침전을 완전히 용해시키면 적색에서 투명한 연녹색

을 띈다.
⑨ 증류수로 깔때기 주위를 수회 수세하여 아산화동을 완전히 회수한다.
⑩ KMnO₄ 표준용액으로 여액을 신속하게 적정한다. 전체적으로 미홍색으로 변하는 시점을 종점으로 한다.

2) 계산식

① 구리량(mg) = V × F

- V: KMnO₄ 표준용액 소비값(㎖),
- F(역가): KMnO₄ 용액 1㎖에 상응하는 구리량(mg)

② 희석배수는 분석시료 중 환원당 함량에 따라 조정한다(계산식(17-16).

$$환원당(\%) = \frac{G \times D}{S} \times 100 = \quad \cdots\cdots\cdots \quad (17\text{-}16)$$

G : Bertrand 당류정량표에서 구한 당의 양(g), D : 희석배수, S : 시료 채취량(g)

(5) 기타 당농도 측정법

당도계(Brixmeter)는 신속히 당 농도를 측정할 수 있다. 정확성은 낮으나 대략적인 농도를 추정할 수 있다. Brix는 독일 과학자 Adolf. F. Brix의 이름을 따서 만들어진 개념이다. Bx는 100g의 물속에 녹아있는 설탕 g수로 "가용성 고형분"이라 한다. Bx가 높다는 것이 단순히 당도가 높다는 의미는 아니다. 가용성 고형분 중에는 당 뿐 아니라 염류, 단백질, 산류 등도 포함되어 있기 때문이다. 발효조 관리를 위해 당도계로 당농도의 변화 추이를 신속하게 확인할 수 있다. 당도계의 분석 정확도를 높이려면 원료별 동일 시료의 Bx값과 Bertrand법으로 분석한 당농도와 상관계수(factor)를 구해 Bx값을 보정하여 사용한다.

굴절당도계(refractometer)도 널리 이용된다. 굴절당도계는 빛의 굴절현상을 이용하여 당 함량을 측정하는 기기이다. 특히 과즙의 당 함량 측정에 많이 이용되며, 휴대용 또는 Abbe 굴절당도계 등이 있다.

17.2.2 에탄올농도 분석법

에탄올 농도분석은 시료의 상태에 따라 전처리하여 주정계 또는 알코올밀도측정기 (alcohol density meter)로 측정한다. 주정과 같이 맑고 이물질이나 색깔이 없는 시료는 특별한 전처리 없이 주정계나 알코올밀도측정기로 바로 측정할 수 있다. 일반적인 주류, 발효액, 양조주와 같은 시료는 에탄올 이외에 당류, 염류, 색소의 추출물(extracts)이 함께 존재하기 때문에 단증류 하여 분석해야 정확한 농도를 측정할 수 있다.

(1) 에탄올농도 측정을 위한 단증류

술덧의 시료를 1차적으로 단증류 한다. 단증류로 수기(受器)에 받은 응축액을 알코올 비중계로써 비중과 온도를 측정한다. 냉동순환장치가 있는 블록단증류기(flask still)에 준한 순서는 다음과 같다.

① 단증류를 30분 전에 단증류장치의 냉동순환장치를 가동(15℃ 전후)하여 리비히 냉각기(Liebig condenser)에 냉각수를 순환시킨다.
② 술덧 100㎖와 물 100㎖를 500㎖ 삼각플라스크에 넣은 다음 전기가열기 위에 장착한다. 소포제의 희석액 2~3 방울을 주입한다.
③ 술덧의 시료를 취한 동일한 메스실린더 수기(受器)에 물 10㎖를 미리 넣은 다음 증류되어 냉각기에서 응축된 알코올유액을 받는다.
④ 메스실린더의 외벽에 묻은 물기를 제거하고 센서가 잘 감응하여 작동할 수 있도록 한다.
⑤ 리비히 냉각기에 냉각수 순환을 확인하고 증류를 시작한다.
⑥ 수기에 응축액 80㎖ 정도 받은 후 여기에 증류수를 넣어 전량을 100㎖로 한다.
⑦ 수기를 흔들어 혼합한 다음 내벽의 기포를 제거한다.
⑧ 주정계 혹은 밀도비중 측정기로 에탄올농도를 측정한다.

(2) 에탄올농도 측정방법

1) 밀도비중 측정법

밀도비중측정법은 셀(cell) 내부에 있는 시료의 고유 진동수로써 시료의 밀도를 측정한다. 재현성과 정밀도가 높아 최근에는 대부분 밀도비중측정기로 에탄올농도를 측정한다.

가. Model DMA 4500M 측정

전원을 켜서 워밍업(warming up) 시킨 다음 주사기로 시료 3㎖ 이상을 취하여 주입한다. 단, 주입할 때 기포가 발생하지 않도록 한다. 측정 key를 누르면 약 2분 후 결과가 나타난다. 단, 시료의 온도가 높으면 분석 시간이 더 걸리고 15℃에 가까우면 빨리 측정된다.

나. Model DA-130N

Handy용으로 전원을 켠 다음 sample discharging lever를 아래로 위치시킨다. 이어 노즐을 시료에 담그고 시료 lever를 당겨서 cell에 시료를 채운 후 OK 버튼을 눌러 값을 읽는다. 단, 다른 시료를 측정할 때는 2~3회 동일 시료를 흡입과 배출을 반복하여 cell을 잘 세척한 다음 측정해야 분석오차를 줄일 수 있다.

2) 주정계로 측정하는 법

① 단증류 한 시료에 주정계를 조심스럽게 띄우고 주정계가 메스실린더 내벽에 붙지 않도록 회전 시키면서 주정계의 액체표면의 윗부분(meniscus) 눈금을 읽는다.
② 주정계를 꺼내고 바로 온도를 측정하여 Gay Lussac table에서 에탄올농도를 환산한다[표 17-1].

[표 17-1] Gay Lussac table에 의한 EtOH농도 환산

측정온도 (℃)	측정도수				
	⋯	11	12	13	⋯
·	·	·	·	·	
25	⋯	9.3	10.2	11.1	⋯
26	⋯	9.0	9.9	10.8	⋯
27	⋯	8.8	9.7	10.6	⋯
·					

> **예제**
>
> 주정계로 측정한 값이 주정계 눈금: 12.9도, 온도: 26.7℃이다. 이때 에탄올농도는 얼마인가?
>
> 답 : 10.57%

계산근거

주정계 눈금 12도, 온도는 26℃를 기준하면 26℃에서 12도와 13도 차이가 0.9도이다. 즉, 측정 보정 값이 12도 보다 0.9 높다. 온도기준으로 보면 에탄올 12도일 경우 26℃와 27℃ 차이가 0.2℃이고, 측정 보정온도가 26℃ 보다 0.7℃ 높다. 환산알코올농도는 9.9 + (0.9×0.9) - (0.2×0.7) = 10.57%가 된다.

17.2.3 pH

(1) pH 측정 원리

pH(potential of hydrogen)는 수소이온(H^+) 농도를 지수(pH= log[1/H^+])로 나타낸 값으로 산과 알칼리성의 세기를 나타낸다. pH는 0~14까지 scale로 표시하며 pH 1단위는 수소이온(H^+) 농도가 10배씩 차이가 난다. pH 메타는 유리전극(glass electrode)을 기반 한 지시전극과 기준전극으로 구성되며 전극과 시료 사이에서 발생하는 기전력의 세기가 용액의 pH에 정비례하도록 만들어진 계측기이다. 유리전극은 pH에 민감한 은과 염화은(Ag/AgCl)이 충전된 유리박막 전극과 온도 보상전극으로 구성된다. 시료의 pH를 측정하기 전 완충용액으로 pH 메타를 보정한 후 측정한다.

(2) pH 측정 의의와 방법

효모는 발효 최적온도와 pH를 가지고 있다. 술덧의 pH 측정은 오염정도와 정상발효 여부를 확인할 수 있다. 술덧에 오염세균이 이상 증식하면 다양한 유기산류가 생성된다. 그러므로 pH가 저하되면 오염세균의 증식과 밀접한 관련이 있다. 효모를 배양하는 주모용 배지, 당화액, 발효액의 pH를 측정하여 정상발효 진행 여부를 확인할 수 있다.

17.2.4 산도

술덧의 산도(acidity)는 정상발효 여부를 확인하는 중요한 지표이다. 정상적인 에탄올 발효 과정에서 각종 유기산류가 생성된다. 일정 농도 이상의 산류(酸類)가 생성되는 것은 이상(異常)발효 징후(徵候)로써 미생물오염에 의한 것으로 추정할 수 있다. 일반적으로 술덧의 산도가 8 이상일 경우 비정상적인 발효로 판단한다.

(1) 분석 시약 조제

① 지시약: 브롬티몰블루-뉴트랄 레드 혼합지시약은 B.T.B(Bromthymol blue) 0.2g과 Neutral red 0.1g을 95% 에탄올 300㎖에 용해한다. 또는 0.1% ph.ph (phenolphthalein) 용액을 지시약으로 사용해도 된다.
② 0.1N-NaOH 용액

(2) 시험 방법

검체 10㎖를 취하여 혼합지시약 또는 ph.ph 지시약을 2~3 방울 가한 다음 0.1N-NaOH 표준용액으로 담록색이 될 때까지 중화적정에 소비된 ㎖수로 산도를 계산한다. 산도는 술덧 100㎖에 대한 1N-NaOH 용액 소비량으로 표시한다.

17.2.5 점도

점도(viscosity)란 유체의 점성 정도 즉, 유체 흐름에 대한 저항성의 척도이다. 주정발효에서 증자 전후 슬러리, 당화 전후, 발효 전후 술덧의 점도를 측정하여 증자·당화·발효가 원활하게 진행되었는지 간접적으로 확인한다.

점도는 점도계(viscometer)를 사용하여 쉽게 측정할 수 있다. 점도의 일반적인 단위는 kg/m·s 또는 Pa·s로 표시한다. 외에도 CGS 단위로는 g/cm·s를 사용하는데 1g/cm·s를 1poise(1P)로 표시한다. 1P의 100분의 1은 1cP(centi-poise)이며 증자 슬러리와 술덧의 점도 단위로 가장 많이 사용하고 있다.

17.2.6 요오드 정색 반응

요오드 정색반응은 요오드가 전분에 내포되어 색을 나타내는 현상으로 가열하면 탈색되고 냉각하면 다시 나타난다. 이 반응은 매우 예민하여 미량의 전분 또는 요오드 검출에 이용된다. 약한 산성용액 속에서 가장 예민하고, 0.00001M의 미량 요오드(I)를 검출할 수 있으며, 알칼리성 용액에서는 약하게 나타난다. 발색은 전분의 종류에 따라 다소 차이가 있다. 포도당의 직쇄 중합체인 아밀로스는 청색, 아밀로펙틴은 적자색, 찹쌀 녹말은 적색, 글리코겐은 갈색을 나타낸다. 또한, 가수분해하면 분자량 감소에 따라 청색 → 적자색 → 적색 → 갈색 → 무색 순으로 변한다. 요오드반응의 특색을 이용하여 전분의 당화진행 정도를 측정할 수 있다. 액화 및 당화작용이 정상적으로 되었는지 여부를 확인하기 위하여 주정발효 및 전분당 공장에서 많이 활용한다.

전분질원료가 액화효소(α-amylase)에 의해 포도당 체인에 무작위로 작용하여 저분자 물질인 올리고덱스트린으로 분해되면 슬러리 점도가 급격하게 떨어진다. 분해된 올리고덱스트린은 요오드에 의해 청색~보라색의 반응을 한다. 그러나 β-amylase, glucoamylase 등 당화효소에 의해 포도당 단위로 분해되면 요오드 반응이 일어나지 않아서 당화 과정이 정상적으로 진행되었는지 여부를 간단하게 확인할 수 있다.

시험조작은 요오드용액을 시료에 떨어뜨려 반응색을 관찰하는 것이다. 요오드용액으로 전분이 덱스트린 또는 포도당과 같은 단당류로 전환되는 과정을 신속히 확인할 수 있다. 시약 조제 및 신속 테스트방법은 다음과 같다.[381]

① 보관용 요오드용액: I(iodine) 2g과 KI(potassium iodine) 4g을 증류수로 녹여 100㎖로 한 후 원액(sI, stock iodine solution)을 어두운 곳에 보관한다.

② 요오드용액 조제: 보관용 요오드원액(sI)을 증류수로써 (1:10)으로 희석하여 사용하며 1개월은 안전하게 사용가능하다.

③ 시험방법: 세라믹 혹은 petri dish 등 하얀 표면 위에 시료를 몇 방울 떨어뜨린다. 여기에 요오드용액 몇 방울을 떨어뜨려 발색을 관찰한다. 단, 술덧은 색이 존재할 경우 여과 후 발색시키는 것이 좋다.

---

[381] 2000. Laboratory Procedures. Alltech's 20th Annual Alcohol School. *Alttech Laboratory Brewing and Distilling* pp.1-2

④ 변색 결과
- 청자색: 전분이나 아밀로덱스트린이 존재한다.
- 엷은 갈색: 전분이 분해 중이다.
- 황백색: 모든 전분이 단당류나 짧은 덱스트린으로 분해되었다.

17.2.7 에탄올발효 실험

알코올발효실험 목적은 효모균주의 선발 또는 사용하는 원료의 최적발효조건 검토와 수율을 예측하는 데 있다. 입고되는 원료의 전분가, 수분, 회분 및 TKN의 분석결과를 바탕으로 실험실규모의 발효실험을 수행한다. 이 실험결과를 통하여 톤당 수율을 예상하여 주정제조방법신고와 사입농도를 결정한다. 발효공정에서 효모에 필요한 무기질과 질소 등 부족한 영양물질을 미리 예측하여 공급한다.

(1) 실험 기구 준비

미리 살균된 초자기구로 3ℓ round flask(1개), 500㎖ 삼각플라스크 3개, 100㎖ 비커 1개, 500㎖ 비커 1개, 10㎖ pipette 1개, 황산구 3개와 진한 황산을 준비한다. 필요할 경우 발효기(Jar fermenter scale) 실험도 병행한다.

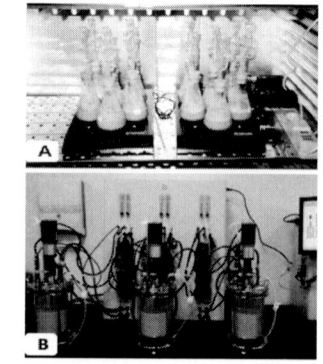

[그림 17-3] 에탄올 발효실험
A : 삼각플라스크에 magnetic bar를 넣은 다음 황산구로 막고 multi-position magnetic stirrer) 위에서 교반하면서 에탄올발효 수행, B : 발효기(Jar fermenter scale) 에탄올발효 실험

(2) 당화액 제조

Round flask(3ℓ)에 미분쇄한 원료 분체와 적당량의 물을 가한 다음 현장과 동일한 부원료 및 효소를 사용비율대로 첨가한다. 이 혼합액에 액화효소를 가한 다음 72℃(타피오카 분체: 72℃, 쌀 분체: 77℃)로 예열된 oil bath상에서 95℃/1h 동안 액화시킨다.

액화된 혼합액을 121℃/20min 동안 살균한 다음 60℃로 냉각한다. 여기에 현장에서 사용하는 정제당화효소와 조효소를 사용비율대로 첨가한 후 60℃로 준비한 oil bath상에서 1h 당화한다. 당화 후 약 32℃로 냉각하면 약 총당 20% 전후의 당화액이 완성된다.

(3) 시험 방법

전항에서 제조한 당화액을 삼각플라스크에 350g씩 정확히 분주하고, 미리 배양해 둔 효모를 25㎖씩 접종한다. 삼각플라스크에 황산구를 부착하여 황산 약 2㎖을 넣은 후 전체 무게를 확인한다[그림 17-3A]. 이 때 첨가한 황산은 외부 공기유입을 차단하여 오염을 방지하는데 그 목적이 있다. 이것을 32℃ 항온기(incubator)에서 정치 또는 교반하면서 매일 무게감량을 측정한다. 필요할 경우 발효기실험도 병행한다[그림 17-3B]. 약 120h 발효시킨 다음 검경하고 에탄올 함량, pH, RTS 등을 분석한다.

17.3 주정의 품질관리

17.3.1 관능검사

(1) 개요

관능검사(官能檢査, sensory test)란 사람의 오감(五感)에 의하여 주류, 향료, 식료품의 품질을 검사 또는 평가하는 방법이다. 식품산업에서 관능검사는 신제품개발, 품질관리, 공정개선, 원가절감 등 다양한 목적으로 활용되고 있다. 주정의 관능검사는 품질평가에 있어서 가장 중요한 항목 중 하나이다.

주정 품질규격에는 "무색·투명하고 부유물 및 이취·이미(異味)가 없을 것"으로 규정되어 있다. 법적인 규정 외에도 소주제조장은 내부 관능검사기준을 가지고 주정품질을 평가하고 있다. 관능검사는 사람의 감각기관으로 제품의 기호도 및 특성을 평가하는 주관적인 분석법이기 때문에 경험이 풍부한 다수의 패널(panel)요원이 필요하다. 패널요원은 후각과 미각이 예민한 사람을 선발하고 많은 훈련 과정이 필요하다. 품질에 대한 평가를 하기 위해서는 화학적인 지식과 함께 주정 제조공정을 숙지하고 있으면 유리하다.

관능평가는 고도로 훈련된 패널인식을 기반으로 제품에 대하여 모든 감각을 고려하여 정량적이고 총체적인 감각을 설명하는 기술적(記述的) 또는 설명 분석(說明分析, descriptive analysis)법이다. 설명 분석은 전문 평가자가 제품에 대한 정량적 설명을 제공하는 감각방법론(感覺方法論, sensory methodology)이다. 정확한 관능검사 결과를 설명하기 위해서는 맛과 향기에 대한 표현 속성(屬性)을 우선 이해해야 한다.

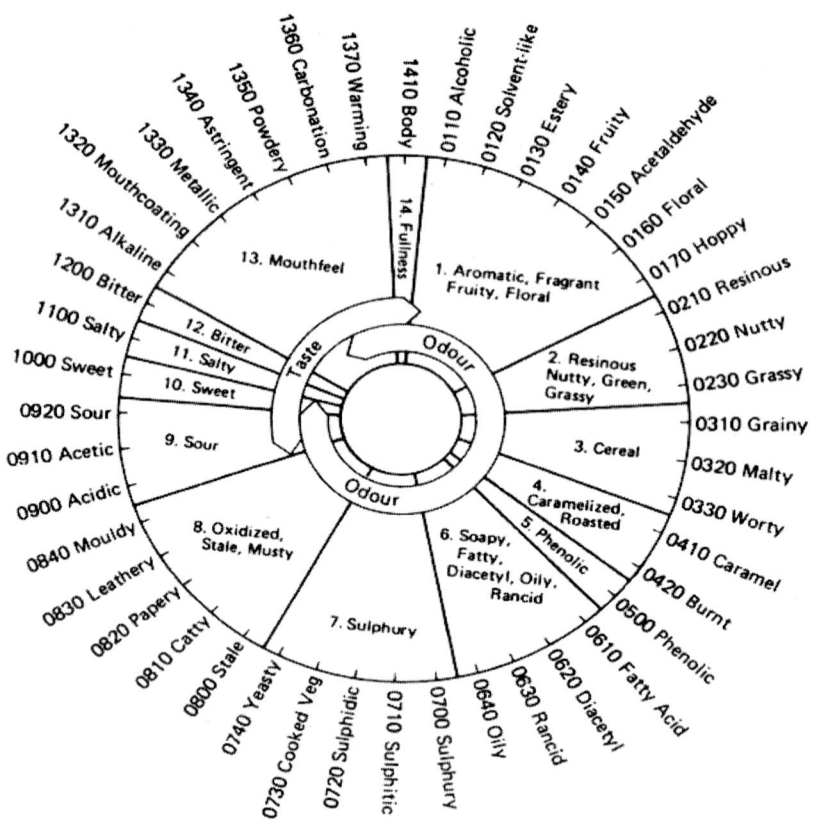

[그림 17-4] 맛과 향기를 분류하여 등급을 매길 수 있는 Flavor Wheel 사례
14개 맛 분류와 맥주에 대한 설명 분석을 위한 표준 설명 용어 122개 속성 중 44개로 설계된 Flavor Wheel

[그림 17-4]는 맥주의 맛과 냄새(odor)를 분류하여 등급을 매길 수 있도록 14개 항목으로 분류하고 이에 관련된 표준 설명 용어 122개 속성 중 44개로 설계된 "Flavor Wheel" 사례이다. 맛과 냄새는 14개 항목 중 냄새는 짠맛(11)과 쓴맛(12)을 제외한 12개 항목으로 분류하였다. 맛은 신맛(9), 단맛(10), 입속 질감(13), 깊은 맛(14), 향기로운 과일향(1)은 맛과 향이 중복되며 여기에 짠맛(11)과 쓴맛(12)이 포함되어 7개 항목으로 분류하였

다.[382]

"Flavor Wheel"의 1~8항에는 주정제품의 관능 설명에 공통으로 적용되는 용어이다. 주정제품 관능검사에 자주 사용되는 표현과 비교하여 설명 용어의 속성을 이해하고 사용한다[표 17-2].

[표 17-2] 주정제품 관능검사에 자주 사용되는 표현

구분	관능 중요 표현 용어
향	향취, 단내, 에탄올취, 효모취, 곡물주정취, 꼬신내, 비타민취, 불순취, 퓨젤취, 이취, 쉰내, 조주정취, 고무취, 종이취, 곰팡이취, 나무취, 에스테르취, 플라스틱취, 곡취, 시멘트취, 쇠냄새, 다이아세틸취, 비린내 등
맛	단맛, 이미, 순한 맛, 깨끗함, 자극적임, 부드러움, 거친맛 등

(2) 관능검사 기법

1) 차이식별검사

차이식별검사(discriminative test)는 관능검사에 가장 널리 활용되는 기법으로 검체 샘플(sample) 간에 차이(差異)가 있는지 여부를 식별하도록 설계된 방법이다. 생산제품이 균일한지, 원료 변경에도 기존제품과 동일한지, 첨가량 변경 등 생산변경요소로 인해 제품 품질에 차이가 있는지 여부를 확인하는 단순차이검사(simple difference test)로써 일-이점검사법(duo-trio test)과 삼점검사법(triangle test)이 있다.

관능 검사실은 관능을 담당한 패널이 쉽게 접근할 수 있는 조용한 곳에 개인용 검사대(individual booth) 설치가 바람직하나 칸막이로 된 간이검사대도 가능하다. 관능은 조명, 온습도 조절과 환기시설을 구비하여 냄새가 없는 쾌적한 장소로 관능검사 후 입을 헹굴 수 있는 싱크대가 설치되어야 한다. 검사실 내부는 가능한 안정된 회색 톤으로 도색한다.

가. 일-이점검사법

일-이점검사법은 두 가지 샘플(A와 B)을 비교하여 동일한 샘플(AA 또는 BB) 쌍을 찾도록 한다. 이 검사법으로 가능한 시료조합법은 4가지(AAB, ABA, BAB, BBA)가 있다.

---

[382] Alltecch's files. 1999. The Interanational Center for Brewing and Distilling. *Chemical Engineering A.* Unit 2. flavor. pp.7-9

나. 삼점검사법

삼점검사법(triangle test)은 3개 샘플 중 2개 샘플이 동일(AAB 또는 ABB)할 때 다른 홀수 샘플(A나 B)을 식별하여 찾도록 한다. 삼점검사법의 샘플조합은 6가지(AAB, ABA, BAA, BBA, BAB, ABB)가 있으며 선호도 측정에 가장 많이 이용된다. 주정의 관능검사는 주로 삼점검사법을 활용한다. 이 방법은 시료 중 두 개는 같고 한 개가 다르게 제공되며 평가자(관능 담당자, 패널)는 두 개와 다른 홀수 샘플을 식별하여 찾아내도록 설계한다.

관능검사를 할 때는 반드시 동형, 동량의 위스키글라스를 준비하고 잔을 덮을 수 있는 시계접시를 각각 3개씩 준비한다. 여기에 주정제품을 20%로 희석한 다음 준비된 위스키글라스에 1개 또는 2개의 샘플을 만든다. 대조용으로 정상적인 주정 제품을 20%로 희석한 다음 1개 또는 2개를 만들어서 최종 3개의 샘플(AAB)로 관능검사를 실시하여 두 개의 샘플과 다른 하나의 샘플(B)을 식별하여 찾아내는 방법이다.

2) 기호도 검사

관능검사 기법 중 하나로 다수 소비자로부터 제품에 대한 기호도(acceptance test) 또는 공정변화, 개선제품, 신제품에 대한 선호도(preference test)를 확인할 때 사용하는 방법이다. 예로 5점 채점 평가방법을 참고로 제시한다. 관능검사 결과의 점수를 종합하여 평균값을 구한 다음 아래 등급 기준에 준하여 A, A-, B, C 및 D급으로 판정한다[표 17-3]. 관능검사는 최소 3명 이상의 패널 결과를 종합할 때 유의성을 갖는다.

[표 17-3] 관능검사 등급 관리 기준사례

등급	점수	관능상태
A	5	극미 향취 및 극미 단내
A-	4	향취 및 단내 조금
B	3	향취 및 단내 조금 많아 보통
C	2	효모취 많음, 이취 조금 있어 좋지 않음
D	1	불순취 및 이취 많아 재증류가 필요함

17.3.2 주정의 탁도

탁도(濁度, turbidity)란 물의 흐림 정도를 나타낸다. 탁도 측정방법은 기기분석법과 육안법이 있다. 탁도계(2100Q, Hach)로써 주정 시료의 빛 산란도(散亂度)를 네펠로법(Nephelometry)으로 측정하여 NTU(Nephelometry turbidity unit)[383] 단위로 탁도를 표시한다.

주정의 성상은 "무색투명하고 부유물이 없을 것"으로 규정하고 있으나 먹는 물 수질 기준(1NTU)보다 낮은 0.3NTU 이하로 관리한다.

17.3.3 증발잔류물

시료 100㎖를 지름 120㎜의 자제도가니에 취하여 수조상에서 약 20㎖까지 증발 농축한다. 이미 칭량해둔 30㎜의 증발접시에 잔액을 옮겨 소량의 물로 씻어서 합친 다음 수조(water bath) 상에서 완전히 증발시킨다. 이것을 건조기(105~110℃)에서 항량이 될 때까지 건조한 후 항습건조기(desiccator)에서 냉각하여 증가된 중량을 칭량하여 증발잔류물(㎎/100㎖)로 한다.

17.3.4 총산

총산은 술덧 100㎖ 중화에 필요한 1N-NaOH ㎖(A) 또는 초산(B)으로 표시한다.

(1) 시약 조제

① 0.01N-NaOH 용액: 0.1N-NaOH 용액을 10배 희석한다.
② ph.ph 지시약: phenolphthalein($C_{20}H_{14}O_4$) 0.5g을 95% 주정 50㎖에 용해한다.

(2) 시험방법

① 원심분리 한 상등액 시료(5~50㎖)에 ph.ph 지시약 4~5방울을 가하고 0.01N-NaOH 용액으로 적정한다(a: 적정 ㎖수).
② 산도 계산은 식(17-17)과 같다.

---

[383] https://en.wikipedia.org/wiki/Nephelometer

$$\text{A 산도 (1N-NaOH mℓ/100mℓ)} = \frac{a \times F}{S} \times 100$$

$$\text{B 산도 (g/100mℓ as acetate)} = \frac{a \times F \times 0.0006}{S} \times 100 \quad \cdots\cdots\cdots\cdots\cdots (17\text{-}17)$$

☞ 0.01N-NaOH 용액 1mℓ = 0.01 × 60 ÷ 1000 = 0.0006g CH_3COOH = 0.6mg CH_3COOH

17.3.5 GC 분석

제품 분석은 GC(gas chromatography)로써 분석하며 사용되는 칼럼은 글라스 칼럼(glass column)과 모세관 칼럼(capillary column)이 있다. 글라스 칼럼보다는 모세관 칼럼의 길이가 길고 모세관 내경이 작을수록 불순물 분리성능이 좋기 때문에 주정 분석에 유리하다. 동일한 GC기종이라도 사용하는 칼럼의 종류, oven의 승온조건(昇溫條件, temperature ramping condition), 분석자의 기량 등에 따라 미량성분의 검출 여부 및 분석오차가 나타난다.

주정 제품에서 검출될 수 있는 불순물을 정량분석하기 위해 미리 표준물질을 만들어 GC 내장 프로그램에 검량선(檢量線, calibration curve)을 보정해 둔다. 알데히드, 에틸 아세테이트, 메탄올, iso-프로파놀, n-프로파놀, 부틸 아세테이트, iso-부탄올, 부탄올, iso-아밀알코올, 아밀알코올, 초산 등의 표준시료 $1\mu\ell$를 주입하여 검량선을 작성한다.

17.3.6 유기불순물

(1) 원리

유기불순물 함량을 알기 위해 주정제품 중에 유기물(C·H·O)이 얼마나 잔존하고 있는가를 측정한다. 즉, 0.001N-$KMnO_4$는 에탄올과는 반응하지 않고 주정에 함유된 환원성물질과 반응하여 $KMnO_4$ 고유한 보라색이 점점 퇴색하게 된다. $KMnO_4$의 색이 소멸되는데 소요되는 시간은 유기불순물 함량에 반비례한다.

(2) 시약 조제

1) 0.001N-KMnO₄ 용액

① KMnO₄(특급) 3.160g/증류수에 용해시켜 1ℓ로 만든 후 0.1N-KMnO₄를 조제한다.

② 이를 0.1N-NaOH 용액으로 표정한다.

③ 이 용액 5㎖을 증류수로 희석하여 전량을 500㎖로 한다.

2) 유기불순물 측정용 표준용액

① 0.01N-HCl 4㎖에 0.1% methyl orange(MO) 0.2㎖을 넣어 증류수로 전량을 100㎖ 되게 한다.

② 0.1%-MO : MO 0.1g을 증류수에 녹여 전량 100㎖로 한다.

3) 시험방법

① 대조용 비색관에 표준용액 15㎖을 넣고 비색관이 담겨져 있는 비커의 온도가 25℃인지 확인한다.

② 시료 10㎖을 다른 동형 비색관에 넣고 비커에서 25℃ 항온이 되게 한다.

③ 시료가 항온에 도달한 비색관에 0.001N-KMnO₄ 5㎖를 넣은 후 보라색이 탈색되어 표준용액에 도달하는 소요 시간(min)을 측정한다.

17.4 당화효소 역가 분석

17.4.1 당화력이란?

국(麴), 누룩 및 정제당화효소 1g이 가용성전분 1g에 효소 작용하여 생성된 포도당을 백분율로 표시한 것을 당화율(dextrose equivalent)이라 한다. 이 당화율에 효소의 희석배수를 곱해 역가(力價) 또는 당화력(SP, saccharogenic power)이라 한다.

17.4.2 실험기구 및 시약

(1) 실험기구

: Water bath, 시험관(100mℓ), 전기가열기, pH 메타 등

(2) 시약 조제

① 2%-가용성 전분 용액: 건조기(105℃)에서 약 4h 동안 건조 후 방랭 시킨 전분 20g을 칭량하여 전분 현탁액을 만든다. 이를 가열하면서 용해시킨 후 끓는 순간부터 3분간 더 가열하여 급랭시킨 다음 전량이 1ℓ가 되게 한다.

② 0.1N-초산염완충용액(acetate buffer): A액과 B액의 용량비 1:2로 혼합하여 pH 5.0으로 한다.
- A액(0.1N-acetic acid 용액): acetic acid 6g/1ℓ
- B액(0.1N-sodium acetate 용액): sodium acetate 13.6g/1ℓ

③ 25%-HCl
④ 0.5N-NaOH 용액
⑤ Bertrand A, B, C, D 용액 조제

(3) SP 측정용 효소액의 조제

1) 정제효소액 조제

예상되는 당화력에 맞는 희석배수에 근거하여 당화율은 15±1% 이내로 희석한다. 예를 들면, SP가 30,000 units로 예상되면 희석배수는 30,000 = 15 × D(= 2000) 이므로 다음 식(17-18)과 같이 구한다.

$$희석배수 = \frac{1,000}{1} \times \frac{100}{(5)} \times \frac{1}{10} = 2,000 \quad \cdots\cdots (17\text{-}18)$$

즉, 효소 1g을 1000mℓ에 희석한 후 이 시료를 다시 5mℓ을 취해 100mℓ에 희석하여 최종 희석 액 10mℓ을 취해 실험한다. 따라서 희석배수는 2,000이 된다.

2) 조효소액 조제

① 분국 10g을 300㎖ 삼각플라스크에 넣고 30℃의 증류수 200㎖를 가하여 호일로 막은 다음 가끔 흔들어 주면서 30℃에서 3시간 동안 효소를 용출시킨다.

② 이것을 1000㎖ 매스플라스크에 정량 희석 후 여과지로 여과한다.

③ 여액 일정량을 100㎖ 매스플라스크에 정량 희석한 후 10㎖을 취해 실험한다.

조효소의 역가는 4,000 units가 예상되므로 4,000 = 15 × D 식에서 D(=266.67)를 구하면 다음 식(17-19)과 같다.

$$\text{희석배수} = \frac{1{,}000}{10} \times \frac{100}{(3.75)} \times \frac{1}{10} = 266.67 \quad \cdots\cdots\cdots\cdots (17\text{-}19)$$

즉, 효소 10g을 1000㎖에 희석한 후 다시 3.75㎖을 취해 100㎖에 희석하여 최종 희석액 10㎖를 분석한다. 따라서 희석배수가 266.67이 된다.

예제

역가가 4,500 units로 예상될 경우 4,500 = 15 × D에서 D(= 300)와 다시 2단계 희석할 때 취할 시료량(x)은 몇 ㎖인가?

$$\frac{1{,}000}{10} \times \frac{100}{(x)} \times \frac{1}{10} = 300 \quad \text{따라서 } x = 3.33\text{㎖를 취하면 된다.}$$

---

3) SP 실험방법

① 2%-가용성 전분용액(soluble starch)의 factor를 구한다. 2%-가용성 전분용액 50㎖에 증류수 130㎖와 25%-HCl 20㎖을 가한 다음 2.5h 가수분해 시킨 후 중화하여 500㎖로 희석한다. 이 액을 20㎖을 취하여 Bertrand 법으로 당을 측정한다.

② 분석할 시료 효소액을 조제순서에 따라 적당한 농도로 조제한다.

③ 100㎖ 시험관에 전분용액 50㎖과 0.1N-초산염완충액 30㎖을 넣고 55℃로 유지해 둔 water bath에서 10분 동안 예열시킨다.

④ 예열한 다음 각 시험관에 최종 효소액 10㎖씩 가한 후 1h 당화시킨다. 이때 공시험

(blank test)도 함께 진행한다.

⑤ 당화가 끝나면 0.5N-NaOH 용액 10㎖를 넣고 급랭시킨 다음 20㎖을 취해 Bertrand 법으로 당을 측정한다.

4) SP 계산하는 법

① 가용성 전분용액 factor 계산(SF, starch factor): 분석한 G값에서 factor를 곱한다 (식 17-20).

$$SF = \frac{0.9 \times G}{50 \times (20/500) \times 1,000} \times 100 = 0.045G \quad \cdots \cdots (17\text{-}20)$$

② 당화율은 식(17-21)과 같이 계산한다.

$$당화율(\%) = \frac{전분액에서\ 효소작용에\ 의해\ 생성된\ TS}{1\%\ 기질\ 전분액의\ TS(=SF)} \times 100 = \frac{G}{SF} \quad \cdots \cdots (17\text{-}21)$$

③ 당화력(SP) = 당화율 × 희석배수

(4) 내산성 당화력

당화효소를 일정한 조건으로 산처리 한 후 당화력을 측정하는데 이를 내산성 당화력(a-SP)이라 한다.

1) 효소액의 조제

① **"(3) SP 측정용 효소액의 조제"와 같이 조제한 효소액**(내산성 당화력을 2배 희석될 것을 감안하여 조제) 50㎖에 0.1N-HCl 용액 5~7㎖을 가하여 pH 2.5가 되게 한다. pH 2.5는 내산성 없는 효소가 활성을 잃어버리는 한계 pH이다.

② 40℃의 항온수조에서 30분간 작용시킨다.

③ 0.1N-NaOH 용액 7~8㎖을 가하여 pH 5.0이 되게 보정한다.

④ 산처리한 효소액을 물로 100㎖로 표정하여 시료 효소액으로 한다.

2) 실험 방법(SP 실험 방법 참조)

> **예제**
>
> 당화효소의 당화력과 내산성당화력을 측정하라? 단, 예상되는 SP와 a-SP는 각각 95,000units, 90,000units이다.

① 당화력(SP) 측정을 위한 효소 시료액 조제

- 희석배수: $95,000 = 15 \times D$ ∴ $D = 6,333$배이다.
- 효소액 1g을 정확히 칭량하여 1,000㎖로 물로서 mess up(ⓐ)한다.
- 아래와 같이 희석절차를 밟아 re-sample(x)량을 결정한다.

$$\frac{1,000}{1} \times \frac{100}{(x)} \times \frac{1}{10} = 6,333 \quad \therefore x = 1.579㎖$$

② 내산성 당화력(a-SP)

- 상기 효소액 ⓐ 50㎖를 취해 내산성 효소액 처리법에 따른다.
- 희석배수: $90,000 = 15 \times D$ ∴ $D = 6,000$배이다.

$$\frac{1,000}{1} \times \frac{100}{(x)} \times \frac{1}{10} = 6,000 \quad \therefore x = 1.666㎖$$

상기 희석액은 효소 내산처리 과정에서 2배 희석하였기 때문에 실제 x 값은 3.332㎖을 취해 희석해야 한다. 당화력과 내산성 당화력은 [표 17-4]와 같이 계산된다.

③ 가용성전분 $SF = 0.045G = 0.045 \times 41.89 = 1.88505$

[표 17-4] 조효소의 당화력 및 내산성 당화력 분석결과

구분	KMnO₄ 표준용액 소비량(㎖)			포도당(mg) (G)	당화율(%, SR) (G/SF×100)	희석율 (D)	Units/g (SR×D)
	적정치(T)	Blank(B)	(T-B)				
SP	6.87	0.15	6.72	28.47	15.10	6,333	95,628
a-SP	6.79	0.15	6.64	28.11	14.91	6,000	89,460

17.5 물 분석

17.5.1 연수와 경수

경도(硬度, total hardness)란 물속에 용해되어 있는 Ca^{2+}, Mg^{2+} 등 2가 알칼리 금속이온을 분석하여 $CaCO_3$으로 환산한 값이다. 물의 경도는 주로 토양과 석회암층을 통과하면서 이들 금속이온들이 용해되어 물의 성질이 결정된다. 물 자체로는 많은 양의 고형물을 용해시킬만한 능력이 없지만 토양이나 수중 박테리아의 작용으로 발생된 이산화탄소(CO_2)의 영향을 받는다.

빗물은 토양층을 통과하면서 이산화탄소가 용해되어 탄산과 평형상태를 이루게 된다. 산성비나 낮은 pH의 토양수는 석회암과 석회암층을 통과하면서 탄산염, 황산염, 규산염을 포함하게 되어 센물(경수) 즉, 경도가 높아진다. 표토층(表土層)이 두껍고 석회암층이 존재하는 곳은 경수가, 표토층이 얇고 석회암층이 없는 지역의 물은 단물이며 경도에 영향을 주는 이온은 [표 17-5]와 같다.

[표 17-5] 경도에 영향 주는 이온

양이온	음이온
Ca^{2+}	HCO_3^-
Mg^{2+}	SO_4^{2-}
Sr^{2+}	Cl^-
Fe^{2+}	NO_3^-
Mn^{2+}	SiO_3^{2-}

일반적으로 지표수보다 지하수 경도가 높다. 통상적으로 경도 0~75㎎/ℓ이면 연수, 75~300㎎/ℓ은 경수, 300㎎/ℓ이상이면 아주 강한 경수로 구분하기도 한다. 우리나라 음용수의 경도는 300㎎/ℓ로 규정하고 있다.

경도가 높은 물을 연수화 하지 않고 공업용수로 사용할 경우 배관, 보일러 등 설비에 스케일 침착 원인이 된다. 유체의 흐름을 방해하거나 열전달율이 저하되어 열효율이 감소한다. 공업용수는 용도에 따라 이온교환수지 또는 RO 등으로 연수 처리하여 경도가 검출되지 않는 수준으로 정제한 물을 사용한다. 보일러 관수일 경우 철저한 수질관리가 요구된다. 물의 경도는 칼슘경도와 마그네슘경도가 있으나 용수의 지표로 많이 사용되는 칼슘경도 측정에 대하여 기술한다.

17.5.2 총경도

(1) 시약 조제

① 염화암모늄 완충액: NH_4Cl 67.5g을 NH_4OH 570mℓ에 녹여 증류수로 1ℓ되게 한다.
② E.B.T 지시약: E.B.T 0.5g을 메탄올 100mℓ에 용해한 후 갈색병에 보존 한다.
③ 0.01M-EDTA 용액: 80℃에서 약 5h 건조하고 항습건조기에서 방랭한 EDTA [ethylendiamine tetra acetic acid, $(CH_2COO)_2NCH_2- CH_2N(CH_2COO)_2H_2Na_2.2H_2O$]를 100%에 대해서 3.722g을 칭량하여 물로써 전량을 1ℓ로 한다. 이 용액 1mℓ는 탄산칼슘 $CaCO_3$ 1mg에 상당한다.

(2) 시험 방법

검수 50mℓ(I)에 10%(w/v)-KCN 용액 몇 방울, 염화암모늄-암모니아 완충액 1mℓ와 E.B.T 지시약 1~3 방울을 넣고 혼합한 다음 0.01M- EDTA 표준액으로 적자색에서 청색(종말점)이 될 때까지 적정에 소비된 mℓ수를 (a)라면 총경도(TH, total hardness)는 칼슘과 마그네슘의 합으로 식(17-22)와 같이 계산한다.

(3) 칼슘(Ca^{2+})경도

1) 시약 조제

① NANA 지시약: 2-Hydroxy-1-(2'-hydroxy-4'-sulfo-1'-naphthyl- azo) 3-naphthoic acid 0.5g과 무수황산나트륨 50g을 잘 혼합한다.
② 수산화칼륨 용액: KOH 225g을 물 500mℓ에 녹여 polyethylene병에 보관한다.
③ 0.01M-EDTA 용액

2) 시험방법

검수 50mℓ(S)에 KOH용액 4mℓ를 가해 잘 흔들어 혼합 후 10%-KCN용액 및 10%- hydroxyl amine hydrochloride용액을 각각 0.3mℓ 가해서 혼합한다. 여기에 약 0.1g의

NANA 지시약을 가해 0.01M-EDTA 용액으로써 적자색이 청색으로 될 때까지 적정한다.

소비된 0.01M-EDTA 용액이 (b)㎖라면 다음 식(17-22)와 같이 Ca^{2+}경도(as $CaCO_3$)를 산출한다.

A TH or Ca^{2+}경도(mg/ℓ as $CaCO_3$) = a or b × $\dfrac{1}{S}$ ×1000 ·································· (17-22)

B 독일경도(mg/ℓ as Ca^{2+}) = 총경도 × 0.056

☞ 0.01M-EDTA용액 1㎖ = 0.01 × 100 ÷ 1000 = 0.001g $CaCO_3$ = 1mg $CaCO_3$
☞ 독일경도(°dH) 1°는 1ℓ 물속에 10mg CaO를 함유하고, 총경도(TH)는 탄산칼슘으로 환산한 ppm농도이다. 1°TH(as $CaCO_3$) = 0.056°dH(as CaO)이다.

17.5.3 염소이온

(1) 시약 조제

① 염소이온 표준액: NaCl을 500~600℃에서 40~50분 가열 후 4.121g을 물에 용해시켜 전량을 500㎖로 한다. 이 용액 20㎖를 취해 전량을 100㎖로 한다. 이 용액 1㎖은 염소이온 1.0mg을 함유한다.

② 크롬산칼리 용액: K_2CrO_4(potassium chromate) 10g을 물 100㎖에 용해하고, 이것에 질산은($AgNO_3$) 표준액을 떨어뜨려 적갈색 크롬산의 침전을 약간 생성시킨 후 여과한 여액을 사용한다.

③ 질산은 표준액: $AgNO_3$ 4.79g을 물에 용해하여 전량을 1ℓ로 한다. 표준액의 역가(factor)는 다음 식(17-23)과 같다. 염소이온 표준액 10㎖에 K_2CrO_4용액 1㎖를 가해서 질산은 표준액으로 적정하여 적갈색을 띠면 종말점으로 한다.

F(질산은 factor) = $\dfrac{10}{x}$ ·································· (17-23)

(2) 시험방법

검수 50㎖(S)에 K_2CrO_4용액 1㎖ 가해서 잘 교반한 후 질산은 표준액으로 적정한다.

여기에 소요된 ㎖수를 (a)라 하면 다음 식(17-24)와 같이 염소이온 양을 구한다. 시료가 산성일 때는 0.1%-Na_2CO_3, 알칼리성일 경우 0.1% 황산으로 중화한 후 적정한다.

$$\text{염소이온}((mg/\ell) = a \times F \times \frac{1,000}{S} \quad \cdots\cdots (17\text{-}24)$$

17.6 농도 정의 및 시약 조제

실험에 자주 사용되는 시약은 대부분 용액이다. 용액의 농도는 용액에 대한 용질의 양으로 표시된다. 실험실에서 주로 사용하는 농도를 계산하는 방법이다.

17.6.1 농도 정의

1) 백분율(%): 중량, 용량, 중용량 백분율이 사용된다.

① 중량 백분율(w/w%): 용질의 g수/용액 100g
② 용량 백분율(v/v%): 용질의 ㎖량/용액 100㎖
③ 중용량 백분율(w/v%): 용질의 g수/용액 100㎖

2) 밀리그램 백분율(mg%): 용질의 mg수/용액 100g 또는 100㎖

3) 백만분율 농도(ppm = mg/ℓ): 용질의 mg수/kg or ℓ, 단위는 ppm(part per million), mg/kg, μg/g, mg/ℓ로 표시하며, 극미량의 농도일 경우 10억분율(ppb)을 사용하기도 한다.

4) 몰농도(M, molarity): 용질의 g-분자량 수(mole수)/ℓ로 단위는 mole/ℓ 또는 M으로 표시한다.

5) 노르말농도(N, normality): 용질의 g-당량 수/ℓ, 규정농도 또는 당량농도라고 하고 N으로 표시한다. 이 농도는 산, 알칼리의 중화반응 또는 산화제와 환원제의 산화환원반응의 계산에 널리 이용된다.

17.6.2 시약 농도 변경법

1) 백분율 농도의 변경

농도가 높은 A% 용액이 W㎖ 있을 때, 이것을 A 보다 묽은 농도 B%로 희석하려면 첨가할 용매의 양 X㎖은 다음의 식(17-25)으로 구한다.

$$X = W \times \frac{A - B}{B} \qquad (17\text{-}25)$$

또한, 농도가 높은 (a)%인 용액 A(g 또는 ㎖)와 그 보다 낮은 농도 (b)%인 용액(물인 경우 b=0) B(g 또는 ㎖)을 섞어서 (x)%인 용액(A+B)을 만들려면 아래 공식(17-26)으로 계산할 수 있다.

$$\begin{array}{c} a\,\% \cdots\cdots (x-b) = A \text{ g} \\ \searrow \nearrow \\ x\,\% \\ \nearrow \searrow \\ b\,\% \cdots\cdots (a-x) = B \text{ g} \end{array} \qquad (17\text{-}26)$$

2) 노르말 농도의 변경

농도가 N농도나 M농도일 경우에 기존 농도 N, 부피 V를 증류수로 희석하여 용액의 농도 N', 부피 V'로 변경하고자 할 때 다음의 공식(17-27)을 적용한다.

$$N\,V = N'\,V' \qquad (17\text{-}27)$$

17.7 에탄올발효에 관련된 일반 계산식

1) 보당(補糖)

$$S = \frac{W(b-a)}{100-b}$$

여기서 W : 원료 무게, b: 보당하려는 농도, a : 현재 농도, S : 첨가할 당량

2) 당화도(DE, dextrose equivalent)

$$DE(\%) = \frac{직접환원당\,(포도당으로\,표시)}{고형분} \times 100$$

3) 발효비율(FR, fermentation rate)

$$FR(\%) = (Alc.\% \div 0.6439 \div TS) \times 100$$

4) 증자비율(CR, cooking rate)

$$CR(\%) = \frac{증자요량(\ell) \times 증자\,전분(\%)}{원료량(kg) \times 원료\,전분(\%)} \times 100$$

5) 당화비율(SR, saccharification rate)

$$SR(\%) = \frac{당화요량(\ell) \times 당화전분(\%)}{증자요량(\%) \times 증자전분(\%)} \times 100$$

6) 증류비율(DR, distillation ratio)

$$DR(\%) = \frac{제품유출량(\ell) \times 제품\,EtOH(\%)}{숙성요량(\ell) \times 숙성요\,EtOH(\%)} \times 100$$

7) 제성비율

$$제성비율(\%) = \frac{제품유출량(\ell) \times 제품\,EtOH(\%)}{증자요량(\ell) \times 증자요\,총당(\%) \times 0.6439} \times 100$$

8) 제성량

$$제성량 = \frac{숙성요량(\ell) \times 요\,EtOH(\%) \times DR}{0.95\,(규격)}$$

9) 발효수율(ℓ/ton)

$$수율(\ell/ton) = [전분가(\%) \times 0.7154 \times FR(\%) \times DR(\%) \times 1{,}000(kg)] \div 0.95$$

Ⅰ. 참고 문헌 (단행본)

1. Harold J. Benson. 1967. Microbiological Applications 2nd Edition(A Laboratory Manual in General Microbiology). Wm. C. Brown Company Publishers.
2. 社団法人 発酵協会. 1972. アルコールハンドブック. (株)櫻井廣濟堂
3. 中塩真喜夫. 1976. 廃水の活性汚泥処理. 恒星社厚生閣
4. TONY GODFREY and JON REICHELT. 1983. INDUSTRIAL ENZYMOLOGY-The Application of Enzymes in Industry. M The Nature Press.
5. D.A. STAFFORD, B. I. and D. E. HUGHES WHEATLEY. 1979. ANAEROBIC DIGESTION. APPLIED SCIENCE PUBLISHERS LTD, LONDON
6. N.J.W Kreger-van Rij Groningen. 1984. The Yeasts. 3rd revised and enlarged edition
7. Tgalliard. 1987. Starch Properties and Potential. Critical Report on Applied Chemistry Volume 13. JOHN WILEY & SONS.
8. HENRY Z. KISTER. 1990. DISTILLATION-OPERATION. McGraw-Hill(ISBN 0-07-034910-X)
9. Stanley M. Walas. 1990. Chemical Process Equipment(Selection and Design). Butterworth-Heinmann.
10. 김병홍. 1991. 미생물생리학. 도서출판 아카데미서적
11. 서정훈. 1993. 공업미생물학. 형설출판사
12. 이종근 공저. 1993. 食品微生物學. 探求堂
13. 成洛癸·朴允仲·鄭址炘·李鍾甲 共著. 1995. 新版発酵工学. 蛍雪出版社
14. Millelson K. A. 1995. AquaSBR. Design manual. Aqua-Aerobic Systems. Inc.
15. 박석기 공저. 1995. 최신미생물학실험. 신광문화사
16. 서정훈 공저. 1996. 최신 미생물학. 형설출판사
17. 平田光穂. 賴実正弘. 1996. 蒸留工学ハンドブック. 朝倉書店
18. 裵商冕 編訳. 1997. 朝鮮酒造史(1907~1935). 奎章閣
19. 박유식. 1999. 식품과 식품화학. 효일문화사
20. 정동효 편저. 1999. 신편 식품미생물학. 선진문화사
21. K. A. Jacques·T. P. Lyons·D. R. Kelsall. 1999. The Alcohol Textbook 3rd(ISBN 1-897676-13-1) & 4th(ISBN 1-897676-13-1) Edition. Nottingham University Press.
22. 구운모·서진호·장용근·박태현 공역. 2000. 생물공학공정. 교보문고
23. 김남천 공저. 2000. 환경미생물제어공학. 도서출판 東和技術
24. 鄭東孝. 2000. 增補 食品微生物學. 先進文化社
25. 日本釀造協会 著, 裵商冕 編訳. 2001. 本格焼酎製造技術(증류식소주제조기술). 裵商冕面酒

類研究所
26. 한명규. 2002. 최신식품화학. 형설출판사
27. 강성태·윤재영. 2002. 식품미생물학. 형성출판사
28. 김영민 공저. 2004. 일반미생물학 제5판. 라이프사이언스
29. Chris Boulton & David Quain. 2006. BREWING YEAST & FERMENTATION. Blackwell Publishing
30. 배상면. 2006. 전통주제조기술(탁주·약주편). 우곡출판사
31. 徐賢洙. 2007. 酒稅法의 理論과 實務. 경영과회계
32. 주우홍 공저. 2021. 미생물생물공학(응용미생물학의 기초 제2판). 월드사이언스(ISBN 89-89314-15-1)

II. 연구과제 수행 및 참여 내역

1. 1992-1996. 연구참여. 수송용 연료로 이용할 에탄올 생산을 위한 공장규모 연구. 대한알콜산업기술연구조합. 상공자원부(921C205-502DG1)
2. 1994.08. 연구참여. 파일럿플랜트에 의한 연료용 알코올생산 기술개발. 서울대학교. 상공자원부(932C205-823DP1)
3. 1996.06. 책임수행. 가소홀 차량 주행시험에 따른 배기가스 오염도 측정 및 실용화 방안연구. 부산광역시·보건환경연구원·대한알콜산업기술연구조합
4. 1997.02. 연구참여. 연료용 알코올생산을 위한 고생산성 효모균주의 개발-고온균주의 에탄올 발효 및 실용화 연구 세부과제 수행. 경북대학교. 통산산업부(961C201301)
5. 2003.01. 연구수행. 가소홀 실용화 연구. 대한주류공업협회·부산광역시
6. 2015.08. 책임수행. 중소기업 기술개발사업 최종보고서(기술혁신개발사업). 폐압축보드로부터 바이오에탄올 제조기술 개발. 일산실업(주)칠서에탄올공장. 중소기업청(S2086042)

III. 저술(著述)

1. 남기두 공저. 2004. 술과전통식품. 세종출판사
2. 남기두 공저. 2009. 바이오 에너지(상) 바이오에탄올. 인력양성교재/경상국립대학교
3. 남기두 공저. 2009. 바이오 에너지(하) 바이오디젤·목재펠렛·바이오가스. 인력양성교재/경상국립대학교

Ⅳ. 논문 발표

1. 남기두 외. 1986. 고구마의 低溫蒸煮 및 高溫蒸煮에 의한 工業的 規模의 酒精醱酵. *한국산업미생물학회지.* 14: 233-237.

2. Nam K.D. *et al.* 1986. Desmutagenic Effect of Legumes and Plants Crude Saponins in *Salmonella typhmurium* TA98. *Kor. J. Food Sci. Technol.* 18: 345-350.

3. 남기두 외. 1986. 대규모 주정발효 과정에서 생성된 불순물과 그 효율적 분리. *한국산업미생물학회지.* 14: 371-376.

4. Nam K.D. *et al.* 1987. Large Scale Alcohol Fermentation with Cassava Slices at Low Temperature. *Kor. J. Appl. Microbiol. Bioeng.* 15(2): 75-79

5. Nam K.D. *et al.* 1987. Continuous Alcohol Fermentation Using Immobilized and Growing yeast Cells. *Kor. J. Appl. Microbiol. Bioeng.* 15: 248-252.

6. Nam K.D. *et al.* 1988. Screening of Thermotolerant Yeast Strain for Ethanol Fermentation. *Kor. J. Appl. Microbiol. Bioeng.* 16: 265-269.

7. Nam K.D. *et al.* 1988. Simultaneous Saccharification and Alcohol Fermentation of Unheated Starch by Free, Immobilized and Coimmobilized Systems of Glucoamylase and Saccharomyces cerevisiae. *J. Ferment. Biotechnol.* 66: 427-432.

8. 남기두 외. 1991. 응집성 효모를 이용한 연속알코올 발효. *한국산업미생물학회지.* 19(5): 487-490

9. 남기두 외. 1992. Pilot Scale Multi-stage CSTR에서 전분질원료의 연속 에탄올발효. *한국산업미생물학회지.* 20(3): 324-328.

10. 남기두 외. 1993. 효모의 포말분리. *한국생물공학회지.* 8(3): 282-283

11. 남기두 외. 1994. Pilot Scale Multi-stage CSTR에서 전분질원료를 이용한 알콜 생산. *한국산업미생물학회지.* 22(1): 80-84

12. 남기두 외. 1996. 쌀보리를 기질로 한 알콜발효의 최적 액화효소. *한국산업미생물학회지.* 24(2): 217-221

13. Nam K.D. *et al.* 1996. Treatment of Naked-barley Distillery Wastewater Using a Thermophlic Hybrid Anaerobic Filter. Proceedings of the WEF. *The 69th annual conference and exposition.* pp. 551-560. Dallas, Texas, October, U.S.A.

14. 남기두 외. 1997. 주정 증류폐액의 재사용에 의한 산업규모의 알콜발효. *한국생물공학회지.* 12(4): 414-417

15. 남기두. 1997. 자동차 연료알코올 개발 현황. *주류공업.* 17: 45-56

16. 남기두. 1997. 고온균주에 의한 연료용 에탄올발효. *주류공업.* 17: 70-78

17. Nam K.D.. 1998.The Effect of Using Gasohol on Pollutants in Vehicles Exhaust Emission.

The 10th NRSE Technologies Workshop. KIER. 14: 3-20

18. Nam K.D. *et al.* 1998. Treatment of Distillery Wastewater Ⅰ: A thermophilic High Rate Anaerobic Reactor Operation Experience. *Proceedings of IAWQ.* Beijing, China
19. Nam K.D. *et al.* 1998. Treatment of Distillery Wastewater Ⅱ: Chemical Treatment After Biological Treatment. *Proceedings of IAWQ.* Beijing, China
20. Nam K.D. *et al.* 1999. Treatment of Distillery Wastewater using Thermophilic High-rate Hybrid Anaerobic Reactor in Industrial Scale. 1999. *J. Microbiol. Biotechnol.* 9: 737-743
21. 남기두 외. 1999. 생물학적으로 처리한 주정폐액의 효율적인 화학적 처리방법. *생명과학회지.* 9(6): 692-697
22. 남기두. 2000. 새로운 오니분리기술을 응용한 주정폐액의 효율적인 처리기술. *주류공업.* 20: 53-60
23. 남기두. 2000. 주정품질에 영향을 미치는 향기성분의 생성과 효율적인 분리. *주류공업* 20(1): 60-66
24. 남기두. 2001. New Millenium 시대의 알코올생산 기술 동향. *주류공업.* 21: 31-42
25. 남기두. 2001. 주정발효 환경 분석을 통한 주질 개선 방안 모색. *주류공업.* 21(1):67-74
26. 남기두. 2002. 국내외 가소홀 이용 현황과 실용화 필연성. *주류공업.* 22: 22-29
27. 남기두 외. 2002. 신자원으로서의 해양심층수 이용과 개발. *한국생명과학회 제36회 학술심포지움Proceeding.* pp.23-31
28. 남기두 외. 2002. 일본에서의 해양심층수의 다목적이용개발과 현황. *한국해양환경공학회 춘계학술대회 논문집.* pp.109-114
29. 남기두. 2003. 주정용 증류시스템 개발과 증류기술의 발전. *주류산업.* 23(2): 30-40
30. 남기두. 2003. 최근의 브라질 자동차 연료 동향. *주류산업.* 23(3): 31-39
31. 남기두. 2004. 주정발효에 새로운 효소적용 가능성 검토. *주류산업.* 24(3): 62-70
32. 남기두. 2004. 알코올 발효기술. *주류산업.* 24(3): 30-48
33. 남기두. 2005. 기후변화 협약 발효가 주정 및 산업에 미치는 영향. *주류산업.* 25(1): 20-38
34. 남기두. 2007. 최근 바이오에탄올 생산수급 및 생산기술 동향. *주류산업.* 94: 58-69
35. 남기두. 2010. 국내 바이오에탄올(E3) 보급에 대한 정책 제언. *주류산업. 신년호* pp.38-49
36. 남기두. 2012. 우리나라 주정의 우수성과 주류의 국제화. *주류산업. 3 월* pp.22-27
37. 남기두. 2013. 바이오에탄올 생산을 위한 바이오매스 개발, 발효, 증류기술 그리고 보급 사례. *BT News.* 20(2): 26-36
38. 남기두 외. 2015. 바오에탄올 생산을 위한 폐MDF의 전처리 및 효소당화. *한국생물공학회.* 30(6): 332-338
39. 남기두 외. 2016. 폐압축보드를 이용한 바이오에탄올 생산. *한국생물공학회.* 31(1): 73-78
40. 남기두 외. 2016. 폐MDF의 아염소산나트륨 전처리에 따른 효소당화 효율. *한국국제농업개*

발학회. 28(2): 268-273
41. 남기두 외. 2017. 동시당화발효공정을 위한 바이오캡슐 형성. *Microbiol. Biotechnol. Lett.* 45(2): 162-167

색 인

ㄱ

가경면적(可耕面積)	274
가동유효용적(working volume)	346
가소홀(gasohol)	206
가스화(gasification)	151
가양주(家釀酒)	24
가용성(可鎔性)	354
간벌(間伐)	151
갈변현상	119
감각방법론(感覺方法論, sensory methodology)	402
감모량(減耗量)	30
감세제도(減稅制度)	318
감세혜택(tax incentive)	272
감압 단식증류기	29
감압 연속증류기(vacuum continuous distiller)	29
감압증발탱크(holding or flash tank)	301
강수관(downcomer)	218
강하막 증발기(降下膜蒸發器, falling film evaporator)	205, 235
개량국	40
거동(擧動)	48
건조 특성곡선(乾燥特性曲線)	63
검량선(檢量線, calibration curve)	406
견적범위(Scope of quotation)	323
경도(硬度, total hardness)	412
경사판 침전조(settling tank with sloped plate)	333
경주법주	25
계대배양	95
계약재배	320
고급알코올류(higher alcohols)	29, 48
고농도발효(very high gravity)	321
고려정(高麗井)	27
고려주	24
고령토	49
고미질(苦味質)	64
고비점(高沸點) 불순물	45
고상배양(固狀培養)	38
고속혼합기(homogenizer)	166
고온노출	192
고온메탄소화조(THAR, thermophilic hybrid anaerobic reactor)	351
고온순간(HTST, high temperature short time)	301
고온증자(high temperature cooking)	166
고위험(high-lisk)	376
고정화	197
고층한천배지	95
곡관(曲管)	287
곡물주정	32, 34
곡자취	51
곡피취(穀皮臭)	66
공기공급율	196
공기예열기(air preheater)	161
공비제	279
공비증류(azeotropic distillation)	234

색인 423

공비혼합물	217	나주(裸酒)	36
공연비(AFR, air-fuel ratio)	161	난분해성물질(難分解性物質, non-biodegradable substanc)	335
공정 모사(process simulation)	218		
공중합체(共重體, copolymer)	335	내산성	44
공침(共沈, coprecipitation)	347	내산성 당화력(a-SP, acid-resistant SP)	38
관능검사(官能檢查, sensory test)	401	내생포자	175
괴사체(塊死体)	364	내알코올성(alcohol tolerance)	88
교반(攪拌)	24	내열성 단백질(Hsp, heat shock proteins)	194
구연산	43	냉각장치(chiller)	163
국산(麴酸, kojic acid, 일명 누룩산)	156	네펠로법(Nephelometry)	404
국주(國酒)	25	노간주향나무	73
굴절당도계(refractometer)	394	노화(retrogradation)	139
균막(菌膜, biofilm)	358	녹색성장위원회	309
균원(菌原)	92	누룩	28
그람양성(gram-positive)	287		
극한미생물(extremophile)	80	**ㄷ**	
글루코사민(glucosamine)	138	다기능탑(多技能塔)	222
글리코겐(glycogen)	210	다이아세틸	119
기-액 상태(氣-液 狀態)	215	다중효용관(多重效用罐, multiple effect evaporator)	149
기능탑(技能塔)	216		
기술자료(technical data sheets)	323	단계희석법	95
기액평형도표(氣液平衡圖表, vapor-liquid equilibrium graph)	215	단락(短絡, short-circuiting flow)	351
		단락류(短絡流, short circuiting flow)	364
기작(機作, mechanism)	104	단미사료	189
기질특이성	88	단발효(單醱酵, single-step fermentation)	27
기체상태 방정식	241	단세포 단백질(SCP)	104
기호도(acceptance test)	404	단순차이검사(simple difference test)	403
기후변화협약(FCCC, frame-work convention on climate change)	270	단식증류기(Pot still)	29
		단행복발효(單行復醱酵, independent two-step fermentation)	27
꼬냑(Cognac)	68		
		당-아미노산 반응(melanoidin)	120
ㄴ		당화력(SP, saccharogenic power)	38
나관(裸管, bare tube)	361	대사생성열	191
나선구조(螺線構造, helical structure)	141		

대수증식기(對數增殖期, exponential growth phase)	43
대체당류	36
대체작물	147
독립영양균(autotroph)	82
돌연변이균주	81
동결방지제(antifreezer)	314
동고리	25
동시당화알코올발효(SSF)	28
동종젖산발효균(homo-fermentive strains)	287
동화작용(同化作用, anabolism)	102
디오니소스(Dionysos)	19

ㄹ

라미나란(laminaran)	136
레벤후크(Leeuwenhoek)	86
레시피(recipe)	36
로드맵(road map)	308
리그닌(lignin)	70
리케파세르(lique- facere, 녹아있다)	78

ㅁ

마스킹(masking)	264
막증류(membrane distillation)	278
막힘 현상(clogging phenomenon)	202
망상구조(網狀構造, three dimensional network)	144
맥류(麥類)	180
맥아(麥芽)	24
메일라드 반응(Maillard reaction)	119
면전(綿栓, cotton plug)	84
명절선물주	25
모듈(module)	372
모세관칼럼(capillary column)	249, 258

목정(木精, methanol, methyl alcohol)	210
몰분율(mole fraction)	215
몽고정(蒙古井)	26
무증자 생전분(uncooking starch)	88
물료(物料)	17
물질대사(物質代謝, metabolism)	102
미립자상(微粒子狀, particulate materials)	364
미생물흡착재(bio-media)	326
미생물흡착재의 막힘 현상 (clogging phenomenon)	347
미세기포(micro-bubble)	324
미세기포발생기(MBG, micro bubble generator)	336
미지성장인자(未知成長因子, unknown growth factors)	189
미토콘드리아 기질(mitochondrial matrix)	106

ㅂ

바이오에탄올	28
바이오에탄올연료유	317
바커스(Bacchus)	19
반고상발효 (半固狀醱酵, solid state fermentation)	77
반데르발스결합	127
반응특이성	127
발아관리	62
발효 특이성	28
발효(醱酵, fermentation)	28
발효성	93
방미제(防微劑)	175
배소(焙燒)	66
배출온수(lutter water)	242
배합사료(配合飼料)	228
백국균	38

백국균(Rhizopus peka)	38
백탁(白濁) 현상	47
버개스(bagasse)	275
베타산(β-acid)	173
베타산화(β-oxidation)	175
병행복발효(竝行復醱酵, simultaneous saccharification and fermentation)	27
보결군(補缺群, prosthetic group)	126
보미톡신(vomitoxin)	288
부상 스컴(scum)	324
부영제(富營劑)	204
부제탄소(asymmetric carbon)	141
부존자원(賦存資源, endowed resources)	307
부형제	354
분리도(分離度)	258
분리탑(analyser)	220
분사관(噴射管, diffuser)	266
분산제어시스템 (DCS, distributed control system)	200, 259
분석정도(分析精度)	385
분압(分壓)	169
분자집단구조(micelle structure)	139
분자체탈수공법 (molecular sieve dehydration process)	234
분주배관(distributors)	351
분지중합체(分枝重合體, branched polymer)	142
불쾌취(offensive flavor)	67
불포화지방산(unsaturated fatty acids)	284
블렌더(blender)	271
비말(飛沫)	46
비말동반(entrainment)	242
비응축성(非凝縮性)	251
비점차(沸點差)	216
비증식속도	328
비체적(specific volume)	46
비타민(vitamin) 취(臭)	245

ㅅ

사공간(死空間, dead zone)	362
사관냉각기(蛇管冷却器)	44
사균(死菌)	176
사례연구(case study)	218
산기장치(散氣裝置, air diffuser)	82
산림도로(山林道路)	149
산업혁명(4IR, 4th Industrial Revolution)	259
산패현상	87
산화환원전위(ORP)	79
살수여상법(撒水濾床法, trickling filters)	324
삼산화황(sulfur trioxide)	361
삼점검사법(triangle test)	266, 404
삼투압	91
상관계수(factor)	394
상대습도	81
상대휘발도	214
상동성	93
상향류(上向流, upflow)	347
생명수(aqua vitae)	55
생명현상	106
생물자원(biomass)	89
생전분(生澱粉)	300
생체촉매(biocatalyst)	126
생테밀리옹(Saint-emilion)	71
생합성(biosynthesis)	102
선발(選拔)	185
선입선출(先入先出)	42
선형구조(線形構造, linear structure)	131
선호도(preference test)	404
설명 분석(說明分析, descriptive analysis)법	402

설형문자(楔形文字, cuneiform)	86
세사(細砂)	367
세포질(cytoplasm)	102
소경목(小經木)	290
소당류(oligosaccharide)	131
소비원단위	236
소주고리(燒酒古里)	25
소화조 운전실패(operation failed)	363
수격작용(水擊作用, water and fluid hammer)	266
수렴작용(收斂作用, astriction)	209
수리족(Suri)	20
수메르인(Sumer)	86
수분활성도	81
수불(水火)	23
수산기(-OH radical)	336
수소결합	127
수소공여체(水素供與體, hydrogen donor)	329
수송체(fatty acid trans-porter)	175
수율장벽(yield barrier)	134
수화반응(水和反應)	112
숙성(熟成, aging)	29
순화(純化)	48
술덧	21
슈반(Schwann T.)	87
스모그(smog)악화	272
스미노프(Smirnorff)	74
스펀지(sponge)화	363
스피릿(spirits)	73
슬러리(slurry)	41
습식분쇄	63
승온조건(昇溫條件, temperature ramping condition)	406
시너지효과	376
시동성(始動性)	312
시선(詩仙)	22
식량안보	146
식종(植種)	351
식품위해요소중점관리기준(HACCP)	42
신라주	24
신재생에너지	308
신탄(薪炭)	151

ㅇ

아라비노오스(arabinose)	124
아라비노자일란(arabinoxylan)	180
아라크(Arrack)	77
아르마냑(Armagnac)	69
아밀라아제	20
아밀로법	154
아사상태(餓死狀態)	65
아세트알데히드탈수소효소(ALDH, acetaldehyde dehydro- genase)	210
아젠다(agenda)	319
아크롤레인(acrolein)	243
아크릴아마이드(acrylamide)계	335
안동소주	26
알데히드류	29
알칼리도	352
알코올 탈수소효소(ADH, alcohol dehydrogenase)	209
알코올생산성	171
알코올증기 상승관(swan neck)	34
알킬기(R-, alkyl radial or alkyl chain)	208, 211
알파산(isomerised a-acid)	173
압력변동흡착법(pressure swing adsorption)	282
액포(液胞, vacuole)	175
야생효모	17
약소주	31

양조(釀造, brewing)	28	워킹그룹(working group)	316
양조주(釀造酒)	27	원주(猿酒)	18
억제제(inhibitor)	301	원천기술개발	317
에네켄(Henequen)	76	유기물탄화수소(OMHCE, organic material	
에를리히(Ehrlich Pathway)	119	hydrocarbon equivalent)	314
에리아 크레그(Elijah Craig)	60	유기산 발효(organic acid fermenter)	349
에어 포켓(air porket)	85	유기산류	29
에탄에티올(ethanethoil)	250	유기촉매	126
엔탈피(h)	217	유라시안(Eurasian)	19
여몽연합군	26	유리전극(glass electrode)	397
연금술사(鍊金術師, alchemist)	54	유리칼럼(packed glass column)	250
연속 증류기(continuous still)	29	유성물질(油成物質)	48
열감수성	126	유액(流液, stream)	53
열압(熱壓)	289	유전자조작기술(gene manipulation)	88
열전도성	261	유출현상(washout)	171
염석(salting out)법	304	유하부하(流下負荷)	247
예냉기(豫冷器, precooler)	160	유휴(遊休) 생산설비	231
예상투자금액		육탄당(6C)	90
(ECI, estimated cost of investments)	267	음용주정	28
오드비(eau-de-vie)	71	응집성	123
오리피스(orifice)	351	의무화제도(RFS, Renewable Fuels Standard)	
오크칩(oak chips)	39		322
오크통	39	의적(儀狄)	21
오탄당(5C)	90	이당류	28
옥수수 침출액(corn steep liquid)	284	이론단수	217
온도구배(溫度勾配)	265	이모작(二毛作)	320
온도변동흡착법(temperature swing adsorption)		이소아밀라아제	
	282	(脫分枝酵素, debranching enzyme)	136
온실가스배출량(GHG, greenhouse gas)	269	이식구(移植口)	172
완충조(buffer tank)	166	이종(異種)균	350
요조(醪槽, mash sump)	256	이종문화(異種文化)	26
용설란	75	이코노마이저(economizer)	161
용출	164	이형젖산발효균	
우점종균(優占種菌)	37, 40	(hetero-fermentive strains, L. plantarum)	287

이화작용(異化作用, catabolism)	102
인공자외선	81
인장성(引張性)	261
인적오류	377
일관생산 공정	310
일산화탄소(CO)	313
일일생산량(daily production capacity)	196
임계농도	124
임계이산화탄소(supercritical gas)	234
입국(粒麴)	33
잉여농산물	307
잉여오니(剩餘汚泥, excess sludge)	326

ㅈ

자기소화(自己消化, autolysis)	329
자도주(自道酒)	25
자동제어루프(automatic control loop)	267
자숙(煮熟, steaming)	41
자연발생설(spontaneous generation)	87
자연발효	17, 18
자연발효법	18
자연발효액	17
자연수두(水頭)	193
자연증발	30
자유에너지(Gibbs free energy)	115
자화성	93
잔재물(殘在物)	18
재래형 단증류기(pot still type-kettle)	219
재조합(recombinant DNA)	88
저온증자(low temperature cooking)	166
적산공장(敵産工場)	227
적응돌연변이(adaptive mutation)	124
전곡(全穀)	41
전단응력(shear stress)	96

전발효(prefermentation stage)	164
전이상태(轉移狀態, transition state)	127
전자수용체(電子受容體, electron acceptor)	103
전자전달계(電子傳達系, ETC)	103
전효소(全酵素, holoenzyme)	126
정균성(靜菌性)	82
정복전쟁	26
정색 반응(color reaction)	142
정유(精油, essential oil)	30
정전결합	127
정체산업(停滯産業)	231
제올라이트(MS, molecular sieve)	280
제왕운기	24
제천의식(祭天儀式)	24
조견표(早見表)	323
조선주조사(朝鮮酒造史)	227
조섬유	354
조성제(助成劑)	186
조주정(粗酒精, crude alcohol)	35
조효소 A(CoA, Coenzyme A)	110
조효소(coenzyme)	126
종속영양균(hetreotroph)	82
주국(酒麴)	24
주례(周禮)	21
주사거배(酒肆擧盃)	24
주선(酒仙)	22
주세법	25
주암산(酒岩山)	49
주정박(DDGs)	204
주정사(酒精史)	229
주조계획(酒造計劃)	262
주조기술(酒造技術)	26
주조법(酒造法)	33
주조사제도(酒造士制度)	228

주조설계	40	추출물(extracts)	395
주지육림(酒池肉林)	21	추출발효(extractive fermentation)	278
주향마산	27	추출증류(抽出蒸溜)	216
주효소(主酵素, apoenzyme)	126	축합반응(縮合反應, condensation reaction)	111
중류(中流)	47	충전반응기(reactor)	205
중성주정(neutral sprit)	223	충전재(cupper intalox saddle)	262
증기폭쇄(steam explosion)	150	취출(取出, draw out)	157, 223
증류-막 하이브리드 파일럿플랜트	283	침맥	62
증류식소주	31	침전성(precipitability)	123
증류주(蒸溜酒)	27	침지(浸漬)	52
증발잠열(λ)	217		
증자(蒸煮, cooking)	41		
지관(支管, deadlegs)	287	**ㅋ**	
지구온난화	316	카르보닐화합물(carbonyl compound)	184
지랄레논(gearalenone)	288	카르볼리가아제(carboligase)	118
지초주(芝草酒)	52	케토산(a-keto acids)	119
직접수화법(直接水和法)	212	코오지(Koji, 麴)	28
진균독(mycotoxin)	287	코지 즙(koji extract)	98
질산화(nitrification)	327	코흐(Koch R.)	84
질소산화물(窒素酸化物)	161	쿠빌라이 칸	25
집적(集積)	223	크로톤알데히드(croton aldehyde)	234
ㅊ		**ㅌ**	
		타르물질(tar substances)	148
차이식별검사(discriminative test)	403	타피오카(cassava or tapioca)	20
철고리	25	탄닌(tannin)	70
청징화(淸澄化)	63	탄닝제(tanning agent)	296
초근목피(草根木皮)	30	탄소골격(carbon skeleton)	111
초류(初流)	47	탄화(burning)	48
초류탈수탑	232	탈수슬러지(dehydrated sludge)	333
초류탑	232	탈질기작	327
총유기탄소(TOC, total organic carbon)	337	탈질소(denitrification)	327
총질소 함량(TKN, total Kjeldahl nitrogen)	345	탈취공정	35
최대전력관리	373	탈탄산반응(脫炭酸反應, decarboxylation)	112
추적감시(monitering)	368	터보압축기(turbo compressor)	235

토고리	25	피루브산(pyruvate)	107
토디(toddy)	77	피리딘	121
통성혐기성균(facultative anaerobe)	82	피틴산	134
통합공정안전관리시스템	377	핀란디아(Finlandia)	74
통합관리시스템	373		
투과증발(pervaporation)	234		
투과효소(透過酵素, permease)	104		

ㅎ

한계덱스트린	38
항상성(恒常性, constancy)	252
해당과정(glycolysis)	107
해외수입의존도	317
향주(香酒)	78
헤미셀룰로오스(hemicellulose)	64
현열손실(顯熱損失, sensible heat loss)	161
혐기성균(obligate anaerobe)	82
형질전환(transformation)	88, 89
호기성균(obligate aerobe)	82
혼성주(混成酒)	27, 30
혼합(blending)	67
혼합결합(mixed linkage)	185
혼합기술(mixing technology)	193
혼합배양(co-culture)	65
혼합생태계(mixed ecosystem)	350
혼합유동(mixing flow)	193
홍국곰팡이(Monascus sp.)	21
확장구역(expansion zone)	196
환경설정(configuration)	258
환류비(reflux ratio)	218
활성에너지장벽(activation energy barrier)	126
황 화합물(sulphuric components)	205
황국균(Asp. orizae)	38
황산 노점	361
황산미스트(mist)	361
황산콘드로이틴(chondroitin sulfate)	138
황산화물(黃酸化物, SOx, sulfur oxides)	361

ㅍ

파스퇴르(Pasteur L.)	87
판형 열교환기(PHE, plate heat exchanger)	202
패널(panel)	401
팽윤(澎潤, swelling)현상	144, 180
페놀혼합물(phenolic compounds)	188
페르시아	51
펠릿(pellet)	281
펠링용액(Fehling solution)	383
펩타이드(peptide)	64
편류(偏流, channelling)	364
폐당밀(blackstrap molasses)	148
폐압축보드(wMDF, wasted medium density fiberboard)	289
폐에탄올증기	311
포말영역(froth zone)	251
폰도(Pondo)	20
폴리페놀화합물(polyphenol compounds)	64
표면부하(surface hydraulic loading rate)	336
표정(標定, standardization)	385
표토층(表土層)	412
푸르푸랄(furfural)	45
푸모니신(fumonisin)	288
퓨젤오일(fusel oil)	48
퓨젤유(fusel oil)	211
프로피온산	350

황성분화학발광검출기	250
황화동(CuS)	261
황화수소(H₂S)	343
회분식 증류(batch distillation)	45
효모분리기(YS, yeast separator)	198
효모증식(yeast propagation)	164
효모취(off-flavor like vitamin and yeast oder)	243
후류(後流)	47
후발효(後醱酵)	65
훈연향(smoked flavor)	55
휘발성 유기물질 (VOC, volatile organic compounds)	121
휘발성유기화합물(VOC)	52
휴면기간(休眠期間)	63
흑국균(*Aspergillus usamii, Asp. awamorii*)	38
흡수탑(absorption tower)	203
흡착능력(吸着能力)	337
희석률(dilution rate)	194
희석식소주	31

1

1단 소화조(single or one step digester)	348

2

2단 소화조(two steps digester)	348

3

3중 효용 증발기(triple-effect evaporator)	203

A

Acetogen	151
acetyl-CoA	103
agflation	147
Allospase	220
amyloglucosidase	38
Aspergillus	37

B

backset	91
Barbet	224
bent sieve	323
Bertrand table	383
Biostil	198
BOD	329
booster	160
Bringmann	328
bubble cap tray	46

C

C/N비	196
C/P 비	358
carboxypeptidase	41
Cascade	82
CDM(Clean Development Mechanism)	369
CHX	273
CIP(cleaning in place)	96
CNP	341
Coffey or Patent Still	220
Coffey	57
Coreanus forma	90
Cr	323

D

dead time	159
dumping	265

E

ETBE	276

F

F/M(food/microorganism ratio)	333
fed-batch	159
Fenton	335
FFV	273
Flavor Wheel	402
flooding	242
formula	36

G

Gamma 또는 Radiation scanner	265
Gay Lussac	115
Gay Lussac table	396

H

head space	251
Henze	300
Hippocras	78
Holocellulose(glucan+hemicellulose)	291
hot decanter	223

I

induced-fit model	128
inositol	285

K

Km상수(Michaelis constant)	127

L

lignin	290
lignocellul- osic ethanol	272

lock and key model	128

M

McCabe-Thiele	217
MEK(methyl ethyl ketone)	257
Melle-Boinot	204
methylene blue	187
MMA	147
Mn(KMnO$_4$)	323
Monascus	37
Monod	170
MTBE	271, 276
Mucor	37
Mucor rouxii	154
MVR	236

N

Ninkasi	86
NOx	281

P

Pasteur	103
Penicillium	37
pentosan	134
perforated tray	46
phytase	134
PID(proportional-integral-derivative controller)	254
plug-flow	193
Ponchon-Savsarit(PS)	217
PP(poly propylene)	353
PROALCOOL	274
PVA(polyvinyl alcohol)	283

R

Raoult	217
Rhizopus	37
Rumbullion	75

S

S. ellipsoideus	90
S. formosensis	90
Schizosaccharomyces pombe	91
side stripper	243
sieve tray	216
six-tenths rule	267
souring	363
spiral heat exchanger(SHE)	202
sprits	47
Stokes법칙	324
struvite	346

T

THAD(thermophlic high-rate anaerobic digester)	367
thiol-ester	110
transglucosidase	41

V

Vogelbuch(VB)	204

W

weeping	242
Wuhrmann	328

Y

YPD	97

β

β-glucan	134

이 력 서

1. 경력 (經歷)

년도	기관	직위	비고
1973.07~2023.08	일산실업(주)칠서에탄올공장	전무이사	총괄 공장장/부설기술연구소 소장 겸직 역임
1996.02~2024.12	(사)한국미생물·생명공학회	평의원	2024년 평의원
2015.01~2015.12	한국균학회	부회장	
2009.03~2015.02	창원대학교 자연과학대학 대학원	겸임교수	진균학특론, 진균이용학특론, 산업미생물학특론, 생물기능검정기술특론
2000.03~2006.02	동의대학교 응용생명과학부	겸임교수	술과전통식품, 식품·공업미생물, 발효공학, 식품화학
2008.08~2014.12	(사)한국생명과학회	부회장	2024년 평의원
2011.01~2014.12	바이오산업기술교류회	회장	경남테크노파크 신규과제 선정 평가위원 KEIT 중소기업기술개발 평가위원
2000.10	Alltech Inc. Nicholasvile, KY, USA		Alltech's 20th Annual Alcohol School 수료
1991.04	NOVO Nordisk, Denmark	공동연구	쌀보리 수율 향상 방안 공동 연구

2. 학력 (學歷)

2008.09	부산대학교 경영대학원		AMP 제54기 수료
1995.03~2000.02	경북대학교 대학원 박사 과정 졸업	미생물학	논문제목: 알코올 발효공정의 효율성 제고 방안 (이학박사 99박0031)
1986.03~1988.02	경성대학교 대학원 석사 과정 졸업	발효공학	논문제목: 당화효소와 효모의 Free, 고정화 및 동시 고정화에 의한 동시당화알코올발효 (공학석사 87석5845)

3. 수상경력 (受賞經歷)

년도	수상내용	등록번호	공적(功績)
1996.6	녹색도시 부산21 추진공로 표창	부산광역시 제308호	가소홀 차량 시내 주행시험 실용화 연구를 통해 환경오염저감에 기여한 공로

4. 자격증 (資格證)

주조사1급(국세청, 1978)　　　　　　대기환경·수질환경기사2급(1978)
식품제조가공기사1급(1981)　　　　　농예화학기사2급(1978)
열관리기사1급(1981)　　　　　　　　식품제조기사2급(1978), 수산제조기사2급(1979)

증류주 생산 기술과 실무

초판1쇄 발행 2025년 3월 10일

저 자 남기두
펴낸이 이길안
펴낸곳 세종출판사

주소 부산광역시 중구 흑교로 71번길 12(보수동2가)
전화 463－5898, 253－2213~5
팩스 248－4880
전자우편 sjpl5898@daum.net
출판등록 제02-01-96

ISBN 979-11-5979-757-6   93590

정가 30,000원

* 이 책은 저작권법에 따라 보호받는 저작물이므로 무단전재와
  무단복제를 금지하며, 이 책 내용의 전부 또는 일부 내용을 재사용하려면
  사전에 저작권자와 세종출판사의 동의를 받아야 합니다.
* 잘못된 책은 교환해 드립니다.